한국해양대학교박물관
海洋文化政策研究센터
해양학술연구총서 2

해상운송론

김 성 국 지음

머리말

　본서는 해기사 양성을 목적으로 하는 대학을 졸업하고 무역학을 연구하는 대학원에서 공부를 한 저자가 승선경험과 대학원과 경영대학, 해사대학의 학생을 대상으로 강의한 경험을 바탕으로 집필한 해상운송론이다.

　해상운송은 선진국가로 진입한 대한민국의 역동적인 성장과 궤를 같이 해왔다. 해운은 무역의 파생수요로서 해상운송의 장점을 이용한 국가는 선진국이 되었다는 것은 부인하지 못하는 역사적 사실이다. 전쟁의 폐허 속에서 전세계에서 가장 가난한 나라였던 신생 독립국가인 대한민국은 국가주도의 강력한 수출정책으로 국제무역의 최대 수혜국가 중의 하나가 되었다. 여기에는 저렴한 국제운송료를 해결해 준 해상운송의 역할이 필연적이었다.

　이러한 해상운송을 다루는 서적으로는 필자의 학부시절에는 한국해양대학 학장을 역임하신 윤상송 박사님의 『해운론』이 주류였고, 대학원 시절에는 한국무역학회장을 역임하신 성균관대학교 박명섭 명예교수님의 『국제해운론』이 시대를 대표하였다.

　이후 여러 연구자들이 해상운송, 해운론, 해운경제, 해운경영, 해운물류, 해운실무라는 이름으로 유사의 서적이 출판하였으나 해상운송 즉, 해운은 국제무역과 떼려야 뗄 수 없는 실무적인 분야임에도 불구하고 집필자의 전공에 따라 접근하지 못한 미진한 부분이 있었다.

　그 이유는 국제무역의 파생수요인 해운은 무역학의 연구대상이면서 해기교육과 연결되어 있기 때문이다. 무역학이 다루는 분야가 경제학적, 경영학적, 정책학적, 상학적 그리고 법리적인 측면에서 접근해야할 뿐만 아니라 바다를 항행하는 선박의 운항과 하역프로세서를 이해하지 못한다면 해상운송을 완결 지을 수 없다는 어려움이 있기 때문이다.

　또한 과거에는 선원, 선박, 화물의 해운의 생산성으로 귀결되었지만 지금은 해양금융, 항만물류, 기후환경변화 등의 새로운 이슈가 등장하고 있기 때문에 해운에서 다루어야 하는 범위가 넓어지고 있다.

　바다의 파도가 멈추지 않는 것과 같이 세계최강의 영국, 미국해운이 몰락한 반면에 바다가 없는 국가인 스위스의 MSC가 세계최대의 컨테이너선사로 등극하는 변화가 있었다. 우리나라는 편의치적제도의 영향으로 1970~90년대 세계최대의 선원공급국가의 지위를 갖기도 하였지만 현재는 세계최고의 조선국가로 지위가 변했음에도 불구하고 세계적인 무역대국의 위치는 놓치지 않고 있다.

태초 이후에 바다가 변하지 않고 존재하고 있듯이 해상운송은 국제무역이 존재하는 한 영속할 것이다. 지구의 탄생과 함께 자원이 불평등하게 분포되어 있는 이유 때문에 국가 간에는 비교우위가 존재하며 이러한 문제를 해결하기 위해서는 무역을 확대할 수밖에 없는 역사적 사실을 무시할 수 없다.

다행히 지구상에는 바다라는 천연의 무역로가 존재하기 때문에 운송비를 가장 저렴하게 해결할 수 있는 선박의 운항은 미래에도 지속될 것이며 해상운송의 고유성질은 불변할 것이다. 결과적으로 원거리에 있는 격지자간의 거래인 무역은 계약과 해상운송이라는 실체를 통해 완성된다는 것은 변하지 않는다.

이러한 상황을 고려하여 본서를 집필하게 되었으며 그 내용은 전통적인 국제해운의 내용을 담고 있으면서도 시대를 반영한 내용을 기술하였다. 해상운송의 내용에는 선원, 선박, 화물이라는 생산요소에 대해서는 소홀하지 않아야 하고 해상운송계약과 해상보험, 운송인의 책임이라는 실무분야는 여전히 유효하기 때문에 빠트리지 않았다. 뿐만 아니라 그간의 서적들이 다루지 않은 해운업 등록은 이제 본격적으로 검토해야 할 해운업 창업에 대한 마중물 역할을 기대해 본다.

본서가 출판되기까지에는 여러분들로부터 힘입은 바가 크다. 부족하나마 본서를 낼 수 있었던 것은 지도교수이신 성균관대학교 무역학과 박명섭 명예교수님의 덕분이다. 당초 교수님의 저작인 『국제해운론』의 개정판을 발간하기 위하여 저자가 그 작업을 맡았으나, 교수님께서는 개정판 발간을 미루시고 본서에 사용하도록 내용을 내어주셨다.

또한 해양사학의 권위자이신 한국해양대학교 김성준 교수님께서는 구슬도 꿰어야 보배라며 균형 있는 시각을 갖도록 저술의 방향을 지도하여 주셨고, 본서가 한국해양대학교 해양문화정책연구센터의 배려로 출간하는 기회를 주셨다.

그리고 본서가 있기까지에는 여러 연구자들의 결과물이 있었기 때문에 가능하였고 실무적인 자료는 대한상사중재원과 한국해운조합에서 제공받았다.

마지막으로 틈틈이 원고정리를 도와준 한국해양대학교 졸업생 김재헌 군과 본서의 출판을 맡아주신 문현출판 한신규 사장님과 편집부의 노고가 있었다.

2022년 8월
금정산 자락 동래에서
김 성 국

CONTENTS

제1장

해 운

1. 해운

1.1 해운의 개념

1.1.1 해운의 정의

해운(Shipping, Ocean Shipping, Ocean Transportation, Carriage by Sea)이라는 것은 해상운송이라는 현상을 표현하는 용어의 준말로서, 바다를 통로(Way)로 하고 선박을 도구(Vehicle)로 하여 인간이나 재화를 장소적으로 이전하는 현상을 말한다.[1]

인간 및 재화 상호간에 가로 놓인 공간적인 간격을 극복하기 위한 사회적 이동을 교통이라고 하는데, 넓은 의미로 운송(Transportation)과 통신(Communication)으로 구분된다. 여기서 운송은 육운(도로운송, 철도운송), 수운(해상운송, 내수운송), 공운(항공운송)으로 다시 구분될 수 있다.[2] 따라서 해운은 교통의 한 분야이다.

〈그림 1-1〉 교통의 개념 구성도

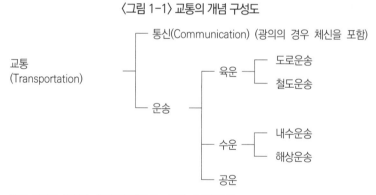

자료: 이종인 (2001), 『국제해상운송론』, 부산: 효성출판사, p.15.

"한편 물류(物流, Logistics)라는 측면에서 보면 화물운송에 이용되는 운송수단은 자동차, 철도차량, 선박, 항공기 또는 파이프라인(pipeline)까지 확대된다(물류정책기본법 제2조). 미국, 캐나다, 러시아의 경우에는 원유와 천연가스 대부분을 파이프라인으로 운송한다. 이러한 개념확장

---

1) 織田政夫 (1975), 『海運経済論』, 東京: 成山堂書店, p.13.
2) 정영석 (2005), 『해운실무: 법과 실무를 중심으로』, 부산: 해인출판사, p.9.

은 전통적인 교통의 개념에서의 운송보다 확대되어 있다."

이 가운데 해상운송은 국제물류를 주도하는 운송의 형태이다. 흔히 해상운송을 줄여서 해운(海運)이라고 하는데 오늘날의 해운활동은 육상활동과 연결되어 복합운송·종합물류·총체적 서비스 관리체계로 확장, 변화되고 있다.3)

해운(Shipping)은 해상에서 선박이라는 운송수단(Mode of Transport)을 이용하여 사람이나 물건을 운송함으로써 그 대가인 운임을 획득하는 상행위를 말한다.4) 수운의 장점은 선박을 사용하는 데 있는데 애덤 스미스(Adam Smith, 1723~1790)는 『국부론』(An Inquiry into the Nature and Causes of the Wealth of Nations)5)에서 다음과 같이 설명하고 있다.

> "두 명의 마부와 8마리 말이 이끄는 바퀴 넓은 대형마차는 거의 4톤의 화물을 싣고 런던(London)과 에든버러(Edinburgh) 사이를 약 6주간의 일정으로 왕복한다. 6인 내지 8인에 의해 조종되고, 런던과 리즈(Leith) 두 항구 사이를 항행하는 선박은, 거의 동일한 시간에 2백 톤의 화물을 싣고 왕복하는 수가 많다. 그러므로 이 6명 내지 8명은 수운의 도움에 의해서 동일 시간에 100명의 마차꾼이 타고 400마리의 말이 끄는 50대의 수레 바퀴 넓은 대형마차가 실어나르는 것과 같은 양의 화물을 싣고 런던과 에든버러 간을 왕복할 수 있는 셈이다. 따라서 런던에서 에든버러까지 가장 값싼 육운에 의하여 운반되는 200톤의 화물에는, 100명의 3주간 동안의 유지비와 400마리의 말과, 50대의 대형마차의 유지비 및 이것과 거의 동등한 소모비가 들지 않을 수 없다. 그런데 수운에 의하여 운송되는 같은 양의 화물에는 6명 내지 8명의 유지비와 적재량 200톤의 선박의 소모비와 고위험률의 가치, 즉 육운과 수운의 보험료의 차액이 드는 데 불과하다. 그러므로 만일 이 두 지역 간에 육운 이외의 교통이 없었다면 그 중량에 비해 가격이 대단히 비싼 화물을 제외하고는, 어떤 화물도 한 지방에서 다른 지방으로 운송될 수 없었을 것이다. …… 수운의 이익이 이러했으므로 기술과 산업에 관한 최초의 개선이 이러한 편의에 의해서 모든 부류의 노동 생산물의 시장이 전세계에 개방되어 있는 곳에서 이루어졌으며, 언제나 훨씬 뒤에 그 나라의 내륙 지방으로 퍼져갔으리라는 것은 당연하다."

이와 비슷한 견해로 조선시대의 실학자인 박제가(1750~1805) 역시 선박이 수레보다 훨씬 유

---

3) 방희석 (1999), 『국제운송론』, 서울: 박영사, p.6.
4) 박명섭 (1997), 『국제해운론』, 서울: 법문사, p.15.
5) 널리 알려진 "국부론"은 약칭이며 원제는 "국민의 부의 성질 및 원인에 관한 연구"이다. 이 저서는 많은 판본이 있으나 널리 읽혀지고 있는 것은 시카고대학교 출판부가 발간한 소위 캐난판(Edited, with an Introduction, Notes, Marginal Summary and an Enlarged Index by Edwin Cannan, M. A. 6th edition, London, 1950, 2 vols.)이다.

리하다는 것을 간파하고 있는데 다음과 같이 적고 있다.

"수레 1백대에 물건을 싣는 것은 배 한척에 싣는 것에 미치지 못하고 육로로 천리를 가는 것이 뱃길로 만리를 가는 것보다 편리하지 않다. 따라서 통상을 하려는 상인은 반드시 수로로 가는 것을 좋아한다."6)

해운은 국가간의 무역활동의 파생수요(Derived Demand)이기도 하지만 해운의 발전 없이는 무역발전이 이루어지지 않을 정도로 국가간의 상행위 즉 국제무역과 직접적으로 연관되어 있다. 이러한 이유로 애덤 스미스가 국부론에서 해상운송은 경제발전의 주된 수단(Principal Stepping Stone)이라고 언급했듯이 해운이 없다면 오늘날과 같은 활발한 무역활동은 물론 경제발전도 기대할 수 없었을 것이다.7)

해운의 발전은 데이비드 리카도(David Ricardo, 1772~1823)에 의한 비교생산비의 원리에서 명시된 바와 같이 국제적 분업에 의한 국민경제 상호간의 교환현상 즉, 무역에 바탕을 두고 있음은 잘 알고 있는 사실이며, 이 교환현상은 국가단위의 국제적 특화산업을 발전시켰고 이를 효용화하여 실현하는 지원수단으로서 해운이 기여하는 바는 아주 크다.

즉, 모든 기업이 가장 적합한 산업을 택하여 특화하면 봉쇄경제의 상태에서 일국이 모든 종류의 생산물을 생산하는 것보다 훨씬 더 이익을 증진시킬 수 있다. 세계 각국이 상대적으로 저렴한 생산비를 가지고 생산물의 생산을 특화함으로써 얻어지는 세계 전체의 이익을 비교우위(Comparative Advantage)로 명백히 하고 있으며, 그것이 국제무역이 이루어지는 최대의 이유라고 본 것이다. 여기에 기본 가정은 운송비용이 0을 가정하여야만 해운과 같은 운송수단이 필수이다.8) 따라서 세계적인 무역을 동반하는 국제적 분업과 교환에 주요한 역할을 담당하는 것이 해운이다.

일반적으로 말해서 운송에 대한 수요는 운송 그 자체 이외의 것들에 대한수요로부터 파생되며, 운송의 어떤 형태 예컨대 유람관광을 위한 항해나 휴가여행 등은 소비자용역(Consumer Services)으로 간주할 수 있지만 경제적, 사회적 또는 군사적 요구를 포함한 운송의 기본적인 기능은 장소적 효능(Utility of Place)의 창출, 즉 효용이 낮은 곳으로부터 높은 곳으로 화물을 이동시키는 것이다.

이와 같이 장소적 효용을 창출하는 운송은 생산 및 유통의 각 부분에 걸쳐 운송대상에 새

---

6) 김성준·오세영 (2003), 초정 박제가의 유통통상론 연구, 『해운물류연구』, 39호, p.13.
7) 방희석 (2005), 『국제운송론』, 개정판, 서울: 박영사, p.6.
8) John Cunningham Wood (1991), David Ricardo: Critical Assessments. London: Taylor & Francis. p.312.

로운 가치를 추가하게 된다. 예컨대 운송의 일부분인 해운의 입장에서 말하면 그의 주된 대상인 석유, 석탄 곡물 등의 산화물[9](Bulk Cargo)을 운송하여 생산공정에 접속시킴으로써 이들이 노동 및 노동수단과 결합하여 새로운 형태의 생산물에 가치를 추가하게 되는 것이다.

운송에 의한 추가가치는 물질적 또는 형태적 변화가 생기지 않는 유통과정에서도 나타나게 된다. 이처럼 장소적 효용의 창출이라는 기능을 가진 해운은 한마디로 "바다를 통로를 하는 선박에 의하여 인간 및 재화를 장소적으로 이전시키는 현상"을 가리킨다고 할 수 있다.

일정한 지역을 기반으로 삼는 생활공간에 있어서 인간과 재화 또는 인간상호간에 가로 놓인 공간적 격리를 극복하는 것이 교통이라는 것은 전술한 바와 같으나, 해운도 교통의 일분야인 이상 공간적 거리극복이 사회적 이동현상이라는 것은 두말할 여지가 없으며, 물리적 거리극복이라는 기술적 내용을 기본으로 한다.

다만 해운이 다른 교통영역과 구별되는 것은 통로와 교통수단의 차이로 인한 교통현상의 특수성 때문이다. 따라서 통로인 '바다'와 교통수단인 '선박'이 해운의 개념을 구성하는 주요한 요소가 된다. 해운의 개념을 규정하는 첫 번째 요소가 "바다"인 이상 강이나 하천, 호수 및 수로를 통한 인간 및 재화의 운송은 해운에 포함되지 아니한다.

예컨대 미국 오대호 등에서는 외항선에 못지않은 비교적 대형 선박이 취항하면서 활발한 수로활동을 전개하고 있으며, 미시시피강, 라인강, 다뉴브강 양자강 등의 수로에서도 마찬가지로 이들 지역에만 전적으로 취항하는 선박의 활동은 좁은 지역에 한정되고 특수한 성격을 지니므로 해운과는 구별된다.

한편 두 번째 요소인 "선박"은 기술적으로 선박의 형태를 가진 것으로서, 인간 또는 재화에 운송을 목적으로 하여 운항되는데, 상행위에 제공되는 선박 이른바 상선(Merchant Ship)을 가리킨다. 따라서 어선, 준설선, 창고선, 예인선, 군함, 해저유전 및 가스 굴착선 등의 활동은 해운의 개념에서 제외된다.

우리나라 해운법에서는 동일한 선박을 사용하더라도 사업구간에 따라서 외항해운(ocean-going shipping/deep sea shipping)과 내항해운(coastal shipping)으로 분리되어 운영되고 있다.

우선 '외항해운'은 우리나라와 외국 사이에서 선박으로 물건이나 사람을 운반하는 것이다. 우리나라는 원유, 천연가스 등의 에너지 원료, 철광석 등의 공업 원료, 밀이나 대두 등의 식품을 해외로부터 수입에 의존하고 있다. 예를 들어 원유, 천연가스는 거의 100%, 밀은 99%를 해외에서 수입한다. 또한 우리나라는 자동차 및 전기제품 등 다양한 공업제품을 생

---

9) Bulk Cargo를 산화물(散貨物) 혹은 산적화물(散積貨物)로 표기할 때는 산(散, 흩을 산)을 사용한다. 한편 살화물(撒貨物) 혹은 살적화물(撒積貨物)로 표기할 때는 살(撒, 뿌릴 살)을 사용한다. 연구자 혹은 법령마다 각각 다르게 표현하고 있는데 예를 들어 선박안전법에서는 산적화물이라고 표현하고 철도화물운송약관에서는 살화물이라고 한다. 본서에서는 혼용하여 사용한다.

산하여 세계로 수출함으로써 발전하고 있다. 2021년 우리나라 수출입 물동량 95,800만톤 중 해상물동량이 95,500만톤을 기록하며 그 비중도 99.7%인데 외항해운을 통해 이루어지고 있다. 결과적으로 외항해운은 외국과의 국제무역 대부분을 담당하고 있으며 실질적으로 섬나라와 같은 우리나라의 생명선이라고 할 수 있다. 외항해운 특히 외항화물운송은 국제무역의 일환으로 일어나기 때문에 국제적인 규칙이 적용되는 것이 특징이다.

이에 비하여 우리나라 항구에서 우리나라 항구로 화물이나 여객을 운반하는 것이 "내항해운"이다. 내항해운으로 운송되는 화물의 90%는 유류, 시멘트, 광석, 철재, 모래로서 산업의 근간을 운송하고 있다. 국내의 거래에 따라 운송되기 때문에 국제무역 규칙을 굳이 따를 필요가 없다. 다만 미국이나 필리핀의 일부 주(State)에서는 주간 거래(Interstate Trade)의 경우 국제무역의 관행을 따른다고 한다.10)

따라서 해운 실무에서도 국제무역의 관습을 따르는 외항해운 실무와 그렇지 않은 내항해운 실무는 차이가 있을 수 밖에 없다. 이에 본서에서는 국제무역에 부수된 국제해상운송을 주로 다루기 때문에 외항해운 실무를 다루기로 한다.

내항해운 실무는 외항해운과 전혀 상반된 것이 아니라 해외에서 외항해운으로 수입되어 국내 내항해운으로 반입되거나 혹은 국내에서 생산되어 내항해운으로 이동하여 해외 외항해운으로 수출 되는 등 연속된 화물의 이동에 따라 확립된 관행이 많기 때문에 외항해운과 상당부분 관련성이 있다.

따라서 오래전부터 세계 각국과 함께 구축된 외항해운을 이해한다면 내항해운을 더욱 쉽게 이해할 수 있다. 이러한 의미에서 본서에서는 외항해운에 집중하여 기술하고자 한다.

1.1.2 해운업의 법적 정의

우리나라에서는 '해운업'이라고 하면 법률적으로는 해운법(법률 제11480호, 2012. 6. 1.)의 테두리 하에서 운영되고 있다. 그런데 우리나라 해운법의 영문은 'Marine Transportation Act'(Act No. 18067, Apr. 13, 2021)이며 법무부 법제처의 한국법제연구원 법령번역센터에서 국가가 승인한 한국법의 영문번역이라는 점에서 일반적으로 "shipping business"로 통칭되는 해운업과는 범위가 확대된 개념이다.

우리나라의 해운업은 1963년에 제정된 '해상운송사업법'(Marine Transport Act, 법률 제1472호, 1963. 12. 5., 제정)에서는 '해상운송사업'(maritime transport business)"으로 불려지다가 시대의 변화

---

10) 항해거리가 우리나라 총길이 보다 훨씬 길거나 주변 국가를 가로질러 항행하여야 하는 등 국제항해와 별반 차이가 없거나 혹은 주법(State Code)이 상이하기도 하기 때문에 오히려 국제무역관습을 따르는 것이 편리할 경우가 많기 때문이다.

에 맞추어 1983년에 '해운업법'(법률 제3716호, 1983. 12. 31., 전부개정)에서 '해운업'(marine transportation services)"으로 변경되었다.

내용적으로 보면 해상운송에 한정한 선박운항사업에서 벗어나서 선박운항과 관련한 다양한 사업으로 확대되었다.

즉 구법에서는 해상운송사업은 선박운항사업(정기항로사업과 부정기항로사업)과 해상운송부대사업(선박대여업·해상운송주선업·해운중개업·해운대리점업과 자기소유의 항만시설대여업)으로 한정하였지만 현행법에서의 해운업은 해상여객운송사업, 해상화물운송사업, 해운중개업, 해운대리점업, 선박대여업 및 선박관리업을 가르킨다(해운법 제2조 1항). 크게 변화한 것은 자기소유의 항만시설대여업이 해운업의 범위가 아니라 항만운송사업법(법률 제17007호, 2020. 2. 18., 타법개정)에서 다루어지지만 선박관리업이 새롭게 포함되었다.

우리나라의 법체계인 해운법(법률 제11480호, 2012. 6. 1.) 제2조에 따른 해운업의 범위는 다음과 같다.

① **해상여객운송사업**(marine passenger transportation services)

해상이나 해상과 접하여 있는 내륙수로(內陸水路)에서 여객선 또는 수면비행선박으로 사람 또는 사람과 물건을 운송하거나 이에 따르는 업무를 처리하는 사업으로서 항만운송관련사업 외의 것을 말한다.

② **해상화물운송사업**(marine cargo transportation services)

해상이나 해상과 접하여 있는 내륙수로에서 선박과 예선(曳船)에 결합된 부선(艀船)을 포함한 선박으로 물건을 운송하거나 이에 수반되는 업무를 처리하는 사업이다. 여기에는 선박의 전부 또는 일부를 용선(傭船)하거나 대선(貸船)하는 용대선(傭貸船)이 포함되며, 항만운송사업 외의 것이다.

③ **해운중개업**(marine transportation brokerage business)

해상화물운송의 중개, 선박의 대여·용대선 또는 매매를 중개하는 사업을 말한다.

④ **해운대리점업**(shipping agency services)

해상여객운송사업이나 해상화물운송사업을 경영하는 자(외국인 운송사업자 포함)를 위하여 통상(通常) 그 사업에 속하는 거래를 대리(代理)하는 사업을 말한다.

⑤ **선박대여업**(vessel leasing services)

해상여객운송사업이나 해상화물운송사업을 경영하는 자 외의 본인이 소유하고 있는 선박

(소유권을 이전받기로 하고 임차한 선박을 포함)을 외국인을 포함한 다른 사람에게 대여하는 사업을 말한다.

⑥ **선박관리업**(vessel management services)

국내외의 해상운송인, 선박대여업을 경영하는 자, 관공선 운항자, 조선소, 해상구조물 운영자, 그 밖의 선박소유자로부터 기술적·상업적 선박관리, 해상구조물관리 또는 선박시운전 등의 업무 전부 또는 일부를 수탁하여 관리활동을 영위하는 업(業)을 말한다. 국외의 선박관리사업자로부터 업무의 전부 또는 일부를 수탁하여 행하는 것도 가능하다.

1.1.3 해운의 의의

오늘날 세계 각국은 해운을 하나의 기본 전략산업으로 평가하고 이의 진흥 발전을 위하여 노력하고 있다. 이러한 이유는 해운이 가지는 의의에서 찾아볼 수가 있다.

1.1.3.1 경제적 의의

해운의 경제적 의의는 무역의 촉진, 국제수지의 개선, 노동수요 창출에 의한 고용효과 등으로 나누어 생각할 수 있다. 어느 재화를 생산하는 과정에서의 해운은 생산에 필요한 원자재나 반제품의 공급을 원활하게 함으로써 생산활동을 촉진 또는 가능케 하는 기능을 수행하여 한 나라의 경제를 지속적으로 발전하게 하는 기본적 계기를 마련하는 것이다.

무역의 형태로서 수출입을 예로 든다면 이는 원료나 생산품의 적기확보와 반입 및 저렴한 원가에 의한 운송이 국제경쟁력 확보의 기본과제이며, 이 문제해결의 관건이 곧 해운이기 때문에 무역촉진은 해운이 지니고 있는 큰 의의 중의 하나이다.

따라서 해운은 국가산업의 발전과 생산활동을 촉진하여 국민경제적 효용을 증대시키는 기능을 수행하는 한편, 무역을 촉진시키는 의의를 지님은 물론, 해상운임의 획득과 전략이라는 면에서 국제수지의 개선에도 크게 기여한다. 이 국제수지의 개선문제는 실로 오늘날 대부분의 국가 특히 개발도상국들의 중요한 관심사 중의 하나이다.

일국이 지불하는 운임의 총액은 무역화물의 품목구성과 항로패턴에 따라 다소 상이하기는 하지만 대체로 수입무역량과 운임수준에 의해 결정되게 된다. 그러므로 대량의 화물을 수입하는 경우 이를 위한 해상운임은 막대하게 소요되며, 만약 자국선이 없을 때에는 막대한 외화를 운임으로 지불해야 하는 결과를 초래하게 된다.

이와 반대로 자국의 상선대를 이용하게 되면 그만큼 외화를 절약할 수 있게 되며, 또 수출 시에도 외화를 획득하게 됨으로써 직접적으로 국제수지의 개선에 이바지하게 되는 것이다. 우리나라에서도 지난 1960년대 이후 늘어나는 무역량에 맞추어 꾸준히 국적선대의 증강을 추진해 온 것은 이 맥락에서 파악되어야 한다.

또한 해운은 해상보험, 조선공업, 하역업 등 전후방 관련산업의 발전을 유도하여 이로 인한 노동수요의 창출과 재화축적 등으로 국민경제 발전에 기여하게 된다. 우리나라에서 해운을 바라보는 관점은 지극히 무역과 연관되어 있음을 우표를 통해서도 알 수 있다.11)

〈그림 1-2〉 무역과 해운관련 우표

1965.6.1. 발행   1971.1.5. 발행   1978.3.13. 발행

자료: 행정안전부 국가기록원 http://theme.archives.go.kr

1.1.3.2 국방안보상의 의의

해운이 갖는 또 하나의 주요한 의의는 국방 및 안보상의 것으로서 평상시 각국의 상선대(Merchant Fleet)를 확보해 둠으로써 비상시 선박과 선원을 전력화할 수 있는 수단을 확보하는 데 있는 것이다.

15세기 대항해시대를 개막한 것은 포르투갈, 에스파냐였지만 해양의 패권은 네덜란드를 거쳐 해가 지지 않는 제국을 건설한 영국에 이르러 절정에 달하였다. 영국은 강력한 항해법을 토대로 해양 패권을 확립하고 세계적 규모의 해양제국을 건설하는 데 성공하였다. 영국은 행정부와 상인과 국민을 모두 동원하여 중층직으로 해양제국을 구축하였다. 범선이 기항할 수 있는 전세계의 섬(island)과 곶(cape)을 거점화하고, 최단 항행 루트상에 위치하는 섬을 확보함으로써 섬과 섬을 항행 루트로 유기적으로 연결하였다.12)

중요 항만을 장기간에 걸쳐 안정적으로 사용하기 위해 영국은 해군 기지도 전세계 규모로 정비해 나갔다. 범선의 주요 루트가 된 대서양과 인도양의 주요 섬은 영국 해군의 기지가 되었다.

---

11) 우표는 우편요금을 선납했다는 증표이기도 하지만 우표를 통해 정책, 주요 국정사업 등을 홍보하는 역할을 한다. 따라서 우표에 사용되는 디자인과 도안은 당시 시대상을 반영하는 정책지표를 확인하는 주요한 단서 중의 하나가 된다. 행정안전부 국가기록원 http://theme.archives.go.kr

12) Adam W. Kirkaldy (1914), British Shipping: Its history, organisation and importance, London: Kegan Paul, Trench, Trübner & co., ltd.

〈그림 1-3〉은 19세기 영국이 해외에 구축한 해군 기지의 위치이다. 기지의 수는 일정하지 않고 시대에 따라서 증가와 감소를 반복하였다. 1848~1898년 사이에는 전세계에 해군 기지가 약 40여 개가 있었다.

영국 해군의 해외 기지는 전세계에 산재해 있어 의미없이 퍼져있는 것처럼 보이지만, 사실은 영국 본국~대서양~지중해~인도양~남중국해에 이르는 범선 항행의 기본 루트와 정확하게 일치한다.

〈그림 1-3〉 대영제국의 해외 해군기지와 주요 증기선 항로

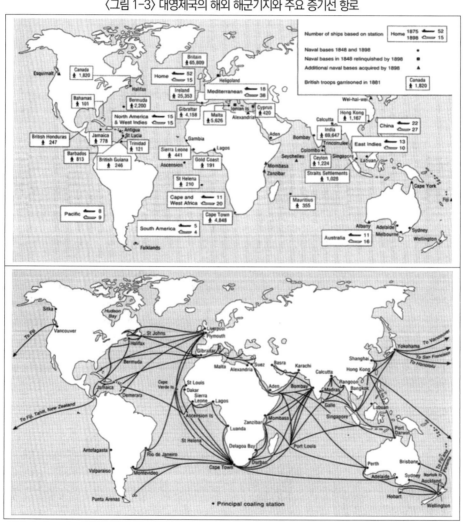

자료: Andrew Porter (1999), The Oxford History of British Empire: Vol III. The Eighteenth Century, New York: Oxford University Press.

16세기부터 19세기까지 영국 해군 함선은 목조 범선이었으며, 원양 항해는 계절풍과 무역풍에 좌우되며 섬에서 섬으로 이동하였다. 대서양과 인도양에 점재하는 섬들을 차지하느냐 그렇지 못하느냐에 따라서 제국의 흥망이 갈릴 수밖에 없었다. 영국 해군의 경우에 크림전쟁(Crimean War, 1853~1856년)을 통해서 철선(iron ship)의 유용성을 확인하고 1860년부터 배치하기 시작하였다.

해군 기지라고 하더라도 모든 기지에 주력전함이 집결되어 있던 것은 아니다. 해군 기지 규모는 일정하지 않았고, 또 범선 전투함이 배치된 곳이 있는가 하면 운송함만 배치된 곳도 있어서 전체상을 파악하기 어렵다.

네덜란드와 포르투갈의 군사적인 위협이 사라진 오세아니아에서는 19세기 내내 해군 기지에 실전용 전투함이 배치되지 않았다. 이와 같이 국제 정세와 지역 정세를 반영하여 해군 기지의 실태는 수시로 바뀌었다.13)

해군 기지를 하나씩 상세하게 살펴보다 보면 실전용 전투함이 배치되지 않은 이름뿐인 기지가 전세계 도처에 있을 듯하지만, 꼭 그렇지만도 않다. 이들 기지는 해군 기지로서의 군사적인 기능 이외에 무역항으로서도 많은 역할을 담당하였고, 또 범선이 원양 항해 중에 식량과 음료수를 보급하는 중계지로서, 나아가 목조 선체를 수리하는 수리조선소의 역할도 하였다. 평상시에는 무역항, 식량과 음료수 보급지, 선체 수리를 위한 수리조선소로서 활용되고, 전시에는 군항의 기능을 발휘하는 등 영국에는 대단히 편리한 해군 기지였다.

특히 영국은 범선 항행 항로상에 위치하는 몰타섬과 세일론섬 등의 섬들, 육지와 육지 사이에 있는 말라카해협과 지브롤터해협과 같은 해협, 나아가 대서양에서 인도양으로 방향이 바뀌는 희망봉(케이프타운) 등의 곳을 전략적인 요충지로 보고 항구적 해군 기지를 설치하였고, 실전용 전투함을 상주시켰으며, 해군 기지를 지키기 위해 육군도 함께 주둔시켰다.

전략적 요충지는 영국에 막대한 부를 가져다준 무역 거점으로서도 번영하였다.

이러한 군항과 무역항은 다소 과장되게 표현하자면 공공재로서 교역에 종사하는 전세계의 범선에 개방되었기 때문에 무역항으로서 영속적으로 발전하기도 하였다. 전체적으로 보았을 때 영국이 전세계 규모로 개척한 원양 항해의 주요 루트와 해군 기지는 지리적으로 거의 겹쳤기 때문에 군사적 우위성을 유지하면서 동시에 경제권을 지배할 수도 있었다.14)

범선을 대체할 증기선이 19세기에 도입되자 영국 해군 군함도 증기기관을 탑재하는 시대를 맞이하여 연료인 석탄의 확보와 보관이 큰 문제로 부상하였다. 영국은 다행히도 웨일스

---

13) Sara Caputo (2020), "Exploration and mortification: Fragile infrastructures, imperial narratives, and the self-sufficiency of British naval "discovery" vessels, 1760~1815", History of Science, https://doi.org/10.1177/0073275320970042
14) 竹田いさみ (2019), 『海の地政學: 覇權をめぐる400年史』, 東京: 中央公論新社.

(Wales) 지역에서 세계 최고수준의 석탄이 풍부하게 매장돼 있어 산업혁명의 효과를 단단히 보고 있었다.

영국 정부가 해외에서 식민지를 경영하고, 증기기관을 탑재한 함정이 식민지를 방위함과 동시에 민간 상선의 항로를 지키는 시대를 맞이하자, 해외에서 석탄을 안정적으로 보급 받는 것이 가장 중요한 과제로 급부상하였다. 이에 영국 정부는 19세기 말까지 전세계에 약 160곳의 석탄 보급기지를 확보하였다. 석탄 보급기지에서는 500톤 이상의 석탄을 저장하도록 하였다.[15)]

영국 해군은 함정에 탑재된 증기기관의 연소력을 높이기 위해 웨일스에서 생산된 석탄을 사용한다는 방침을 세우고, 해외의 석탄 보급기지에도 영국 본국에서 웨일스 석탄을 운반해 와서 저장해두었다. 영국 해군이 기항하는 주요 석탄 보급기지에는 웨일스 석탄이 산처럼 쌓여있었다. 이와 같이 영국 해군은 해양 패권을 계속 장악하기 위해 석탄 등의 연료 보급을 비롯하여 자기완결성을 무척 중시하였다. 웨일스 석탄은 웨일스 남부에서 채굴되며, 석탄 출하항의 이름을 따서 카디프 석탄이라고도 불린다. 20세기 초반이 되면 웨일스의 도시 카디프(Cardiff)는 세계 최대의 석탄 출하항으로서 이름을 떨치게 된다. 웨일스 석탄은 연소 효율이 좋고, 무연탄이라고 불리는 것처럼 검은 연기도 적게 발생하여 세계 최고 품질의 석탄 브랜드로 인식되었다.

20세기 들어 해양의 패권은 미국으로 이동하였다. 미국은 전통적으로 해운을 국방상의 수단으로 간주하여 신속한 조치를 기대할 수 있는 정기선에 대하여 건조보조(Construction Subsidy)와 운항보조(Operational Subsidy)를 아끼지 않았다. 이러한 정책은 1936년 미국상선법 (Merchant Marine Act, 1936)에 따라 자국의 무역촉진과 더불어 국방상 필요에 따라 해운세력을 유지시키기 위한 것이었다.

미국뿐만 아니라 일부 개발도상국들도 자국의 해운력 증강을 이러한 명분에서 찾고 있음을 주목해야 한다. 특히 우리나라의 경우 3면이 바다로 둘러싸여 있고 북쪽으로는 북한과 대치하고 있는 상황이기 때문에 충분한 상선대를 확보하여야 하며 또한 이것을 운용할 해운인력의 확보는 아무리 강조하여도 지나침이 없다.

1.1.3.3 외교통상의 의의

해운의 의의는 위의 두 가지 이외에 외교적 측면에서도 찾을 수 있다. 즉, 자국상선대에 게양된 자국기가 세계의 곳곳을 누비고 있을 때에는 자국이 운항하는 선대가 세계의 곳곳을

---

15) Andrew Porter (1999), The Oxford History of British Empire: Vol III. The Eighteenth Century, New York: Oxford University Press.

항해하고 있을 때 그 나라의 국위도 함께 올라간다는 것은 두말할 나위없다.

1.1.4 해운의 특성

해운은 교통의 일종으로서 한마디로 "바다를 통로로 하는 선박에 의하여 인간 및 재화를 장소적으로 이전시키는 현상"이다. 따라서 해운이 다른 교통기관의 운송, 즉 육운이나 공운과 비교하여 지니는 특징은 우선 바다를 통로로 한다는 점과 선박이라는 교통수단에서 찾아볼 수가 있다.

해운이 육운이나 공운과 비교하여 가지는 기본적인 특징을 들면 다음과 같다.

1.1.4.1 대량운송

해운의 특징은 운송량에 있다. 모든 운송수단 중에서 선박만큼 운송력이 큰 것은 없다. 철도운송의 경우 차량을 늘림으로써 단위 운송량을 증가시킬 수도 있다. 항공기의 운송은 속도는 빠르지만 운송량은 많지 않다. 자동차의 경우 운송할 수 있는 양은 철도나 배에 비해 훨씬 적다.

이에 비하면 선박은 가장 적은 화물선, 예를 들면 기범선이라 해도 보통 100톤 쯤은 실을 수 있다. 이것은 해양을 이용함에 따라 발생하는 최대의 편익이라 할 수 있는데 현대에서는 40만톤의 원유를 1척의 선박(원유선)으로 운반할 수도 있게 되었다.

1.1.4.2 원거리 운송

해상운송은 대개 원거리운송이다. 물론 원거리라는 것이 반드시 해운의 요건은 아니나 통례로 해운은 대부분 원거리에서 이루어진다. 대륙간의 해양을 통로로 하고 있어 당연하다. 또 장거리 운송이야말로 해운의 특징을 잘 나타낸다고 할 수 있다. 철도운송도 해운에 필직할 만한 운송거리는 없다. 최대의 것이 시베리아 철도 및 미국의 대륙 횡단 철도이지만 대체로 거리가 짧다. 항공운송은 상당히 장거리이기 때문에 항공수송의 특징이 되고 있는데, 이 점에서는 해운과 공통성을 가진다고 말할 수 있다.

1.1.4.3 저렴한 운송비

해운의 운송비를 다른 운송수단과 비교할 때 단위당 비용이 저렴하다. 항공운송비가 가장 높다는 것은 두말할 필요가 없지만 철도운송도 해운에 비하면 거리와 중량의 비율을 감안할 때 운임률이 훨씬 높다. 이와 같이 해상운임이 저렴한 것은 운송로인 해양을 무한히 이용할 수 있어 특별한 설비를 설치할 필요가 없기 때문이다.

1.1.4.4 자유롭고 무한정의 운송로

해운의 교통로는 해양이지만 이것은 천연의 통로여서 자유롭게 사용할 수 있다. 철도는 통행로가 전부 독점되어 자유롭게 신설되거나 사용될 수 없다. 도로교통은 철도에 비하면 자유롭지만 상당한 제한을 받는다. 공중은 자유롭지만 타국의 영공을 비행하는 것은 제한된다. 그러나 해운의 경우 세계의 해양은 대부분 공해(公海, High Sea)여서 자유롭게 항해할 수 있다.

한편 공해에서 선박이 자유항해가 가능하게 된 것은 네덜란드의 휴고 그로티우스(Hugo Grotius, 1583~1645)가 1609년에 주장한 '자유해론'(Mare Liberum)이 큰 기여를 한 국제법의 확립이었다.16)

15세기 말에는 미국대륙과 동인도로 가는 항로가 발견되자 에스파냐와 포르투갈의 양국은 로마교황의 칙서에 의거하여 대서양·인도양 및 태평양의 영유권을 주장하여 이들 바다를 통과하는 통상무역을 독점하려고 했다. 이에 대하여 영국이나 네덜란드 등에서는 어떤 나라라 할지라도 해양을 영유할 수 없다고 주장하고 에스파냐와 포르투갈의 해역에 무력으로 진출하였다. 결과적으로 해양을 이용하려는 유럽 각국은 무력 충돌이 벌어질 수밖에 없었던 상황에서 '공해자유의 원칙'은 국제적인 합의로 국제법의 근간이 되었다.

이 원칙은 '국제법의 아버지'로 불리는 휴고 그로티우스가 사망한 뒤에 체결된 '국제법의 출발점'인 웨스트팔리아 조약(Westfälischer Friede, 1648) 이후 국제법으로 공인되었다.

〈그림 1-3〉에서와 같이 공해 사용의 자유는 국제법 규칙인 유엔해양법협약(United Nations Convention on the Law of the Sea, UNCLOS)에 정해진 조건에 따라서 행사되는데 ① 항행의 자유, ② 공해상공비행의 자유, ③ 해저전선 및 관선 부설의 자유, ④ 인공도서와 시설을 건설할 자유, ⑤ 어업의 자유, ⑥ 과학적 조사 등이 포함된다.

현재 국제법으로 가장 광범위하게 지지받고 있는 UNCLOS에서는 연안국의 주권은 영토(領土, Land)와 내수(內水, Internal Waters) 영해(領海, Territorial Sea)라고 하는 인접해역에까지 미친다고 규정하고 있다. 많은 국가가 자국의 영해를 영토로부터 12해리로 인정하고 있으며 이를 벗어난 공해는 자유롭게 통행하는 것은 인정하고 있다. 영해의 개념은 UNCLOS에서 정의되었는데 한 나라의 주권이 미치는 바다로서, 기점이 되는 기선(基線, Baseline)으로부터 12해리의 범위까지 설정된다.

---

16) 김영구 (1999), 『한국과 바다의 국제법』, 부산: 효성출판사, pp.3-6.

접속수역(接續水域, Contiguous Zone)은 영해에 접속해 있는 수역으로서, 영해기준선으로부터 24해리를 넘지 않는 범위에서 그 영토 및 영해상의 관세·재정·출입국관리·보건·위생관계 규칙위반을 예방하거나 처벌하기 위하여 필요한 국가통제권을 행사하는 수역이다. 자국 연안으로부터 200해리의 범위 내의 배타적경제수역(排他的經濟水域, Exclusive Economic Zone)을 설치하여 수산자원 및 광물자원 등의 비생물자원의 탐사와 개발에 관한 권리를 얻을 수 있다.

〈그림 1-4〉 유엔해양법협약에서의 영역

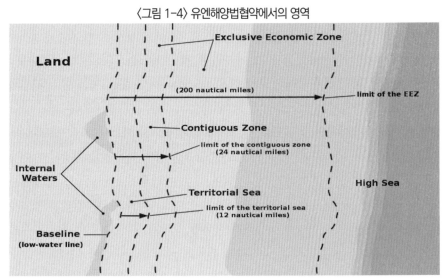

자료: Wikimedia (2020).

1.1.4.5 국제성

해운은 반드시 국제해운만이 아니라 국내의 연안해운이나 식민지간의 해운도 있다. 그러나 대부분은 역시 국제간의 항행이다. 그리고 이런 국제해운은 대개가 원거리이고 대형선의 운항비중이 높다.

따라서 해운의 특색으로서 국제성을 그 하나로 들지 않을 수 없다. 해운의 국제성의 하나는 출입항의 국적이 다르다는 것이다. 즉 외국의 항만에 선박이 출입한다는 점에서 국제성을 찾을 수 있다. 또다른 하나는 각국 상선이 국제해운시장에서 경쟁하는 점이다. 공해라는 자유로운 시장을 무대로 세계해운시장은 한 개의 공통시장이 되고 각국 상선대가 경쟁하게 된다. 이 점은 철도나 자동차 교통이 국내 교통을 원칙으로 하고 있는 것에 비해 대단히 상이한 점이다.

현대해운은 국민경제의 범위를 넘어서 국제금융자본을 이용하고 국제적으로 노동력을 찾고 세계 각 해운에서 운송용역을 생산하여 국내시장에 판매하는 등으로 국제기업화 하였다. 즉 제1국에서 거주하는 선주(Beneficial Owner)가 소유하는 선박을 제2국에 있는 회사가 직접 보유하여 제3국에 선박의 국적을 등록하고 제4국의 회사가 그 나라의 법률에 따라서 관리 (운항)하되 제5국의 기업에 장기용선(Long Term Charter)을 주면 이 선박이 다시 제6국의 기업에 재용선(Sub-Charter)되는 수도 있다. 이 선박에 승무하고 있는 선원은 제7국의 국민이며, 선박의 건조는 제8국에서 행해지고 그 건조자금의 일부는 제9국의 은행으로부터 융자받는다.[17] 이 렇게 복잡한 선박의 지배형태와 운영방식은 선박의 편의치적제도에 의해 이루어지고 있다.

1.1.5.6 느린 속력

해운의 속력은 일반적으로 느리다. 항공기에 비해서는 물론이고 자동차 또는 철도에 비해서도 평균속력이 가장 느리다. 고속의 정기선이라 해도 시속 27노트 정도이다. 이렇게 속력이 느리기 때문에 운임도 싸고 경제적이다. 항공기가 아무리 발달해도 화물운송능력면에서는 도저히 해운에 비할 수 없다.

1.2 선원

1.2.1 선원의 정의

광의의 선원(船員, mariner, seaman, seafarer)은 해상기업주와의 고용계약이 없어도 특정한 선박에서 계속적으로 노무를 제공하는 자를 말한다. 협의의 선원은 해상기업주와의 고용계약에 의해 특정한 선박에서 계속적으로 노무를 제공하는 자를 말한다. 그러나 우리나라 상법과 선원법의 규정에서 말하는 선원은 협의의 선원을 의미한다.[18]

선원법 상 선원이라 함은 대한민국 선박이나 대한민국 선박 이외에 대통령령으로 정하는 선박에 승무하는 선장, 해원과 예비원을 말한다. 즉 선원(seafarer)이란 선장을 포함한 전체 승선노무자를 말하는 것이고, 해원(海員, seaman)이란 선장을 제외한 승무원으로서 해상기업주와 고용계약에 의하여 노무의 대상으로 봉급 기타 보수를 받는 자를 말한다.

선원과 선장을 제외한 일반 해원을 구분하고 있는 것은 선장이 지니고 있는 특수한 지위 때문이다. 그리고 선박을 공유하는 경우에는 선박소유자 자신이 선장이 되는 경우가 있는데

---

17) John Durival Kemp, Rochdale (1970), Committee of Inquiry Into Shipping (Rochdale Committee): Report, May 1970, Mss.919/7/63, London, U.K.: H.M. Stationery Office, Para. 5.
18) 해운·물류 큰사전 편찬위원회 (2002), 『해운·물류 큰사전』, 서울: 한국해사문제연구소, s.v. "선원".

즉 선주선장 혹은 자선선장의 경우의 선장을 광의의 선원이라고 할 수 있다.

한편 직원이란 선박직원법 제2조 제3호에 따른 항해사, 기관장, 기관사, 전자기관사, 통신장, 통신사, 운항장 및 운항사와 그 밖에 대통령령으로 정하는 해원을 말한다. 또한 부원(部員)이란 직원이 아닌 해원을 말한다. 갑판부 또는 기관부의 항해당직을 담당하는 부원 가운데 일정 자격요건을 갖춘 부원을 유능부원이라고 한다(선원법 제2조 제5호~제6호).

선원은 특정한 선박에서 계속적으로 노무를 제공하는 자이므로 일정한 수역에서 선박소유자에게 피용되어 임시로 노무를 제공하는 해운업을 보조하는 도선사는 선원이라 할 수 없으며, 또한 선원은 선내나 항내 뿐만 아니라 선박의 항행에 관한 노무에 종사하는 자이다. 우리나라 선원법 제2조 제1호, 선원법 시행령 제2조에 따라 선원이 아닌 사람 가운데는 '실습선원'이 포함되어 있어서 실습선원은 선원법상의 선원이 아니다.[19]

협의의 선원을 고용하는 해상기업주는 선박소유자, 선박임차인 등인데 정기용선자도 해상기업주에 포함되나 정기용선 계약에 사용하는 이른바 Baltime 서식에 따르면 정기용선자는 사용약관(employment clause)에 따라 선박소유자가 고용한 선장과 해원을 지휘하고 명령할 수 있을 뿐 직접 그들을 고용하지 않는다.

선원법 상의 예비원이란 특정한 선박에 승무하기 위하여 고용된 자인데 현실적으로 선내에 승무하지 아니하는 대기원이지만 특별한 예외를 제외하고 선원법의 적용을 받는다. 선박소유자는 선원법 제67조의 제2호에 의거하여 유급휴가 등 대통령령이 정하는 자 이외의 예비원에게 통상임금의 70%를 임금으로 지급한다.

1.2.2 선원 확보의 의의

유엔해양법협약(UNCLOS)을 채택한 오늘의 세계에서, 해양정책은 종전의 침략적 군사적인 제해권 확장의 개념을 탈피하고, "모든 해양 공간과 해양 자원을 규제하기 위한 종합적인 구상과 대책"이라는 새로운 개념으로 정립되고 있다. 냉전이 종식된 후 세계는 군사적 대치에서 벗어나 인류의 공동 유산인 심해저 자원의 개발을 위한 국제적 협력 체제의 구축이라는 새질서 확립에 초점을 맞추고, 인류의 공동 안전 보장을 위해서 해양환경 보전이라는 새로운 도전에 직면하게 되었다. 이제 인류는 바다를 떠나서는 살 수 없게 되었다. 그것은 인류의 생존이 바다에 달려 있기 때문이다.

바다에서 일할 고도한 해기 전문인이 더욱 많이 필요하게 되었다. 그러나 "젊은이여, 바다

---

19) 선원법 제2조 제23호에서는 실습선원을 선원은 아니지만 해기사 실습생을 포함하여 선원이 될 목적으로 선박에 승선하여 실습하는 사람을 말한다.

로!(Down to the sea, Young Men!)"라는 구호는 허공에 메아리칠 뿐, 사람없는 바다를 우려하게 되었다.

바다라는 특수환경에서 위험에 노출된 직업이 선원직업이요, 별다른 혜택도 없는, 장래가 불확실하고 불투명한 직업이라는 데 해상직업을 외면하는 근원적인 원인이 내재하고 있다. 전세계적으로 선원 배승 문제는 위기에 처해 있는 심각한 문제가 되었고 선진해운국의 선원 사회는 붕괴하고 있다. 우리나라의 경우 선원 공급원은 아직은 고갈되지 않고, 해기사 양성 기관인 한국해양대학교와 목포해양대학교는 지속적으로 대학교육 체제를 유지하고 있다. 하지만 대학을 졸업한 초급해기사들의 조기 하선, 전직하는 경향이 나타나고 있기 때문에 육상에서 필요한 고급 해기사의 부족현상이 야기되고 있다는 점이다.

선원수급 계획은 "경제 변동에 대응한 개별 해운업계의 동향에서 예측되는 선복량과 선원 의 과부족 산출과 이에 부합하는 선원교육기관의 정원수 조절" 흐름으로 검토되기 마련이 다. 지금까지 국내외의 선원수급정책의 흐름은 이러한 경향을 탈피하지 못한 감이 있다.[20]

초급해기사 양성 제한과 저임금 개발도상국 선원으로 대체, 고급해기사의 심각한 부족현 상 야기 등의 악순환이 일어난다. 오랜 세월에 걸쳐서 신규 양성 교육과 채용을 억제하고 방치해온 대가를 선진해운국들은 한꺼번에 치르지 않을 수 없게 되었다. 그러므로 현재 일 시적 미봉책으로 저임금 외국인 선원을 고용하고 있을지라도, 한번 무너진 선원사회는 회복 하기 어렵다는 것을 우리는 몸소 체험해 왔다.

대항해시대에 부(rich)와 영광, 명예를 거머쥐던 선원들은 사라졌다. 범선시대의 선원, 바다 의 열애자들, 그들을 존경하는 마음으로 Sea-mania라고 부르지 않고 Sea-enthusiast라고 부르고 있다. 모험심으로 바다에 진출했던 당시의 선원직업은 젊은이들이 도전할만한 매력 적인 직업이었을 것이다.

선원수급문제는 간단하고 편리하게 시장경제원리에 맡겨 둘 문제가 결코 아니다. 해운산 업은 제4군(The fourth army of defence)으로 국방과 교역(defence and commerce)의 역할을 맡고 있 는 국가의 기간 전략산업이다. 선원수급의 항상성이 유지되지 않는다면 국가경제안보를 유 지하기 어렵다. 바다의 특성에 대한 이해 없이 선원직업의 매력화 방안을 논의하거나 장기 승선 근무를 유도해 보려고 한다면 선원수급문제는 해결의 실마리를 찾지 못한 채 영원한 과제가 될 수밖에 없을 것이다.

저출산 소자주의(小子主義) 시대에 태어난 젊은이들은 무엇보다도 직업의 안전성을 추구 (safety first)하며 위험에 노출된 해상직업은 도외시될 수밖에 없을 것이다. 또한 지금은 삶의

---

20) 이재우 (2021), "선원직업의 매력화와 상급해기사 확보 방안", 『해양한국』, 2021 권7호, p.135.

질(quality of life)이 중시되고 있는 사회에서 살아가고 있기 때문에, 이 점이 도외시되는 직업은 외면할 수밖에 없다.

자국선 자국선원 확보 대책 외에, 선원 공급원을 찾아내는 일이 선원수급의 과제가 되고 있는데, 혼승선 선원집단의 문화적 마찰과 갈등은 심각한 문제를 일으키고 있다.

한때 매력적이었던 선원직업은 사회적 변화에 따라 매력을 상실했다. 장래가 불확실하고 별다른 혜택도 없이 거친 파도와 싸우는 선원생활은 상시적으로 위험에 노출되어 있기 때문이다. 선진해운국의 선원사회는 붕괴하고 있다.

세계 5위의 해운강국인 우리나라의 경우, 해기사 공급원은 아직은 고갈 상태가 아니지만 초급 해기사들이 조기 하선, 전직하는 경향이 나타나면서 육상직에서 필요한 고급 해기사 부족현상이 고급 해기사의 부족현상이 나타날 수 있다.

1.2.3 선원 고용 현상

자국 선원을 고용하게 되는 국적선의 선원비용과 저렴한 인건비를 제공할 수 있는 편의치적선의 선원비의 차이를 조사한 미국국제무역위원회(United States International Trade Commission, 2007)[21]은 〈표 1-1〉과 같이 하루당 12,070달러를 더 지출하는 것으로 조사되었다. 하루당 차이가 가장 많이 나는 것은 선원비로써 미국인 선원을 고용하는 경우와 외국인 선원을 고용하는 경우의 차이는 9,765달러로써 하루당 차이의 80.9%에 해당한다. 이와 반면에 유지관리비, 보험 등은 그 차이가 미미한 수준이었다.[22]

〈표 1-1〉 미국적 선박과 편의치적선의 운영비 비교

항목	미국적 선박		편의치적선		차이($/day)	
	$/day	구성비	$/day	구성비	$/day	구성비
신원비	12,705	37.1%	2,940	13.2%	9,765	80.9%
유류비	4,410	12.9%	3,045	13.7%	1,365	11.3%
유지관리비	2,310	6.7%	1,470	6.6%	840	7.0%
보험	13,335	38.9%	13,335	60.1%	0	0.0%
기타	1,500	4.4%	1,400	6.3%	100	0.8%
합계	34,260	100%	22,190	100%	12,070	100%

자료: United States International Trade Commission (2007) 이용 산출. 김성국·이진욱·장은규 (2019), "한국 해운의 지속가능사업을 위한 선원보조금 도입에 관한 연구", 『해양비즈니스』, 제44호, p.5. 재인용

---

21) United States International Trade Commission (2007), The Economic Effects of Significant U.S. Import Restrains, Fifth Update 2007 Investigation No. 332-325, Washington, DC.: US ITC.
22) 김성국·이진욱·장은규 (2019), "한국 해운의 지속가능사업을 위한 선원보조금 도입에 관한 연구", 『해양비즈니스』, 제44호, p.6.

미국적 선박을 유지하는 것은 비용 면에서 불리한 것은 사실이나 미국은 ① 미국적 선박은 연방 및 주정부에 세금을 납부하며, ② 미국시민을 선원으로 채용하며, ③ 고용된 미국인 선원들은 급여를 받으며 소득세를 원천징수할 수 있으며, ④ 연방과 주정부의 노동규정을 적용하여 승선근무하고, ⑤ 선원들은 자 신들의 이익을 위하여 노동조합 등 조직화 될 수 있으며, ⑥ 연방과 주정부의 작업장 안전기준을 충족시켜서 작업환경이 개선된 곳에서 근무할 수 있다는 장점이 있기 때문에 미국 국내 운항시에는 미국적 선박으로만 운송하는 카보타지(cabotage)를 강력하게 시행하고 있다.23)

또한 미국적 선박에 의한 해상운송은 비용 면에서 해외치적선보다 불리할 지 몰라도 화물의 안전한 운송이라는 운송안보 측면에서는 외국인의 접근을 방지하기 위한 추가 시설을 설치하지 않아도 되는 유리한 면이 있기 때문에 미국적 선박에 의해서만 미국 연안무역을 담당하는 것이 오히려 경제적이라고 지적하고 있다.24)

선원 노동의 특징은 전통적으로 힘들고 어렵고 위험한 업종으로 분류되고 있다. 일반적으로 선박이라는 공간에서 근무하기 때문에 육상에서 오랫동안 격리되어 생활해야 한다는 점은 유사이래 변함이 없다. 선박이라는 공간에서 생활하면서 대양을 항해하므로 다른 운송수단에 비하여 해상고유의 위험에 직접적으로 노출되는 등 더 많은 위험에 직면하는 것이 현실이다.

기술의 발달에 따라 선박의 위험성이 낮아지고 있지만 상대적으로 타 운송기관 및 육상의 근무환경도 개선되고 있기에 〈표 1-2〉와 같이 여전히 고립성, 위험성, 불연속성, 힘든 작업환경 등에서 타 직종에 비하여 힘들고 위험한 직업으로 분류되고 있다.25)

〈표 1-2〉 선원직의 특수성

구 분	주요 내용
고립성	가정 및 사회로부터의 격리
위험성	직장(근로환경)으로서의 선박의 위험성
	근로(선내작업) 중의 위험성
	선내 거주의 위험성
불연속성	불규칙적이고 단절적인 해양노동
힘든 거주환경	선원거주구역, 위생 등의 곤란
선원노동능력의 조기소모	심야근로, 근로시간 연장 등으로 한 노동능력의 조기소모

자료: 한국해양수산개발원·한국법제연구원 (2018), 『선원분야 법률 체계 개편방안 연구』, 세종: 해양수산부, p.26.

23) S. Beason, D. Conner, N. Milonas and M. Ruge (2015), "Myth and Conjecture? The "Cost" of the Jones Act", Journal of Maritime Law & Commerce, Vol.46 No.1, pp.23-50.
24) S. A. Giberga, and Thompson (2015), J. H. T., "We and Mr. Jones: How the Misunderstood Jones Act Enhances Our Security and Economy", Journal of Maritime Law & Commerce, Vol.46 No.4, pp.493-513.
25) 김성국·이진욱·장은규 (2019), "한국 해운의 지속가능사업을 위한 선원보조금 도입에 관한 연구", 『해양비즈니스』, 제44호, pp.8-9.

1.2.4 선원 취업현황

우리나라의 한국인 선원현황을 보면 〈표 1-3〉과 같이 2018년 12월 31일 기준으로 상선의 경우 국적선과 해외취업선에 취업하고 있는 한국인 선원은 18,995명이며 이 가운데 해기사는 15,602명, 부원은 3,393명으로 해기사가 절대적으로 많다. 해기사에 비하여 급여가 낮은 부원의 경우에는 선원직무에 대한 매력도가 낮아서 부원 부족현상이 지속되고 있다. 부족한 부원의 직무는 상당수의 외국인으로 교체되고 있다.

또한 승선원이 급한 용무로서 교체해야 하는 상황에 대비하여 확보하고 있는 비승선인원에 해당하는 국적 상선의 예비원은 전체 1,306으로서 예비원율은 6.87%이다. 같은 기간동안 국적 외항선의 예비원은 1,213명으로 예비원율은 6.9%이며 국적 내항선은 예비원 93명으로 예비원율은 1.14%에 불과한 상당히 낮은 예비원을 확보하고 있다. 우리나라의 선원법 시행령 제21조에서는 선박소유자는 총 승선원의 10%이상을 확보하도록 규정하고 있기 때문에 심각한 문제이다. 선원법 시행령에서는 선박 3척 미만을 보유하고 있는 경우에는 예비원의 비율이 10% 미만이 되어도 적법하기 때문에 대부분 영세한 영업을 유지하고 있는 내항해운에서는 1% 정도의 예비원율을 확보하고 있다. 결과적으로 외항해운에 비하여 내항해운의 경우에는 선원의 근로조건이 열악하다.

〈표 1-3〉 한국인 상선선원 현황

2018.12.31현재

		승선원			예비원			합계		
		계	해기사	부원	계	해기사	부원	계	해기사	부원
국적상선		15,110	12,135	2,975	1,306	1,079	227	16,416	13,214	3,202
	외항선	7,050	5,861	1,189	1,213	1,006	207	8,263	6,867	1,396
	내항선	8,060	6,274	1,786	93	73	20	8,153	6,347	1,806
해외취업상선		2,579	2,388	191				2,579	2,388	191
합계		17,689	14,523	3,166	1,306	1,079	227	18,995	15,602	18,995

자료: 한국선원복지고용센터 (2019), 『한국선원통계연보 2019』, 세종: 해양수산부, p.46.

한편 〈표 1-4〉와 같이 해외취업상선에 승선중인 선원은 2,579명이며 이 가운데 해기사 2,388명, 부원 191명이다. 선박의 등록지를 보면 Panama 533척에 1,498명의 선원이 취업 중이고 다음으로 Marshal Island는 128척, 379명의 선원이 취업 중이다.

〈표 1-4〉 우리나라 해외취업상선 선박국적별 현황

2018.12.31현재

국적	관리선박 (G/T)								승선원		
	계	200T 미만	200T~ 499T	500T~ 1,599T	1,600T~ 2,999T	3,000T~ 5,999T	6,000T~ 19,999T	20,000 T이상	계	해기사	부원
계	944		1	6	33	110	227	567	2,579	2,388	191
Ghana	2			2					7	7	
Liberia	69					3	5	61	215	215	
Marshal Is.	128					10	21	97	379	375	4
Molta	14						6	8	58	57	1
Vanuatu	18				1			17	33	33	
Bahamas	12						2	10	90	85	5
Cyprus	4						3	1	7	7	
Singapore	98			2	2	7	30	57	160	155	5
United Kingdom	3							3			
Japan	7							7	42	17	25
Cayman Is.	4						3	1	13	13	
Kiribati	8			1	7				14	14	
Panama	533		1	3	28	81	150	270	1,498	1,347	151
Hong Kong	39				1	7		31	52	52	
Others	5			1				4	11	11	

자료: 『한국선원복지고용센터 (2019), 『한국선원통계연보 2019』, 세종: 해양수산부, p.191.

일본은 자국민 선원 확보에 노력하였지만 선원직에 대한 매력도가 타 업종에 비하여 높아지지 않은 상황에서 가시적인 성과가 나오지 않고 있다. 그 이유는 세계적으로 비용이 비탄력적인 상황에서 선원공급은 이미 수요를 초과한 상태이기 때문에 외항해운에서는 일본과 같은 고임금 국가의 선원이 국제경쟁력을 상실할 수밖에 없기 때문이다.26)

이러한 현상 때문에 기존의 고급자격을 갖춘 선원이 전통적인 해운국가에서는 줄어들고 저개발국가로 점점 더 편향될 것이라는 견해로서 선진국에서는 선원의 매력도를 높일 수 있는 대책이 거의 없기 때문에 선원확보 어려움을 보여주는 단면이다.27) 따라서 인력의 국제공급이 무제한적인 외항해운에서는 선원이라는 전문직종은 선원의 실질임금이 증가하는 만큼 소득수준이 높은 국가에서는 공급이 줄어들 수밖에 없음을 보여준다.

---

26) Kanev, D. (2007), "The New Characteristics of Seafarers' Labor Market and their Requirements to the Maritime Education", 4th IAMU General Assembly, Varna, Bulgaria: Nikola Vaptsarov Naval Academy.
27) Glen, D. (2008), "What do we know about the labour market for seafares? A View from the UK", Marine Policy, Vol. 32, No. 6, pp.845-855.

일본은 여러 차례 선원법 개정을 통해 선원 복지를 향상시키는 근로복지 성향의 법령으로
탈바꿈 하고 있다. 일본 선박직원법의 경우에는 STCW(International Convention on standards of
training, certification and watchkeeping for seafarers, 선원의 훈련, 자격증명 및 당직근무의 기준에 관한 국제협약) 등
국제협약과의 호환을 위한 재개정이 진행되어 전 직종을 대상으로 실효적인 선원복지 향상
에 기여하고 있다. 그 결과로서 내항해운에 종사하는 비중이 높게 나타나고 있다. 일본의
선원교육기관인 해기단기대학(海上技術短大)28)과 해기학교(海上技術学校)29)를 졸업한 졸업자의 최
근 취업동향을 보면 압도적으로 내항해운에 종사하는 비중이 높은 것을 발견할 수 있다. 특
히 국제선원시장에 의하여 수급이 조절되는 외항선박에는 일본 선원의 경쟁력이 거의 상실
된 것으로 보인다.

〈표 1-5〉와 같이 三輪田優子(2019)의 자료에 따르면 2013년부터 2017년까지 5년간 누적
졸업생은 1,794명에 불과하다. 이 가운데 72.69%인 1,304명이 내항해운에 종사하고 있다.
대부분의 운항구역이 일본 연안인 카페리/여객선에도 졸업생의 12.32%가 취업해 있으며
공공기관에는 3.90% 정도가 취업하는 것으로 나타났다. 결과적으로 외항해운에는 1.11%에
남짓한 졸업생이 진출하고 있는 것으로 보아 일본인 선원의 국제경쟁력은 거의 상실하였거
나 내항해운의 매력에 의해 내항해운으로 집중되는 것으로 보인다.30)

〈표 1-5〉 일본 해기교육기관 졸업자의 진로현황(2013~2017)

		해기단대(2년제)	해기학교(3년제)	전체
내항	명	835	469	1,304
	비중	73.12%	71.93%	72.69%
카페리/여객선	명	173	48	221
	비중	15.15%	7.36%	12.32%
관공청	명	50	20	70
	비중	4.38%	3.07%	3.90%
수산계	명	20	10	30
	비중	1.75%	1.53%	1.67%
진학	명	51	98	149
	비중	4.47%	15.03%	8.31%
외항	명	13	7	20
	비중	1.14%	1.07%	1.11%
전체	명	1,142	652	1,794
	비중	100%	100%	100%

자료: 三輪田優子 (2019), "船員政策に関する最近の動向", 『平成３０年度海技振興フォーラム資料』, 東京: 國土交通省, p.22. 정리

---

28) 해상기술단대(海上技術短大)는 2년제 국립교육기관이며 미야코(宮古)·시미즈(清水)·나미카타(波方)에 있다.
29) 해기학교(海上技術学校)는 3년제 국립교육기관이며 오타루(小樽), 다테야마(館山,), 가라츠(唐津), 구치노쯔(口之津)
에 있다.
30) 三輪田優子 (2019), "船員政策に関する最近の動向", 『平成３０年度海技振興フォーラム資料』, 東京: 國土交通省, pp.1-41.

일본의 해기교육기관 졸업생의 취업형태별 사례는 앞으로 우리나라의 선원 수급에도 영향을 미칠 사례가 될 수 있을 것이다. 소득수준이 높아지면 국제성 있는 외항해운에서는 임금경쟁력이 취약하기 때문에 내항으로 진로를 바꿀 수밖에 없는 것이 현실이다. 따라서 내항해운으로의 관심이 높아질 수밖에 없지만 이러한 전제는 근로여건과 임금수준이 외항해운에 비하여 경쟁력이 있을 때 가능하다.

한편 전세계의 선원은 〈표 1-6〉과 같이 2015년 기준으로 1,647,494명이다. 이 가운데 해기사는 773,949명이며 부원은 873,545명이 종사하고 있는데 중국을 비롯한 25개 국가의 선원이 1,379,534명으로 전체의 82.11%를 차지하고 있다.

선원의 경우에는 자국적의 선박에 승선할 뿐만 아니라 완전자유시장에 근접한 국제선원시장에서 전세계의 선박을 대상으로 승선이 가능한 노동시장으로 공급된다. 따라서 자국 선박이 충분히 확보되어 자국선원을 승선시키고 있는 중국 뿐만아니라 필리핀과 같이 자국적 선박보다는 해외치적되어 있는 선박에 종사하기 위해 선원정책을 펴는 국가도 있다. 대표적으로 필리핀, 인도네시아, 인도, 우크라이나에서 국제경쟁력이 있는 선원이 많이 공급되고 있다.

대표적인 편의치적국가인 파나마는 자국적 선박보다는 해외의 선박을 편의치적하였기 때문에 전체 선원의 1.53%에 불과한 25,141명의 선원을 확보하고 있다.

이에 반하여 세계적인 선주국가인 일본의 경우에는 자국적 선박에 비하여 턱없이 부족한 25,458명의 선원을 확보하고 있으며 대한민국의 선원 28,168명에도 미치지 않는 선원을 확보하고 있다.

과거 선진해운국이라고 불렸던 노르웨이, 미국, 영국의 경우에는 자국선대를 유지할 최소한의 선원을 확보하고 있으며 세계최대의 선주국인 그리스의 경우에는 선원을 거의 확보하지 못하고 있다.

<표 1-6> 주요 국가의 선원 배출

2015.12.31. 현재

국가	선원수			전세계 비중(%)		
	해기사	부원	합계	해기사	부원	합계
China	101,600	142,035	243,635	13.13	16.26	14.79
Philippines	72,500	143,000	215,500	9.37	16.37	13.08
Indonesia	51,237	92,465	143,702	6.62	10.59	8.72
Russian Federation	47,972	49,089	97,061	6.20	5.62	5.89
India	69,908	16,176	86,084	9.03	1.85	5.23
Ukraine	39,000	30,000	69,000	5.04	3.43	4.19
Turkey	18,568	20,417	38,985	2.40	2.34	2.37
Malaysia	6,313	28,687	35,000	0.82	3.28	2.12
Italy	12,988	21,498	34,486	1.68	2.46	2.09
Norway	14,768	18,933	33,701	1.91	2.17	2.05
Bulgaria	10,890	22,379	33,269	1.41	2.56	2.02
United States of America	18,330	14,888	33,218	2.37	1.70	2.02
Viet Nam	19,630	12,815	32,445	2.54	1.47	1.97
Poland	25,586	6,603	32,189	3.31	0.76	1.95
Brazil	10,526	18,220	28,746	1.36	2.09	1.74
Korea, Republic of	14,126	14,042	28,168	1.83	1.61	1.71
Croatia	17,183	10,063	27,246	2.22	1.15	1.65
Myanmar	11,230	14,811	26,041	1.45	1.70	1.58
Japan	19,119	6,339	25,458	2.47	0.73	1.55
Panama	14,022	11,119	25,141	1.81	1.27	1.53
Sri Lanka	2,282	19,511	21,793	0.29	2.23	1.32
Cambodia	8,053	12,004	20,057	1.04	1.37	1.22
Iran (Islamic Republic of)	7,631	10,023	17,654	0.99	1.15	1.07
Romania	11,000	5,000	16,000	1.42	0.57	0.97
United Kingdom	11,010	3,945	14,955	1.42	0.45	0.91
상위25개국	635,472	744,062	1,379,534	82.11	85.18	83.74
기타국가	138,477	129,483	267,960	17.89	14.82	16.26
전세계	773,949	873,545	1,647,494	100	100	100

자료: https://unctadstat.unctad.org

1.2.5 외국인선원 고용

현재 한국국적 선박에서 취업활동을 하고 있는 취업이민자는 크게 세 개의 유형으로 구분할 수 있다.

첫 번째 유형은 고용허가제를 통해 어업분야에 종사하는 취업이민자이고, 이들의 선발과 국내 취업활동 관련 규정은 「외국인근로자의 고용 등에 관한 법률」에서 정한다. 도입규모는 외국인력정책위원회에서 결정된다. 이들은 연근해어업을 하는 20톤 미만 국내 어선에서 조업을 하고, 육지에서 숙박을 하게 된다. 「선원법」 제45조에 따라 '선원'이 되기 위해서는 '선원수첩'을 교부받아야 하는데, 이들 고용허가제 어업종사자는 선원수첩을 소지하고 있지는 않다. 평수구역, 연해구역, 근해구역에서 어로작업에 종사하는 '20톤 미만 어선'은 「선원법」 적용 제외이다.

선박을 크게 상선과 어선으로 구분할때 이들 고용허가제 취업이민자는 연근해 어선에 승선하고 있다(〈표 1-7〉 참고). 고용허가제를 통해 선발된 외국인은 E-9 사증으로 입국하는데, 어업에 종사자는 E-9-4 사증을 발급받게 된다.

〈표 1-7〉 업종 및 선종 구분

구분	업종별	정의	선종별
상선	외항선	외국과의 무역을 위해 국내항과 외국항 또는 외국항과 외국항간을 운항하는 선박	(선박용도별) 잡화선, 컨테이너선, 냉동선, 여객선 등
	내항선	국내항에서 운항하는 상선	
어선	원양어선	원양의 어장에 출어하여 어로작업에 종사하는 선박	(조업형태별) 선망, 저인망, 채낚기, 통발 등
	연근해어선	한국 연안 및 근해에서 어로작업에 종사하는 선박	

자료: 한국선원복지고용센터.

두 번째 유형은 한국국적 내항선, 국제순항여객선 및 연근해어선에서 일하는 외국인선원이다. 이들 외국인선원의 도입 규모는 해양수산부에서 고시한 '외국인선원 관리지침'에 따라 업종별 선박소유자 단체와 선원노동조합 연합단체가 합의하여 정한다. 세 번째 유형은 한국국적 외항선에 취업하는 외국인이다. 이 중 첫 번째와 두 번째 유형의 외국인의 경우 한국 영토에서 취업활동을 하기 때문에 체류자격을 취득해야 하고, 세 번째 유형은 별도의 체류자격이 없다. 〈표 1-8〉은 첫 번째와 두 번째 유형 외국인의 체류자격 등을 정리하였다.

<표 1-8> 체류자격 구분에 따른 선박 승선 외국인 유형

체류자격	E-9-4	E-10-1	E-10-2	E-10-3
주무부처	고용노동부	해양수산부		
운용기관	한국산업인력공단	한국해운조합	수협중앙회, 민간선원관리업체	한국해운조합
근거법령	「외국인근로자의 고용 등에 관한 법률」	「해운법」, 「선원법」및 해양수산부 고시 「외국인선원 관리지침」	「수산업법」, 「선원법」 및 해양수산부 고시 「외국인선원 관리지침」	「크루즈산업의 육성 및 지원에 관한 법률」, 「선원법」및 해양수산부 고시 「외국인선원 관리지침」
선박 종류	20톤 미만 어선	내항선	20톤 이상 어선	국제순항여객선
도입국가	MOU 체결 15개국	3개국(중국, 베트남, 인도네시아)		
도입정원결정	외국인력정책위원회 심의 · 의결	노사합의 후 해양수산부, 법무부 최종결정		
근무기간	3년 (최장 4년 10개월)	3년(최장 4년 10개월)		

자료: 최서리 · 현채민 (2018), "국내 외국인선원(E-10) 체류관리의 문제점과 개선방안", 『IOM이민정책연구원 이슈브리프』, 2018-03호, p.3.

육상의 외국인근로자 고용허가제와 같이 출입국관리법에 따라 국내에서 취업할 수 있는 체류자격(E-10)을 받아서 내항상선에 외국인 부원선원을 고용하는 제도이다. 외국인선원을 고용하게 된 이유는 내항해운 선원직이 3D업종으로 인식되면서 외국인력을 활용할 필요가 있었다. 하지만 내국인 선원보호를 위하여 내항상선 부원 1,000명, 여객선 부원 100명으로 설정하였다. 한국 국적 내항선에 승선하는 외국인 선원은 부당한 차별금지와 내국인선원과 동일하게 한국 선원법을 적용하고 있다.

내항상선에 승선하기 위해서는 체류자격(E-10)을 가져야하고 최장 4년 10개월까지 체류가 가능하다. 숙련선원을 확보하기 위해 체류기간이 만료되면 재입국하여 재고용이 가능하다. 국내체류기간 합산 5년 이상인 외국인선원에게는 장기체류 자격(E-7-4)로 변경이 가능하다.[31]

---

31) 해운조합 (2019), 『내항상선 외국인선원 고용가이드북』, pp.5-6.

<표 1-9> 외항해운업계 외국인 선원 고용현황

연도	중국	필리핀	미얀마	인도네시아	베트남	인도	계	증가율(%)
1992	354						354	
1993	338						338	-4.52
1994	316						316	-6.51
1995	400	23					423	33.86
1996	258	377	153	79			867	104.96
1997	109	690	217	122			1138	31.26
1998	174	467	255	46			942	-17.22
1999	336	423	150	125			1034	9.77
2000	480	380	204	181			1245	20.41
2001	519	368	174	207	6		1274	2.33
2002	544	522	330	224			1620	27.16
2003	678	521	357	248	12	6	1822	12.47
2004	763	547	455	258	24		2047	12.35
2005	696	784	501	304	30		2315	13.10

자료: 해운연보, 한국선주협회(2006).

<표 1-10> 연도별 외국인 선원 고용현황

연도	합계	외항선	내항선	외항여객선
1991	58	58	0	0
1992	194	194	0	0
1994	303	303	0	0
1997	1,173	1,139	0	34
1998	976	942	0	34
2000	1,913	1,245	0	668
2001	1,231	1,211	0	20
2002	1,913	1,245	0	668
2003	1,852	1,822	0	30
2004	2,140	1,993	37	110
2005	2,602	2,257	226	119
2006	3,238	2,806	313	119
2007	3,343	2,878	345	120
2008	5,812	5,367	391	54
2009	6,213	5,701	426	86
2010	8,396	7,825	497	74
2011	9,601	8,912	564	125
2012	10,269	9,615	597	57
2013	10,298	9,532	607	159
2014	11,231	10,419	655	157
2015	12,809	12,066	673	70
2016	12,002	11,141	791	70
2017	13,007	12,109	823	75
2018	12,738	11,813	878	47

자료: 해양수산부, 「한국선원통계」.

〈표 1-11〉과 같이 2018년 말 기준으로 우리나라 선박에 승선하고 있는 외국인선원은 총 12,738명이며 이 가운데 해기사 2,505명이고 부원은 10,233명이다. 국적별로 보면 필리핀 선원이 5,233명으로 가장 많고 미얀마 4,281명, 인도네시아 2,604명이다.

외국인선원의 대부분이 종사하고 있는 해운 종류는 외항선으로서 전체 11,813명이 승선하고 있으며 이와 반면에 카보타지가 적용되고 있는 내항선에는 해기사는 고용하지 않고 부원 선원으로 878명이 승선하고 있다.

〈표 1-11〉 외국인 선원 고용현황(2018)

		합계	중국	인도네시아	베트남	미얀마	필리핀	기타
합계	해기사	2,505	100	699	71	540	908	187
	부원	10,233	141	1,905	64	3,741	4,325	57
	계	12,738	241	2,604	135	4,281	5,233	244
외항선	해기사	2,498	93	699	71	540	908	187
	부원	9,315	138	1,742	64	3,060	4,258	53
	계	11,813	231	2,441	135	3,600	5,166	240
외항 여객선	해기사	7	7	.		.		.
	부원	40	3	2			33	2
	계	47	10	2		.	33	2
내항선	해기사			.				
	부원	878		161		681	34	2
	계	878		161		681	34	2

자료:『한국선원통계연보 2019』, 부산: 해양수산부 · 한국선원복지고용센터, p.310.

1.3 선박

1.3.1 선박의 정의

선박(Ship)이란 수상 또는 수중에서 항행용으로 사용하거나 사용할 수 있는 배 종류를 말하며 우리나라 선박법(법률 제16160호, 2018. 12. 31., 타법개정)에서는 수면비행선박(Wing-In-Ground Ship, Wig)까지도 선박으로 포함하고 있다.[32]

① 기선(Steam Ship)
기관(機關)을 사용하여 추진하는 선박[33]과 수면비행선박(표면효과 작용을 이용하여 수면에

---

32) 선박법(법률 제16160호, 2018. 12. 31., 타법개정) 제1조의2의 1항 1목

근접하여 비행하는 선박을 말한다.)

② **범선**(Sail Ship)

돛을 사용하여 추진하는 선박(기관과 돛을 모두 사용하는 경우로서 주로 돛을 사용하는 것을 포함한다.)

③ **부선**(Barge)

자력항행능력(自力航行能力)이 없어 다른 선박에 의하여 끌리거나 밀려서 항행되는 선박

④ **소형선박**(Small Ship)

총톤수 20톤 미만인 기선 및 범선, 혹은 총톤수 100톤 미만인 부선을 말한다.

여기에서 사용되는 총톤수는 선박의 크기를 선박톤수(Tonnage of Ship) 가운데 하나이며 일반적으로 볼 수 있는 국제단위계에서 사용되는 중량의 표기인 '미터톤(Metric Ton)'과는 약간 다르다. 34) 선박톤수의 측정기준은 선박톤수의 측정에 관한 규칙(해양수산부령 제1호, 2013. 3. 24., 타법개정)으로 정하고 있는데 선박에서 사용되는 선박톤수의 종류는 다음과 같다.35)

① **국제총톤수**(International Gross Tonnage)

1969년 선박톤수측정에 관한 국제협약(International Convention On Tonnage Measurement Of Ships, 1969) 및 협약의 부속서에 따라 주로 국제항해에 종사하는 선박에 대하여 그 크기를 나타내기 위하여 사용되는 지표를 말한다.

② **총톤수**(Gross Tonnage, GT)

우리나라의 해사에 관한 법령을 적용할 때 선박의 크기를 나타내기 위하여 사용되는 지표를 말한다.

③ **순톤수**(Net Tonnage, NT)

1969년 선박톤수측정에 관한 국제협약(International Convention On Tonnage Measurement Of Ships, 1969) 및 협약의 부속서에 따라 여객 또는 화물의 운송용으로 제공되는 선박 안에 있는 장소의 크기를 나타내기 위하여 사용되는 지표를 말한다.

---

33) 선체(船體) 밖에 기관을 붙인 선박으로서 그 기관을 선체로부터 분리할 수 있는 선박 및 기관과 돛을 모두 사용하는 경우로서 주로 기관을 사용하는 선박을 포함한다.

34) 미터톤(Metric Ton)은 국제단위계와 함께 사용되는 질량의 단위로서 1000Kg에 해당한다. 기호는 T이며, Mt, Mt, T 등으로 줄여 쓰기도 하지만 국제단위계에서는 메가그램(Mg)에 해당한다. 킬로그램(기호: Kg)은 질량의 Si 단위이다. 킬로그램은 플랑크 상수 H를 J S단위로 나타낼 때 그 수치를 6.626 070 15 × 10^{-34}로 고정함으로써 정의된다. 여기서 J S는 Kg $M^2 S^{-1}$과 같고, 미터(기호: M)와 초(기호: S)는 c와 $\Delta\nu_{cs}$를 통하여 정의된다. 국제단위계 제7개정판, 국제도량형국, 1998, 한국표준과학연구원. (한글판, 1999)

35) 선박법(법률 제16160호, 2018. 12. 31., 타법개정) 제3조.

④ **재화중량톤수**(Deadweight Tonnage, DWT)

항행의 안전을 확보할 수 있는 한도에서 선박의 여객 및 화물 등의 최대적재량을 나타내기 위하여 사용되는 지표를 말한다.

1.3.2 선급

선급(Classification Society)은 해사 안전 및 해양오염방지를 위하여 축적된 해사 지식 및 기술을 바탕으로 해사 산업계(maritime industry) 및 입법 기관(regulatory bodies) 등에게 선급과 협약 검사 서비스(classification and statutory services) 및 협조(assistance) 제공을 목적으로 한다.[36]

해사 산업계에는 해상에서 선박을 이용하여 화물의 운송을 담당하는 해운 산업, 선박을 건조하는 조선 산업, 선박 기자재를 생산 조달하는 기자재 산업 등이 포함되며, 입법 기관으로는 기국 정부와 UN산하 국제해사기구(IMO, International Maritime Organization)를 들 수 있다.

선급의 검사('선급 및 협약 검사'를 의미하며, 이하 '검사'라 한다) 서비스 제공은 선박을 매개로 이루어지며, 이는 현존선 검사와 신조선 검사로 크게 구분된다. 현존선 검사는 운항 선박에 대한 것으로 선박의 선체와 기관 상태, 구명 및 소화 등 각종 설비에 대하여 해당 선급의 규칙, 국제협약 및 기국 정부의 법령에 적합한 지를 검사한다. 선급이 제공하는 현존선 검사의 대상이 되는 선박은 해당 선급에 등록된 선박에 한정되며, 선급 등록은 주로 선박소유자인 해운 기업과 선급간의 계약에 따라 이루어진다.

선급은 전통적인 민간검사인 선급규칙에 따른 선급검사 뿐만 아니라 기국 정부의 인정을 받아 해당 정부를 대신하여 정부대행검사를 수행함으로써 초국가적 기술 표준인 선급규칙의 개발 및 그에 따른 검사를 수행한다. 이에 IMO에서는 선급 등 정부의 인정을 받는 선박 검사단체들을 국제적으로 통일되게 규제하기 위하여 'RO Code(공인선박검사기관, Recogmized Organization)'를 제정하여 적용하고 있다. 이에 각국 정부는 RO에게 해당 정부의 선박검사 권한을 위탁(delegate)하여 협약에 의해 요구되는 사항에 따라 기국 정부(flag state)를 대신하여 자국 선박에 대한 법령상의 검사 및 기술 서비스를 제공할 수 있도록 한다.

국제선급연합회는 1930년 국제만재흘수선협약에서 '건현을 위한 강도의 기준을 적용할 때에는 가능한 한 통일을 기할 필요가 있으며(as much uniformity as possible in the application of the standards of strength upon which freeboard is based......)'라고 하면서 선급들의 협력을 권고하였고, 이에 근거하여 1939년과 1955년 2차례의 주요 선급 간 회의를 거쳐 1968년 7개 선급(ABS, BV, DNV, GL, LR, NK, RINA)을 회원선급으로 설립하였다.

---

36) IACS (2020), Classification Societies - What, Why and How?, London: IACS. p.4.

IACS(국제선급연합회, International Association of Classification Societies)는 회원 선급과 해사안전을 향상시키기 위한 기술기준에 대하여 토의하고 연구하며 채택할 수 있는 플랫폼을 제공하고, 선급은 선박과 관련 설비 등의 설계, 건조 및 운항 중의 감항성 등에 대한 기술적인 기준의 수립 및 준수 여부를 검증하기 위한 자체 선급규칙을 보유하고 이를 적용함으로써 인명의 안전과 재산의 보호 및 환경을 증진시키고자 한다.

IACS membership 요건으로는 일반적인 선급 요건의 만족, IACS QSCS(Quality System Certification Scheme, 품질시스템 인증 체계)의 충족, 영문 선급규칙 발간 및 개발 능력, 국제협약과 정부법령 및 선급규칙 등에 의한 신조선박 및 운항선박에 대한 정기적인 검사 능력 및 국제적인 검사인력 등의 충분성, 선박의 설계 및 구조를 평가한 문서화된 경험, IACS에 대한 기술적인 기여 등이 있다. 2017년말 기준으로 IACS membership 선급 현황은 〈표 1-12〉와 같다.

〈표 1-12〉 IACS 회원선급 현황

(단위: 만GT, 억원, 명)

선급법인	설립 연도	법인격	등록선 (mGT)	매출 (억원)	인원 (명)	marine 분야인원
미국선급(ABS)	1862	비영리법인	225.6	12,475	5,500	–
프랑스선급(BV)	1828	주식회사	110.4	58,320	69,000	2,650
중국선급(CCS)	1956	비영리사회단체	98.6	700	4,100	–
크로아티아선급(CRS)	1949	비영리단체	1.7	–	–	–
노르웨이독일 선급 (DNVGL)	DNV1864 GL1867	주식회사	273.4	27,155	13,550	4,302
인도선급(IRS)	1975	비영리법인	11.9	–	–	–
한국선급(KR)	1960	비영리사단법인	64.8	1,240	895	895
영국선급(LR)	1760	면세자선단체	205.0	12,812	7,472	3,700
일본선급(NK)	1899	재단법인	248.1	4,290	1,630	1,630
폴란드선급(PRS)	1936	비영리단체	2.4	–	–	–
이탈리아선급(RINA)	1861	재단법인	36.1	4,678	3,000	–
러시아선급(RS)	1913	비영리기관(국영기업)	10.1	–	1,500	–

자료: IACS (2020), Classification Societies – What, Why and How?, London: IACS.

각 선급이 국제선급연합회의 정회원 자격을 유지하거나 가입하고자 하는 이유는 첫째, IACS 정회원 선급은 IACS의 이사회 및 General Policy Group의 member로 참여하여 투표권을 가지며, 특히 이사회 의장은 대외적인 대표자로서 IMO, 기국정부, 항만당국 등과의 회의에서 IACS를 대표하며, 대내적으로는 IACS가 높은 수준의 표준을 유지할 수 있도록 선급의 주요 역할을 증진하는데 선도적인 역할을 한다.

둘째, 각종 패널, expert group 및 small group으로 이루어진 IACS WG(Working Group) 및 WG 산하의 project team 등의 활동을 통하여 선박 관련 기술적인 기여를 하며, 이러한 과정을 통하여 결의된 IACS의 UR(Unified Requirement, 통일규칙), CR(Common Rules, 공통규칙), UI(Unified Interpretation, 통일해석), PR(Procedural Requirements, 절차 요건) 등을 해당 선급의 규칙에 반영한다.

셋째, IACS 정회원 선급은 국제보험의 선급약관(ICC; Institute Classification Clause)에 의거 정회원 선급에 등록된 선박은 국제보험 가입에 적합한 선박으로 인정되어 그렇지 않은 선박과 비교하여 보험료 할인을 적용받게 된다.37)

〈표 1-13〉 선급별 선복량 및 세계 선복량 추이

(단위: 만GT)

	2006년	2008년	2010년	2012년	2014년	2016년
DNVGL 노르웨이독일선급	173.6	202.2	236.6	265.8	265.5	270.6
NK 일본선급	143.7	162.8	180.1	211.1	233.1	245.9
ABS 미국선급	106.6	127.8	157.2	179.8	197.7	215.2
LR 영국선급	129.7	148.2	161.0	177.3	181.6	200.1
BV 프랑스선급	51.2	60.6	73.4	88.7	98.3	107.1
상위 5개 선급 선대 규모	604.8	701.6	808.3	922.6	976.1	1,038.8
상위 5개 선급 시장점유율	83.5%	84.2%	84.1%	84.4%	83.0%	82.6%
CCS 중국선급	29.3	33.5	49.6	71.8	82.0	91.1
KR 한국선급	31.1	39.9	48.9	61.6	68.3	67.4
세계 선복량	724.4	833.0	960.7	1,092.9	1,175.4	1,257.9

자료: IACS (2020), Classification Societies - What, Why and How?, London: IACS.

신조선 검사는 선박 건조 과정에서 이루어지는 검사로서 각종 기자재에 대한 검사와 함께 선박의 구조 및 설비 기준의 적합 여부를 검사한다. 검사기관인 선급은 선박건조를 위한 각종 도면이 해당 선급의 규칙, 국제협약 및 기국 정부의 법령에 적합한 지를 판단하여 승인한다. 조선소는 검사기관이 승인한 도면에 근거하여 선박 건조를 진행하고, 건조 단계별로 승인 도면과의 적합 여부를 선급이 검사한다. 신조선 검사의 대상이 되는 건조중 선박의 검

---

37) 런던보험자협회(Institute of London Underwriters; ILU) 선급약관(ICC, Institute of Classification Clause) 의 다음 내용 참조. "This insurance and the marine transit rates as agreed in the policy or open cover apply only to cargoes and/or interests carried by mechanically self-propelled vessels of steel construction classed with a Classification Society which is: 1.1 a Member or Associate Member of the IACS ……".

사기관인 선급의 결정은 형식적으로는 조선소와 선급간의 계약에 따르게 되나, 실질적으로는 신조 선박의 발주처인 해운기업의 의사가 가장 중요하다.

1.3.3 상선의 용도별 분류

상선의 경우에 선박용도별로 분류하는 방법이 다양하다. 우선 우리나라의 해양수산부는 다음과 같이 구분하여 공식 자료로 활용하고 있다.[38]

① 잡화선(General Cargo Vessel): 산물선, 양곡운반선, 원목운반선, 석탄운반선, 시멘트운반선, 핫코일 운반선, 철강재운반선, 모래운반선, 폐기물운반선, 일반화물선

② 컨테이너선(Container Vessel): 컨테이너 화물을 수송하는 선박으로 풀컨테이너선, 세미컨테이너선

③ 유조선(Oil Tanker): 원유 및 정제유를 수송하는 선박으로 원유운반선, 석유제품운반선, 기타유조선

④ LPG선(LPG Carrier): 액화가스(LPG) 운반선

⑤ LNG선(LNG Carrier): 액화천연가스(LNG) 운반선

⑥ 케미컬선(Chemical Tanker): 화학제품운반선인 케미컬운반선, 케미컬가스운반선, 오일 · 케미컬 운반선(겸용선)

⑦ 급유선(Bunker Supply Vessel): 선박용 연료유를 공급하는 선박

⑧ 자동차선(Car Carrier): 자동차운반선

⑨ 냉동선(Reefer): 육류, 생선 등 냉동 화물을 수송하는 선박

⑩ 여객선(Passenger Ship): 선박안전법상 13인 이상의 여객을 수송하는 선박으로 여객선, 화객선

⑪ 예인선(Towing Vessel): 고장선박 또는 바지선을 예인하거나 부선, 준설선 등을 지정된 장소까지 끌어당기거나 밀어서 이동시키는 선박으로 견인용예선, 압항예선, 기타예선

⑫ 기타: 준설선, 기타상선, 화물운송사업면허를 가진 부선

⑬ 유 · 도선(Leisure Boat/Ferry): 유 · 도선법에 의한 유람선과 도선(강, 호수 등 내수면 유람선은 제외)

⑭ 예선(이접안용, Tug Boat): 항만에서 대형선박의 입출항 및 이접안을 돕는 예선으로 예선법에 의한 이접안용예선

⑮ 도선선(Pilot Boat): 도선사가 항만에 입출항하는 선박을 안전하게 항로로 이동하거나 이접안하도록 안내하는 도선업무를 수행하기 위하여 운행하는 선박으로 도선법에 의한

---

38) 한국선원복지고용센터 (2020), 『한국선원통계연보 2019』, 세종: 해양수산부, p.315.

도선선

이상의 분류 방법에 따라 우리나라의 상선대 현황을 보면 〈표 1-14〉와 같이 2018년 말 현재기준으로 우리나라의 상선은 총 4,385척이며 선복량은 총톤수 79,481,188GT이다.

〈표 1-14〉 우리나라 상선 현황

2018.12.31현재

	계		외항선		내항선		해외취업상선	
	척수	선복량	척수	선복량	척수	선복량	척수	선복량
계	4,385	79,481,188	1,029	37,136,409	2,412	1,872,317	944	40,472,462
잡화	867	32,685,289	413	19,538,306	214	636,560	240	12,510,423
컨테이너	248	9,946,455	149	4,278,230			99	5,668,225
유조	394	17,371,109	49	4,070,429	171	154,891	174	13,145,789
LPG	89	1,214,909	47	834,004	15	29,309	27	351,596
LNG	36	3,839,263	27	2,794,495			9	1,044,768
케미컬	555	5,755,349	220	1,458,334	42	84,965	293	4,212,050
급유	57	11,978			57	11,978		
자동차	128	7,117,769	63	3,879,146			65	3,238,623
냉동	62	228,542	36	132,342			26	96,200
여객	193	403,054	9	69,556	174	129,205	10	204,293
예인	597	136,479	6	1,951	590	134,033	1	495
기타	538	670,866	10	79,616	528	591,250		
유·도선	239	26,348			239	26,348		
예선	332	73,006			332	73,006		
도선선	50	772			50	772		

자료: 한국선원복지고용센터 (2020), 『한국선원통계연보 2019』, 세종: 해양수산부, p.172.

1.3.4 전용선과 대형선의 출현

국제무역에서 판매자와 구매자에서 매매 계약이 성립하면, 판매자는 구매자가 요구하는 수량을 조달한다. 계약가격은 거의 미국 달러이기 때문에 환율 변동 위험을 피하기 위하여 외국환거래 은행에 예약환율매매를 하거나 수출입 거래에 발생할 수 있는 위험으로 입는 손해를 보전하기 위한 보험의 가입 등 수출화물 출하를 위한 준비를 한다. 그 중에서 특히 중요한 것이 화물을 수출 상대국까지 운반하기 위한 수단을 확보하는 것이다.

수송 모드(수단)에는 선박, 항공기, 철도, 트럭, 바지 등이 포함되며, 대륙을 가로지르는 수송에서는 선박이나 항공기로 하는 운송이 포함된다. 중량 기준으로는 국제화물의 99%가 바다 위로 수송되고 있으며 항공수송의 비율은 1%이하 이다. 금액 기준으로 해상과 항공의 비율이 70:30 정도가 된다. 어떠한 수송 모드를 이용하든 '안전하고', '확실하게'가 절대 조건이다. 여기에다가 '빠르고', '저렴한' 조건으로 참여하는데 빨리 운송하는 것과 비용이 저렴하게 운송하는 것은 상반된 요소이다. 화물의 종류, 목적지, 긴급도, 비용대비 효과 등의 요소를 고려하고 수송 수단이 정해지지만, 해상운송이 압도적인 비율을 차지하고 있다.

해상운송의 최대 특징은 한꺼번에 대량의 화물을 수송할 수 있다. 만일 1만톤의 화물을 옮기려 하면 B777-200형 화물기가 100대 필요이고 30톤의 화차 33량을 연결해야 하는데 선박은 1회로 충분하다. 이런 대량 수송이 가능한 것은 단위당 비용을 저렴하게 하는 가장 큰 요인이 된다.

해상으로 운송하는 화물은 원재료로부터 반제품, 그리고 완제품에 이르기까지 광범하고 다방면에 걸쳐있다. 이런 화물은 오늘날에 비하여 과거에는 화물의 유통이 적어서 나무상자, 포대류, 종이갑(carton), 드럼통 등 크고 작은 다양한 형태로 포장하여 운송하였다. 게다가 대형선박도 비교적 규모가 작은 항구에도 기항할 수 있었기 때문에 1회 항해에서 많은 항구에 기항하였다.

이와 같이 무역이 미성숙한 단계에서 화물을 운반하는 선박은 모든 종류의 화물과 항구에 적응성을 가진 재래형 화물선(Conventional Carrier)이 최적이었다. 그런데 최근에는 세계 경제가 확대되었고 또한 산업구조가 변화함에 따라 각국 간의 무역량은 비약적으로 늘어나 운송시스템에 대한 즉각적인 대응이 필요하게 되었다.

오늘날 우리의 무역 형태를 살펴보면 수입화물에는 석유, 석탄 등의 에너지 자원이나 철광석 등의 원재료 및 곡물, 식육, 청과물, 폐지, 고철 등이 있고, 수출화물에는 철강제품, 선박, 플랜트, 자동차, CKD(Completely Knock Down 완전조립생산 부품세트), 타이어, 가전제품 및 화학품 등이 있는데 이들 화물 각각이 대량의 물동량을 나타내고 있다.

이러한 화물을 어떻게 효율적으로, 그것도 낮은 비용으로 운송해야 하는가는, 무역입국을 내세우는 우리나라에서는 존립을 좌우하는 커다란 과제이다.

산업계의 요청에 의하여 화물운송이라는 역할을 담당하고 있는 화물선은 비약적인 혁신을 요청 받았다. 여기에 해운업계는 선박의 전용선화와 선형의 대형화라는 혁신으로 대응하게 되었다.[39]

전용선(專用船)이라는 것은 선적될 화물의 종류를 한정함으로써 그 화물의 성질, 형상 및 운송량에 적합한 형태와 하역장비를 갖춘 선박을 가리킨다. 해운선사는 선박을 전용선화 시킴

---

39) オーシャンコマース (2019), 『基礎から分かる海運実務マニュアル』, 改訂版, 東京: オーシャンコマース, p.8.

으로써 선박가격의 인하를 도모할 수 있을 뿐만 아니라 하역비용도 절감시키고 하역시간도 단축시킬 수 있기 때문에 운송비용의 절감도 가능하게 된다. 이러한 배경으로 살적화물(撒積貨物, bulk cargo)[40]분야에서 광석, 석탄, 칩(Chip), 목재 등의 전용선이 생겨났다. 또한 특수화물 분야에서 자동차 전용선, 중량물선, 냉동화물선, 가축 운반선 등도 전용선화 되었다. 나아가 액체화물의 운송분야에서도 LNG, LPG 및 제품유 운반선 등의 탄생되었다.

선형의 대형화는 대량운송에 의한 합리화 효과 즉 규모의 이익(scale merit)을 구현하고자 도입되었다. 선박이 대형화함에 따라서 본선의 중량톤당 건조비용이나 운항비, 특히 연료비가 단위운송당 상당히 저렴하게 된다. 그러나 반면에 선박의 대형화는 하역시간의 장기화를 초래하여 항구에서 정박일수를 증가시킴으로써 본선의 운항효율을 악화시키는 단점도 있다. 다만 오늘날의 항만에서는 단위 하역능력을 극대화시키는 여러 가지 시설을 도입함으로써 그 단점을 줄이고 있다.

하지만 선박을 대형화해 하역시간이 늘어난다면 대형화에 따른 장점이 상쇄될 수 있기 때문에 선박의 대형화는 하역시간이 증가되는 영향이 미미한 유조선이나 살물 전용선의 분야에서 급속히 진전되었다.

유조선의 적·양하(loading and discharging)는 본선과 안벽의 파이프를 연결하여 펌프에 의해 압송하여 이루어지기 때문에 인력이 필요하지 않을 뿐 아니라 날씨에 좌우되는 것이 아니기 때문에 선형과는 관계없이 매우 짧은 시간 내에 하역을 마칠 수 있다. 이러한 이유 때문에 유조선의 대형화가 급속하게 이루어져서 VLCC(Very Large Crude Carrier, 15만 중량톤 이상)을 뛰어넘은 ULCC(Ultra Large Crude Carrier, 30만 중량톤 이상)가 속속 등장하였다.

세계 최대의 유조선은 1979년 건조된 418,611 중량톤의 시와이즈 자이언트(Seawise Giant)이다. 총 길이는 458.5m로 에펠탑보다도 훨씬 길며 2010년 1월 인도 항해를 끝으로 해체되었다. 이 유조선은 일본의 스미토모중공업(Sumitomo Heavy Industries)에서 1974년부터 건조되어 1979년에 취항하였다. 418,611 중량톤 및 564,763 DWT(재화중량톤)이며 총길이는 458.45m(1,504.10ft)로서 역사상 가장 거대한 선박으로 기록되고 있다. 선주가 계속 바뀌면서 시와이즈 자이언트(Seawise Giant), 해피자이언트(Happy Giant), 자르 바이킹(Jahre Viking), 노크 네비스(Nock Nevis), 몽(Mont)으로 이름도 바뀌었다.[41]

〈그림 1-5〉는 선박간의 크기를 비교하였다. 여객선으로 유명한 타이타닉(882피트/ 269.1미터),

---

40) Bulk Cargo를 산화물(散貨物) 혹은 산적화물(散積貨物)로 표기할 때는 산(散, 흩을 산)을 사용한다. 한편 살화물(撒貨物) 혹은 살적화물(撒積貨物)로 표기할 때는 살(撒, 뿌릴 살)을 사용한다. 연구자 혹은 법령마다 각각 다르게 표현하고 있다.

41) John Shaw (May 2018), "Pioneering Spirit: Profile of the World's Biggest Ship", Ships Monthly: pp.33-37.

중국의 항공모함 랴오닝(999피트/ 304.5미터), 크루즈선으로 최대의 크기로 알려진 하모니오브더 씨즈(1,188피트/ 362.1미터), 2017년에 취항한 21,000TEU급 컨테이너선 OOCL Hong Kong (1,312피트/ 399.9미터)의 크기에 비하여 Seawise Giant는 1,504피트(458.5m)로서 그 규모를 짐작할 수 있다.

〈그림 1-5〉 Seawise Giant의 선박 크기 비교

자료: Annabel Fenwick Elliott (2018), "Honouring the biggest ship ever built, and Hong Kong's role in getting her afloat", South China Mornig Post, March 5.

1980년쯤부터는 초대형 유조선은 크기가 너무 커버리면 오히려 연료 소비 효율이 감소하여 선박의 유지비용이 증가하고 선체 안정성 문제 때문에 더 이상 큰 유조선들은 건조하지 않게 되었다. 그 결과 이 유조선은 아직까지도 세계에서 가장 큰 유조선으로 기록된다.

원유 유조선의 대형화는 결과적으로 좌초 등에 의한 유출사고의 피해도 대형화시키는 요인이 되었다. 인류최대의 환경피해 가운데 하나로 기록하고 있는 1989년 엑슨 발데즈(Exxon Valdez)의 사고를 통해 대형 유조선에 의한 해난사고가 심각한 환경파괴를 일으킨다는 교훈을 얻게 되었다. 이 사고를 계기로 국제간의 해양오염 방지를 포함한 지구환경 보전에 대한 대책이 촉진되어, 1992년 3월 국제해사기구(IMO)는 이중선체(double hull)의 구조를 유조선에 적용하도록 하는 획기적인 결정을 내렸다. 이 규칙은 1993년 7월 6일 이후에 의무화되어, 신조 및 선령 25년 이상의 유조선을 제외한 모든 유조선 등에 적용되고 있다.

〈그림 1-6〉 Single Hull 구조 및 Double Hull 구조

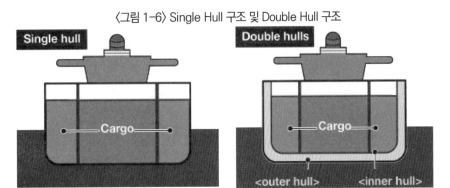

자료: https://www.marine-knowledge.com/

건화물(Dry Cargo) 분야에서도 철광석, 석탄, 곡물 등의 하역은 기계화가 가능하여, 선형을 대형화함으로써 큰 장점을 얻을 수 있었다. 이렇게 하여 살물선 분야에서도 6만 중량톤급의 파나막스형에서 15만 중량톤급의 초대형 살물선, 혹은 10~20만 중량톤급의 광석 전용선이 속속 탄생되기에 이르렀다.

살물선(Bulk Carrier)은 파마나운하를 통항할 수 있는 최대급인 6~7만 DWT급 수에즈운하를 통항할 수 있는 15~16만 DWT 급의 초대형 살물선도 대형화 되었다. 2016년에 파나마운하가 확장되어서 선형을 제한하였던 길이가 274미터에서 366미터로, 폭이 32미터에서 49미터로 확장되었기 때문에 대형화되었다. 곡물, 화력발전용의 일반탄 운송은 9~12만 DWT 살물선으로 대형화되었고 컨테이너선도 기존 5,000 TEU에서 15,000 TEU로 3배의 선형도 통과할 수 있게 되었다. 수에즈를 통항할 수 없는 대형선의 케이프 사이즈에서는 17~18만 DWT의 석탄선도 출현하였고, 철광석선은 30~40만톤급도 취항하고 있어서 항만 설비가 선형의 대형화를 따라잡을 수 없는 상황이 우려되기도 한다.

〈그림 1-7〉 유조선 구조

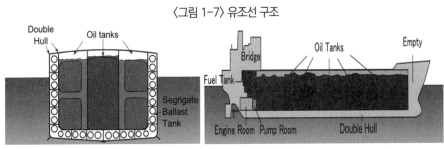

자료: https://www.marine-knowledge.com/

화물

무역에 종사하는 화주는 운항하는 선주가 아니기 때문에 선박의 구조를 상세하게 반드시 알아야 할 필요까지는 없다. 그러나 국제무역의 흐름에서 해상운송은 격지자간에 상품을 운송하는 가장 보편적이며 또한 가장 많이 이용하는 것이기 때문에 어떤 종류의 선박이 7대양을 운항하고 있으며, 화주의 화물을 어떠한 선박에 운송하는 것이 적합한가에 대해서 알아두어야 할 필요성이 있다.

〈그림 1-8〉은 화물의 종류와 사용되는 선박의 종류를 정리 한 것으로서 해상화물 운송을 이해하는 것에 도움이 된다.

〈그림 1-8〉 건화물과 액체화물 운송 선박의 분류

화물 종류	건화물(Dry Cargo)				
	일반화물 (General Cargo)	유니트화물 (Unitized Cargo)	특수일반화물 (Special Cargo)	자주화물自走貨物 (self propelled cargo)	살적화물 (Bulk Cargo)
	잡화,기계,강재	컨테이너 라쉬 바지	중량물, 냉동물, 가축	자동차	철광석,석탄,살물,칩,목재,시멘트, (강재)
사용 하는 선박 종류	재래형 화물선 (Conventional Carrier)	RO/RO선 (Roll on /Roll off Vessel)			살적화물선 (Bulk Carrier)
		컨테이너선 (Container Vessel)	중량물선 (Heavy Lifter)	자동차·살물 겸용 (Car-Bulk Carrier)	
		바지운반선(Barge) 라쉬선(LASH)	냉동운반선 (Reefer Vessel)	자동차전용선 (Pure Car Carrier)	광석전용선 (Ore Carrier)
				자동차·트럭전용선 (Pure Car & Truck Carrier)	석탄전용선 (Coal Carrier)
					칩 전용선 (Chip Carrier)
					원목선 (Log Carrier)
					광탄겸용선 (Ore Coal Carrier)

화물 종류	액체화물(Liquid Cargo)			
	액화가스(Gas)	석유(Oil)	기타	
		원유(Crude Oil)	석유정제품 (Products)	액체화학제품
	액화천연가스(LNG) 액화가스(Gas)		나프타,경유,중유,등유, 가솔린	벤젠,톨루엔
사용 하는 선박 종류	LNG선 (Liquefied Natural Gas Carrier)	원유탱커(Dirty Tanker) VLCC(Very Large Crude Carrier) ULCC(Ultra Large Crude Carrier)	제품유 운반선 (Products Carrier)	
	LPG선 (Liquefied Petroleum Gas Carrier)		정제유 탱커 (Clean Tanker)	케미컬 탱커 (Chemical Tanker)
		OO선 (Ore / Oil Carrier)		
		OBO선 (Ore / Bulk/ Oil Carrier)		

자료: オーシャンコマース (2019), 『基礎から分かる海運実務マニュアル』, 改訂版, 東京: オーシャンコマース, pp.8-9.

1.4.1 일반화물선

1.4.1.1 재래형 화물선(Conventional Vessel)

불특정 다수 화주의 비교적 덩치가 작은 화물들을 운송하는 선박이다. 포장되거나 짐짝으로 된 잡화가 그 주체인데, 기타 각종 각양의 어떠한 화물이든 선적되도록 설계되어 있다. 화물을 적재할 수 있는 바닥의 넓이를 넓히기 위해 선창(Hold) 안에 중갑판(tween deck)을 1개 혹은 2개를 설치한 2층이나 3층의 구조로 되어 있다. 또한 경우에 따라서는 액체화물이나 냉동화물도 적취할 수 있도록 딥 탱크(deep tank)나 냉동창고를 설비한 선박도 있다.

선박의 크기는 세계의 어떠한 항구에도 입항할 수 있도록 12,000~2,000 중량톤이 일반적이고 데릭(derrick)의 능력은 5~20톤 정도이다. 이러한 선박은 범용성을 지니고 있기 때문에 한 세대 전에는 주류를 차지하였으나 현재는 운항 경제성이 결핍되어 있기 때문에 최근에는 전용선화나 컨테이너화라는 변화에 밀려 점점 그 자취를 감추고 있다.

1.4.1.2 컨테이너선(Container Ship)

컨테이너라고 불리는 일정한 크기의 상자에 화물을 쟁이어 이것을 하나의 운송단위로 하여 운송하는 것이 컨테이너 운송이고 그러한 컨테이너를 적재하기 위한 전용의 선창을 갖추고 있는 것이 컨테이너선이다. 컨테이너와 동시에 비컨테이너 화물도 적재하는 선박을 세미컨테이너선(Semi Container Ship)이라고 부르고 있다.

1.4.1.3 라쉬선(LASH: Lighter Aboard Ship)

컨테이너선의 변형으로 미국 해군에서 1960년대 고안되어 개발된 부선운반선이다. 컨테이너에 갈음하여 규격화된 전용 부선(lighter)을 운송단위로 사용하여, 이 부선에 화물을 적재한 채 그대로 본선에 선적(aboard) 하여 운송한다. 밀배(pusher barge) 등에 의한 2차 해상운송이 용이 하기 때문에, 하천지역이나 항만시설이 발달되지 못한 곳에서 위력 을 발휘 할 수 있다. 사용되는 부선의 크기는 $60' \times 30' \times 13'$으로, 화물의 적재량은 2만 ft³로 컨테이너보다 크기 때문에, 대형의 기계나 강재 등도 적취 할 수 있는 이점이 있다. 부선을 탑재하는 라쉬선은 선미에 500톤 능력의 대형 갠트리 크레인을 장비하고 있어서, 이것이 앞뒤로 주행하며 부선을 적하화하는 데, 약 100척의 부선을 탑재하고 운송할 수 있다.

1.4.1.4 냉동운반선(Reefer Vessel)

냉동운반선(Reefer Vessel)은 냉동, 냉장화물을 운송하는 전용선이다. 과일, 채소, 수산품, 육류, 유제품 등 신선화물을 냉동 또는 냉장 상태로 유지 운송한다. 최근에는 냉동(리퍼) 컨테이너의 보급에 따라서 신선품 컨테이너 운송이 일반화되고 있지만, 한 번에 수천 톤의 대량 냉동·냉장화물을 운송할 경우 리퍼 컨테이너를 이용하는 것보다 전용선이 더 경제적이라고 할 수 있다.

선창내에는 온도를 −30℃~+13℃ 범위 내에 조절할 수 있는 냉동·냉장설치를 갖추고, 적재화물에 적합한 온도·습도를 유지하면서 운송한다. 냉동참치용으로 −50℃의 초저온 수송이 가능한 유형도 있다.

1.4.1.5 중량물선(Heavy Lifter)

일반화물선에 장비되어 있는 크레인이 끌어올릴 수 있는 능력은, 큰 것이라고 해도 겨우 30톤 정도이므로, 이것보다 무거운 화물을 하역하려면, 안벽의 하역장치를 이용하던가, 그것이 가능하지 않을 때 에는 플로팅 크레인(Floating Crane)을 마련해야 한다.

중량물의 대부분은 플랜트류인데 플랜트화물이 많은 개발도상국 항만에는 충분한 하역장치가 비치되어 있는 곳이 적고 또한 플로팅 크레인은 비용이 많이 든다. 게다가 항구에 따라서는 그나마 없는 곳이 많다. 그래서 본선 자체에 중량물을 적재할 수 있는 하역장비를 갖추는 동시에 폭넓은 격납 공간을 갖추어 건조된 선박이 중량물선이다. 중량물선은 플랜트류와 같은 무게가 무겁고 길이가 길거나 높이가 높은 화물의 운송을 목적으로 한 선박이지만 일반잡화도 물론 적재할 수 있다.

이 선박은 중량물을 하역할 수 있는 1~2기의 거대한 헤비 데리크(Heavy Derrick)를 지니고 있다. 데리크의 능력은 초기 무렵에는 80~150톤 정도였으나, 대형 플랜트의 운송이 증가됨에 따라서 거듭하여 개량 진보하여 현재는 500~600톤의 점보 데리크를 장착한 선박도 등장하고 있다.

최근 들어 중량물선의 수가 늘어나고 있다고는 하지만, 300톤 이상의 헤비 데리크를 지닌 선박은 많지 않다. 또한 선박이 한번 출항하여 귀항하는 데에는 2~3개월이나 걸리고 복수의 프로젝트에 참여하고 있는 중량물선도 있기 때문에 운송계획을 세우는 경우에는 상당한 시일을 두고 선박을 확보해 두어야 한다.

중량물선에는 그 하역장치의 종류에 따라서 '3각 마스트'(Tri-Pod Mast)형, '스털켄'(Stulken)형, '거이레스 선회'(Kawasaki Guyless)형 등이 있다.

1.4.1.6 모듈 선박(Module Ship)

모듈 선박(Module Ship)은 대형 기계, 철구조, 발전플랜트, 해수 담수화플랜트 일부 등을 그대로 수송하는 특수중량물선이다.

선창이 없고 화물은 그대로 갑판에 쌓여 운송한다. 중량물선은 전적으로 헤비데릭을 장착하고 이것으로 화물을 매달아 하역하는 반면에 모듈 선박은 화물을 unit trolly라고 불리는 특수 자주대차에 실어 쌓는 방식으로 하역하고, 단 한 번에 3000톤 정도의 중량물을 여러 개 적재할 수 있다

1.4.1.7 자동차 전용선(Pure Car Carrier, PCC)

순전히 자동차만을 운반하는 것을 목적으로 설계된 선박을 말한다. 하역방식은 자주(自走)할 수 있는 자동차의 특성을 살려, 안벽과 본선간에 램프웨이(Rampway)를 설치하여, 이것을 통하여 자동차가 자력으로 오르내려 소정의 적치장소까지 주행토록 하는, 이른바 RoRo(roll-on roll-off) 방식을 따르고 있다.

초기의 자동차선은 본선의 상갑판까지 자주하여 선적되면, 선내의 엘리베이터에 의해서 각층의 갑판에 배분되는 체제를 갖추고 있었으나, 하역효율이 떨어지기 때문에 최근에는 스피랄 시스템(Spiral System)이 채용되고 있다. 이것은 육상의 지하 주차장 등에 볼 수 있는 바와 같이, 선창 내 주위에 나선형의 주행로를 설치하여, 각창 층으로 배차하여 적치하는 방식이다.

자동차 갑판은 통상 9~10층으로 되어 있는데, 적재하는 자동차 대수를 증가시키기 위해 13층의 다층 갑판을 설치하여 5500대 적재 자동차 전용선 등장이 가능하게 되었다.

1.4.1.8 카 벌커(Car-Bulker)

왕항에는 자동차를 만재하고, 복항에는 살물(주로 곡물)을 나르도록 설계된 겸용선을 말한다. 하화지에서 왕항화물인 자동차를 하화하여 빈 선박이 되면, 이번에는 곡물을 싣기 위해 선창 내부의 시설을 변경한다. 즉 각 선창 안의 자동차 갑판을 본선의 크레인으로 뜯어내어 상갑판 위에 쌓아두고, 또 윙 사이드의 갑판을 말아 올려 선창 상부 윗쪽 탱크 하면에 매달아 두게 된다. 이 작업 때문에 카 벌커는 반드시 크레인을 장비해야 하므로, 기어리스형의 선박은 없다. 그런데 이 크레인은 곡물의 적재작업에도 사용된다.

1.4.1.9 자동차 트럭 전용선(Pure Car & Truck Carrier, PCTC)

1960년대 자동차 운송 초기에는 주로 완성차를 북미로 수출하고, 복항으로 갑판을 접고, 곡물과 같은 벌크를 운송하는 카 벌커(Car-Bulker)가 주류였지만, 벌크의 하역이 날씨에 좌우되고 운항 일정이 불안정해지면서 1970년대에 PCC(Pure Car Carrier)가 도입되었다. 이후에는 차고가 큰 미니밴과 트럭, 건설기기 등도 융통성있게 적재할 수 있도록 램프(Ramp)와 갑판(Deck)을 강화해서 PCTC가 주류가 되고 있다.

PCC와 PCTC의 운항선사는 완성차와 중차량을 운송할 뿐만 아니라 선미의 램프웨이의 강도와 개구를 크게 하고, 비자주 철도차량과 발전기 등 중량물 운송도 함께 하고 있다.

1.4.1.10 롤온/롤오프(RO/RO)선

본선의 측면이나 선미의 Ramp Way(경사로)에서 컨테이너를 섀시에 실은 채 트럭이난 트레일러가 자체 주행하고 적하하는 하역 방식의 선박으로서, 상용차나 주행할 수 있는 대형 건설기기 등도 운송한다. 지게차나 크레인 등 하역장비를 사용하지 않기 때문에 빠르고 저렴하게 하역할 수 있다. 페리에서도 트럭 등은 자체주행해서 그대로 승선하지만 페리는 여객선으로 RO/RO선에서 여객을 승선시키는 것은 아니다. PCC 또는 PCTC는 RO/RO 선박의 일종이다.

1.4.2 산적화물선

1.4.2.1 살물선(Bulk Carrier 또는 Bulker)

살적운송(撒積運送)은 포장되거나 짐짝으로 되지 않은 화물을 그대로 선창 안에 적치하여 운송하는 방법이다. 산적되는 화물에는 광석류, 석탄, 코크스(coke), 곡물(쌀, 보리, 옥수수 등), 목재, 칩 및 시멘트와 기타의 여러 가지가 있다.

살적화물선의 선창은, 잡화류를 선적할 때와 마찬가지로 넓은 바닥 면적이 필요하기 때문에, 중갑판을 설치하지 않은 단층으로 되어 있다.

살물선 가운데에서도 소형선은 항만 사정이 나쁜 항구에 기항하는 경우가 많기 때문에, 하역장치를 장비하고 있는 것이 보통이나, 대형선의 경우에는 항만의 하역장비를 사용하는 것을 전제로 하여, 하역 장치를 장비하지 않는 이른바 기어리스(gearless) 선박이 늘어나고 있다.

살물선의 크기는 각종 화물의 거래 형태에 맞추어 여러 가지이다. 3대 살물선이라고 불리는 철광석, 석탄 및 곡물은 2만~10만톤의 크기로 움직이는 데에 반하여, 시멘트, 점토, 석고, 수산화칼륨(Potassium Hydroxide), 유황, 설탕 및 소금 따위 화물의 움직임은 수천톤에서 2

만~3만톤 단위로 운송하는 것이 일반적이다.

따라서 살물선은 3,000중량톤의 선형에서, 부정기선 시장의 대표격인 2만~3만5천 중량톤의 핸디 사이즈, 그리고 평균 6만 중량톤의 파나막스형, 나아가서는 15만 중량톤의 초대형 살물선에 이르기까지 여러 가지의 선형이 있다.

그런데 여기에서 파나막스형(Panamax Type)이라는 것은 파나마에 최대형(Panama + Maximum)이라는 뜻으로, 파나마운하를 통항할 수 있는 최대형선의 호칭인 바, 그러한 한에서는 선박의 종류가 반드시 살물선으로 한정되어 있는 것이 아니다. 항해할 수 있는 파나마운하의 깊이(水深), 수문(水門) 안의 폭, 수문을 닫은 때의 수문간의 길이를 고려한 5~8만 중량톤 정도, 최대 흘수 40피트(12미터) 전후, 선폭 3.2미터 이하의 선박이 이에 해당된다.

1.4.2.2 오픈 해치 박스형 벌커

선창이 기존 벌크선과 달리 박스 모양(박스 쉐이프)으로 컨테이너선과 비슷하다. 해치(hatch)도 선창의 폭과 같기 때문에, 자체장치된 크레인으로 그대로 화물을 늘어뜨린다. 직각으로 매달리거나 매달아야 만 작업이 완료되므로 작업원이나 포크래인(지게차)이 창고 내에서 수평이동이나 하역을 할 필요가 없어져 하역시간이 크게 단축되고 인력 또한 줄일 수 있는 기존 벌크선과 컨테이너선의 중간적인 성격을 가지고 있다. 종이 펄프, 알루미늄 주괴(Aluminium Ingot), 고령토(Kaolin), 제재(製材), 반제품, 쌀·보리 등 포대화물(袋物貨物), 철강제품, 곡물 등 다양한 종류의 화물을 운반할 수 있다.

1.4.2.3 광석 전용선(Ore Carrier)

철광석, 동광석 및 사철 등 비중이 큰 화물(Stowage Factor가 작은 화물)을 운반하기 위한 것으로, 선체의 크기에 비해서 선창의 부피가 작은 선박을 말한다. 바닥의 넓이를 작게 하는 것은 선저의 무게가 커짐(Bottom Heavy)에 따른 선박의 횡요를 방지하고, 적치를 균일하게 하고, 또한 하역시 화물을 용이하게 모아 퍼 낼 수 있도록 하기 위한 것이다.

광석선, 특히 철광석 전용선은 대형철강제철소와 동시에 출현하여 그 발전에 따라 선형도 대형화되어 왔는 바, 현재는 항만에 알맞는 10만 내지 16만 중량톤의 선박이 일반적이기는 하지 개중에는 20만 중량톤급도 있다.

하역장치는 육상의 설비에 의하는 것이 많다. 즉 벨트컨베이어로 본선측까지 운반된 광석을 로더(Loader)로 선창에 적입한다. 또 하화에서는 그랩 버킷(Grab Bucket)[42]이 붙은 육상의 크

---

42) 살화물(撒貨物)을 퍼담거나 퍼내리는 2개의 바가지 모양으로 된 하역용구. 화물을 집기 위해 이 기계를 내리면 자

레인으로 하역한다.

1.4.2.4 석탄선(Coal Carrier)

석탄선(Coal Carrier)은 화력발전용으로 석탄을 살적해 전문적으로 수송하는 선박이다. 양륙지 발전소에 설치되어 있는 대형 양륙하장치(언로더)에서 하역이 이루어지기 때문에 본선에 하역장치가 없다. 석탄 운반에 꼭 필요한 것 이외에는 모두 생략하여 최대효율을 추구하며, 선창 양쪽에 경사를 만들어 효율적인 하역을 할 수 있도록 고안된 선형이다.

1.4.2.5 원목선(Log Carrier)

원목의 운송을 목적으로 하는 선박으로서 선창이 단층(Single Deck)이라는 것과, 다른 화물선에 비하여 선창(Hold)과 창구(Hatch) 모두가 길다는 점이 특징이다. 원목의 부력(浮力)이 크다는 점을 고려하여, 상갑판상(On-Deck)에 30피트 정도의 높이까지 적재할 수 있도록 되어 있는 바, 갑판상에 적재할 수 있는 양은 화물창내(Under-Deck)적재의 40 내지 50%에 상당한다.

최근에는 하역으로 인한 시간과 경비를 절감하기 위해, 전량을 선창적재로 하는 선형도 나타났고, 또한 그러한 경우 하역효율을 높이기 위해, 2 로우 해치(Row Hatch)를 채용하고자 노력을 기울이는 선박도 있다.

원목선은 기항하는 항구의 시설이 대체로 빈약한데다가, 또한 하역 장소도 해상이나 하구로 되어 있는 경우가 많기 때문에, 본선에 반드시 데리크를 장비하고 있다. 또 그 데리크가 처리하는 원목의 무게가 무겁기 때문에, 일반 화물선의 경우 보다 인양능력이 큰 15~30톤의 데리크를 장비하고 있다.

원목선의 선적 하역은 미재(美材) 및 북양재(北洋材)가 안벽(岸壁)에서 이루어지는 반면에, 남양재(南洋材)의 하역은 일반적으로 안벽에 떨어져 있는 묘지(錨地)에서 이루어진다. 또 하화(下貨)하역은 우리나라의 경우 묘지에서 바다에 내어던져 버리는 식의 하역이 주체로 되어 있다. 안벽에서 직접 트럭에 적재되는 케이스는 그다지 많지 않다.

펄프용 목재가 우드 칩으로서 운반되기에 이르러 칩 전용선이 출현 하면서부터, 원목선의 선복은 감소되는 경향에 있다.

1.4.2.6 칩 전용선(Chip Carrier)

제지(製紙) 원료로서 이용되는 칩(목재를 깨뜨린 소편)을 전문으로 수송하는 선박이다. 칩은 극히

동으로 두개의 바가지 모양이 열리고 들어 올릴 때는 자동으로 폐쇄되도록 고안되었다.

비중이 작은 화물이기 때문에, 대량으로 쌓을 수 있도록 화물 창고 용적은 최대한 크게 하고, 밸러스트 스페이스(Ballast Space)는 선저부에 마련한다. 펄프 원료로서의 목재가 칩으로 운반되게 되었기 때문에 칩 전용선이 원목선에 갈음하여 목재운송의 주력으로 되어 가고 있는 경향이다. 선형적으로는 살물선에 가까우나, 화물인 칩의 비중이 극단적으로 가볍기 때문에, 화물의 부피를 최대한으로 수용할 수 있는 설계로 되어 있다. 그런데 이 선박은 칩 이외에 석탄이나 코크스 등도 운송할 수 있도록 되어 있다.

원목선이 기어를 지니고 있는 데에 반하여, 칩 전용선의 경우에는 기어리스(gearless)의 선박이 많아, 적하화 모두 하역에는 육상의 시설이 사용된다. 적재는 육상에 있는 뉴머(Pneumatic) 공기 압송식 하역장치로 하고, 하화는 버킷(Bucket)이 달린 크레인에 의하는데, 육상으로 반출하기 위한 컨베이어를 본선에 장비하고 있는 것이 일반적이다.

1.4.3 겸용선

선박의 전용선화는 하역비의 저감 및 본선 회전율의 신속화를 촉진함으로써 비용의 저감을 초래한 반면, 적화를 종류를 한정시키게 되었기 때문에 본선의 범용성을 상실시키게 되었다.

전용선으로 운반되는 화물의 흐름은 대부분의 경우, 특정국에서 특정국으로의 항행하기 때문에, 복항화물의 확보가 어려운 나머지 귀항시에는 본선을 빈 채로 회항시킬 수밖에 없는 것이 일반적인 사정이다. 또 하나의 결점은 선박의 전용이 쉽지 못하기 때문에, 그 화물의 무역량이 줄어들고, 나아가 운임시황이 악화되는 것과 같은 경우에는 적자운항이나 계선도 불가피하게 된다는 점이다. 이러한 경직성을 보완하여 본선의 이용효율을 높이기 위해 고안된 것이 건화물 및 액체화물 양쪽을 적취할 수 있는 겸용선이다.

검용선은 건화물 시황과 유조선 시황을 비교하면서 어느 쪽이든 유리 한 쪽으로 이용 할수 있다.

1.4.3.1 OBO 선박(Ore/Bulk/Oil Carrier 광석, 살물 및 유류 겸용선)

철광석, 석탄, 곡물 및 원유를 모두 적취할 수 있는 7만 내지 15만 중량톤의 철광석, 살물및 유류의 겸용선은 융통성이 매우 풍부하다. 원유, 석탄 및 곡물을 적재할 때에는 전창 만재로 되지만, 비중이 큰 철광석을 적재하는 경우에는 모든 선창을 사용하지 않고, 한 선창 건너서 적재한다(Alternative Loading or Jumping Loading).

이 같은 선박은 예컨대 미국(곡물)-인도(공선항해)-페르시아만(원유)-미국(석탄)-한국(공선항해)-인도네시아(원유)-브라질(철광석)-한국(공선항해)에 OBO 선박을 사용하는 운항 형태를 가정 할 수 있다.

1.4.3.2 O/O선(Ore/Oil Carrier, 광석 및 유류 겸용선)

최초로 탄생한 겸용선은 10만~20만 중량톤의 광석 및 유류 겸용선, 즉 광석과 원유 양쪽을 적재할 수 있는 선박이었다. 이 선박은 기본적으로 중앙의 탱크 위에 창구를 비치한 유조선이다. 다만 철광석을 적재하는 경우에는 그 비중이 높기 때문에 만재할 수 없다. 일례로 O/O선은 페루(철광석)-한국(공선항해)-인도네시아(원유)-미국 서안(공선항해)-페루(철광석)에 겸용선을 사용하는 운항 형태를 가정 할 수 있다.

1.4.3.3 OSO 선박(Ore/Slurry/Oil Carrier 광석, 슬러리 및 유류 겸용선)

광석 및 유류 겸용선의 변형이 14만 중량톤 정도의 광석, 슬러리 및 유류 겸용선이다. 이 선박은 원유 이외에 철광석을 건화물이나 슬러리(진흙물) 형태로 적재할 수 있고, 석탄도 적재할 수 있다.

1.4.4 액체화물 운반선

1.4.4.1 유조선(Oil Tanker)

원유를 운반하는 전용선을 유조선(Oil Tanker)이라고 하며 일반적으로 탱커(Tanker)라고 한다. 엄밀히 말하면 Tanker라고 하면 액체를 살적하여 운송하는 선박을 총칭하는 것이기 때문에 원유 운송선박을 오일탱커(Oil Tanker)라고 부른다.

오일 탱커는 다른 선종보다 상당히 크며 갑판에 달리는 수많은 파이프라인으로 쉽게 식별할 수 있다. 선창 내의 구조는 탱크 모양으로 되어 있으며, 보통 3열로 나란히 놓여 있는데 이것은 성질이 다른 원유를 적재하기 위해서이다. 항해 중에 원유의 유동을 최소화 하거나 선체의 파손 사고 때 원유의 원유 유출을 최소화 우한 것이다.

또 좌초와 충돌로 인한 유출을 막기 위해 선저나 측벽을 이중구조(이중선각)로 만드는 것도 의무화되어 있고, 탱크의 일부는 공선항해시 안정성 확보를 위해 밸러스트(Ballast) 공간으로 활용한다.

1.4.4.2 석유제품 운반선(Product Tanker)

Product 종류에 따라서 Dirty Product와 Clean Product로 나누어진다. Dirty Product Carrier는 경유, 중유 또는 잔여유(석유제품 생산시) 등을 운반하는 Product Tanker 다. Clean Product Carrier는 Gasoline, Kerosine, Naphtha 등을 운반하는 Product Tanker로서 Cargo Tank가 낡아지면 자연히 Dirty Product Camer로 전용된다.

1.4.4.3 케미컬 탱커(Chemical Tanker)

특수 액체 화학 물질을 대량으로 운반하기 위한 전용 유조선을 케미컬 탱커(Chemical Tanker) 라고 한다. 유기합성 화학공업이 발전함에 따라 필요하게 되었다. 선창은 특별한 설계로, 적 하의 순도를 유지하도록 되어 있는 것 외에 적하 약품에 의해 선창의 금속류가 부식되는 일 이 없도록 방식 조치가 취해져 있다. 선창 내에 액체화학품을 위한 특수 탱크를 설치한 것 을 특히 케미컬 탱커라고 하며, 인화성 액체나 고압가스, 황산, 염산이나 카세이소다 등의 부식성 물질을 운송하고 있다. 고압액화메탄가스를 운반하는 LPG 선박은 케미컬 탱커이다.

1.4.4.4 액화천연가스(LNG)선박(Liquefied Natural Gas Ship)

초저온에서 액화한 액화천연가스(LNG)를 운반하는 전용선이다. 메탄을 주성분으로 하는 천연가스를 영하 161.5℃로 냉각하여 적재하고 액화하면 부피가 커진다. 액화하는 체적이 600분의 1이 되는 천연가스의 성질을 이용해 대량 수송을 실현했다.

초저온 LNG를 운반하기 위한 탱크의 재질은 니켈, 스테인리스, 알루미늄 합금과 같은 저 온에 강한 재료가 사용되며 기화가스 처리 및 화재 예방 및 소화 설비 등을 갖춰야 하기 때 문에 고도의 기술력이 필요하다. 또한 충돌과 좌초로부터 탱크를 보호하기 위하여 이중선각 구조로 되어 있다. 탱크의 모양, 방열 방식으로 모스(Moss) 방식과 멤브레인(Membrain) 방식이 있는데, 최근 LNG선은 대부분 멤브레인 타입 화물창을 설치한다.

한국 조선사들이 주력으로 건조하는 LNG선의 멤브레인 Type 화물창은 사각 형태의 화 물창이 선체와 하나로 되어 있고, 모스 Type보다 많은 양을 실을 수 있다. 반면 기존 LNG선 시장을 장악하던 일본 조선사의 LNG선의 모스 Type 화물창은 구형태이며 선체와 화물창이 분리된 구조이다. 이 모스 Type은 멤브레인 Type보다 적재량은 적지만 액체 상 태의 LNG가 흔들리며 발생하는 Sloshing 문제가 없어, BOG(Boil-off Gas) 발생이 적은 장점 이 있다.

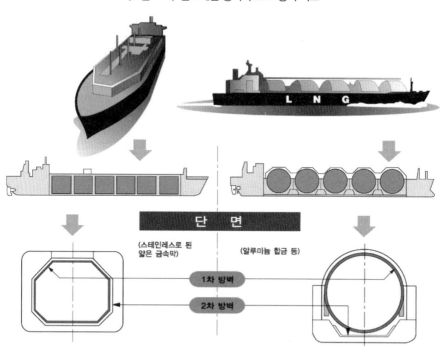

〈그림 1-9〉 멤브레인 형식과 모스 형식 비교

단 면

(스테인레스로 된
얇은 금속막)

(알루미늄 합금 등)

1차 방벽

2차 방벽

〈멤브레인 형식〉   〈모스 형식〉

출처: 한국해양과학기술원 iPhoto Library (2002), https://iphoto.kiost.ac.kr/

1.4.4.5 액화석유가스선(Liquefied Petroleum Gas Ship)

프로판, 부탄 등의 액화된 석유가스를 운반하는 전용선이다. 프로판, 부탄을 대기압으로 각각 영하 42.2℃, 영하 0.5℃ 이하로 냉각하는 저온식과 상온에서 압력을 증가시켜 액화하는 가입식, 두 가지를 절충하는 방식의 저온식 등 3종류가 있다. 외항선은 대부분 저온식으로서 가압식은 소형의 내항선에서 다수 발견된다.

제2장

국제무역과 해운

2. 국제무역과 해운

2.1 해운의 발전

2.1.1 해운업 발달

해운의 역사는 기원전 3000년경에 거슬러 올라간다고 한다. 그러나 활발하게 해상운송을 한 것은 페니키아인으로 기원전 10세기경이었다. 그 이후 주요 해상운송 담당자는 국가와 지역의 세력 성쇠에 따라 변천을 따라갔다. 페니키아에 이어 그리스, 로마, 중세가 되면 이탈리아, 이어서 한자의 상인, 근세가 되면 스페인, 포르투갈, 네덜란드, 영국으로 옮겨갔다. 이 사이의 해운 자체의 역사는 선박의 기술진보, 항해술의 발달, 그리고 항해하는 지역이 전세계로 확대해 나가는 과정이었다.

오늘날의 선박과 같은 철제로 기계력을 사용하여 추진하는 선박이 출현한 것은 19세기 초였다. 그 처음은 증기선(기선)이었다. 기선이 범선(목조)을 대신해 해상운송의 주역의 자리를 차지한 것은 19세기 후반이었다. 이 무렵부터 증기선의 운송 능력이 범선의 운송 능력을 능가하게 된 것이다. 기선 시대의 선구자는 영국이었다. 범선 시대에 우위를 차지한 것은 조선재료(경질재)로 축복받은 미국이었지만, 영국은 그 미국을 대신해 산업혁명의 모국으로서 강철제기선의 건조에 우위를 차지함과 동시에 석탄을 비롯해 '세계의 공장'으로서 화물을 축복했기 때문에 운송에서도 우위에 접할 수 있었던 것이다. 철제기선의 출현과 그 해상운송 수단으로서의 지위의 확립을 가지고 근대적 해운의 성립의 시기로 간주한다.

철제기선의 출현은 또한 해상운송의 형태를 변화하게 되었다. 그때까지는 중세 이탈리아나 한자 상인의 해상운송이 그랬듯이 무역상이 스스로 선박을 운영하고 자기 화물을 운송하는 것이 주된 해상운송 형태였다. 상인이 동시에 운송자이기도 했기 때문에 이것을 상인운송인(Merchant Carrier)라고 부르고 있다. 철제기선의 출현을 계기로 해상운송의 주요 형태는 공공운송인(Common Public Carrier)로 옮겨갔다. 그것은 해상운송을 영리목적으로 하여 업무로 하는 것을 말한다. 이른바 해운회사가 그래서 영국, 독일 등 세계의 유명한 해운회사의 대부분은 이 이행 전후에 설립되고 있다. 대형 철제기선의 출현으로 인해 상인운송인은 불리하게 되었고, 한편 산업혁명의 진전에 의한 해상화물 및 미국 대륙으로의 이민의 증가는 공공 운송의 성립을 가능하게 했다. 그 후 생산회사 중에는 대규모가 되어 원료나 제품의 운송량이 대량이 되었기 때문에 그 운송을 직접 선박을 운영하여 실시하는 것을 유리하게 하는 것이 있었다. 이와 같이 생산 회사가 동시에 자기 화물의 운송자이기도 한 해상운송의 형태를 인더스트리얼캐리어(Industrial Carrier)라고 한다. 전용선(특수선) 분야에 많으며 그 중에서도 대량의 유조선을 보유하는 국제석유자본이 대표적인 예이다.

그런데 세계 해상운송에 있어서 영국의 지위는 제1차 세계대전 후에는 여전히 선두를 차지하지 않았던 것의 하락 경향을 따라, 일본, 노르웨이, 독일 등이 대두해 왔다. 또 1920년대가 되면 선종에서는 탱커가 새롭게 출현해 추진방식으로는 디젤기관을 장비하는 선박이 증가해 왔다. 제2차 세계대전 후에는 세계의 선복량이 증가하는 가운데, 영국, 그리고 영국을 제치고 1위가 되어 있던 미국도 선복의 보유 비율을 저하시켰다. 그 반면 라이베리아, 파나마 등의 이른바 편의치적국 등록선복량이 증가했다.

제1차 오일쇼크(1973년) 후에는 정기선동맹헌장조약 성립을 배경으로 개발도상국 등의 해운이 정기적으로 진출해 왔다. 정기선동맹헌장은 이른바 40:40:20 원칙, 즉 수송 발착지 국가의 해운에, 양 지점 전체 수송의 각 약 40%, 나머지 약 20%를 제3국 해운에 각각 싣는 것(이른바 카고 셰어링 cargo sharing)을 허용하기로 했다. 그러나 1984년에 미국에서 해운법이 제정된 것이나 1980년대 후반 이후 아시아 신흥국이 성장하는 가운데의 한국, 대만, 인도, 중국, 싱가폴 등의 아시아 선주의 발전, 게다가 아시아 해운이 맹외선으로 정기선 시장에 진출한 것에 의한 해운동맹의 무기능화 등 세계 해운 정세의 큰 변화 때문에 효과를 거두지 못하였다.

제2차 세계대전 후, 특히 수에즈 운하의 제1차 봉쇄(1956년)에 유발되어 시작된 선박의 기술진보는 1960년대가 되면 세계 해운사상 과거에 보지 못한 규모로 전개되었다. 그 결과 전용선의 종류가 늘어나면서, 유조선을 중심으로 전용선의 대형화가 급속히 진행되었다. 컨테이너선 개발도 이 시대의 선박 기술진보의 중요한 하나로 해상운송, 특히 정기선운송의 많은 면에 큰 변화를 일으켰다. 오일쇼크 후에는 기술진보의 중점은 에너지 절약·에너지선 개발로 옮겨갔다.

해운동맹 기능의 저하 속에서 해운동맹 내에 결성된 컨소시엄의 재편과 해산이 이루어지는 한편, 기업 간의 새로운 제휴에 의해 시장의 안정화를 요구하는 시도가 실시되었다. 1980년대 말부터 1990년대에 걸쳐 동맹선과 맹외선을 포함한 복수항로에 걸친 시장안정화를 목표로 하는 협정인 1998년 태평양항로안정화협정이 체결되었다.

이와 병행하여 세계의 주요 정기선기업간의 글로벌한 복수 항로를 커버하는 광범위한 사업의 제휴인 얼라이언스를 결성하는 움직임이 일어났다. 한편, 얼라이언스에 있어서의 의사결정의 지연을 피해서 단독으로 글로벌한 정기선 활동을 실시하고자 하는 기업은 외국의 유력 해운 기업과의 합병이나 인수를 통해서 규모를 확대해 경쟁력의 강화를 시도했다. 1997년에 세계의 유력 선주인 영국의 P&O컨테이너사와 네덜란드의 Nedlloyd사 정기선 부문이 합병하여 P&O Nedlloyd를 출범하였고 이후 많은 사례가 이어졌다.

2.1.2 세계화의 동인으로서 해운

세계 경제 통합(economic integration)은 국제 무역의 중요성이 높아지는 핵심 요인이다. 역사적으로 무역은 널리 퍼져있었지만 그것을 뒷받침할 기술적 수단 측면에서 제약 조건 하에서 설립되었다. 장거리에 걸친 거래는 여전히 느리고 비싸서 규모와 범위가 제한되었다.

20세기 초까지 증기선과 같은 운송 기술은 복잡한 국제 무역 시스템을 지원할 수 있을 만큼 충분히 효율적이고 보편화되었다. 특히 증기선은 이전에는 달성할 수 없었던 규모의 경제를 가능하게 했다. 그러나 20세기 중반이 되어서야 글로벌 규제 체제가 세계화의 확장된 형태를 허용할 만큼 개방되었다.

운송 없이는 글로벌 무역이 불가능하기 때문에 효율적인 운송이 핵심 무역 촉진제가 되고 있다. 정해상운송에 의해 운반되는 거의 모든 화물은 국제 무역으로 간주된다. 운송 비용(화물 비용과 시간 비용 모두)은 총 무역 비용(total trade costs)의 핵심 구성 요소를 구성한다. 이러한 무역원가에는 재화 자체의 생산 한계원가 외에 최종 사용자에게 재화를 공급하기 위해 발생하는 기타 비용(예: 정책 장벽, 정보원가, 법률 및 규제원가)도 포함된다. 개도국의 경우 운송비 10% 감소가 국제 무역의 20% 성장과 관련이 있다는 점이 강조되면서 무역 비용이 낮아진 것이 무역 성장에 기여하고 있다.

제2차 세계 대전 이후 '세계 무역을 통한 세계 평화'라는 기치 아래 진행 중인 무역 자유주의는 무역에 대한 정치적, 규제적, 문화적 장애물을 점차 제거하게 되었다. 통합 과정은 지역적 차원에서도, 글로벌 차원에서도 이루어졌다. 1990년대 소련의 붕괴와 중국의 개방은 20억 명에 가까운 소비자와 관련 자원들이 세계 경제에 유입되도록 자극한 획기적인 사건이었다. 지역 무역 블록(Regional trading blocs)은 북미의 NAFTA, 유럽의 EU 단일 시장, 동남아시아의 ASEAN, 남아메리카의 MERCOSUR, 서아프리카의 ECOWAS 등 서로 다른 무역 자유화 수준으로 형성되어 왔다.

국제 무역의 중요한 몫은 유럽 연합과 NAFTA 내에서 발생하며, 특히 도로 및 철도와 같은 육상 운송 모드에 더 의존한다. 유럽연합과 NAFTA는 회원국과 관련된 각 무역의 62.3%와 51.2%를 차지하는 세계 최대의 통합무역협정으로 꼽힌다. ASEAN의 경우 무역의 75.5%가 협정 밖의 국가들과 관련이 있으며, 이것은 해상운송의 상대적 비중이 더 크다는 것을 의미한다.

생산의 세계화(globalization of production)는 상호 관련성이 있기 때문에 무역의 세계화 (globalization of trade)를 위한 원동력이다. 국제무역의 규모(scale)와 물량(volume), 효율성(efficiency) 향상이 계속되고 있다. 세계무역의 자유화는 세계무역기구(WTO)의 지속적인 진화와 UNCTAD나 세계은행 같은 조직의 주도로 뒷받침된다. 2차대전 후 많은 국제기업들이 국제경영을 추구할 수 있는 규제틀에 대해 유엔 등 정부간기구의 지원을 요청했다. 이러한 환경에서 다국적 기업들은 투자자와 상인으로서 점점 더 중요해졌다. 이에 따라 '세계무역을 통한 세계평화(World Peace through World Trade)'라는 구호가 서서히 '세계무역을 위한 세계평화(World Peace for World Trade)'로 옮겨갔다는 주장이 제기될 수 있다. 현재 정부 간 조직은 국제경쟁과 세계 무역에서 게임 규칙을 형성하는 데 여전히 필수적인 역할을 하고 있다.

2.1.3 국제 무역의 지속적인 성장

세계 무역은 1950년대 이후 상당한 증가를 경험했고 세계 경제 생산에서 차지하는 비중이 증가하고 있다. 19세기에 국제무역은 세계 GDP의 비율은 약 10%였으며 20세기 전반에는 통상적으로 20%에서 25% 사이였다. 2007년에는 국제 무역이 처음으로 세계 GDP의 50%를 넘어서게 되었다.

다음의 몇 가지 요인들이 이러한 성장을 설명할 수 있다.

① 소득 증가(Income growth)는 재화와 서비스의 추가 소비와 연결되며, 그 중 일부는 거래된다.
② 운송비 하락(Falling transport costs)으로 거래할 수 있는 옵션과 기회가 많아졌다.
③ 무역 자유화(Trade liberalization)와 관련 관세율 인하로 무역 거래가 완화되었다.
④ 무역 협정 및 공통 상업 정책을 중심으로 국가들의 경제적 융합(Economic convergence)이 달성되었다.
⑤ 글로벌 생산 체인, 아웃소싱 및 해외 위탁의 맥락에서 중간재 무역의 증가(Increase of intermediate goods trade)가 이루어졌다.

1958년에서 1988년 사이에 소득 증가는 세계 무역의 실질 증가의 67%를 설명했으며 관세 감소는 약 26%, 운송 비용은 약 8% 감소했다. 그러나 선진국과 개발도상국은 경제적 특성이 다를 수 있으며, 이것은 국제 무역의 성장에서 다른 역할을 한다. 저소득 경제는 자원과 저부가가치 상품의 거래에 대한 의존도가 높은 경향이 있고, 중간 소득 경제는 제조업을 중심으로 하는 경향이 있으며, 고소득 경제는 제품 및 서비스의 순수입국인 경향이 있다.

국제 무역의 지속적인 성장은 기업에도 영향을 미쳤으며, 그 중 많은 기업이 다국적 기업으로 성장했다. 다국적 기업이 무역에서 얻는 이점은 다양하다.

① 경쟁(Competition): 국제 시장에서 새로운 자원, 시장 및 프로세스를 찾는 것은 기업의 경쟁력을 높인다.

② 규모의 경제(Economies of scale): 국제 시장을 통해 기업은 더 많은 양의 상품을 생산할 수 있으므로 단위 비용이 절감된다.

③ 혁신(Innovation): 국제 시장은 새로운 제품의 개발 또는 기존 제품을 다른 시장 특성에 맞게 조정하도록 한다.

국제 무역이 유통 및 거래 서비스(distribution and transactional services) 제공에 의존함에 따라 이러한 서비스에 대한 수요가 크게 증가하여 운송업체, 화물 소유자, 터미널 운영자, 제3자 물류 서비스 제공업체(3PL), 화물 운송업체 및 보험사의 성장으로 이어졌다. 국제 운송 및 거래 서비스 제공업체는 국제 무역을 지원하고 부가가치를 창출하는 것을 목표로 하는 복잡한 생태계를 나타낸다. 제조 회사와 같은 운송 서비스 제공업체는 광범위한 시장으로 인해 대규모 다국적 기업이 되었다.

거래되는 물건의 성격(nature of what is being traded)과 주요 무역상들은 국제 운송에 사용되는 운송수단에 영향을 미친다. 국제 무역 물동량의 약 80%, 가액의 70%는 해상운송을 통해 이루어진다.

엄청난 양의 상품이 매일 전세계로 이동하고 있는데 전세계에서 가장 많이 거래되는 상품의 대부분이 해상운송을 통해 이루어진다. 〈그림 2-1〉을 보면 2016년에 자동차는 가장 많이 거래된 품목으로 전세계 무역의 4.9%를 차지했으며 시장 가치는 1조 3500억 달러였다. 그 해 독일은 세계 1위 자동차 수출국으로서 자동차 운반선(car carrier)을 통해 운송하고 있다. 미국에서 유조선으로 수출되는 정제된 석유(refined petroleum)는 전세계적으로 두 번째로 많이 거래되는 품목이다.

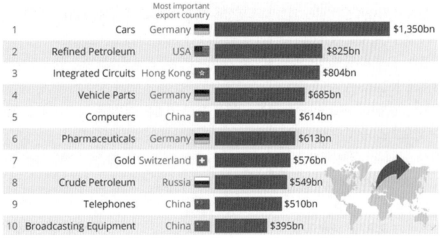

〈그림 2-1〉 세계 주요 수출품과 수출국(2016)

자료: Niall McCarthy (2018), "The World's Most Traded Goods", Forbes, Feb 21.

2.1.4 국제무역에서 해상운송의 중요성

오늘날 세계 경제는 무역을 통해 유지되고 있다고 해도 과언이 아니다. 특히 제조업의 경우에는 국경을 초월하는 생산시스템은 결과적으로 무역의 편익을 최대로 누리고 있다고 봐야 할 것이다. 예를 들어 제조업은 소비자의 수요와 생산기술의 변화뿐만 아니라 기업의 구조에 영향을 미칠 수 있는 경제적 요인들의 변화들에 대해서도 조화를 이루고 있다.

여러 가지 제조기업은 설계는 A국가에서 하고 각종 부품의 생산은 다른 여러 국가에서 그리고 제3국에서 조립한 후 전세계를 상대로 제품을 판매한다. 제조업체에 있어서 원재료 확보에서부터 공장 출하까지 관련된 생산공정상의 과정은 해당기업의 공정관리자(process manager)가 직접 통제하고 관리하는 것이 보통이지만 공정관리자의 의지대로 되지 않는 부분이 바로 운송구간이다. 특히 대부분의 국제운송을 담당하는 해상운송의 경우에는 더욱더 공정관리자가 통제하기가 어렵다.

2021년 벌어진 공급체인의 위기는 현대 기업의 가장 중요한 관심사 중의 하나가 공급망(supply chain)이라는 것을 여실히 보여주고 있다. 그간 공급망의 관리를 통해 많은 양의 재고를 쌓아둘 필요가 없는 정시화(Just In Time)의 경영방식이 성과를 가져왔다. 글로벌 수준에서의 정보통신기술의 발달은 상품의 공급망을 실시간(Real Time) 단위로 파악할 수 있게 되었다.

일반적으로 운송인은 화물을 적절하고 조심스럽게 선적하고, 취급(Handle)하며, 적재(Stow), 운송(Carry), 보관(Keep), 관리하고 양하(Discharge)하여야 한다.43) 이러한 이유로 인해 지금까지 해운업계는 화주의 수요에 부응하기 위해 다양한 크기의 선박을 건조하고 화물의 특성에 맞는 설계를 통해 최적 상태하에서 화물이 운송되도록 노력하였다. 그 일환으로 개발된 컨테이너화를 통해 단순한 항구와 항구를 연결하는 해상운송의 범위를 넘어 복합 운송체제를 구축하는 한편 정시 운송체제를 통해 하주의 재고관리 기능까지 대리 수행하고 있다.

화주들은 운임과 운송 시간을 반영하여 국제시장에서 경쟁을 하고 있는 만큼 불가항력이든 어떤 사유이든 불문하고 운송에 수반될 수 있는 리스크를 최소화 해주기를 바라고 있다. 법률적으로 비정상적인 사태의 원인이 선박회사의 면책사항에 해당하는 것이라 하더라도 화주는 선박회사를 선택하는 중요한 고려대상이 될 수밖에 없다. 실제 2021년에 발생한 수에즈 운하의 사고에 의한 통항 체증 사태와 미국 서부항만의 체증현상은 화주의 주요한 고려사항이 될 수밖에 없다.

해운원가를 줄이기 위해 리스크를 감수하며 기준미달선박을 이용하고 질 낮은 선원을 고용하여 해난사고를 빈번하게 일으킨다거나 잦은 기관사고로 운항에 차질을 초래하는 것은 하주의 기대를 저버리는 것이다. 관련 보험을 믿고 해적들이 출몰하는 지역으로 선박과 화물을 보내는 것도 하주들이 원하는 바가 아니다.

자신이 다국적 거대기업의 매수자이든 매도자이든 또는 현물시장에서 밀, 석유 등의 화물을 취급하는 사람이든 간에 일반적으로 무역업자들은 리스크에 대해 부정적이며 특히 현물시장 거래자들은 대체적으로 변덕스러운 시장을 선호하며 변덕스러운 만큼 이윤추구가 가능하기 때문이다. 그러나 일단 거래가 성사되고 나면 그 다음 그들의 최대 관심사는 거래 이후의 후속 단계에서의 리스크를 가능한 한 최소화하는 것이다. 대표적인 예로 환리스크의 헷징(Hedging)을 들 수 있다.

그러나 국제무역에서 해상운송은 상품의 질과 양은 물론 상품의 인도기간에 의해 결정되는 시간과 운임에 따라 이윤의 폭에 중대한 영향을 초래하면서도 이것을 쉽게 계량화 할 수 없는 분야이다. 국제무역에서 해운의 역할이 지대하다는 것을 모르는 바는 아니지만 어쩌면 이런 이유 때문에 대다수의 하주단체나 대형하주들이 해운업계에 대하여 절대적인 지지는 고사하고 호감을 느끼지 못하고 있는 것이 보편적인 시각이다. 그럼에도 불구하고 그들은 해운업계의 고객이며 고객이 없이는 선박은 한 발자국도 움직일 수 없는 것이 엄연한 현실이다.44)

국제무역 거래에 있어 통상 파는 사람(Seller)은 대금을 수령하기 이전에 현물을 선박에 인도하여야하기 때문에 파는 사람의 리스크가 사는 사람(Buyer)의 리스크보다 크다고 할 수 있으며 매수자는 도착한 상품의 상태인 수량과 품질 그리고 자신이 원하는 시기에 도착하는지

---

43) 헤이그 규칙(Hague Rules 3조 2.
44) 윤민현 (2014), 『해운과 Risk Management』, 서울: 한국선주상호보험조합.

여부에 더 관심을 갖고 있다. 즉 매수자는 계약상 선주나 운송인과 직접적인 관계는 없지만 그의 관심은 해상운송의 이행에 더 관심을 갖게 된다.

실무적으로 대부분의 국가에서는 민사법의 경우 계약당사자라야만 동 계약에 근거하여 소송을 제기할 수 있는 것이 일반적인 원칙이다. 하지만 계약당사자가 아닌 수하인은 선하증권이나 여러 해상운송법에 의거하여 비록 계약당사자가 아니더라도 화물과 관련된 자신의 손해에 대하여 운송회사를 상대로 손해배상을 청구할 수 있다.

2.2 해운업의 유형

해운은 국가적으로 중요한 산업이기 때문에 정부의 주요한 정책대상이 된다. 국가적으로 해운산업에 대한 정책을 수립하지 아니하는 주요 선진국은 거의 없으며, 미국, 일본, 영국, 독일, 중국 등 주요 국가는 무역과 직접적인 관련을 가지고 있는 해운산업에 대한 다양한 정책을 펼치고 있다.

어떤 나라의 해운정책의 근거가 무엇인가를 규명하기 위해서는 그 나라의 국민경제와 산업구조의 관계에 대한 통찰과 국제해운시장에 관한 이해가 필요하다. 왜냐하면 이해관계자의 요구를 통찰과 이해 없이 대처하다보면 자유시장경제구조에서 성립해야하는 자원의 산업간 배분에 국가가 간섭함으로써 보다 많은 자본과 노동을 해운산업에 주입시키는 것에 지나지 않을 수도 있기 때문이다. 따라서 국가가 해운정책을 펼치기 위해서는 해운정책에 요구되는 비용보다 큰 국민경제적 효과가 기대되어야 한다.[45]

佐波宣平(1960)은 국민경제측면에서 해운의 역할이 상이함에 착안하여 해운의 유형을 3가지로 제안하였다.[46]

① 자급자족(autarky) 해운
해운의 주요 활동영역을 자국의 연안에 두고 있는 형태이다. 이러한 해운은 내국상품 무역에 종사하는 자급자족(autarky) 형태의 해운이기 때문에 무역의존도가 적을 뿐만 아니라 국제경쟁력도 매우 약하다. 이 유형의 대부분은 내륙교통수단의 보완기능을 수행하며 해운의 대외무역기능, 혹은 외화획득이라는 국민경제적 기능은 약하다.

---

45) 東海林滋 (1971), 『海運論』, 東京: 成山堂書店, pp.282-283.
46) 佐波宣平 (1960), 『海だ海だ』, 京都: 狭衣会, p.291.

② 내셔널리즘(nationalism) 해운

자국의 대외항로에 주요 활동영역을 두고 있는 형태이다. 대외상품 운송에 종사하기 때문에 무역의존도는 매우 높으나 국제경쟁력은 중간정도이다. 이러한 해운은 이른바 내셔널리즘(nationalism) 형태의 해운으로 불린다. 국내자원이 부족하여 원재료를 외국에서 수입하고 국내산업이 제품을 생산하여 제품을 해외에 수출하는 형태를 특징으로 하는 국민경제이며 이에 대하여 해운은 적극적인 존재이다. 해운업은 당해국의 산업무역과 극도로 긴밀한 상호의존 관계를 갖고 성립하고 있으며 산업의 발전과 더불어 해운업도 발전한다.

③ 코스모폴리탄(cosmopolitan) 해운

제3국간 항로를 주 활동영역으로 하는 형태인데 주로 상품외무역이 큰 나라의 해운은 대체로 이 유형에 속한다. 이런 유형의 해운은 무역의존도가 매우 적은 반면에 무역경쟁력은 아주 크다. 이런 유형의 해운은 코스모폴리탄(cosmopolitan) 형태의 해운이라고 한다.

吉田茂(1997)는 해운업의 3가지 유형에 해운기업의 수준의 자기 운송, 반타인 운송, 타인 운송 등 3가지 형태가 국민경제수준의 해운업에 대하여 적용가능 하다고 판단하여 유형을 상세히 나누었다.[47]

⟨표 2-1⟩ 해운업의 3가지 유형

유형	활동영역	주요기능	형태	무역의존도
Autarky해운	자국 연안항로	국내무역보조	자기 운송	낮음
Nationalism해운	자국 연안항로 외항항로	국내무역보조 대외무역보조	반타인 운송	높음
Cosmopolitan해운	자국 연안항로 외항항로 삼국간항로	국내무역보조 대외무역보조 외화획득	타인 운송	없음

자료: 吉田茂 (1997), 『現代日本海運産業研究:成長と競争力の経済分析』, 東京: 山縣記念財団, pp.30-39.

해운유형을 분류하기 吉田茂(1997)는 당해국의 선박수급을 나타내는 지표인 '수급점유비율'을 파악하였다. 구체적으로 수급점유비율은 한 국가의 물동량 세계점유율과 이에 대한 당해국 선박량의 세계점유율의 상대비율이다. 이 지표는 1을 중심으로 수급점유비율 〉 1이면 Cosmopolitan해운, 수급점유비율 = 1이면 Nationalism해운, 수급점유비율 〈 1이면 Autarky해운으로 간주할 수 있다.

수급점유비율이 1보다 크면 당해국은 세계물동량 점유율보다 세계선복량 점유율이 상회

---

47) 吉田茂 (1997), 『現代日本海運産業研究:成長と競争力の経済分析』, 東京: 山縣記念財団, pp.30-39.

하여 선복공급이 선복수요를 상회하는 선주국으로 역할한다. 이러한 국가의 해운은 자국무역은 물론 제3국간 해상운송에도 진출하는 Cosmopolitan해운으로 볼 수 있다.

수급점유비율이 1에 근접해 있는 해운업은 물동량 점유율과 선복량 점유율이 거의 동일한 수준이기 때문에 자국의 무역화물을 주로 수송하는 Nationalism해운이 된다.

반면에 수급점유비율이 1보다 작은 경우에는 당해국의 선복수요가 선복공급을 상회하는 화주국으로서 Autarky해운으로 간주된다. 이것은 해운산업의 크기에도 원인이 있을 수 있으나 국제해운에 소극적인 형태가 된다.

일예로 중국 해운의 수급점유비율을 1980년부터 2001년까지 변화의 추이를 살펴보면 수급점유비율이 대부분 1에 근사한 수치를 나타내고 있다. 따라서 중국 해운은 Nationalism해운이라고 간주할 수 있다. 1995년 이후로 수급점유비율이 1보다 상당히 낮아지고 있다는 것은 중국 해운의 국제경쟁력 저하가 서서히 진행되고 있음을 증거하는 것임을 보여주고 있다.[48]

〈표 2-2〉 중국 해운의 수급점유비율

		1980년	1985년	1990년	1995년	2001년
선복량 (만톤)	중국(A)	875.5	1,235.1	1,508.7	3,388.6	3,986.5
	세계(B)	41,991.1	41,626.9	42,362.7	49,056.2	57,455.1
	비율(C=A/B)	0.021	0.030	0.036	0.069	0.069
물동량 (만톤)	중국(A′)	7,524	13,147	16,653	30,986	59,978
	세계(B′)	360,600	329,300	397,700	468,700	543,500
	비율(C′=A′/B′)	0.021	0.040	0.042	0.066	0.110
수급점유비율(C/C′=A/B÷A′/B′)		0.99	0.74	0.85	1.04	0.63

자료: 吉田茂 · 孫飛 · 김광희 (2006), "중국해운업의 국제경쟁력에 관한 연구", 『해운물류연구』, 제48호, pp.35-37에서 산출

해운업은 국제경쟁에 노출된 산업이기 때문에 거의 완전자유시장으로 인해 일반적으로 높은 이윤을 기대할 수 없다. 그럼에도 불구하고 해운업에 진출한 이유를 경제적인 측면에서 한정한다면 해운 이외에 달리 진출할 만한 산업이 없기 때문이라고 설명된다.[49]

예를 들어 세계적인 항만도시인 독일 Bremen의 비즈니스 중심지인 Roselius & Co.를 상징하는 1917년 메달을 보면 Navigare necesse est, vivere non necesse(To sail the seas is a necessity, to live is not, 항해는 필요하나 생활은 그렇지 않다)라고 표기되어 있는 것을 미루어볼 때 해

---

48) 吉田茂 · 孫飛 · 김광희 (2006), "중국해운업의 국제경쟁력에 관한 연구", 『해운물류연구』, 제48호, pp.35-37.
49) 東海林滋 (1971), 『海運論』, 東京: 成山堂書店, p.283.

운이 차지하는 입지를 유추할 수 있다.

〈그림 2-2〉 독일 Bremen의 1917년 메달

〈앞면〉　　　　　　　　　　　〈뒷면〉

자료: Ludwig Roselius Museum (2020), https://www.museen-boettcherstrasse.de

내셔널리즘(nationalism) 해운과 코스모폴리탄(cosmopolitan) 해운은 국민경제와 밀접한 관련을 갖고 있다. 내셔널리즘(nationalism) 해운은 그 성격상 무역에 의존할 수밖에 없으나 그 수출입의 동맥으로서의 해운의 존재는 불가결 하다.

코스모폴리탄(cosmopolitan) 해운의 유형의 경우에는 해운의 생산품 그 자체가 주요 수출품이기 때문에 그 결과로 획득한 외화운임으로 부족한 상품을 수입할 수도 있다. 코스모폴리탄(cosmopolitan) 해운 그 자체가 상품외 무역(invisible trade)로서 존재한다. 그러므로 이런 유형의 해운이 적극적인 수출산업일 수 있기 위해서는 강력한 국제경쟁력이 필수적이다.

내셔널리즘(nationalism) 해운의 유형에 경우 국제경쟁력은 중간 정도이므로 자력에 따른 신장력이 없다. 그렇다고 해서 경쟁력이 전혀 없거나 운송원가가 아주 높은 것은 아니지만 경우에 따라서는 외국선으로 운송하는 편이 오히려 국민경제적으로 이익이 될 수도 있다. 예를 들어 무역의존도가 높다고 해도 비교생산비에 있어 열위에 높여 있는 해운이라면 억지로 조장할 필요가 없다는 논리가 성립된다. 적어도 가까운 장래에 국제경쟁력의 확보가 전망되지 않는다면 해운정책으로서 지원, 조성 등의 경제정책을 선택하기 어렵다.

2.3 운송인의 형태

2.3.1 자가운송인

해상운송은 초기의 주로 자연력에 의존한 선주상인을 중심으로 생활에 필요한 물품을 자급자족하던 시대의 형태로, 선박의 소유자가 자기자신의 선박을 주로 자기의 물품운송에 이용하였다. 선주(船主, Ship Owner)와 선장(Skipper, Captain) 및 하주(Cargo Owner, Shipper)가 동일하다는 특징이 있으며 고대에 지중해와 같은 지역에서 소규모로 이용된 형태를 자가운송인(Private Carrier)이라고 한다.

2.3.2 상인운송인

중세시대에 상인(商人, Merchant)이 선주 및 선원과 하나의 조합을 형성하여 자기상품을 운송한 형태로서 상인운송인(Merchant Carrier)의 시대라고 부른다.

아주 오래전 옛날에 선박을 이용하여 원격지와 무역을 할 때 에는 오늘날과 달리 무역업자인 상인이 운송수단인 선박도 마련하여야 하였다. 자기 소유의 선박이든 다른 사람의 선박을 용선 하든 따지지 아니하였으나, 자기가 수행하는 무역만을 위하여 자기가 소유하거나 관리하는 선박을 동원하거나 다른 사람의 선박을 동원하는 것이다. 경우에 따라서는 상인 여러 사람이 한척의 선박을 동원하여 공동으로 무역을 하는 경우도 있다. 이러한 운송형태를 Merchant Carrier(상인운송인)이라고 한다. 이 개념의 도입배경에는 상인이 수행하는 무역과 무역상품을 운송하는 업무가 분업화되지 못하고, 동일인에 의하여 수행되는 것을 의미하기에 자가운송인(Private Carrier)라고 지칭한다.

2.3.3 커먼캐리어

오늘날 운송 특히 해운을 표현하는 가장 유력한 단어는 공공운송인(Common or Public Carrier)이라는 점이다. Common Carrier는 불특정 다수의 고객을 대상으로 운송서비스를 제공하는 운송인을 지칭하는 용어로서 해운의 성격을 이해하는 데 도움이 된다.

영미법에 있어서는 운송인은 육·해·공 여하를 불문하고 커먼캐리어(Common Carrier)와 프라이빗 캐리어(Private Carrier)로 구별된다. 보통법(Common Law)상 커먼캐리어(Common Carrier)라 함은 그에게 운송을 위탁하는 누구에게나 운송 서비스를 제공하는 자를 말한다. 이에 반하여 프라이빗 캐리어(Private Carrier)라 함은 그에게 운송을 위탁하는 사람 모두에게 운송 서비스를 제공하는 것이 아니라 일정 종류의 운송만을 제공하는 자를 말한다.

법적인 면에서 볼 때 커먼캐리어는 자신이 운송할 수 있는 한 운송을 위탁한 자에 대하여 운송을 거절하여서는 아니 될 의무를 부담하나, 프라이빗 캐리어에게는 이러한 의무가 없다는 점이 가장 큰 차이점이다. 따라서 우리나라 상법에서 말하는 운송인은 커먼캐리어에 해당하는 것으로 본다. 커먼캐리어에 대한 절대적 운송 책임의 관념은 1924년 헤이그 규칙의 성립 이래 해운계에서는 현저히 그 실용성을 잃고 있다.[50]

과학기술의 발달로 선박이 대형화되고 또한 무역이 빈번히 이루어지게 되면서 특정한 한 항해만을 위 한 것이 아니라 불특정 다수의 고객을 상대로 하여 운송대상인 여객이나 화물을 모집하여 그들과 운송계약을 체결하고 운송용역을 제공하는 제도가 출현하여 정착되었다. 이러한 운송서비스를 제공하는 운송인을 커먼캐리어(보통운송인, Common Carrier)라고 하게 되었다.

문제는 이 커먼캐리어를 구분하는 실익이 무엇인가 하는 점이다. 그것은 한마디로 요약하면 공공성을 강조하여, 고객에 대한 차별을 금지한다는 것이다. 자본주의 경제사회를 뒷받침하는 법적장치의 제1조격이 '계약자유의 원칙'이다. 계약자유의 원칙의 가장 핵심은 어떤 내용의 계약을 어떤 당 사자와 체결하든 당사자의 자유의사에 맡긴다는 것이다. 이 경우의 자유 속에는 계약체결의 자유에 계약을 체결하지 않을 자유까지 내포하는 것이다. 물론 그 중간에 누구와 계약할 것인가의 자유도 포함된다. 이 '누구와 계약할 것인가'에서 문제 가 발생할 수 있다. 자본주의 경제사회를 지탱하는 또 하나의 원칙이 있다면 평등의 개념일 것이다. 다만 평등을 너무 강조하다보면 자유스러운 경쟁이 제한되기 때문에 평등은 결과적 평등이 아닌 기회의 평등으로 그치는 것을 시장경제는 원칙으로 하고 있다.

상인운송인 혹은 자가운송인에서는 운송계약이 필요한 당사자간의 계약에 의하여 이루어지는 사적인 계약이기 때문에 선의의 제삼자에게까지는 기회가 주어지지 아니한다. 그러나 운항일정을 신문지상 등에 공고하고 불특정 다수의 고객을 상대로 서비스의 판매를 약속하는 형태의 운송업이 일반화되면서 기회균등이라는 문제가 중요한 고려의 대상이 되어야 한다. "일정한 조건으로 제시한 운송 조건을 수락하는 모든 사람에게 운송능력의 여유가 있는 한 운송계약을 체결할 의무가 운송인에게 있다"는 원칙이다. 커먼캐리어라는 개념은 오늘날의 해운업에서는 주로 정기선사업을 영위하는 운송인에서 문제가 되고, 특정인과의 개별적인 계약에 의하여 운송업 서비스를 제공하는 부정기선 영업이나 인더스트리얼캐리어는 커먼캐리어라고 할 수 없다.[51]

---

50) 鄭暎錫 (2004), 『國際海上運送法』, 서울: 凡韓書籍, p.3.
51) 한국해사문제연구소 (2006), "새로운 용어상식: 커먼캐리어(Common Carrier)", 『해양한국』, 2006권 3호, p.75.

커먼캐리어의 대표 유형인 정기선 운송의 특성은 다음과 같다.

① 특정항로의 반복 운항

정기선 해운은 일정한 간격을 유지하며 사전에 공시한 기항지를 순차적으로 기항하고 주기적으로 항해하며, 운항 서비스를 제공한다.

② 공공 서비스의 제공

정기선 운항업자는 밀수 또는 금수품이 아닌 적법화물(Legal Cargoes)을 대상으로 하고 또한 어느 특정 화주를 위한다거나 제한된 화물만을 운송하는 것이 아니며, 불특정 다수의 화물을 운송하는 보통운송인(Common Carrier) 또는 공중운송인(혹은 공공운송인, Public Carrier)이다.

③ 고가 서비스

정기선 운항선박은 일반적으로 부정기선 운항선박에 비해 선박의 가격이 높을 뿐만 아니라 운송화물도 완제품 또는 반제품 등의 공산품이므로 원자재 또는 농·광산물이 주종인 부정기선 화물에 비해 송장가격이 비싸다. 이에 따라 정기선 화물의 운임은 부정기선 화물에 비해 높은 편이다.

④ 표준화된 계약 서비스

부정기선 해운에서는 화물의 종류, 수량에 따라 개별 운송계약이 체결되는 반면 정기선 해운에서는 화물의 종류, 수량에 관계없이 표준화된 계약인 선하증권(Bill of Lading)을 사용한다.

⑤ 운임률의 공시

정기선 해운은 공공운송(Common Carriage) 서비스를 제공하기 때문에 정기선 운항업자는 해당항로에서 취급코자 하는 화물의 운임표(Tariff)를 사전에 작성, 공시해야 하며, 경우에 따라 관련정부는 운임률의 조정 및 신고를 요구할 수 있다.

⑥ 광범위한 조직

정기선 운항선박은 불특정 다수의 화주를 대상으로 다양한 화물을 취급할 뿐만 아니라 여러 항만을 기항해야 하기 때문에 정기선업자는 기항지뿐만 아니라 내륙지점에 대리점(Agent), 지사 또는 현지법인을 설립하여야 한다.

⑦ 자본집약 산업

정기선 해운업자는 특정항로에서 반복적인 서비스를 제공하기 위해서는 적정규모의 컨테이너선대, 컨테이너 용기, 내륙 운송장비(트레일러, 섀시 등), 전용 터미널, 전자문서교환(EDI)

시스템 구축 등은 필수적이다. 따라서 정기선 해운업은 타산업에 비해 초기에 엄청난 규모의 자본투하를 필요로 한다.

2.3.4 기업운송인

커먼캐리어에 대응하는 콘트랙트캐리어의 일종으로, 특정 제품을 전문으로 취급하는 운송업자를 말한다. 예컨대 중화학 공업에 불가피 한 대량의 원료, 자원과 그 공업제 정제품을 대형전용선박, 유조선이 장기계약하여 전속 운송하는 형태를 말한다. 제2차 세계 대전 전부터 석유회사와 제철 회사 등은 전용선박(Industrial Carriage)을 소유하고 자가운송하고 있었다. 전후의 대량 수송 하에서는 해운 기업이 선박을 용선하여 운영하는 것이 세계 부정기선 운송의 주요 운송 형태가 되었다.

인더스트리얼캐리지의 주요 화주인 중화학 공업은 전세계에서 비교적 고가의 자원을 많이 원거리에서 확보하고 있다. 대량의 선복을 확보하여야 하고 원자재의 수입 가격에서 높은 비율을 차지하는 해상 운임을 저렴하게 하며 장기적으로 안정하게 수송하는 필수적이다. 그것에 적합한 운송형태가 발달하게 되었다. 주로 특정 화주에게 운임을 5~10년 거치에 특정 선박을 지정하여 운송하게 하는 장기운송계약을 통해 이루어지고 있다. 장기 운임은 해운 시황에 영향되지만, 전세계의 다양한 선주가 특정 몇몇 화주와 장기운송계약을 체결하기 때문에 낮은 운임으로 결정된다. 선박의 대형화 경쟁에 따라 규모의 경제성을 확보한 선박은 더욱 낮은 운임으로 장기운송계약을 가능하게 만들었다.

해운회사는 계획조선과 주요한 운송계약으로 선복을 확충 할 수 있었지만, 이것을 할당하는 국가는 해운기업에게 화주의 장기적하보증하는 운송계약의 조건으로서 저렴한 운송을 촉진시켰다. 이를 통해 화주는 해운시황에 좌우되지 않고 낮은 운임의 선복을 장기간 확보하고 대량의 자원과 공업제 정제품을 안정수송 할 수 있게 되고, 다른 해운기업은 해운 시황에 따라 선복을 운항 할 수 없지만 일정한 이익을 보장 계속 선복을 확실하게 확충 해 나갈 수 있었다.[52]

인더스트리얼캐리지는 국가의 주도하에 화주 종속적인 하청전속수송이 되었고 해운기업에의 국가 조성정책은 주로 화주로 흘러들었다. 편의치적선은 이러한 형태 속에서 발달했지만 그 선주는 장기계약선박과 시황에 대처하는 선박을 적절히 배치하여 경영을 유지하게 된다.

인더스트리얼캐리어(기업운송인)는 자가선에 의한 자화운송을 기본적인 특징으로 하고 있으

---

52) 篠原陽一 (1994), "インダストリアル キャリッジ", 『日本大百科全書』, 東京: 小学館.

나 경영형태를 분류하면 다음과 같다.[53]

① 산업체가 자사화물을 수송하기 위하여 선박을 보유하거나 자회사로 하여금 보유토록 하여 그 선박을 거의 자화운송에만 사용하는 경우로서의 이것은 완전한 자기운송으로서 순수한 인더스트리얼캐리어라고 할 수 있다.

② 산업체가 직접 혹은 자회사에 선박을 보유시키되 그 수송을 반드시 자화운송에 한정하지 아니하고 타사화물도 운송하는 형태

③ 타산업 선주가 당초에 자화운송으로 해운에 진출하였으나 후에 자화운송과는 아무런 관계가 없는 겸용부문 혹은 자화사로서 겸업 운영하는 경우

④ 선복의 수요자인 화주 또는 기타 동계통기업이 집단투자로 설립하는 경우. 이것은 자화운송의 성질도 일부 포함하고 있다.

⑤ 자화운송의 성질은 희박하나 상사회사가 해운회사와 공동투자하여 선박에 투자하는 형태로서 타산업 분야로의 진출이라는 성질이 강하다.

인더스트리얼캐리어의 가장 기본적인 조건은 자화운송에 있다고 하겠으나 자화운송이라는 것이 반드시 절대성을 갖고 있는 것은 아니다.

1960~70년대 우리나라의 선사들은 매우 영세하였기 때문에 외국계 정유 업체가 자기들 산하에 유조선 운항업체를 두는 것을 수수방관할 수밖에 없었다. 심지어 현대상선도 당초 원유를 수송할 목적으로 설립되었다. 그러나 우리나라 해운업체가 상당한 수준으로 발전한 뒤에도 화주들은 종종 운송업(Industrial Carrier)으로 진출을 노려 왔고, 이미 실천하고 있는 대기업도 적지 않은 것이 현실이다. 자본주의 사회에서 자기 짐은 자기가 나르겠다는 것은 원천적으로 막을 수 없는 것일지도 모른다. 그러나 우리 해운업계는 그만한 능력을 갖지 못하였다. 그래서 정부는 일찍부터 자국화 자국선(自國貨 自國船) 정책을 취하여 왔다. 자국화 자국선 정책이란 우리나라의 해운을 보호하고 육성하기 위하여 1952년 상공부의 지시로 시작하여 1967년에 해운진흥법에 의하여 법적으로 제도화 된 정책이다. 해운 선진국에서는 선박의 국적에 따라 화물의 적취, 항만 서비스의 제공, 과세 등에서 차별하는 전형적인 국기차별 정책의 하나로 간주하고 있는 정책이다.

그러나 '해운 자유'를 외치는 선진 해운국의 압력이 심화됨에 따라 결국 자국화 자국선 정책의 핵심을 이루던 국적선 불취항 증명서의 발급제도를 폐기해 버렸다. 즉 1963년 12월 제정된 해상운송사업법에 도입되었으나 획기적으로 성장한 우리나라의 해운사업에 맞추어

---

53) 이규만 (1983), "인더스트리얼캐리어의 본질과 외항업체에 미치는 영향", 『해양한국』, 1983권 6호, pp.31-32.

1983년 12월 전면 개정할 때 해운업법으로 바뀌면서 국적선 불취항 증명서의 발급과 관련된 조항을 모두 삭제하였다.

대량화주54)가 해운회사(물류회사)를 설립, 화물을 수송하는 2자 물류는 해운선사의 변화에 영향을 미칠 수밖에 없다. 한국에서는 대부분의 자가화물 운송선사(Industrial Carrier)는 비전문성으로 인한 경쟁력 상실로 〈표 2-3〉과 같이 대부분이 실패하였다.55) 실제로 해운업자들은 순수 해운업체를 대기업의 일개 수송지원 부서로 두는 이 같은 추세는 장기적으로 보아 우리나라의 해운세력을 악화시킬 것으로 전망하고 있다.

<표 2-3> 인더스트리얼캐리어 실패사례

화주	자가운송선사	화주	자가운송선사
한국정유	성운물산	삼익그룹	삼익상선
동양시멘트	동양상선	동양고속	동양해운
미원그룹	미원해상	대우그룹	대양선박
호남정유	호남탱커	국제상사	국제해운
성창기업	성창해운	동아건설	대한통운
포항제철	거양해운	현대양행	한라해운

자료: 해사정보신문(2011.9.20.), "포스코 해운업 진출 시도에 따른 대량화주 해운업(물류업) 진출 문제점은?".

한편 대형화주들은 자신들이 필요로 하는 화물을 자신들이 직접 운송하기를 원하는 경향이 있는데 이것은 수직계열화(Vertical Integration)에 대한 욕구이다. 기업에게 있어서 수직계열화는 원료부터 제품까지의 기술적 일관성에 의해 기술 경쟁력을 키우기 유리하고, 자체적으로 쌓은 노하우와 기술을 보호하면서 경쟁사에서 모방하는 것을 방지하기 수월하다. 자금조달과 생산계획을 조정하기 용이한 편이며, 공급원과 유통망을 동시에 가지고 있어서 시장지배력을 키우는 데도 유리하다.

우리나라에서는 삼성, 현대, LG 등 대기업집단에서 수직계열화를 진행시키고 있는데 금융위기 이후로는 철강재에서 완성차까지 수직계열화를 이룬 현대차그룹이 돋보이고 있다.56) 철판생산(현대제철, 현대하이스코) → 공장건설(현대엠코, 현대건설) → 자동차부품제조(현대모비스) → 완성차 생산(현대차, 기아차)→ 차량운반(글로비스) → 할부판매(현대캐피탈)로 완벽한 구조를 이루고 있다.

---

54) 대량화주의 정의(해운법 제 24조 제4항) 원유, 제철원료, 액화가스, 발전용 석탄 등의 화주 또는 대량화주가 사실상 소유하거나 지배하는 법인
55) 해사정보신문 (2011. 9. 20.), "포스코 해운업 진출 시도에 따른 대량화주 해운업(물류업) 진출 문제점은?".
56) 이건희 (2011. 6. 16.), "수직계열화의 빛과 그림자", 중앙일보.

수직계열화에 따른 장점에도 불구하고 수직계열화 구조 속에서 조직의 유연성이 떨어지거나 핵심 분야 내부화에 따라 관리비용이 늘어날 수도 있다. 의사결정이 효율적으로 이루어지지 못할 때에는 환경변화에 오히려 융통성 있는 대응이 힘들 수도 있다. 제도적으로는 반독점, 독점규제법에 의해 제약받는 부분도 생겨난다.

2.3.5 커미션캐리어

일본 해운물류산업의 가장 큰 경쟁력으로는 선화주 간 긴밀한 협조체제의 구축을 들 수 있다. 선화주 협력은 선사의 선박투자 리스크 감소와 안정적 성장에 크게 기여하고 있기 때문이다. 일본의 선화주 협력을 나타내는 대표적인 개념으로 커미션캐리어(Commission Carrier)가 있다.

커미션캐리어라는 개념은 일본이 그동안의 해운집약정책을 통해 해운기업들이 화주산업에 장기간에 걸쳐 전속적으로 고용되면서 탄생하였다. 따라서 이는 불특정 다수 화주를 대상으로 하는 경쟁적인 해운시장의 커먼캐리어(Common Carrier)와 특정 산업 내에서 경쟁이 제한되는 인더스트리얼캐리어(Industrial Carrier)의 중간 형태라 할 수 있다.

커미션캐리어는 일본 해운물류기업의 거래비용 절감 측면에서 도움이 되는 것으로 판단된다. 거래비용은 조사비용, 교섭비용, 감시비용, 신뢰형성비용, 조정비용 등이 있는바, 커미션캐리어는 장기계약에 의한 계속적 거래를 통하여 이러한 거래 비용 절감에 기여할 수 있기 때문이다.

일본 해운물류산업의 발전은 해운·철강·조선업의 상호 연관관계에 의하여 더욱 촉진되고 있다. 즉, 해운과 철강업의 상호 의존관계는 장기 적하보증 형태로 구축하고 있다. 이에 따라 해운업은 선박투자 위험을 최소화하고 안정적인 성장을 이룩했으며, 철강업은 원자재 확보 원가의 안정화를 도모할 수 있었다.

자국 선사의 자국 내 선박건조 형태로 해운과 조선의 상호 의존관계가 구축하고 있다. 특히 특정 선사는 특정 조선소에만 발주하는 관행이 정착됨으로써 표준선[57] 건조가 가능하게 되었다.

예를 들면 NYK는 미츠비시중공업, MOL은 이시카와지마하리마 중공업, K-Line은 가와사키 중공업에만 발주하는 방식이다. 표준선은 조선소가 일정 사양의 표준화된 선형을 설계·제시하고 선사는 이에 따라 동일한 형태의 표준선을 지속적으로 다수 발주하는 것을 말한

---

57) 조선소가 일정 사양의 표준화된 선형을 설계·제시하고 선사는 이에 따라 동일한 형태의 표준선을 지속적으로 다수 발주하는 것을 말한다. 표준선에 의하여 설계비 절감, 조선공정의 표준화·자동화 달성 등이 가능해짐으로써 조선원가가 대폭 절감되었다.

다. 표준선에 의하여 설계비 절감, 조선공정의 표준화·자동화 달성 등이 가능해짐으로써 조선원가가 대폭 절감되었다.

조선과 철강업체의 상호 의존관계는 전자가 선박공급을 통하여 안정적인 원자재의 확보에 기여하고, 철강업은 조선용 원자재를 저렴하고도 안정적으로 제공하는 형태로 구축된다. 이러한 해운·철강·조선업의 상호 의존관계는 경영위험의 최소화 및 거래비용의 절감을 가능하게 한다.

2.4 정기선과 부정기선

2.4.1 정기선 해운의 특성

인류가 바다를 처음 항행하던 초기의 범선 시대에는 교역상품을 해외로 수송함에 있어서 선박이 일단 항구에 입항하게 되면 그 선박이 어느 정도 만선(滿船)이 될 때까지 기다려 출항하게 되었음으로 선박의 입출항 일자는 언제나 불규칙하였다. 따라서 화주는 현지 시장의 수급상황을 예측하여 상품을 수출 또는 수입코자 하여도 선박의 입출항 시기가 불확실하기 때문에 적기에 이를 행할 수 없었다.

그러나 증기선(Steamer)의 출현으로 원거리 항해와 신속한 운항이 가능하게 되었으며, 또한 통신수단의 급속한 발달로 인해 화주 국가의 신속한 정보 입수가 가능하여 국제간 상품의 수입이나 수출이 용이해졌다.

특히 1960년대 중반 이후 국제 해상화물 운송에 종래 재래 정기선 서비스에 비해 신속하고 안전한 운송 서비스의 장점을 가진 컨테이너선(Container Ship)이 도입됨에 따라 정기선 서비스는 급속히 발전하여 현재 전세계 대부분의 지역간에 컨테이너 정기선항로가 개설되었다.

최근에는 고기술(Hi-Tech), 고가품의 유통량 증가로 화주들로부터 선박의 신속하고 안정된 운항이 요구되고, 국제간의 거래에서 일정 구간을 특정 일자에 운항하는 고정요일 운항(Fixed Day Weekly Service)에 대한 수요가 크게 늘고 있다. 이에 따라 교역량이 많은 주요 항로에는 선사별로 일정한 구간을 일정 일자에 운항하는 정기선 해운이 크게 발전되고 있다.

해운에 있어서 경영 분야는 일반적으로 정기선 해운(Liner Shipping)과 부정기선 해운(Tramp Shipping)으로 구분된다. 정기선 해운과 부정기선 해운의 구분은 운항방식의 차이에 기초를 둔 것이며 특정 선박의 고유한 속성은 아니다.

정기선 해운은 두 개 이상의 항구로 구성된 일정한 항로를 화물의 양에는 관계없이 사전에 공시된 운항 계획(Schedule)에 따라 규칙적으로 반복 운항하는 것을 말한다. 부정기선에서도 적·양하지가 일정하여 연속적으로 항해하는 경우가 있으나 사전에 일정을 공시하여 규칙적으로 운항하지 않으므로 정기선 운항으로 볼 수 없다.

정기선 해운은 농산물, 광산물 등 산적화물(搬貨物, break bulk cargo)을 전문적으로 운송하는 부정기선 해운과는 달리 공산품, 반제품 등 불특정 다수의 일반 화물(General Cargo) 운송에 주로 이용되고 있다.

따라서 운송 계약에 있어서 부정기선 해운에서 특정 화주를 당사자로 한 용선계약(Charter Party)이 이용되는 반면 정기선 해운은 불특정 다수의 화주를 대상으로 한 개품운송 계약을 이용하고 있다. 그리고 정기선 해운을 이용하는 화물에 대해서는 사전에 공시된 운임표(Tariff)상의 운임이 적용되고 있다.

그동안 해운을 실시해 온 대다수 국가의 해운정책은 장기적인 안목에서 자국의 경제 활동과 무역규모의 증대에 뒷받침되어야 할 정기선 해운정책이 중심이 되어왔으며, 앞으로도 각국은 더욱 그러할 것으로 전망된다. 이처럼 각국이 정기선 해운에 역점을 두는 의의는 다음과 같이 요약될 수 있다.

① 자국의 정기선 항로를 개설하고 적정 선복량을 유지함으로써 자국 화주에게 안정적인 운임으로 정기적인 해운 서비스를 제공한다.
② 정기적인 배선에 의해 수출입 화물을 적기에 수송함으로써 교역상의 편의를 제공한다.
③ 지속적으로 수송항로를 유지함으로써 당사국간의 교역 촉진과 경제 발전에 기여한다.

〈표 2-4〉 정기선 및 부정기선 해운의 특성 비교

구분	정기선(Liner)	부정기선(Tramp)
운항형태(Sailings)	규칙성·반복성	불규칙성
운송인(Carrier)	보통운송인(Common Carrier) 공중운송인(Public Carrier)	계약운송인(Contract Carrier) 전용운송인(Private Carrier)
화물(Cargo)	이종화물(異種貨物, Heterogenity)	동종화물(同種貨物, Homogenity)
화물가치(Value)	고가(高價)	저가(低價)
운송계약 (Contract of Carriage)	선하증권(Bill of Lading)	용선계약서(Charter Party)
운임(Freight Rate)	동일운임(동일품목/상이한 화주), 운임표(Tariff) 작성, 운임동맹	선박의 수요 및 공급에 의해 결정(자유운임)
서비스(Service)	화주의 요구에 따라 조정	수요 및 공급에 의해 결정
선박(Ship)	고가, 구조 복잡 (풀컨테이너선, RO/RO선)	저가, 구조 단순(벌크선)
조직(Organization)	대형조직(본사 및 해외점소)	소형조직
화물집화 (Procurement of Cargo)	영업부직원 (Salesman or Solicitor)	중개인(Ship Broker or Cargo Broker)
여객(Passenger)	제한적으로 취급(Car-Ferry)	전혀 취급하지 않음

자료: Lane C. Kendall (1986), The Business of Shipping, 5th ed., Centreville, M.D.: Cornell Maritime Press, pp.5-11 정리.

정기선(liner)은 동일항로에 정기적으로 운항하는 선박을 말하며 이러한 운송을 정기선운송이라 한다. 정기선운송의 특징은 운항일정(sailing schedule) 및 운임요율표(tariffs)가 공시되고 화물의 다소에 관계없이 고정된 항로(route)로 규칙적으로 운항하며 주로 일반화물, 즉 다수 화주의 소량화물 및 컨테이너화물, 여객, 우편물을 운송대상으로 한다.

정기선운송은 선박 자체도 부정기선에 비해 고가이고 화물도 완제품 내지 반제품인 2차 상품이 주종을 이루기 때문에 운임이 높고 해운동맹(shipping conference)이 결성되어 있는 것이 일반적이다.

또한 정기선운송은 많은 선박이 필요하고 대규모 경영조직이 필요하기 때문에 막대한 자본이 필요한 위험도가 높은 사업이라고 할 수 있다. 정기선운송은 보통운송인(common carrier) 또는 공공운송인(public carrier)에 의해 수행되는 것이 일반적이다.

2.4.2 부정기선 해운의 특성

부정기선(tramp)이란 운송수요자의 요구에 따라 수시로 어느 곳에나 운항하는 선박을 말한다. 정기적으로 일정한 항로를 운항하는 정기선과는 달리 항로나 화물 또는 항해에 관한 아무런 제한을 받지 않고 집화가 가능한 곳을 찾아 어느 곳이거나 회항하기도 한다.

부정기선운송은 운송수요가 급증하는 화물과 운임부담력이 약한 철광석, 곡물, 원당, 원면, 원목, 비료 등의 대량의 산적화물(bulk cargo)을 주로 운송하며, 운임은 그 당시의 수요와 공급에 의하여 결정되고 일반적으로 용선계약(charter party)에 의하여 운송계약이 체결된다.

정기선과는 달리 부정기선은 고정된 기항항구가 없고, 운임도 낮은 요율을 적용하며 운임변동폭이 심하다. 소자본으로 운영이 가능한 부정기선운송은 정기선운송이 그 운용면에서 한계성이 있으므로 상호보완적이면서 특징적인 활동분야를 갖고 있다.

특정의 항로를 이미 정한 운항예정표(schedule)에 따라 규칙적으로 반복운항하는 정기선(liner)과는 달리 부정기선(tramp)은 규칙적인 항로를 운항하지 않고, 화물에 따른 선복의 수요에 응해서 상황에 따라 항로를 변경하여 운항하는 선박이다. 그러므로 수익이 기대되는 항로에는 어디든지 이 부정기선이 투입된다. 부정기선의 운항이야 말로 어느 선박운항보다도 다이내믹하고 수익과 직결되는 운항을 할 수밖에 없다.

부정기선 운항은 정기선 운항과 차이가 있는 주요한 특징이 있다.

① 해상화물의 운송에 있어서 원칙적으로 국기에 따른 차별을 하지 않으며 자유로운 경쟁에 의한 적취를 표방한다.

② 부정기선의 운임은 선복의 수급관계에 따라 변동한다. 그리고 선복의 수요자와 공급자

와의 거래상의 편의를 바탕으로 시장을 형성한다.

③ 부정기선은 다른 선박회사로부터의 용선에 의해 운항선복의 확대를 도모하며, 또한 용선계약 시와 운항 시와의 시간차를 이용하여 투기적 차액을 생기게 할 가능성을 지닌다.

④ 부정기선은 보다 나은 채산을 추구하여 자유로운 배선 집화를 하며 선형구조와 화물특성에 따른 항로에 적합하도록 준비된다.

⑤ 따라서 부정기선의 채산성은 기복이 뚜렷하여 다분히 투기적 요소를 지니고 있다. 또한 부정기선의 경우 본선의 국제경쟁력이 그 활동의 기반이다.

2.4.3 해운동맹

2.4.3.1 생성배경

해상운송의 규칙성에 따라 정기적으로 화물을 운송하는 정기선과 상황에 따라 계약에 의해 운송하는 부정기선으로 해운시장은 크게 대별된다. 특히 정기선은 미리 정해진 항구 간을 미리 정해진 운항예정표(schedule)에 따라 반복운항하는 것이기 때문에 일정항로에서의 수요발생이 계속적인 동시에 발생량이 장기적으로 또는 단기적으로 안정되어 있는 것이 특징이다.

수요가 안정되어 있으나 공급 또한 일정규모의 선대를 유지함으로써 선박운항의 규칙성을 유지하고 있기 때문에 해운선사는 매매기능보다는 해운서비스라는 생산기능에 중점을 두어 운영을 한다. 결과적으로 규칙적인 출항이 예정되어 있기 위해서는 배선 스케줄이 결정되어 있어야 하며 선박의 척수가 많아지면 많아질수록 출항 간격은 줄어들게 되어 보다 안정적인 운송서비스를 제공할 수 있어서 화주의 입장에서는 좋은 서비스를 제공받는다. 이에 반하여 선사는 선박과 선박을 운항하는 선원이 증가할 수밖에 없으며 특히 대규모 자본이 두하되는 선박의 확보가 관건이다.

정기항로의 경영은 거액의 자본을 필요로 하므로 정기선시장에 참여하는 기업의 수는 상대적으로 적어지므로 각 정기항로는 비교적 기업규모가 소수의 큰 기업에 의해 지배되는 독립된 공급과점시장(oligopoly)의 형태가 된다. 소수독점 또는 집단독점(collective monopoly)의 상태인 공급과점시장 하의 정기선시장은 선복공급에 있어 자동조절작용을 가지지 않기 때문에 선복과잉인 때는 타선주의 쉐어(share)를 침해함으로써 운임인하가 나타나게 된다. 그렇게 되면 다시 상대방으로부터 심한 저항과 반격을 받게 되어 결과적으로 파격적인 운임경쟁(rate war)을 되풀이하게 된다. 이러한 상황에서 해운기업 상호간에는 적정한 시장 유지를 위해 카르텔(cartel)을 결성한다.

또한 일반적으로 선주가 정기선시장에 참입하려면 정기적으로 해운서비스를 공급하기 위하여 필요한 선대를 확보하여야 하고, 대리점을 통해 집화망을 조직하여야 하는 등 많은 준비가 필요하다. 따라서 정기선시장에의 진입장벽은 기본적으로 한척의 선박만으로도 영업활동을 할 수 있는 부정기선과 비교가 되지 않을 정도로 높다. 이것은 기업에게는 리스크로 간주되기 때문에 항로를 유지하고 자사의 리스크를 줄이기 위하여 선박회사가 상호 과당경쟁을 피할 목적으로 자연스럽게 카르텔(cartel)을 결성하게 되는데 이것을 해운동맹(shipping conference)이라고 한다.

이러한 해운동맹을 운임동맹(Freight conference)이라고도 부르는데, 그 이유는 운임협정이 주요 역할을 하기되기 때문이다. 해운동맹은 대내적으로 운임협정(rate agreement), 배선협정(sailing agreement), 풀 협정(pool agreement) 등의 방법을 채택하며, 대외적으로는 맹외선(盟外船)의 활동을 억제하기 위하여 경쟁 대항선(fighting ship)을 취항시키고 화주들을 구속시키기 위하여 각종 계약 제도를 실시하고 있다.

경쟁의 제한은 독점을 금지하는 국가에서는 당연히 독점금지법에 저촉되는 것이다. 그러나 해운동맹은 다분히 국제적 성격을 띠고 있으며, 이것을 단순히 금지하면 결국 선사 간에 경쟁을 격화시켜 선복 공급 측면이나 운임 측면에서의 불안정을 일으켜서 오히려 원활한 국제운송을 저해하게 되므로 일정한 제한 하에서 해운동맹의 존재를 인정하고 있다.

해운동맹은 1875년 8월 영국/인도 캘커타(Calcuta)항로에 취항 중이던 4개 선사가 최초로 결성한 이래 중국항로(1879), 호주항로(1884), 남아프리카항로(1886) 및 브라질항로(1895) 등에서도 각각 해운동맹이 결성되었다. 전세계 정기선항로에 결성된 해운동맹은 약 250개에 달하였다.

해운동맹의 목적은 운임협정, 기항지와 배선 수의 협정, 적취비율(share) 및 운임 Pool제 등의 협정으로 경쟁을 규제 또는 예방하고 비동맹선사에 대하여 공동 전략을 수립하여 유리한 지위를 확보하는데 있다. 해운동맹의 장단점은 다음과 같다.

해운동맹의 장점은 다음과 같다.

① 정기운항의 유지로 무역거래의 편리
② 투하자본 안정에 따른 운항서비스의 촉진
③ 운임안정을 통한 생산 및 판매계획 수립 용이
④ 배선의 합리화에 의한 비용절감효과
⑤ 모든 화주에게 공평한 운임 적용
⑥ 동맹가입을 통한 영세선사의 구제

이와 반대로 해운동맹의 단점은 다음과 같다.

① 동맹의 독점성에 따른 초과이윤의 획득

② 동맹선사 이용 시 저렴한 운임제공으로 타 선사 이용곤란

③ 동맹선사의 일방적 정책에 의한 대형화주의 불합리한 운임책정

④ 독점성의 남용

⑤ 동맹의 집합독점성에 대한 비합리성

⑥ 회원(동맹선사)이 아닌 선사에 대한 비난

2.4.3.2 변천과정

① 개도국·사회주의국가 선사들의 비동맹 활동

1970년대 후반 '자국화 자국선(自國貨 自國船)' 정책에 의해 해운업에 참여중인 한국, 대만 등의 아시아 개발도상국 선사들과 외화수입을 주요 목적으로 3국간 항로에서 적극적인 영업활동을 하고 있는 구 소련(러시아), 중국, 동구권 선사들이 비동맹선사(outsider)로 적극 활동함으로써 대부분의 정기항로에서 운임동맹 선사들과 경쟁관계에 서게 됨으로써 해운동맹은 힘을 잃게 되었다.

② 복합운송의 발달

1970년대 컨테이너화(containerization)의 급진전으로 복합운송(mutimodal transport)이 활성화됨으로써 대부분의 선사들이 '문전에서 문전(door to door)' 서비스를 제공함에 따라 '항만에서 항만(port to port)' 구간 서비스를 위주로 하던 해운동맹은 경쟁력을 상실하게 되었다.

③ 세계일주 및 시계추 서비스 실시 선사의 증가

1980년대 중반부터 태평양, 유럽, 대서양항로와 같은 간선항로(trunk route)에서는 대형 선사를 중심으로 운항합리화를 위한 세계일주서비스(round the world service) 및 시계추 서비스(pendulum service) 실시 선사가 늘어났다. 수개의 정기항로를 포함하며, 여러 화주들에게 다양한 서비스를 제공하는 세계일주 및 시계추 서비스의 경우 각 항로마다 서로 다른 특성을 가진 운임동맹에 가입하는 것이 어렵게 된 점도 동맹약화의 한 원인이 되었다. 2020년 초반 세계일주서비스를 실현한 대만선사 Evergreen, 시계추 서비스 실시 선사인 한진해운과 대만의 Yangming은 비동맹선사로 활동하였다.

④ 1984년 미국 해운법 제정

세계 정기선화물의 약 60%를 차지하고 있는 미국은 1970년대 이후 급변하는 세계 정기

선해운의 환경변화에 적절히 대응하기 위해 1916년 해운법(The U.S. Shipping Act of 1916)을 개정, 1984년 6월 18일 해운법(The U.S. Shipping Act of 1984)을 발효시켰다. 1984년 해운법에서는 미국 내 수출입화주들의 권익을 보호하기 위해 새로운 운임제도인 독자운임결정권(Independent action; IA), 우대운송계약(Service contract; SC)을 도입하였다. 특히 IA을 미국관련 항로의 해운동맹에 의무적으로 도입케 하여 종전 해운동맹의 공통운임제(collective pricing system)를 무력화시킴으로써 운임동맹의 기능이 크게 약화되었다.

⑤ 정기선항로 안정화협정 발효

1980년대 중반 이후 대부분의 정기선항로에서는 컨테이너 선복량 공급과잉으로 동맹·비동맹 선사 간 집화경쟁이 치열해졌으며, 이로 인해 컨테이너운임이 크게 하락하였다. 이와 같은 상황에서 운항 상 위기감을 느낀 항로 내 동맹선사와 유력한 비동맹선사들 간에는 항로안정화협정 또는 협의협정을 체결, 발효시켰다.

이러한 안정화협정 또는 협의협정은 동맹·비동맹선사를 포함하여 항로 내 전체 선사의 80~90%가 참여하고 있어 매우 큰 영향력을 가지고 있으며, 종전의 동맹 운영방식에서 과감히 탈피하여 선사들 간의 자유로운 정보교환을 통한 운임안정 및 항로안정의 모색과 각종 부대비의 신규 도입 또는 인상을 목적으로 하고 있다. 또한 해운동맹의 전통적 기능인 공통운임을 책정하지는 않고 회원 선사들이 시황이나 필요 선박량, 서비스의 합리화, 각종 할증료(surcharge)의 도입, 운임수준의 설정 등에 관한 정보를 상호 교환하였다.

⑥ 해운동맹의 붕괴

미국은 1916년 해운법 제정 이후 지금까지 유지해 온 커먼캐리어(Common Carrier)제도를 1998년 외항해운개혁법에서는 계약운송(contranct carriage)제도로 변경하였다. 동법에서는 운임동맹 선사에게도 독자적인 대량하주우대계약의 체결을 허용함으로써 1984년 해운법 발효 후 간신히 명맥을 유지해 온 커먼캐리어 제도를 거의 유명무실하게 만들었다. 특히 동법에서는 운임요율표의 공통운임이나 서비스에 대한 동맹선사의 독자행동권의 행사시 운임동맹에 통지기간을 현행 10일에서 5일로 단축시킴으로써 컨테이너 선복의 공급과잉이 미국 관련 정기선 항로에서는 비동맹선사 뿐만 아니라 동맹선사간 운임 및 서비스 경쟁이 더욱 가속화되어지고 있다. 즉 독자운임결정권의 도입은 동맹운임정책의 혼란을 가져와 동맹선사간의 구속력을 약화시킴은 물론 동맹내부에서 조차 회원 간의 경쟁을 야기시키는 요인이 되었다. 또 독자행동권은 중소형 하주58)의 불만을 초래하여 이들 하주들의 비동맹 선사의

---

58) 화물(貨物)을 실무계에서는 하물(荷物)이라고 쓰는 것과 화주(貨主)를 실무계에서는 하주(荷主)로도 많이 사용하고 있다. 또한 적화(積貨) 역시 적하(積荷)가 통용되고 있으며 선화증권(船貨證券)과 선하증권(船荷證券)이 혼용되어

선호를 이끌어 냈고, 하주단체의 공식적인 인정은 중소 하주의 단체를 통해 대량화물을 협상하여 동맹의 선사와 대량하주우대계약을 체결하고 저운임의 혜택을 받을 수 있도록 하여 동맹이 과거에 누리던 독점적인 하주 차별정책을 더 이상 실시할 수 없게 되었다.[59]

결국 1984년 신해운법 발효 이후 해운동맹이 처한 환경 변화는 시장지배력 약화에 따른 선복조정기능 상실, 운임결정력 약화에 따른 운임하락세 지속, 비동맹선사를 포함한 새로운 조정체제인 항로안정화협정의 구조적 취약성 등으로 요약할 수 있다. 이러한 상황에서 1998년 외항해운개혁법은 동맹이 카르텔조직으로서 기능할 수 있도록 해 준 가장 중요한 수단인 운임설정과 운임안정기능을 무력화시킴으로써 동맹의 존재 그 자체를 어렵게 하고 있다.

1984년 신해운법이 동맹시대의 종말을 가져왔다고 본다면 개혁법안은 동맹의 존재 그 자체의 종말을 가져다주었다. 이에 따라 선사들은 대형하주의 협상력에 대항할 수 있는 보호막이 사라져 가는 상황에서 독자적으로 또는 타 선사와 공동으로 생존경쟁을 전개해야 하는 바, 소규모 그룹 단위의 협조 체제가 확대될수록 동맹의 붕괴는 필연적이며 하주의 요구에 가장 유연하게 대처할 수 있는 새로운 형태의 신 협조체제가 등장하였다.[60]

2.3.3.3 해운 얼라이언스

세계 경제는 개별 국가 및 지역 경제의 개방과 무역자유화의 확산으로 점차 거대한 단일 경제권 내지 단일 시장으로 발전하고 있다. 이에 따라 많은 기업에 있어서 제품의 생산 및 판매를 포함한 모든 활동이 광역화 또는 세계화(glottalization)되고 있다. 특히 물류에 있어서는 그 영역이 전세계로 확대되면서 기능도 단순한 이동뿐만 아니라 보관·가공·정보 등을 포함하면서 종합화하고 있다. 이와 같이 변화하는 기업 물류의 중요한 부분을 차지하고 있는 해운에 대한 수요도 필연적으로 광역화 및 종합화 되고 있어서, 컨테이너 화물의 해상운송을 담당하는 정기선사 역시 운항 서비스의 대상 지역을 전세계로 확대하는 동시에 다양한 물류 기능을 제공하여 하주인 기업의 요구에 적극 대응할 수밖에 없다.

다양한 산업 분야에서 주요 경쟁 기업 간의 국제적인 전략적 제휴가 전세계적으로 크게 확산되고 있는 가운데, 외항 정기선 해운에 있어서도 글로벌 서비스 구축을 기본 방향으로 한 전략적 제휴로서 글로벌 제휴(global alliance)가 확산되면서 새로운 형태의 해운 컨소시움으

사용되고 있다. 해양수산 분야 전문용어 표준화 고시(해양수산부고시 제2017-8호, 2017.1.18, 제정 및 시행)에는 하주(荷主)의 표준화 용어로서 화주(貨主)를 제시하고 있기 때문에 '멜 하(荷)' 보다는 '재물 화(貨)'로 표기하는 것이 적절할 것으로 보여진다. 하지만 우리나라 상법(시행 2020. 12. 29., 법률 제17764호)에서는 적하(제695조), 하물(제699조), 선하증권(제797조) 등으로 사용하는 법률적 용어이다. 따라서 본서에서는 상황에 맞추어 혼용하여 사용한다.

59) 정영석 (2007), "1998년 원양해운개혁법과 미국의 대외해운정책", 『인문사회과학논총』, 제15호, pp.267-271.

60) 吉光受 (1996), 『美國의 運法 政策이 定期船海運에 미친 影響과 對應』, 서울: 海運産業研究院, pp.56-57.

로 자리 잡고 있다.

주요 선사들은 기존의 선대 및 조직으로 단시일에 전세계에 걸친 서비스 망을 구축하기가 불가능하기 때문에 타 선사와의 다각적인 전략적 제휴에 의하여 이를 조기에 달성하는 방안을 추진하기 시작한 것이며, 세계 정기선 해운에 글로벌 제휴가 형성되는 계기가 되었다. 특히, 이는 하주들이 요구하는 전세계에 걸친 해운 물류 망을 구축함에 있어서 추가적인 투자는 최소화하고 비용을 획기적으로 절감하여 경제적인 효과를 극대화할 수 있는 방안으로 평가하고 있다.

글로벌 제휴의 특징은 다음과 같다.

① 제휴 선사들 간에는 서비스·장비·경영 기반 등에 있어서 상호보완의 관계가 유지된다.

② 서비스 항로 및 지역은 물론 선박 관리와 물류에 있어서도 광범위한 제휴 관계가 형성된다.

③ 제휴 기간은 과거와는 달리 최고 10~15년까지 장기화되고 있다.

④ 제휴의 내용이 선복 및 운항뿐만 아니라 내륙 운송, 컨테이너 사용, 선대 보유, 정보관리 등까지도 포함하며 실질적으로는 정보관리의 결합, 장비의 공동 관리, 재무회계의 통합 또는 공동관리 등에 의하여 인적 자원을 공유하게 됨에 따라 추가적인 인력의 확보나 교육을 최소화할 수 있다.[61]

20세기 말에 합병되었거나 합병이 이루어진 선사는 유럽연합의 대형 선사인 피엔오시엘(P&OCL)과 네드로이드(Nedlloyd), 한국의 한진해운과 독일의 디에스알-세나토(DSR-Senator), 그리고 싱가포르의 엔오엘(NOL)과 미국의 에이피엘(APL), 머스크(Maersk)와 시랜드(Sealand)의 합병 등이 있었다. 1995년 이후 7개의 대형 합병과 30개 이상의 인수가 이루어졌다. 이와 같이 선사 간 인수·합병의 증가로 정기선 해운업계는 1990년대~2000년대 초반 크게 집중화되었다. 1990년 세계 20대 정기 선사는 세계 전체 컨테이너 선복량 중 약 40%를 운항하였으나, 1995년 50%, 1998년에는 77%, 2000년에는 무려 81%로 증가되었다. 이러한 합병은 필요한 조직과 운항 선대의 확충을 통한 비용 절감과 경쟁력 확보를 목표로 하고 있다.

이와 같이 세계 주요 선사들이 글로벌 서비스 망을 구축하기 위한 전략적 제휴로서 타 선사와의 글로벌 제휴를 적극 추진하면서 선대 확충과 비용 절감을 위한 노력을 확대함에 따라 향후 외항 정기선 시장에서는 선복량 과잉에 의한 수급 악화와 운임 인하 경쟁에 의한 운임의 불안정을 피하기 어려울 것으로 예상된다. 그 결과 장기적으로는 운임의 하락과 함께 주요 항로에서의 교두보를 확보하기 위한 경쟁도 더욱 심화될 전망이어서 일부 선사의 도산과 선사 간의 합병이 이루어지고 있으며 보다 확대될 것으로 보인다.

---

61) 정영석 (2007), "1998년 원양해원개혁법과 미국의 대외해운정책", 『인문사회과학논총』, 제15호, pp.271-273.

〈표 2-5〉 3대 얼라이언스 개요

		THE Alliance	2M	Ocean Alliance
참 여 사		Hapag-Lloyd, Ocean Network Express, Yangming	Maersk, MSC, Hyundai Merchant Marine	CMA-CGM, COSCO, Evergreen
선박 척수		241	223	323
중간 항차		32	25	40
기항 항만		78	76	95
항만 항로		1,327	1,152	1,571
협력 기간		~2030년 4월	~2025년 1월	~2027년 4월
선복량*		5,094,488TEU	7,930,526TEU	7,739,066TEU
	주력항로 공급량	250,900TEU(28.0%)	242,460TEU(27.1%)	338,145TEU(37.7%)
	아시아-미주	138,004TEU(30.0%)	81,905TEU(17.8%)	176,288TEU(38.3%)
	아시아-유럽	112,896TEU(25.9%)	160,555TEU(36.9%)	161,857TEU(37.2%)

* 운영선복량+발주선복량 합계(2019.6, Alphaliner 기준), 현대상선 선복량 100만TEU 가정
자료: Hyundai Merchant Marine, 해양수산부(2019.7.1.) "현대상선, 디 얼라이언스(THE Allinance) 가입", 『보도자료』, p.2.

〈그림 2-3〉 컨테이너 해운사 얼라이언스 변화(1996~2020)

자료: T. Notteboom (2012), Chapter 12: Container shipping, in: Talley, W. (ed.), The Blackwell Companion to Maritime Economics, Wiley-Blackwell Publishing, ISBN: 978-1-4443-3024-3, pp.230-262.

해운동맹(Shipping Conference)이라는 특수한 상황의 국제카르텔은 시간이 갈수록 화주국의 도전을 받아 현재는 없어졌다. 하지만 해운업계에는 세계화를 배경으로 한 경쟁이 격화하고 있다. 거대화하는 컨테이너선 건조 및 보유, 글로벌 정기항로를 유지하기 위해서는 막대한 투자가 필요하기 때문에 공동운항 그룹화 및 M&A에 의한 그룹화가 진행되고 있다. 이 그룹은 '글로벌 얼라이언스(global alliance)'라고도 불린다.

〈표 2-5〉는 3대 얼라이언스의 개요이다. 우리나라의 HMM은 2M 얼라이언스에 참여하고 있으며 각 얼라이언스의 규모는 비슷하다. 그만큼 치열한 경쟁을 벌이고 있다는 반증이다.

2.4.4 선종별 운영 특성

2.4.4.1 컨테이너선

사전에 정해진 항로, 일정, 운임(Tariff) 등에 따라서 화물의 많고 적음에 관계없이 정기적으로 운항하는 서비스로 정기선 사업의 대표적 선박이다. 정기선 서비스의 이점으로는 정해진 일정에 따라 적정수준의 선복을 유지해줌으로써 화주에게 예측가능한 장기적이고 안정적 운임을 보장해주고 아울러 적기수송을 통해 교역의 편의를 제공한다는 것이다. 한편 다수의 운용선대 및 전용터미널 확보 등을 위한 높은 자본투자 부담으로 인해 자본적 진입장벽이 높다. 따라서 상대적으로 작은 수의 선사가 과점하는 과점체제를 갖게 된다. 선사는 적극적 M&A를 통한 대형화 전략을 추구하며, 선사 간 공조(Alliance)가 활발하다. 컨테이너 해운의 경우에 글로벌 상위 10개사의 시장지배력이 67.9%에 달하는 반면에 벌크선은 상위 10개사의 지배력이 16.8%, 탱커는 22.7%에 불과하다.[62] 아울러 운송 수요자인 화주는 다수의 이질적인 개별 수요자들로 구성되어 있으며 운송 화물도 지극히 많은 종류로 이루어진다.

2.4.4.2 벌크선

화물이나 선복 수요가 있을 때마다 화주가 요구하는 시기와 항로에 따라 부정기적으로 운항하는 서비스로서 선사와 화주간 장기운송계약 하에 운항하는 경우가 많다. 정기선에 비하여 진입장벽이 비교적 낮은 편이며, 운임이 운송원가에 상관없이 시장원리에 따라 결정되는 완전경쟁 시장이다.

선사와 화주의 다양성이 있는 벌크선 운영은 1척 선사 등 영세 선사부터 COSCO(중국), NYK(일본) 등 초대형 선사까지 다양한 형태로 존재한다. 수요자인 화주도 중소 곡물회사부터 철광석, 석탄 등을 취급하는 Vale, Rio Tinto 등 초대형 기업까지 다양하다.

---

62) 산업정책조사팀 (2018), 『해운업 현황 및 최근 이슈 점검』, 서울: 한국무역보험공사, p.4.

2.4.4.3 탱커선 및 가스선

벌크선과 같이 수요에 따라 부정기적으로 운항하는 서비스이다. 해상오염 가능성 때문에 수송경험, 기술, 전문적인 선원 교육 및 보험 등이 요구되며, 벌크선 시장보다 시장 진입이 어려운 편이다. 화주는 대부분 메이저 정유회사, 국영석유회사, 글로벌 트레이딩 회사, 에너지 기업 등으로 대형화주이기 때문에 일반적으로 화주의 협상력이 높다. 특히 가스운반선의 경우에는 화주가 한국가스공사 등 대형 에너지기업으로 한정되며 고정화주를 확보하지 못했을 경우 사업위험이 매우 높다. 일반적으로 대형화주와는 장기운송계약(Contract of Affreightment, COA)을 체결하여 운영한다.

<표 2-6> 전세계 주요 벌크선사 현황(2019년 3월 기준)

순위	벌크선사	척수	선복량(백만DWT)	점유율	평균DWT
1	China COSCO Shipping	301	33.78	3.59%	104,398
2	Nippon Yusen Kaisha	186	17.29	1.84%	92,134
3	Fredriksen Group	123	15.43	1.64%	120,864
4	China Merchants	115	14.10	1.50%	120,144
5	Polaris Shipping Co	51	13.86	1.47%	253,979
6	K-Line	115	13.61	1.45%	117,311
7	Mitsui OSK Lines	111	13.16	1.40%	115,373
8	Berge Bulk Ltd	60	12.61	1.34%	206,894
9	Star Bulk Cariers	109	12.33	1.31%	110,407
10	Pan Ocean	75	11.18	1.19%	141,679
11	Oldendorf Cariers	111	10.96	1.17%	102,133
12	Angelicousis Group	56	10.01	1.06%	176,314
13	NS United KK	47	8.62	0.92%	163,647
14	ICBC	30	8.23	0.88%	249,299
15	Imabari Shipbuilding	82	8.20	0.87%	99,955
16	Navios Holdings	75	8.18	0.87%	109,021
17	Nisen Kaiun	72	6.97	0.74%	96,790
18	Mitsubishi Corp	79	6.70	0.71%	83,886
19	H-Line Shipping	37	6.67	0.71%	167,751
20	Wining Intl	40	6.54	0.70%	169,401
21	Wisdom Marine Group	120	6.45	0.69%	52,842
22	Cardif Marine	41	6.45	0.69%	157,310
23	SM Group	46	6.34	0.67%	139,496
24	Doun Kisen	64	5.80	0.62%	91,267
25	Diana Shipping	48	5.69	0.61%	118,469
26	CMB Maritime Belge	33	5.32	0.57%	156,519
27	Mitsui & Co	64	5.29	0.56%	77,228
28	ZodiacMaritime	33	5.27	0.56%	159,586
29	Golden Union	41	5.10	0.54%	124,452
30	Sinokor Merchant	28	5.09	0.54%	181,709
31	Genco Shpg & Trading	58	5.08	0.54%	87,508
32	Foremost Maritime	33	5.03	0.54%	150,195
33	CDB Leasing	40	4.88	0.52%	86,094
34	Far Eastern Group	37	4.75	0.51%	118,242
35	China Stel Expres	27	4.58	0.49%	153,632
36	Alpha Tankers	33	4.57	0.49%	138,393
37	Santoku Shipping	55	4.56	0.49%	78,924
38	Pacifc Basin Shpg	113	4.52	0.48%	39,994
39	Shandong Ocean	28	4.44	0.47%	138,624
40	Marmaras Navigation	33	4.24	0.45%	128,492
41	GoodBulk	25	4.23	0.45%	169,233
42	Seno Kisen	26	4.13	0.44%	161,851
43	Safe Bulkers	44	4.12	0.44%	93,529
44	Laskaridis Shipping	43	3.96	0.42%	93,060
45	Scorpio Group	57	3.94	0.42%	69,118
46	Mizuho Sangyo	23	3.91	0.42%	169,920
47	Nishin Shipping	63	3.75	0.40%	50,492
48	Rizhao Stel	22	3.67	0.39%	166,819
49	Ocean Longevity	34	3.66	0.39%	111,274
50	Kumiai Senpaku KK	25	3.52	0.37%	141,157
기타(1943개사)		9,096	559.45	59.50%	60,454
합계		12,308	940.18	100%	74,132

100GT 이상, 인도예정량 포함

자료: Clarkson Shipping Review Database (Spring, 2019).

<표 2-7> 전세계 주요 유조선사 현황(2019년 3월 기준)

순위	유조선사	척수	선복량(백만DWT)	점유율	평균DWT
1	China COSCO Shipping	168	21.76	3.18%	123,022
2	China Merchants	128	19.33	2.82%	147,478
3	Euronav NV	71	18.02	2.63%	253,812
4	Bahri	81	15.72	2.29%	194,080
5	Angelicousis Group	57	15.22	2.22%	271,276
6	Mitsui OSK Lines	168	14.03	2.05%	84,075
7	Nat Iranian Tanker	55	13.66	1.99%	248,287
8	SCF Group	127	12.26	1.79%	97,515
9	Tekay Corporation	90	11.86	1.73%	132,579
10	Dynacom Tankers Mgmt	68	11.08	1.62%	165,197
11	Petronas	79	10.85	1.58%	136,678
12	Fredriksen Group	61	10.68	1.56%	172,607
13	Ocean Tankers	130	8.95	1.31%	76,845
14	Sinokor Merchant	72	8.57	1.25%	95,891
15	DHT Holdings	27	8.37	1.22%	310,078
16	Tsakos Group	77	8.10	1.18%	103,438
17	Scorpio Group	115	7.86	1.15%	68,329
18	Minerva Marine	67	7.75	1.13%	115,677
19	Nippon Yusen Kaisha	36	7.02	1.02%	185,004
20	Navios Holdings	57	6.99	1.02%	108,393
21	Thenamaris	60	6.95	1.01%	116,074
22	BW Group	104	6.61	0.96%	51,917
23	Oman Shipping Co	31	6.21	0.91%	193,569
24	Olympic Shpg & Mgmt	23	6.13	0.89%	264,074
25	SK Shipping	31	6.12	0.89%	202,361
26	Intl Seaways	39	6.07	0.89%	155,656
27	Capital Maritime	49	5.85	0.85%	110,810
28	Cardif Marine	45	5.79	0.85%	128,764
29	Alpha Tankers	32	5.55	0.81%	201,201
30	AP Moler Holding	91	5.11	0.75%	48,888
31	Marmaras Navigation	30	4.92	0.72%	164,161
32	TORM A/S	82	4.88	0.71%	59,966
33	Zodiac Maritime	49	4.59	0.67%	88,318
34	Kuwait Petroleum	27	4.47	0.65%	180,033
35	Eastern Med	32	4.40	0.64%	143,239
36	Shpg Corp of India	36	4.39	0.64%	122,055
37	New Shipping	21	4.34	0.63%	206,864
38	Formosa Plastics Grp	37	4.18	0.61%	125,543
39	Eastern Pacifc Shpg	48	4.08	0.60%	91,089
40	BoCom Leasing	43	4.00	0.58%	100,749
41	Knutsen NYK	32	3.89	0.57%	117,159
42	Kyklades Maritime	18	3.88	0.57%	132,365
43	Ridgebury Tankers	21	3.67	0.54%	174,958
44	K-Line	19	3.45	0.50%	190,708
45	Petrobras	39	3.40	0.50%	86,749
46	Diamond S Shipping	41	3.15	0.46%	76,743
47	Nordic American NATS	20	3.14	0.46%	156,997
48	JXTG Holdings	35	3.09	0.45%	82,157
49	Embiricos Group	10	3.06	0.45%	304,233
50	Vitol Group	33	2.93	0.43%	59,779
기타(4,020개사)		12,485	308.63	45.05%	22,990
합계		15,397	685.04	100%	42,149

100GT 이상, 인도예정량 포함

자료: Clarkson Shipping Review Database (Spring, 2019).

제3장

컨테이너

3. 컨테이너

3.1 선박기술 진화

3.1.1 등장배경

잡화의 운송을 담당하는 일반화물선의 분야에서는 오랜 동안 이른바 '목도하역'이라고 불리는 인력에 의존하는 옛날부터의 방식을 답습하고 있었을 뿐, 눈에 뜨일만한 진보를 거의 이루지 못하고 있었다.

20세기 초까지 우리나라의 항만하역에서는 '가다기'라고 일컫는 60㎏ 이하의 어깨하역노동, '목도'라 하는 60㎏ 이상의 어깨하역인 상견(上肩)하역노동과 갈쿠리 잡이가 대표직종이었다. 노동은 옥외에서 중량의 화물을 어깨에 메고 부선에서 안벽에 걸친 발판을 타고 올라가는 등 인력에 의지해 하역하였다.[63]

재래형 항만하역작업의 형태는 피터 드러커(Peter F. Drucker, 1909~2005)가 그의 저서 '단절의 시대(The Age of Discontinuity)' 내용 중 적절하게 지적하고 있는 바와 같이 "선박의 하역 방식은 페니키아(Phoenicia) 시대로부터 아무런 변화가 없는" 상황에 놓여 있었다. 그나마 그 작업환경도 열악하였기 때문에, 노동력의 도피 경향이 해마다 두드러졌고 젊은 노동력의 부족으로 항만노동자의 평균연령이 갑자기 고령화되기에 이르렀다.

이 같은 현상은 하역능률의 저하와 양질의 노동력을 확보하기 위한 임금의 상승이라고 하는 이중의 장애를 선주에게 미치게 되었다. 그 때문에 해운업계가 화물운송의 효율화라고 하는 과제를 해결하고자 선형을 개량하려고 하여도 해상운송의 양 끝단에 있는 항만에서의 하역능률의 저하 때문에 선박을 대형화하면 할수록 항구에서의 체선기간이 장기화되어 버리는 모순에 빠지게 되는 것이다.

또한 일반 화물선의 운임, 즉 정기선 운임에는 항만하역 비용이 포함되는 버스텀(berth term)이라는 조건이 사용되고 있기 때문에 항만에서의 임금의 상승이 곧바로 해상운임의 상승으로 되어 되돌아오게 됨으로써 '유통비용의 인하'라고 하는 당면 과제를 해결할 수 없는 문제가 되었다.

더욱이 재래형 하역의 또 하나의 약점은 우천시(雨大時) 하역이 불능하게 된다는 점이다. 선

---

63) 전국부두노동조합 (1976), 『항만하역기계화대책연구』, 서울: 전국부두노동조합, p.19.

박의 정박시간이 천후(天候)에 따라 결정되는 상태에서는, 선박의 유효한 가동을 기대할 수 없다. 재래 화물선의 경우에는 본선의 항해일수와 재항일수의 비율이 50:50으로까지 악화되기에 이르렀다. 결국 선박의 전체 운영일수 가운데 절반이 운항을 위해서 항구에 하역을 위해 정박하고 있는 상태에 놓여지게 되어 심각한 상황이 되어버렸다.

이러한 객관적인 나쁜 조건에 대처하는 데에는 재래선의 운송으로는 분명한 한계가 있었는 바, 지금까지와는 전혀 다른 새로운 운송방법이 추구되기에 이르러 탄생된 것이 컨테이너운송시스템과 컨테이너선의 등장이다. 20세기에 들어선 후 50년 동안 조선소와 해운회사는 선박의 속도는 개선하면서 연비는 감소시키기 위해 많은 노력을 기울였다. 그러나 속도를 개선하고 연비를 낮출수록 화물선사의 수익은 감소했다. 1950년대쯤 되자 화물선업계 전체가 파산상태에 직면했다.

이러한 모든 문제의 원인은 업계의 가정과 현실 사이의 불일치였다. 실질 비용은 생산과정(항해 중)에서 발생하지 않고 비생산과정(하역을 위해 항구에 정박 중일 때)에서 발생한다. 그러므로 경영자가 실질비용이 어디에서 발생하는가를 제대로 이해하면 혁신 대상은 분명해진다. 바로 하역 시간을 단축하기 위해 컨테이너를 그대로 실을 수 있는 선박(roll-on and roll-off ship)을 이용하는 것이다. 이 해결책은 30여년 동안 열차와 트럭으로 화물을 운송할 때 쓰이던 기술을 단지 화물선에 재적용한 것일 뿐이다.

기술상의 변화는 전혀 없이 보는 각도만 달리했을 뿐인데도 원양 화물선업계의 경영 사정은 완전히 바뀌었으며 1960년대부터 성장세가 두드러진 업종이 되었다. 기대와 결과 사이의 부조화 상황이 혁신의 가능성을 열어 놓은 대표적 사례가 되었다.[64] 컨테이너운송이라고 하는 것은 컨테이너라고 불리우는 일정한 크기의 상자에 화물을 쟁이어, 이것을 하나의 운송단위(unit)로서 운송하는 것이다.

컨테이너에 쟁인다고 하는 화물의 단위화 및 정형화에 의해서 오랜 동안 현안으로 되어 왔던 완전한 기계화 하역 및 전천후 하역이 가능하게 되어, 대량의 화물을 신속하게 운송할 수 있는 컨테이너선이 속속 건조되기에 이르렀다. 불과 수십년 사이에 이처럼 화물선이 눈부시게 진보되어 산업계 및 무역계의 요구에 합치되는 선박을 탄생 시키게 되었다. 앞으로도 산업구조나 무역형태의 변화와 더불어 또한 기술혁신에 의해서 새로운 형태의 선박이 생겨나게 될 것이다.

---

64) Peter F. Drucker (1998), "The Discipline of Innovation", Harvard Business Review, Vol.76 No.6. p.152.

3.1.2 컨테이너 운송

컨테이너와 관련 해상 및 내륙 운송 시스템은 1970년대 이후 세계화와 세계 무역 성장의 연속적인 물결에 중요한 역할을 하는 것으로 입증되었다. 1956년 Malcolm McLean의 첫 번째 컨테이너선인 Ideal X의 운항은 컨테이너화의 시작을 알렸다. 1966년 미국 동부 해안과 북유럽을 잇는 최초의 대서양 횡단 컨테이너 서비스는 장거리 컨테이너 무역의 시작을 알렸다. 최초의 특수 셀룰러 컨테이너선은 1968년에 인도되었으며 컨테이너화는 해상 및 내륙 화물 운송 시스템으로 확대되었다. 표준 컨테이너 크기(Standard Container Sizes)의 채택으로 컨테이너 운송이 빠르게 발전했다. 1960년대 후반. 항만에서의 선박 처리 시간 단축, 피해 수준 및 관련 보험료 감소, 트럭, 바지선 및 기차와 같은 내륙 운송 수단과의 통합으로 인한 비용 절감은 컨테이너화의 분명한 이점으로 인정되었다.

컨테이너는 물리적 유통 시스템이 작동할 수 있는 표준을 제공했다. 따라서 신흥 컨테이너 운송 네트워크는 전세계 생산 센터와 소비 센터 간의 해상 비용을 크게 줄임으로써 경제 및 운송 지형의 변화를 허용했다. 컨테이너 운송은 또한 다국적 기업의 소싱 전략을 허용하고 글로벌 생산 네트워크를 개발할 수 있도록 글로벌 공급망을 재편 하는 데 필수적인 동인(Essential Driver In Reshaping Global Supply Chains)이 되었다.

새로운 공급망 관행은 빈도(Frequency), 일정 신뢰성/무결성(Schedule Reliability/Integrity), 서비스의 글로벌 적용 범위(Global Coverage of Services), 요금 설정(Rate Setting) 및 환경 성과(Environmental Performance) 측면에서 컨테이너 선적에 대한 요구 사항을 증가시켰다. 그 결과 글로벌 컨테이너 처리량이 지속적으로 증가했다 .

세계화 과정과 결합된 대규모 컨테이너 도입은 1990년대 이후 전세계 컨테이너 성장률은 5%에서 10% 사이로 일관되게 견인했다. COVID19 대유행에 따라 2020년에 전체 컨테이너 물량은 1.1% 감소하여 1억 4,900만 TEU에 이르렀다. 이것은 금융위기 이후 2009년에 8.4% 하락한 것과 비교하면 처음에 우려했던 것보다 더 나은 결과이자 상당한 성과였다. 2020년 초의 충격 이후 경기 부양 패키지와 소득 지원 조치로 소비자 수요가 증가하면서 거래량이 빠르게 회복되었다.

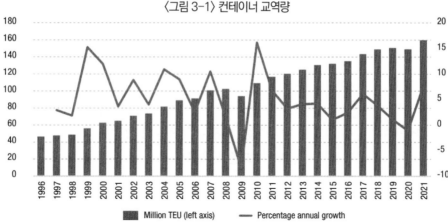

<그림 3-1> 컨테이너 교역량

자료: UNCTAD (2021), Review of Maritime Transport 2021.

컨테이너는 운송 단위에서 공급망 또는 상품망(Supply or Commodity Chain)으로 진화했다. 컨테이너화는 본질적으로 여러 운송 모드에 걸친 화물 단위(Transport of Load Units) 즉 컨테이너 운송과 연결되어 있다. 그것은 생산과 유통을 위한 매개체 역할을 하기 때문에 상자 그 이상이다. 컨테이너화는 특히 생산과 물리적 유통이 상호 작용하는 방식에서 운송, 무역 및 유통의 지리학에 다양한 변화를 가져왔다. 컨테이너는 도입 후 새로운 관행이 발생했기 때문에 혁신적인 것으로 간주될 수 있다. 공급망과 상품망의 거의 모든 단계에서 이동성 요건을 지원하는 유비쿼터스 운송 제품이 되었으며, 운송 인프라가 있는 거의 모든 곳에서 운반 가능하다.

3.1.3 선박 기술 진화의 영향

해운시장과 해운정책은 선박의 기술진보에 따라 구조적 영향을 받게 된다. 현대에 있어서는 정기선 운항의 핵심은 잡화선(General Cargo Ship)에서 전용선인 컨테이너선(Full Container Ship)으로 변모하면서 정기선 해운의 판도가 바뀌게 되었다. 컨테이너선의 경우에는 선박규모의 대형화로 지칭될 정도로 기술진보를 이루어 내었다. 선박의 대형화는 결과적으로 소수의 항만에 집중하는 허브항만(Hub Port)의 경쟁을 만들어 내었으며 정기선 항로가 허브항만에 집중하는 항로전략으로 수정하게 된 결정적인 계기가 되었다. 선박의 대형화는 선박 흘수(draft)의 증가로 이어지며 충분한 수심을 확보한 항구만이 초대형 컨테이너선의 입출항이 가능하다. 자연스럽게 줄어든 항구는 출입항을 위해 사용하는 선박운항시간과 하역시간을 줄여 결과적으로 1항차시에 발생하는 총운항시간을 절감하게 만든다. 총운항시간의 절감은 결과적으로 항로에 투입하는 선박의 척수를 줄여 선대 유지에 부담을 줄이게 된다. 이와 같은 영향은 기항빈도 증가로 서비스 경쟁력을 강화시키게 되고 동일항로를 지키기 위해 유지하였던 해운동맹(Shipping Conference)의 체제를 약화시키거나 결속을 이탈시키게 하는 계기가 된다.

예를 들어 28일의 운항일수가 필요한 항로가 있는데 매일 기항할 경우 28척이 필요하고 매주 기항할 경우 4척의 선박이 필요하다. 매주 기항의 경우에는 서비스 빈도가 적어서 화주를 확보하기 어렵기 때문에 가령 어떤 선사가 28척을 확보하여 매일 운항할 경우에는 상당한 부담이 되기 때문에 4척의 선박을 가진 7개 선사가 매일 각 선사씩 번갈아가면서 운송할 경우에는 선박 확보의 부담이 줄어든다. 결과적으로 해운회사간에 해운동맹이 절실히 필요한 이유이기도 하다. 그러나 선박의 대형화와 고속화로 인해 대형선 1척이 재래선 4척의 물동량을 확보할 경우에는 A선사는 7척의 선박만 확보하면 가능하다. 이렇기 때문에 해운선사는 많은 선사와 동맹체제를 맺기보다는 자사의 규모를 키우거나 두서너 개의 선사와 협정을 맺어도 기존의 항로를 유지하는 것이 가능하다.

이러한 이유로 2000년대 초반부터 벌어진 15,000TEU 이상의 초대형 컨테이너선 확보 경쟁이 기존의 정기선 컨테이너선 시장의 재편을 불러일으켰다. 1998년 등장한 8,000~11,999TEU급 컨테이너선은 20여년이 흐른 2017년에는 주력 컨테이선인 3,000~5,999TEU급의 운송량을 초과하여 컨테이너 선대의 주력으로 자리잡았다. 10여년 전에 등장한 12,000TEU급 이상의 선박의 선복량도 급속히 증가하고 있어서 8,000TEU급 이하의 선박의 성장정체와 비교된다.

이러한 소수 허브항만에 항로가 집중됨으로써 결과적으로 정기선사들의 치열한 경쟁을 촉발하게 되었고 이 경쟁에서 뒤처지는 선사는 타 선사에 흡수합병 되거나 파산하였다.

<표 3-1> 세계 컨테이너선 선형별 선복량 추이

(단위: 천TEU)

연도	100~2,999	3,000~5,999	6,000~7,999	8,000~11,999	12,000~14,999	P-Pmax 15,000+	합계	증감률
1997	2,030.4	1,248.5	29.6	–	–	–	3,308.5	–
1998	2,267.4	1,470.3	50.8	19.3	–	–	3,807.7	15.1%
1999	2,465.6	1,636.2	102.6	56.3	–	–	4,260.8	11.9%
2000	2,556.4	1,723.5	102.6	94.8	–	–	4,477.4	5.1%
2001	2,684.1	1,953.8	153.9	133.4	–	–	4,925.2	10.0%
2002	2,829.0	2,223.5	317.5	143.0	–	–	5,513.1	11.9%
2003	2,945.8	2,498.3	466.3	178.5	–	–	6,088.9	10.4%
2004	3,085.4	2,727.9	592.0	227.8	–	–	6,633.0	8.9%
2005	3,219.7	3,046.0	663.6	352.3	–	–	7,281.6	9.8%
2006	3,438.6	3,417.3	740.3	641.1	–	–	8,237.2	13.1%
2007	3,742.3	3,760.8	895.0	1,147.3	–	33.4	9,578.8	16.3%
2008	4,066.8	4,213.8	1,078.9	1,441.1	–	117.9	10,918.5	14.0%
2009	4,356.1	4,650.2	1,264.3	1,913.4	13.8	135.7	12,333.5	13.0%
2010	4,298.4	4,940.9	1,403.5	2,192.5	81.7	135.7	13,052.7	5.8%
2011	4,327.7	5,297.2	1,575.2	2,527.5	420.4	135.7	14,283.7	9.4%
2012	4,337.7	5,456.2	1,677.2	2,922.9	884.3	135.7	15,413.9	7.9%
2013	4,187.2	5,572.7	1,731.4	3,246.6	1,440.2	151.8	16,330.0	5.9%
2014	4,082.4	5,560.9	1,824.6	3,679.2	1,759.9	326.0	17,233.1	5.5%
2015	4,009.1	5,542.4	1,857.4	4,221.8	2,112.0	633.5	18,376.2	6.6%
2016	4,008.1	5,532.2	1,877.9	4,926.3	2,382.3	1,108.0	19,834.7	7.9%
2017	3,935.8	5,112.7	1,813.8	5,255.2	2,612.5	1,353.4	20,083.5	1.3%
2018	3,940.0	4,877.0	1,801.6	5,537.6	2,897.1	1,800.8	20,854.1	3.8%
2019	4,064.4	4,851.6	1,802.5	5,748.2	3,169.7	2,445.9	22,082.2	5.6%

자료: Clarkson Shipping Review Database (Spring, 2020).

선박크기가 증대할수록 운송단위당 원가가 감소하는 바, 선사들은 수익성 및 경쟁력 제고를 위해 선박 대형화가 지속 중이다. 게다가 파나마 운하 확장으로 운행가능 선박이 과거 5,000TEU에서 14,000TEU로 확대됨에 따라 선박대형화 추세는 지속 할 것으로 전망된다.

<표 3-2> 아시아-유럽 항로의 선박크기별 단위 운송비용 비교

(단위: US$/TEU)

구분	18,270TEU (a)	13,100TEU (b)	차이 (c=b-a)	비율 (c/b)
연료비(운송단위당)	218	333	115	34.5
운항비(운송단위당)	76	85	9	10.5

자료: Drewry Database (2013).

3.2 무역 네트워크

컨테이너화 이전에는 거래 대상이 되는 많은 상품을 수동으로 처리해야 했다. 전세계적으로 부상하는 컨테이너 운송 네트워크는 전세계 생산 센터와 소비 센터 간의 해상 비용 거리를 크게 단축함으로써 경제 및 운송 지형의 변화를 허용했다. 컨테이너 운송은 또한 다국적 기업의 글로벌 소싱 전략, 풀 물류 솔루션(Pull Logistics Solutions)[65] 및 글로벌 생산 네트워크 개발을 가능하게 하는 글로벌 공급망 관행을 재편하는 데 필수적인 동인이 되었다.

컨테이너화는 세계화의 가장 역동적인 물리적 구성 요소였으며 수출 가치와 GDP의 성장을 훨씬 능가했다. 세계화가 진행됨에 따라 각각의 새로운 개인, GDP 또는 수출 단위는 더 높은 수준의 컨테이너 흐름과 연관되었다. 1980년까지 컨테이너 항만 처리량의 성장은 수출 가치의 성장과 같았지만 이후에는 무역 흐름보다 컨테이너 흐름이 더 빠르게 성장 하면서 차이가 나타났다. 컨테이너화는 아시아 경제가 추구하는 수출 지향적인 전략의 근본적인 지원으로 확산 주기의 가속화 단계에 진입했다.

컨테이너로 운반되는 국제 무역 상품의 구성은 그 다양성이 인상적이다. 20개의 가장 중요한 SITC(Standard International Trade Classification, 표준 국제 무역 분류) 범주를 통해 보면 전세계 무역의 65%가 컨테이너를 통해 운송되고 있음을 보여준다. 결과적으로 오늘날 컨테이너가 장착 가능한 모든 상품을 운반하는 데 사용되었음을 보여준다. 그러나 컨테이너 무역의 가장 중요한 범주 중 많은 부분은 비교 우위 요소, 즉 일시적이고 변화의 대상이 될 수 있는 노동의 결과이다. 이러한 장점이 기술 변화(예: 자동화)로 인해 전환된다면 컨테이너 무역의 상당한 부분이 영향을 받을 수 있다.

전세계적으로 처리되는 컨테이너 10개 중 약 1개가 장강 삼각주(Yangtze River Delta) 항구에서 처리된다. 동아시아에서는 홍콩, 대만, 한국이 시행한 수출 중심의 산업화 정책이 1980년대부터 이들 경제국이 처리하는 컨테이너 처리량의 강력한 성장을 유지했다.

중국은 1980년대 후반에 유사한 전략을 개발하여 먼저 주강 삼각주(Pearl River Delta)에서, 그 다음에는 장강 삼각주(Yangtze River Delta) 항만 시스템과 발해만(Bohai Bay) 지역에서 성장을 촉진했다. 벨기에와 네덜란드를 연결하는 라인-쉘트 삼각주(Rhine-Scheldt Delta)는 1990년대 중반 중국 남부가 주도할 때까지 세계 1위의 컨테이너 처리 지역이었다. 하지만 지난 10년 동안 상하이, 광저우, 선전, 칭다오, 닝보가 홍콩, 부산, 싱가포르와 함께 세계에서 가장 바쁜 컨테이너 항구로 부상했다.

---

65) 고객 주문에 따라 물류가 이루어지는 경우를 Pull이라고 한다.

컨테이너화 및 컨테이너 흐름의 역동성은 잘 알려져 있지만 이에 반하여 컨테이너가 운반하는 상품에 대해서는 잘 알려져 있지 않다.

3.3 컨테이너화

컨테이너화의 기존 성장 역학은 주로 다음을 포함 하는 일련의 동인(array of drivers)에 의존했다 .

① **파생 성장**(Derived Growth)

종종 유기적 성장으로 분류되는 파생 성장은 더 많은 양의 컨테이너 화물이 거래되는 경제 발전의 결과이다. 세계화는 또한 컨테이너 화물이 운송되는 평균 거리의 증가를 의미한다. 두 경우 모두 더 큰 컨테이너 용량이 필요하고 선박당 평균 항해일수가 증가하며 연간 선박 왕복 횟수는 감소한다. 파생된 수요에 기초한 역동성은 많은 글로벌 공급망이 이제 완전히 컨테이너화됨에 따라 컨테이너화 잠재력에서 성숙기에 도달했을지도 모른다.

② **대체 기반 성장**(Substitution-based growth)

초기에 대체는 대량 화물 시장의 점진적인 장악과 함께 컨테이너화의 주요 요인이었다. 이 프로세스는 컨테이너화 정도(항구의 컨테이너 처리량과 총 일반 화물 부피 간의 비율)가 증가하는 것으로 설명되는 것처럼 많은 항구에서 특히 볼 수 있다. 컨테이너화할 수 있는 거의 모든 벌크 화물이 컨테이너화되었기 때문에 이 대체 프로세스는 선진국에서 본질적으로 거의 완료되었다. 신흥 경제국과 개발도상국에서도 빠르게 증가하고 있다. 이것은 틈새 시장, 즉 상품 및 온도에 민감한 화물의 추가 컨테이너화를 가능하게 한다.

③ **부수적 성장**(Incidental growth)

세계 경제의 생산 및 무역 불균형은 물리적 흐름과 운송 속도에 반영되어 특정 컨테이너 재배치 전략으로 이어진다. 컨테이너화된 흐름은 거의 균형을 이루지 못하므로 빈 컨테이너를 수출화물이 가능한 위치로 재배치해야 한다.

④ **유도 성장**(Induced Growth)

원양해운 서비스(Deep-Sea Services)의 성장과 더 큰 컨테이너선의 사용은 환적을 통해 다양한 순환 시스템을 연결하는 중간 허브의 설립으로 이어졌다. 중간 허브는 본토 항구에서 직접 항구를 호출하는 것보다 확실한 이점을 제공하는 위치에 나타난다. 중간 허브의 설정은 해양 허브 앤 스포크(Hub-and-Spoke) 분배 패턴에 이상적으로 적합한 특정 지역 주변에서 발생한다. 환적은 게이트웨이 트래픽에 대해 관찰된 것보다 훨씬 높은 성장률을 보였으며 글로벌 컨테이너 항만 처리량의 주요 동인으로 입증되었다. 전세계 환적 발생률은 1990년 약 18%에서 2018년 약 35%로 꾸준히 증가했다.

컨테이너로 운반되는 세계 무역의 가치를 보면 해상운송으로 전체 무역의 70%를 차지하고 이 가치의 66%를 컨테이너로 운반하고 있다. 2020년 기준으로 TEU당 약 $54,000에 해당한다.

3.4 무역과 해상운송

3.4.1 글로벌 무역 패턴의 변화

최근 수십 년간 국제 무역 흐름에서 중요한 변화가 있었다. 장거리 무역이 절대적인 숫자로 증가하더라도 국제 무역의 증가는 지역, 특히 경제 블록(economic blocs) 내에서 발생한다. 무역은 주로 유럽, 북미, 동아시아에서 이루어지며, 흔히 삼국 무역(triad)이라고 불린다. 그럼에도 불구하고 북반구와 남반구, 특히 선진국과 개발도상국 간의 무역관계의 변화가 일어나고 있다. 세계 무역의 구조는 그것의 관계가 훨씬 더 복잡해졌고 거래되는 것이 다양해졌다. 무역관계의 양상은 주로 다음과 같은 요소에 의해 설명된다.

① **지리적 근접성**(Geographical proximity)

무역관계의 강도는 보통 더 멀리 떨어진 곳에서 주목할 만한 이점을 찾을 수 없는 한 근접성의 함수이다. 유럽 연합은 동유럽, 북아프리카, 중동의 인접 지역과 상당한 무역 관계를 맺고 있다. 북아메리카는 라틴 아메리카, 특히 멕시코와 USMCA(미국-멕시코-캐나다 협정)의 일부로 중요한 무역 관계를 유지하고 있다. 짧은 거리는 무역에 사용되는 방식에 중요한 영향을 미치며, 해상운송은 단거리 운송 이외에는 적합하지 않다. 그럼에도 불구하고 해상운송의 주요 장점은 컨테이너 운송의 발달로 인해 무역에 미치는 장시간의 부정적인 영향을 상당히 약화시킨다는 것이다.

② **자원 가용성**(Resources Availability)

자원의 부족과 가용성은 거의 2세기 동안 해양 네트워크를 형성해 왔으며, 톤 단위 해상운송의 주요 구성 요소로 남아 있다. 에너지, 광물, 농업 무역은 석유, 천연 가스, 석탄, 곡물, 알루미나, 철광석과 같은 벌크 화물을 처리할 수 있도록 설계된 뚜렷한 운송망과 전용 항만 시설(Specialized Port Facilities)을 가지고 있다.

③ **역사와 문화**(History and Culture)

식민지 시대에 설립된 무역망은 유럽과 아프리카 또는 미국과 라틴 아메리카 간의 관계와 같은 관계에서 견뎌 왔다. 중국은 최근 수십 년간 재창조되고 확장된 중앙아시아, 동남아시아와 상업적, 역사적 유대 관계를 맺고 있다. 정치적 맥락과는 무관하게 무역망은 그들이 의존하는 공급과 수요의 상호 시스템 때문에 견디는 경향이 있다.

현대 상업 환경의 또 다른 특징은 무역 흐름의 불균형(Imbalances in Trade Flows)에 관한 것이다. 가령 중국은 미국·유럽연합 등 파트너들과 수입하는 것보다 더 많이 수출한다. 무역불균형(Trade Imbalances)은 해운 흐름의 불균형을 직접적으로 반영한다. 에너지와 광물 등 대량 교역의 경우 회항기간에는 화물을 하역한 후 빈 상태로 가는 공선항해(Ballast Voyage)가 일반적이다. 컨테이너 무역의 경우 복항(Inward Voyage)[66]의 적하율(Load Factor)[67]이 낮고 빈 컨테이너의 점유율이 높다. 무역불균형 구조는 또한 다른 컨테이너 수입 및 수출의 구성에 실질적으로 반영된다. 무역불균형은 전세계 컨테이너 이동의 약 20%를 차지하는 빈 컨테이너의 재배치를 의미한다.

대서양횡단 무역보다 환태평양 무역이 빠르게 성장하면서 해양별 무역강도의 진화에 있어 국제무역의 지리적, 경제적 변화가 직접적으로 관찰된다. 가장 중요한 무역 흐름은 아시아와 북미 특히 미국, 유럽과 북미, 그리고 유럽과 아시아 사이에 있다. 이와 관련된 해상 항로는 말라카 해협(세계 무역의 30%)과 수에즈 운하(15%), 지브롤터 해협, 파나마 운하(5%)와 같은 상당한 규모의 교역 지점을 통과하여 상업적으로 가장 많이 이용된다.

이러한 병목 현상은 대서양 횡단, 태평양 횡단 및 아시아 유럽 노선이 지배하는 해상 순환의 주요 시스템 간의 연결을 허용한다. 남북 흐름은 이 동서 노선을 보완하고 있는데, 그 중 많은 노선이 싱가포르, 두바이, 카리브해(파나마, 카르타헤나, 킹스턴) 주변의 주요 환적 허브에서 상호 작용하고 있다.

---

66) 선박이 선박운항업자 혹은 선주가 있는 나라의 항구(Base Port/Home Port)를 기점으로 해서 다른 종점항구까지 항행하는 것을 왕항(往航, Outward Voyage)이라 한다. 이에 대하여 다른 시발항구를 기점으로 해서 선박운항업자 혹은 선주가 있는 나라의 항구로 귀항하는 것을 복항(復航, Inward Voyage 혹은 Home-Ward Voyage)이라 한다. 코리아쉬핑가제트 편집부 (2019), 『해운 물류 용어 대사전』, 11판, 서울: 코리아쉬핑가제트, s.v. "Outward Voyage"

67) 적하율(load factor)은 탑재가능량에 대해서 실제 탑재된 화물 또는 여객 비율을 말한다. 한편 적화계수(積貨係數, Stowage Factor)는 화물 1 Ton이 차지하는 선창용적을 1 ㎥로 나타낸 수치이다. 적화계수는 화물에 따라 다르다. 예를 들면 화물 1 Ton이 차지하는 선창용적이 1 ㎥이면 적화계수는 1이고 그 이상의 수치가 나오는 화물을 용적화물(Measurement Cargo), 그 이하의 것을 중량화물(weight Cargo)이라 한다. 적화계수가 1 이하인 것을 "중량화물(dead weight cargo)", 1이상인 것을 "용적화물(Measurement Cargo)"이라 각각 부른다. 벌크 액체인 경우에는 SG(Specific Gravity)라고 한다. 운송신문사편집부 (2010), 『물류용어사전』, 18판, 서울: 운송신문사, s.v. "Stowage Factor", "load factor"

국제무역의 진화는 해운 네트워크의 구조와 항구 개발을 형성하는데, 이것은 해운 회사가 서비스를 조직하여 지배적인 무역 흐름을 직접 연결하고 덜 지배적인 무역 흐름을 환적을 통해 간접적으로 연결하는 경향이 있기 때문이다.

<그림 3-2> 주요 해상 항로

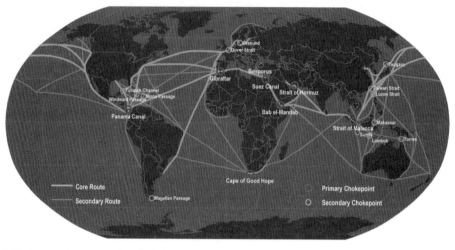

자료: Jean-Paul Rodrigue (2019), "Future maritime trade flows", PortEconomics,
https://www.porteconomics.eu/on-future-maritime-trade-flows/

3.4.2 국제무역 및 해상운송 서비스

국제무역은 건화물(dry bulk), 롤온/롤오프(roll-on/roll-off), 일반 화물(general cargo) 및 컨테이너 (containers)와 같은 여러 시장을 포함하는 물동량의 약 80%를 해상으로 운송하고 있다 (Rodrigue, 2020).

장거리 무역은 다양한 용량 및 기능의 운송 모드에 의해 지원되므로 물동량 및 가치 측면 에서 전문화된다. 양적으로는 해상운송이 국제무역의 주요지원으로 수송된 톤수의 90% 정 도를 차지하고 있으나 무역가치의 73%를 차지하고 있다. 이는 해상운송에 의해 운반되는 대부분의 화물이 낮은 가치(예: 대량 광물)임을 나타낸다. 그럼에도 불구하고, 몇몇 해상무역은 컨테이너로 운반되는 상품과 같은 고부가 상품(예: 소매 상품)을 포함한다. 항공운송은 물동량의 0.25%에 불과하지만 무역가치의 13%에 불과해 부피로 측정했을 때보다 훨씬 높은 점유율 을 보이고 있다. 항공 운송은 전형적으로 전자 제품과 같은 고가 화물에 높은 가치를 부여 한다. 육로로 운반되는 것은 도로와 철도로 운송되는 다양한 화물들이다.

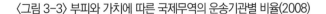

〈그림 3-3〉부피와 가치에 따른 국제무역의 운송기관별 비율(2008)

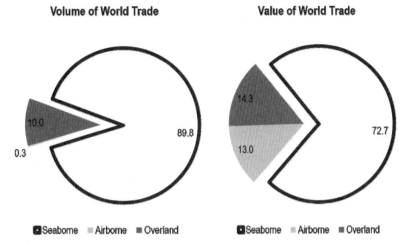

자료: Jean-Paul Rodrigue (2020), "Modal Shares of World Trade by Volume and Value, 2008"
https://transportgeography.org/contents/chapter7/transborder-crossborder-transportation/world-trade-
modal-share/

3.4.2.1 건화물 운송의 해상 서비스

철광석 및 석탄과 같은 주요 벌크의 해상운송은 일반적으로 선적항(광산과 철도로 연결)
과 하역항 간의 종단 간 서비스(End-to-End Services)에 의존한다. 건화물 운송에서는 선박 크
기의 규모의 경제가 중요하므로 운영자는 종단 간 부정기선 서비스에서 선박 크기를 최대화
하려고 노력한다. 선적항과 양륙항의 해상 접근성, 용선 가격 수준 및 선박 유형의 가용성
은 선박 크기 선택에 결정적인 역할을 한다. 톤-킬로미터당 내륙 운송 비용은 일반적으로
톤-킬로미터당 해상운송 비용보다 20~30% 더 높다.

결과적으로 시장 참여자는 내륙 운송 비용의 최소화를 위해 항구를 기항하여 선박 크기에
서 경제를 극대화하여 내륙 운송 비용을 최소화하여 최종 목적지에 가장 가까운 항구를 통
해 대량 흐름을 항로화 함으로써 내륙 운송 비용을 최소화한다. 몇몇 경우에 이 항로는 대
형 Capesize 선박은 먼저 심해 항구(Deepwater Port)에서 일부 화물을 하역한 다음, 나머지 화
물을 하역하기 위해 해상접근의 매력이 떨어지는 두 번째 항만으로 기항하여 진행하는 다중
기항(Multiple Calls)으로 이어진다(예: Dunkirk에서 시작하여 Antwerp에서 종료). 또 다른 방법은 하천에서
심해 선박을 경량화 하는 것으로 구성되며, 선박의 화물을 부유 기중기를 통해 화물을 바지
선에 하역함으로써 선박의 흘수를 줄일 수 있다(예: Ghent-Terneuzen 운하 접속을 위한 Scheldt강에서의
경량화 작업).

마이너 벌크 세그먼트68)에 배치된 선박은 일반적으로 훨씬 작기 때문에 선박 운영자는

훨씬 더 넓은 범위의 잠재적 기항지에 기항할 수 있다. 최종 기항 패턴은 시장과의 근접성, 유통 네트워크의 특수성(중앙 집중화 또는 분산화), 선박의 일괄하역장비(Cargo Batch) 수량, 전용 터미널 시설(예: 곡물 저장고)의 필요성과 같은 요인에 따라 결정된다.

3.4.2.2 RO/RO 시장의 해상 서비스

로로 부문에서 해상 서비스의 운영 특성은 다음과 같이 고려되는 하위 지표에 따라 달라진다.

① 지역 내 로로 및 로팩스 서비스(RORO and RoPax Services)

경로의 양쪽에 기항지가 있는 종단 간 유형의 전형적인 서비스이다. 로팩스(RoPax)는 'Roll-on Roll-off Passenger'의 약자로 여객과 RORO화물을 함께 운송할 수 있는 선박을 말한다. RORO시스템은 선박의 끝에 설치한 받침대를 통해 화물트럭이 화물과 함께 그대로 배에 적재되어 항구에 도착한 후 최종 목적지까지 그대로 운송하는 물류 방식을 뜻하는데 RoPax는 과거 사람만을 운송하던 여객선에서 진일보한 선종으로서 현재 세계 여객선 시장의 중심에 있다.

배송 서비스는 중간에서 높은 빈도로 하루에 여러 번 고정된 일정을 따른다. 페리(Ferry) 용량은 항로의 화물 밀도와 일방통행 거리에 따라 크게 달라지는 경향이 있다. 예를 들어 유럽에서는 영국 해협과 발트해 일부 지역에 대형 용기(Large Unit)가 배치되어 있다. 도버-칼레간 운송에서는 항해당 120대의 트럭과 수백 명의 승객을 운송한다.

이와는 대조적으로 소규모 시장(예: 아일랜드 제도)의 서비스에 대한 선박 용량은 훨씬 더 작은 경향이 있다. 페리 서비스를 이용하는 트럭은 도로로 장거리 사전 및 최종(Pre and End Haul) 운송을 할 수 있다(예를 들어, Dortmund에서 Zeebrugge로 가는 트럭은 Hull로 가는 페리를 타고 최종 목적지 Manchester까지 도로를 통해 이동하기 위해 운전).

② 무동반 로로 운송 시장(Unaccompanied RORO Transport)

전용 로로 화물선이 있는 종단간 서비스에 기반을 두고 있으며, 종종 컨테이너를 위한 예비 공간을 가지고 있다.

③ 원양과 연근해 자동차 운송(Deepsea and Shortsea Car Carrying Trade)

로로 시장의 또 다른 하위 지표이다. 대륙간 경로에서 사업자는 최대 8,000 CEU[69] 용량

---

68) 철광석, 석탄, 곡물, 보크사이트, 광석
69) CEU: Car Equivalent Unit, 차량선적에 쓰이는 단위로써 차량 한대를 운반할 수 있는 공간 단위. 예로써 5,500 CEU=5,500대에 해당한다.

의 자동차운반선(PCTC, Pure Car and Truck Carriers)을 배치하여 해상운송 비용(규모의 경제)을 크게 절감한다. 선사들이 짧은 항구 간 항해를 목표로 하고 있고 대량의 신차를 수용할 수 있는 인프라를 갖춘 항구의 수가 부족하기 때문에 기항지 수는 엄격히 최소화된다. 이로 인해 시장의 상당 부분이 대형 자동차 처리 항만에 집중되어 있다. 2019년 296만대가 처리되는 벨기에 Zeebrugge항이 좋은 예다. 주요 항구의 위치는 주요 구매자 시장과의 근접성과 자동차 조립 공장의 공간적 집중으로 인해 강하게 결합되어 있다. 다수의 대형 자동차 항구가 원양 서비스와 지역 내 단거리 서비스를 성공적으로 결합했다. 결과적인 허브 앤 스포크 네트워크(Hub-and-Spoke Network) 구성은 증가하는 지역 자동차 물류 회사 클러스터와 결합된다.

도로 운송은 자동차 터미널에 들어가고 나오기 위한 내륙운송의 지배적인 방법이지만 철도 및 바지선은 특히 벨기에, 네덜란드, Rhine강 유역, Yangtze강 유역에서 더 큰 자동차 항구를 위한 내륙 접근성을 확보하는 데 있어 그 어느 때보다도 중요한 역할을 한다.

3.4.2.3 일반 화물 시장의 해상 서비스

해상 서비스 구성의 다양성은 아마도 재래식 일반 화물 시장에서 가장 높을 것이다. 보통 소포 크기의 화물로 선박 전체를 채울 정도로 큰 벌크 화물 시장과 달리 일반 화물 시장은 화물창 크기보다 작은 화물을 선적한다.

관련된 화물이 매우 다양하기 때문에 건화물(Dry Bulk Cargo)을 운송할 수 있는 몇 가지 방법이 있다. 가장 일반적인 것은 정기선 운송업을 특징짓는 기존의 정기선 형태의 '주간 정기운항(weekly fixed-day services)' 개념이다.

대신에 대량의 브레이크 벌크 운송의 경우 다음과 같은 서비스와 스케줄 옵션을 구별할 수 있다.

① 전용선으로 운항하는 특정 빈도의 서비스
② 일정 기간 동안 항해를 제공하고 항로 용선(Trip Charter)
③ 전통적으로 사용되고 있는 무역 경로 내에서 운영되는 서비스
④ 위의 두 가지 또는 세 가지 옵션이 혼합
⑤ 부정기선과 같이 특정 화물량이 확보되면 선박을 용선하는 "Parcelling(할당)"70) 항로 용선

기존의 일반 화물 시장에는 특정 화물을 운송하도록 설계된 많은 특수 선박이 포함된다.

---

70) 원유운반선에 비하여 케미컬운반선이나 정유운반선의 경우 다품종 소량의 화물을 동시에 수송하기 위해 화물창의 구획이 많다. 따라서 화물창마다 제품은 소량으로 구분해서 적재되기 때문에 Parcelling이라고 한다. 따라서 케미컬운반선이나 정유운반선은 Parcelling에 따라 기항항만과 항해거리가 밀접하게 영향을 미친다.

예를 들어 거중선(heavy-lift vessels)은 고정된 항로로 운항하지 않고 석유·가스 산업에 대한 대규모 투자가 이뤄지고 있는 지역에 매력을 느낀다. 기존 냉동선은 주로 종단 간 서비스(예: 라틴 아메리카의 선적항에서 유럽의 특수 터미널까지 운반되는 바나나)에서 냉장 및 공기 제어가 필요한 고부가 가치 식품을 운송한다. 냉동 화물의 예로는 신선 및 냉동 과일(예: 바나나, 인과류 및 기타 감귤류), 야채, 생선, 육류, 가금류 및 유제품이 있다. 냉동 운송은 주로 남반구에서 나머지 세계로 화물을 수출하는 편도(일부 제품의 경우 계절성) 비즈니스의 대표적인 사례이다. 냉장화물은 갈수록 컨테이너선으로 운송되는 추세에 있다.

3.4.2.4 컨테이너 운송의 해상 서비스

해상 서비스에서 가장 발전된 구조는 컨테이너 운송에서 찾을 수 있다. 해운선사는 제공하기에 편리한 네트워크를 설계하지만 동시에 빈도, 직접 접근성 및 운송 시간 측면에서 고객이 원하는 서비스를 제공해야 한다. 지난 20년 동안 화물 가용성의 증가로 인해 해운선사와 동맹은 주요 동서 무역 항로에 새로운 유형의 정기선 서비스를 도입함으로써 그들의 정기선 운송 네트워크를 재편성했다.

정기선 해운의 최근 발전을 관찰하면서 대형 선박을 사용하고 새로운 운항 패턴과 해운선 간의 협력을 고안함으로써 생산성이 향상되었다. 1990년대 이후로 더 크고 연료절감형 선박에 많은 관심을 기울였으며 이것은 실제로 해상운송되는 용량의 TEU당 비용을 크게 감소시켰다. Post-Panamax 용량을 추가하면 초기 진입자에게 단기적인 경쟁 우위를 제공하여 시장의 추종자들에게 컨테이너 선대를 업그레이드하고 심각한 단가 불이익을 피하기 위해 시장의 추종자들에게 압력을 가했다. 2M, Ocean Alliance, The Alliance 등 얼라이언스 회원들은 상대적으로 저렴한 비용으로 더 많은 루트 또는 서비스에 쉽게 접근할 수 있으며 항만 터미널을 공유하고 해상 및 해안의 여러 영역에서 협력할 수 있게 함으로써 결국 비용 절감을 달성하였다. 동맹과 통합으로 주요 무역항로에 다중 스트링 네트워크(multi-string networks)가 형성되었으며 화주와 정기선사 모두 이에 적응했다. 가장 큰 선박은 제한된 수의 항구를 기항하는 다중 항구 여정으로 운영된다. 네트워크는 특정 허브 네트워크를 통한 트래픽 순환을 기반으로 한다.

제4장

해상운임

4. 해상운임

4.1 시황과 운임

4.1.1 해운시장

해운시장은 크게 '선박' 자체를 거래하는 신조선, 중고선, 해체선 시장과 '화물 운송'을 거래하는 화물운임 시장(용선 시장)으로 구분된다.

우선 화물운임 시장은 운임 및 요금을 통해 수익을 창출하는 선사의 기본적인 비즈니스이며, 항해용선, 정기용선, 나용선 시장으로 구분할 수 있다.

① 항해용선

항해용선은 A항구에서 B항구까지 특정 화물에 대해 계약하는 것이다. 브로커를 통해 주로 거래되며 화주와 선주가 합의한 화물의 톤당 운임으로 계약이 체결된다. 운임은 항해 기간과 운송량에 따라 결정되며 GENCON이라는 표준 서식을 주로 사용한다. 또한, 항해장비와 선원을 포함하여 선박의 자본금, 운항 비용, 항만비용, 연료 및 운하 통과 비용을 선주가 부담한다는 특징이 있다.

② 정기용선

정기용선은 일정 기간 동안 선박에 대해 용선을 계약하는 것이다. 정기용선은 하루당 운임으로 계약하며 항해장비와 선원을 포함하여 선박의 자본금, 운항 비용을 선주가 부담하며 항만비용, 연료 및 운하 통과 비용을 용선인이 부담한다는 특징이 있다.

항해용선과 정기용선을 쉽게 비교하자면 항해용선은 택시, 정기용선은 차량 렌트와 유사하다. 항해용선은 정해진 목적지가 있지만 정기용선은 기항할 항구, 항로, 화물의 운송량 등이 명확하지 않다.

③ 나용선

나용선은 선박만 임대하는 것으로 선장, 선원, 연료 등 모두 용선인이 책임을 지는 계약이다. 보통 용선인은 정기선으로 운항하거나 제3자에게 재용선을 하게 된다.

다음으로 선박 거래시장은 다음과 같은 특성이 있다.

① 중고선 시장

중고선 시장은 기존 선박을 거래하는 시장으로 선사, 화주, 투자자들로 구성되며 브로커를 통해 거래가 이루어진다. 먼저 브로커를 통해 매수인과 매도인이 협상을 진행하며 제안이 수락되면 매매의양서(Memorandum of Agreement)에 판매 조건을 명시한다. 단, 매매의양서는 법적 구속력이 없다. 이후 선박의 상태 대한 물리적 검사가 진행된 후 매도인에게 대금이 전달되면 계약이 종료된다. 선가는 매도인(공급)과 매수인(수요)에 의해 결정되며 해운경기에 따라 상당한 변동성을 보인다는 특징이 있다.

매수인이 중고선 시장에 참여하게 되는 이유는 다음과 같다.

ⓐ 특정 크기와 제원에 해당하는 선박이 필요하지만 중고선 시장에 없는 경우

ⓑ 해운시장이 호황일 때 중고선박이 신조선박의 선가보다 높은 경우

ⓒ 발전소와 제철소같이 산업적 프로젝트에 필요한 선박인 경우

ⓓ 해운시장의 호황이 예상될 것을 대비하여 사전에 투자하는 경우

② 신조선 시장

신조선 시장은 중고선 시장과 밀접한 관련이 있지만 실질적으로 보이는 물체(선박)를 거래하는 것이 아닌 '도면'을 통해 계약이 체결된다는 차이가 있다. 또한, 선박 건조에 요구되는 제원을 명확히 해야 하며 중고선 거래보다 더 복잡한 계약 프로세스를 거치게 된다.

③ 해체선 시장

해체선 시장에서는 선박을 고철로 해체하게 된다. 중고선 시장과 비슷한 프로세스를 거치지만 매수인(수요자)이 선사가 아닌 해체 조선소(scrap yard)라는 차이가 있다. 해체 조선소는 주로 극동에 위치하며 인도, 중국, 방글라데시, 파키스탄이 주요 국가이다. 가격은 선박 해체의 가용성, 고철의 수요에 영향을 받으며 브로커를 통해 협상하게 된다.

해운시장의 가장 큰 특징은 변동성과 불확실성이 강하게 나타나며 각 시장이 서로 밀접한 관련이 있다는 것이다. 예를 들어 2000년대 해운시장이 호황기를 맞이하면서 화물 운임이 크게 상승함에 따라 신조선, 중고선, 해체선의 가격 또한 상승하였다. 신조선을 건조하기 위해 시간이 필요하기 때문에 중고선의 가격이 상승했으며, 호황기를 누리면서 해체되는 고철의 양이 감소하여 해체선의 가격 또한 상승했기 때문이다.

4.1.2 해상운임 결정 요인

해상운임은 화물의 해상운송이라고 하는 서비스에 대한 대가인 바, 따라서 그 수준은 일반의 상품과 마찬가지로 기본적으로는 수요(물동량)와 공급(선복량)과의 관계에 따라서 결정되는 것으로 생각된다.

그렇다고 해도 운임이 낙착되는 수준에는 스스로의 한계가 있다. 즉 그 상한은 화물의 운임부담력이고, 그 하한은 운송인이 운송에 들이는 비용이기 때문에 해상운임은 원칙적으로 이 범위 안에서 결정된다고 한다.

이 원리는 정기선 운임에서이든 부정기선 운임에서이든 아무런 차이가 없다.

양자의 차이는 부정기선 운임이 선복의 수급균형을 보다 민감하게 반영하여 변동하는 데 비하여, 정기선 운송은 공공성이 요구되기 때문에 운임도 비교적 경직성을 가지고 일정기간에는 변동되지 않는 것을 원칙으로 하고 있다는 점이다.

4.1.3 해운시황

부정기선 운임은 선복의 수급관계에 따라 끊임없이 변동한다. 일반적으로 세계경제가 활황을 띠어 무역량이 늘어나면 상대적으로 선복량이 부족해지기 때문에 운임은 상승하게 되고, 반대로 물동량 이 줄어들거나 신조선이 대량으로 투입되면 선복이 과잉으로 되어 운임은 떨어진다.

이렇게 하여 해운시황은 몇 년의 주기로 상승과 하강을 되풀이하는데, 이러한 큰 물결 가운데에서 정치적, 경제적 혹은 기상조건 등 여러 가지 요인에 의한 작은 물결이 일게 된다.

선복의 수급을 먼저 수요 측면에서 살펴보기로 한다.

해상운송되는 부정기선 화물의 경우, 건화물 분야에서는 이른바 3대 건화물이라고 불리우는 철광석, 석탄, 곡물 등이 그 중심을 이루고 있다. 그래서 이러한 화물의 물동 동향이 선복의 수급에 커다란 영향을 미치는 것으로서, 항상 주목되고 있다. 철광석 및 석탄의 물동은 조강 생산량에 좌우되는 바가 크고, 또 곡물의 물동은 그 해의 세계 작황의 영향을 받는다. 이상의 3대 건화물에 보크사이트와 알루미나, 인광석을 합쳐 major bulk라고 한다.

부정기선 화물에는 이밖에 마이너화물로서, 광산물(망간, 니켈, 크롬, 구리, 석고, 소금), 비료원료(인광석, 칼리, 유황), 농산물(설탕, 쌀, 타피오카, 옥수수), 목재, 시멘트, 강재, 스크랩 및 코크스 등이 있다. 또한 액체화물 분야에는 원유 외에 각종 석유제품의 물동량이 있다.

한편 선복의 공급면은 어떻게 되어 있는가? 현재 전세계에는 다종다양한 선박이 대량으로 건조되어 취항하고 있다. 선박의 건조 및 소유라고 하는 행위는, 물론 이를 운항함으로써 이익을 올리는 것을 첫째의 목적으로 하는 것인데, 그것만이 아니라 자산으로서 인상이익을 기대하거나, 인플레이션을 목표로 하기도 하는 다분히 투기적인 측면도 지니고 있다.

그리고 개발도상국 등에서 많이 발견되는 바와 같이 하나의 국가적 상징으로서, 또는 유사시 군수전용으로 갖추고자 선복을 증강해 두는 바와 같이, 정치적 의도에 기초하는 경우도 있는 등 반드시 한결 같은 것은 아니다. 이처럼 선박의 건조에는 그것을 소유하려는 사람의 사고방식이 크게 작용하기 때문에, 선박의 공급이 반드시 화물의 수요동향과 일치 되지 않아서 수급균형이 때때로 급격히 악화되기도 한다.

해운시황은 이러한 선복의 수요와 공급이 어떠한 관계 가운데에서 형성되어 하나의 흐름을 조성하는 것이지만, 이밖에도 여러 가지 정치 및 경제상의 특수 요인이 시황에 영향을 미친다. 예를 든다면 1980년 구소련의 아프카니스탄에 대한 군사개입에 대한 제재조치로서, 미국이 소련향 곡물 1,700만톤에 대하여 금수 조치를 취하였는 바, 그것이 예정되어 있었던 해상물동을 크게 감소시킴으로써 시황이 일시 급락되기도 하였다. 또한 1970년 후반에는 오스트레일리아의 탄광파업과 폴란드의 정정불안에 따른 석탄출화의 감소가 미국탄에 대한 매입 집중을 초래하였는 바, 이것이 미국 동안 여러 항구나 파나마운하에 방대한 체선을 일으켜 가동선복을 감소시킨 결과, 시황을 밀어올리는 역할을 하기도 하였다.

이러한 여러 가지 요인에 의해서 변화하는 세계정세 가운데에서 여러 가지 정보를 수집 분석하여 판단하고, 장래의 시황의 움직임을 예측하면서 운임을 흥정하는 것이 화주로서는 대단히 긴요하다. 즉 선행의 시황이 강한 나머지 운임의 앙등이 불가피한 상황이라고 판단된다면, 조금이라도 빨리 선사로부터 선복을 확보하여 운송계약을 체결하고, 반대로 시황이 약하다고 본다면 빠듯하게 되기까지 기다려 체결하는 편이 좋다. 부정기선 화물 중에는 10년이나 20년이라는 장기의 운송계약에 기초하여 운송되는 것도 있는데, 대부분은 그 때 그 때의 시황만을 살피면서 현물의 거래에 따라 선복을 요구하여 운임을 결정하게 된다.

선주측도 자기가 소유하는 선복을 될 수 있는 대로 유리하게 활용하려고 하기 때문에, 거기에서 시장이 만들어져서, 선주와 용선자 사이에서 서로 유리한 조건을 찾아 거래가 이루어지게 되는 것이다. 런던(볼틱해운거래소), 뉴욕 및 도쿄가 세계 3대 부정기시장인데, 여기에서 이루어지는 성약이 국제적 부정기선 운임에 대한 하나의 지표로 되어 있다. 부정기선시장에서는 용선자들이 반드시 직접 대면하여 협상하는 것은 아니지만 개인적인 협상을 통해 거래가 형성된다.71)

---

71) J. Michael Harris (1983), Ocean Fleet Shipping Rates, Capacity, and Utilization for Grains, Washington, DC: U.S. Department of Agriculture, p.2.

4.1.4 정기선의 운임

정기선 운송의 분야에서는 각 항로마다 해운동맹이라고 하는 일종의 국제 카르텔이 결성되어 있기 때문에, 이들 동맹에 가맹하고 있는 선사 동업자간에서 운임이 결정되고 있다.

모든 화물이 품목별로 수십개 항목에서 100여개 항목 이상으로 분류되어, 각각 화물의 특징, 형상 및 운임부담력 따위가 고려되어, 개개 품목에 대한 적용운임률을 설정하게 된다. 동맹이 정하는 이러한 운임은 표정운임(Tariff Rate)이라고 불리는데, 알파벳순으로 배열 기재되어 운임률표로서 공표되고 있다.

일반적으로 운임수준의 결정은 해운시황, 운항비용, 기타 제경비를 기초로 이루어지는 것이지만, 정기선의 경우에는 물동량에 대한 예측이 곤란하고, 또 일정기간 운임이 보증되어야 한다. 이러한 까닭에 엄밀하게 1척당의 운항채산을 도모할 수 있는 부정기선에 비하면, 아무래도 운임이 비싸지게 될 수밖에 없는 것으로 이해된다. 예컨대 정기선의 운항의 경우 적화가 만선에 이르지 못하여도 본선은 공표된 날에 출항해야만 되므로, 그만큼 수입의 감소를 감수할 수밖에 없게 된다. 또한 정기선운송은 공공적 성격을 강하게 지니고 있기 때문에, 운임의 변동을 되도록 피해야 한다는 측면도 있으므로, 선사에 대해서는 시황, 비용의 등귀, 적화량 등 여러 면에서 위험 부담이 그만큼 크다.

이러한 까닭으로 정기선의 경우에는 부정기선의 경우와 같이 1척 단위가 아니라, 일정 기간을 매크로적으로 파악하여, 그것에 여러 가지 리스크를 반영하여 채산을 맞출 수 있도록 계산하여, 운임을 결정하게 된다. 이는 견해에 따라 아주 조잡한 것이고 애매한 것으로 받아들여질 수도 있다. 리스크를 과대평가한다면 운임이 그만큼 높아질 수밖에 없는 것이기 때문이다. 특히 1980년대에 이르러 맹외선이 수없이 출현하여, 과잉선복을 배경으로 독자적으로 설정한 낮은 운임을 무기로, 집화활동을 전개하기에 이르렀기 때문에 동맹운임은 비싸다는 느낌이 화주들 사이에 높아져 왔다.

어쩔 수 없는 면이 있다고 하지만 이러한 운임결정에서의 동맹의 자의적 성격에 대하여, 화주측으로부터 강력한 비판이 제기되기에 이르러 운임을 인상하는 때에 화주단체와 동맹 사이에 사전 협의를 갖는 경우가 늘어났다.

그런데 이루어지고 있는 동맹운임의 결정방식은 표정운임을 기준으로 하여, 그 뒤의 비용 상승분을 고려하는 경우 수준이 타당할 것인가를 고려하는 형태로 되어 있다. 즉 동맹운임을 인상하고자 함에 있어서, 필요한 비용의 전년대비 상승률을 산출하여 그 가중평균을 취함으로써 인상률을 결정하는 방식을 취하고 있다.

다만 1985년의 플라자 합의(Plaza Accord 혹은 Plaza Agreement) 이후 일본 엔화가치가 급격히 상승됨으로써, 일본의 제조업자들이 생산거점을 해외로 이동하는 등 일본의 무역구조가 크게 변화되어 화물의 출화지가 아시아로 이동되기에 이르렀다. 이러한 상황에 따라 동맹과 맹외간의 경쟁이 격화되어 많은 항로에서 실질 운임률이 적용되기에 이르러 선사에서는 적정운임의 확보가 매우 어려운 상황이 되어버렸다.

4.2 운항채산

해상운임은 운송비를 하한으로 하여 결정된다. 그러면 선사가 운송에 필요한 비용에는 어떠한 것이 있고, 또 어떻게 운항채산이 도모되어 운임이 결정되는 것인가. 이것을 알아두면 화주로서 그 운임수준을 판단하는 데에 매우 유리하다.

선사가 운송업무를 행하려고 하면 무엇보다 먼저 선박을 마련해야 하는데, 여기에는 두 가지 방법이 있다. 하나는 선박을 건조하여 스스로 보유하는 케이스인데, 이러한 선박을 자사선이라고 부른다. 다른 하나는 남으로부터 선박을 빌리는 케이스, 즉 시장에서 선박을 조달하는 케이스로 이것을 용선이라고 부른다.

많은 선사는 자사선을 핵심으로 하고, 용선에 보완적인 역할을 맡겨 선대를 구성하고, 이것을 적절하게 사용함으로써 운항업무를 수행하고 있다. 그 중에는 자사선을 보유하면서도 스스로 운항업무는 하지 않고, 남에게 선박을 대여하기만 하는 대선업 전문의 선주도 있는가 하면, 반대로 스스로는 단 1척의 선박도 소유하지 않고, 시장에서 모든 선박을 용선하여 운송업무를 행하는 이른바 오퍼레이터도 있다.

이처럼 선사가 선박을 마련하는 방법에는 자사선과 용선이라는 두 가지가 있는데, 이에 요하는 비용면에서도 자사선의 경우와 용선의 경우 그 의미가 약간 다르다.

먼저 자사선의 경우에 요하는 비용은 선비라고 한다. 이것은 선박을 늘 운항시킬 수 있는 상태로 두기 위한 비용으로서, 직접선비와 간접선비로 나뉜다.

직접선비라는 것은 선박을 운항하고 유지 관리하는 데에 직접 필요한 비용이다. 즉 선원비, 수리비, 윤활유비, 선용품비, 선체 보험료 및 통신비 등이 그것이다. 간접선비라는 것은 자본비인 바, 감가상각비 등이 이에 해당된다.

그리고 이러한 선비의 합계를 1개월 및 1중량톤당으로 계산하여, 그 선박이 채산을 취하는 기준으로 하고 있는데, 이것을 일본의 독특한 용어로 하이어 베이스(Hire Base; H/B)라고 부르고 있다.[72] 수식은 다음과 같다.

---

72) 이신우·윤민현·김성일·오세일 (1977), 『최신 종합해운: 이론과 실무』, 서울: 교문사, p.606.

$$H/B = \frac{선비}{연간\,가동월수 \times 중량톤}$$

　다음으로 용선의 경우, 용선료는 선박을 빌려주는 측과 빌리는 측의 교섭에 의해서 결정된다. 용선료는 선비를 기준으로 해운시장의 수요가 가미되어 결정되기 때문에, 상황에 따라서 혹은 항로 및 선형에 따라 달라지게 된다.

　그런데 이러한 사선, 용선 어느 쪽인가의 방법에 따라서 선박이 마련되면 다음으로는 운송업무를 행하기 위해 실제로 선박을 운항해야만 한다.

　그러면 선박을 운항하기 위한 비용에는 어떠한 것이 있는 것일까. 운항에 요하는 비용, 즉 운항비(operation cost)에는 연료비, 항비, 하역비, 대리점료, 중개료, 일반 화물비와 같은 것이 있다.

　선사는 선박을 운항함에 있어, 운임수입으로부터 이 운항비 총액을 뺌으로써, 그 항해에서 얼마의 수익을 올릴 수 있는가를 견적하여, 운항채산을 취한다.

　이렇게 하여 산출한 숫자, 결국 그 항해에서의 예상 수익금을 1개월 및 1중량톤당으로 나타낸 것을, 이른바 일본의 독특한 용어로 차터 베이스(Charter Base; C/B)라고 부르고 있다. 수식은 다음과 같다.

$$C/B = \frac{운임 - 운항비}{(\frac{소요일수}{30}) \times 중량톤}$$

　차터 베이스는 선박 그 자체의 항해에서 운항이익의 눈금으로 되는 동시에, 선박을 용선하는 때의 판단기준이 된다. 즉 차터 베이스를 밑도는 용선료로서 선박을 용선할 수 있다면 이익을 전망할 수 있게 되고, 자사선의 경우에도 마찬가지로 차터 베이스가 하이어 베이스를 웃돈다면 흑자의 수지를 기대할 수 있게 되는 것이다.

　물론 그때의 용선료나 입수한 선박의 하이어 베이스를 염두에 두어 운임률을 결정할 수도 있는 것이다.

　선사는 정기선이든 부정기선이든 똑같은 계산을 하고 있는데, 특히 부정기선의 경우에는 오직 단일화물을 만선으로 처리하고, 적하화 항구의 수도 한정되어 있기 때문에, 화주측으로서도 비교적 용이 하게 차터 베이스를 산출할 수 있으므로, 선사가 제시하는 운임의 타당성을 점검할 수도 있다.

　이에 대하여 정기선의 경우에는 화주의 수도 많고, 여러 종류의 화물을 적재하는데다가,

화물량도 예측할 수 없다는 등등의 이유에서 그 운임수준이 타당한가 어떤가를 판단하기가 쉽지 않다. 따라서 정기선 운임의 경우에는 전혀 다른 관점에서 결정하게 된다.

4.3 운임조건

4.3.1 해상운임 조건[73]

화주가 운송인(선사)에 대해서 해상운임을 지급하고, 운송을 의뢰 할 때 선사에 의해 제공되는 서비스의 범위는 도대체 어디에서부터 어디까지인가를 명확히 규정해 둘 필요가 있다.

여객운송의 경우에 승객은 자신의 발로 훌륭히 오르내릴 수 있기 때문에 운송하는 측으로서는 운송하는 일 외에 일체의 것에 관심을 둘 필요가 없다. 그러나 화물의 경우에는 사정이 다르다. 화물을 선내에 적입하거나 선박에서 하륙해야 하는 작업이 따르기 때문에 운임을 결정함에 있어서 적하화를 하는 주체가 누구인가(즉, 선사인가 혹은 화주인가), 그 비용을 어느쪽이 부담하는 것인가를 미리 확실하게 규정해 두어야만 한다. 선적 및 하륙비용, 즉 선내하역비는 나라에 따라 또한 화물의 종류에 따라 다르다.

선내하역작업을 선사가 도급을 맡는 경우에는 운임에 그 비용이 포함 되어야 하기 때문에 그만큼 운임이 높아지게 되고, 반대로 화주가 그 깃을 부담하는 경우에는 그만큼 싸지게 된다.

이처럼 해상운임은 선적지에서의 선내하역비를 각각 누가 부담하는 가에 따라서, 그 운임의 조건은 버스텀(Berth Term), 에프아이오(FIO), 에프아이(FI), 에프오(FO) 등 4가지로 나뉘어진다.

① 버스텀(berth term)
선적지와 하화지에서의 선내 하역비 모두를 운송인이 부담한다고 하는 조건인 바, 성기선 운임은 거의 이 조건에 따르고 있다.

정기선에 의한 운송의 경우 선적화물은 다수의 화주와 다수의 상품으로 성립되기 때문에, 이러한 본선의 하역을 개개 화주의 손에 맡기게 되면, 아무래도 혼란을 초래하게 되고 또 실제로도 불가능하다. 그래서 정기선의 경우에는 특별한 예외를 제외하고, 화주가 선적화물을 선측까지 운반하여 거기에서 운송인의 손에 인도하면, 그 곳에서 본선에 적재하는 것은 운송인이 담당한다. 하화지에서도 본선으로부터의 하륙은 운송인이 담당하고 수화주는 현

---

73) オーシャンコマース (2006), 『海運實務マニュアル』, 東京: オーシャンコマース.

측에서 화물을 수령하게 된다.

따라서 버스텀의 조건 아래에서 운송인측의 책임은 선적지의 선측에서 화물을 수령한 시점에서 시작되어, 하화지에서 이 화물을 수화주에게 인도한 시점에서 종료된다.

② 에프아이오(FIO)

이에 반하여 선적 및 양륙 쌍방의 하역작업을 모두 화주측의 마련과 비용 아래 행하는 운임조건을 에프아이오라고 한다. 여기에서 에프아이오라는 것은 선적 및 하역 무관계(Free In and Out)라는 말의 약어인데, 이는 운송인의 측에서 보아 선적(In) 및 하화(Out)와 관계가 없다(Free)는 뜻이다.

부정기선 운송의 경우에는, 대부분의 경우 단일 화주의 단일 화물을 만재하여 운송하게 되기 때문에, 화주측이 적하화 하역을 마련할 수 있으므로, 따라서 이 조건으로 운임을 결정하는 경우가 많다. 또한 화물의 종류에 따라서는 선적 및 양륙 작업에 숙련도가 요구되는 일도 있는 바, 이러한 경우에는 이의 처리에 익숙한 하역업자(Stevedore)를 화주가 지정하고 비용을 부담하는 경우가 많다.

건화물의 하역에서는 본선의 안전항행을 도모하기 위해, 화물을 적재한 뒤에, 화물을 적당하게 고루어야 하는 경우도 있다. 이러한 고루는 비용을 트리밍 차지(Trimming Charge)라고 하는데, 버스텀에서이든, 에프아이오(또는 에프아이)에서이든, 고루는 비용은 별개의 것이므로, 이 부담을 화주측이 지는 것(Free Trimming)인가, 선주측이 지는 것(Steamer Trimming)인가도 명확히 해두어야만 한다.

또 에프아이오나 에프아이의 경우와 같이, 선적 및 선내 하역을 화주측이 하는 경우, 항해 중에 화물이 무너져서 이동하지 않도록, 화주측으로서는 확실하게 고정된 적치를 해야만 한다. 이 적치 비용은 특히 표시되지 않아도 화주가 부담해야 하는 것으로 풀이되고 있지만, 보다 확실하게 해 두기 위해 계약상 화주의 부담을 명시 'FIO & (free) Stowed'라든가 'FIO Stowed & Trimmed'로 명시해 두는 것이 바람직하다

③ 에프아이(FI)와 에프오(FO)

선내하역비의 부담조건이 선적 및 양륙지별로 따로 정해질 수도 있다. 선적지에서의 선내 하역비는 화주 부담, 그리고 하화지에서의 선내 하역비는 운송인 부담이라는 운임조건을 에프아이(FI, free in)라고 부른다.

에프아이 조건에 의한 운임의 결정은 철제의 운송의 경우에 많다. 거대철강 메이커들은 모두 일반적으로 제철소에 인접되어 있는 자기의 항구(Mill Port)를 소유하고 있다. 이러한 항구는 대형 외항선의 입항이 가능할 뿐만 아니라 동시에 하역장치도 완비하고 있다. 그리 고

어느 정도 화물량이 수집되어 있는 경우에는, 예컨대 정기선의 경우라도 본선을 직접 밀 포트에 기항시킴으로써 국내 운송비의 절약도 도모되고 있는데 이 때 본선에 대한 선적작업도 철강 메이커가 진행하는 것이 일반적이다.

반면 하화지 측에서는 이러한 화물이 함께 적재된 다른 화물과 더 나은 일반항(Public Port)에서 하화되는 일이 많으므로, 하화지에서 선내하역은 선사가 일괄적으로 담당하게 되므로, 운임조건은 에프아이로 결정되게 마련인 것이다. 에프아이와는 반대로 선적지에서는 선내하역비는 운송인이 부담하고, 하화지에서의 하역비는 화주가 부담하는 운임 조건을 에프오(FO, Free On)라고 부르고 있다.

이 조건으로 운임이 결정되는 경우는 화물이 일반항에서 선적되어 수화주의 사유항(Private Port)에서 하화되는 경우이다.

4.3.2 운임의 지급

4.3.2.1 전급과 후급

운송계약을 체결할 때 운임의 지급시기를 어떻게 하는가(전급인가 후급인가)도 미리 결정해 두어야 한다. 운임전불(Freight Prepaid)이라는 것은 운송계약을 체결할 때나 늦어도 선적이 완료된 때에 운임을 지급하는 것을 말하는데, 통상 선적지에서 송화인이 선하증권(B/L)의 수령과 교환하여 지급하는 것이다. 이에 반하여 운임후불(Freight Collect)이라는 것은 운송행위가 완료된 때에, 즉 통상 하화지에서 수화인이 화물과 교환하여 지급하는 것이다.

운임은 운송이라고 하는 행위에 대한 보수이기 때문에, 우리나라의 상법 제134조 제1항[74] 및 제802조[75]는 운송행위가 완료된 뒤에 운임을 지급해야 한다는 원칙을 규정하고 있으나, 실태는 오히려 운임선불이 일반적으로 되어 있다.[76]

운임의 지불시기는 무역계약과 밀접한 관계를 지니고 있다. 즉 무역거래가 시아이에프나 시앤에프로 될 때에는 운임은 선적지에서 지급되고, 에프오비로 계약될 때에는 하화지에서 지급된다.

그러나 여기에서 주의해야 하는 것은 목적지에 따라서 선사가 운임의 후불을 인정하지 않

---

74) 상법 제134조 (운송물멸실과 운임) (1)운송물의 전부 또는 일부가 송하인의 책임없는 사유로 인하여 멸실한 때에는 운송인은 그 운임을 청구하지 못한다. 운송인이 이미 그 운임의 전부 또는 일부를 받은 때에는 이를 반환하여야 한다.

75) 제802조(운송물의 수령) 운송물의 도착통지를 받은 수하인은 당사자 사이의 합의 또는 양륙항의 관습에 의한 때와 곳에서 지체 없이 운송물을 수령하여야 한다.

76) 운송인과 송하인은 운임에 관하여 상법 제134조 제812조의 규정에 불구하고 다른 특약을 할 수 있다. 대법원 1972.2.22. 선고 71다2500 판결

는 경우도 있다는 점이다. 이것은 하화지에서 운임의 수령에 말썽이 예상되거나, 불안정한 현지 통화(Local Currency)의 수령을 좋아할 수 없는 이유 때문이다.

이와는 반대로 구 소련 및 한국향의 경우와 같이 운임후불이 일반적으로 되어 있는 항로도 있는 바, 반드시 사정이 한결같은 것은 아니므로 무역계약을 체결함에 있어서는 사전에 충분히 주의를 기울여 두어야 한다.

4.3.1.2 표정운임과 지급운임

해상운송이란 복수의 다른 통화의 사용국을 연결하여 이루어지고 있는 관계로 그 운임률은 안정된 통화를 기준으로 하여 정해지는 표정운임(表定運賃)이다. 대부분의 경우에는 미국의 달러를 기본으로 하고 있다. 그렇지만 실제의 지급운임(支給運賃)이 반드시 달러에 의하는 것은 아니다.

지급지의 사용통화에 의해서 이루어지고 있는 것이 보통이다. 예컨대 한국으로부터의 수출에서 운임을 선불하는 경우에는 운임을 원화로 지급하게 된다. 운임률표상의 통화인 미국 달러와의 환산은 태평양항로동맹의 경우 선적을 위한 본선의 일정표상의 그 항구 입항 이틀 전의 환율에 기초하여 이루어진다.

한편 운임을 후불하는 경우에 그 운임은 현지통화에 의해서, 하화지에 본선이 입항하기 전날의 환율에 의해 지급해야 되는 것으로 되어 있다.

4.3.3 운임의 단위기준

운임설정의 기준으로 되는 단위는 그 화물의 형상 및 성질 등에 의해서 달라지는데, 일반적으로는 다음과 같은 4가지로 분류된다. 부정기선 운임은 대부분이 무게를 단위로 하고 있으나, 정기선 운임의 경우에는 그러한 것의 단독이나 2가지를 조합시켜 택하는 형태로 설정되는 경우가 많다.

4.3.2.1 무게기준(Weight Basis)

강재 및 화학제품의 일부 등 부피에 비해서 무게가 큰 화물의 경우, 그 운임의 설정 기준으로서 무게가 사용되고 있다.

중량품은 무게 1톤을 단위로 하는데 똑같은 1톤이라도 각국 도량형의 차이에 따라 다음 3가지가 있는데, 그중 어느 것을 사용하는가는 각 동맹에 따라 다르다.

1영톤(long ton) = 2,240파운드(1,016kgs)

1미톤(short ton) = 2,000파운드

1미터톤(metric ton) = 1,000kgs

이밖에 예외로서 누에고치(Raw Silk)의 경우와 같이 100파운드를 단위로 하는 경우도 있다. 그런데 이 경우의 무게라는 것은 당연한 일이지만 화물의 총무게(Gross Weight)이지, 순무게(Net Weight)가 아니라는 점에 주의해야 한다.

4.4.2.2 부피기준(Measurement Basis)

화물의 부피를 운임산정의 단위로 하는 사고방식에는 일반적으로 2가지가 있다.

1용적톤(Measurement Ton) = 40입방피트(Cft)

1입방미터(Cubic Meter: M) = 약 35.315입방피트

그런데 40입방피트를 왜 톤이라고 부르게 되었는가 하면, 옛날에 선박의 크기를 술통(Tun)을 몇 개 쌓아 놓을 수 있는가로 표시한 데에서 연유하는 것이다. 즉 선박의 무게나 부피의 단위 모두를 톤으로 나타내게 된 것이다. 15세기의 영국에서는 선박으로 나르는 술통의 부피가 40입방피트였는데, 여기에 술을 가득 채우면 2,240파운드가 되었다. 이러한 까닭에 부피 40입방피트가 1용적톤, 무게 2,240파운드가 1 영톤(long ton: L/T)으로 불리게 된 것이다.

운임의 산정기준을 1용적톤으로 하는가, 1입방미터로 하는가는 동맹에 따라서 다르나 미터법의 채용이 세계의 대세를 차지하기에 이르러 ㎥(무게단위의 경우에는 1미터톤)를 기준으로 하는 동맹의 수가 늘어나고 있다.

동맹 운임률표의 운임률은 품목별로 몇달러라고 표시되어 있는데, 이에 더하여 운임률이 무게를 기준으로 하는가, 부피를 기준으로 하는가를 W 또는 M이라는 문자로 명시하고 있다.

나아가 섬유나 잡화 등의 운임의 경우에는 W/M으로 기재되어 있는 경우가 많다. 이것은 무게나 부피 중 어느 쪽이든 큰 톤수를 단위로 한다는 의미인데, 대부분의 경우에는 부피의 경우가 무게의 경우 보다 크다.

4.3.2.3 종가기준(Ad Valorem)

보석이나 예술품과 같이 값비싼 화물이나 운임부담력이 있는 화물에 관해서는 그 상품가격의 일정비율(통상 2 내지 3%)을 운임으로 정하는 경우가 있다. 이것을 종가운임(從價運賃)이라고 하는데 정기선의 경우에만 쓰이는 운임의 기준이다.

이 운임을 적용하는 화물은 운송 중의 보전에 관해서 특히 조심해야 하고, 또 사고가 발생되는 경우 선주의 배상책임액도 일반운임에 비해 상당히 높아지게 되어 있다.

4.3.2.4 짐짝기준(Piece Package Unit Basis)

무거운 기계나 자동차 등의 운임에 관해서 1대에 몇 달러라고 규정되어 있는 경우가 있지만, 이러한 운임기준을 채용하고 있는 경우는 드물다.

4.3.2.5 상자운임률(Box Rate)

컨테이너 운송의 발전에 따라 등장한 개념으로, 컨테이너 내에 적입된 화물의 중량 또는 용적을 기준으로 운임을 부과하는 것이 아니라 화물의 종류에 따라 컨테이너 1개당 얼마로 운임을 부과하는 것을 말한다.

상자운임률에는 상품의 종류에도 관계가 없는 무차별 상자운임률(Freight All Kinds Box Rate: FAK Box Rate), 상품 종류별로 분류하는 클라스별 상자운임률, 현재의 동맹 표정운임에 준거하는 품목별 상자운임률(Commodity Box Rate: CBR) 등이 있다.

그밖에 변형으로서 일부 품목에 관하여 태평양동맹이 시행한 바 있던 컨테이너 1개에 관해 운임계산의 기준으로 되는 최대의 톤수를 정하여 두고, 이것을 넘는 부분은 무료로 하는 맥시멈 유틸라이제이션(Maximum Utilization) 시스템도 있다.

상자운임률을 채용하고 있는 예로서는 유럽동맹이나 시베리아 랜드브리지가 있는데, 이들 운임은 클라스별 상자운임률로 되어 있다.

운임의 계산은 각각의 화물 특성에 따라서 상기의 어느 운임기준으로 이루어진다. 이처럼 운임계산의 기준으로 되는 톤수를 일반적으로 운임톤(Freight Ton)이라고 부르는데, 산정 기초가 다른 화물의 합계톤수를 산출할 때 많이 쓰인다.

4.4 운임의 종류

부정기선 운임은 그 성질상 매우 단순한 하나의 운임률 형태로 되어 있는데 반하여, 정기선 운임은 매우 복잡하다. 대별하면 기본운임(Basic Freight, Base Rate), 할증운임(Additional, Surcharge, Arbitrary), 특별운임(Special Freight)이라고 하는 3가지로 설정되어 있다.

그리고 기본적으로는 기본운임+할증운임이나, 특별운임+할증운임이라고 하는 구성으로 총운임액이 산출되도록 되어 있다.[77]

4.4.1 기본운임

① **품목별 운임**(Commodity Rate)

개개 화물의 특성(운송비용, 운임부담력, 화물의 생김새, 재질 등)에 따라서 품목별로 설정되어 있는 운임을 말한다. 개품운송을 대상으로 하는 해운동맹의 표정운임은 모두 이 품목별 운임체계를 채용하고 있다.

② **품목별 무차별 운임**(Freight All Kinds: FAK)

이것은 컨테이너의 운송과 더불어 생겨난 개념이다. 컨테이너에 적입된 화물의 품목, 부피, 가격 여하에 불문하고 컨테이너 1개당 얼마라고 정해져 있는 운임을 말한다.

컨테이너를 사용함으로써 화물의 성상에 의한 적치상의 문제, 또 화물의 손상(Cargo Damage) 문제가 거의 없어진 현재, 운송인이 품목별 운임을 설정할 근거도 거의 없어지게 되어, 운송비용만을 기준으로 한 품목 무차별 운임이라고 하는 사고방식이 생겨나게 된 것이다.

현시점에서는 이것을 채용하고 있는 예는 거의 보이지 않으나, 장래에는 이러한 운임체계가 널리 사용될 것으로 예상된다.

4.4.2 할증운임

화물의 형상, 항만의 사정 등 화물의 특수성 및 항해상의 이유로 과징되는 할증인 바, 주된 것을 아래에 열거해 둔다.

4.4.2.1 무게 할증(Heavy Lift Charge), 길이 할증(Lengthy Charge), 높이 할증(Bulky Charge)

모두가 화물의 형상에 대한 할증인 바, 1개당의 무게 혹은 길이나 부피가 일정기준을 넘는 것에 대해 과징되는 것이다. 이러한 화물을 선적하거나 하화할 때에는 크레인의 마련, 특수선박의 투입, 하역비용의 할증, 하역시간의 연장 및 깨진 공간(Broken Space: 물리적으로 화물을 적재할 수 없는 공간)의 발생 등 특수한 기기를 마련해야 하거나 가외의 비용이 들게 마련이기 때문이다.

할증의 기준 및 금액은 동맹에 따라서 다르나, 통상은 5톤 이상이거나 30피트 이상의 경우 얼마라고 하는 식으로 정해져서 화물이 그 보다 무겁거나 길어지고, 또 커지는 데에 따라서 과징액도 커진다.

---

77) オーシャンコマース (2019), 『基礎から分かる海運実務マニュアル』, 改訂版, 東京: オーシャンコマース, pp.8-9.

4.4.2.2 선박혼잡 할증(Congestion Surcharge)

선박의 혼잡이 극심하여 정박기간이 길어지는 하화항을 목적지로 하는 화물에 관해서 임시로 징수되는 운임이다. 운임률에 대하여 정액할증으로 하는 경우와 정률할증으로 하는 경우가 있다. 선박의 혼잡은 주로 개발도상국의 항만에서 많이 발생된다.

4.4.2.3 오지항 할증(Outport Surcharge)

동맹 관할지역 안의 여러 항구는 물동량을 기준으로 하여 기지항(Base Port)과 오지항(Out Port)으로 나뉜다. 오지항 할증이라고 하는 것은 오지항에 직접 기항하여 선적하거나 하화하는 경우에 징수되는 할증운임을 말한다. 이러한 항구들에는 물동량이 적고, 정기적인 물동이 결핍되어 있어서, 통상적으로 정기적 기항지(Regular Calling Ports)에 포함되지 않아, 임시 기항에 따르는 항만경비, 항해일수의 증대 등 가외의 비용이 들기 때문에 과징되는 것이다.

4.4.2.4 환적화물 운임(Transshipment Additionals)

물동량이 작은 항구(Minor Port)에 관해서는 직접 기항하지 않고, 가장 가까운 기지항으로부터 제2의 선박에 환적하여 운송되는 경우가 많다. 이것을 통운송이라고 부르는데 이 통운송에 의한 화물에 대해서 환적 비용(Transshipment Charge)에 제2선의 운임(Oncarrier's Freight)을 보탠 것이 할증료 형태로 부과된다.

4.4.2.5 하화지 선택할증(Optional Charge)

선적될 때에 최종 하화지가 결정되지 않고, 본선이 출항한 뒤에 화주가 복수의 하화지 가운데 하나의 항구를 선택하기로 약정한 화물에 대하여 징수하는 할증운임을 말한다. 이것은 화주가 요구하는 어느 항구에서이든 하화할 수 있도록 적치 하여야 하기 때문에, 운송인에 대해서 특별한 비용과 마련을 요구하게 되는 때문이다.

이 경우에는 선택의 대상으로 되는 하화지의 이름을 선하증권상에 명기할 것을 요하고, 선택대상 항구가 늘어날수록 할증운임도 증가 된다. 그런데 화주측은 본선이 최초의 선택항에 도착하기 일정기간 전(통상은 48시간 전)에 최종 하화항을 선사측에게 통고할 의무를 지는 바, 이것을 게을리 한 경우에는 하화항을 선사측이 마음대로 선택하게 된다.

4.4.2.6 통화할증(Currency Adjustment Factor, Currency Surcharge)

표정운임률이 미국의 달러를 기준으로 표시되어 있다는 것은 전술한 그대로이다. 세계의 통화정세가 안정되어 있어, 각국의 환율이 일정한 값으로 미국의 달러와 연계되어 있는 경우에는 문제가 없으나, 작금의 경우와 마찬가지로 기축통화(기축통화)가 안전성을 결여하고 있는 경우에는 동맹이 커버하는 여러 나라 통화의 교환성에 변화가 생기게 마련이다.

선사가 수령하는 통화가 반드시 미국의 달러로 한정되어 있는 것이 아니고, 지급지에 따라서 일본의 엔, 독일의 마르크, 영국의 파운드 등 여러 가지의 것이므로, 미국 달러가치의 하락이나, 일본의 엔화 및 독일의 마르크 등 수령 통화의 가치 상승이 이루어지게 되면 선사의 실질 수입이 떨어지게 된다.

이 같은 통화의 변동에 따른 손실을 화주측에 전가하는 것이 통화할증인 바, 대부분의 경우 총운임액에 대하여 일정한 비율을 곱하여 징수하는 방식을 채택하고 있다.

4.4.2.7 연료할증(Bunker Surcharge)

1973년 말에 발단되어 그 뒤 여러 차례에 걸쳐 이루어진 산유국을 중심으로 한 원유가격의 대폭적 인상에 따른 영향이 선박유(연료유, 디젤유)에도 미쳐서 선박 운항비용의 일부를 차지하고 있는 연료유 가격(Bunker Charge)이 수십 배나 올랐다.

이 같은 인상분을 보충하기 위해 설정된 것이 연료유 할증인 바, 동맹에 따라서 정률 과징되는 경우와 정액 과징되는 경우가 있다.

4.4.3 특별운임

4.4.3.1 최저운임(Minimum Freight)

화물의 무게나 부피가 아무리 작아도 운송과정에서는 여러 가지 경비가 들게 마련이어서, 운임 총액이 일정수준 이하로 되는 경우, 톤수 기준만으로 선사가 운임을 징수하면 너무 운임이 싸져서 경비를 충당 할 수 없게 된다. 그래서 동맹은 최저운임을 설성하여 톤수 기준으로 산출되는 금액이 그 이하로 되는 경우에, 톤수에 관계없이 최저운임으로서 일정액을 징수하게 되는 것이다. 통상 선하증권 1건당, 결국 1회의 선적에 얼마라고 하는 식으로 설정되어 있다.

4.4.3.2 소화물운임(Parcel Freight)

매우 작은 무게나 부피이면서도 가격도 싼 화물에 대해서는 최저운임을 과징하는 것조차 지나치게 가혹하므로, 무게, 부피, 가격이 정해진 조건 이하인 경우에 대하여는, 특히 소화물 운임으로서 저액의 운임을 설정해 두고 있다. 이 경우에는 선하증권이 발행되지 않고,

다만 수령증권으로서 소화물수령증(Parcel Receipt)이 발행된다. 통상 화주의 신고가액을 증권 면에 명기하는데, 선사의 배상책임도 이를 한도로 한다.

4.4.3.3 특별할인 운임률(Special Rate)

어느 특정 품목의 운임에 관해서 일정기간을 두어, 동맹 운임률표에 기재된 운임률보다 특별히 싼 운임률을 제공하는 것을 말한다. 그 목적은 특정항으로 향하는 특정 화물의 물동 촉진, 일시에 대량으로 출화되는 경우에 대한 우대조치 등인 바, 통상은 강재, 자동차, 입찰 플랜트류에서 많이 볼 수 있다. 특별할인 운임을 설정하기 위해서는 화주로부터 동맹에 대한 신청(Application)이 이루어져, 동맹이 이것을 검토한 뒤에 타당하다고 인정하는 절차를 거치게 된다. 이 운임은 반년이나 1년 등 일정기간에 한하여 인정되는 것인 바, 그 기간이 끝나면 자동적으로 원래의 운임률표로 되돌아간다. 물론 화주의 요청에 따라 기한이 연장(Extension)될 수도 있다.

4.4.3.4 자유운임률(Open Rate)

얼라이언스는 그 대상화물의 대부분에 관해서 표정운임을 설정하여, 어느 화주에 게나 이 운임률표를 적용하는 것으로 하고 있다. 그러나 그 중에는 소수이기는 하지만 특정의 화물에 관하여 운임을 선사와 화주의 교섭으로 자유롭게 결정하는 것을 인정하는 경우가 있는 바, 이것을 자유운임률 또는 열린 운임률이라고 부른다. 부정기선 운임은 대부분 자유운임이지만, 정기선 운임의 경우에는 맹외선에 대한 대항조치로서 채용되는 경우가 많다.

여기서 혼동해서 안되는 것은 자유화물(Open Cargo)과의 다름이다. 해운동맹이 계약운임제를 채택할 때, 동맹에 따라서는 소수품목인 쌀이나 시멘트 등을 계약의 대상외로 제외하여 두는 일이 있는데, 이러한 제외화물을 비동맹화물(Non-Conference Cargo) 또는 자유화물이라고 부르고, 계약화주가 자유롭게 맹외선에 적재할 수 있도록 허용하는 것이다.

한편 자유운임이라고 하는 것은 운임률 자체를 자유롭게 결정하도록 인정하고 있는 것이지만 화물 자체는 동맹화물이기 때문에 계약화주가 맹외선을 이용할 수는 없다.

4.4.3.5 오시피(OCP) 운임률

오시피운임이라는 것은 오버랜드 커먼 포인트 레이트(Overland Common Point Rate)의 약어로서, 극동과 미국 태평양안간, 그리고 극동과 서부 캐나다간 등, 양 동맹이 채용하고 있는 특별운임률이다.

이것은 미국 및 캐나다 내륙으로의 물동을 촉진할 목적으로 설정된 일종의 정책운임이어서, 북태평양안의 여러 항구에서 하륙되어, 그 뒤 어느 일정의 경계(캐나다의 매니트바주, 미국의 노스타코다, 사우스타코다, 네브라스카, 콜로라도, 뉴멕시코 등 여러 주) 이동으로 육상운송되는 화물(이것을 OCP화물이라고 한다)에 관해서 기타의 화물보다 싼 해상운임률을 적용하는 것이다.

이에 대해서 오시피지역 이외의 태평양 기항지역을 로칼 포인트라고 하고, 그 운임률을 로칼 운임률이라고 부른다.

4.4.3.6 표정운임률

정기선 운임의 경우에는 각 해운동맹이 각각 알파벳순으로 품목별마다 적용하는 운임률을 설정하고 있다. 이 같은 운임은 표정운임률(tariff rate)이라 부르는 것으로 공표되어, 어느 화주에게나 계약화주이든 비계약화주이든 구별하지 않고 동일운임률이 적용되는 것으로 되어 있다.

해운동맹의 표정운임률은 비동맹선과의 경쟁을 위해서 2중운임제(Dual Rate System)를 채용하고 있다. 표정운임률에는 비동맹하주에 적용하는 일반운임률(비계약운임률 ; Non Contract Rate; Base Rate)과 동맹하주에 적용하는 싼 계약운임률(Contract Rate)이 있다.

〈그림 4-1〉 표정운임 사례

부산 → Los Angeles, CA 총 14건	O/F	BAF	CAF	LSS	EBS	O/THC	D/THC	서류발급비	화물인도지시서요금	부두사용료	컨테이너봉인료	기타	비고
APL Ltd. / APL 발효일 2021-12-01 환적 N COC / / 40´ft 일반화물	USD 4,400	USD 519	-	-	-	-	USD 600	-	-	-	-	USD 600	
CMA CGM / CMA CGM 발효일 2021-12-01 환적 N COC / / 40´ft 일반화물	USD 9,650	-	-	-	-	KRW 187,000	USD 600	KRW 50,000	-	USD 14	KRW 10,000	KRW 9,012	
CMA CGM / CMA CGM 발효일 2020-07-20 환적 N COC / / 40´ft 일반화물	USD 1,418	USD 382	-	-	-	KRW 326,000	USD 835	KRW 50,000	-	USD 14	KRW 10,000	KRW 9,012	
Evergreen Marine Corp, / (주)에버그린... 발효일 2021-09-01 환적 N COC / / 40´ft 일반화물	USD 6,335	USD 477	-	USD 80	USD 108	KRW 180,000	USD 833	KRW 40,000	-	KRW 8,840	KRW 8,000	USD 30	
Evergreen Marine Corp, / EVERGREEN 발효일 2020-09-01 환적 Y COC / / 40´ft 일반화물	USD 3,307	USD 263	-	USD 49	USD 81	KRW 180,000	USD 833	KRW 40,000	-	-	KRW 8,000	USD 30	
Hapag-Lloyd / HAPAG-LLOYD 발효일 2021-12-20 환적 N COC / / 40´ft 일반화물	USD 12,546	USD 404	-	-	-	KRW 180,000	USD 740	KRW 50,000	-	KRW 9,012	KRW 10,000	USD 55	
HMM / 에이치엠엠(주) 발효일 2021-12-31 환적 N COC / / 40´ft 일반화물	USD 8,300	-	-	USD 231	-	KRW 158,000	-	KRW 50,000	-	KRW 8,840	KRW 8,000	USD 1,049	
HAMBURG SUD / HAMBURG SUD 발효일 2021-11-30 환적 N COC / / 40´ft 일반화물	USD 9,683	USD 511	-	-	-	KRW 190,000	-	KRW 45,000	-	-	KRW 10,000	USD 16	
MSC Mediterranean Shipping Compan... 발효일 2021-01-25 환적 N COC / / 40´ft 일반화물	USD 3,850	-	-	-	-	KRW 180,000	-	KRW 50,000	-	-	KRW 100,000		

자료: https://www.tradlinx.com/container-freight-rate-tariff

제5장

해운정책과 무역규칙

5. 해운정책과 무역규칙

5.1 해운정책 개념

5.1.1 해운정책의 의의

정책(policy)이란 일정한 목적을 달성하기 위하여 사용되는 모든 수단의 효율적인 선택을 의미하기 때문에 일정한 목적의 달성을 위하여 노력하는 개인, 기업, 노동조합, 기업단체, 지역단체, 국가, 및 국제기구 등이 정책의 주체가 될 수 있다. 그러나 개인과 기업의 정책은 사적 이익을 추구하기 때문에 경영정책으로 말할 수 있으며, 노동조합, 기업단체, 지역단체 등이 구성원들의 이익을 위하여 추구하는 집단적 정책은 국가 전체적 측면에서 볼 때 부분적인 특수성을 가지며 국가전체적인 보편성을 가지고 있다고는 말할 수 없다. 이렇듯 개별적, 부분적, 혹은 특수한 이익을 추구하는 행동에 숨어있는 객관성을 살피고, 이것을 국가가 책정하는 정책에 포섭시켜서 보편화하는 것이 국가정책의 입장이다. 즉 전체 사회적 모순에서 시작되어서 이것을 극복하는 단계로서 국가에 의해 발동되는 시책이 '국가정책'이다. 그리고 우리가 일반적으로 "정책"이라고 말하는 경우에는 이러한 국가가 주체가 되는 정책을 가리킨다.[78] 오늘날에는 정당을 비롯하여 노동조합이나 경영자단체 및 개인의 정책이라도 그 내용과 성질이 공공적인 것이라면 공공정책(public policy)이라 부른다.

해운정책은 국가에서 실시하는 경제정책의 한 요소이며, 국가의 교통정책의 일부분이며, 또한 국가가 국민경제와 국제해운시장측면에서 자국상선대의 지위에 영향력을 행사하는 경제적·법적·행정적 조치로 정의할 수 있으며 정책의 주체인 국가가 주요 객체인 자국 해운업에 대하여 행하는 시책으로 정의할 수 있다.[79]

해운정책은 경제정책과 사회정책의 개념을 초월한 국가정책의 범주 내에서 해운업이라는 하나의 산업성과를 최적수준으로 달성하고자 취하는 시책의 체계이다.[80] 해운정책의 기조는 자국의 해운성장의 기준에 입각하여 자국해운업에 대한 해운정책이 생성된다. 이것은 결과적으로 자국해운업의 국제 경쟁력과 성장이라는 목표달성을 위하여 해운산업 환경변화를

---

78) 織田政夫 (1979), 『海運政策論』, 東京: 成山堂書店, pp.133-134.
79) 佐波宣平 (1949), 『海運理論體系』, 東京: 有斐閣, pp.49-50.
80) 織田政夫 (1975), 『海運経済論』, 東京: 成山堂書店, p.156.

파악하고 이에 대응하는 것이다.

해운산업의 실태와 해당 산업에 대한 국민경제적 기대의 격차가 커지면 이것을 극복하려는 정책관념이 양성된다. 그리고 이 모순상태가 국가적으로 참을 수 없는 수준으로까지 확대되면 이 정책관념은 구체적으로 정책목적으로 승화하고 그 모순을 배제하기 위한 수단으로서 정책이 도입된다.[81] 이러한 배경 하에 발동된 일국의 해운정책은 본래 자국 해운업이 국제시장에서 경쟁력과 성장을 유지할 수 있게 하기 위해 국내외의 환경기반을 정비하는 것을 주요한 실천목표로 한다. 자국 상선대의 육성, 확충 또는 유지, 해운업의 경영안정 혹은 국제경쟁력의 강화 또는 유지 등은 해운정책 체계 가운데 실천목표이지 정책목적은 아니다.

Sturmey(1975)는 해운정책의 목적을 다음과 같이 정의하고 있다.[82]

① 침략을 포함한 국방목적을 위할 해운업의 장려와 보호

② 당사국이 아니라도 전쟁에 개입됨으로써 일어나는 국민경제의 파탄을 회피하기 위해 주요물자를 자국선으로 운송할 수 있는 자국해운의 확립

③ 국위선양

④ 유치 해운업(infant shipping industry)의 육성

⑤ 외국 특히 식민지와의 무역 촉진

⑥ 외화의 절약

⑦ 자국선원을 위한 고용기회의 창출

⑧ 치열한 경쟁으로부터 자국해운의 보호

⑨ 해운동맹 등이 행하는 차별적 관행에 대한 대응

⑩ 자국해운의 질적개선과 경쟁력 강화

⑪ 경제정책의 목적에서 의도적으로 높게 설정된 환율 혹은 타산업을 보호함으로써 자국 선주와 해운업이 입는 손실 보상

①과 ③을 제외한 나머지 것들은 국민소득의 향상, 고용기회의 창출, 국제수지의 개선 및 경제적 안정이라는 경제적인 목적과 관련되어 있다. 이러한 일련의 목적을 달성하기 위해 개발도상국 뿐만 아니라 많은 선진국들은 해운보호주의를 채택하고 있다.

해운보호주의란 자국 해운업을 대외경쟁으로부터 보호하는 것을 목적으로 하는 정책이라고 간단히 말할 수 있다.[83]

해운정책 수립에 있어 자국의 해운이 요람기, 발전확장기, 구조변혁기, 불황기 및 쇠퇴기

---

81) 織田政夫 (1979), 『便宜置籍船と世界海運市場』, 東京: 敎育社, p.118.

82) S. G. Sturmey (1975), A consideration of the ends and means of national shipping policies. In: Shipping Economics London, UK: Palgrave Macmillan, pp.176-202.

83) Ignacy Chrzanowski (1985), Introduction to Shipping Economics, London, UK: Fairplay, p.116.

중 어느 단계에 있는가를 파악하는 것이 선행되어야 한다. 주요 해운성장의 지표로는 선복보유량, 운항선복량, 수출화물 및 운임수입, 톤·마일, 영업이익, 부가가치 등이 있다. 우리나라는 국적개념을 중심으로 선복의 보유량 또는 국적선의 적취량을 성장지표로 활용하여 왔다.

〈표 5-1〉 해운성장 측정의 기준

구분	내용
선복보유량	· 일국이 보유한 선복량을 기준으로 함 · 전통적이고 통상적임 · 잠재적인 군사력, 국제수지 개선에 대한 기준으로 간주되었음
운항선복량	· 편의치적선, 국적취득조건부 나용선에 따른 지배선복의 중요성이 강조됨
수출화물 및 운임수입	· 운송화물량을 고려할 수 있으나 운임수입에 중점을 두게 됨
톤·마일	· 해운수요는 해상무역량과 수송거리에 의해 결정될 수 있음 · 무역량과 수송거리에 따른 선복량의 결정
영업이익	· 해운산업의 성장보다는 해운기업의 영업이익에 중점을 둠
부가가치	· 일반적인 기업경영방식에 활용되나 부가가치 계산의 어려움으로 인하여 해운에서는 다루고 있지 않음 · 해운부가가치: 운항이익, 국내선주가 국내조선소에서 건조한 경우, 해운산업이 관련산업에 미친 파급효과

자료: 박명섭 (2016), 『국제물류의 이해』, 제4판, 서울: 법문사.

5.1.2 해운정책의 제유형

5.1.2.1 해운정책의 대상과 체계

해운정책을 펼치기 위해서는 여러 가지 유형이 존재한다. 막연히 해운정책이라고 할 때 그 대상이 "해상운송"이라고 하는 "현상"인가 아니면 "해운기업"이라고 하는 "산업"인가 하는 문제에 부딪힐 수 있다.[84] 만약 해운정책의 대상이 해운기업이라면 자화운송(industrial carrige)은 정책의 대상에서 제외되어야 한다. 해운업이란 해상운송사업에 비하여 그 범위와 폭이 넓고, 해상운송이라는 현상이 아니라 "해운산업"을 대상으로 하고 있음을 나타내고 있다.[85]

해운업의 성장과정에 있어서 펼칠 수 있는 정책을 고려하여야 한다. 해운업의 성장에 따라 육성, 발전, 순환, 구조, 유지 정책을 사용할 수 있다

① 육성 정책: 해운업 요람기에 발동하는 정책으로 장래 발전가능성이 있는 유치산업단계의 해운업이 선진 해운국으로 부터 경쟁과 다양한 환경변화에 자립발전의 힘을 갖추기 위해 도입되는 국가지원체계

---

84) 東海林滋 (1971), 『海運論』, 東京: 成山堂書店, p.259.
85) 이원철 (1985), "해운정책의 국제적 추이와 한국해운정책의 과제", 『해운연구』, 2권, p.126.

② 발전 정책: 확대발전기에 있는 해운업에 도입되는 정책으로 해운업 발전을 저해하는 각종 장벽을 제거하여 지속적인 해운산업 발전을 목표로 함

③ 순환 정책: 해운불황시 도입되는 정책으로 시장의 경기변동 또는 경기순환이라고 불리는 파동현상을 극복하기 위한 정책

④ 구조 정책: 해운업 시장구조의 변화와 시장의 확대변화 등 외부적 압력과 국제경쟁력 약화 등 내부적 압력에 대한 해운업 실태변화에 대응하는 정책

⑤ 유지 정책: 정체 또는 쇠퇴기에 있는 해운업에 대한 정책으로 국제경쟁력의 지속적 하락과 함께 발전가능성이 없을 것으로 예상되는 경우 수행됨

〈그림 5-1〉 해운정책의 체계

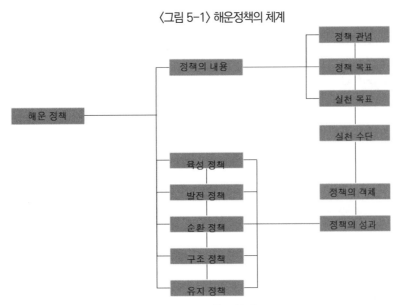

자료: 박명섭 (2016), 『국제물류의 이해』, 제4판, 서울: 법문사.

5.1.2.2 해운정책의 유형

해운정책은 시대와 국가에 따라 그 양상을 달리하지만 그에 대한 유형은 크게 나누어 자유주의 해운정책과 보호주의 해운정책으로 구분할 수도 있다. 해양자유론이란 어느 나라에 의한 해양의 영유나 지배를 부인하고 국제항해의 자유를 확립하는데 목적이 있으며 이러한 의미에 있어서 해양자유의 원칙은 공해자유(Freedom of High Seas)의 원칙으로서 오늘날 이미 확립되었다. 해운자유원칙의 개념에 대해서는 다양한 해석이 있다. 해사용어사전에 의하면 공해상에서는 국적에 관계없이 선박이 항해할 수 있는 자유가 있으므로 각국은 적화의 자유, 항만이용자유가 보장되도록 통상·항해조약을 체결한다. 이러한 자유가 보장되지 않는

경우 대항조치를 취할 수 있다.[86]

해운의 자유(freedom of shipping)는 해양의 자유에서 상기되었다. 해운자유의 원칙은 대체로 선박항행의 자유(freedom of navigation)와 해운거래에 대한 정부의 간섭으로부터의 자유라는 것의 두가지를 의미한다고 해석한다.[87] 知田地平(1978)은 전자는 그런대로 유지되고 있으나 후자의 자유가 제한되려고 하고 있다고 주장한다.

경제협력개발기구(Organisation for Economic Cooperation and Development, OECD)의 경상무역 외래법 자유화 조약에서는 해운의 자유로운 원칙을 위하여 정부개입을 제한하도록 규정한다. 즉, 회원국의 해운정책은 국제교역상 자유롭고 공정한 경쟁에 기초한 해운의 자유를 원칙으로 하여야 하며, 해운거래의 자유는 외환통제조치, 국기차별조치, 자국선 우선협정, 차별적 해운협정조항, 수출입허가제도, 또는 차별적 항만규제나 세금조치 등에 의해 영향을 받아서는 안 된다고 규정하고 있다.[88]

5.1.2.3 역사적 배경

知田地平(1978)에 따르면 해운자유라는 이념은 아주 오래전부터 있었던 것으로 생각된다. 1453년 콘스탄티노플(Constantinople)이 오스만 제국(Ottoman Empire)에서 공략되어 그 손에 들어간 이래 유럽과 아시아의 교통은 두절되었는데 1492년에 크리스토퍼 콜롬버스(Christopher Columbus)가 아메리카 대륙을 발견하고 1498년에 바스쿠 다 가마(Vasco da Gama)가 희망봉(Cape of Good Hope)을 경유 서인도에 도달하자 유럽의 지중해시대는 사라지고 대양항해 시대에 들어갔다. 1493년에 교황 알렉산더 6세(Pope Alexander VI)가 반포한 칙령에 의거하여 1494년에 스페인과 포르투갈은 토르데시야스 조약(Treaty of Tordesillas)을 체결하고 대서양의 중앙을 통과하는 자오선을 경계로 하여 스페인은 서부대서양과 태평양의 영유를 주장하고 포르투갈은 이에 대해서 동부대서양과 인도양의 영유를 주장하였다. 그 후 약 1백여년간 스페인과 포르투갈은 항해와 식민지의 독점을 이루었다.[89]

---

86) 해사용어사전 편찬위원회 (1996), 『해사용어사전』, 서울: 대광서림, pp.75-76.
87) 知田地平 (1978), 『海運産業論』, 東京: 千倉書房, pp.16-17.
88) OECD (2008), Code of Liberalisation of Current Invisible Operations, Paris, France: OECD, p.32.
89) 柴山岡介 (1981), "海運自由の原則と日本海運の立場", 『海運』, 第648號, p.17.

〈그림 6-2〉 토르데시야스 조약의 분계선

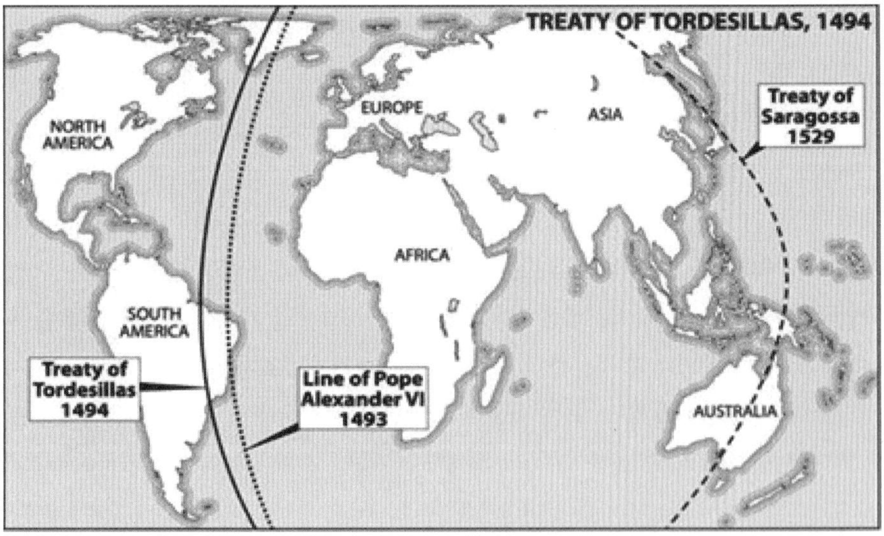

자료: Christopher Lascelles (2012), A Short History of the World, London: Crux Publishing.

이에 대해서 네덜란드는 1602년에 동인도회사를 설립하여 포르투갈과 다투었는데 1604년 네덜란드 동인도회사의 선장이 말라카해협에서 포르투갈 선박 산타 카타리나(Santa Catarina)호를 나포하였다. 당시 동양에 있어서 전면적인 해상주권을 주장하는 포르투갈에 대해서 동인도회사를 변호하고 회사의 소장(21세) 법률고문이었던 휴고 그로티우스(Hugo Grotius)가 제기한 나포법규론(De Jure Praedae Commentarius, 1604)이 바로 해양자유론의 시초였다.90)

1609년 그로티우스에 의해 네덜란드의 입장을 옹호하여 쓰여진 것인 해양자유론(Mare Liberum, 1609)이다. 해양자유론은 13장 66면으로 되어 있는데 휴고 그로티우스는 자연법을 기본으로 항해 및 통상은 누구에게나 자유라는 것을 주장하였다. 이리하여 네덜란드는 동인도회사(Vereenigde Oostindische Compagnie, VOC)에 이어 서인도회사(Geoctroyeerde Westindische Compagnie, GWC) 등을 설립하여 왕성하게 통상항해와 식민지를 획득 경영을 행하여 1600년부터 1650년에 이르는 반세기간은 네덜란드의 전성시대였다.91)

이와 같은 네덜란드의 패권을 구축해야 한다고 반포된 것이 1651년의 올리버 크롬웰(Oliver Cromwell)의 항해조례(Navigation Act 1651)였다. 이후 수정이 가해진 것이 1660년 항해법(Navigation Act 1660)이다. 항해조례는 그 당시 중상주의(mercantilism)시대에 있어서 해운 내셔널리즘(nationalism)의 대표적인 것이라고 할 수 있다. 1849년에야 비로소 2세기에 걸친 이 항해

---

90) 東海林滋 (1973), "発展途上国海運問題の基本的考察", 発展途上国海運問題研究會 偏, 『発展途上国海運研究(總論)』, 東京: 海事産業研究所, p.296.
91) 柴山岡介 (1981), "海運自由の原則と日本海運の立場", 『海運』, 648號, p.17.

조례가 폐지되었다. 이때부터 영국을 중심으로 해운자유의 원칙이라는 이념이 약간의 곡절을 겪으면서 점차로 안정되어 갔다고 볼 수 있다.

5.1.2.4 해운자유의 내용

Zimmermann(1921)은 해운자유(freedom of the seas)의 내용을 다음과 같은 4가지로 나누고 있다.[92]

① 항해에 대한 일반적 자유: 모든 국가의 영역에 선박이 입출항하고 화객의 운송을 행할 수 있는 자유

② 자국선과 동일한 대우: 항만, 묘박지에 있어서 정박, 하역에 관한 대우의 평등

③ 부과금에 대한 자국민(자국선)과 동일한 대우: 톤세(tonnage), 水洗料(harbor pilotage), 등대료(lighthouse), 검역료(quarantine), 기타 기항지에 있어서 공사의 시설이 과징하는 부과금에 대한 외국선과 자국선의 평등대우

④ 국기차별의 금지

한편 東海林滋(1973)의 견해를 보면 해운자유의 제요소를 다음과 같이 설명하고 있다.

① 해양의 자유

해양자유의 개념을 구성하는 제1요소는 말할 필요도 없이 공해(high seas)의 자유이며 공해에 있어서 항행, 어획의 자유를 중심으로 한다. 제2요소는 개항에의 자유로운 출입이다. 여기서 해운통상에의 참입의 자유가 파생한다. 결국 모든 항로에 있어서 어느 국가의 선박도 어느 국가의 화물을 자유롭게 운송할 수 있다. 또한 어느 국가의 하주도 어느 국가의 선박에 그 화물을 자유롭게 탁송할 수 있다.[93]

② 선진해운국이 해운자유를 주장하는 경우 해운시장조직 특히 정기선 동맹에 대한 정부규제의 배제 즉 자유로운 민간의 자주조정(voluntary adjustment)까지도 그 내용으로 한다.

③ 정부보조로부터의 자유[94]

이와 같이 해운자유의 원칙은 공해에 있어서 항행의 자유와 그 연장으로서 상항(Commercial port) 출입의 자유라는 국제관습이 수락되기에 이르러 국제협약이 없더라도 그 영해와 항구

---

92) Erich W. Zimmermann (1921), Zimmermann on Ocean Shipping, New York: Prentice-Hall, pp.10-11.
93) 東海林滋 (1973), "発展途上国海運問題の基本的考察", 日本海運集会所發展途上国海運問題研究會 偏, 『発展途上国海運研究(總論)』, 東京: 海事産業研究所, pp.286-287.
94) 東海林滋 (1973), "発展途上国海運問題の基本的考察", 日本海運集会所發展途上国海運問題研究會 偏, 『発展途上国海運研究(總論)』, 東京: 海事産業研究所, p.288.

를 사실상 상호주의에 입각하여 통항 입항 할 수 있다. 다만 공해상에서는 선박이 게양하고 있는 국기의 소속국, 즉 기국(flag state)의 법적 관할권에 따르게 되어 있다. 이리하여 모든 선박은 어느 한나라의 국적(nationality)을 가지고 있는 바, 선박의 국적을 부여하는 조건은 각 국가의 국내법이 이를 임의로 결정할 수 있다.[95]

이상을 토대로 개념을 정리하면, 해운자유의 원칙은 선박의 항해가 자유인 점에 기초하여 정부의 간섭이 없는 상태에서 자유경쟁과 공개경쟁이 유지되도록 하는 것으로 정의할 수 있다. 이러한 정의를 바탕으로 한 해운자유의 원칙은 적취의 자유, 정치로부터의 자유 및 정부 보조로부터의 자유를 그 내용으로 한다.[96]

① 적취의 자유는 선주의 입장에서는 화물접근의 자유, 화주의 입장에서는 선박선택의 자유를 뜻한다. 이 원칙은 해운서비스의 자유로운 교류를 확보함으로써 자원의 최적배분을 이루고 세계경제 전반에 효율을 제고하려는 이념에 입각한 것이다.[97]

② 일반적으로 해운의 자유라 함은 적취의 자유를 의미하는 것이다. 그런데 정치로부터의 자유는 해운이라는 민간경제활동에 정치적 요소, 즉 적대관계에 있는 국가가 운항하거나 용선하는 자국선박이나 제3국 선박에 대해서까지 제한하는 것에 대항한다는 의미이다.

③ 정부 보조로부터의 자유란 정부에 의한 보조를 배재한 완전자유경쟁을 요구하는 것이다. 하지만 정부가 간섭하지 않는 상태에서 적취의 자유를 주요 내용으로 하는 자유주의 해운정책은 그 중요성이 점점 약화되었는데 그 이유는 정부가 해운업을 지원하지 않는데 연유하고 있다.

이 자유주의 해운정책은 제2차 세계대전 이후 여러 가지 정책에 의해 도전을 받게 되었다. 그 정책들을 살펴보면 다음과 같다.

① 개발도상국의 국기차별정책(Flag Discrimination)이다. 제2차 세계대전 이후 정치적으로 독립한 개발도상국들은 자국해운의 진흥, 국제수지의 개선 등을 목적으로 하여 1960년대 이후 중남미국가, 아시아, 아프리카국가들이 중심이 되어 자국관련 수출입화물의 일정부분을 자국선박에 적화하는 국적차별정책을 채택하였다.[98]

개발도상국들이 채택하고 있는 국기차별정책은주로 화주가 자국선박을 이용하도록 법적으로 의무화하고 있으며, 자국선의 선적을 유리하게하기 위하여 정기선동맹활동을 규제하며, 자국선과 외국선을 차별적으로 대우하며, 외국선이 집화활동을 제한한다.

95) 김정균 (1981), 『국제법』, 서울: 형설출판사, p.254.
96) 寺島潔 (1967), "海運自由の原則の再評価", 『海運』, Vol. 475, 4月, pp.6-8.
97) 高利正夫 (1981), "海運自由への挑戰と海洋の自由", 『海事産業硏究所報』, Vol.185, pp.9-10.
98) 日本運輸省海運局 (1982), 『日本海運の現況』, 東京: 財團法人日本海事廣報協会, p.28.

② 정기선동맹 행동규범협약이다. 정기선분야에 있어서는, 1875년 영국-캘커타항로에 해운기업 간 국제카르텔(International Cartel)인 정기선동맹(Liner Conference)이 최초로 결성된 이래 전통적으로 정기선동맹에 대한 정부의 간섭은 없었다.99) 하지만 개발도상국들은 화주국가로서 뿐만 아니라 자국해운을 육성하기 위한 입장에서 정기선동맹을 비판하였다. 그래서 개발도상국들은 유엔무역개발회의(United Nations Conference on Trade and Development; UNCTAD)를 장으로 하여 선진국중심의 정기선동맹 행동을 비판하였다. 그 결과 1974년 4월 정기선동맹행동규범협약(United Nations Convention on a Code of Conduct for Liner Conferences)을 채택하게 되었다.100) 본 협약은 1983년 4월 발효요건이 충족되어 1983년 10월부터 발효되었는데 이로써 해운자유의 원칙 중 정기선동맹활동의 자유에 제약이 가해지게 되었다.

개발도상국의 국기차별정책, 유엔정기선동맹행동규범협약 등으로 인하여 자유주의 해운정책을 추구하는 정책결정기구의 자국해운업에 대한 태도가 3가지의 상이한 형태로 변하였다.

① 외국인 소유선박이 자국국기를 게양하고 운항하는 것을 허용하는 형태로서 정책결정기구의 간섭이 없는 형태이다.

② 모든 해운활동이 민간 기업에 의해 결정되고 정책결정기구는 금융지원이나 세제지원 등 간접보조에만 간섭하는 형태이다.

③ 국제적 해운활동에는 자유경쟁을 추구하면서 무역보호정책을 제외한 보조정책에는 정책결정기구가 간섭하는 형태이다.101)

해운정책의 또 다른 유형으로는 보호주의 해운정책이다.

보호주의 해운정책은 외부의 경쟁으로부터 자국해운업을 보호하기 위하여 채택하는 규제정책이나 보조정책을 말한다. 자국해운업을 대상으로 하는 보호주의 해운정책은 경제적 목적뿐만 아니라 사회적 목적이나 정치적 목적 또는 군사적 목적 등 비경제적목적으로부터도 도입된다. 보호주의 해운정책은 크게 국기차별정책과 보조정책으로 구분된다. 국기차별정책이 주로 개발도상국에서 채택하는 정책인 반면, 보조정책은 선진 해운국가에서 주로 채택하는 정책이다.

국기차별정책(Flag Discrimination)이란 자국의 국기를 단 국적선박에 대해서는 항내에서의 우

---

99) Amos Herman (1983), Shipping Conference:The Legal Framework and Operation of Shipping Conferences, London, UK: Lloyd's of London Press, p.8.
100) UNCTAD (1975), United Nations Conference of Plenipotentiaries on a Code of Conduct for Liner Conferences Vol.2, Geneva, Switzerland: United Nations Publication, p.6.
101) Ignacy Chrzanowski (1985), An Introduction to Shipping Economics, London, UK: Fairplay Publication, p.114.

대, 화물유보, 외환관리에 있어서의 우대, 연안무역의 제한을 의미한다.102) 국기차별정책은 일반적으로 자국화 자국선 정책으로 일컬어지며 법령·조약·행정적조치 등에 의해 외국적 선에 비해 자국선박에 유리한 대우를 하는 것으로 화물유통에 통제를 가하는 차별과 외국선 박의 사용에 대한 차별조치의 두 가지로 구분할 수 있다.103)

화물유통에 통제를 가하는 차별에는 무역화물의 일정비율을 자국선박에 적취하도록 하는 방법, 국가 간 통상협정에 제한조항을 제정하여 자국선박에 화물을 유보하는 방법, 정부 혹은 중앙은행의 지시에 의해 특정화물을 자국선박에 유도하는 방법, 수출입 조건에 CIF수출 혹은 FOB수입을 의무화하는 방법, 선박지정은 화주에게 자유를 보장하지만 운임 지불 시에는 자국의 화폐로만 지불하게 하는 방법, 수입업자에게 국가기관이 압력을 행사하는 방법이 있다.104)

외국선박의 사용에 대한 차별조치에는 선박의 입출항관련 편의차별, 특정화물을 외국적 선박에 적취한 경우 고율의 수입관세를 부과하는 차별, 외국선박을 통해 수입한 화물에 대해 높은 환전수수료를 부과하는 차별, 외국선박의 입항 수속 시 영사수속을 지연시키는 차별이 있다.

보조정책이란 특히 보조금을 일컫는다. 보조금이란 일국의 정부가 특정의 경제적 목표를 달성할 목적으로 행한 지급(Payment), 부과금의 경감(Remission of Charge), 비용(Cost) 또는 시장가격 이하의 상품 또는 서비스의 공급행위를 말한다. 또는 대부분의 경우에 일반시장에 공급되는 상품 또는 서비스에 만약 지급 또는 납부금의 경감이 없었을 경우에는 보다 높은 가격으로 공급될 것이라고 덧붙일 수 있다.105) 보조금은 다시 직접보조와 간접보조로 나눌 수 있다.

직접보조제도에는 운항보조금제도와 선박건조보조금이 있는데 운항보조금제도(Operating Subsidy)에는 정기선에 대한 항로보조금제도와 부정기성에 대한 항로보조금제도가 있으며, 일반적으로 자국선의 경쟁력 강화에 그 목적을 두고 있다.106)

정기선의 항로보조금제도에는 일반적으로 채산성이 떨어지는 항로에 대하여 공익상의 목적으로 운항을 장려하기 위하여 시행하는 것으로서 통상적으로 이도 항로에 운항하는 여객선 등이 이에 해당한다.

한편 선박건조보조금제도(Construction Subsidy)에는 건조차액보조, 조선 장려금, 선질 개선보

---

102) 박명섭 (2003), 『국제물류의 이해』, 서울: 두남, pp.105-106.
103) 遠藤尙彌 (1980), "開發途上國による國旗差別政策",『船協海運年報』, p.70.
104) 이원철 (1988), "해운정책 전환을 위한 기본과제",『해운학회지』, 7권, pp.33-34.
105) 이기동·이문봉·최상철·구문모 (1987), 『보조금관행과 국제무역』, 서울: 산업연구원, pp.4-5.
106) 이원철 (1984), "미국의 화물우선적취정책에 관한 일고찰",『해운학회지』, 1권, pp.76-105.

조가 있다.

건조차액보조(Construction Differential Subsidy)는 자국조선업의 선박건조비용이 높아서 외국조선업과 경쟁하기 어렵지만 자국의 해운회사가 자국 조선소를 이용하여 선박을 건조한 경우, 자국조선소와 외국조선소의 건조가격차액의 일부 혹은 전부를 보조하는 제도로써 자국의 해운업 및 조선업을 보호·육성하는 정책이다.107)

조선 장려금(Investment Grants)은 자국해운을 보호하기 위하여 조선비용의 차액에 관계없이 선가의 일부를 보조금으로 교부하는 제도이다.

선질 개선보조(Modernization Subsidy/Scrap and Build Subsidy)는 노후화된 선박과 경쟁력이 약한 선박을 폐선 시키고 일정한 기준 이상의 우수선박에 대하여 건조비의 일부를 보조금으로 지급하는 것이다.108) 이런 형태의 보조금은 선박이 운항되지 않아 낡아서 화물수송에 대한 충분한 경쟁력을 발휘할 수 없을 때 이용하지만 일부 국가에서는 이 보조금을 해운기업의 소유선박 질을 높여주기 위한 기준으로 이용하고 있다.

간접보조에는 금융보조와 세제지원이 있다.

금융보조 중 재정자금의 저리융자(Loan Subsidy)는 신조선건조, 중고선 구입 또는 선박개선에 필요한 자금을 재정자금으로 해운업자에게 저리로 융자해 준주는 제도로서 금융보조 가운데 가장 효과적으로 많은 나라에서 채택하고 있다.

이자보조(Interest Subsidy)는 해운금융을 촉진시키기 위하여 정부가 민간금융기간을 보조해 주는 방법이다.

세제지원 중 하나는 감가상각(Depreciation)이다. 선박은 시간의 경과와 운항거리에 비례하여 그 가치와 기능이 점차 감소하는데 이 가치의 감소를 측정, 평가하여 선박가격에 차감하는 절차를 선박의 감가상각(Depreciation of Vessel)이라고 한다.109)

또 다른 세제지원 보조방법 중 하나는 조세감면이다. 해운기업에 대한 조세감면은 금융보조와 비슷한 효과를 갖는데, 그 방법은 과세공제, 준비금의 면세 및 관세감면(Customs Exemption) 등이 있다.

---

107) 佐波宣平 (1949), 『海運理論體系』, 東京: 有斐閣, pp.270-271.
108) 김정회 (1992), "해운정책의 두 가지조류", 『국제상학』, 6권, p.100.
109) 이희준 (1990), 『해운회계론』, 서울: 법문사, pp.204-205.

5.2.1 해운보호정책의 배경

일국 내에서가 아닌 국제적인 관점에서 해운정책은 보호정책과 자유정책으로 구분된다. 역사적으로 거의 대부분의 나라들이 가시적 혹은 비가시적으로 해운보호정책을 채택해 왔다.

과거 해운보호정책은 외국선에 대한 차별이 기조를 이루고 있었다. 최초의 국기차별은 특별세를 과징하는 운항차별의 형태를 취했다.[110] 국기차별이 절정에 달했던 것은 크롬웰 (Oliver Cromwell)의 항해조례(Navigation Acts)이었다. 식민지에서의 중상주의(mercantilism)를 강화하기 위해 잉글랜드 의회가 1651년부터 1673년까지 아홉 차례에 걸쳐 개정하고, 보강한 것으로서 잉글랜드의 무역을 잉글랜드의 선박으로 한정시켰으며 보호무역주의의 형태를 만들게 되었다.[111]

해운보호정책이 널리 사용되고 정책 수단이 다양화 한 것은 철기선 시대, 즉 현대 해운업의 성립 이후의 일이었다. 이시기 이후 해운의 경쟁은 전세계적 규모로 펼쳐지는 것과 함께 해운강화의 추세가 대두되었기 때문에 국제경쟁력이 뒤떨어진 자국 해운업을 원하는 수준으로 유지·확대하기 위한 정책에 의존 할 수밖에 없었다. 처음에는 국기 차별 정책이 채택되었지만 다른 나라의 보복을 피하기 위해 보조정책, 그것도 특정 선박이나 특정 항로를 대상으로 한 것으로부터 저리의 조선 자금의 공급과 세제상의 우대 조치 등으로 옮겨 갔다.

다만 미국의 경우에는 해운업의 국제경쟁력보다는 안보적 차원에서 해운을 유지하고 있다. 운송안보 차원에서 해운을 유지하고 있는데 오래 전부터 정부 물자의 일정 비율을 자국 선박에 유보하고 다른 한편으로 조선 비용 차액 보조금이나 중요한 항로에 취항하는 자국 선박에 대한 운항 비용 차액 보조금을 지급하고 있다.

1849년 항해조례 폐지 이후 정책기조가 보조금으로 변화되었지만, 1차 세계대전 이후 일국의 해운보호정책이 보조금과 화물유보가 공존하게 되었다. 2차 세계대전 이후에는 전통 해운국이 국기차별을 버리고 보조금을 기조로 하는 보호정책을 전개한 것에 대해 개발도상국은 국기차별을 채택하는 형태로 양자가 공존해 왔다.

---

110) Flanklin에 의하면 아라곤 국왕 제임스 1세에 의해 1227년 바르셀로나에서 행해진 포고가 최초의 것이다. 그 포고는 이탈리아 여러 도시에서 자국의 해운과 무역을 보호하기 위해 이집트와 바르셀로나 간의 무역에 대해 바르셀로나의 선박을 이용할 수 있었음에도 불구하고 외국선박을 이용할 경우 금화 1,000 장의 벌금을 과징하는 것을 내용으로 하고 있다. 박명섭 (1988), "해운정책과 해운보조금에 대한 소고", 『해양한국』, 1988권 2호, p.56.

111) J. I. Israel (1997), "England's Mercantilist Response to Dutch World Trade Primacy, 1647-74", in: Conflicts of Empires. Spain, the Low Countries and the struggle for world supremacy 1585-1713. London, UK: Hambledon Press, pp.305-318.

해운보호정책은 해운시장이 심각한 불황에 진입할 때마다 확대 추세를 걷고 있다. 1930년대의 불황과 1960년대부터 시작된 선박기술혁신의 진전을 요인으로 하는 해운 시장의 장기불황시마다 해운보호정책은 확대되어 왔다.

1960년대 중반 경부터 새로운 자국 해운의 보호주의가 대두했다. "해운의 남북문제"라고 총칭되는 선진국과 개발도상국간의 해운에 대한 문제였다. 개발도상국이 UNCTAD(유엔무역개발회의)에서 자국 해운의 육성을 위해 자국 출입화물 운송의 일정 비율을 자국 선박에 유보하는 것을 국제 조약으로 인정을 주장하였다. 이러한 개발도상국의 주장은 과거에는 가장 강한 해운 보호정책으로 비난 받아왔지만, 국기차별을 공식적으로 도입하려고 한 점에서 의의가 있다. 뿐만 아니라 현대 해운의 성립 이후에 세계 해운의 운영 질서를 지탱하고 있는 부동의 원칙인 해운 시장에서 정부 개입을 배제하고 기업의 자유에 맡긴다는 "해운 자유의 원칙"을 부정하고 시장 질서를 근본적으로 변화시키는 점에서 의의가 있었다.

UNCTAD의 논의는 먼저 정기선 동맹을 대상으로 시작되어 초다국간협정이라고 할 수 있는 국제연합 정기선동맹 행동헌장 조약(Convention on a Code of Conduct for Liner Conferences, 1974)이 발효되었다.

개발도상국은 UNCTAD에서 벌크화물 분야에도 화물 공유(Cargo Sharing)의 도입을 주장하고 있는데 중동 산유국 중심으로 제기되고 있다. 또한 개발도상국은 편의치적선(便宜置籍船)이 선진해운 국가의 경쟁력을 강화하고 개발도상국의 해운 발전을 저해하고 있다고 그 배제를 주장하기 시작했다.

이상과 같은 움직임에 의해 세계 해운은 크게 변화하려고 한다. 해운보호정책의 결과는 일시적으로 유효하지만 부정적 영향을 미친다. 우선적으로 비교우위에 입각한 해운의 국제 분업을 왜곡하게 된다. 또한 세계 각국의 자국 해운산업보호 정책으로 인하여 해운수요를 초과하는 과도한 선복량을 확보하게 되면 운임하락 등의 과잉경쟁으로 인해 해운기업의 수익률이 저하되는 상황에 노출된다. 이러한 상황은 결과적으로 해운불황을 야기하게 되고 불황에서 벗어나기 위해서 또 다시 해운보호정책을 도입하게 되는 과정이 반복된다.

5.2.2 해운보호정책의 수단

해운정책은 일반적으로 정부가 행정상의 규제, 지원을 이용하여 해운기업의 경영에 간여하는 형식으로 수행된다. 간여의 목적은 해운질서의 유지 및 해운산업의 건전한 발전에 관한 것이 대부분이다.

해운 보호 정책 수단으로는 다음과 같은 것이 있다.

① 항로 독점

일명 카보타지(Cabotage)로서 자국의 연안 항로와 식민지 항로 등을 자국 해운업에 독점시키는 정책이다.

② 국기차별정책(Flag Discrimination Policy)

차별적인 톤세를 적용하여 외국적 선박에 비해 자국 선박에 유리한 조건을 제공하는 제반 조치와 자국의 수출입 물품의 운송을 자국 선박에 우선적으로 인정 하는 자국선박주의 내지는 자국선박우선주의 등이 해당된다. 자국선박우선주의의 전형은 자국 화물의 일정비율을 자국 선박에 유보하는 화물 유보 정책(Cargo Reservation)으로 Cargo Sharing(화물적재비율, 貨物積載比率)112)도 그 일종이다.

③ 각종 보조금 지급

선박 건조에 대한 조선 보조금 특정 항로의 취항에 대한 항로 보조금 우편물의 운송 인수에 대한 우편 보조금 등이 있다.

④ 세제지원

조선 자금(종종 저리의) 공급, 이자 감면, 감가상각 및 과세 우대가 해당된다. 高村忠也(1951)는 해운정책의 방법으로 자국의 수출입화물을 자국선박에 우선적으로 적취시키는 차별적 정책인 국기차별정책과 세제·금융상으로 지원하는 해운보조 정책으로 나누고 있다.113)

박명섭(1988)은 선행연구 등을 토대로 해운보호정책의 수단을 보조금과 국기차별 또는 우선적취제 및 자국선의 참여 확보를 위한 정부에 의한 동맹 개입 등 크게 3가지로 나누고 있다.114)

첫째 보조금이다.

① 선박 건조, 도입, 개조를 위한 직접보조
② 운항비에 대한 직접보조
③ 기간보조: 저리 또는 무이자 융자, 조속한 감가상각, 법인세의 면제 및 세제상의 특정 (항비, 도선료, 운하통항료 등의 환급)
④ 우편수송보조
⑤ 정부물자를 수송하는 자국선에 대한 할증운임 지급

---

112) 한 나라의 수출입 화물 중에서 그 나라의 국적선이 실어나르는 비율을 말하며 Trade Sharing이라고도 한다.
113) 高村忠也 (1951), "海運政策に關する若干の考察", 『海運』, 281號, pp.6-12.
114) 박명섭 (1988), "해운정책과 해운보조금에 대한 소고", 『해양한국』, 1988권 2호, p.57.

둘째, 국기차별 혹은 우선적취이다.

① 항내에서의 우대

② 화물의 차별

③ 외환관리에 있어서 우대

④ 연안무역의 제한

셋째, 운송 수요(Needs) 혹은 과잉선복의 존재를 무시하면서 자국선의 참여 확보를 위해 정부가 해운동맹에 개입하는 것이다.

상기의 해운보호정책 수단 가운데 가장 많이 이용되는 해운조성 수단은 보조금과 국기차별이다. 보조금의 교부는 경제적으로 풍부한 나라에서만 가능하다. 경제적 여건이 어려운 국가는 국기차별에 의존한다. 하지만 그것은 상대국의 보복을 초래하기 쉬우므로 결과적으로 보조금보다도 치르는 대가가 고액이라는 것을 과거의 역사를 보아서도 알 수 있다. 따라서 국기차별은 해운조성의 목적을 달성하기 위한 최적 수단이라고 볼 수 없다.

5.2.2.1 국기차별정책

국기차별정책(Flag Discrimination)은 일반적으로 자국화 자국선 정책으로 일컬어지며 법령·조약·행정적 조치 등에 의해 외국적선에 비해 자국선에 유리한 대우를 하는 것으로 화물유통에 통제를 가하는 차별과 외국선박의 사용에 대한 차별조치의 2가지로 구분할 수 있다.115)

화물유통에 통제를 가하는 차별의 방법은 다음과 같다.

① 법률에 의해서 특정한 무역화물의 전부 혹은 일정비율을 자국선에 적취하도록 하는 방법

② 2국간의 통상협정에 제한조항을 제정하여 자국선박에 화물을 유보하는 방법

③ 정부 혹은 중앙은행의 지시에 의해 특정화물 즉, 정부조달화물 등을 자국선에 유도하는 방법

④ 무역조건상 혹은 수출입 조건에 CIF 수출 및 FOB 수입을 의무화하는 방법

⑤ 선박지정에 대해서는 화주에게 자유를 보장하나 운임지불시에는 자국의 화폐로만 지불하게 하는 방법

⑥ 수입업자에게 국가기관이 압력을 행사하는 방법이 있다.

외국선박의 사용에 대한 차별조치의 방법은 다음과 같다.

---

115) 遠藤尙彌 (1980), "開發途上國による國旗差別政策", 『船協海運年報』, p.70

① 선박의 입출항과 관련하여 편의에 차별을 두는 방법이 있다. 즉, 톤세, 입항료, 등대료, 도선료, 항로사용료, 자국선박의 우선입항권, 등에 차별을 두는 방법이다.

② 특정화물을 외국선박에 선적하는 경우, 자국선박의 이용시보다 고율의 수입관세를 부과하는 방법이다.

③ 외국선박을 통해 수입되는 화물에 대하여 환전 수수료를 높게 부과하는 방법이다.

④ 외국선박의 입항시에 영사수속을 지연시키는 방법이 있다.

즉, 자국화 자국선 주의와 국기차별에는 여러 가지 방법이 있으며 그중 대표적인 방법으로는 특정한 화물에 대하여 자국선을 우선적으로 적취시키는 화물유보제도가 있으며, 국기차별정책을 실시중이거나 실시했던 국가로는 미국, 남미와 중동의 국가, 구공산권 국가, 스페인, 프랑스, 포르투갈, 튀르키예, 우리나라 등이 있다.

국기차별정책은 외국선박의 국내해운시장에의 참입을 방지하여 자국상선대를 조성할 목적으로 시행되는 것으로 수입금지 혹은 관세에 의해 국내생산물의 보호를 지향하는 무역정책과 유사한 점이 있다.

5.2.2.2 화물유보

자국 무역수송량의 특정 쿼터 혹은 전부를 자국선에 선적하기 위해 정부가 일방적으로 취하는 정책수단인 화물유보는 국기차별정책(Flag Discrimination)의 대표적 방법이다. 선진해운국을 중심으로 다수의 해운보조 수단들이 화물유보로 대체되어 왔다.

화물유보 정책에 따른 결과는 다음과 같이 영향을 미치게 된다.

① 고비용의 피보호선대에 화물점유율이 증가된다.

② 제3국적선이 경쟁우위를 가진다고 하더라도 교역국에 속하지 않은 해운선사의 진입이 배제된다.

③ 해운서비스 공급자는 비효율적이고 고비용의 공급자로 대체된다.

④ 화물의 흐름을 저해하게 된다.

⑤ 부정기선의 효율적인 선박운항이 어렵게 된다.

⑥ 선주는 외국으로부터의 경쟁에서 보호받으나 하주는 선박선택권이 박탈되므로 저질의 고비용 해운서비스를 강제적으로 이용하게 된다.

화물유보 정책은 화물의 흐름자체에 영향을 미치게 되며 해운서비스의 수요와 공급 모두에 영향을 미치게 되어 국가간에 마찰을 일으킬 수 있는 소지가 있다. 하지만 화물유보 정책은 국제연합 정기선동맹 행동헌장 조약(Convention on a Code of Conduct for Liner Conferences,

1974) 등을 통해 2국간 혹은 다자간 협정의 채택에 의해 유지되고 있다. 협약에 의해 법적구속력이 있는 화물유보는 수입화물, 수출화물, 전체화물에 적용될 수 있다. 특히 자국선에 대한 100%화물유보는 연안해운에서 범세계적으로 적용되고 있는데 이것을 카보타지(Cabotage)라고 한다.

〈표 5-2〉 한국 수출입 해상물동량의 국적선 수송 추이(환적포함)

(단위: 1,000R/T)

연도	수출		수입		국적선		외국선	
	국적선(A)	외국선(B)	국적선(C)	외국선(D)	=A+C	비중	=B+D	비중
1985	13,785	18,114	49,015	52,097	62,800	47.2%	70,211	52.8%
1986	16,246	25,520	52,536	59,522	68,782	44.7%	85,042	55.3%
1987	18,018	33,208	53,031	73,751	71,049	39.9%	106,959	60.1%
1988	19,253	35,047	55,903	88,286	75,156	37.9%	123,333	62.1%
1989	18,616	32,300	61,589	91,396	80,205	39.3%	123,696	60.7%
1990	16,968	30,537	71,009	101,268	87,977	40.0%	131,805	60.0%
1991	16,919	35,507	73,114	137,432	90,033	34.2%	172,939	65.8%
1992	15,392	47,460	74,615	148,106	90,007	31.5%	195,566	68.5%
1993	16,946	54,299	75,236	170,391	92,182	29.1%	224,690	70.9%
1994	17,613	58,481	76,164	201,170	93,777	26.5%	259,651	73.5%
1995	17,788	70,625	77,348	238,663	95,136	23.5%	309,288	76.5%
1996	19,389	79,504	78,783	263,444	98,172	22.3%	342,948	77.7%
1997	20,571	94,263	68,267	301,929	88,838	18.3%	396,192	81.7%
1998	28,123	113,197	75,632	257,800	103,755	21.9%	370,997	78.1%
1999	23,320	123,985	73,888	310,991	97,208	18.3%	434,976	81.7%
2000	25,074	125,704	76,259	342,562	101,333	17.8%	468,266	82.2%
2001	29,888	147,677	82,656	350,689	112,544	18.4%	498,366	81.6%
2002	29,671	146,127	93,050	366,696	122,721	19.3%	512,823	80.7%
2003	31,030	163,595	87,846	385,137	118,876	17.8%	548,732	82.2%
2004	38,668	193,003	88,831	412,874	127,499	17.4%	605,877	82.6%
2005	40,164	202,327	98,726	413,719	138,890	18.4%	616,046	81.6%
2006	41,972	221,931	104,524	441,404	146,496	18.1%	663,335	81.9%
2007	44,700	241,323	102,502	473,999	147,202	17.1%	715,322	82.9%
2008	42,373	250,703	109,275	492,342	151,648	16.9%	743,045	83.1%
2009	41,171	241,046	103,909	462,173	145,080	17.1%	703,219	82.9%
2010	40,020	279,133	105,633	541,408	145,653	15.1%	820,541	84.9%
2011	47,599	318,213	106,850	596,904	154,449	14.4%	915,117	85.6%
2012	45,088	339,053	87,833	636,564	132,921	12.0%	975,617	88.0%
2013	47,344	340,007	83,870	651,983	131,214	11.7%	991,990	88.3%
2014	48,297	359,720	88,483	688,140	136,780	11.5%	1,047,860	88.5%
2015	48,812	368,500	83,960	715,510	132,772	10.9%	1,084,010	89.1%
2016	52,202	370,060	82,341	422,262	134,543	10.8%	792,322	85.5%
2017	54,187	397,938	87,774	452,125	141,961	10.8%	850,063	85.7%

자료: 한국해양수산개발원 (2018), 『2018 해운통계요람』, https://www.kmi.re.kr/

〈표 5-2〉와 같이 우리나라의 수출입 화물에 대한 국적선 수송비중을 보면 1985년에는 국적선으로는 62,800천R/T를 운송하여 47.2%의 운송비중을 담당한 반면에 외국적선으로는 70,211천R/T를 운송하여 52.8%를 차지하였다. 그러나 국적선에 의한 운송 비중은 날로 떨어지고 있으며 2017년에는 국적선에 의한 운송이 141,961천R/T로 수출입해상운송 전체물량의 겨우 10.8%에 불과하며 이에 비하여 외국선으로는 850,063천R/T로 수출입해상운송 전체물량의 85.7%를 운송하고 있다.116)

2017년을 기준으로 우리나라 해상물동량의 입출항된 항로를 살펴보면 주요한 항로는 아시아항로이다. 중국의 극동아시아 항로와 일본항로가 가장 많은 물동량을 보이고 있다. 국적선의 경우에는 극동아시아, 일본, 동남아시아, 대양주, 북미주 순으로 물동량을 보이고 있는 반면에 외국선은 극동아시아, 중동, 동남아시아, 대양주, 북미주 순으로 물동량을 보이고 있다. 이것은 한국적 선박의 경우에는 한국을 중심으로 항로가 설정되어 항로의 기종착이 한국인 반면에 외국선의 경우에는 자신들이 항로에 따라 한국에 기항하기 때문이다. 이것은 일본항로를 보면 명확히 알 수 있는데 대일항로에서의 한국선박의 집중도가 아주 높은 상황이다.

〈표 5-3〉 우리나라 지역별 해상수출입물동량 추이(2017년)

(단위: 1,000R/T)

항로	입항		출항		국적선		외국선	
	국적선(A)	외국선(B)	국적선(C)	외국선(D)	=A+C	점유율	=B+D	점유율
일본	15,727	29,016	17,764	26,788	33,491	23.6%	55,804	4.8%
극동아시아	34,947	164,557	24,105	103,178	59,052	41.6%	267,735	22.9%
동남아시아	19,293	92,302	8,592	73,766	27,885	19.6%	166,068	14.2%
서남아시아	219	9,098	262	9,506	481	0.3%	18,604	1.6%
중동	240	176,273	334	23,827	574	0.4%	200,100	17.1%
유럽	727	41,142	264	35,664	991	0.7%	76,806	6.6%
아프리카	1,831	23,782	113	6,069	1,944	1.4%	29,851	2.6%
북미주	1,995	69,122	1,380	70,206	3,375	2.4%	139,328	11.9%
중미	8	9,546	389	15,811	397	0.3%	25,357	2.2%
남미	830	31,942	335	14,718	1,165	0.8%	46,660	4.0%
대양주	11,908	125,061	548	17,834	12,456	8.8%	142,895	12.2%
기타	46	749	101	570	147	0.1%	1,319	0.1%
합계	87,774	772,591	54,187	397,938	141,961	100%	1,170,529	100%

자료: 한국해양수산개발원 (2018), 『2018 해운통계요람』, https://www.kmi.re.kr/

116) 이 통계는 제3국간 거래를 포함한 환적화물까지 포함한 통계이다. 따라서 외국선의 수입의 경우에는 우리나라를 최종목적지로 하는 물량과 경유지로 하는 물동량이 함께 산출된다.

해운은 일국의 무역과 절대적으로 관계가 있으며 무역정책에는 관세(tariff)를 적극적으로 사용여부에 따라 관세정책과 비관세정책을 이용하여 무역정책을 펼친다. 해운에 관련된 관세정책으로는 국가할증관세와 해운장려관세를 사용한다.117)

① 국가할증관세: 자국의 해운을 보호하기 위하여 타국적의 선박에 의하여 수입되는 화물에 대하여 고율의 관세를 부과한다.

② 해운장려관세: 해상운송을 장려하기 위하여 육로로 운송되어 수입되는 상품보다 해상으로 운송되어 수입되는 상품에 대하여 낮은 관세를 부과하는 제도이다.

5.2.3 해운보조정책

5.2.3.1 해운보조의 의의

해운보조정책은 보조금의 지급을 통해 자국해운을 조성하는 것으로써 무역정책의 수출장려제도와 동일한 효과를 얻으려는 제도이다.

해운보조정책의 종류로는 크게 직접보조와 간접보조의 2가지로 구분할 수 있으며 직접보조는 운항보조금제도와 선박건조보조금 제도로 구분할 수 있다. 또한 간접보조는 금융보조와 세제상의 지원으로 구분할 수 있다.

① 운항보조금

직접보조제도 중 운항보조금제도에는 정기선에 대한 항로보조금제도와 부정기선에 대한 항로보조금제도가 있으며, 일반적으로 자국선의 경쟁력 강화에 그 목적을 두고 있다. 정기선의 항로보조금제도는 일반적으로 채산성이 떨어지는 항로에 대하여 공익상의 목적으로 운항을 장려하기 위하여 시행하는 것으로써 통상적으로 이도 항로에 운항하는 여객선 등이 이에 해당한다. 예를 들면, 미국은 1936년 상선법의 운항보조규정에 의해 특정항로에 운항 중인 자국선의 운항비와 외국선의 운항비를 비교하여 그 차액을 보조하고 있다. 이외에도 일본, 이탈리아, 프랑스 등 여러 국가에서 자국해운의 발전과정에서 보조금을 지급한 예가 있다. 부정기선에 대한 보조금을 지급한 사례는 국제적으로 찾아보기 어려우나 과거 일본이 원양항로보조금제도를 시행한 적이 있다.

② 선박건조보조금

선박건조보조금제도에는 건조차액보조, 조선장려금, 선질개선보조가 있다. 건조차액보조는 자국조선업의 선박건조비용이 높아서 외국조선업과 경쟁하기 어려움에도 불구하고 자국

---

117) 조영정 (2016), 『무역정책』, 서울: 박영사, p.103.

의 해운회사가 자국 조선소를 이용하여 선박을 건조한 경우, 자국조선소와 외국조선소의 건조가격 차액의 일부 혹은 전부를 보조하는 제도로써 자국의 해운업 및 조선업을 보호·육성하는 정책이다.

조선장려금은 자국해운업을 보호하기 위하여 조선비용의 차액에 관계없이 선가의 일부를 보조금으로 교부하는 제도로써 1970년대에 폐지된 영국의 Investment Grants는 선박가격의 20%를 보조금으로 교부하였으며, 독일은 선가의 10%를 교부하였다.

③ 금융보조

간접보조제도 가운데 금융보조제도는 해운보조정책 가운데 그 사례가 가장 많은 제도로써 해운금융은 민간금융으로 조달하기가 비교적 어려운 점이 많기 때문에 국가가 해운업을 영위하는 기업에게 금융상의 편익을 제공하는 제도이다. 즉 국가가 해운기업에 장기의 저리 이자를 제공하거나, 이자를 보조하는 방법이 있으며 해운금융에 대하여 국가가 보증을 서는 방법이 있다. 또한 국가가 해운전문금융기관을 설립하고 지원하여 해운금융을 촉진하는 방법도 있으며 국가기관이 해운기업의 선박보유에 대해 투자를 실시하는 선박공유투자제도 등이 있다.

③ 세제지원

간접보조제도의 마지막 방법은 세제를 통한 지원방법이다. 세제상의 지원방법에는 과세의 감면과 특별감가상각의 허용 등이 있다. 과세의 감면에는 해운소득, 선박매각시의 투자준비금, 선박세, 재산세, 관세 등을 대상으로 시행되고 있으며 특별감가상각에는 상각기간의 단축, 자유 상각, 선가 이상의 상각 허용 등의 방법이 시행되고 있다.

5.3 국제무역거래의 규칙

5.3.1 법률 체계

오늘날 국제무역거래가 빈번해질수록 각 국가의 국내법은 국제무역거래시 많은 불편을 초래하고 심지어는 거래의 성립을 방해하기도 한다. 이러한 문제를 극복하기 위해 다음과 같은 노력이 꾸준히 진행되어 왔다.

첫째, 국제사법(國際私法)의 원칙에 따라 개별거래의 준거법(準據法)을 정한다.

각국의 국제사법 규정이 다르기 때문에 어느 나라에서 재판이 진행되느냐에 따라 준거법 결정원칙이 달라지는 경우가 많다. 국제무역거래 분쟁시에는 일반적으로 법에 의한 해결 보다는 중재(仲裁)에 의해 해결 하려고 한다.

둘째, 일정한 유형의 국제무역거래에 대하여는 각 국의 법을 통일시킨다.

20세기 들어 국제상업회의소(ICC), UN국제무역거래법위원회(UNCITRAL), 사법통일을 위한 국제협회(UNIDROIT) 등의 단체와 정부 간 기구를 중심으로 각국의 법을 통일하려는 노력을 기울이고 있으며, 해상법, 무체재산법, 매매법 분야에서 괄목할 만한 성과가 있었다. 특히 국제무역거래규칙을 통일하기 위해서 국가 간에 조약을 체결하거나 국제기구를 중심으로 통일규칙 또는 표준계약서를 제정하고 있다.

셋째, 권위 있는 국제기구가 모델법을 만들어 각국에 채택을 권고한다.

1980년 제정되어 1988년부터 발효된 국제물품매매계약에 관한 국제연합 협약(United Nations Convention on Contracts for the International Sale of Goods; CISG, 일명 비엔나협약) 등은 국제 무역거래의 성립과 분쟁해결을 위한 중요한 법원(法源)으로 등장하였다. 이외에도 ICC는 Incoterms 라는 정형무역거래조건을 제정하였다.

그러나 세계 각국은 아직도 국제무역거래의 많은 부분에서 공통적으로 적용할 수 있는 통일법을 제정하지 못하고 있다. 이것은 법이라는 것이 강행규범으로서 강제되어야 하는 속성을 가지고 있기 때문에 세계 어느 나라도 국제무역 거래에서 야기되는 개인 간의 다툼을 법을 통해 해결하지 않으려고 하기 때문이다. 물론 개인 간의 국제거래 분쟁을 다루는 국제사법재판소가 있지만 특별한 경우를 제외하고는 국제거래 당사자간에 거의 이용하지 않고 있다. 따라서 국제무역거래에서 발생하는 여러 가지 문제를 해결하려면 어느 특정국가의 국내법을 인용하는 경우가 발생하는데 이것을 국제무역거래의 준거법이라 한다. 이렇게 어느 특정국가의 국내법이 국제무역거래의 준거법으로 사용되는 경우에 그 법은 더 이상 국내법이 아니다. 그렇다고 국제법도 아니기에 국제무역규칙의 범주에 포함하는 것이 옳다고 본다.[118]

5.3.2 관련 국제규칙

5.3.2.1 국제무역계약 관련 규칙

국제무역규칙 중 무역계약과 관련한 규칙으로서 가장 오래된 것은 영국의 국내법인 물품매매법(Sales of Goods Act)이다. 동법은 영국상원(House of Lords)이 1894년에 제정하였으며, 1979년에 개정한 후, 1995년에 다시 개정하여 오늘에 이르고 있다. 법을 전문적으로 연구하는 학자라면 이 법 말고도 민법의 효시라고 볼 수 있는 다른 법들을 연구해야 하겠지만 무역학을 연구하는 사람들이라면 반드시 한 번쯤은 공부해야 하는 법이다.

---

118) 강흥중 (2020), 『국제무역규칙』, 서울: 박영사, p.1.

국제무역계약과 관련하여서 현재 가장 널리 사용되고 있는 규칙은 UN에 의해 제정된 국제물품매매계약에 관한 국제연합 협약(UN Convention on Contracts for the International Sale of Goods; CISG, 일명 비엔나협약)이며, 이 외에도 국제법협회(ILA)가 제정한 'CIP계약에 대한 와르쏘-옥스퍼드 규칙', 국제상업회의소(ICC)가 제정한 '무역거래조건에 관한 ICC규칙(일명 Incoterms)' 등이 있다. 특히 Incoterms는 1936년 제정된 이후 8차의 개정을 통하여 2020년 1월 1일부터 새로운 Incoterms 2020을 사용한다.

한편 1996년 UN국제무역거래법위원회(UNCITRAL)는 눈부시게 발전하는 전자상거래와 관련하여 '전자상거래 모델법(Model Law on Electronic Commerce)'을 제정하여 각 국의 국내 입법시 이를 참고하도록 하고 있다.

5.3.2.2 국제무역운송 관련 규칙

역사적으로 볼 때 국제무역운송의 시작은 해상운송이었다. 국제무역운송 관련 규칙 중 해상운송과 관련 하여 가장 대표적인 것은 1924년 국제법협회(ILA)가 제정한 '헤이그 규칙(Hague Rules)'이다.

헤이그 규칙은 선하증권에 관한 규칙의 통일을 위한 국제협약(International Convention for the Unification of Certain Rules relating to Bills of Lading)이라고도 하며, 이후 1960년대 컨테이너에 의한 해상운송의 출현에 따라 헤이그 규칙의 일부내용을 개정하여 1968년에 '헤이그-비스비 규칙(Hagure-Visby Rules)'으로 개정하였다. 이후 UN에 의해 1978년에는 '함부르그규칙(Hamburg Rules)'으로 불리는 해상화물운송에 관한 UN협약(United Nations Convention on the Carriage of Goods by Sea)이 제정되었다.

또한 종전의 해상운송 일변도에서 탈피하여 복합운송이 발달함에 따라 UN이 1980년에 제정한 '국제화물복합운송에 관한 UN협약(United Nations Convention on International Multimodal Transport of Goods)'이 있으며, 항공운송의 증대에 따라 국제항공법 전문가위원회가 국제항공운송에 관한 통일조약인 '국제항공운송에 관한 일부 규칙의 통일을 위한 협약(Convention for the Unification of Certain Rules Relating to International Transport by Air: 일명 바르샤바조약)'을 제정 하였다.

1990년 이후에는 전자거래의 출현에 따라 국제해사위원회(CMI)가 전자적 거래에 대비하고자 해상화물 운송장에 관한 통일규칙(Uniform Rules for Sea Waybills)과 '전자식 선하증권에 관한 규칙(Rules for Electronic Bills of Lading)'을 제정하였다. 이후 1983년에는 UN무역 개발위원회(UNCTAD)와 국제상업회의소(ICC)가 함께 '복합운송서류에 관한 UNCIAD/ICC규칙(UNCTAD/ICC Rules for Multimodal Transport Document)을 제정하였으며, 1992년에 개정하였다.

5.3.2.3 국제해상보험 관련 규칙

오늘날의 모든 보험의 원류는 해상보험이다. 국제해상보험 관련 규칙으로서 최초의 법규는 영국이 1906년에 국내법으로 제정한 '해상보험법(Marine Insurance Act, MIA)'이다. 이보다 앞선 1877년에는 국제법협회(ILA)가 공동해손(General average)을 구성하는 손해 및 비용에 관한 국제통일규칙으로 공동해손에 관한 '요크-엔트워프규칙(YAR: York and Antwerp Rules)'을 제정한 바 있다. YAR은 그 후 수차례의 개정을 거쳐 1994년 국제해사위원회(CMI)가 새로운 공동해손규칙을 제정하였으며, 최근 2016년에 개정하였다. 이 외에도 런던보험자협회(ILU)가 '협회적화약관(Institute Cargo Clause)'과 '협회기간약관(Institute Time Clauses-Hulls)'를 제정하였다. 특히 적하보험과 관련하여 ILU는 1982년 신협회약관(ICC A Clause, ICC B Clause, ICC C Clause)으로 개정하였다.

최근에 영국 해상보험법인 Insurance Act 2015가 영국의회를 통과하여 국왕의 재가(2015. 2. 12.)를 받음에 따라 최근 100년간 보험계약관련 법령에 가장 큰 변화를 가져올 예정이다. 동 법령 신설로 MIA 1906의 핵심조항이 개정됨에 따라 동 법령 시행시 영국법을 준거법으로 하는 국내 해상보험 시장에도 큰 변화 있을 것으로 예상되고 있다.

5.3.2.4 국제무역대금결제 관련 규칙

국제무역대금결제와 관련한 최초의 규칙은 영국의 국내법인 '환어음법(Bills of Exchange Act)'으로 1882년에 제정되었다. 국제무역거래의 대금결제는 주로 추심에 의해 이루어진다. 추심 결제방식은 어음을 전제로 하며, 특히 국제무역거래에는 환어음이 주로 사용되는 바, 추심방식 이용에 따른 혼란을 방지하고 각국의 상이한 해석으로 인한 불확실성을 제거함으로써 무역을 활성화하는 것을 목적으로 국제상업회의소(ICC)가 '상업어음에 관한 통일규칙(Uniform Rules for the Collection of Commercial Paper: URC)'을 제정하였다. URC는 1996년에 개정하여 시행하고 있다.

한편 국제무역대금결제가 신용장에 의해 이루어지는 경우와 관련해서 가장 널리 사용히는 규칙으로는 1933년 국제상업회의소(ICC)가 제정한 '화환신용장통일규칙 및 관례(Uniform Customs and Practice for Documentary Credits: UCP)'이다. UCP는 이후 수차의 개정을 거쳐 현재는 2006년 개정한 UCP 600을 사용하고 있다. 사실 신용장거래의 준거법으로서 최초의 규칙은 미국의 국내법이자 성문법인 '미국 통일상법전 제5편 신용장(Uniform Commercial Code-Article 5 Letters of Credit)'이다.

미국의 상법은 각 주(州)마다 다른데, 이를 통일한 법전이 통일상법전(Uniform Commercial

Code)이다. 이것을 줄여서 UCC라고 하며, 연방통일상법전이라고도 한다. 미국은 1890년부터 주마다 서로 상법이 달라 초래되는 혼란을 없애기 위해 논의해오다가 1942년에 통일상법전을 입안하였으며, 1952년 미국법률협회와 통일주법전국위원회에서 공포하였다. 이후 여러 번의 개정을 거쳐 1978년에 완성되었으며, 몇 차례 개정 되어 오늘에 이르고 있다. 현재 루이지애나주를 제외한 각주가 국내상거래(Inter-Trade)의 기본 규칙으로 삼고 있다.

한편 신용장에 의한 무역대금 결제가 전자적 방식으로 처리되고 있음을 반영하여 이를 위한 국제적 통일규칙의 필요성에 따라 국제상업회의소(ICC)가 2001년 eUCP '전자적 제시를 위한 화환신용장통일규칙 및 관행의 보칙 1.0(Supplement to the Uniform and Practice for Documentary Credits for Electronic Presentation- Version 1.0)'을 제정하였으며, 제1차 개정으로 eUCP 1.0버전을 2007년 7월부터 시행하여 오다가, 2019년에 eUCP Version 2.0으로 개정하였다. eUCP는 신용장거래에 있어서 국제무역대금결제가 전자적 기록에 의해 독립적으로 행하여지거나 또는 종이서류와 함께 이루어지는 경우를 수용하기 위하여 UCP 600을 보충하는 보칙으로서의 국제무역규칙이다.

그런데 국제무역 대금의 결제는 최종적으로 은행 간에 이루어지는 것이 일반적이다. 이를 위한국제무역 대금결제규칙으로는 '국제표준은행관습'과 '보증신용장에 관한 UN협약' 그리고 '국제환어음과 약속어음에 관한 UN협약' 등이 있다. ICC의 국제표준은행관습(일명 ISBP)은 2002년 제정(ISBP 645)하였으며, ISBP 681로 개정하였다가 이후 2013년 개정(ISBP 745)하여 오늘에 이르고 있다.

최근에는 추심결제방식의 전자거래를 위한 국제적 통일규칙의 필요성에 따라 국제상업회의소(ICC)가 2019년에 eURC Version 1.0을 제정하였다.

5.3.2.5 국제관세 관련 규칙

국제무역계약과 관련한 규칙 중 가장 중요한 인코텀스는 10년을 주기로 하여 2020년까지 8번에 걸쳐 개정되었다. 그런데 2000년 이후 개정된 3차례의 인코텀스는 관세와 관련한 내용을 포함하고 있다. 이것은 21세기 들어 WTO의 무역원활화협정 등 관세가 무역에 미치는 영향을 반영한 것으로 풀이된다. 관세와 관련한 국제무역규칙은 약 30여 개에 달하고 있다. 그 중에서 중요한 것으로는 HS협정과 AEO제도가 있다.

HS협정은 세계적으로 통일된 무역상품의 품목분류방식으로 국제관세협력이사회(CCC)가 1973년 신상품 분류개발을 결의한 후 1983년 6월 통일시스템에 관한 국제조익을 채택한 후, HS체계를 완성하여 1988년부터 실시하고 있다.

HS 품목분류방식은 각국의 상품분류가 관세부과나 무역통계 및 보험·운송 등 사용목적에 따라 그 내용이 다르기 때문에 무역상품의 이동에 따라 일일이 상품분류를 변경 적용해야 히는 불편함을 해소하기 위해서 이것을 통일시켜 무역거래의 시간 및 경비부담을 줄이기 위한 것이다.

이러한 제도는 국제통일상품분류제도(harmonized commodity description and coding system: HCDCS)의 약칭으로 기존의 SITC(UN상품분류), CCCN, TSUSA(미국 관세율표) 등의 품목분류방식을 국제적으로 통일하기 위해서였다. 종래의 CCCN이 순수하게 관세부과 목적임에 반해서 HS는 관세·무역·통계·운송·보험 등 무역의 전 분야에 사용될 수 있도록 CCCN을 보완한 다국적 상품분류를 말한다.

한편 AEO(Authorized Economic Operator)는 2001년 발생한 9·11 테러 이후 미국세관에서 안전을 강조하면서 통관이 지연되자 WCO(International World Customs: 세계관세기구)에서 2005년 관련 규정을 강화하고 국제무역 거래의 원활화를 위해 도입하였다.

AEO는 수출기업이 일정 수준 이상의 기준을 충족하면 세관에서의 통관절차 등을 간소화시켜주는 제도이다. AEO 적용대상에는 제조자, 수입자, 관세사, 운송인, 중개인, 항구 및 공항, 배송업자 등이 모두 포함된다.

이 제도는 2007년부터 시행 되고 있으며, WCO 전체 154개 회원국이 의무적으로 도입했다. 우리나라도 2008년 관세법 개정 등을 통해 이미 도입한 상태이며, 현재 '종합인증 우수업체제도'라는 명칭으로 시행되고 있다.

AEO는 여타의 국제무역규칙과는 달리 별도의 "AEO협정"이 존재하지 않는다. 그러나 AEO를 국제협정과 유사하게 볼 수 있는 이유는 WTO의 무역원활화협정(제7조)에 AEO 조문이 포함되어 있기 때문이다. 무역원활화협정의 효과적 이행을 위해 세계관세기구(WCO)는 'SAFE Framework'이라는 지침을 만들어서 회원국들에게 배포하고 있다. SAFE Framework는 2005년 제정되었으며 2018년에 개정하였다.

SAFE Framework은 AEO의 기준, 세관의 심사 등과 관련한 내용을 담은 가이드라인이며, 마치 UN이 모델법을 만들어 각 국에 권고하는 것과 같이 WCO가 무역원활화라는 WTO의 세계공통 이슈에 대해 권고하는 수준이라고 보면 적절할 것이다. 구체적인 부분은 모든 국가들이 동지침을 참고로 하여 세부기준을 만들어 사용하고 있다.

다만 WCO는 각국이 정보통신망을 사용하지 않으면 WTO의 무역원활화협정 제7조의 내용을 수행하기가 실질적으로 어려울 것으로 판단하고 있으며, 개정 교토협약 ICT 가이드라인의 6.4부를 참조하고, 정보를 수집할 때에는 SAFE 표준 프레임워크와 WCO Data Model을 사용하도록 권장하고 있다.

5.3.2.6 국제무역분쟁 관련 규칙

무역분쟁과 관련하여 볼 때 국가 간의 분쟁해결은 WTO에서 다루고 있으며, 개인 간 또는 기업 간의 무역분쟁 해결은 국제사법재판을 통해 해결한다. 그러나 일반적으로 개인 간 또는 기업 간의 무역분쟁 해결은 중재제도가 이용되고 있다.

이러한 중재제도의 이용을 촉진하고, 통일된 상사중재제도 제정의 필요성에 따라 1958년 유엔경제사회 이사회(United Nations Economic and Social Council)와 국제상업회의소(ICC)는 '외국중재판정의 승인과 집행에 관한 UN협약(United Nations Convention on die Recognition and Enforcement of Foreign Arbitral Awards: 일명 뉴욕협약)'을 제정하였다.

이후 UN국제무역거래법위원회(UNCITRAL)는 각국 중재법의 표준이 되는 모델법(Model Law on International Commercial Arbitration)을 제정하였으며, 1985년에 '표준국제상사중재법'을 제정하였고 2006년 개정하였다.

이에 앞서 국제상업회의소(ICC)는 1923년에 산하기관으로 중재재판소를 설치하고, 1975년에는 국제 상사분쟁의 우호적인 조정과 중재에 적용할 '국제상업회의소의 임의적 조정규칙(ICC Rules of Optional Conciliation)' 및 '국제상업회의소의 중재규칙(ICC Arbitration Rules)'을 제정하였다. 그 후 1986년 조정규칙을 전면적으로 개정·시행하였으며, 2017년 재개정하여 오늘에 이르고 있다.

이상 국제무역에 관련한 6분야 무역규칙에 대한 일람표는 〈표 5-4〉와 같다.

〈표 5-4〉 국제무역규칙 일람표

구분	명칭	연도	제정기관
국제무역계약	인코텀스	2020	국제상업회의소(ICC)
	비엔나협약	1980	UN국제무역거래법위원회(UNCITRAL)
	국제상거래계약의 원칙	2016	사법통일을 위한 국제협회(UNIDROIT)
	물품매매법	1995	영국상원(House of Lords)
	미국무역정의	1990	전미국무역회의(National Foreign Trade Convention)
	와르쏘-옥스퍼드 규칙	1932	국제법협회(ILA)
	전자상거래모델법	1996	UN국제무역거래법위원회(UNCITRAL)
국제무역운송	헤이그 규칙	1924	국제법협회(ILA), 국제해사위원회(CMI)
	헤이그-비스비 규칙	1968	국제법협회(ILA), 국제해사위원회(CMI)
	함부르그 규칙	1978	UN국제무역거래법위원회(UNCITRAL)
	바르샤바 규칙	1929	국제항공운송협회(IATA)
	헤이그 의정서	1955	항공법회의(ICAO)
	몬트리올협약	1999	항공법회의(ICAO)

구분	명칭	연도	제정기관
국제 무역 운송	복합운송에 관한 UN협약	1980	UN무역개발위원회(UNCTAD)
	복합운송서류에 관한 UN/ICC 규칙	1992	UN국제무역거래법위원회(UNCITRAL),국제상업회의소(ICC)
	CMI 규칙	1990	UN무역개발위원회(UNCTAD)
국제 해상 보험	해상보험법	1906	영국상원(House of Lords)
	협회적화약관	2009	영국런던보험자협회(ILU)
	협회기간약관(선박)	1995	영국런던보험자협회(ILU)
	요오크-엔트워프 규칙	1994	국제해사위원회(CMI)
국제 무역 대금 결제	신용장통일규칙(UCP)	2007	국제상업회의소(ICC)
	전자신용장규칙(eUCP)	2019	국제상업회의소(ICC)
	국제표준은행관습(ISBP)	2013	국제상업회의소(ICC)
	보증신용장에 관한 UN협약	1995	국제해사위원회(CMI)
	미국통일상법전 5편	1995	미국상원(United States Senate)
	추심에 관한 규칙(URC)	1995	국제상업회의소(ICC)
	전자추심에 관한 규칙(eURC)	2019	국제상업회의소(ICC)
	은행간 신용장대금상환에 관한 규칙	2008	국제상업회의소(ICC)
	환어음법	1882	영국상원(House of Lords)
	환어음과 약속어음에 관한 UN협약	1988	UN국제무역거래법위원회(UNCITRAL)
국제 관세	HS 협약	1988	국제관세기구(WCO)
	AEO Safe Framwork	2005	국제관세기구(WCO)
국제 무역 분쟁	뉴욕협약	1958	UN국제무역거래법위원회(UNCITRAL),국제상업회의소(ICC)
	상사중재에 관한 UN모델법	2006	UN국제무역거래법위원회(UNCITRAL)
	UN 상사중재규칙	2013	UN국제무역거래법위원회(UNCITRAL)
	중재에 관한 ICC 규칙	2017	국제상업회의소(ICC)

자료: 강흥중 (2020), 『국제무역규칙』, 서울: 박영사, p.8.

5.4 무역운송 국제규칙

5.4.1 무역에서 운송의 중요성

무역거래를 성공적으로 하기 위해서는 제품의 품질, 마케팅능력, 무역계약 및 대금결제 등 무역실무 지식이 대단히 중요한 요소이나 적절한 운송수단의 선정을 통한 제품의 적기인도(timely delivery), 운송 물류비 절감 및 이를 통한 고객에 대한 신용도 제고 또한 중요하다.

운송수단 선택의 잘못 등으로 인해 적기 인도에 차질을 빚거나 포장, 하역 등의 잘못으로 화물에 대한 운송 클레임 발생 시 수출자는 치명적 타격을 입게 될 수도 있다. 따라서 경쟁사보다 더욱 값싸고 빠른 운송수단과 최적의 운송경로를 선택하고 운송 단계별 신속·정확한 업무처리로 비용을 절감한다면 기업의 가격경쟁력을 높여 경쟁 우위에 설 수 있다.

무역에서 화주가 운송과 관련하여 가장 깊은 관심을 가지는 부분은 수출자인 경우에 신용 장조건에서 요구하는 운송서류를 구비하여 대금결제를 받을 수 있는 준비를 하는 것과 수입 자인 경우에 운송서류를 정당하게 취득하여 수입물품을 입수하는 것이다.

따라서 신용장 조건에 부합하는 운송서류의 요건이 무엇인가를 잘 알고 요구에 적응하기 위해서는 운송서류에 대한 이해 및 운송인이 운송계약을 위반한 경우 무역업자는 화주로서 어떠한 대응을 할 수 있는가에 대한 이해가 선행되어야 한다. 이것이 바로 운송인의 책임내 용이며, 이는 운송서류 약관 및 관련 국제규칙에서 규정하고 있다.

5.4.2 해상법의 국제화

국제통일성은 해상법의 가장 중요한 특성이다. 해상법은 연혁적으로 해상활동에서의 관습 을 바탕으로 발전하여 왔으며 국제적인 통일화 과정을 밟고 있다.[119] 운송도구인 선박과 그 조종방법, 선원의 조직과 같은 것은 대개 각국이 동일하며, 선박은 다 같이 공통된 해상위 험에 놓여 있는데, 각국의 해상법이 서로 내용이 다르면 각 이해관계인에게 많은 불편을 주 게 된다. 따라서 해상법은 한 국가 · 민족의 풍속 · 전통 기타의 사정과 밀접한 관계를 가지 는 민법에 비하여 국제적 통일성이 강하며, 해상법의 국제적 통일적 경향은 상법의 다른 부 분보다도 더 뚜렷하고 적극적이다. 해상법은 통일성 이외에도 관습적 기원성, 정치적으로 영향을 받지 않는다는 의미의 부동성의 경향을 들 수 있다.[120]

만약에 해상법이 세계적 흐름에 따라 가지 못하는 낡은 것일 때에는 실무가들은 자국의 해상법을 외면할 수밖에 없게 되며, 선하증권을 통하여 현실에 맞는, 즉 해운선진국에서 사 용하고 있는 법규 또는 조약을 수용하게 되고 동시에 자국의 해상법을 사문화시키게 된다.

이와 같은 국제통일성으로 인하여 해상법과 관련하여 여러 가지의 국제해사조약이 성립 되어 있다. 종래부터 해상법의 국제적 통일은 국제적인 민간기구인 국제해법회(Comité Maritime International, CMI)의 주도로 당사자 간의 사적 이익의 조정이라는 순수한 사법적 법기 술 이론에 바탕을 두고 형성되어 왔으며, 주로 영국 해상법을 포함한 선진 해운국들의 해상 법이 많은 영향력을 행사하여 왔다.[121]

각국은 분야별 국제해사조약을 비준, 가입하여 국내법으로 수용하여 시행하고 있다.[122]

---

119) 임동철 (1998), "국제해상물건운송법의 통일화문제", 『한국해법학회지』, 20권 2호, p.19.
120) 최준선 (2012), 『보험 · 해상 · 항공운송법』, 6판, 서울: 삼영사, p.341.
121) 이균성 (2010), 『신 해상법 대계』, 서울: 한국해양수산개발원, pp.40-41.
122) 정완용 (2011), "국제해사조약의 국내법상 수용방안에 관한 고찰: 해사채권책임제한조약의 수용방안을 중심으 로", 『한국해법학회지』, 33권 2호, p.57.

Wigmore(1936)는 "세계의 법제도 개관"에서 해법(Maritime Law)의 발달과정을 3단계로 구분하여 설명하고 있다.[123]

① 고대에서 중세까지의 모습을 "The Common Law of the Sea"

② 17세기경 근세 중앙집권국가의 성립 이후 19세기까지의 모습을 "The National Law of the Sea"

③ 20세기에 들어온 이후의 모습을 "The Common Law of the Sea. Once More"

여기서 "The Common Law of the Sea"란 옛날 육상의 왕조나 국가권력의 영고성쇠(Wax and Wane)와 상관없이, 선원의 해상활동을 통한 바다의 관습을 바탕으로 생성 발전한 보편적인 해사법을 일컫는 표현이다. 이는 선사시대부터 동부 지중해의 페니키아인들(Penicians)에 의하여 시작되었고, 로도스 섬(Rhodos Island)을 중심으로 발달하였던 해법을 거쳐 중세의 콘솔라토·델·마아레(Consolato del Mare), 오레롱 해법(Law of Oleron) 및 비스비 해법(Sea-laws of Visby) 등 이른바 3대 해법에 이르기까지의 해사법의 모습을 표현한 것이다.

이와 같이 공통된 관습을 바탕으로 발달하였던 해법이 근세중앙집권국가가 성립하면서 각국의 주권 아래 국내법으로 편입되게 되었는데, 이와 같이 국내법으로 자리 잡은 해법을 Wigmore(1936)는 "The National Law of the Sea"라고 부르고, 20세기에 와서 다시 한 번 새로운 통일화과정에 있는 해법을 "The Common Law of the Sea, Once More"라고 하였다.[124]

5.4.3 국제적 해상법 통일화

해상법의 통일운동은 1860년 영국의 사회과학진흥협회(The National Association for the Promotion of Social Science)에 의하여 소집된 글래스고(Glasgow) 회의에서 공동해손법의 통일에 관한 이른바 글래스고 규칙(Glasgow Resolutions)을 정한 것이 그 시초이다. 이와 같이 본격적인 해상법의 국제적 통일운동은 19세기 후반부터 시작되었다.

1860년경부터 시작된 공동해손에 관한 법규의 통일화운동은 몇 차례의 고비를 거치면서 드디어 1890년 비록 법전이 아닌 임의법규형식이지만 국제적 통일규칙으로서 요크-엔트워프 규칙(York-Antwerp Rules, 1890)의 성립을 본 바 있다. 이들 규칙들은 조약이 아니고 당사자의합의에 의한 원용이 있을 때만 효력이 있는 통일규칙에 불과하지만, 현재 세계 각국의 해

---

123) John Henry Wigmore (1936), *A Panorama of the World's Legal System*, Saint Paul, MN: Washington Law Book Company, p.873; 임동철 (1998), "국제해상물건운송법의 통일화문제", 『한국해법학회지』, 20권 2호, p.19.

124) 임동철 (1998), "국제해상물건운송법의 통일화문제", 『한국해법학회지』, 20권 2호, p.19.

운·보험업자들이 약관으로 이 규칙을 적용하고 있다.

요크-엔트워프 규칙은 글래스고 규칙을 기초로 하여 제정된 이후 1924년, 1950년, 1974년, 1994년 및 2004년에 각각 개정되었다. 특히 1897년 벨기에의 엔트워프(Antwerp)에 비정부 단체인 CMI가 설치됨으로써 해상법의 통일화운동이 본격화되고, 이 단체의 주도로 20세기에 들어와 해사분야에서 수많은 조약이 체결됨으로써 해법의 통일화에 크게 기여하였다.

CMI의 헌장 제1조는 CMI의 목적은 모든 적당한 수단과 활동을 통하여 모든 면에서 해법의 통일에 기여한다는 것이다. 그 밖에 국제법협회(International Law Association, ILA), 정부간 해사기구(Inter-Governmental Maritime Consultative Organization, IMCO), UN국제상거래법위원회(UN Commission on International Trade Law, UNCITRAL) 및 UN무역개발협의회(UN Conference on Trade and Development, UNCTAD) 등의 노력에 의하여 각종의 통일조약과 규칙이 성립되었다.

특히 1960년대에 국제거래관련 법제의 통일을 목적으로 유엔 산하에 UN국제상거래법위원회(UNCITRAL)가 설립되어 비엔나조약(국제물품매매계약에 관한 국제연합협약; United Nations Convention on Contracts for the International Sale of Goods, CISG)을 비롯하여 많은 국제거래관련 조약을 제정하였고, 최근의 새로운 운송법 조약인 로테르담 조약(United Nations Convention on Contracts for the International Carriage of Goods Wholly or Partly by Sea)도 이 기구의 작품이다.[125]

---

125) 한국해법학회 (2012), 『국제해사조약의 수용방안 연구』, 서울: 법무부, pp.2-3.

제6장

편의치적

6. 편의치적

6.1 선박 등록과 국적

6.1.1 선박의 국기

선박에는 국기(National Flag) 게양 권리가 있는데 우리나라에 등록된 한국선박이 아니면 대한민국 국기인 태극기(太極旗)를 게양할 수 없다.126) 예외적으로 기항국의 항만에 출입하거나 정박하는 외국선박은 선박의 마스트(Mast) 등 눈에 잘 띄는 곳에 기항지의 국기를 게양 할 수 있다.

해양법에 관한 국제연합 협약(United Nations Convention on the Law of the Sea)에 따라 선박은 1개국 국기를 게양하고 항해해야 하며, 국제조약 또는 협약에 명시적으로 규정된 예외적 경우를 제외하고 공해상에서는 기국의 배타적 관할에 속한다. 선박은 소유권 양도 등 특별한 경우를 제외하고는 항해 중 또는 기항 중에 그 국기를 변경할 수 없다. 항해에 관한 국제법상의 권리와 의무의 주체는 선박이 아니라 선박의 선적국, 즉 기국이다. 따라서 선박에 대한 명확한 국적 부여는 공해상의 법질서 유지에 있어서 기초적인 전제가 되고 있다.

해양법에 관한 국제연합 협약에 따르면 선박은 자국기를 게양한 국가에 속하는 것으로 여겨지며 통상 등록항구와 국적간의 관계로 언급된다. 선박의 식별은 게양된 국기에 따라 판단되고, 선박의 기국은 자국기를 게양한 선박을 의미하며, 자국적 선박에 대한 책임이나 자국의 관할권 문제 및 통제권행사 결정에 중요한 요소가 된다. 해양법에 관한 국제연합 협약 제91조에서는 기국과 선박 간에 '진정한 관련성(a Genuine Link)'이 있을 것을 요구하고 있고 제94조에서 기국은 자국선박에 대한 행정적 기술적 사회적 사항에 관하여 자국의 관할권을 행사한다고 규정하고 있다.

해양법에 관한 국제연합 협약 제94조(기국의 의무)의 규정은 다음과 같다.

① 모든 국가는 자국기를 게양한 선박에 대하여 행정적·기술적·사회적 사항에 관하여 유효하게 자국의 관할권을 행사하고 통제한다.

② 모든 국가는 특히 다음사항을 이행한다. ⓐ 일반적으로 수락된 국제규칙이 적용되지

---

126) 선박법(법률 제16160호, 2018. 12. 31., 타법개정) 제5조

아니하는 소형 선박을 제외하고는 자국기를 게양한 선명과 세부사항을 포함하는 선박등록대장을 유지한다. ⓑ 선박에 관련된 행정적·기술적·사회적 사항과 관련하여 자국기를 게양한 선박, 그 선박의 선장, 사관과 선원에 대한 관할권을 자국의 국내법에 따라 행사한다.

③ 모든 국가는 자국기를 게양한 선박에 대하여 해상안전을 확보하기 위하여 필요한 조치로서 특히 다음 사항에 관한 조치를 취한다. ⓐ 선박의 건조, 장비 및 감항성, ⓑ 적용 가능한 국제문서를 고려한 선박의 인원배치, 선원의 근로조건 및 훈련, ⓒ 신호의 사용, 통신의 유지 및 충돌의 방지

④ 이러한 조치는 다음을 보장하기 위하여 필요한 사항을 포함한다. ⓐ 각 선박은 등록전과 등록후 적당한 기간마다 자격있는 선박검사원에 의한 검사를 받아야 하며, 선박의 안전항행에 적합한 해도·항행간행물과 항행장비 및 항행도구를 선상에 보유한다. ⓑ 각 선박은 적합한 자격, 특히 선박조종술·항행·통신·선박공학에 관한 적합한 자격을 가지고 있는 선장과 사관의 책임아래 있고, 선원은 그 자격과 인원수가 선박의 형태·크기·기관 및 장비에 비추어 적합하여야 한다. ⓒ 선장·사관 및 적합한 범위의 선원은 해상에서의 인명안전, 충돌의 방지, 해양오염의 방지·경감·통제 및 무선통신의 유지와 관련하여 적용 가능한 국제규칙에 완전히 정통하고 또한 이를 준수한다.

⑤ 제③항과 제④항에서 요구되는 조치를 취함에 있어서, 각국은 일반적으로 수락된 국제적인 규제 조치, 절차 및 관행을 따르고 이를 준수하기 위하여 필요한 조치를 취한다.

⑥ 선박에 관한 적절한 관할권이나 통제가 행하여지지 않았다고 믿을 만한 충분한 근거를 가지고 있는 국가는 기국에 그러한 사실을 통보할 수 있다. 기국은 이러한 통보를 접수한 즉시 그 사실을 조사하고 적절한 경우 상황을 개선하기 위하여 필요한 조치를 취한다.

⑦ 각국은 다른 국가의 국민에 대한 인명손실이나 중대한 상해, 다른 국가의 선박이나 시설, 또는 해양환경에 대한 중대한 손해를 일으킨 공해상의 해난이나 항행사고에 관하여 자국기를 게양한 선박이 관계되는 모든 경우, 적절한 자격을 갖춘 사람에 의하여 또는 그 입회 아래 조사가 실시되도록 한다. 기국 및 다른 관련국은 이러한 해난이나 항행사고에 관한 그 다른 관련국의 조사실시에 서로 협력한다.

상선기(商船旗, Civil Ensign)란 항해하는 상선에 달아서 그 배의 국적과 선적(船籍)임을 나타내는 기(Flag)를 말하며 Merchant Ensign 혹은 Merchant Flag라고도 한다. 특히 영국의 상선기를 레드엔사인(Red Ensign)이라고 하는데 영국뿐만 아니라 영국연방의 소속된 국가의 상선에서 사용하기 때문에 상선기의 대명사로서 불리고, 영국 국기는 유니온잭(Union Jack)이라고 하

며 영국 해군기는 화이트엔사인(White Ensign)이라고 한다. 한편 우리나라의 상선기는 국기가 갈음하며 해군기는 별도로 마련되어 있다.

〈그림 6-1〉 주요국의 국기, 상선기와 해군기

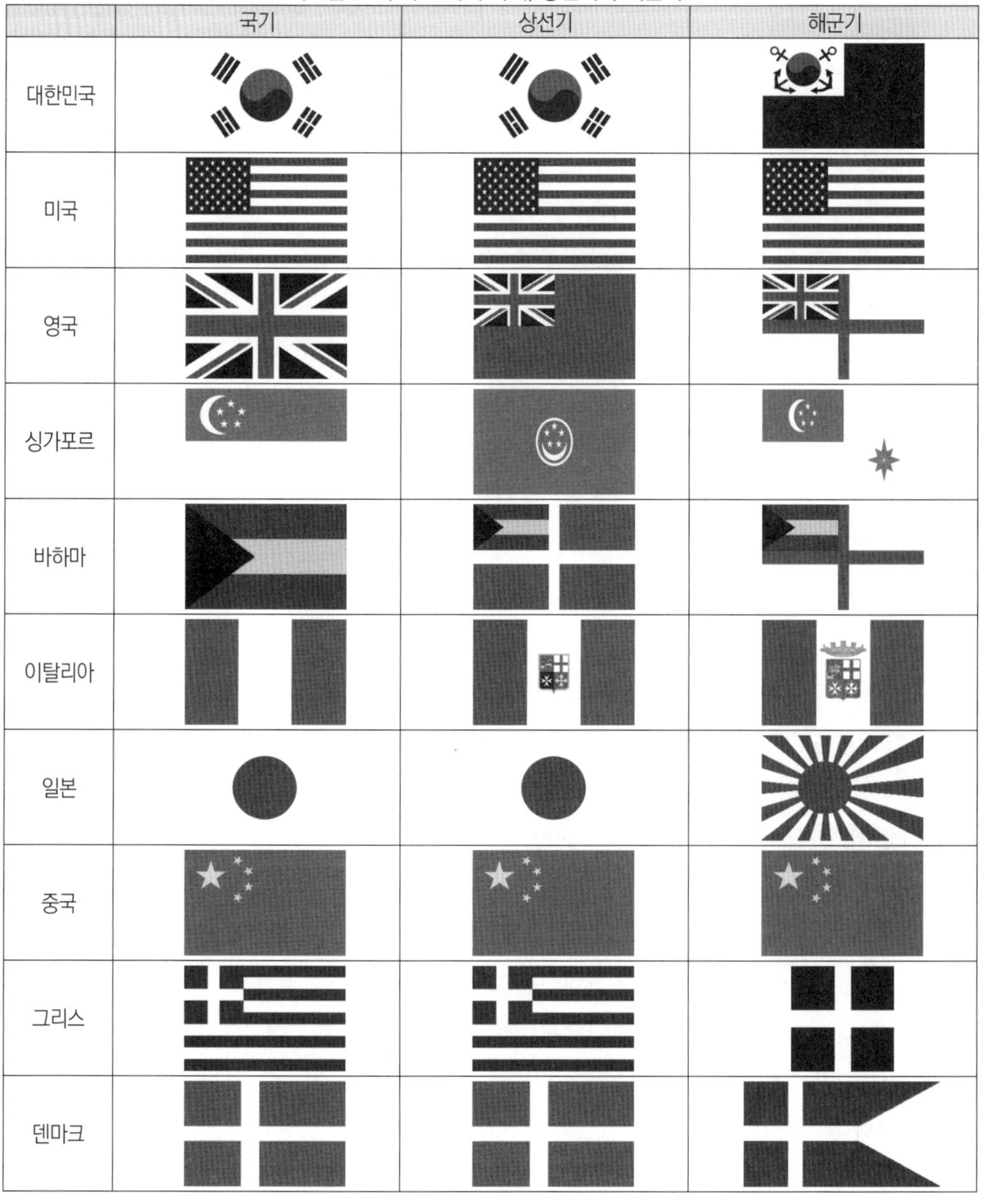

	국기	상선기	해군기
대한민국			
미국			
영국			
싱가포르			
바하마			
이탈리아			
일본			
중국			
그리스			
덴마크			

자료: United States Navy Dept Bureau of Equipment (2010), Flags of Maritime Nations, Washington: Nabu Press.

6.1.2 상선의 등록 형태별 분류

선박은 부동산이기 때문에 소유관계를 명확하게 하기 위하여 선박의 명칭, 국적, 선박의 톤수, 소유자, 저당권 등 선박에 대한 권리관계를 외부에 공시하는 방법으로서 선박을 등록한다.

선박 등록의 효과는 등록된 국가의 국적 즉 선적(船籍)이 부여된다는 점이다. 선박 등록은 선박에 관한 섭외적 법률관계에 적용될 준거법의 기준이 된다는 점에 의의가 있는데 사람과 마찬가지로 단일국적이 원칙이다. 유엔해양법협약(United Nations Convention on the Law of the Sea, UNCLOS) 제91조에서는 2개국 이상의 국기를 선택적으로 게양하고 항해하는 선박은 어느 국적도 주장할 수 없고 무국적선으로 간주할 수 있다고 규정하고 있다.

해양법에 관한 국제연합 협약 제91조(선박의 국적)에서는 다음과 같이 규정하고 있다.

① 모든 국가는 선박에 대한 자국국적의 부여, 자국영토에서의 선박의 등록 및 자국기를 게양할 권리에 관한 조건을 정한다. 어느 국기를 게양할 자격이 있는 선박은 그 국가의 국적을 가진다. 그 국가와 선박간에는 진정한 관련이 있어야 한다.

② 모든 국가는 그 국기를 게양할 권리를 부여한 선박에 대하여 그러한 취지의 서류를 발급한다.

또한 해양수산부에서는 우리나라에 등록된 형태에 따라 다음과 같이 세분하여 지칭한다.[127]

① 국적선: 우리나라 국적선박과 국적취득조건부나용선(國籍取得條件附裸傭船, Bare Boat Charter of Hire Purchase; BBCHP, 일명 국취부나용선)도 포함

② 외항선: 외국과의 무역을 위해 국내항과 외국항, 외국항과 외국항 간을 운항하는 선박

③ 내항선: 국내항 간을 운항하는 선박

④ 해외취업상선: 외국 국적의 선박으로 우리나라 선원이 승선하고 있는 상선

언급된 선박의 등록과 관련해서, 대한민국에 등록된 선박의 국적은 당연 "대한민국(Republic of Korea)"이 될 것이다. 즉 대한민국에 등록한 배를 "국적선"이라고 한다. 그런데, 여기에 좀 다른 개념으로 "국취부나용선(BBCHP)"은 대한민국 국적이 아닌 선박이지만 대한민국 정부의 통제를 받게된다.

BBCHP(Bare Boat Charter of Hire Purchase)란 인수조건부 나용선 계약을 의미한다. 나용선 계약이란 선박을 용선함에 있어서, 선박자체만을 용선한다는 것으로 선박을 운항하는 선원 등이 따르지 않는 선박 그 자체만을 용선한다는 의미이며, Hire Purchase란 그 나용선 계약

---

127) 한국선원복지고용센터 (2019), 『한국선원통계연보 2019』, 세종: 해양수산부, p.314.

기간이 끝나면 용선주가 선박을 매입할 수 있는 권리를 갖는다는 의미이다. 일반적으로는 금융권에서 Financing을 함에 있어서 그 선박의 원금보장을 확보하기 위한 수단으로 이용되고 있다. 한편으로 대한민국에서는 1980년대 이후 정부에서 국적취득조건부나용선이란 표현을 써서 정책금융을 지원해 온 사례가 있어서 현재까지도 국취부나용선이란 용어가 활용되고 있다.

BBCHP는 연불(延拂)구매형태로 선박을 나용선하여 국적을 취득하게 되는 선박 확보방법의 하나로서, 우리나라에서는 1970년대 중고선도입에서 BBCHP 이용을 시작했고, 1980년대 이후에는 신조선확보 방법으로 국적선사들이 활용할 수 있었던 가장 유리한 선박금융이었으며 결과적으로 1984년 해운산업합리화 이후 우리나라 외항선대 증강에 크게 기여해 왔다. BBCHP에 비하여 일반적인 나용선계약인 BBC(Bareboat Charter)는 용선기간 만료후 재구입 의무가 없기 때문이다.

6.1.3 선박 등록 현황

지난 50여년간 〈표 6-1〉과 같이 전세계 선박 등록국의 현황을 보면 선진국에서는 1968년에는 67.1%에 달하던 등록비중이 매년 감소하여 2017년에는 22.8%까지 줄어들었다. 하지만 개발도상국에 등록한 선박의 비중은 해마다 증가하여 2017년에는 34.5%가 확대되었으며 아시아의 비약적인 증가가 그 원인이다.

〈표 6-1〉 전세계 선박 등록 비중

2017.12.31현재

기국	1968년*	1980년	1990년	2000년	2010년	2017년**
선진국	67.1	51.3	33.3	25.4	17.8	22.8
개발도상국	7.4	10	21.2	19.2	25.2	34.5
아프리카	0.4	1	1.1	0.7	0.7	0.9
아메리카	2.7	3.2	3.9	4.2	1.8	6.4
아시아	4.3	5.7	13.6	14	22.4	26.7
오세아니아	n.a.	0.0	0.5	0.1	0.4	0.5

*: 1968년 GRT기준, 이후 DWT 기준
**: 2017년은 개발도상국에서 파나마, 라이베리아, 마셜제도의 등록을 제외함
자료: UNCTAD (2018), 50 Years of Review of Maritime Transport, 1968-2018: Reflecting on the past, exploring the future, UNCTAD/DTL/2018/1, Geneva: United Nations, p.27.

UNCTAD가 조사한 바에 따르면 선진공업국이 세계 경제를 견인하고 있으며 수출과 선대 보유에 강한 관계가 있음을 보여주고 있다. 〈표 6-2〉의 결과와 같이 오늘날 세계 주요

수출국인 10여개 국가가 전세계 수출의 52%를 담당하고 있는데 이들 국가의 선복량은 전세계 44.9%에 달하고 있다. 상위 10여국 가운데 우리나라, 일본, 홍콩, 영국은 세계대비 수출액 비중보다 세계대비 등록톤수 비중이 높은 국가이다. 특히 일본은 세계 최고 수준의 선주국이다.

<표 6-2> 세계 주요 수출국의 선대 소유 현황

2017.12.31현재

국가	수출액 (십억달러)	비중	누적비중	등록톤수 (천DWT)	비중	누적비중
중국	2,263	12.8	12.8	183,094	9.6	9.6
미국	1,547	8.7	21.5	68,930	3.6	13.2
독일	1,448	8.2	29.7	107,119	5.6	18.8
일본	698	3.9	33.6	223,615	11.7	30.5
네덜란드	652	3.7	37.3	18,116	1.0	31.5
대한민국	574	3.2	40.5	77,277	4.1	35.6
홍콩	550	3.1	43.6	97,806	5.1	40.7
프랑스	535	3	46.6	12,141	0.6	41.3
이탈리아	506	2.9	49.5	19,750	1.0	42.3
영국	445	2.5	52	49,989	2.6	44.9

자료: UNCTAD (2018), 50 Years of Review of Maritime Transport, 1968-2018: Reflecting on the past, exploring the future, UNCTAD/DTL/2018/1, Geneva: United Nations, p.26.

선박의 국적을 기준으로 동 선사가 직접 운영하는 등 실질적으로 지배하는 모든 선박의 규모를 나타내는 지표를 살펴 볼 수 있다. 지배선대는 국적선, 외국적선으로 나누어지며, 외국적선은 실제 그 국가가 소유하고 있으나 국제 금융관례와 조세의 경감 등을 위해 다른 국가에 등록한 선박을 말한다.

<표 6-3>에서 보는 바와 같이 2018년 세계 30대 해운국 선박보유량은 총 1,762백만톤이고, 우리나라의 선복량은 약 80백만톤으로 세계 5위 수준으로서, 2009년 6위에서 1단계 상승 후 5위를 유지하고 있다.

세계 30대 해운국의 외국적선 비율은 척수로는 61.1%(DWT 기준 75.9%)이고, 우리나라 외국적선 보유 비율은 척수로는 56.4%(DWT 기준 85.7%)로 다른 국가들과 유사한 수준이다.

세계 주요해운국들의 선대 보유량 순위를 보면 그리스 > 중국 > 일본 > 독일 > 한국 > 노르웨이 > 미국 > 싱가포르 > 대만 > 이탈리아 > 덴마크 > 홍콩 순이다.

<표 6-3> 주요해운국의 지배선대 현황(2018)

단위: 척, 천DWT, %

	합계		국적선			외국적선		
	척수	선복량	척수	선복량	비중	척수	선복량	비중
그리스	4,850	380,281	686	65,616	17.3	4,164	314,665	82.7
일본	4,100	241,904	820	35,724	14.8	3,280	206,179	85.2
노르웨이	1,736	74,960	539	16,676	22.2	1,197	58,284	77.8
독일	2,790	95,511	187	8,320	8.7	2,603	87,191	91.3
중국	5,663	270,180	2,987	85,579	31.7	2,676	184,601	68.3
미국	1,178	59,545	208	4,975	8.4	970	54,570	91.6
홍콩	932	37,584	422	22,412	59.6	510	15,171	40.4
한국	1,625	79,517	709	11,374	14.3	916	68,143	85.7

자료: 해양수산부통계시스템, http://www.mof.go.kr/statPortal
ISL(Institute of Shipping Economics and Logistics), 독일「Shipping Statistics Yearbook」

<그림 6-2> 전세계 주요 선박 유형 비중(1980-2018년)

	1980	1990	2000	2010	2018
Oil tankers	49.7	37.4	35.4	35.3	29.2
Dry bulk carriers	27.2	35.6	34.6	35.8	42.5
General cargo ships	17.0	15.6	12.7	8.5	3.9
Container ships	1.6	3.9	8.0	13.3	13.1
Other	4.5	7.5	9.4	7.2	11.3

자료: UNCTAD (2018), 50 Years of Review of Maritime Transport, 1968-2018: Reflecting on the past, exploring the future, UNCTAD/DTL/2018/1, Geneva: United Nations, p.25.

6.1.4 영국 항해법에서 선박 국적 개념

영국 항해법(The Navigation Act)의 역사는 오래 되었는데 17세기 중엽에야 비로소 체계적으로 정비되었다. 1381년으로 거슬러 올라가면 초기의 항해법은 "영국 국왕의 신민(subject)은 국왕에게 충순(loyal)하는 선박에 의하지 않으면 어떠한 상품도 외국 또는 국내로 적화하는

것을 허가하지 않는다"고 규정하고 있다.128)

선박의 국적과 관련한 항해법 규정을 살펴보면 다음과 같다.129)

① 선장 및 선원의 ¾이 영국인인 영국 선박에 의하지 아니하면 어떠한 아프리카, 아시아, 아메리카 상품도 영국 혹은 아일랜드에 수입할 수 없다. 이 경우 영국선박이란 영국인, 아일랜드인 혹은 영국신민지인에게 속하는 선박을 말한다.

② 어떠한 상품도 영국인 혹은 아일랜드인이 소유하고 있는 선박에 의하지 않으면 영국신민지로의 수입뿐만 아니라 영국으로부터의 수출도 할 수 없다.

③ 영국정부는 이 항해법의 취지에 따라 1662년 이후 영국무역을 영국산 목재로 제조한 선박으로 할 것을 명하고 동시에 외국선의 구입을 금지하였다.130) 이러한 영국의 항해법에 있어서는 선박국적의 기준으로서 선박의 건조지 또는 재료의 출산지, 선박소유권 및 선박승무원의 3종이 사용되었으며 그 후 여러 나라의 입법 예에서도 동일 혹은 유사한 것이 많았으나, 현재는 이 가운데서 선박소유권에 치중하는 경향이 있다.

6.1.5 선박의 국적에 관한 입법주의

국제법상 선박은 반드시 특정한 국적을 가져야 하며 또한 이중국적을 가지지 못하게 되어 있으나 국적취득의 구체적인 조건은 모두 각국의 국내법에 일임되어 있다. 이에 대한 각국의 입법은 제각기 다르나 대체로 다음과 같이 구분할 수 있다.131)

① 선박소유권의 전부가 자국민에게 속하는 선박을 자국선박이라고 하는 주의: 독일(1951년, 국기법 2조 1항), 독일법계의 노르웨이, 튀르키예, 일본, 영국(1894년 상선법 1조)

② 선박소유권의 일부가 자국민에게 속하면 족하다고 하는 주의: 2분의 1 이상이 속하면 족하다고 하는 것을 요건으로 하는 프랑스(1967년 선박법 3조), 3분의 2 이상이 속하는 것을 요건으로 하는 이탈리아(항행법 143조 12항), 스웨덴, 덴마크, 네덜란드 등이 이에 속한다.

③ 선박소유권의 전부가 자국민에게 속하고 동시에 선원의 일정수가 자국민인 선박을 자국선박이라고 하는 주의: 미국이 여기에 해당된다. 미국에 있어서 선원의 요건에 관해서는 변경이 있었으나 현재는 선장 및 선원의 3/4이 자국민이어야 한다. 미국은 일찍이 선박건조지까지도 요건으로 하였으나 제1차 세계대전 후 폐지되었다. 스페인, 포르

---

128) 黑田英雄 (1967), 『世界海運史』, 東京: 成山堂書店, p.29.

129) Adam Smith (1976), An Inquiry into the Nature and Causes of the Wealth of Nations, R. H. Campbell and A. S. Skinner Todd, Oxford, UK: Clarendon press, pp.463-465 and pp.595-599.

130) 堀江保藏 (1967), 『海事經濟史研究』, 東京: 海文堂, p.216.

131) 田中誠二 (1970), 『海上法詳論』, 東京: 勁草書房., p.163. 민성규 (1977), 『해사법규요론』, 부산: 한국해양대학해사출판부, pp.27-28. 石津蓮 (1942), 『海運經濟研究』, 東京: 業文閣, pp.36-38.

투갈, 브라질, 칠레, 핀란드 등이 이 주의에 속한다.

④ 선박소유권의 일부가 자국민에게 속함과 동시에 선원의 일정수가 자국민인 선박을 자국선박이라고 하는 주의: 튀니지, 폴란드, 그리스 (승무원의 ¾) 등이 이에 속한다.

⑤ 선박을 위한 외국자본을 도입하고자 시도하는 국가로서 선박소유권의 조건을 전연 요구하지 않는 주의: 아르헨티나, 우루과이, 도미니카, 온두라스, 코스타리카, 파나마, 라이베리아 등이 이 주의에 속한다.

이상에서 선박소유권을 표준으로 하는 ①과 ③의 입법주의와 ⑤는 정반대의 극단에 위치하고 ②와 ④의 입법주의가 그 중간에 자리하며 절충적인 태도를 보이고 있다고 할 수 있다.[132]

그러나 대형화한 외항선박을 개인(자연인)이 소유하는 것은 드물기 때문에 각국의 자연법인을 인정하는 조건에 따라 자국민소유의 내용이 달라진다. 법인인 경우에는 자국법률에 의거하여 설립될 것을 요구하는 경우,[133] 법인체의 전부 또는 일부의 경영진이 자국민임을 요구하는 경우,[134] 법인자본의 전부 또는 일부(75%, 70%, 3분의 2, 51% 혹은 3분의 1)가 자국민에게 있어야 하는 경우,[135] 그리고 본점, 사업소가 자국에 있어야 하는 경우로 나눌 수 있다.[136]

1970년대와 1980년대에 UNCTAD 회원국의 대부분은 해운 업계에서 편의치적선이 증가하는 현상을 보여주고 있다. 선박과 등록 국가 사이에 '진정한 연결(genuine link)'이 없기 때문에 편의치적선박에 대한 관할권과 통제권은 비효율적이었지만, 개방형선적 등록제도 즉 편의치적선은 1971년에 전세계 해운 선대의 28%에 도달하면서 빠른 속도로 확장되었다.

---

132) 田中誠二 (1970), 『海上法詳論』, 東京: 勁草書房, p.164.

133) 영국, 캐나다, 스리랑카, 뉴질랜드, 파키스탄, 남아프리카공화국, 미얀마, 멕시코, 이디오피아, 에이레공화국은 주된 영업장소가 자국에 있어야 하고 브라질, 핀란드, 체코는 이를 요하지 않는다. Office of Legal Affairs, United Nations (1955), Laws Concerning the Nationality of Ships (ST/LEG/SER.B/5), New York: United Nations publication.

134) 프랑스, 모나코, 모로코, 덴마크에 해당되나 독일, 아일랜드는 사무소의 소재지가 자국에 있어야 한다. Office of Legal Affairs, United Nations (1955), Laws Concerning the Nationality of Ships (ST/LEG/SER.B/5), New York: United Nations publication.

135) 75%: 이탈리아, 페루, 필리핀, 칠레, 스페인, 인도, 70%: 태국, ⅔: 중국, 네덜란드, 노르웨이, 폴란드, 50% 이상: 벨기에, 50%: 리비아, 헝가리, 루마니아, 베네수엘라, ⅓: 포르투갈. Office of Legal Affairs, United Nations (1955), Laws Concerning the Nationality of Ships (ST/LEG/SER.B/5), New York: United Nations publication.

136) 자국법인, 자국사무소, 자국민에 의한 경영 및 자본지배의 모든 요건을 아울러 갖출 것을 요구하는 나라로는 스위스, 구소련, 유고슬라비아, 미국 등이 있다. Office of Legal Affairs, United Nations (1955), Laws Concerning the Nationality of Ships (ST/LEG/SER.B/5), New York: United Nations publication.

6.2 편의치적제도 의의

6.2.1 배경

편의치적(便宜置籍, flag of convenience)[137]은 조세부담의 경감, 인건비 절약 등을 위하여 선주가 선박을 자국에 등록하지 않고 제3국에 등록하여 국적을 취득하는 것을 말한다. 인건비와 세율이 높은 선진국의 선박소유자들이 편의치적을 많이 이용하고 있기에 현대 해운경영에서 편의치적은 선사에서 운항선박을 확보하는 방법으로 활용되고 있다.

해운기업에 있어서 현실적으로 가장 중요한 장점 가운데 하나가 편의치적이지만 접근하는 방식은 다르다. 그 이유는 편의치적에 대한 각 국가의 관행과 정치적, 경제적, 시대적 상황이 다르기 때문이고, 또한 편의치적제도에 대한 이해당사자들의 관심사가 다르기 때문이다. 예를 들면 OECD는 경제적인 관점에서 편의치적에 주목하였고, IMO는 선박의 안전, ILO는 선원의 복지 그리고 UNCTAD는 개도국의 선대확장에 관심을 두었기 때문이다.[138]

역사적으로 편의치적제도가 이용되기 시작한 연대는 로마제국까지 거슬러 올라간다. 당시 로마의 선주들은 소유선박을 그리스에 등록하였다는 기록이 있다. 근세에 들어와서는 16~17세기경 영국의 선주들이 어로 및 무역제한이라는 장벽을 피하기 위해 스페인이나 프랑스에 등록한 예가 있으며, 나폴레옹 전쟁 중에는 영국 선주들이 프랑스의 해상봉쇄장벽을 벗어나기 위하여 독일에 등록한 예가 있다. 또한 미국에서도 1812년 전쟁의 와중에서 영국의 나포를 피하기 위하여 포르투갈에 등록한 예가 있다.[139]

근대적 의미의 편의치적선이 최초로 등장한 것은 1922년 미국의 선주가 선적을 파나마의 자회사에 매각·이적하여 운항한 것이 시초로 알려져 있다. 편의치적을 하게 된 최초의 동기는 미국의 부유층들이 미국 본국의 금주법의 규제를 벗어나 댄스, 도박, 음주를 즐기기 위한 파티를 선상에서 개최하기 위한 것으로 알려져 있다.[140]

제2차 세계대전이 발발하자 미국 선주들은 자국 대외중립법(U. S. Neutrality Law)의 저촉을 회피하기 위하여 소유선박들을 파나마로 이적하였다. 이 당시 독일 선박들도 나포를 우려하여 파나마로 이적하였다. 특히 미국과 파나마에 체결된 조약에 따라 해운소득에 대한 세금

---

137) 'flag of convenience'를 직역하면 '便宜國旗'가 된다. 그러나 우리나라, 중국, 일본의 해운관련조직에서는 '便宜置籍'이라고 표현하고 있다. 다만 관세청에서는 便宜置籍國旗 ko.customs.wikidok.ne 관세용어위키 라고 사용하고 있다.

138) 해운산업연구원·한국전략문제연구소(1997), 『국가안보와 국민경제 안정을 위한 한국 상선대의 유지·확보 대책에 관한 연구』, 서울: 한국해사재단, p.171.

139) 강종희·한철환·황진회 (2001), 『편의치적제도 활용방안 연구』, 서울: 한국해양수산개발원, p.18.

140) J. Spruyt (1990), Ship Management, London: Lloyd's of London Press, pp.50-51.

이 상호 면제되자 Standard Oil of New Jersey를 포함한 몇몇 선주들은 파나마 치적의 재정상 이익에 많은 흥미를 갖고 편의치적을 추진했다. 그 후 1946년 발표된 미국선박매각 조례(U. S. Ship Sales Act)는 편의치적제도 이용의 주요촉진제가 되었다. 이 조례에 따라 민간인에게 매각된 선박 중 150척 이상의 선박이 파나마에 이적되었다. 이러한 상황에 힘입어 1948년 파나마 선대는 이미 515척으로 성장하여 세계 선대의 3.4%를 치적하였다.141)

파나마와 함께 세계적으로 유명한 라이베리아가 편의치적제도의 공여국에 참여한 것은 1948년의 일이다. 라이베리아는 대출기관이 받아들일 수 있는 저당권 등기제도를 명문화한 라이베리아 해사법(Liberian Maritime Law)을 기초함으로써 편의치적제도 공여국으로 발전하는 계기를 마련하였다.142)

그 후 세계 해운에서 자국등록이 비경제적인 제도로 인정되고 편의치적선의 비중이 계속 증가하자 파나마, 라이베리아에 이어 온두라스, 코스타리카, 산마리노, 바하마, 시에라리온, 레바논, 키프로스, 아이티, 소말리아, 오만 등이 편의치적 공여국의 경제적 이득을 획득하기 위해 편의치적제도 공여국으로 경쟁적으로 참여하기 시작하였다.

역사적으로 편의치적의 방식이 활용된 때는 매우 오래되었지만, 편의치적이란 용어는 1950년 초기에 기원을 찾을 수 있다. 1928년에 ITF(International Transport-Workers Federation; 국제운수노동자연맹)가 "선박이 Panama, Honduras의 등록과 이와 유사한 등록으로 이전하는 문제"에 대하여 의견을 제기하였을 때에도 "편의치적"이란 용어는 사용되지 않았다. ITF가 채택한 결의에서도 단지 "위조 이전(spurious Transfers)"의 관행이라고 언급하였다.143)

1954년 OEEC(Organization for Europe Economic Cooperation: 유럽경제협력기구)의 보고서에서는 파나마(Panama), 라이베리아(Liberia) 및 온두라스(Honduras)가 부여한 선박의 국적을 편의치적이라는 용어로 표현하였다.144) 이 보고서에서는 '등록된 선박에 대해 유명무실한 세금을 부과하고 극히 기준이 낮은 사회조장제도를 실시하는 국가에서의 등록'이라는 관점에서 편의치적이라는 용어를 사용하였다. 그 이후 영어로 된 출판물에는 거의 보편적으로 편의치적이라는 용어가 사용되었다.

한편 편의치적이라는 용어의 사용에 대해 편의치적을 부여하는 국가는 이 용어가 '불행스럽고 부적당하다'고 하였고, 1958년 국제노동회의(International Labor Conference)에서 Panama

---

141) 편집부 (1992), 『해운실무강좌』, 서울: 한국해운항만정보센터, pp.75-76.
142) 강종희·한철환·황진회 (2001), 『편의치적제도 활용방안 연구』, 서울: 한국해양수산개발원, p.19.
143) International Labor Office (1950), Condition in Ships Flying the Panama Flag: Report of the Committee of Inquiry of the International Labor Organization [May-November 1949], p.45.
144) OEEC Maritime Transport Committee (1954), Maritime Transport Trend in Economic Sector, Paris, December, pp.19-65.

대표는 편의치적이란 용어 사용에 대해 많은 불만을 표시하였고 동시에 이 용어의 사용을 금지할 것을 강력히 요구하였다. 미국 정부의 공식관행에서는 편의치적보다 "Panlibhon 국기"라는 용어를 사용했다. Panlibhon이란 Panama, Liberia 및 Honduras를 의미한다. 그리고 Panlibhon 국기에 등록을 하는 미국인 선주들은 "필요국기(Flag of Necessity)"라고 호칭하였는데 이것은 선주들이 그들의 선박을 경쟁적으로 운영하기 위해 'Panlibhon 국기'에 등록하는 것이 '필요'했기 때문이었다. 반면 미국의 해운조합들은 편의치적에 반대하는 견지에서 '도피국기(Runaway Flag)'라고도 불렀다. 이것은 미국의 국기로부터 도피하여 다른 국적을 취득한 후 항해할 수 있다는데서 기인하였다.145)

경제적 이유로 선원비 경감수단으로 편의치적제도가 이용되기 시작하여 점차 유럽선진국의 선주에게 이용이 확대되기 시작하였다. 이에 ITF는 편의치적선의 확대를 방관하고 있던 것이 아니라 1933년에는 국제노동기구(International Labour Organization; ILO) 합동해사위원회에 제소하였다.

국제노동기구는 사회정의의 구현을 통한 세계평화의 달성에 기여할 목적으로 1919년 제네바에서 창설되었다. 1946년 국제연합의 첫 번째 전문기구로 편입되었는데, 유엔산하의 전문기구 중 가장 오랜 역사와 가장 큰 영향력을 발휘하고 있다. 국제노동기구의 조직 내에 해운문제를 전담하는 의결기구는 없으나 해상노동의 특수성을 감안하여 일반총회와는 별도로 필요에 따라 해사총회가 개최된다. 1920년 제네바에서 개최된 해사총회의 발의로 같은 해 이사회의 결의에 의거, 합동해사위원회(Joint Maritime Commission)가 설립되었다.

국제해사기구는 창설이래 3,800여 개의 각종 노동관계협약을 채택시켰으며 이 중 해상노동협약은 37개이다. 해상노동협약 중 32개는 상선선원에 관한 것이며 그중 22개가 발효되었으며 26개의 권고가 채택되어 있다. 국제노동기구가 채택한 국제노동기준에 관한 협약은 비준한 회원국에만 적용되어 왔으므로 동 기구의 회원국이 아닌 우리나라는 이들 협약의 발효와 무관한 상태이었다. 그러나 항만에 입항하는 외국적 선박에 대하여 안전설비를 포함한 각종 강제검사를 시행할 수 있는 권능을 항만 국에 부여하는 국제노동기구협약 147호(상선의 최저기준에 관한 협약)가 1981년 11월 28일 발효됨으로써 동 협약 당사국에 기항하는 모든 선박은 이 규정에 따라 검사를 받게 되었다. 검사항목은 선원의 안전기준, 승선조건, 주거설비요건, 후생복지와 사회보장문제 등 선원에 관한 제반사항이 망라되어 있다.

편의치적선의 문제가 ILO에 제소된 이유는 사회적 저수준의 노동조건과 허위의 선적이적은 선박의 운항을 위험하게 한다는 것이었다. 당시 ITF도 확대되는 파시즘과의 투쟁에 쫓기

---

145) Boleslaw A. Boczek (1962), Flags of Convenience: An International Legal Study, Cambridge: Harvard University Press, p.2.

고 있었고, 국제노동기구도 구체적인 조치를 강구할 수 없었던 점도 존재하고 있어서 이 문제는 제2차 세계대전 후로 넘어가게 된다.

제2차 세계대전은 선박에 의한 대량운송이라는 환경을 낳았고 여기에 편의치적선도 대폭 진출할 기회 얻게 되었다. ITF는 1948년 오슬로 대회에서 편의치적선에 대한 보이콧 전술을 결정하고 1949년부터 실시하였다.[146]

편의치적 문제가 국제기구에서 공식적으로 논의된 것은 UN 해양법 회의에서이다. 1958년 Geneva에서 개최된 제1차 UN 해양법회의의 성명서와 UN의 국제법 위원회(International Law Commission)가 채택한 결의(acts)에 의하면 '편의치적이란 자국과 진정한 연관이 없는 선박에 대하여 국적을 부여하는 국가의 국기 즉 국적을 의미하며 이 때에 동 국가와 선박간에는 단지 등록의 증명서를 발급하는 형식만이 있을 뿐'이라고 하였다. 그리고 UNCTAD는 편의치적국가에 대해 '선박의 소유와 운항에서 자국민의 참여를 요구하지 않고 상대적으로 저렴한 비용을 지급받고 외국선주에게 자국의 국기 게양권과 등록의 편의를 제공하는 국가'라고 규정하였다.[147]

편의치적에 대한 선원단체의 입장은 다음과 같다. 1968년 제29차 ITF 세계대회에서는 '편의치적이란 전통적인 해운국가로서 인정될 수 없는 국가의 국기를 게양한 경우 그리고 선박의 소유권 및 관리가 다른 국가에 속하는 경우의 선박의 국적'이라고 하였다.[148]

그리고 영국해원조합은 편의치적국가에 관하여 '자국의 국기게양을 허용한 국가에서 선박의 등록을 선박에 대한 관할권과 통제권의 행사로 보지 않고, 자국의 치적하에서 요구되는 선박의 안전 및 사회적인 문제를 회피하고 또한 자금을 도피시키고자 하는 선주들에게 등록 업무를 하나의 서비스로 판매하는 국가'라고 하였다.[149]

최근에 들어와서 편의치적과 동의어로서 개방등록(Open Registry)이라는 말이 자주 사용된다. 실제로 지난 1984년 유엔선박등록조건회의(United Nations Conference on Conditions for Registration of Ships)에서 파나마는 협약의 용어정의(Definition)에 개방등록국가(Open Registry State)를 포함토록 하고, 이에 대한 정의를 "자국민이 직접 참여하거나 또는 법인체의 자본에 지분참여를 하든지에 관계없이 치적된 선박의 운영에 관한 책임이나, 그러한 선박의 선주 또는 나용선주에 대하여 자국민임을 요구하지 않는 국가(Open registry state means a state which does not require that its nationals, either directly or through equity participation in the capital of a body corporate, shall

---

146) 木畑公一 (1978), 『マルシップと便宜置籍:船海』, 東京, 成山堂書店, pp.4-9.
147) UNCTAD는 1968년 2차 회기에서 처음으로 편의치적 문제를 다루었으며 여기에서는 'flag of convenience' 란 용어대신 'open registry vessels'가 사용되었다. UNCTAD (1968), Doc. TD/NGO/2.
148) 木畑公一 (1975), 『便宜置籍:海の多國籍企業』, 東京, 成山堂書店, p.5.
149) 한국해운기술원 (1986), 『UN선박등록조건협약』, 서울: 한국해운기술원, p.52.

be owners or bareboat charterers or in any other way responsible for the operation of a ship registered in that state)"로 하자고 제안하였다. 파나마는 그 후 이 제안을 철회하였으나 결과적으로 편의치적적 제도가 이해관계에 따라 다르게 정의될 수 있음을 시사한다.

또한 선박등록 조건에 관한 국제연합 협약(United Nations Convention on Conditions for Registration of Ships)에서도 편의치적선의 정의에 관해 명시적인 규정을 두고 있지 않다. 그러나 제1조 협약의 목적을 '국가와 그 국가의 국기를 게양한 선박간에 진정한 연계를 확인하고 또는 필요에 따라 이를 강화할 목적과 …… 그러한 선박에 대한 자국의 관할권과 통제를 효과적으로 행사하기 위해 기국은 본 협약에 포함된 규정을 적용하지 않으면 안된다'고 규정한데 비추어 협약에 규정된 연계요소를 결여한 선박을 편의치적선이라 할 수 있다. 그리고 편의치적국은 기국에 관한 협약의 의무규정을 이행하지 않는 국가인 것이다.

이와 같이 편의치적에 대한 정의는 시대에 따라 기관에 따라 다르게 사용되어 왔다.

파나마·리베리아·온두라스·코스타리카·싱가포르·소말리아·키프러스 등이 이러한 선박에게 자국의 국적을 부여하고 있는데, 이러한 국가를 편의치적국(便宜置籍國, Flag of Convenience State)이라고 한다. 편의치적을 하게 되면 등록세 및 약간의 수수료 이외에는 여타의 재산세·법인세·소득세 등에 대한 부담이 없다.150) 또한 선원의 고용에 있어 자국 선원에 한한다는 법적 규제가 없으므로 인건비가 상대적으로 싼 후진국의 노동력을 이용하여 인건비를 절약할 수 있는 장점이 있다.151)

영국의 해운위원회(Committee of Inquiry into Shipping) 일명 로치데일 위원회(Rochdale Committee)는 편의치적국의 공통적인 특징으로 다음의 6개 항목을 들고 있다.152)

① 등록국은 등록선박에 대한 외국인의 소유 및 관리를 인정한다.

② 선박 등록절차가 간단하다. 일반적으로 선박은 외국에 있는 영사관에서 등록을 한다. 선주의 매매결정에 의한 등록의 이전에는 제한이 없다.

③ 등록국은 선박의 소득세나 법인세를 부과하지 않던가 부과하여도 저율이며, 통상 최초의 등록료와 매년의 톤세만을 징수한다. 또한 장래에는 면세일 것을 보장한다.

④ 등록국은 등록된 모든 선박에 대하여 예상되는 어떠한 상황에 있어서도 국가권력을 행사하지 않는 약소국이다. 그러나 저렴한 톤당 수수료 수입이 동 국가의 수입과 국제수지에 중요한 비중을 차지한다.

⑤ 선박 등록국의 국민이 아닌 선원들의 선박 배승이 자유롭다.

---

150) 등록세도 등록 후 일정기간 부과하지 않는 경우가 많은데 리베리아의 경우 20년을 유예한다.
151) 정영석 (2016), 『해사법규 강의』, 6판, 서울: 텍스트북스, p.35. ; 헌법재판소 1998. 2. 5. 96헌바96 결정 참조.
152) Ebere Osieke (1979), "Flags of Convenience Vessels: Recent Development", American Journal of International Law, Vol.73, p.630.

⑥ 선박등록국은 등록된 선박에 대해 어떠한 국내 또는 국제규칙을 효과적으로 수행할 능력이나 행정기관을 갖고 있지 않다. 그리고 선박등록국은 선박회사에 대하여 관리를 하려고 희망하지도 않을 뿐 아니라 관리할 권한도 가지지 못한다.

이러한 편의치적을 선호하는 이유는 다음과 같다.

① 재무상태, 거래내역을 보고하지 않아도 되고 기항지도 제약을 받지 않는다.

② 고임의 자국선원을 승선시키지 않아도 된다. 이것은 선진해운국의 선주들이 편의치적을 선호하는 가장 중요한 이유 중의 하나이다.

③ 편의치적국은 등록시의 등록세와 매년 징수하는 소액의 톤세 외에 선주의 소득에 대해 일체의 조세를 징수하지 않는다.

④ 금융기관이 선박에 대한 유치권 행사를 용이하게 할 수 있어 선박의 건조 또는 구입자금을 국제금융시장에서 쉽게 조달할 수 있다.

⑤ 편의치적국은 선박의 운항 및 안전기준 등에 대해 규제하지 않기 때문에 이러한 부문에서 비용의 절감을 기할 수 있다.

〈표 6-4〉 세계 주요 해운국의 등록 선박과 등록톤수

순위	기국	선박척수		재화중량톤수	
		척	세계비중	1,000DWT	세계비중
1	Panama	7,860	8.16%	333,337	16.87%
2	Marshall Islands	3,537	3.67%	245,763	12.43%
3	Liberia	3,496	3.63%	243,129	12.30%
4	Hong Kong	2,701	2.80%	198,747	10.06%
5	Singapore	3,433	3.57%	129,581	6.56%
6	Malta	2,172	2.26%	110,682	5.60%
7	China	5,589	5.80%	91,905	4.65%
8	Bahamas	1,401	1.45%	77,844	3.94%
9	Greece	1,308	1.36%	69,101	3.50%
10	Japan	5,017	5.21%	39,034	1.97%
11	Cyprus	1,039	1.08%	34,588	1.75%
12	Isle of Man	392	0.41%	27,923	1.41%
13	Indonesia	9,879	10.26%	23,880	1.21%
14	Danish International	566	0.59%	22,444	1.14%
15	Norwegian International	611	0.63%	19,758	1.00%
16	Madeira	465	0.48%	19,107	0.97%
17	India	1,731	1.80%	17,354	0.88%
18	United Kingdom	1,031	1.07%	17,041	0.86%
19	Italy	1,353	1.41%	13,409	0.68%
20	Saudi Arabia	374	0.39%	13,128	0.66%
21	Republic	1,880	1.95%	13,029	0.66%
22	United States	3,671	3.81%	11,810	0.60%
23	Belgium	201	0.21%	10,471	0.53%
24	Malaysia	1,748	1.82%	10,162	0.51%
25	Russian Federation	2,739	2.84%	9,132	0.46%
26	Bermuda	148	0.15%	9,088	0.46%
27	Germany	609	0.63%	8,470	0.43%
28	Viet Nam	1,868	1.94%	8,469	0.43%
29	Antigua and Barbuda	780	0.81%	7,501	0.38%
30	Turkey	1,234	1.28%	7,489	0.38%
31	Netherlands	1,217	1.26%	7,192	0.36%
32	Cayman Islands	170	0.18%	6,743	0.34%
33	Registre international francais	94	0.10%	6 231	0.32%
34	Taiwan	389	0.40%	5 751	0.29%
35	Thailand	825	0.86%	732	0.29%
	상위35개국	71,528	74.28%	1,875,024	94.87%
	기타 국가	24,767	25.72%	101,467	5.13%
	전세계 합계	96,295	100%	1,976,491	100%

자료: UNCTAD (2019), Review of Maritime Transport 2019, p.40.

해운기업은 선박을 자국적 외에 편의적으로 타국에 등록할 수 있는 제도인 편의치적제도를 적극적으로 활용하고 있다. 〈표 6-4〉와 같이 주요 선주국의 선박은 주요 국가에 등록이 가능한데 파나마(Panama), 마셜제도(Marshall Islands), 라이베리아(Liberia), 홍콩(Hong Kong) 등 4개국의 선박은 17,594척으로 전세계의 18.26% 비중이다. 선박등록톤수로 보면 1,020,976천 DWT으로 전세계의 51.66%에 다하고 있다. 2019년 1월 1일 기준으로 총톤수 100톤 이상의 원양상선을 기준으로 파악한 전세계의 해운에 사용되는 상선 96,295척, 1,976,491천톤(DWT)의 절반이 상위 4개국에 집중되어 등록되어 있음을 알 수 있다. 이러한 예를 볼 때 해운정책은 다분히 세계적 해운 메커니즘을 이해하여 펼쳐야 한다.

6.2.2 편의치적 장점

이와 같이 주요 해운기업이 편의치적선을 활용하는 이유와 형태는 다음과 같이 다양하다.

첫째, 무역국에서는 해운기업의 영업 여건은 좋은 반면, 세제, 고용조건, 환경규제 등에 있어서 불리하다. 이러한 이유로 무역국에 해운기업(A)을 설립하고, 편의치적을 허용하는 국가에 페이퍼 컴퍼니(B)를 설립하여 선박을 등록한 후, 이 선박을 선체용선계약을 통하여 A가 운항하는 형태를 들 수 있다.

둘째, 선박금융에서 선박건조자금의 담보를 위하여 BBCHP(소유권취득조건부 선체용선계약, 이른바 국적취득조건부나 용선)를 사용하는 경우가 있다. 이때 금융업자(A)와 해운기업(B)이 대출계약을 체결하고 A가 선박건조자금을 조선소에 직접 지급하고, 선박이 완성되면 B가 선박을 인도받아서 운항한다. 이때 A가 편의치적국에 설립한 페이퍼 컴퍼니(C)에서 선박의 소유권을 가지고 선박을 등록한 후 C가 B의 용선료 완납을 조건으로 선박소유권을 이전하는 선체용선계약(BBCHP)을 체결하여 A는 건조자금의 담보물을 확보하고 B는 선박의 실질적인 선박소유자의 역할을 하게 된다.

셋째, 운영자금 융자방법으로 금융업자(A)가 편의치적국에 설립한 페이퍼 컴퍼니(C)가 선박의 소유권을 가지고 등록한 후 C가 해운기업(B)과 용선료 완납을 조건으로 선박소유권을 이전하는 선체용선계약을 통하여 A는 융자금의 담보물을 확보하고 B는 선박의 운항자로서 실질적인 선박소유자의 역할을 하게 된다. 선박금융의 목적으로 편의치적을 이용하는 두 번째와 세 번째의 경우에 금융업자가 직접 선박을 소유하지 않고 페이퍼 컴퍼니를 설립하여 선박을 소유하는 것은 편의치적국의 세제, 선원 근로조건 등의 이익 보다는 선박의 사고나 선체용선자의 경영부실 등으로 선박소유자가 부담하게 될 경영상의 위험을 피하기 위한 이유가 더 크다고 볼 수 있다. 첫 번째의 경우에도 이러한 이유가 있기 때문에 소위 실제 선주인 선체용선자에 의한 법인격남용의 문제가 다투어질 수 있다.

위의 어떠한 유형으로 선박을 편의치적하더라도 등록선주인 페이퍼 컴퍼니나 금융업자가 선박에 대한 소유의 의사를 가지고 있다고 보기는 어렵다. 첫 번째의 경우엔 경영상의 위험을 전가하고 비용 등을 절감하기 위하여 제3국에 설립한 페이퍼 컴퍼니가 선박을 등록하고 이 선박을 선체용선한 용선자가 소유의 의사를 가지고 선박을 운항하여 해운기업을 경영하는 형태로 보아야 한다. 두 번째와 세 번째는 금융업자가 금융담보의 목적으로 페이퍼 컴퍼니를 통하여 간접적으로 소유권을 확보한 것에 불과하고, 역시 선체용선자가 소유의 의사를 가지고 용선한 선박을 자기의 기업경영을 위하여 운항하고 있는 것이 실체라고 할 수 있다.153)

기업측면에서 실제 편의치적을 하게 될 경우에 얻는 편익은 라이베리아 선적 Capesize 벌크선의 10년 용선계약의 연간 운영비용을 보면 쉽게 알 수 있다. Stopford(1997154), 2009155))는 외항상선의 연간 운영비용을 조사하였다. 조사결과 선박운항 시 소요되는 선원비, 선용품비 등으로 구성되는 선비(operation cost)는 연간 운영비용의 14~23%로 구성된다. 정기적으로 발생되는 유지관리비(periodic maintenance cost)는 연간 운영비용의 14~23%이며, 특정 항해와 관련된 변동비용으로 연료비, 항비, 운하통과료 등이 포함된 운항비(voyage cost)는 연간 운영비용의 35~40%에 해당된다. 선박건조와 관련된 선박금융과 자본에 대한 배당금, 부채에 대한 원리금 상환액으로 구성된 자본비(capital cost)는 연간 운영비용의 39~42%에 달한다. 정기선에 있어서 중요한 화물취급비(cargo handling cost)는 화물의 선적·양하 물량에 따라 변동한다.

등록선박의 국적에 따라 변동이 가능한 선원비(manning cost)는 선비의 구성 중에서 가장 높은 32~42%로서 전체의 비용에서 보면 5.9~7.4%에 달하지만 선원비를 제로(0)로 만들 수 없다. 하지만 연간 운영비용 중에서 가장 높은 것은 자본비로서 해운기업의 신용도와 금리, 자본구조에 따라 급격한 차이가 나타날 수 있다. 따라서 해운이 지속가능사업이 되기 위해서는 선박수익이 동일하다고 간주할 경우에 무엇보다도 운영비용을 줄이는 노력이 필요하다.

---

153) 정영석 (2017), "선장의 대리권에 관한 입법주의의 재검토", 『경제법연구』, 제16권 제3호, pp.192-193.
154) Martin Stopford (1997), Maritime Economics, 2nd ed., London: Routledge, p.160.
155) Martin Stopford (2009), Maritime Economics, 3rd ed., London: Routledge, p.225.

〈표 6-5〉 상선의 연간 운영비용 구성

항목	2000년대*	1990년대**	세항목	2000년대*	1990년대**
선비	210만$ (14%)	200만$ (23%)	선원비	42%	32%
			선용품비	14%	11%
			유지보수비	16%	16%
			보험료	12%	30%
			일반관리비	16%	12%
유지관리비	50만$ (4%)	30만$ (3%)			
운항비	600만$ (40%)	310만$ (35%)	연료비	60%	47%
			디젤유비	10%	7%
			항비	24%	46%
			운하통관료 등	n.a	
자본비	420만$ (42%)	340만$ (39%)	이자	?	?
			배당금	?	?
화물취급비	n.a	–			
합계	1280만$ (100%)	880만$ (100%)			

주: 라이베리아 선적 10년 용선 Capesize 벌크
자료: Stopford(1997, 2009) 자료 이용 산출. 김성국 · 이진욱 · 장은규 (2019), "한국 해운의 지속가능사업을 위한 선원보조
금 도입에 관한 연구", 『해양비즈니스』, 44호, p.5. 재인용

선원비를 통제할 수 있는 이유는 "좁은 영해(territorial sea)와 보다 넓고 자유로운 공해(high seas)" 개념이 근간을 이루고 있기에 공간을 활용하는 정책이 다르기 때문이다. 공해자유의 원칙(mare liberum)이 지배되는 공통의 바다에서는 무제한에 가까운 경쟁이 가능한 자유운송 시장 정책이 지배한다. 이러한 특성으로 인해 내항해운의 경우 자국의 경제수준에 따라 선원의 임금이 결정되므로 개발도상국 보다는 선진국의 내항해운에 종사하는 선원의 급여가 높다.

이와 반면에 외항해운의 경우에는 자유시장가격에 의한 선원공급이 가능하므로 선원의 급여는 안정적으로 유지되는 반면에 선원공급국의 임금수준과는 별개로 유지된다. 특히 해운의 경우에는 선적국(flag state)에 따라 선원의 고용에 관한 법령과 임금에 영향을 받는데 편의치적(flag of convenience) 선박의 경우에는 선진국의 선박보다 낮은 임금으로 선원을 고용하는 것이 일상화 되어 있다. 미국, 영국, 일본, 우리나라 등 선진 해운국의 경우에는 외항해운에서 자국인 선원을 고용하는 국적선은 외항해운 경쟁력이 낮은 상태이기 때문에 저임금의 선원을 고용하여 유지하는 편의치적선을 운영하고 있다. 따라서 외항해운에 종사하는 선원은 선진국의 경우에는 자국적 선박에 근무하는 경우에 높은 급여를 보장받지만 자국해운이라고 하더라도 편의치적선에서는 고임금을 보장 받기 어렵다.[156]

6.3 편의치적제도 합법화 과정

6.3.1 편의치적선 문제

국제사법 제60조는 제1호 내지 제6호의 해상에 관한 사항에 대하여 준거법에 대하여 선적국법주의를 취하고 있다. 이외에도 동법 제61조의 선박충돌에서 충돌지법을 원칙으로 하면서도 공해상의 선박충돌에는 선적국법을, 제62조의 해난구조에서 행위지법을 원칙으로 하면서 공해상의 해난구조에는 선적국법을 각각 준거법으로 지정하고 있다. 이는 선박에 관한 여러 가지 쟁점에 대해 선적(船籍)을 주요한 연결점을 삼고 있는 우리 국제사법의 기본적 입법취지를 잘 보여주는 것이다. 국제사법이 선적국법주의를 취한 이유는 선박의 특질을 고려할 때 선박에 관한 외국적 요소가 있는 사법관계를 규율함에 있어 선적국법이 그와 가장 밀접한 관련이 있다고 보기 때문이다.157)

문제는 선적국의 개념인데, 통상 선박이 소속하는 국가, 즉 국적을 가지고 있는 국가를 말한다. 모든 국가는 선박이 자국국기를 게양하는 것을 허가할 권한을 가지고 선박에 대한 국적을 부여하기 위한 요건을 결정할 수 있기 때문에 국제법상으로도 선적국의 개념은 매우 중요하다.158)

선적국의 개념에 관하여 등록항(port of registry) 소재국이라는 견해와 본거항 소재국159)이라는 견해로 나뉘어 다소의 논란이 있었다. 등록항은 선박소유자가 선박의 등기 및 등록을 하고 선박국적증서를 교부받은 곳160)을 의미하는 반면, 본거항은 선박이 상시 발항 또는 귀항하는 항해기지로서 기업경영의 중심이 되는 곳을 의미하는 것으로 선적항의 개념이 달리 해석될 수 있다. 해석론으로는 전자가 통설적 견해인데,161) 대법원은 미등록선에 대하여는 영업본거항도 선적항에 포함된다고 판단한바 있다.162)

국제법상 선박은 이중국적이 허용되지 않아서 이중국적선의 경우에는 해적선으로 간주되

---

156) 김성국·이진욱·장은규 (2019), "한국 해운의 지속가능사업을 위한 선원보조금 도입에 관한 연구", 『해양비즈니스』, 44호, pp.5-6.
157) 석광현 (2001), 『국제사법 해설』, 서울: 지산, p.342.
158) 「유엔해양법협약」 제91조 제1항, 「공해에 관한 협약」 제6조 제1항, 「선박법」 제5조 및 제11조 참조.
159) 본거항 또는 본적항은 선박이 상시 발항 또는 귀항하는 항해기지로서 기업경영의 중심이 되는 항을 말하므로, 선박의 근거지 역할을 하는 항, 즉 본거항에서 대부분의 선박관련 중요한 조치들이 취하여 지기 때문에 본거항 소재지의 법을 적용하는 것이 타당하다는 견해이다. 이호정 (1983), 『국제사법』, 서울: 경문사, p.291.
160) 석광현 (2001), 『국제사법 해설』, 서울: 지산, pp.342-343.
161) 김인유 (2010), "편의치적선의 준거법에 관한 연구", 『해사법연구』, 22권 1호, p.157.
162) 대법원 1991. 12. 24. 선고 91다30880 판결: 「상법」 제773조 소정의 '선적항'은 선박의 등기 또는 등록을 한 등록항의 뜻 외에 해상기업의 본거항의 뜻도 갖는 것이므로 선박소유자인 건조업자가 발주자에게 인도하기 위하여 계선관리중인 미등록 선박은 계선관리하고 있는 항구를 본거항으로 보아야 할 것이다.

다. 기국과 등록국이 일치하지 않는 것은 법적으로는 허용되지 않으므로, 선박의 기국은 곧바로 선박의 등록국으로 보아야 한다(유엔해양법협약 제110조 제1항 (d)호 참조). 또 선박의 등록과 등기가 구분되는가 그렇지 않은가는 개별국가의 내부 법체계의 문제이고 해사법에서 등록국이라 함은 특정국가의 법령에 의하여 그 국가의 국적을 취득하고 선적항이 지정된 경우에 그 국가를 의미하므로 등기선이든 등록선이든 미등록선이든 관계없이 특정국가의 국적을 취득하여 그 국가에 선적이 등록되어 있으면 그 선적국을 등록국이라 하기 때문에 국제사법상 등록국을 해석함에 있어서 이러한 구분은 의미가 없다고 본다.163)

편의치적선은 페이퍼 컴퍼니를 도구로 하여 실질적 소유와 형식적 소유관계가 왜곡되어 있다는 점에서 준거법지정에 있어서 선적국법주의를 적용하는데 대하여 문제점이 지적되고 있다. 영업본거항을 선적항으로 해석하는 학설도 편의치적선의 왜곡된 소유구조에서 출발한 것으로 볼 수 있다. 즉, ① 편의치적국의 법률이 당해 법률관계에 밀접한 관련이 없는 경우가 많다는 점과164) ② 자기에게 유리한 준거법의 적용을 받으려고 연결점을 고의로 변경함으로써 일종의 법률의 회피를 하였는데 이를 법적으로 보호해주는 것은 바람직하다고 할 수 있다. 한편, 편의치적이라는 이유만으로 선적이 연결점이 될 수 없는 것은 아니라는 주장도 유력하다.165)

6.3.2 편의선원 문제

편의치적선에 대하여는 이미 1950년대부터 세계의 해운, 항만, 철도 등 교통노동자로 조직된 국제운수노동조합연맹(International Transport Worker's Federation)에 의해 보이콧을 비롯하여 ITF 협약 기준의 체결요구 등에 의하여 강력한 반대운동이 이어져왔다.

ITF는 운수관계노동조합의 세계적인 연합체로서 특히 선박의 편의치적의 부조리에 대하여 강력한 반대 태도 표명으로 유명하다. 편의치적선에 대한 국제운수노동조합연맹의 반대 태도는 더욱 강화되어 동 연맹의 노동조건을 기준으로 선박단위로 청색증명서(blue certificate)를 발행하고 이의 소지를 정기용선 계약서에 조건으로 삽입했을 뿐만 아니라, 이를 소지하지 아니한 선박에 대해서는 하역을 거부하고 있다.166)

편의치적선(flags of convenience)의 정의를 "선박이 전통적인 해운국으로 생각되지 않는 나라의 旗(국기, 선적기)를 게양하고, 선박의 소유권과 감독이 게양된 기국과는 별도로 취해지는 경

---

163) 선박국적과 관련된 자세한 내용은 정영석 (2016), 『해사법규 강의』, 6판, 서울: 텍스트북스, pp.27-35 참조
164) 김인유 (2010), "편의치적선의 준거법에 관한 연구", 『해사법연구』, 22권 1호, p.152.
165) 석광현 (2013), 『국제사법 해설』, 서울: 박영사, pp.588-589.
166) 코리아쉬핑가제트 편집부 (1996), 『最新 海運・物流用語 大辭典』, 제7 增補改訂版, p.287.

우에 이를 편의치적선이라 한다"167)고 규정하였다.

이러한 정의에 비추어 보면 전통적 해운 국의 선주로서, 편의치적선등록으로 얻을 수 있는 조세감면 등 직접적 운항비 경감외에도 비용을 경감할 수 있는 다른 방법을 생각할 수 있다. 그 방법의 하나가 외국인 선원의 고용이다. 이러한 선원을 ITF는 편의선원(crews of convenience)이라고 부르고, 선주 측에서는 필요선원(crews of necessity), 또는 "비국적선원 (non-flag nationality crews)"이라고 부르고 있다.

여기서 "편의선원"이라 함은 "승무하고 있는 선박의 국적을 가지고 있지 않고, 또한 그 선박의 국적의 선원에게 적용되고 있는 것 보다 열악한 노동조건으로 고용되어 있는 선원"168)을 말하고 있다.

ITF에 의하면 편의선원은 선진국이나 개발도상국 모두에서 이미 선원의 근로조건에 나쁜 영향을 미치고 있다. 선진국의 선원은 생활의 장인 직장을 잃게 되고, 그들을 대신하여 고용된 개발도상국의 선원은 열악한 노동조건으로 고용되는 것이다. 편의선원의 사용으로 선원의 노동조합이 정상적인 승무관행으로 돌아가도록 선주에게 압력을 가하도록 하면, 선주는 노동조합이 약하거나 노동조합이 없는 선박관리회사를 통하여 외국선의 등록을 허용하는 국가로 선박을 이적할 위험이 있다.

그렇지만 몇몇 아시아의 ITF 가입조합은 그들의 회원이 편의선원이 되는 것에 관심을 가지고 있다. 그들은 많은 유럽의 가입조합이 직장에 대한 위협으로 생각되는 편의선원이라는 고용형태를 아시아 선원의 실업률을 내리는 데에 중요한 역할을 하고 있다고 주장하고 있다. 편의선원의 개념은 결코 아시아 지역에 한정되어 있는 것은 아니지만, 이러한 선원의 대부분이 거주하고 있는 것은 아시아 지역이라는 것도 사실이다.

한편 ITF는 선원의 공정한 국제노동기준을 확립하는 것을 목적으로 하여, 구체적으로는 주로 편의치적선 문제를 다루는 공정관행위원회(Fair Practice Committee)를 만들었다. 이 위원회는 세계대회에서 선원·항만합동부회에서 선출된 위원으로 구성되고, 의장은 양부회의 회장이 공동의장(co-chairman)을 맡고 있다.

6.3.3 국제연합무역개발회의(UNCTAD)의 판단169)

국제법하에서 편의치적제도의 위법성을 논의하고 편의치적선을 금지하기 위한 그동안의 국제회의는 오히려 편의치적선을 합법화시키는 결과를 초래하였다. 현재 편의치적제도를

---

167) 1968년 제29회 ITF 세계대회 채택.
168) 1972년 1월 공정관행위원회(Fair Practices Committee) 채택.
169) 강종희·한철환·황진회 (2001), 『편의치적제도 활용방안 연구』, 서울: 한국해양수산개발원, pp.22-24.

반대하는 폐쇄적 등록국에서 개방등록제에 대하여 전체적으로 금지정책을 채택하고 있는 것은 아니기 때문에, 개방적 등록은 아무런 방해도 받지 않고 존속하고 있다. 특히 각종 협약에서 규정되어 있는 진정한 연계(genuine link)라는 요건은 편의치적제도를 축소시키는 데는 아무런 효과가 없었다.170)

국제연합무역개발회의(UNCTAD)에서는 1974년 제6회 UNCTAD 해운위원회에서 "상업해운에 있어서의 경제협력"에 관한 결의 제22호를 채택하여 "선박과 기국간의 진정한 연계(genuine link)의 결여가 국제해운에 미치는 영향"을 검토하기로 하였으며, UNCTAD 사무국이 이에 관하여 조속히 조사하도록 요청함으로써 편의치적제도 문제가 UNCTAD에서 공식적으로 다루어지기 시작하였다. 그 후 UNCTAD는 해운위원회를 중심으로 '기국과 선박간의 진정한 연계' 문제를 해결하기 위해 1986년 UN 선박등록조건협약(The Convention on Condition for Registration of Ship)을 채택하는 등 편의치적선박의 규제를 시도하였다.

이에 따라 UNCTAD는 선박과 기국간의 진정한 연계가 결여된 선박을 편의치적국으로 정의하고 진정한 연계를 입증하는 요소를 다음과 같이 결정하였다.

① 당해 상선대가 그 기국의 국가경제에 공헌함
② 선박의 매매를 포함한 해운산업의 국제수지가 당해 기국의 국제수지로 취급됨
③ 선박의 당해 국민이 고용됨
④ 당해 국민이 선박의 수익적 소유자(beneficial owner)임

현재 UN 선박등록조건협약은 등록국이 각종 국제안전규정을 시행할 실질적인 책임과 권한을 갖는 해사기관을 설립하여 실질적인 통제권을 행사함으로써 자국의 선박이 안정상 위해한 기준미달선이 되지 않도록 기국에 의한 철저한 통제를 의무화하였으며 편의치적선의 폐해로 지적되어 온 불명료성에 대하여 이를 추적할 수 있는 기틀을 마련하였다는 점에서 성과를 인정받고 있다.

그러나 UN 선박등록조건협약은 자국기를 게양한 선박의 소유권 및 선원배승에 대하여 자국 또는 자국민의 참여수준에 대한 적절한 조항을 자국법령으로 규정하여야 한다고 규정하고 있으나, 그 구체적인 내용에 대해서는 언급이 없다.

즉 개발도상국의 해운세력의 성장을 위하여 그 전제로 제기되어 온 편의치적선대의 폐지를 목적으로 시작된 선박국적등록협약의 제정을 위한 장기간에 걸친 장기간의 결과는 선박과 기국간의 진정한 연계에 관하여 소유권 요건과 선원 요건을 선택적으로 정할 수 있으며, 그 내용도 국내법이 정할 수 있도록 하여 신축적이고 탄력적인 것으로 됨으로써, 당초의 의

---

170) David F. Matlin (1991), "Re-evaluating the Status of Flag of Convenience under International Laws", Vanderbilt Journal of Transnational Law, Vol. 23, pp.1017-1055.

도와는 정반대로 선박의 국적에 관하여 국제적인 통일을 포기한 명시적 근거가 되어 버렸으며, 이후 국제선박등록제도 등 제2선적제도가 탄생될 수 있는 이론적 배경을 제공하였다.

6.3.4 경제협력개발기구(OECD)의 판단[171]

선진국의 경제협력개발기구로서 선진국의 이익을 대변하고 있는 OECD는 1971년 Flag of Convenience 보고서를 통해 편의치적선이 건전한 해운업의 부작용을 가져오며, 해상사고의 위험성을 증대시킬 가능성을 지적하였다. 또한 1975년 보고서는 편의치적선의 대부분이 기준미달선이 될 우려가 높으며, 이런 결과가 인명과 재산에 미치는 영향이 매우 크므로 국제기구의 철저한 감독이 필요함을 강조하였다. 그 이후 OECD 해운위원회에서는 편의치적선에 대한 조사를 강화하였고, 편의치적선의 여러 가지 부작용을 억제하기 위한 국내·국제적 조치를 촉구하였다. 그러나 편의치적제도를 활용하여 지배선대의 경쟁력을 유지하고 있는 선진국 선주들의 현실과 기존 국적선 보호와 자국선대 육성이라는 이상 사이에서 선진 해운국가 정부는 일관되고 강력한 대응이 불가능하였다. 1998년 OECD 해운위원회가 기준미달선 퇴치를 위한 결의서 채택한 것은 점차 편의치적선 배제에서 기준미달선 배제로 정책방향을 전환하였다는 것을 보여준다.

1998년 해운위원회는 기준미달선 배제를 목적으로 P&I클럽, 화주, 선박중개인 및 금융기관 등 해운관련 제반업계의 역할과 활동 및 정보의 투명성에 관한 문제와 정부당국간의 정책협조 등 12개 행동지침을 마련하였다. 또한 기준미달선과 관련된 정보를 널리 공개할 목적으로 웹사이트[172]를 개설하여 선박별 항만국 통제 지적사항, 주요 사고내역, 선급검사이력 등 기준미달여부를 판단할 수 있는 각종자료를 제시하고 있다.

또한 2001년 1월에 개최된 해운위원회에서는 영국의 SSY 컨설팅회사에 의뢰하여 기준미달선을 운항하는 선주의 비용을 검토한 연구보고서[173]가 제출되었고, 기준미달선을 효과적으로 배제하기 위한 각종 방안이 토의되었고, 기준미달선박을 운항하는 선주에 대해 처벌을 강화하고, 반대로 기준에 합당한 선박에 대하여는 인센티브를 부여하는 방안 등이 제시되고 있다.

이상과 같은 OECD 해운위원회의 편의치적선 퇴치를 위한 활동은 결과적으로 일정기준 이상의 편의치적선을 제도적으로 인정하는 결과를 초래했다.

---

171) 강종희·한철환·황진회 (2001), 『편의치적제도 활용방안 연구』, 서울: 한국해양수산개발원, pp.24-25.
172) www.equasis.org: equasis는 European QUAlity Shipping Information System의 약자임.
173) SSY Consultancy & Research. (2001), The Cost to Users of Substandard Shipping, London: SSY Consultancy & Research.

6.3.5 국제해사기구의 판단

국제해사기구(IMO)는 선박의 안전과 해양환경의 보호라는 관점에서 선박 및 국가가 따라야 할 국제적인 기준을 검토 수립하는 활동을 하고 있다. 편의치적선에 대하여는 이를 직접 규제하기보다는 모든 선박에 대해 IMO에서 정한 안전기준이 준수되는지를 확인하고 점검하도록 기국에 의무를 부과하고, 기준미달선박에 대해서는 제재조치를 가할 수 있는 권한을 항만국에 부여하고 있다.

1967년 3월에 영국 남서해상에서 발생한 라이베리아의 편의치적선 Torrey Canyon호의 오염사고는 대형 오염사고의 폐해가 선박이나 기국에만 한정되는 것이 아니라 그 선박이 기항하는 항만은 물론 연안국의 해안까지 파급된다는 인식이 확산되는 계기가 되었다. 그 결과 1973년 채택된 해양오염방지협약(MARPOL, International Convention for the Prevention of Maritime Pollution from Ship)에는 입항하는 선박에 대해 항만국의 통제권을 보장하는 조항이 포함되게 되었으며, 이후 항만국의 통제권을 보장하는 조항은 해상인명안전협약(SOLAS, International Convention for he Safety of Life at Sea)을 비롯한 대부분의 해사협약이 수용하고 있는 실정이다.

그 이후 1978년 프랑스 북서연안인 비스케이만(Bay of Biscay)에서 발생한 Amoco Cadiz호의 오염사고는 항만국통제 활동이 구체화되는 계기가 되었으며, 1982년 유럽 14개국은 항만국통제 시행을 위한 양해각서(Paris MOU, Memorandum of Understanding on Port State Control in the European Region)를 체결하고 그 해 7월부터 자국에 입항하는 모든 선박에 대해 안전기준 준수여부를 확인, 통제하고 기준미달선을 제재하게 되었다. 이를 필두로 항만국통제 활동은 아태지역, 남미지역, 카리브 지역, 지중해, 인도양 주변국 등 전세계적으로 확산되어 기준미달선 배제에 앞장서고 있는 실정이다.

따라서 편의치적선은 IMO에서 제시한 기준과 국제적으로 채택된 해양오염방지협약(MARPOL), 해상인명안전협약(SOLAS) 등에 부합하는 조건만 충족되면 국제적으로는 아무런 제재를 받지 않도록 되어 있다.[174]

6.3.6 국제운수노동자연맹의 판단

선진국 선원들이 편의치적선으로 인하여 실직하게 되자, 이들 선진국 선원들의 입장을 대변하고 나선 것은 국제운수노동자연맹(International Transport-Workers Federation; ITF)이었다. ITF는 편의치적제도를 국제해상운송시장으로부터 배제시키기 위해서 편의치적선이 사실상 운항을 하지 못하게 할 필요가 있었다. 따라서 이 단체는 회원들의 권익을 보호하기 위하여 청색증

---

174) 강종희·한철환·황진회 (2001), 『편의치적제도 활용방안 연구』, 서울: 한국해양수산개발원, pp.25-26.

명제도(Blue Certificate; B/C)를 통해 이 문제를 해결하고자 하였다. 즉 이를 위하여 ITF는 편의치적선에 승선하는 후진국 선원 보호를 목적으로 편의치적선의 선주에 대하여 ITF가 제시하는 조건을 충족하는 임금과 근로조건을 충족시키는 단체협약을 ITF 또는 ITF가 위임한 국별선원노조와 체결하게 하고 그 증명서인 B/C를 소지하도록 하였다.

만일 B/C를 소지하지 아니 하거나 소지하더라도 실제로 ITF가 요구하는 조건을 실행하지 않고 있다는 사실이 확인되었을 경우에는 그 항만에서 화물의 적양하를 비롯한 제반 서비스의 제공을 거부하고 있다. 예들 들어 지역선원노조(Local Seamen Union)는 FOC선박의 예인작업이 필요할 경우 ITF 청색증명서를 요구하고 있는데 미비할 경우에는 예인선 서비스가 제공되지 않거나 상황에 따라 6/12/24시간 동안 서비스를 지연시킨다.

2020년 현재 ITF의 청색증명서 발급 등을 포함한 공정실행위원회(ITF's Fair Practices Committee)에 가입한 편의치적국은 Antigua and Barbuda, Bahamas, Barbados, Belize, Bermuda, Bolivia, Cambodia, Cayman Islands, Comoros, Curacao, Cyprus, Equatorial Guinea, Faroe Islands, French International Ship Registry(FIS), German International Ship Registry(GIS), Georgia, Gibraltar, Honduras, Jamaica, Lebanon, Liberia, Malta, Madeira, Marshall Islands, Mauritius, Moldova, Mongolia, Myanmar, North Korea, Panama, Sao Tome and Príncipe, St Vincent, Sri Lanka, Tonga, Vanuatu 등 35개국이다.[175]

2000년말 기준으로 2,200여척의 편의치적 선박이 ITF B/C를 소지하여 운항하고 있다. 그러나 ITF의 임검은 유럽, 호주 등지에서는 엄격하게 적용되고 있으나, 여타 지역에서는 별 영향이 없는 것으로 알려지고 있다.[176]

현재 ITF의 이러한 보이코트 활동은 비합법성에 대한 논란도 되고 있지만, 한편으로는 편의치적제도를 오히려 인정하는 결과를 초래하고 있다는 비판도 받고 있다.

6.4 제2선적제도

6.4.1 제2선적제도 등장배경

편의치적 제도의 강세에 따라 1980년대에 유럽의 대부분의 선주들이 편의치적국으로 선박을 등록하기 시작하였다. 그 결과 해운의 주요 기능이 편의치적제도에 따라 훼손되기 시

---

175) https://www.itfseafarers.org/en/focs/current-registries-listed-as-focs
176) 강종희·한철환·황진회 (2001), 『편의치적제도 활용방안 연구』, 서울: 한국해양수산개발원, p.26.

작하여 전통해운국의 정부가 긴장하였다. 1980년대 까지만 해도 세계는 미국과 소련의 양대국을 주축으로 한 냉전체제하에 있었으며, 상선은 전시에는 중요한 수송수단으로서 무기와 같은 수준의 중요성을 갖는 것으로 평가되고 있었다. 그러한 상선이 모두 정부의 공권력이 미치지 아니하는 편의치적국으로 이적해 버린다면 안보상 중대한 결함이 생긴다고 판단하였다. 그러나 그렇다고 이를 막을 묘안도 없다.[177]

그래서 고심 끝에 생각해낸 것이 편의치적선제도와 유사한 선박등록제도를 자국 내에 만들어 시행한다면 국적이탈을 방지할 수 있을 것으로 생각하였다. 그러나 선박등록제도를 편의치적선제도와 똑같이 바꿀 경우 그 나라가 편의치적국이 되어버린다는 문제와 그렇게 되었을 경우 자국선에게만 유보되어 있는 연안해운 시장이 무너져 버린다는 문제가 있다. 그래서 우선 자국의 전통적인 선박등록제도는 그대로 두고 새로 국제해운업에 종사하는 선박에게만 적용하는 새로운 등록제도를 만들게 되었다. 그 결과 전통적인 등록제도가 제1선적제도가 되고, 새로 만든 선박등록제도를 제2선적제도라고 호칭하게 되었다. 이러한 제도를 서둘러 채택한 것은 대체로 1990년대였다. 채택한 국가들은 서구의 전통해운국을 자처하는 국가들 대부분이라고 해도 과언이 아니며, 이를 본받아서 일본과 한국 등 다른 국가들도 이 제도를 모방하게 되었다.

6.4.2 제2선적제도 현황

6.4.2.1 우리나라의 제2선적제도 현황

제2선적제도는 각국별로 차이가 나지만 대체적인 공통점은 외국인 선원의 고용을 인정하고 제세공과금을 낮춘 것이다. 그러나 이 제도는 결과적으로 실패로 돌아가고 말았다.[178] 그 이유는 이 제도를 만들 때 어느 정책 결정자도 편의치적선제도를 그대로 수용하는 것이 아니라 무엇인가 편의치적선과의 차별성을 두고자 한다. 그리고 이 차별성은 결과적으로 그만큼 선주의 매력을 감소시키는 요인으로 작용한다. 제2선적제도가 비교적 성공한 사례는 그 제도와 운영이 편의치적선에 그만큼 유사한 제도라는 것을 의미한다. 노르웨이의 국제선박등록제도가 가장 성공한 제도로 평가되고 있는데, 이 제도는 제2선적제도 중 외국인 선원의 고용을 가장 개방적으로 인정하고 있는 제도라는 것이 바로 이러한 것을 입증하고 있다.

우리나라는 1997년 기존의 정상적 등록제도가 아닌 제2의 선적(Second registry)제도로 선박의 국제경쟁력을 강화시키기 위해 각 나라에 따라 세법상의 특전, 외국인 선원 고용허용 등

---

177) 최재수 (2005), "제2선적제도의 출현", 『해양한국』, 2005권 8호, pp.130-131.
178) 최재수 (2005), "제2선적제도의 출현", 『해양한국』, 2005권 8호, p.132.

혜택을 부여하기 위해 1998년 2월 23일 국제선박등록법을 시행하였다.

국제선박등록법에서는 등록요건으로 대한민국 국민 또는 법인이 소유한 선박 및 대한민국 국적을 취득할 조건으로 임차한 외국선박으로서 국제총톤수 500톤 이상, 선령 20년 이하의 선박을 등록대상으로 하고 있다. 다만 선령 20년 이상인 경우에는 국제협약에 따른 협약서 제출 시 등록이 가능하다.

또한 해운업의 경쟁력 강화를 위해 국적외항선 등에 대하여 지정된 지역에 등록할 경우 농어촌특별세, 취득세, 지방교육세, 재산세 등을 면제 혹은 감면해 주는 제도로 우리나라는 제주국제자유도시특별법에 의거 제주도가 지정되었다. 선박등록관련 세금 감면은 조세제한특례법 시행(2002.4.2)으로 적용하고 있다.

우리나라는 2002년 4월에 '제주선박등록특구' 제도를 신설하여 제주도 등록선박에 대해서 관련 세금을 면제하는 조치를 취했으나, 국적선박을 제외하고는 외국적 선박의 등록이 전혀 이루어지지 않고 있다. 이와 같이 우리나라 선사들의 해외치적 선박과 외국 선박의 등록이 부진한 것은 외국인 선원의 고용 제한이 가장 큰 요인이라고 볼 수 있다.[179]

〈표 6-6〉 국제선박등록 현황

연도	국적선 (A)	국제선박등록(척)				제주특구등록(척)			
		계(B)	국적선	BBC/HP	비율(B/A)	계(C)	국적선	BBC/HP	비율(C/B)
2003	420	403	255	148	95.9	386	238	148	95.7
2004	491	474	349	125	96.5	446	330	116	94.0
2005	546	526	388	138	96.3	509	371	138	96.7
2006	612	591	443	148	96.5	583	435	148	98.6
2007	718	685	529	156	95.4	668	512	156	97.5
2008	828	810	590	220	97.8	795	575	220	98.1
2009	861	835	545	290	96.9	809	519	290	96.8
2010	937	876	564	312	93.4	852	540	312	97.2
2011	979	936	554	382	95.6	915	533	382	93.4
2012	1,034	992	545	447	95.9	961	514	447	96.9
2013	1,077	1,074	587	487	99.7	1,051	564	487	97.9
2014	1,125	1,118	590	528	99.4	1,100	572	528	98.4
2015	1,183	1,170	594	576	98.9	1,151	594	557	98.4

자료: 해양수산부 (2016).

179) 박태원 (2003) "아시아 주요국의 선박등록제도 현황과 시사점", 『해양수산』, 224호, p.26.

6.5.2.2 홍콩의 국제선박등록제도

홍콩의 국제선박등록제도는 1990년 12월에 상선법령(등록)으로 확립되어 1984년 영국상선법(Merchant Shipping Act)의 적용이 중지됨으로써 시행되었다. 이에 따라 1990년 12월 이전에 등록하였던 선박은 자동적으로 새로운 홍콩선적 선박으로 전환되었으며, 홍콩이 중국에 반환된 1997년 7월 1일부터 홍콩치적 선박은 중국내의 홍콩선박이 되었다.

홍콩의 선박등록제도는 노르웨이의 국제선박등록제도(NIS, Norwegian International Ship)를 기초로 하여 제정된 개방형 제도의 성격을 띠고 있다.

홍콩의 국제선박등록제도 등록요건은 등록대상 선박에 대한 선령이나 선박 규모에 대한 제한은 없으나 선주는 반드시 홍콩인이거나 홍콩에 소재한 선박관리업, 선박대리점의 법인에 소속된 자이어야 한다.

홍콩은 선박등록증 원본 대신에 사본만으로도 등록이 가능하도록 했으며 등록절차와 선박등록비용 구조를 단순화하고 등록기준도 국제수준으로 전환하는 등 선박등록을 유치하기 위해 다양한 인센티브를 제공하고 있다.

홍콩은 1999년에 톤세제도를 도입하여 등록선박에 대해 최초 등록비를 85%까지 경감하고 등록비의 최고 한도를 15,000홍콩달러로 낮추었으며, 연간 등록유지비도 45%를 감액하여 최대 100,000홍콩달러로 한정하는 등 해운관련 조세부담을 편의치적 수준으로 완화하였다.

이와 함께 홍콩에 등록된 선박에 대해서는 중국선박으로 간주하여 중국항만 기항시에 항만세 경감의 혜택이 주어지고 있다.

홍콩 등록선박은 주요 IMO 관련 협약의 적용을 받고 있으며, 등록에 앞서 모든 선박은 해운국 검사관으로부터 국제만재흘수선협약, 선박건조상의 안정성 및 국제유탁방지협약의 규정을 포함하는 검사를 받아야 한다. 홍콩은 미국선급(ABS), 프랑스선급(BV), 노르웨이선급(DNV), 독일선급(GL), 영국 로이드선급(LR), 일본선급(NK) 등의 선급기관에서 실시한 검사 및 증명서를 인정하고 있다.

한편 선원에 대한 국적 제한 요건은 없으며 다만 홍콩 해사청에서 요구하는 적절한 자격요건을 갖추어야 한다. 또한 STCW협약(The International Convention on Standards of Training Certification and Watchkeeping for Seafarers, 1978, as Amendment 1995)을 준수하는 국가에서 발행한 자격증명도 인정하고 있다.

홍콩의 국제선박등록제도는 톤세제도의 도입과 외국인 선원의 전면 개방 등으로 매우 성공적으로 운영되고 있다. 홍콩의 등록선대는 1999년 4월의 새로운 톤세제도의 시행, 외국인 선원에 대한 전면적인 개방, 그리고 대폭적인 등록절차 간소화 등 획기적인 개선조치로 인하여 큰폭의 증가세를 나타내고 있다.

<표 6-7> 홍콩의 등록선대 추이

(단위: 천DWT)

연도	합계	유조선	벌크선	잡화선	컨테이너선	기타
1980	2,240.327	224.337	1,563.100	198.314	244.017	10.559
1985	9,586.082	1,069.896	7,569.578	430.276	338.746	177.586
1990	10,337.000	1,357.000	7,778.000	439.000	469.000	294.000
1995	13,588.738	1,255.118	10,755.352	729.014	694.617	154.637
2000	13,190.911	930.195	9,748.471	949.012	1,482.032	81.201
2005	43,958.000	11,301.000	26,546.000	2,303.000	3,433.000	375.000
2010	74,513.464	18,550.090	40,957.607	3,753.595	10,160.391	1,091.781
2015	150,408.357	29,733.369	89,033.450	2,807.277	25,330.399	3,503.862
2016	164,019.986	33,431.391	94,151.104	3,106.812	29,142.784	4,187.895
2017	173,504.468	38,368.336	96,413.045	3,310.517	30,174.452	5,238.118
2018	181,488.119	40,036.097	100,171.688	3,216.829	32,093.953	5,969.552
2019	198,747.004	43,229.661	108,001.481	3,014.620	37,573.504	6,927.738

자료: UNCTAD Statics, https://unctadstat.unctad.org

6.5.2.3 싱가포르의 국제선박등록제도

싱가포르의 선박등록은 1996년에 제정된 해상법(Merchant Shipping Act)에 의해 이루어지고 있다. 해상법에는 싱가포르 시민과 영주권자 또는 싱가포르에 설립된 법인이 싱가포르 선박의 소유자로서 등록할 수 있도록 하고 있다. 또한 100% 외국인 지분에 의해 설립된 싱가포르 법인의 경우에도 선박을 싱가포르 법인 명의로 등록할 수 있게 되어 있다.

선박등록은 선명, 선박공식번호, 호출부호(call sign) 등을 기재한 등록신청서를 선박 소유자의 명세, 소유권 증명, 선박가격, 톤수증명, 선급증명 등의 관련서류와 함께 등록사무소에 제출하면 된다.

선박등록과 관련된 제세공과금은 최초 등록시의 등록수수료와 연간 톤세(annual tonnage tax)가 있다. 등록수수료는 순톤수(NT)당 2.50싱가포르달러로서 최소한 1,250싱가포르달러에서 최대한 50,000싱가포르달러로 제한하고 있다. 연간 톤세의 경우 순톤수당 0.20싱가포르달러로서 최소한 100싱가포르달러에서 최대한 10,000싱가포르달러로 제한하고 있다. 싱가포르 선박등록제도의 특징은 싱가포르선박이 나용선 선주의 명의로 싱가포르 이외의 국가에 등록할 수 있다는 점이다.

한편 싱가포르 등록 선박에 승선하는 선원에 대해서는 국적 제한이 없다. 즉 외국인 선원은 어떠한 싱가포르 선박에도 승선이 허용되고 있다. 단, 싱가포르 등록 선박에 승선하는 선원은 싱가포르 해운항만청(MPA)에서 요구하는 적절한 자격 요건을 갖추어야 하며, STCW 협약을 준수하는 국가에서 발행한 자격증명도 인정하고 있다.

〈표 6-8〉 싱가포르의 등록선대 추이

(단위: 천DWT)

연도	합계	유조선	벌크선	잡화선	컨테이너선	기타
1980	12,924.322	5,709.023	3,045.603	3,548.505	396.475	224.716
1985	11,038.251	4,055.703	3,719.249	2,087.749	864.970	310.580
1990	11,888.000	4,468.000	3,708.000	1,688.000	1,028.000	996.000
1995	18,520.025	8,893.630	5,626.138	1,889.004	1,494.500	616.753
2000	34,635.484	17,621.495	8,659.836	2,599.905	3,879.297	1,874.951
2005	40,935.000	22,317.000	10,722.000	2,331.000	4,590.000	975.000
2010	61,660.395	29,772.874	14,427.007	2,928.785	10,479.963	4,051.766
2015	117,473.999	33,513.459	49,614.117	1,629.072	23,456.958	9,260.393
2016	122,810.116	34,329.812	52,328.492	1,579.262	24,822.389	9,750.161
2017	124,216.327	35,762.047	50,707.665	1,641.047	25,502.308	10,603.260
2018	127,880.044	37,057.757	51,957.862	1,606.250	26,022.467	11,235.708
2019	129,580.673	36,252.941	52,251.241	1,656.118	27,627.258	11,793.115

자료: UNCTAD Statics, https://unctadstat.unctad.org

6.5.2.4 일본의 국제선박등록제도

일본은 해운산업을 자국의 경제발전을 위한 중요한 기간산업으로 인식하고 계획조선을 통해 선대를 증대시켜 왔으나 1960년대 후반에 들어서 선원비가 상승하면서 일본경제의 견인차 역할을 하던 해운산업의 경쟁력이 약화되었다. 이에 따라 일본선사가 택한 경영방식은 외국선박을 이용하되 단순히 용선하는 것이 아니라 용선선박과 특수한 연계를 유지하여 이익을 극대화하는 동시에 운송능력도 안정되게 확보하기 위한 제도인 시꾸미센(Shikumisen, 仕組み船)제도를 이용하였다.

시꾸미센제도는 차터백 금융(charter-back finance)제도의 진화된 형태로서 선박금융의 원천으로는 분류하지는 않지만, 일본선주가 장기적으로 관계를 다져온 고객과의 우호관계를 침해하지 않고 원가절감을 달성한 외국용선을 활용한 선박확보 방법으로 분류하고 있다.180)

그 시꾸미센제도의 운영 방법과 절차는 다음과 같다.181)

---

180) 해운산업연구원 (1985), 『선박투자와 자금조달』, 서울: 해운산업연구원, pp.64-65.
181) 마문식 (1992), 『선박금융과 해운기업의 경영전략』, 서울: 해운산업연구원, pp.53-54.

① 해운업체가 종전에 계획조선으로 건조하여 투입하던 선박을 홍콩의 선주와 체결한 계약에 의해 적정조건으로 홍콩선주가 일본조선소에 건조를 발주하게 한다.

② 건조에 소요되는 자금은 일본 수출입은행 자금과 홍콩선주가 융자받은 상업자금, 그리고 약간의 선주 자기자금으로 조달된다.

③ 이와 같은 방식으로 건조된 선박은 편의치적국에 등록하여 제3국 선원을 고용한다.

④ 사전에 계약된 조건으로 일본선주가 장기간 정기용선을 한다.

⑤ 일본해운업체는 이 선박을 자기가 계약한 화주와의 장기운송계약에 투입하게 된다.

한편 일본은 시꾸미센제도의 활용과 함께 일본선적 상선대의 유지를 위하여 꾸준히 노력하였으나 1980년대 중반 일본 엔화의 급격한 평가절상으로 인하여 일본 해운산업 및 일본 선원의 국제경쟁력이 심각하게 저하되었다.

일본 국적선대는 1985년부터 1996년에 이르기까지 큰 폭의 감소세를 나타내었으며, 일본인 선원도 1985년에 25,250명에서 국제선박등록제도를 시행한 시점인 1996년에는 5,017명으로 대폭 감소하였다. 또한 척당 선원비는 전원 일본인 선원을 배승하는 경우 제3국적 선원이 승선한 선박에 비해 약 4~5배에 달하였다.

이에 따라 일본의 노사정은 일본 국적선과 일본인 선원을 확보하기 위하여 유럽 주요 해운국의 국제선박등록제도를 참고로 하여 1996년 10월에 새로운 국제선박등록제도를 도입하였다.

이에 일본은 해운운송법에 국제항해에 종사하는 선박을 국제선박으로 정의하고, 등록 선박에게 세제상의 특전을 주는 독특한 제도를 시행하고 있다. 한편 일본은 국제항해에 종사하는 2,000G/T 이상의 일본 국적상선을 등록대상으로 하고 있다.

국제선박에 대한 세제 지원제도는 국제선박에 대한 특별세제로서 고정자산세와 등록면허세의 비과세 조치를 주요 내용으로 하고 있다.

경감 대상에서 제외되었던 해외로부터 이적된 국제선박에 대해서도 1997년부터 고정자산세 경감 대상에 포함시켰으며, 1999년부터는 이들 선박에 대해 등록면허세 경감 혜택도 부여하였으나, 선령 5년 이하의 선박소유자만 수혜 대상으로 제한하였다.

또한 일본의 국제선박으로 등록한 선박에 7개월을 초과하여 승선하는 일본인 선원에 대해 소득세와 주민세를 면제하고 있다.

한편 외국인 선원의 고용범위와 관련해서는 국제선박에 승선하는 선장과 기관장은 일본인 선원을 원칙으로 하며 기타 선원에 대해서는 외국인 선원을 고용할 수 있도록 하고 있다.

일본의 등록선대는 국제선박등록제도의 도입에도 불구하고 편의치적국에 비해 높은 선원비와 조세 부담 등으로 인한 원가경쟁력의 저하로 지속적인 감소세를 나타내고 있다.

<표 6-9> 일본의 등록선대 추이

(단위: 천DWT)

연도	합계	유조선	벌크선	잡화선	컨테이너선	기타
1980	66,315.117	33,066.362	21,608.752	7,135.410	1,230.577	3,274.016
1985	64,624.307	28,754.171	23,039.898	6,141.578	1,697.144	4,991.516
1990	42,357.000	14,267.000	17,251.000	6,285.000	1,335.000	3,219.000
1995	32,322.902	11,581.779	12,305.273	3,363.118	1,289.875	3,782.857
2000	22,722.864	8,996.357	6,543.126	2,684.016	744.744	3,754.621
2005	16,013.000	5,504.000	6,757.000	2,133.000	474.000	1,145.000
2010	17,707.219	5,028.472	6,607.931	2,491.227	123.881	3,455.708
2015	30,670.134	6,681.570	17,609.943	2,655.024	124.291	3,599.306
2016	32,115.214	7,372.719	17,889.098	2,680.491	430.934	3,741.972
2017	34,710.903	9,185.013	18,200.557	2,669.176	709.845	3,946.312
2018	37,536.134	10,141.398	19,627.685	2,787.439	805.185	4,174.427
2019	39,033.881	10,697.101	19,712.795	2,665.095	1,573.796	4,385.094

자료: UNCTAD Statics, https://unctadstat.unctad.org

제8장

해상운송의 규칙

7. 해상운송의 규칙

7.1 해상운송 절차

7.1.1 상관행 개요

만일 상인, 선주와 국제무역을 다루는 은행업자의 일반 관행을 누구든지 알게 된다면 해상물건운송에 관한 계약법 분야를 쉽게 이해할 수 있게 될 것이다. 이와 같은 분야에 실제 경험이 없는 사람의 편익을 위해 물건을 지구상의 어떤 지점에서 또 다른 지점으로 운송하고자 하는 사람이 일반적으로 취하는 조치를 이해하는 것은 해운업을 이해하는 데 크게 도움이 된다. 제조업자, 수출업자 등이 해외의 고객에게 물건을 판매한 후 비용과 편의를 고려하여 자신의 물건을 최종목적지 까지 가장 잘 운송해 줄 수 있는 선사를 선정할 경우 그는 해운선사로부터 3~4부의 선하증권(Bill of Lading: B/L)을 획득하게 된다. 거의 모든 해운회사는 독자적인 양식의 선하증권을 갖추고 있다.

선하증권은 일반적으로 다음과 같은 역할을 한다(Ivamy and Payne, 1989).

① 물건의 권리증권(documents of title to the goods): 물건이 일단 선적될 경우
② 물건의 수령증(a receipt for the goods): 운송인(carrier)이 물건을 수령한 경우
③ 송하인(送荷人, shipper)[182]과 선주(shipowner) 간의 계약의 증거(evidence of the contract between the shipper and the shipowner)

오늘날 정기선사에 의해 선적이 이루어 질 경우 일반적으로 송하인과 선주간에는 이에 각각 개입하는 대리인(agent)이 있다. 송하인은 종종 운송대리인(forwarding agent)을 그리고 선주는 선적중개인(loading broker)을 각각 사용한다.

운송대리인의 일반적인 의무는 출항일자와 출항지를 확인하며 필요한 경우 선박내 적재공간(Ship's Space), 선복(船腹)을 확보하며 인쇄된 선하증권의 빈칸에 수하인(consignee)이나 물건

---

[182] Shipper 송하인(送荷人): 운송인과의 운송계약의 한 당사자로서 자기 명의로 화물운송을 운송인에게 의뢰하고 화물을 제공하는 자로, 선하증권 등 운송증권의 Shipper란에 기재되는 자이다. 화물을 발송하는 자라는 의미에서 Consignor라고도 한다. Shipper는 거의 대부분이 수출자(exporter) 또는 매도인(seller)이지만 반드시 그렇지 않을 수도 있다. 영국에서는 수출자와 동의어로 사용하지만 미국에서는 항공운송, 육상운송의 어느 운송에서도 화물의 적출인은 Shipper라고 한다. 운송신문사편집부 (2010), 『물류용어사전』, 18판, 서울: 운송신문사, s.v. "Shipper"

을 인도받을 사람, 물건확인을 목적으로 화물포장에 표시한 화인(貨印, Shipping Marks & Numbers)183), 운임(freight) 지불시기 및 장소에 관한 규정과 기타 여러 가지 필요한 사항을 기재하는 것이다.

이와 같이 작성된 3~4부의 선하증권을 한 세트(set)라고 한다. 운송대리인은 이와 같은 서류의 서명을 위하여 선적중개인에게 송부한다. 또한 운송대리인은 물건을 선측(alongside) 즉 선박의 삭구(tackle) 도달지점에 이동시켜 세관원의 검사를 받게 하고 화물관련 세금을 지불한다. 선적후 운송대리인은 선하증권 1부를 제외한 모든 원본을 송하인에게 송부한다. 나머지 선하증권은 선주에게 인도하여 그 항해의 선적서류(ship's paper)가 되게 한다.

선박의 적하목록(manifest)은 상기와 같이 수집된 모든 선하증권의 명세를 모아 작성한다. 영국관련 정기항로에 취항 중인 모든 선사는 선적중개인(loading broker)을 통한 운송을 하고 있다.

선적중개인의 의무는 일반적으로 다음과 같다.184)

선적중개인은 항해스케줄을 광고하며 선적준비 사항을 감독한다. 단 선박내에 실제 화물의 적부계획(stowage plan) 또는 선창내 화물의 포장은 선주를 직접대신하는 선적감독(cargo superintendent)이 결정한다. 선적중개인도 선하증권에 서명하고 운임과 교환으로 선하증권을 발급한다. 선적중개인은 운임 중 일부를 수수료(commission)로 지급받으며 이를 위해 주요기능인 집하활동을 수행하게 된다.

상술한 바와 같이 선적중개인과 운송대리인은 각각 분리된 기능을 수행하고 있음을 알 수 있다. 그럼에도 불구하고 실제에 있어서는 동일한 회사가 종종 선적중개인과 운송대리인의 기능을 수행하고 있다. 일반적으로 한 회사가 다만 1개 선사를 위한 선적중개업무를 맡아 그와 같은 선사관련 모든 업무를 수행한다. 그와 같은 선적중개인은 선적 이외의 다른 업무는 재량에 따라 자유롭게 할 수 있다. 송하인은 일반적으로 해상사고, 전쟁위험, 화물파손 또는 유출에 대비하여 적하보험에 가입한다. 이와 관련 송하인은 보험회사에 보험료(premium)를 지불하며 이러한 보험계약을 나타내는 문서를 보험증권(policy)이라고 부른다.

선하증권, 보험증권, 그리고 화물송장(invoice)의 3가지 서류를 갖춤으로써 송하인은 완벽한

---

183) 화물의 외장에 표시하는 특정의 기호, 목적지, 번호, 기타의 표식을 말한다. 포장표면에 화인을 하는 목적은 화물을 특정하는 목적 외에 관계자들이 당해 화물을 취급할 시 타 화물과의 구별을 용이하게 식별하는데 있다. 화인으로 표시되는 주요 사항으로는, ① Main Mark(특정기호에 수입자상호), ② 공급자, ③ 포장번호, ④ Port Mark(목적항 표시), ⑤ Weight Mark(gross/net Weight), ⑥ Origin Mark(원산국표시) 및 기타 Order No., Attention Mark, Grade 또는 Quality Mark 등이 있다. 운송신문사편집부 (2010), 『물류용어사전』, 18판, 서울: 운송신문사, s.v. "Shipping Marks & Numbers"

184) Edward Richard Hardy Ivamy and William Payne (1989), Payne and Ivamy's Carriage of Goods by Sea, 13rd ed., London and Edinburgh: Butterworths ; John F. Wilson (2010), Carriage of Goods by Sea, 7th ed., London: Pearson Education.

선적서류(shipping document)를 갖게 된 것이다. 거의 모든 경우 수하인 또는 수하인이 지정한 은행 앞으로 발행된 일람출급(draft) 또는 몇 일에서 몇 개월 뒤 출급되는 화환어음(bill of exchange)에 선적서류가 첨부된다. 송하인은 상기와 같은 서류를 가지고 다음과 같은 3가지 사항 중 하나를 반드시 수행한다.

① 송하인은 관련서류를 수하인에게 송부할 수 있다. 이는 수하인이 수하인의 대리인 또는 사용인인 경우에 그렇게 한다.
② 송하인은 자신이 거래하는 은행에 관련서류를 인도하여 송장상의 대금을 수하인 또는 수하인이 지정한 은행으로부터 회수할 것을 요청할 수 있다. 이와 관련 송하인이 개설한 은행은 송하인으로부터 수수료를 받을 수 있다.
③ 송하인은 자신이 거래하는 은행에서 이 화환어음을 할인할 수 있다. 즉, 은행은 송하인에게 화환어음 중 수수료를 공제(discount)한 금액만큼 지급한다.

어음(bill)은 발행하는 사람이 일정한 금전의 지급을 약속하거나 또는 제3자에게 그 지급을 위탁하는 유가증권이다. 어음할인이란, 은행이 어음소지자의 의뢰에 의해 액면금액에서 만기일까지의 이자를 공제하고 매입함으로써 어음의 유통을 도모하는 것이다. 즉, 자금이 필요한 경우 이자를 내고 만기일 전에 현금으로 바꾸게 되는데 이를 어음할인이라 한다. 사채시장에서는 '깡'이라는 말로 통용되며 이 때 공제한 이자를 할인료라고 한다. 어음을 담보로 대출을 받는 것과 마찬가지이며 그 때 할인료는 대출이자가 되는 것이다. 어음할인시장이 발달되어 있는 영국·미국 등지에서는 은행의 어음할인이 원칙적으로 할인시장에서 은행·어음 브로커(bill broker)·할인상사(discount house) 등 중개업자를 통하여 간접적으로 이루어지고 있다.

수하인은 자신은 무역업자이거나 물건을 재판매하는 대리상(factor)이다. 수하인은 물건이 최종 목적지에 도착하기 전에 상기와 같은 일을 할 수 있다. 그와 같은 경우 수하인은 선하증권 이면에 적절한 양식의 배서(背書, indorsement or endorsement)를 하거나 서명을 함으로써 물건의 새로운 주인에게 양도하고 이 사람은 물건의 유상양수인(有償讓受人, indorsee for value)이 된다. 물건의 소유권을 양수인에게 양도할 목적으로 선하증권에 배서하는 것은 실제로 양수인이 그 물건의 소유권을 취득하는 효과가 발생한다. 백지배서(白紙背書, indorsement in blank)는 선하증권의 공간에 송하인의 서명만으로 된다. 지시식배서(指示式背書, special indorsement)는 송하인의 서명과 특정인에게 양도 지시내용으로 구성된다. 해외 구매자에게 물건을 매매하기 위한 계약양식은 관행에 따라 여러 가지로 정형화되어 있으며 일반적으로 가장 많이 사용되는 계약양식은 다음과 같다.

① 운임보험료포함가격(CIF) 계약

보험료, 운임포함 가격의 계약이다. 본 계약에서 매도인은 매수인이 최종목적지로 지정한 장소에서 물건을 인도할 것을 약속하며 보험료와 운임을 지불한다.

② FOB 계약

선적항 본선인도(Free On Board)를 조건으로 하는 계약이다. 본 계약에 의한 매도인의 의무는 선박의 난간(Ship'S Rail)에서 물건을 인도하는 것이다. 매수인은 보험료, 운임 그리고 물건의 운송 도중 발생되는 모든 기타 비용을 지불해야하며 운송중의 위험도 매수인이 부담한다.

③ 창고인도(Ex Warehouse) 계약

매수인은 물건의 매매계약 체결 당시 물건이 보관된 창고로부터 물건을 인수하여 최종목적지까지 물건의 운송에 책임을 진다는 조건으로 매입한다.

항해 도중 선박 또는 선적된 물건 중 일부가 훼손을 입을 수도 있다. 여러 가지 면책조항에 의거 항해 도중 입은 손해는 경우에 따라 선주 또는 화주(또는 보험회사)가 손해를 부담해야한다. 그와 같은 손해를 단독해손(Particular Average)이라고 하고 그 경우의 관계자가 부담하게 된다. 이 원칙의 가장 중요한 예외는 허리케인(Hurricane)과 같은 중대한 위험이 그 항해의 이해관계자 전체를 위협하는 경우 관련자 모두의 이익을 위해 고의적으로 희생이 발생했을 경우이다.

선적된 화물 중 일부는 투하(投荷, Jettison) 될 수도 있다. 공동해손희생(General Average Sacrifice)이라고 불리는 그와 같은 손실이 발생될 경우 그 희생에 의하여 이익을 받은 모든 사람들이 그 손해를 부담한다. 관련자들은 자신의 이익에 비례 배분하여 손실을 부담한다. 선장은 선박이 최종목적지 항구에 도착하면 운임이 지불되었을 경우 선하증권을 제시하고 물건 인도를 요구한 사람에게 물건을 인도한다.

얼핏보면 한 세트의 선하증권 작성이 커다란 사기위험을 내포하고 있는 것처럼 보일 수도 있다. 그러나 실제에 있어서 물건에 대한 권리를 갖지 않은 사람이 선하증권을 소지하는 경우는 극히 드물다. 선하증권을 가지고 있지 않은 수하인은 일반적으로 운송인으로부터 물건을 인도받을 수 없으나 가끔 선적서류의 우송이 지연될 경우 운송인은 보상장(報償狀, Indemnity)과 상환하여 물건 인도에 동의하는 경우가 있다.

이것은 주로 신용도가 높은 개인 또는 회사 예를 들어 은행이 보증한 경우이며 이로써 운송인은 선하증권을 제시하지 않은 사람에게 물건을 인도함으로써 입게 될 손실에 대해서 보상을 받게 된다.

수하인이 부두에서 물건을 인도받는 즉시 적하보험에 부보된 손실이 발생되었다고 의심이 갈 경우 수하인은 보험회사의 현지대리점 직원을 불러 물건의 손실여부에 관한 조사와 증명서 발급을 요청할 수 있다. 또한 수하인은 독자적인 조사원(Surveyor)에게 지원을 의뢰할 수 있다. 그렇게 하여 수하인은 보험업자에게 청구할 수 있다. 무역업자에게 있어서 해상보험의 중요성은 선하증권 상에 면책조항(Exceptions)과 같은 특정조항에 의해 선주는 화물에 발생할지도 모를 수많은 면책위험(Excepted Perils) 또는 재난으로부터 면책될 수 있다는 그 점에 만약 보험회사가 그 위험을 전보하지 않는다면 무역업자는 이득이 있는 거래를 못하게 될 것이다. 해손이 발생될 경우 관련자의 부담액을 산정하는 사람을 해손정산인(Average Adjuster)이라고 부른다. 그러나 지체 또는 태만과 같은 이유로 물건이 손상되었을 때 수하인이 인수하지 않는 경우가 있다. 그와 같은 경우 선장은 물건을 양륙시켜 창고에 보관하거나 만약 그것이 부적합할 경우 물건 주인의 이익을 도모하기 위해 다른 장소로 옮길 수도 있다.

전술한 바와 같이 선하증권에 의하여 증명되는 송하인과 선주 사이의 운송계약 대신에 종종 이용되는 방법에 관하여 언급하여야 한다. 송하인은 다음 중 하나의 방법을 사용하게 된다.

① 정기용선계약(Time Charter Party): 일정기간 선박을 용선하고자 할 경우 선주와 체결하는 계약

② 항해용선계약(Voyage Charter Party): 어느 항해에 관하여 선박 적재공간 전부 또는 일부를 용선하는 경우에 선주와 체결하는 계약

③ 선박임대차계약(Charter Party by Demise): 선박을 임차함으로써 일시적으로 동 선박의 선주와 동일한 지위를 갖고자 할 경우 원래의 선주와 체결하는 계약

어느 경우에는 용선계약을 체결한 송하인이 선박에 자신의 물건을 직접 선적하거나 다른 경우에는 송하인의 선박내 일정량의 적재공간이 남아 있음을 광고하며 보수를 받는 댓가로 다른 송하인의 물건을 선적하기도 한다. 자신의 물건을 가지고 있지 않으면서 다른 송하인에게 적재공간 제공을 통한 이윤을 기대하여 투기목적으로 선박을 용선하는 경우도 가끔 있다. 각기 다른 선하증권에 의해 많은 사람들의 물건을 운송하기 위해 선주 또는 용선자(Charter)가 선박을 사용할 경우 그와 같은 선박을 개품운송선(個品運送船, General Ship)이라 부른다. 이 과정에서 지급되는 여러 가지 종류의 운임(Freight)은 다음과 같다.

① 선불운임(先拂運賃, Advance Freight)은 종종 운송인이 수하인에게 물건을 인도하기 전에 운임을 지불토록 합의하는 것이다. 즉 "운임은 선적 즉시 지불토록 한다"라고 협의할 수 있다.

② 일괄운임(一括運賃, Lump Sum Freight)은 용선자가 운송되는 화물의 양과는 무관하게 용선계약에 포함된 항해를 위해 일정액의 지불을 약속하는 것을 말한다.

③ 비례배분운임(比例配分運賃, Pro Rata Freight)은 이미 완료된 항해의 비율 또는 화물의 양에 비례배분하여 지불하는 운임을 말한다.

④ 부적운임(不積運賃, Dead Freight)은 용선자가 만선화물(Full And Complete Cargo) 즉, 안전하게 선창내에 만재할 수 있는 화물을 선적하지 못한 화물량에 대해 부과하는 손해배상에 붙여진 이름이다. 왜냐하면 일괄운임에 합의한 경우 이외에 선주는 일반적으로 자신이 운송할 수 있는 최대한도의 화물적재를 명기하기 때문이다.

⑤ 반송운임(返送運賃, Back Freight)은 수하인이 물건을 인수하지 않거나 물건 처분에 관한 지시를 하지 않을 경우 원래의 목적지 이외에 곳에 물건운송을 한 것에 대해 선주에게 지불하는 보수를 지칭한다.

부정행위(Barratry)는 선장이나 선원이 선주의 동의 또는 인식없이 행하여 선박이나 화물의 멸실 또는 훼손을 야기한 사기 또는 폭력행위를 말한다. 모험대차증서(冒險貸借證書, Bottomry Bond)는 비상시에 선박이 항해를 종료할 수 있도록 차입하기 위하여 선박과 화물을 담보로 제공하는 계약을 말하고 화물만을 담보로 계약할 경우 적하모험대차증서(積荷冒險貸借證書, Respondentia Bond)라고 한다.

상기와 같은 두 가지 계약의 형태는 현재 거의 이용되지 않고 있다. 용선계약서상에 아무런 한정적인 설명이 없이 재화중량(Deadweight Capacity)이 사용될 경우 이것은 선박이 운송할 수 있는 물건의 총중량(Gross Weight)을 의미한다.

용선계약에는 선박이 화물의 적재 또는 양하를 해야 하는 기간을 정하고 이것을 정박기간(碇泊其間, Laydays)이라고 한다. 체선료(滯船料, Demurrage)는 용선계약서상의 정박기간을 초과한 기간에 대해 용선자가 선주에게 지불하는 약정손해배상 금액이다. 정박기간이 종료되고 체선료가 규정되어 있지 않거나, 선적 또는 양하시간이 합의되지 않거나, 합의된 기간 동안에 한해서 체선료를 지불하기로 약정하고 추가로 지연이 발생될 경우 선주는 그와 같은 지연에 대하여 지연손해배상금(遲延損害賠償金, Damages for Detention)을 청구할 수 있다. 이것은 선박의 수익능력은 항해간에 가능한 한 지연없이 선박을 계속 사용하는데 달려있는 것이 명백하기 때문이다. 용선계약서에는 만약 용선자가 정박기간보다 짧은 기간에 선적 또는 양하할 경우에 용선자에게 조출료(早出料, Despatch Money)를 지불토록 규정하고 있다.

하역일(Working Day)이란 문제가 된 특정항만에서 일반적으로 작업이 이루어지는 모든 일자를 말한다. 청천하역일(靑天荷役日, Weather Working Day)이란 특정한 작업이 가능한 모든 작업일을 말한다. 연속하역일(連續荷役日, Running Days)이란 선박이 항해가능한 모든 일자, 즉 연중 모든 날을 말한다.

이로(離路, Deviation)는 선박이 운송계약을 이행하기 위해 따라야 할 지정되거나 통상적인 항로를 벗어나는 것을 말한다. 고유결함(固有缺陷, Inherent Vice)은 어느 누구의 부주의나 비행에 의하지 않고 물건에 손해를 가져오거나 품질을 저하시키거나 물건 또는 포장의 결함 또는 성질을 나타내는 용어이다.

본선수취증(本船收取證, Mate's Receipt)은 물건이 본선내에 선적된 사실을 증명하기 위해 일등 항해사가 발행하는 수령증이다. 본선에서 발행 후 본선수령증은 선하증권과 교환하기 위해 선주 또는 선적중개인에게 넘겨진다.

발하(拔荷, Pilferage)는 물건의 운송 중 또는 창고에 보관 중 발생하는 모든 절도행위를 나타내는 통칭이다. 일반적으로 Pilferage란 비밀리에 전부가 아닌 포장내용물의 일부만을 빼는 것(Loss by Petty Stealing)으로 겉으로 보아서는 확인할 수 없다. 반면 절도(Theft)는 포장된 통째로 훔치는 것으로 외관상 명백히 확인된다.[185]

해난구조료(Salvage)는 계약당사자가 아닌 사람이 선박이나 화물을 멸실 또는 훼손으로부터 구조한 댓가로 지불하는 보수이다. 부두사용료(Wharfage)는 부두에서 물건의 수령, 보관 또는 이동시에 부과하는 요금이다.

7.1.2 선적절차

무역계약이 체결되고 나면 보통 매도인은 화물을 매수인에게 발송하기 위하여 운송을 수배하게 된다.[186] 이때 선박에 의한 운송의 경우 매도인은 선박회사와 운송계약을 체결하게 된다. 개품운송의 경우에는 재래선 이용의 경우와 컨테이너선 이용의 경우가 있으나 운송계약을 체결하는 절차는 동일하다. 매도인은 신용장상의 선적기일(Shipping Date)을 위반하지 않도록 배선표(Sailing Schedule)를 참조하여 선적할 선박을 결정한 후 선박회사에 선복(Ship's Space)을 신청하는 선복신청서(Shipping Request; S/R)를 제출하고, 선박회사가 이것을 승낙(acceptance)하면 인수확인서(booking note)를 교부하게 되는데 이것으로 운송계약이 성립된다.

---

185) 화물보험증권에서는 강도(Thieves)와 해적(Rover)은 담보되나 절도(Theft)와 발하(拔荷; Pilferage) 및 불착(不着, Non-Delivery)은 본약관에 의한 특약이 없으면 담보되지 않는다. 또 우리나라의 화물해상보험보통보험약관에 있어서도 화물의 도난, 분실 또는 불착에 의해서 생긴 손해는 특약이 있는 경우 혹은 화재, 침몰, 좌초, 교사(膠沙), 충돌, 탈선, 전복에 의한 경우 또는 공동해손행위에 의한 경우 이외에는 담보하지 않고 본특별약관에 의해서 도난과 불착 위험을 특별담보한다. 운송신문사편집부 (2010), 『물류용어사전』, 18판, 서울: 운송신문사, s.v. "Theft, Pilferage And Non-Delivery Risks Clause".

186) 매도인이 운송을 부담하는 계약일 경우에 한 한다. 즉 운송포함계약 및 운송조건부계약일 경우 운송계약을 체결해야 한다.

즉 개품운송계약에 있어서는 일반적으로 개별운송계약서는 작성되지 않으며 선하증권(Bill of Lading; B/L)이 발행되면 이것이 운송계약 성립의 추정적 증빙(Prima Facie Proof)이 된다고 간주한다.187)

선박회사는 화주의 선복신청을 승낙한 후 선복원부(Space Book)에 기입하는데, 기입을 Booking이라고 한다. 해상운송계약이 체결되고 나면 선박회사는 계약된 화물을 선박에 적재하여 목적지까지 운송할 것을 선장에게 지시하게 되는데 이 지시서를 선적지시서(Shipping Order; S/O)라고 한다. 이 선적지시서는 화주 또는 선박대리업자에게 교부되며 본선 일등항해사(Chief Mate)에게 제출하고 선적을 실행하게 된다.

본선 적재시 승선세관원의 입회하에 선적지시서, 수출허가서 등과 대조확인을 거친 후 선적하게 되는데 선적이 끝나면 승선세관원은 수출면장(Export Permit)에 선적확인을 위한 배서를 한 후 화주에게 돌려준다. 본선측과 화주측은 선적지시서대로 선적되었는지를 확인하기 위하여 검수인(Tally Man)의 입회하에 화물의 수량과 상태를 조사하여 그 결과를 검수표(Tally Sheet)로 작성하고 선적지시서와 대조한 후 화물수령의 증거로 본선수령증(Mate's Receipt; M/R)을 발급한다. 선적지시서의 내용과 선적된 화물이 불일치하거나 화물 또는 포장에 이상이 있는 경우에 이것은 M/R의 Remarks(비고)란에 기재되며 이러한 M/R을 고장부수령증(故障附受領證, foul receipt)이라 한다. 이를 그대로 선하증권에 기재하여 발행된 선하증권이 고장부선하증권(故障附船貨證券, Foul B/L)이 된다. 통상 신용장상에는 무고장선하증권(無故障船貨證券, Clean B/L)을 요구하기 때문에 고장부선하증권은 화환취결시 부적합한 서류로 은행으로부터 거절되기 마련이므로 송화인은 선박회사에 파손화물보상장(破損貨物補償狀, Letter of Indemnity: L/I)을 제공하고 무고장선하증권을 교부받는다.

그런데 이러한 해상운송물품의 선적절차는 컨테이너 선적의 경우와 컨테이너를 이용하지 않는 재래선 선적의 경우 그 절차에 차이가 있다. 컨테이너 선적의 경우에는 FCL(full container load) Cargo 또는 LCL(less than a container load) Cargo이냐에 따라 반입장소, 검량시기 및 통관수속시점 등이 달라진다.

FCL Cargo인 경우 공컨테이너(empty container)를 CY(container Yard)에서 공장 또는 보세창고까지 운반하여 화물을 화주의 책임 하에 컨테이너에 적재하고 다시 선박회사가 지정한 CY까지 운반하여 CY Operator에게 인도하면 선박회사는 자기의 책임으로 본선에 적재하게 된다.

LCL Cargo인 경우에는 화주가 자신의 공장이나 창고에서 자신의 책임과 비용으로 화물을 CFS(container freight station)에 반입하여 CFS Operator에게 인도하면 CFS Operator는 여

---

187) 吳元奭 (1995), 『國際運送論』, 서울: 博英社, p.45.

러 화주의 화물을 한 개의 컨테이너에 혼재하고 이 혼재된 컨테이너를 CY Operator에게 인도하여 선적하게 된다.188)

　FCL화물의 경우 화주가 컨테이너를 CY Operator에게 인도할 때 CY Operator는 내적된 화물을 확인한 후 부두수령증(Dock Receipt; D/R)을 발행하여 화주에게 교부하는데, 화주는 이 D/R과 상환으로 수취선하증권인 컨테이너선하증권(container B/L)을 발급받게 된다.

　LCL화물인 경우 검량 및 통관이 끝나고 CFS에 반입하는 통관필반입(通關畢搬入)의 경우와 CFS에 반입한 후 검량 및 통관하는 통관미필반입(通關未畢搬入)의 경우가 있는데, 통관필반입의 경우 CFS Operator는 여러 화물을 혼재한 후 컨테이너 선하증권을 화주에게 발행한다. 통관미필반입의 경우 통관미필상태로 CFS에 반입한 후 수출신고를 하고 통관수속을 필한 후 CFS Operator에게 인도하고 컨테이너 선하증권을 발급받는다.189)

　재래선 선적의 경우는 보세창고에 화물을 반입하여 검량과 통관수속을 하고 세관의 수출허가를 받고 선적한다. 적재 또는 하역은 선내하역인부(stevedore)에 의하여 행해지며 적재수량에 관해서는 검수인이 입회하여 검수표를 작성하고 본선의 일등항해사는 검수표를 받아서 M/R를 작성하는데, 비고란의 내용을 M/R의 비고란에 기입하게 된다. 이 M/R에 의해 확정된 수량이 B/L상에 기재되는 것이다. 이 M/R상의 비고란에 기재사항이 없는 것을 무고장수령증(Clean Receipt)이라고 한다. 선적이 끝나면 세관으로부터 수출면장을 발급받고 선박의 출항절차190)가 완료되면 화물을 목적항을 향해 출항시키게 된다.

7.1.3 양륙절차

　선박회사는 선박이 입항하면 선하증권의 착화통지인에게 통지하고 보통 수화인인 착화통지인(着貨通知人, Nortify Party)은 은행191)으로부터 입수한 선하증권을 선박회사에 제시하고192) 착지급운임(着支給運賃, freight collect)인 경우 운임을 지급한 후 인도지시서(delivery order; D/O)를

---

188) FCL인 경우 화주와 선박회사간의 책임분기점은 CY 인도시점, LCL인 경우 CFS 인도 시점이 책임의 분기점이다.
189) 컨테이너 B/L을 발급받기 위해 이론상으로는 M/R이나 D/R을 화주가 수취한 후 이를 다시 선박회사에 제출하고 필요한 제반비용(Charges) 등과 함께 운임을 지급하면 B/L이 발급되게 되어 있으나 실무상으로는 CY/CFS Operator가 D/R를 CLP, 수출면장 등의 타 서류와 Cross-Checking하고 서명한 후에 선박회사에 송부하고 있다. 재래선이나 Container선 모두 B/L발급시 화주에게 M/R이나 D/R을 요청하는 일은 없다. 吳元奭 (1995), 『國際運送論』, 서울: 博英社, p.53.
190) 선박의 중요한 출항절차는 항만당국(우리나라는 지방해양수산청)으로부터의 출항허가, 수출입관리소의 emigration, 세관의 출항수속면허 등이다.
191) 신용장에 의한 경우 선하증권은 보통 송화인→매입은행→개설은행→수화인에게로 전달되는데 수화인은 수입대금을 결제하거나 T/R(Trust Receipt, 貸渡)받아 선하증권을 개설은행으로부터 받게 된다.
192) 그러나 거리나 우편사정으로 화물이 먼저 도착하고 선하증권이 나중에 오는 경우 수입지 은행으로부터 화물선취보증장(Letter of Guarantee; L/G)을 교부받아 선박회사에게 화물인도를 요구하게 된다. 이 보증장에 의한 화물인도의 경우 수화인은 선하증권이 입수되면 즉시 선박회사에 제출하고 보증장을 반환받아야 한다.

발급받아 물품을 수령 받게 되는데 선박회사는 보통 양륙지에서 자신의 양륙업자(landing agent)를 지명하여 양화 및 화물인도업무를 대행시킨다. 양륙업자는 창고, 부선, 인부 등을 수배하여 검수 후 소정의 장소에 양륙하여 화주에게 인도한다. 매수인(수입상)은 화물인도 수령 전 화물의 수입신고서(Import Declaration)를 세관에 제출하여 수입관세납부, 수입면허발급 등 수입통관수속을 해야 한다.

운임이 착지급인 경우 운임이 지급되면 운송인(선박회사 또는 지정양륙업자)은 선하증권을 회수하고 인도지시서193)를 교부한다. 수화인은 화물의 수령을 FCL화물인 경우 CY에서, LCL화물인 경우 CFS에서 인수하게 되는데, 육상운송을 위해 사전에 육상운송업자를 수배해 두는 것이 바람직하다.

화물은 선적시와 동일한 상태로 선하증권 소지인에게 인도되어야 하는데 이때 물품의 상태를 검사하여 화물에 이상이 있을 때에는 화물수도증(貨物受渡證, Cargo Boat Note: B/N)194)의 적요란에 기입해야 한다. 여기에 화물의 손상, 사고의 종류 등을 기재해야 하는데 그 책임이 선박회사 또는 하역인부의 작업 중의 사고인지 등 그 책임자측의 인정을 받아두어야 그 책임을 확정하는 데 유리하다.

운송 중 손상 사고가 아닌 양화·화물인도시의 중요한 사고의 유형으로서는 지정양륙지 이외의 양륙지에서 화물이 양륙되는 양화착오(揚貨錯誤, Mislanding), B/L의 기재량보다 많은 수량이 양륙되는 초과양륙(Overlanding), 부족한 과부족양륙(Shortlanding), 선하증권면에 기재된 화물이 아닌 다른 화물을 인도하는 화도착오(貨渡錯誤, Misdelivery) 등이 있다.

7.1.4 컨테이너 수출입 운송 흐름

수출입 화물의 이동을 이해하기 위해서는 상품의 매매 과정을 이해하는 것도 필요하다. 일반적으로 상적유통(Commercial Distribution)과 함께 발생하는 것이 물적유통(Physical Distribution) 이다. 즉 상품은 매매과정을 통하여 생산자로부터 소비자로 소유권이 이전되고 그 이전 과정 중에 상품은 이동하게 된다.

〈그림 7-1〉은 오늘날 해상운송의 주요 대상인 컨테이너 수출입 화물의 운송 흐름이다. 수출입 운송 흐름을 보면 무엇보다도 우선하여 매매가 이루어진 결과에 대한 운송 흐름이 발생한다. 선박을 통한 국제운송에는 무엇보다도 먼저 국제간에 소유권 이전 절차인 '팔겠다. 사겠다'라고 하는 매매계약이 존재하게 된다(①). 대형 제조업체와 하청업체간에도 기본적으

---

193) 인도지시서는 선하증권과는 달리 유통증권이 아니며 단지 지시서에 불과하다.
194) 화물수도증(B/N)은 선적시의 본선수령증(M/R)과 마찬가지로 검수표에 기초하여 작성되며 B/N과 M/R의 Remark 란이 동일하면 운송중 손상이 없었던 것으로 간주되며, 이것이 본선의 책임유무를 밝히는 증거서류이다.

로 거래에는 매매계약이 존재하게 된다.

〈그림 7-1〉 컨테이너 수출입 전체의 흐름

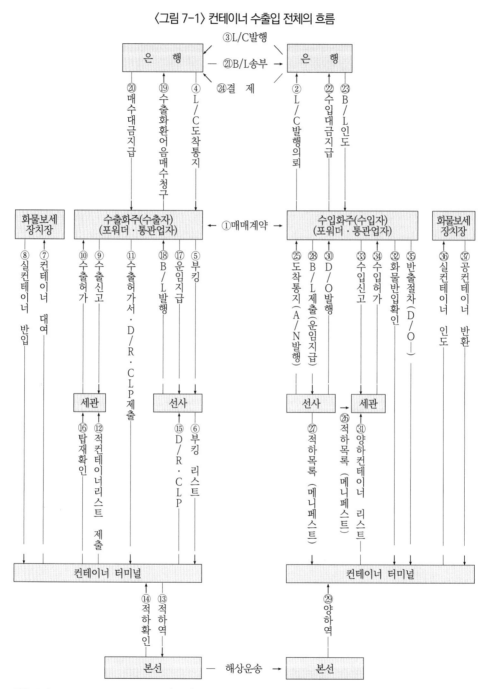

자료: MOL JAPAN 物流入門編集委員会 (2006), 『MOL JAPAN 物流入門』, 東京: MOL JAPAN.

매매계약 특히 국제거래에서는 국내간 거래보다 훨씬 어려운 사항이 있으며 거래위험이 도처에 도사리고 있다. 격지자간에 대금을 지급하게 될 경우 계약대로 상품이 운송될 것인가라는 걱정도 있으며 반대로 상품을 판매하는 입장에서는 조금이라도 빨리 대금을 받아야만 판매에 안심이 될 것이기 때문이다. 얼굴조차 마주하지 않은 격지자간의 장거리 거래이기 때문에 당연히 그런 문제와 위험이 발생할 수밖에 없다.

따라서 구입하는 사람인 B인 수입업자는 파는 사람 S인 수출업자가 선호하는 주로 종래부터 거래관계가 있는 은행을 선정하여 L/C(Letter of Credit, 신용장)를 발행하게 한다(②, ③). L/C는 수입업자 B측의 은행 b가 수출업자 S측 은행 s에게 발행하는 보증장이다. 신용장의 존재 의의는 수출입자의 신용을 은행이 보증하여 거래의 신뢰도를 확보하기 위해서이다. 수입자는 물건을 진짜로 받을지, 멀쩡한 물건을 받을지, 몇 개를 받을지도 모르는 채로 수출자에게 먼저 대금을 납부하기 싫을 수 밖에 없고, 수출자는 수입자가 대금을 결제하지 않고 수령한 채 사라질지도 모르는 마당이기 때문에 생기는 문제이다. 이름만 들어도 누구나 알고 있을 만한 평판이 좋은 대기업을 상대로 거래한다면 신용장의 필요성은 매우 적겠지만, 생소한 타국의 중소기업과 거래해야할 때는 정상적인 대금 수령조차 걱정부터 해야하다보니 이를 해결하기 위한 수단이다. 수출입자는 못 믿겠지만 수출입자가 이용하는 은행은 대다수의 경우 믿을 만하고, 그 은행의 신용조사도 한결 용이하기 때문에 은행을 참여시켜 거래하는 셈이다. 일반 소비자 입장에서는 안전거래를 통해서 거래하는 것과 비슷한데 수출입거래의 경우 훨씬 거래금액이 크다보니 은행을 통해서 복잡한 절차와 각종 서류를 제출하면서 거래해야 하는 것이다.

b은행의 경우 수입업자 B와 거래관계가 있으므로 수입업자의 정기예금이나 담보인 토지 등 여러 가지가 은행의 관리하에 있으므로 만약 불확실한 상황이 발생하더라도 큰 걱정은 없다. b은행은 신용장 개설의 댓가로 L/C 개설수수료를 받게 된다.

한편 L/C가 개설되었으니 안심해도 좋다는 통지가 S은행 경유로 매출인인 S에게 들어가게 된다(④). 대금회수에 대한 걱정이 사라진 S로서는 매매계약으로 약속한 납기와 상품의 준비 등 여러 가지 사정을 고려하여 적합한 선박을 골라서 해운선사에 선복예약 즉 부킹(booking)을 한다(⑤).

해운선사는 같은 선박에 들어온 부킹을 적시에 컨테이너 터미널의 오퍼레이터에게 연락한다(⑥). 한편 수출업자인 S는 선사의 컨테이너터미널로부터 공컨테이너(empty container)를 빌린다(⑦). 화물이 장치되어 있는 장치장에서 상품을 컨테이너에 적입(vanning)해서 화물이 쟁여진 실입 컨테이너를 컨테이너 터미널에 반입한다(⑧).

여기에서 장치장이라는 것은 대부분의 국가에서는 수출입을 위해서는 세관의 수속을 거치게 되어 있다. 세관의 수속을 거치기 위하여 세관이 인정한 보세구역(bonded area)에서 수출신고를 하게 된다. 여기에 사용되는 창고업자가 인가를 받은 보세창고나 공장내 보세장치를 인정받은 장소를 화물 장치장이라고 한다.

일반적으로 공장이 아무리 넓다고 하더라도 보세구역이 아니면 수출입 신고를 할 수 없다. 따라서 대부분 보세구역에 반입하여 수출허가를 위한 수출신고를 하게 된다⑨. 심사결과 문제가 없으면 세관으로부터 수출허가가 나오게 된다⑩.

수출신고는 EDI로 이루어지고 있는데 실제 신고를 할 수 있도록 통관업자인 관세사(Certified Customs Broker)가 업무를 수행한다. 〈그림 7-1〉의 수출입 전체의 흐름에서는 수출업자가 세관에 신고하는 것으로 간편하게 기술되어 있지만 세부적으로는 관세사를 고용한 통관업자, 혹은 통관업의 면허를 가지고 있는 포워더가 화주를 대리하여 수출신고를 수행한다.

수출허가를 받은 수출업자는 화물의 명세, 본선명, 항해차수, 항만 등을 일목요연하게 D/R(부두수령증, Dock Receipt), 컨테이너 안에 쟁여져 있는 그림인 CLP(컨테이너 적부표, Container Load Plan), 그리고 수출허가서를 첨부하여 컨테이너 터미널에 제출한다⑪. D/R은 원 라이팅(one writing)의 복사식으로 되어 있어서 나중에 선사는 이것을 바탕으로 B/L(선하증권, Bill of Lading)을 작성한다.

수출허가라고 하면 화물만이 아니고 화물을 담을 수 있는 용기인 컨테이너 자체도 원래 수출절차를 거칠 필요가 있으므로 컨테이너 터미널은 해운서사를 대신하여 그 선박에 적재하는 컨테이너 일람표를 미리 세관에 제출한다⑫.

컨테이너를 본선에 적재하는 것을 마치면⑬, 본선으로부터 적재확인을 받는다⑭. 적재확인 후 터미널은 선사에 D/R, CLP를 돌려보낸다⑮. 이때 터미널은 세관에 신고한 컨테이너를 전부 적재하였다고 보고하고 탑재확인서를 제출한다⑯.

터미널로부터 돌려받은 D/R을 바탕으로 선사는 B/L을 작성하여 수출업자로 부터의 운임지급⑰과 상환하여 B/L을 발행한다⑱. 원래 운임지급과 상환하는 것은 운임선불(prepaid)의 경우에 하는 것이고 운임후불(collect)인 경우에는 B/L만 발행한다.

수출업자 S는 선사로부터 입수한 B/L에 포장명세서(packing list)나 상업송장(commercial invoice)[195] 등을 첨부하여 거래은행인 s에 가지고 가서 상품대금을 s은행에 청구한다⑲.

즉, 수출업자 S가 수입업자 B에게 상품대금을 은행에 지급해 달라고 하는 취지가 쓰인 환

---

[195] 포장명세서와 상업송장이 다른 점은 포장명세서는 포장단위별로 내용물 목록을 모두 기재하고 있으나 목록별 가격은 기재하지 않는 것이 관례이나 상업송장은 포장단위별 목록을 요구하지 않고 요구품목 전체에 대한 수량과 가격을 한꺼번에 기재하는 것이 관례이다. 실무상으로 보면 신용장 관련 기타 서류 중 운송서류와 함께 가장 많이 요구된다. 통관시 및 사고발생시 운송인에 대한 배상청구 또는 보험사에 보험금구상시에도 사용된다. 운송신문사편집부 (2010), 『물류용어사전』, 18판, 서울: 운송신문사, s.v. "Packing List"

어음이라는 증권을 작성하여 이 환어음에 B/L 등을 첨부하여 바로 s은행에 매각한다. 만약 수입업자가 실제로 화물을 수령하고 그 대금을 은행간에 송금하여 결제가 되도록 기다릴 경우 그 기간이 몇 주일까지 소요되기 때문에 s은행으로부터 조기에 대금을 미리 받는 것이다(⑳).

s은행의 경우 부담스럽게 보여질 것이지만 s은행의 경우 환어음에는 "만일 수입업자 B가 대금을 지급하지 아니하는 경우에는 s은행으로서는 환어음을 발행한 S에게 그 대금 반환을 청구한다"고 기술하여 증권으로 약속된다. 여기에 더하여 L/C가 있으므로 s은행은 b은행에게도 대금지급을 청구할 권리가 있다. 결과적으로 수출업자 S는 s은행으로부터 돈을 빌린 형태가 되는 것과 다름없다.

전형적인 무역결제에서는 L/C와 환어음에 의하여 결제가 이루어지는 것이 일반적이며 고전적인 방법이지만 최근에는 무신용장 결제방식도 확산되고 있다. 모회사와 해외 자회사간의 거래라던지 신용관계 혹은 거래방식의 선호에 따라 결제방법도 다양화 되고 있다.

s은행은 매수한 B/L을 b은행에 송부하고(㉑), 수입업자 B는 상품대금을 b은행에 불입하고(㉒), 이와 상환으로 B/L을 수령한다(㉓). 물론 이 대금은 b은행으로부터 s은행으로 송금된다(㉔).

본선이 양하항에 도착하기 며칠 전에 해운선사는 수입업자, 실제는 수입업자를 대신하는 포워더 등에게 본선도착예정을 통지한다(㉕). 한편 세관과 컨테이너 터미널에도 적하목록이 제출된다(㉖, ㉗). 수입업자는 은행으로부터 입수한 B/L에 배서를 하여 해운선사에 제출한다(㉘).

컨테이너 터미널은 본선이 입항하면 컨테이너를 야드에 양륙한다(㉙).

해운선사는 양하가 완료되면 B/L과 상환으로 D/O(화물인도지시서, Delivery Order)를 화주에게 교부한다(㉚). 해운선사의 업무를 대행하고 있는 터미널은 D/O를 가지고 오는 경우에만 화물을 인도한다.

그리고 야드 내에 세관이 지정한 보세구역에 모든 컨테이너를 반입한다. 또한 컨테이너 번호 등을 상세하게 기재한 양하컨테이너 일람표를 제출(㉛)하고 컨테이너 자체의 신고를 한다.

여기에서 양륙과 반입은 하나의 동작으로 이루어진다. 물리적인 의미의 양륙, 즉 야드에의 반입은 관세법상으로는 '보세구역으로 반입'이다. 관세법에 의하면 '외국화물은 수입허가가 되어서 내국화물로 되기 전까지는 보세구역 이외의 장소에 둘 수 없다'. 본선이 착안하는 야드는 통상 세관이 지정하는 보세구역으로 되어 있다. 결국 외견상 선박에서 컨테이너를 내려서 야드 안에 정리하여 장치하는 것뿐인데 관세법상으로는 '반입' 행위가 된다. 세관으로서는 전체 컨테이너가 모두 '반입'된 것을 확인하고 또한 ㉖으로 입수한 적하목록과 대조해보기도 한다.

또한 '보세'라는 것은 수입세의 과세를 유보하여 관세를 납부하지 않아도 된다는 의미이지만 결과적으로 아직은 수입이 된 것은 아니라는 의미도 된다.

예를 들어 해외에서 입항한 선박으로부터 약 4,000개의 컨테이너가 하역되었다면 제일 먼저 하역된 컨테이너라고 하더라도 4,000개의 컨테이너 전부가 반입이 확인되지 않았다면 심사가 이루어지지 않는다. 따라서 먼저 하역되거나 마지막으로 하역되더라도 동일하게 절차가 진행되는 것이다. 개별반입이라는 일부의 예외가 있기는 하지만 화주는 반입 되었는가의 여부를 터미널에 확인할 필요가 있다(㉜). 반입확인을 하고 나서야 화주는 세관에 수입신고를 한다(㉝). 수입신고시에 필요한 주된 서류가 B/L, 상업송장, 포장명세서 등이다. 필요에 따라 특혜 원산지증명서, 보험증서 등이 있다. 세관은 문제가 없을 경우 수입허가(검사가 필요한 화물의 경우에는 검사허가)를 한다(㉞).

국내운송을 위하여 트럭회사는 수입허가를 받은 화주로부터 받은 D/O를 터미널의 오퍼레이터에게 제시하여(㉟) 화물을 수령한다(㊱). 이후 화물을 수령한 화주는 빈컨테이너를 CY(컨테이너야드, container yard)에 반납한다(㊲). 본선이 입항하여 접안부터 화물수령시간까지 보통 1일 정도 소요되기도 한다. 하지만 COVID19의 영향에 따라 수개월까지 지연되고 있는 항만도 있다.

7.2 해상운송서류

7.3.1 선적조건과 무역운송

선적은 해상운송의 본선적재(loading on board), 항공 또는 철도운송의 발송(dispatch) 및 복합운송의 운송의 수탁(taking in charge) 등을 포괄하는 개념이다. 무역계약 체결 시 계약 당사자인 매도인과 매수인은 운송에 관한 지식을 가지고 선적조건을 협의해야 한다.

일반적으로 선적조건에 포함되는 내용으로 선적기일(S/D: shipping date), 선적항(POL: port of loading), 도착항(POD: port of discharge), 분할선적(Partial shipment) 및 환적(T/S: transshipment)여부 등을 정하게 된다.

선적기일은 최종 선적일(latest shipping date)을 말하며 신용장거래에서 선적기일이 정해져 있지 않은 경우 신용장 유효기일(E/D: expiry date)을 선적기일로 본다. 일반적으로 선적일의 입증은 선하증권상 본선적재일(on board date) 및 선하증권 발행일(B/L date)로써 한다. 실무적으로 주의할 것은 S/D는 연장되지 않기 때문에 S/D가 공휴일인 경우 당일 또는 전일까지 선적을 완료하고 선하증권을 발급받아야 한다는 점이다.

분할선적(分割船積)은 거액거래이거나 수입자의 판매계획이나 시황에 따라 여러 번에 걸쳐 공급받고자 할 때 또는 재고 여유가 있어서 분할하여 공급받아도 지장이 없을 경우에 선택된다. 신용장 거래에서 분할 선적에 대한 금지하는 조항이 없다면 분할 선적을 허용하는 것으로 해석된다. 또는 동일항해, 동일선박에 의해 이루어진 여러 차례의 선적은 비록 선적일자와 선적항이 다르더라도 분할선적으로 보지 않는다(UCP 제40조 b항).

환적(換積)은 이적(移積)이라고도 하며, 물품 운송도중에 다른 선박 또는 운송수단으로 옮겨 싣는 것을 의미하며, 환적 중에 화물의 파손 및 비용 추가 때문에 수입상 입장에서는 바람직하지 않은 운송방법이다. 신용장에 환적 여부에 대하여 언급이 없을 경우 환적은 허용되는 것이 통설이나 여러 예외규정도 있다.

일반적으로 직항선적(direct sailing)약정 시에는 환적이 금지된 것으로 보며 신용장상에 'transshipment not allowed'로 되어 있는데 선적항의 선명과 양하항의 선명이 다른 경우는 환적으로 본다.

7.3.2 서류의 종류

7.3.2.1 선적 서류

다음의 서류를 선적 서류라고 한다. 상품 선적의 증거 서류로서 수출자로부터 수입자에게 보내져 화물의 인수나 수출입 신고에 사용한다.

① 인보이스: 화물의 송장겸 대금 청구서이다. 수출입 신고의 기초자료로 사용된다.
② 포장목록: 화물 당 포장 명세서이다. 인보이스의 부속 자료이다.
③ 원산지증명서: 상품의 원산국을 증명하는 공적 서류이다. 주로 수입신고시 관세율 결정에 사용된다.
④ 보험증권: 화물의 해상보험 인수 증서이다. 해상 사고가 발생했을 때 수입자의 보험 구상에 시용된다.
⑤ 선하증권(B/L): 선사가 발행하는 화물의 보관증서이다. 화물을 인수하는 데 사용된다. 항공사는 대신 항공송장(Air Way Bill)을 발급한다.

8.3.2.2 신용장거래 서류

한편 신용장(L/C) 거래를 기본으로 할 경우에 필요한 선적서류는 중요서류와 보충서류로 다시 구분할 수 있다.[196]

---

196) 海外展開支援担当 (2013), 『海外ビジネスワークブック』, 東京: 東京商工会議所, p.38.

중요서류는 다음과 같다.

① 상업송장(Commercial Invoice)

② 선하증권(B/L=Bill of Lading)

③ 해상보험증권(Marin Insurance Policy)

상기서류에 부속하거나 보완하는 보충서류 다음과 같다.

① 포장명세서(Packing List), 영사송장(Consular Invoice)

② 원산지증명서(Certificate of Origin)

③ 용적중량증명서(CLM=Certificate and List of Measurement and/or Weight)

7.3.2.3 L/C결제 제출 서류

수출 화물의 대금 회수 절차에 관하여 수출자는 선적서류가 완전히 갖추어지면 환어음과 매입 의뢰서를 첨부하여 거래 은행에 매입을 의뢰하고 화물 대금을 수령한다.

L/C결제의 경우 제출 서류는 다음과 같다.

① 화환어음발행신청서(Application for Negotiation of Documentary Bill): 환어음이 징수취급일 때는 수출하위환어음 추심의뢰서로서 줄여서 Application이라고도 한다.

② 환어음(Draft: Bill of Exchange)

③ 선적에 소요되는 서류 관계(주요 서류 및 필요한 보충 서류)

④ 신용장 원본(신용장 거래가 아닌 때에는 수출계약서 사본)

은행은 이 서류들이 신용장에 적혀있는 요건을 충족시키고 있는 것을 확인한 후 매입을 하고 어음 금액을 원화(₩)로 환산하여 대금을 지급한다. 수출자는 선적 후, 수일 내에 은행을 경유해 수출 화물의 대금을 수령할 수 있다.

7.3.3 서류 목록

① **선적의뢰서**(Shipping Instruction)

수출업자가 선적에 관한 일체의 업무를 포워딩 회사 등에게 대행시키는 경우, 그 선적에 관한 사항을 그 대행 업자에게 의뢰하는 서류를 말한다. 이것은 구두나 전화로 이미 양해된 사항을 문서로 확인하는 것에 지나지 않는다. 이 같은 선적 의뢰서에는 화물의 명세, 수출지, 최종 도착지, 화물을 운송할 선박의 이름, 선적해야 할 날짜와 장소 등 모든 위탁 내용이 기재된다.

② **선적 요청서**(Shipping Request: S/R)

화주가 선사에 제출하는 선적 의뢰 요청서이다. 운송계약 및 조건에 관한 요구사항을 비롯하여 기타 화물정보 및 보험 지시사항 등 추가 내용을 자유로운 형태로 기술한다. 또 화물의 총 수량, 인도 조건 및 장소, 화물운송과 관련된 운임 및 부대비용 등의 사항을 작성한다. 선사는 이를 토대로 선적지시서를 작성하고 일등항해사가 선적지시서와 검수보고서(완성된 물품을 검수한 결과 내용과 불량 발생 시 불량원인의 분석 내용, 기록 항목이 포함된 서식)를 대조하여 본선수취증(Mate's Receipt)을 작성하여, 선사는 M/R을 근거로 선하증권을 작성하여 화주에게 교부한다.

③ **선적 지시서**(Shipping Order: S/O)

화주의 선적 신청서에 따라 선사가 현품을 확인한 다음, 운송할 선박의 책임자(일등항해사) 앞으로 발행하는 화물에 대한 적재 지시서를 말한다. 본선의 선적 책임자는 이에 따라 선적 지시서 목록을 작성하여 본선 내의 적치 계획을 수립하여 적재한 다음에, 본선 수령증을 작성하여 화주에게 교부한다.

④ **본선수취증**(Mate's Receipt: M/R)

인수 화물이 본선에 반입되면 선장의 지위에 있는 선박운항책임자인 일등항해사(Chief Mate)가 선장을 대리하여 선박회사에서 발급한 선적지시서와 대조하면서 화물을 수취한 다음 선창내에 적부시킨다. 이 때 화물을 수취한 증거로서 본선이 발행하는 수취서를 본선수취증(Mate's Receipt)이라고 한다. 선박회사의 책임자는 선적시 선적화물에 대하여 품질의 상위, 유손, 손상, 개수 및 하인의 상위 등의 유무를 조사한다. 어떤 하자가 발견되면 그 사실이 수취증의 비고란에 기입되며, 이러한 경우 고장부 본선수취증에 의해서 고장부 선하증권이 발행된다.

⑤ **용적 중량증명서**(Certificate and List of Measurement and/or Weight)

상업송장(Commercial Invoice)의 부속서류로서 각 포장당 용적 및 총중량의 명세서. 검량기관에 의한 검량결과 작성된다. 이 검량된 용적 및 중량은 해상운임 산정의 기초가 된다. 화물의 운송을 위탁할 때에 그 화물이 계약에서 정한대로의 수량, 중량, 용적을 가지고 있다는 것을 적출지의 수출자 또는 적격한 기관에서 증명하여 발급하는 증명서이다. 수출화물의 수량, 중량, 용적증명서이므로 상업송장 또는 포장명세서에 기재된 사항과 일치해야 하며 선적서류의 하나로 첨부된다. 화물의 운임계산을 위해서는 **총중량**(Gross Weight)이나 **총용적**(Gross Measurement)에 대한 증명이 필요하며 수입자에게 상품의 실량을 증명해주기 위해서는 실중량(Net Weight) 또는 실용적(Net Measurement)에 대해서도 기재되어야 한다.

품목에 따라 상용되는 수량의 단위는 여러 가지이다. 따라서 도량형환산표(Tables of weight and measures)를 통해 수량의 단위를 확인한 후 정확하게 표시해야 한다. 특히 중량에서 흔히 사용하는 톤(Ton)의 경우, 국가마다 다음과 같이 각각 다르게 사용되는 경우도 있으므로 계약서 작성 및 해석 시 주의해야 한다.

- L/T(Long ton, English ton, Gross ton) = 약 1,016kg
- S/T(Short ton, American ton, Net ton) = 약 907kg
- M/T(Metric ton, French ton, Kilo ton) = 1,000kg

⑥ 부두수취증(Dock Receipt)

거래선의 본선수취증(Mate's Receipt: M/R)에 해당하는 서류로서 컨테이너 운항선사가 화물의 수령증으로 발행하는 서류를 말한다. 선박회사나 선박회사 대리인이 선사의 규정양식을 사용하여 화물이 CY나 CFS에 반입될 때 발급한다. 수령한 화물에 과부족, 손상 등이 있는 경우에는 Dock Receipt의 적요란에 그 취지를 기입한다.

⑦ 포장명세서(Packing List)

패킹 리스트(Packing list)는 선적할 화물의 포장방법, 각 포장단위별 내용명세, 순중량, 총중량, 용적 등을 명시한 서류로서 상업송장의 내용을 보완할 때 사용되는 보조 서류를 말한다. 패킹 리스트는 수출 통관 시 상품의 내용과 수량 등이 기재되어 있어 신용장에서 패킹 리스트를 대부분 요구하고 있다.

⑧ 상업송장(Commercial Invoice)

상업송장은 물품 가격을 한 눈에 볼 수 있는 서류로 수출자가 수입자에게 보내는 거래상품 명세서이다. 무역거래 시 선하증권과 함께 중요한 선적문서로 사용된다. 거래상품의 주요사항을 상세히 명시하고 있어, 수출자는 대금청구서로 활용하기도 하고, 구매자는 매입명세서로서, 수입신고시 과세가격의 증명자료로 활용한다. 상업송장에 들어가야하는 내용을 살펴보면 Packing List와 비슷하다.

⑨ 신용장(Letter of Credit)

수입업자는 거래 은행에 의뢰하여 자신의 신용을 보증하는 증서를 작성하게 하고, 이를 상대국 수출업자에게 보내어 그것에 의거 어음을 발행하게 하면 신용장 발행은행이 그 수입업자의 신용을 보증하고 있으므로 수출지의 은행은 안심하고 어음을 매입할 수 있다. 수출업자는 수입업자의 신용상태를 직접 조사·확인하지 않더라도 확실하게 대금을 받을 수 있게 된다. 따라서 신용장이란 '개설은행의 조건부지급확약서'라고 말할 수 있다.

개설은행이 쓴 약속의 증서로써 그 조건이란 선적한 물품에 관계없이(아무 제품이나 선적해도 된다는 것이 아니라 물품보다 서류가 더 중요하다는 의미) 선적 서류(Shipping Documents)만 신용장이 요구하는 조건대로 맞추어 오면 대금을 지급(Payment)하겠다는 뜻으로, 신용장 거래는 서류를 신용장에서 요구하는 조건과 정확히 일치시킨다면 수익자(beneficiary, 즉 수출자)는 큰 문제없이 지급을 받을 수 있다. 이때 서류 작성시 신용장 조건(신용장 통일 규칙 UCP 600과 국제표준은행관행 ISBP681)을 꼭 지켜서 서류를 만들어야 한다.

선적서류가 일치(complying)해야 개설은행의 대금지급 의무가 발동되는데, 서류의 종류, 서류의 통수, 원본과 사본의 구분, 서류의 작성요령이 UCP600과 ISBP681에 의거했는지 여부, 선적기일 및 유효기일 준수, 서명과 일자를 요구하는 경우 제대로 됐는지 등을 확인해야 한다.

⑩ 컨테이너 적재표(Container Loading Plan/ Diagram)

컨테이너에 하적된 물자명세를 기재하는 방식으로서 컨테이너 내부 적재표라고 한다. 컨테이너 1회 마다 그 화물을 적재한 자가 작성하고 컨테이너 야드에 반입할 때는 오페레이터에게 제출한다. 이 CLP는 하치장의 세관화물 반입신고, 컨테이너 배치계획 및 본사 선적계획, 하치장에서의 컨테이너 보세수송 수속 및 포장해체 작업 등에 널리 이용된다. CLP에 기재할 컨테이너 총수량의 숫자는 본선적재 및 컨테이너 수송의 안전성 확보에 따라서 컨테이너 적재허용 중량의 검사, 본선의 trim(평형성), 본선의 복원력을 계산하는데 기본자료가 되기 때문에 정확한 숫자로 기록해야 한다.

⑪ 적부도(Stowage Plan)

화물의 형상, 본선흘수, 선체강도에 화물의 중량배분 등을 고려하여 선박 또는 컨테이너에 직절하게 화물을 배치, 고정하고 화물의 붕괴 등이 일어나지 않도록 적부하기 위해 그 적부상태를 상세하게 표시하여 놓은 것을 선박적부도(Stowage Plan)라고 하며 본선의 선창에 화물이 적재된 상태를 나타낸 도면이다. 각 선창담당의 항해사와 협의하여 각 선창의 화물적부의 개략위치, 하인, 포장형태, 품명, 수량, 톤수 등을 상세하게 기입한다. 양륙지에 있어서 하역관계자의 하역작업상 중요한 참고자료가 된다. 보험구상을 할 경우 손해원인의 조사에 필요한 경우가 있다.

⑫ 선하증권(Bill of Lading: B/L)

화물을 선적했다는 것 또는 선적을 위해 인수했다는 것을 나타내는 서류로서, 증권에 기재된 조건에 따라 운송하고 양하항만에서 이 증권과 교환해 화물을 인도하기로 약정한 유가증권이다. 발행주체에 따라 마스터 B/L(Master / Line / Direct B/L)은 화물 운송 주체가 선사이며 하우스 B/L(House/ Forwarder/ Baby B/L)은 포워더가 운송에 대한 책임을 지고 발행한다. 제5차 개정 신용장통일규칙(UCP500: 1994년 1월 1일 발효됨)에 의해 신용장상에 특별히 허용명시가 없는 한 원칙적으로 포워더 선하증권은 신용장에 'Forwarder B/L acceptable'이라는 명시가 없는 한 Forwarder B/L은 은행에서 수리되지 아니하고 한다.

⑬ **적하목록**(Manifest)

B/L(선하증권)에 의거한 선적화물에 관한 모든 자료가 기재되어 있는 서류를 적하목록(Manifest)이라고 한다. '수출화물용 적하목록(Outward Manifest)'이라고 불리는 사본은 적하항의 세관 당국에 제출되며, 또 다른 사본 '도착화물용 적하목록(Inward Manifest)'은 양륙항에 제출된다. 보통 '도착화물용 적하목록(Inward Manifest)'은 하역준비를 위해 미리 선박대리점으로도 보내진다.

⑭ **착선통지서**(Arrival Notice: A/N)

본선이 양하항에 도착하였을 때, 혹은 도착 전에 선박회사가 수화인에게 보내는 통지를 말하며 '화물도착통지서'라고 불린다. 이 서류에 의해서 수화인은 본선의 도착일을 알 수 있다. 수화인측도 송화인이 보낸 선적통지서(Shipping Advice)에 의해서 입항일을 확인하여 두는 것이 좋다. 이 착선통지서가 있어야 선적서류 도착 전에 수입업자가 입수한 선적서류사본을 근거로 외국은행으로부터 수입화물선취보증서(Letter of Guarantee: L/G)를 발급받아 화물을 통관할 수 있다. 한편, 하역준비완료 통지서(Notice of Readiness: N/R)를 착선통지서로 대신할 때도 있다.

⑮ **화물인도지시서**(Delivery Order: D/O)

무역거래에서 보통 D/O라고 하는 것은 선주 또는 그 대리점으로부터 본선의 선장 앞으로 발행된 화물인도지시서를 말하는데, 컨테이너의 경우는 선사가 화물보관자인 CFS 또는 CY 오퍼레이터에게 D/O 지참인에게 화물을 인도할 것을 지시하는 비(非)유통서류를 말한다.

⑯ **화물수도증**(Cargo Boat Note)

수입자가 화물인도지시서(D/O ; Delivery Order)와 상환으로 수입화물을 인수하는 경우에 화물의 수취증으로서 본선측에 제출하는 서류이다. 일반적으로 입고협정서(Warehouse Convention), 양하완료 보고서(Outturn Report), 인출보고서(Devanning Report), 화물적출보고서(Unstuffing Report)와 함께 보세창고입고를 확인하는 서류로 사용된다.

⑰ **수입화물선취보증서**(Letter of Guarantee: L/G)

일본, 중국 등 인접국가 즉 항해일수가 짧은 국가에서 수입하는 경우 화물은 이미 도착하였으나 선적서류가 도착되지 않은 경우에 화물의 인수가 가능하도록 화물에 대한 모든 책임을 은행이 보증한다는 화물선취보증서를 말한다. 주로 수입화물의 긴급 인수를 요하거나 보관료 등의 비용절감을 위해서 사용된다. 따라서 L/G의 내용으로는, 선하증권이 도착하면 지체 없이 선박회사에 제출할 것을 명시하고, L/G에 의하여 인도된 화물에 대하여 발생되는 모든 손해는 화주 및 보증은행이 책임지며, 양육지 지급운임 및 기타비용과 선적지에서의 미납선임 및 비용 등 일체를 지급할 것을 명시하여야 한다. 은행은 L/G 발급에 따라 화물에 대한 책임문제가 발생하기 때문에 L/G 발급 시에는 의뢰자의 신용에 따라 대금결제 및 담보제공을 요구하게 된다.

⑱ **하역준비완료 통지서**(Notice of Readiness: N/R)

선장은 적양하역의 준비가 완료되면 즉시 용선자에게 그 뜻을 서면으로 통지하여야 한다. 본선이 항구에 도착되어 입항검사를 마치면 화물의 적재 또는 양하의 준비가 완료되었음을 하주에게 알리는 통지서이다. 이것이 하주에게 제시된 후 일정한 유예기간이 경과하여 정박기간이 개시된다. 적재에 대해서는 'N/R to Load'라고 부르고 양하에 대해서는 'N/R to Discharge'라고 부른다.

본선은 본선이 용선계약서에 지정된 적양하역장소, 또는 가장 가까운 안전한 장소에 실제로 도착하였을 것 혹은 본선이 모든 점에서 실제로 적양하역의 준비가 완료하고 있을 것이라는 조건이 갖추어지면 즉시 하역준비가 완료한 것으로 된다. 따라서 화물의 적양하에 필요한 본선의 하역설비(Necessary Gears for Handling Cargo)를 잘 갖추어 즉시 하역이 개시되도록 되어 있어야 한다. 정박시간은 특히 용선계약서에 반대의 규정이 없는 한 용선자가 하역준비완료의 통지서를 받은 순간부터 개시된다. 만약 살적곡물의 수송선인 경우에는 적하준비완료의 통지서에 전선창내의 선적준비가 완료되어 있다는 뜻을 기재한 적당한 검사원(Surveyor)의 증명서를 첨부하여야 한다. 상호간에 오해를 피하기 위하여 준비완료통지서의 사본에 수령일시를 기입하여 수령인의 서명을 받아둘 필요가 있다.

⑲ **파손화물보상장**(Letter of Indemnity: L/I)

실제로는 고장선하증권(Foul B/L)으로 발급받아야 할 선하증권을 무고장선하증권(Clean B/L)으로 바꾸어 받기 위해 선박회사에 제시하는 보상장을 파손화물보상장이라고 한다. 화주가 하자가 있는 화물을 선적했을 경우에 선사는 이에 대해서 Foul B/L(사고부선하증권)을 발급하게 된다. 하지만 은행은 Foul B/L을 수리하지 않기 때문에, 화주는 하자로 인하여 생기는 화물의 손상에 대해 책임을 지며, 도착항에서 선박회사가 수하인으로부터 손해의 배상을 요구받아도 선박회사는 면책된다는 뜻을 기재한 보상장(파손화물보상장)을 제시하고 무사고선하증권(clean B/L)으로 바꾸어 받는다. 즉 화주가 실제로는 Foul B/L임에도 불구하고 Clean B/L로 바꾸어 받는 경우, 선박회사에게 제시하는 보상장을 파손화물보상장이라고 한다. L/I는 선박회사와 송화인 간의 보상약속이므로 선박회사와 송화인 사이에만 유효하다.

⑳ 원산지증명서(Certificate of Origin)

원산지증명서(certificate of origin)는 수출국 주재의 수입국 영사 또는 수출지의 상공회의소가 물품의 원산지 또는 제조원산지를 증명하는 공문서이다. 수출입 양국간에 관세율의 협정이 체결되고 있어 상호간에 저세의 특혜를 받고 있는 경우 이 특혜를 받기 위해서는 수입지 세관에 이 공문서(원산지증명서)로 수출국의 원산지임을 증명하여야 한다. 단 이것은 제품의 원산국만을 입증하는 것이며 그 원재료의 원산국과는 관계가 없다. 여기서는 원산지란 물품의 제조원산지를 가리키며, 제조에는 생산·제조·가공·조립·혼합도 포함된다. 생산국(country of origin)이란 상업상 신규상품으로써 인정되는 정도의 주요 제조 공정이 행하여진 국가를 말하며, 그 수출시에 그 국가의 진정한 제품임을 상징적으로 입증 할 수 있는 상태를 완성시킨 국가를 말한다. 그러므로 포장, 개장, 분할, 세정과 같은 가벼운 작업은 물론, 예컨대 그것을 약간 가공하였더라도 그 물품의 조직, 성분, 성질, 형태를 기본적으로 수정시키는 데 이르지 못할 정도의 부차적인 가공은 원산국의 결정조건이 될 수 없다. 사실문제로서는 이러한 원칙에 의거하여 개개의 구체적인 사실을 검토하여 인정할 필요가 있다.

㉑ 해난보고서(Note of Protest)

본선이 항해중 황천 혹은 외력에 의하여 선체나 화물이 손상된 경우, 보험금을 지급 받기 위해 선장이 작성하여 공증인(Notary public)에게 제출하는 서류이다. 기본적 내용으로는 서류제출일, 선장의 성명, 선명과 선박의 국적, 순톤수 혹은 G/T, Official number, 화물의 양과 종류, 출항지와 도착지 그리고 그 시각이 기입되어야 한다. 또한 외력에 대한 설명, 겪은 기간 그리고 위치(경위도), 외력에 의해 입은 영향, 예를 들어 해수가 갑판과 해치에 올라왔다던지 그리고 손상에 대한 상세 기록을 한다. 선장은 이 사실을 증명하기 위한 Deck Logbook을 첨부해야하고, 공증인은 이를 검토 및 확인해야 한다.

㉒ 창구검사보고서(Hatch Survey Report)

해사검정인(marine surveyor, surveyor)이 창구의 방수처리의 검사, 적부방법의 적부, 창내에의 해수침입경로, 한유(汗濡, Sweat Damage)의 발생의 상황 등을 실지 조사한 보고서를 말한다. 적하품의 손해에 대하여 선박회사측의 면책을 주장하기 위하여 사용된다.

㉓ 해상화물운송장(Seaway Bill)

해상화물운송장은 선하증권과 마찬가지로 운송계약을 증빙할 수는 있지만 물품 인도를 위해 서류를 제시할 필요가 없어 훨씬 빠르게 화물을 인도할 수 있다. 서류가 없어도 되기 때문에 분실의 위험도 없다. 서류가 필요 없기 때문에 타인에게 양도는 당연히 불가하며 수취인의 이름이 명시되어 있어야 한다.

㉔ 흘수검정보고서(Draft Survey Report)

선박에 선적된 화물량을 결정하기 위하여 선적항에서 이루어지는 검정의 보고서를 말한다. 이 흘수검정은 선적전과 선적후 두 번에 걸쳐 이루어진다. 화물의 선적전 검사관은 선박에 적재된 물의 비중 또한 선박의 상태(Sagging 혹은 Hogging)와 선박의 배수톤수를 고려하여 흘수를 결정한 후 선박에 적재된 연료, 청수, Ballast양 등을 확인하기 위하여 Tank 검사를 실시한다. 화물선적후의 검사는 앞의 과정을 반복하여 추가 혹은 감소된 양의 배수톤수를 고려하여 화물량을 계산한다. 살화물(撒化物)의 적재량 계산과 운임계산의 단위가 되기도 한다.

㉕ 화물과부족 조사서(Tracer)

선사 및 대리점은 필요시 M/R을 근거로 화물과부족 발견시 화물과부족 조사서(Tracer)를 도착지에 송부한다. 대리점은 화물을 양하, 인도 후에 과부족 화물이 발생되면 과부족화물 조회서(Cargo tracer)를 작성한다, 적·양하지 대리점에 보내어 그 결과를 선사에 보고하고, 선사는 필요시 보험사를 통하여 처리한다.

㉖ 손상화물 감정서(damaged cargo survey report)

양화 시 선석 화물에 이상(손상이나 과부속)이 발견되있을 때에는 그 화물의 M/R 상의 기재 내용과 비교하여 손상의 원인이 무엇인지를 파악하고, 적절히 대처해야 한다. 이때 원인 파악이 아주 어려운 경우가 대부분이므로 해사감정인의 손상화물검사보고서(Damaged cargo survey Report)를 받아 두는 것이 좋다

㉗ 적부검사 보고서(stowage survey report)

일반적으로 잡화를 적화하는 선박들은 선적과정에서 발생할 수 있는 각종 화물사고에 대비하여 화물적재 시작부터 적재완료시까지 Cargo Surveyor로 하여금 Attending하도록 하고, 그 결과를 보고서로 작성하게 하며, 이 보고서는 적절한 적부가 이루어졌음을 증명하는 자료로 활용할 수 있다. 일반화물 특히 손상되기 쉬운 위험성화물의 적치(積置)에 있어서

는 적치장소(積置場所), Dunnaging 방법, 적치상태(積置狀態) 등의 감정을 받아 화물의 적치가 완전히 되었음을 증명하는 Stowage Survey Report의 교부를 받는 경우가 많다. 이는 후일 예기치 않던 화물의 손상이 발생시 적치에 있어 본선에 과실이 없었음을 증명하는 유력한 증거가 되기 때문이다. 이 Stowage Survey Report에는 Certificate of loading, Deck Load Certificate, Tank Cleaning Certificate 등이 있다.

㉘ 온하이어 및 오프하이어 검사서(On-Hire 및 Off-Hire Survey)

용선 계약이 완료되면 용선 계약서 조항에 의거하여 선박의 인도 했을 당시의 상태 및 유류 잔량을 확인하기 위해 On-hire survey를 행하게 되며, 선박의 반선을 할 때에도 원칙적으로 용선자는 선박을 인도시와 같은 상태로 반선해야 될 의무가 있으므로 본선 Condition 및 유류 잔량을 확인하는 Off-hire survey를 행하게 된다. 선박의 전체적 상태를 점검하는 Hull Survey와 Bunekr량을 검사하는 Bunker Survey가 있다.

㉙ 기기인수도증(Equipment Interchange Receipt: EIR)

컨테이너 기기를 인수받았음을 증명하는 서류를 말하는데 기기수도증(Equipment Receipt: E/R)이라고도 한다. 컨테이너, 섀시(컨테이너 전용 트레일러) 등 컨테이너운송에 필요한 기기류는 선박회사가 소유한 경우가 대부분이며, 육상운송회사가 복합운송회사의 주체인 선박회사로부터 이들 기기류를 넘겨받는 것을 증명하는 서류이다. 즉, 컨테이너를 소유하지 않은 수출업자가 물품을 컨테이너에 적입하여 수출하고자 할 때에 컨테이너를 임대하는데 이때 주고받는 서류이다. 컨테이너 터미널에서 내륙운송업자와 CY 오퍼레이터가 해당 컨테이너의 상태를 확인하고 서명한 다음 교환하는 것으로, 만약 기기의 손상 여부가 발견되면 적요란에 그 사실을 기입한다.

㉚ 검수화물목록(Tally Sheet: T/S)

육상의 전문 검수자(Tally Man)가 적양하 작업에서 화물의 수량과 그 상태를 검사할 때 작성하는 서류이다. 검수자가 화물이 컨테이너에 적입될 때 실제로 육안으로 살펴보고 수기로 작성하는 서류이다. 하역 중인 화물의 개수, 화인, 포장상태, 화물사고 등을 기재한다.

㉛ 해상보험증권(Marine Insurance Policy)

해상보험약관의 조건, 약관, 조건 등을 기재해서 보험계약을 구체화시킨 상용문서를 말한다. 그것은 선적한 화물이 선적지 보험에 붙일 필요를 느끼는 위험에 대해서 완전하게 계속적으로 계약상의 보호를 피보험자에게 증명한다. 그러므로 무역에 있어서 이 증권은 선적서류 외에 다른 구성문서로서 선하증권이나 인보이스에 표시되어 있는 목적물을 단순히 그 물건만을 피보험물로 하고, 여기에 통상 거래상의 관행 되는 보험약관을 내용으로 한다. 영국에서 해상보험계약의 내용은 반드시 보험증권에 명기할 것을 요구하고 있다.

㉜ 해상보험증명서(Insurance Certificate)

경우에 따라 수출업자나 수입업체는 각 화물에 대해 별도로 보험에 가입하는 것을 선호하지 않지만 1년 정도의 일정기간 동안의 보험을 통해 기간 중 발송하는 모든 화물의 보험을 체결할 수 있다. 이러한 정기보험계약(Periodic insurance contracts)을 포괄예정보험(open cover insurance)라고 한다. 포괄예정보험을 사용하는 수출업자가 특정 선적에 대한 보험 서류가 필요한 경우 보험 회사가 해상보험증명서(Insurance Certificate)를 발급한다.

해상보험증권과 해상보험증명서의 주요한 차이점은 신용장에 따라 발생할 수 있다. L/C 규칙에 따르면 보험증서 또는 포괄예정보험에 따른 신고 대신에 보험증권이 허용된다. 그러나 신용장에 따라 보험증권 대신 보험증서를 제시할 수 없다. 신용장을 다루지 않는다면 보험증권과 보험증서 간에는 큰 차이가 없다.

㉝ 손상보고서(Damage Report)

화물의 손상 등을 확인한 내용을 기록한 서류. 화물의 종류및 손상정도, 원인 외에 하역상황, 고박(固縛)장치 등 여러 가지 각도에서 검사한 결과를 보고하며, 보상문제 등의 처리에 있어 중요한 서류가 된다.

㉞ 품질증명서(Certificate of Quality)

품질 증명서는 주관적 의견을 배제하기 위해 공인기관 등 제3자가 발행하게 된다. 수출품의 품질에 대하여 수입자가 지정한 검사기관 또는 전문 검사기관이 검사하여 상품이 완전한 것임을 증명하기 위해 검사기관이 발행하는 증명서이다. 검사기관에 대한 명시가 없는 경우에는 수출자가 작성하기도 한다.

㊱ 적재량 증명서(Ullage Report)

적부한 화물류의 비중, 온도, 유면에서 탱크 바닥까지의 깊이 또는 탱크내의 공적을 측정하여 유량을 결정하는데 이를 증명하는 적재량 증명서를 Ullage Report라고 한다. 이것은 검정업자로부터 받아둔다.

7.3.4 운송서류 UCP 적용 사례

무역거래에서 화환취결을 할 때 매입, 인수 또는 지급은행에 제시하는 서류는 일반적으로 환어음, 운송서류, 보험서류, 송장 및 기타 매매계약에서 요구된 서류들을 제시하는데, 이

중 운송서류에 하자 또는 불일치가 있어 은행으로부터 수리거절되는 경우가 가장 흔하다.

이에 따라 ICC의 사례연구 발표집에서 제시한 사례들을 통하여 어떠한 해상운송서류가 UCP에 의거 수리 가능한지 또는 수리 거절되는지 중요한 사례들을 중심으로 파악 할 수 있다.197)

① 신용장상에는 선하증권을 규정하고 있었는데, 항공화물운송장(air waybill)을 제시한 경우 수리 가능한가?

선하증권이란 해상운송을 전제하는 서류이다. 선하증권과 항공화물운송장은 법률적으로 다르다. 선하증권은 물품을 대표하는 유통증권이지만 항공화물운송장은 물품에 대한 어떠한 권리증권도 유통증권도 아니다(Pub 459, Case 76). 이러한 경우에 해상화물운송장(Sea waybill)이더라도 은행은 수리 거절하여야 한다. 해상화물운송장도 유통증권, 권리증권이 아니다.

② 유럽에서 알렉산드리아로 선적하기 위한 신용장상에는 "Bill of lading must be ocean B/L"이라는 조건을 명시하였으나 수익자는 "BILL OF LADING for Combined Transport or Port-to-Port Shipment"(복합운송 또는 항대항선적 선하증권)라는 제목의 선하증권을 제시하였는데 은행은 지급거절 가능한가?

선하증권상의 "ocean"이라는 문언은 단지 "내수로(inland waterway)" 선하증권과 구별하기 위한 것에 불과하므로 반드시 선하증권상에 ocean이라는 문언을 사용하여야 할 필요는 없다. 이 선하증권은 내용상 항대항 선하증권(port-to-port bill of lading)임을 충분히 나타내고 있기 때문에 수리거절되지 않는다(Pub 459, case 85).

③ 해상선하증권상에는 선장이 이를 발행하였다는 사실이 명시되어 있었으나 운송인에 관한 언급이 없는 경우는 수리 가능한가?

제23조 a항 i호에 의하면 운송인 대신에 선장의 명의가 기재되어 있다면 이것은 수리되어야 한다(Pub 459, case 86).

④ 선박 비보유운송인(non-vessel owning common carrier: NVOCC)이 발행한 선하증권은 수리 가능한가?

---

197) ICC (1989), Case Studies on Documentary Credits, Publication No.459.(이하 Pub 459) ICC (1991), More Case Studies on Documentary Credits, Publication No.489.(이하 Pub 489)

제23조에 의거 서류상으로 운송인 또는 운송인의 대리인이라는 것을 명시하면 수리될 수 있다(Pub 459. Case 87).

⑤ **컨테이너에 내적한 후 발행하는 선하증권도 이를 수리하는 관례가 있는데 "컨테이너 내적선하증권**(on board container B/L)**"에 대해 수리 가능한가?**

제23조 a항 ii호의 "물품이 지정선박에 본선적재 또는 선적되었음을 명시한" 서류만을 수리할 수 있다. "on board container"는 컨테이너 내적을 의미하는 것이지 본선 적재표기 (on board notation)가 아니다. 본선적재표기란 본선선적일 및 서명을 필요로 한다. 그러므로 컨테이너 내적 선하증권은 선적선하증권이 아니며 수리 거절된다(Pub 459. Case 89).

⑥ **매입은행이 송부해 온 선하증권상의 서명란에는 운송인 또는 그 대리인의 서명이 없었으며 선적일자가 기재되어 있지 않았다. 수리 가능한가?**

제23조 a항 i호와 ii호에 의거 선적일 표기와 서명이 없는 선하증권은 은행이 수리 거절한다(Pub 459. Case 90).

⑦ **신용장상 무고장 본선적재 해상선하증권 3부의 전통을 요구하고 있었고 개설은행에 제시된 선하증권에 그 발생부수의 명기가 없다면 수리 거절되는가?**

신용장에는 전통의 선하증권을 요구하므로 은행은 발행된 선하증권의 원본 전통이 제시되었는지를 서류상으로 심사하여야 할 의무가 있으므로 수리 거절하는 것이 합당하다(Pub 459. Case 91).

⑧ **선하증권상에 본선적재의 표시가 불명확한**(substitute) **문언을 사용한 경우 수리 가능한가?**

은행위원회는 substitute(대체선)는 애매한 표현이라고 보고 수리되지 않는다고 해석했다 (Pub 459. Case 104).

⑨ **"Received for shipment"로 시작되는 선하증권을 제시하면서 본선적재일과 선하증권의 발행일이 미리 인쇄되어 있을 경우에도 본선적재란에 별도의 서명이 있어야 유효한가?**

선하증권상에 본선적재사항이 미리 인쇄되어 있다면, 선하증권의 발행일과 함께 운송인이나 그 대리인의 서명만으로 충분하다(Pub 459. Case 105-107). 선적 전에 발행된 수취선하증권은 운송인이나 그 대리인이 서명하여 본선적재를 표기하면 이때부터 선적선하증권으로 전환되며 본선적재의 표기일은 선적일(Pub 459. Case 108)로 간주된다.

⑩ 신용장상 지정된 선적항 이외의 항구를 명시한 선하증권은 수리되는가?

선하증권상에는 반드시 신용장에 규정된 선적항이 기재되어 있어야 하므로 하자있는 서류가 된다. 수리 거절된다(Pub 489, Case 238).

⑪ 양륙항을 명기하지 않은 선하증권은 수리되는가?

신용장에서 한 나라의 어느 한 항구를 양륙항으로 할 것을 규정한 경우 어느 특정 항구가 양륙항으로 지정되어야 한다. 그렇지 않으면 수화인은 서류상으로 물품을 수령할 장소를 전혀 알 수 없게 되므로 이 선하증권은 수리 거절된다(Pub 489, Case 240).

⑫ "clean on board"란에 서명과 일자가 기재되어 있어야 하는가?

선하증권상의 "무고장 본선적재"란에 반드시 운송인의 서명이 있어야 하는 것은 아니다. 제23조 a항 ii호에는 본선적재의 표기가 미리 인쇄되어 있을 경우 선하증권의 발행일을 선적일로 보도록 하고, 제32조 c항에는 선하증권이 제23조 요건을 충족하는 한, 무고장 본선적재의 요건에 따른 것으로 본다. 운송인의 서명을 요구하지는 않고 있다(Pub 489, Case 242).

⑬ 선하증권상에 "Received for shipment"가 명기되어 있고 또 "Shipped on board" 란에 누군가의 약식서명만 있을 뿐 운송인이나 그 대리인의 관계가 명기되어 있지 않다면 수리 거절할 수 있는가?

본선적재는 선하증권상에 물품이 지정선박에 본선적재되었다는 미리 인쇄된 문언에 의하여 명시될 수 있으며 이 경우 선하증권의 발행일은 선적일로 본다. 선하증권상의 본선적재에 관한 표기는 정식 또는 약식으로도 할 수 있으며, 반드시 선하증권을 발행하고 서명한 동일인이 이를 표기하여야 할 필요는 없다. 즉, 본선적재의 표기는 수권된 당사자인 운송인, 선장, 선주 또는 그 대리인 중 어느 누구라도 할 수 있다(Pub 489, Case 243).

⑭ 신용장상 일본의 고베항부터 말레이시아의 Penang항까지의 운송을 명시한 해상선하증권을 요구하고 환적을 금지하였다. 그러나 선하증권상에는 양륙항으로서 Kelang항을, 최종 인도장소로서 Penang항을 각각 명시하고 있었다. 이러한 통선하증권이 신용장상의 환적금지조항에 배치된다는 이유로 수리 거절되는가?

신용장에서 말레이시아의 Penang항까지 환적을 금지한 선적을 요구한 것은 Penang항을 양륙항과 최종목적항으로 지정하였다는 의미이다. 따라서 선하증권상에 Kelang항을 양륙항으로 명시하고, 또 Penang항을 최종의 인도장소로 각각 명시한 것은 신용장상의 환적금지조항에 배치되기 때문에 수리 거절의 사유가 된다(Pub 489, Case 246).

⑮ 신용장에서 함부르크로부터 콜롬보까지 환적없이 선적하도록 규정한 경우 화물이 전운송 기간 동안 동일한 컨테이너로 선적되는 한 런던에서 환적된다고 명시한 선하증권은 수리 가능한가?

A항구로부터 B항구까지 환적금지를 규정하고 있다면 환적될 것이라고 명시한 선하증권은 수리될 수 없다. 화물이 동일한 컨테이너로 선적된다고 하여 해상선하증권을 요구하는 신용장상의 환적금지조항이 무효가 되는 것은 아니다(Pub 459. Case 115).

⑯ 신용장이 환적을 금지한 경우에도 운송인이 환적할 권리를 보유하고 있다는 조항을 삽입한 선하증권도 수리되는가?

신용장에서는 환적을 금지하고 있더라도, 즉 환거래은행에 제시된 선하증권상에 "with or without transshipment"라고 명시하여도 제23조 d항 ii에 의거 수리된다(Pub 489, Case 244).

⑰ 신용장상 무고장 본선적재 해상선하증권을 요구하고 있는데 수익자가 제시한 선하증권은 운송인이 이를 발행하고 그 대리인이 서명하였으며 선하증권에 기재된 선박은 운송인이 용선한 선박임을 입증해 주는 대리인의 증명서가 첨부되어 있었다. 개설은행이 선하증권을 "용선계약부 선하증권"으로 취급하고 수리 거절할 수 있는가?

선하증권상에 운송인이 용선하였다는 사실이 명시되었다고 하여 용선계약부 선하증권으로 변질되는 것은 아니다. 용선계약부 선하증권이란 어느 한 화주가 선주로부터 선박을 용선하여 그 용선계약에 따라 발행한 선하증권을 제시해올 때를 말한다. 이 경우 개설은행은 이 선하증권을 수리해야 한다(Pub 489, Case 239).

⑱ FIATA(국제운송주선인협회)가 공인한 FBL(운송주선인 선하증권)이 제시된 경우 운송주선인이 FIATA 회원인지의 여부를 확인하지 않고도 수리할 수 있는가?

운송주선인이 운송인 또는 지정운송인의 대리인으로서 행동한다는 것을 서면상으로 입증하는 방법은 "XX Freight Forwarder as Agent for YY Lines"이라는 명시적인 문언과 함께 서명을 하면 된다(Pub 459, Case 83). 은행은 운송주선인이 FIATA 회원인지를 확인할 필요없이 FIATA FBL이 문면상 신용장조건에 일치하는가를 심사하면 된다. 즉, FIATA FBL 이 운송인, 복합운송인 또는 그 대리인이라는 표시 없이 단지 운송주선인의 자격으로만 발행된 경우에 은행은 이를 수리 거절하여야 한다(Pub 459, Case 84).

⑲ **해상선하증권상 "clean on board"의 문언 중에 "clean"의 글자가 지워져 있는 경우 수리할 수 있는가?**

서류의 발행인이 "무고장"이라는 단어를 서면상으로 삭제하였다는 사실은 하자사항을 구성하지 아니한다(Pub 459, Case 122).

⑳ **선하증권상 물품의 명세사항에 부식성 액체**(corrosive liquid)**라는 부가조항을 기재한 경우 수리할 수 있는가?**

"corrosive liquid"라는 문언이 물품 또는 포장의 하자있는 상태를 명시적으로 나타내는 것이 아니므로 수리 거절할 수 없다(Pub 459, Case 126).

㉑ **운임 선지급을 규정하였는데 "은행에 제시된 선하증권상 운임 선지급의 표기는 운임이 지급 완료되었다는 것을 의미하지 아니한다"라는 조항이 기재되어 있는 경우 수리할 수 있는가?**

운임이 지급완료되었음을 명백히 표시하고 있지 않으므로 이 선하증권은 불일치하는 서류로 수리 거절되어야 한다(Pub 489, Case 248).

㉒ **신용장상에 백지배서된 지시식 복합운송 선하증권을 요구하고 있었는데 증권상에 텔렉스에 의한 송화인의 동의없이 물품을 인도하지 말라는 특별지시조항이 명기되어 있다면 이 복합운송증권은 유효한 서류인가?**

이 같은 지시조항을 명기하게 되면 선하증권 본래의 기능인 유통성을 상실하게 되며 신용장 조건에 위반되므로 개설은행은 수리 거절하게 된다(Pub 459, Case 92).

㉓ **신용장상 본선적재 해상선하증권 전통을 제시하도록 규정하고 있는 경우 본선적재 기재 없이 해상운송을 포함하고 있는 복합운송 선하증권을 제시했다. 수리 가능한가?**

선하증권의 표제가 "Combined Transport Bills of Lading"으로 기재되어 있더라도 그 내용에 있어서는 복합운송이 아니라 화물의 항대항 운송을 명시한 해상선하증권이어야 한다. 따라서 선하증권상에 본선적재의 기재가 없다면 수리 거절된다(Pub 459, Case 93).

㉔ 신용장상 본선적재 선하증권을 요구하고 있었는데 예정된 선박명, 선적항, 양륙항을 명기한 해상운송·복합운송겸용의 선하증권을 제시하면 수리되는가?

해상선하증권이 본선적재의 요건을 갖추기 위해서는 본선적재일을 명시하고 운송인이나 그 대리인의 서명이 있어야 한다. 예정된 선박명, 선적항, 양륙항만을 명기하고 있었다면 비정상적인 서류로 수리 거절된다(Pub 459, Case 94).

㉕ 복합운송의 물품 수령장소는 엔트워프의 컨테이너 화물집화장(CFS)으로, 선적항은 로테르담으로 각각 기재한 복합운송 선하증권을 제시하였다. 수리 가능한가?

당초 수취선하증권으로 발행되었다가 선적선하증권으로 전환된 것이다. 이 증권은 수리된다. 물론 로테르담에서의 본선적재 표기에는 선적일자와 함께 복합운송인이나 그 대리인의 서명이 있어야 한다(Pub459,Case95).

㉖ 신용장에 홍콩항에서 맨체스터까지의 운송을 명시한 선하증권을 요구하고 있고 환적을 금지하였다. 그러나 선하증권상에는 선적항을 홍콩, 양륙항을 Southampton항 최종목적지는 맨체스터로 기재하고 있었다. 즉 신용장에 없는 Southampton항을 양륙항으로 기재하고 있었다. 이것은 환적을 의미하는데 수리 거절되어야 하는가?

양륙항으로 명시한 맨체스터에는 항구시설이 없으므로 비록 신용장에서 홍콩에서 맨체스터까지 해상선하증권을 요구하고 환적을 금지하였더라도 이것은 복합운송을 전제로한 운송계약으로 보아야 하므로 은행은 이를 수리하여야 한다. 즉 복합운송을 전제한 운송서류는 환적을 금지하더라도 환적이 허용될 수밖에 없다. 이 경우 맨체스터에 항구시설이 갖추어져 있을 경우 신용장상의 환적금지조항이 준수되어 수리 거절될 것이다(Pub 489, Case 245-246).[198]

7.3 선하증권

7.3.1 선하증권의 의의

선하증권(Bill of Lading)[199]이란 운송계약의 증거, 화물의 영수 및 화물의 권리를 표시하는

---

198) 이와 같이 신용장조건상 환적을 금지하고 있을 때 환적을 하여 분쟁이 발생하는 사례가 많다. 그러나 환적을 금지하고 있다 하더라도 최종목적지에 항구시설이 없다면 이것은 환적을 이미 전제하고 있는 복합운송이 되어지므로 그 선하증권의 명칭과 관계없이 수리된다. 즉, 당해 운송계약에 환적이 필연적이냐 아니냐에 달려 있다. ICC Publication 489 Case No.247, Publication 459, Case No. 116 등.

199) Bill of Lading을 운송업계에서는 선화증권(船貨證券)이라고 하며 법률계에서는 선하증권(船荷證券)이라고 한다. 우리나라 상법 제853조에서는 선하증권이라고 한다.

서류이다. 화주와 운송인간에 체결된 운송계약의 증빙인 선하증권은 운송인이 화물을 수령·선적하여 이를 해상운송을 거쳐 선하증권의 정당한 소지인에게 인도할 것을 약정하는 유가증권이다.

선하증권은 증권상에 기재된 화물의 권리를 구현하기 때문에 일반적으로 배서에 의하여 유통된다. 선하증권은 화환어음의 중심서류이기 때문에 화환취결로서 대금이 회수되는 상업송장, 보험증권과 더불어 3대 필수서류로 불려진다.

선하증권의 발급으로 운송계약이 체결된다면 운송인이 제시하는 선하증권을 송화인이 그대로 수락함으로써 계약이 성립되기 때문에 낙성계약(諾成契約, consensual contract)이라고 할 수 있다. 운송인은 운송서비스를 제공하고 화주는 대금인 운임을 지급하여야 한다. 따라서 선하증권은 운송계약과 약정한 운임을 전제로 한 물품인도의 증거문서라고 할 수 있다. 선하증권의 기능은 크게 권리증권으로서의 기능, 운송계약 증빙으로서의 기능 및 화물영수증으로서의 기능으로 대별된다.

7.3.1.1 권리증권

선하증권의 기능 중에서 가장 중요한 것은 선하증권 자체가 화물 그 자체를 상징하는 권리증권이라는 데 있다. 정당한 방법으로 선하증권을 소지한 자는 화물을 청구할 수 있는 청구권과 이를 처분할 수 있는 처분권을 갖는다. 물품의 운송을 담당한 운송인은 반드시 정당한 선하증권을 제시하는 자에게만 화물을 인도하여야 하고, 비록 수화인이라 하더라도 선하증권이 기명식으로 발행되지 않는 한 정당하게 배서된 선하증권 없이는 화물을 청구할 권리가 없다.

선하증권은 유통증권으로서 어음과 같이 배서에 의하여 자유로이 유통되는 추상적 불요인증권이 아니고 일정한 조건 하에서만 유통되는 요인·유인증권이다.

① 선하증권상에 'negotiable'과 같은 문언이 있고, 'Consignee'란이 지시식으로 기재되어야 유통증권으로서의 기능을 갖는다. 그러나 상법에는 선하증권상에 배서를 금지하고 있지 않는 한 기명식이라도 유통성을 갖도록 규정하고 있다.200)

② 선하증권은 그것의 정당한 권리자에 의하여 양도되고 유통되어야 한다.

③ 선하증권은 양도인이 양수인에게 양도하겠다는 의사가 있어야만 유통증권으로서의 기능을 갖는다.

---

200) 우리나라 상법 제130조에서 "화물상환증은 기명식인 경우에도 배서에 의해 양도할 수 있다. 그러나 화물상환증에 배서를 금지하는 뜻을 기재한 경우에는 그러하지 아니하다"고 규정하고 있으며 제820조에서는 이 제130조가 선하증권에도 준용될 수 있다고 규정하고 있으므로 선하증권은 배서금지되지 않는 한 기명식도 양도 가능하다.

7.3.1.2 운송계약의 증빙

선하증권은 그 자체가 계약이 아니라 계약체결의 증빙(證憑)서류이다. 그러나 현실적으로 물품운송에 있어서 선하증권 이외에 별도의 운송계약을 증빙하는 서류가 발행되지 않기 때문에 선하증권이 유일한 운송계약의 증빙서류이다. 운송계약의 당사자는 송화인과 운송인이다. 그러나 선하증권이 정당한 방법으로 양도되어 수화인이 선하증권을 취득하면 수화인이 운송계약 당사자의 입장이 되어 운송인을 상대로 모든 권리를 행사하게 된다.

선하증권이 운송계약체결의 증빙서류이기 때문에 운송계약의 내용은 선하증권의 전면과 이면에 나타난 약관이 된다. 비록 오늘날의 약식선하증권은 이면약관이 없지만 그것이 생략된 것으로 간주한다.[201]

선하증권은 운송인이 일방적으로 작성하여 교부하기 때문에 운송인의 면책사항이 그 내용의 중심을 이루고 있으며, 비록 운송인이 책임을 질 경우에도 책임한도액이 정하여져 있기 때문에 화주로서는 충분한 손해배상이 어렵게 된다. 따라서 화주는 운송계약과 별도로 보험계약을 체결할 필요가 있다.[202]

7.3.1.3 화물영수증

선하증권은 그것에 기재된 화물의 수량, 중량 및 상태와 같은 물품을 운송인이 송화인으로부터 수령하였다는 추정적 증거(prima facie evidence)이며[203] 또한 선하증권의 발행일은 선적일의 추정적 증거가 된다.[204] 운송인은 선하증권상에 기재된 화물을 수화인에게 반드시 인도하여야 한다. 그렇지 않으면 운송인은 선적된 화물이 선하증권의 기재내용과 상이하였다는 증거를 제시하여야 한다.

컨테이너 화물과 같이 송화인의 포장인 경우 운송인은 송화인이 신고한 그대로 선하증권을 발행하기 때문에 선하증권상에 부지약관(Unknown Clause)을 삽입함으로써 내용물에 대한 책임을 면할 수 있다.[205]

---

201) Uniform Customs and Practice for Commercial Documentary Credits, 1993.(제5차개정 신용장 통일규칙, 이하 UCP 500이라 약칭함). 제23조 a항 v.에서는 약식선하증권의 수리를 규정하고 있다.
202) Incoterms 2020. CIF, CIP조건에서 해상운송 화주의 보험체결 의무를 부과하고 있다. 각 조건 A4.
203) The Carriage of Goods by Sea Act. 1924 제3조.
204) Warsaw Oxford Rules for C.I.F. Contract, 1932, Rule 3,(ii).
205) UCP 500 제31조 ii)에선 부지약관이 기재되어 있어도 수리하도록 규정하고 있다. Unless otherwise stipulated in the credit, banks will accept a transport document which bears a clause on the face thereof such as "shipper's load and count" or "said by shipper to contain" or words of similar effect.

7.3.1.4 선하증권의 법적 성질

① 유가증권(有價證券): 선하증권은 물품의 동일성을 보증하는 권리·의무를 표시하고 물품의 처분권 및 인도청구권이 명시되어 법적으로 보증되는 유가증권의 성질을 구비하고 있다.

    ⓐ 유통증권(流通證券): 화물의 권리를 대표하는 유가증권으로 배서나 인도에 의하여 권리가 이전되는 유통성을 지니고 있다.

    ⓑ 요인증권(要因證券): 선하증권의 발행은 그 이전에 운송계약에 따라 운송인이 화물을 인수하였다는 원인에 의하여 발행되기 때문에 이를 요인증권이라고 한다.

    ⓒ 요식증권(要式證券): 선하증권은 상법에나 선하증권의 준거법에 명시된 법적 기재사항이 기재되어야 하는 요식증권이다. 또한 기재내용은 운송화물의 내용과 일치하여야 한다.

② 지시증권(指示證券): 지시식선하증권은 배서나 인도로 양도할 수 있다. 선하증권의 지시는 보통 배서(背書, Endorsement)를 의미하고, 배서의 방법은 백지배서가 보통이다. 기명식선하증권이라 하여도 배서 금지되지 않는 한은 배서에 의하여 양도할 수 있도록 우리나라 상법에서는 규정하고 있다.

③ 채권증권(債權證券): 선하증권의 정당한 소지인은 이를 발급한 운송인에 대하여 화물의 인도를 요구할 수 있는 채권과 같은 효력을 갖고 있다.

④ 상환증권(相換證券): 화물의 인도는 선하증권과의 상환으로만 청구할 수 있다.206) 보통 복수의 선하증권이 발행될 경우 선적지에 있어서는 선하증권 전통(全通, full set)에 의해서만 화물청구권을 가지게 되지만, 양륙항에서는 복수의 선하증권 가운데 먼저 제시한 선하증권으로 화물을 인도받게 되고 나머지 선하증권은 화물청구권이 상실된다.

⑤ 인도증권(引渡證券): 선하증권의 정당한 소지자는 화물의 소유권을 갖게 되므로 화물 자체를 소유한 것과 같은 법률적 효력을 갖는다.

⑥ 처분증권(處分證券): 선하증권을 작성한 경우에는 물품에 대한 처분을 선하증권으로 하여야 한다.207)

7.3.1.5 선하증권의 종류

① 선적선하증권(Shipped B/L)과 수취선하증권(Received for B/L): 선하증권은 본선상에 화물이

---

206) 상법 제129조 "화물 상환증을 작성한 경우에는 이와 상환하지 아니하면 운송물의 인도를 청구할 수 없다" 제820조에는 제129조가 선하증권에 준용됨을 규정하고 있다.
207) 상법 제132조 "화물상환증을 작성한 경우에는 운송물에 관한 처분은 화물상환증으로써 하여야 한다" 제820조에선 제132조가 선하증권에 준용됨을 규정하고 있다.

선적된 후에 발행되며 증권상에 Shipped 또는 Shipped on Board라 표기되어 화물의 선적완료를 표시한 것이 선적선하증권이다. 선박회사가 수령 또는 부두창고에 입고되었으나 선적되지 않은 경우 수취선하증권이 발행된다.208)

② 무고장선하증권(Clean B/L)과 고장부선하증권(Foul B/L): 화물을 선적할 때 그 화물의 상태가 양호하고 수량이 일치하여 선하증권의 비고(remarks)란에 아무 것도 기재되지 않고 증권상에 "shipped on board in apparent good order and condition"이라고 표시된 선하증권을 부고장선하증권이라고 한다. 즉 증권상에 어떤 조건을 붙이는 비고(Remarks)나 유보사항(Reservations)이 없는 완전한 선하증권을 의미한다.209) 그러나 비고란에 포장상태가 불완전하거나 수량이 모자라면 이 사실을 기재하게 되며 이러한 선하증권을 고장부선하증권이라 한다.210) 통상 고장부선하증권을 수취해서 매입은행에 제시하면 은행은 매입을 거절하게 된다.211)

현행 Incoterms 2020에서도 모든 운송서류는 화물이 양호한 상태에서 발급되지 않으면 고장부운송서류로 간주하고 있다.212)

③ 기명식선하증권(記名式船貨證券, Straight B/L)과 지시식선하증권(指示式船貨證券, Order B/L): 기명식 선하증권은 화물의 수취인으로서 매수인명이 기재된 선하증권을 말하며 지시식선하증권은 수화인은 기재하지 않고 단순히 Order 또는 Order of A로 되어 있어 지시된 자에게 양도할 수 있는 선하증권을 말한다.

④ 유통선하증권(流通船貨證券, Negotiable B/L)과 유통불능선하증권(流通不能船貨證券, Non-Negotiable B/L): 보통 선하증권은 3통이 한 조가 되는 선하증권 원본을 발행하는 데 양도 가능한 지시형식으로 된 선하증권을 유통선하증권이라 한다. 선박회사가 발급하는 원본 이외의 모든 선하증권에는 발급될 때 이미 유통불능(Non-Negotiable)이라고 stamp되기 때문에 지시식 선하증권이더라도 사본으로는 은행에 매입되지 않는다. 즉 유통선하증권도 원본이 아닌 사본은 유통불능이 되지만 영국계에서는 양도나 유통이 되지 않는 기명식 선하증권을 유통불능 선하증권이라고 한다.213)

---

208) UCP 500 제23조에선 수취선하증권은 선적 후 on Board Notation을 부기하면 선적선하증권과 같은 효력을 가진다고 규정하고 있다.
209) 朴大衛 (1994), 『貿易實務』, 서울: 法文社. p.149.
210) 이 경우 화주는 파손화물보상장(Letter of Indemnity: L/I)을 선박회사에 제공하고 Clean B/L을 발급받는데, 이 보상장은 선박회사와 보험회사를 면책시키며 최종 책임은 화주가 지게 된다.
211) UCP 제32조 b) "banks will not accept transport documents bearing such clauses or notations unless the credit expressly stipulates the clauses or notation which may be accepted."
212) Incoterms 2020. Introduction 18. Any notation on the transport document which would indicate that the goods had not been in such condition would make the document " unclean".
213) 朴大衛 (1994), 『貿易實務』, 서울: 法文社. p.152

⑤ 통선하증권(通船貨證券, Through B/L): 운송업자가 구간마다 다를 경우 최초의 운송업자가 전구간의 운송에 대하여 발행하여 모든 책임을 지는 운송증권을 통선하증권이라고 한다.214) 미국에서는 육상과 해상운송을 겸한 선하증권을 Overland B/L, overland common point B/L(OCP B/L)215)이라고 하여 많이 이용되고 있다.

⑥ 환적선화증권(換積船貨證券, Transshipment B/L): 환적선화증권은 화물을 목적지까지 운송하는 도중에 중도에서 다른 선박에 환적하여 최종목적지까지 운송할 때 발행하는 선하증권을 말한다. 최초의 운송계약을 체결한 운송인이 자기의 책임하에 환적을 전제로 전운송구간을 커버하는 선하증권을 발행하고 환적 이후의 구간을 운송할 선사를 수배하여 운송하게 된다. 신용장상에 특별히 환적(換積)을 금지하지 않는 한 은행은 환적 선하증권도 수리할 수 있다.216)

⑦ 약식선하증권(略式船貨證券, Short Form B/L): 약식 선하증권은 정식 선하증권(Long Form B/L)이 너무 길고 복잡하여 발행을 간소화하기 위해서 생긴 것으로 보통 배면이 백지이다.217) 약식 선하증권도 만일 분쟁이 생기면 정식 선하증권상의 선주와 화주의 권리와 의무에 따른다.218)

⑧ 적색선하증권(赤色船貨證券, Red B/L): 선하증권과 보험증권을 결합시킨 것으로서 항해중 사고가 발생하면 이 사고에 대해서 선박회사가 보상해주는 선하증권이다. 선박회사는 보험회사에 화물을 일괄부보하게 된다.

⑨ 용선계약선하증권(傭船契約船貨證券, Charter Party B/L): 화주가 부정기선을 용선하는 경우 화주와 선박회사 사이에 체결된 용선계약에 의하여 발행되는 선하증권을 말한다.219)

⑩ 집단선하증권(集團船貨證券, groupage B/L): 적은 분량의 화물을 모아서 하나의 'Group'으로 선적해 보낼 때 발급하는 선하증권을 말한다. 화물을 주선한 forwarding agent는 선박회사로부터 집단선하증권을 발급받고 개별 화주에게는 House B/L220)을 발급해 준다.

---

214) UCP 500에서 선적항에서 양륙항까지의 전해상운송이 동일한 선하증권에 의해 커버되면 수리하도록 규정하고 있다. 제23조, 24조. "… the entire carriage is covered by one and the same bill of lading"
215) OCP란 북미대륙 내의 공통운임 부과지역인 록기산맥 동쪽의 원격지(Dakota, Colorado, New Mexico 등)를 말하는데 태평양 연안의 항구를 경유하여 이 지역으로 운송되는 화물을 OCP Cargo라 하고 이 화물에 대하여 OCP B/L을 발행한다.
216) UCP 제23, 24, 제26조 복합운송서류의 수리조건에서 환적의 허용 여부를 규정하지 않은 것은 복합운송 자체가 환적을 전제하고 있기 때문이다.
217) UCP 23조 a항 v에서는 배면백지식 및 약식선하증권도 수리됨을 규정하고 있다.
218) 약식선하증권상에 정식선하증권과 동일한 효력을 갖기 위해 다음의 문언을 보통 기재한다. "All the terms of the carrier's regular long form of bill of lading are incorporated herein with like force and effect as if they were written at length herein. A copy of such bill of lading may be obtained from the carrier, its agent, or the master." 朴大衛 (1994), 『貿易實務』, 서울: 法文社. p.153.
219) 제5차 개정 신용장 통일규칙(UCP 500)부터 신용장상 허용되면 C/P B/L도 수리 가능하다. UCP 500 제25조.
220) House B/L은 선적증명서에 지나지 않으며 선하증권이 아니므로 권리증권이 아니다. 은행에서 수리되기 위해서는 이 House B/L의 발행자인 Forwarder가 운송인이나 운송인의 대리인으로 행동한다는 것을 서류상에 나타내지 않는 한 수리되지 않는다. 즉 House B/L은 발행인의 자격이 수리 여부를 결정하므로 매우 유의하여야 한다.

⑪ 제시기일초과 선하증권(提示期日超過 船貨證券, Stale B/L): 선하증권의 제시가 지연된 선하증권을 말한다. 모든 운송서류는 발행 후 신용장에서 명시한 기간 내에 제시되어야 한다. 만일 제시기간이 규정되지 않고 선하증권 발행 후 21일이 지난 후 매입은행에 제시하면 은행은 특별히 신용장상에 미제시 기간 초과 선하증권의 수리를 허용하지 않는 한 수리 거절할 수 있다.[221]

7.3.2 해상선하증권의 수리가능요건

신용장이 해상선하증권을 요구한 경우에 은행은 그 명칭에 관계없이 다음과 같은 서류를 수리하도록 규정하고 있다.[222]

① 운송인의 명의와 함께 운송인, 선장 또는 그 대리인이 서명하거나 기타의 방법으로 인정한 서류

② 물품이 본선적재 또는 선적되었음을 명시한 서류

③ 선적항과 수탁지 및/또는 양륙항과 최종목적지가 다르거나, 또는 지정된 선적항과 양륙항을 명시하면서 '예정된' 선적항이나 양륙항을 명시한 경우에도, 신용장상에 지정된 선적항과 양륙항을 명시한 서류

④ 단일의 원본이나 여러 통의 원본으로 발행된 전통(全通, full set)으로 구성된 서류

⑤ 운송에 관한 배면약관(背面約款)이 있거나 또는 그 약관이 없는 약식의 서류

⑥ 용선계약 또는 범선만에 의해 운송이라는 어떠한 명시도 없는 서류

⑦ 기타 신용장에 있는 모든 규정을 충족한 서류

이를 항목별로 살펴보면 다음과 같다.

① 선하증권을 발행하고 서명할 수 있는 당사자를 명시하고 있는데 지정된 운송인뿐만 아니라 선장 또는 그 대리인이 발행하고 서명 또는 인정한 선하증권도 수리된다. 선하증권상의 모든 서명에는 운송인(carrier) 또는 선장(master)이라는 확인이 있어야 하며 만약 그 대리인이 서명한 경우에도 반드시 운송인이나 선장의 명의와 자격을 명기하여야 한다.

② 물품의 본선적재 조건을 규정하고 있는데 본선적재(on board)란 이미 선하증권상에 표시된 본선적재의 인쇄조항에 의하거나 또는 물품의 본선적재일을 지칭하는 선하증권상의 표기로 증명되어야 한다. 선하증권상 본선적재의 조항을 인쇄해 둔 경우 그 선하증권의 발행일이 선적일로 간주된다. 본선적재의 표기는 정식 또는 약식으로도 할 수 있는데 선하증권을 발행하고 서명한 동일인이 표기하여야 할 필요는 없다. 즉 본선적재의 표기는 수권된 당

오원석, 전게서, pp.192-193.
221) UCP 500 제43조.
222) UCP 500 제23조.

사자인 운송인, 선장 또는 그 대리인 중 어느 누구도 할 수 있다. 선하증권을 발행할 때 선박명의 표기 없이 예정된 선박(intended vessel)으로만 기재한 경우 그 예정된 선박에 물품을 적재했더라도 본선적재 서명에는 반드시 적재된 일자와 함께 선박명을 기재해야 한다.

③ 항대항 해상선하증권을 발행할 때 반드시 신용장이 요구하는 선적항과 양륙항을 기재해야 한다. 은행은 약정된 선적항과 양륙항이 기재되지 않는 한 그 제시된 선하증권의 수리를 거절해야 한다.

④ 2통 이상의 원본으로 발행된 선하증권은 원본 전통을 제시해야 한다.

⑤ 정식선하증권뿐만 아니라 약식선하증권도 수리된다.

⑥ 용선계약 또는 범선만에 의한 운송의 조항이 포함된 선하증권은 수리되지 않는다. 그러나 신용장이 용선계약부선하증권(傭船契約附船貨證券)을 특별히 요구하거나 허용한 경우에 용선계약부선하증권은 수리된다.223)

⑦ 위에 열거한 선하증권의 수리요건에 일치하더라도 신용장의 기타 모든 조건에 일치해야만 수리된다.

환적은 신용장 조건상 별도로 금지되어 있지 않는 한 허용되며 전해상운송이 단일(동일)의 선하증권에 의해 커버되면 환적선하증권은 수리된다. 비록 환적을 신용장조건상 금지하고 있더라도 컨테이너, 트레일러 또는 LASH Barge에 의해 환적될 것이라고 명시된 선하증권은 수리된다.

7.3.3 비유통성 해상화물운송장

7.3.3.1 의의

20세기말 운송기술의 발달로 선하증권보다 화물이 먼저 도착하는 사례가 자주 발생되고 있는데 이에 대한 해결책으로 지금까지 화물선취보증장(貨物先取保證狀, L/G)의 사용이 관행화되어 왔다. 그러나 L/G 위조사건, L/G발급에 대한 까다로운 절차와 비용 등으로 선하증권 사용에 대한 문제점이 나타나기 시작하여 이러한 문제점을 보완하기 위하여 선하증권 대신에 도착지에서 물품수령시에 반드시 제시할 필요가 없는 비유통성 해상화물운송장(非流通性 海上貨物運送狀, non-negotiable Seaway Bill: SWB)이 1970년대 후반부터 영국을 중심으로 사용되기 시작하였다. 최근에는 북대서양항로 정기선의 컨테이너운송인 경우에는 대부분 B/L 대신에 해상화물운송장이 사용되고 있다.224)

---

223) UCP 제25조 참조.
224) 吳元奭 (1994), "Seaway Bill의 問題點에 관한 小考", 중재, 265호.

Incoterms(1990)에서도 EXW, DAF 계약조건을 제외한 나머지 11개 정형거래조건에서 비유통성 해상화물운송장을 물품인도의 증빙서류로 인정하고 있으며 물품의 수령증으로 정착되어가고 있어 UCP 500에서도 이를 수용하게 되었다.[225]

국제운송법규에서도 예외적 혹은 명시적으로 그 사용을 인정하고 있으나[226] 이에 국제해사법위원회(Comite Maritime International: CMI)에서는 해상화물운송장에 대한 CMI통일규칙(CMI Uniform Rules for the Sea Waybill)을 1990년 6월 제정하게 되었다.[227] 이러한 해상화물운송장에 대하여 UCP 500에서도 신용장이 선하증권 대신에 비유통성 해상화물운송장(非流通性 海上貨物運送狀)을 요구하면 비유통성의 해상운송서류를 수리하도록 규정하게 된 것이다.

7.3.3.2 수리가능요건

비유통성 해상화물운송장의 수리범위는 해상선하증권에 관한 조항을 토대로 작성되었기 때문에 유통가능 해상선하증권의 경우와 거의 대등하다고 해석할 수 있다. 그러나 그 법적 성질과 기능은 해상선하증권과 큰 차이가 있으므로 그 차이점을 정리하면 〈표 7-1〉과 같다.

〈표 7-1〉 해상선하증권과 해상화물운송장 비교

항목	해상선하증권	해상화물운송장
기능	운송물품에 대한 관리증권	물품 적재사실 통지서
운송계약 증거	가능	가능
물품영수증	가능	가능
운송인제시	물품수령시 제시	제시치 않아도 됨
유가증권성	유가증권이며 권리증권임	유가증권이 아니며 권리증권도 아님
권리행사자	적법한 소지인	수화인(행사할 권리사항이 없음)
유통성	유통 가능함	유통 불가능
계약당사자	변경 가능	변경 불가능
수화인	변경 가능	변경 불가능
결제담보	매입은행 결제의 물적 담보	물적 담보로는 불가
사용 용도	일반적 거래	은행은 무담보로 어음 매입
UCP499	허용	소량 · 견본거래, 본 · 지사간거래, 근거리거래
UCP 500상	허용	불허
수리요건	제23조에 규정	허용
신설동기	해당 없음	해상선하증권 수리요건과 거의 유사함, 제24조.

자료: 吳元奭 (1994), "Seaway Bill의 問題點에 관한 小考", 중재, 265호.

---

225) 제5차개정 신용장 통일규칙(약칭 UCP 500)부터 새로운 운송서류로 인정되어 수리가능하게 되었다. UCP 500 제24조 참조.
226) Hague규칙 제6조, Hamburg규칙 제2조 1항 d호, e호, UN국제물품복합운송조약 5조 1항.
227) 동 규칙에선 해상화물운송장의 적용범위, 권리와 책임, 운송계약체결 대리권, 운송물의 지배권 등을 총 8개 조항으로 규정하고 있다. SWB를 운송서류로 계약할 경우 동 규칙을 참조조항으로 삽입하는 것이 바람직하다.

7.3.4 용선계약부 선하증권

7.3.4.1 의의

UCP 500 이전에 용선계약부 선하증권은 수리거절되는 서류였으나 UCP 500에서는 신용장상에서 용선계약부 선하증권을 요구하거나 허용한 경우에는 은행은 용선계약부 선하증권을 수리하도록 하는 조항을 신설하였다.[228]

7.3.4.2 수리가능요건

신용장이 용선계약부 선하증권을 요구하거나 허용할 경우 은행은 선장, 선주 또는 그 대리인이 서명한 용선계약부 선하증권을 수리하도록 규정하고 있다. 그리고 송화인이 용선운송계약에 따른 운송서류를 조달하는 경우에는 운송인을 명기할 필요가 없다는 점을 고려하여, 은행은 운송인의 명의가 기재되지 아니한 용선계약부 선하증권도 수리하도록 하였다. 그 밖의 용선계약부 선하증권의 수리조건은 해상선하증권의 수리조건과 맥락을 같이 하고 있다.

그러나 은행은 용선계약서를 심사할 의무는 없으며 수리한 용선계약부 선하증권은 은행측의 아무런 책임 없이 다음 당사자에게 송부만 하면 된다고 규정하고 있으므로 은행은 용선계약서에 대해서 심사하고 검토할 의무가 없다.[229]

만약 용선계약서가 제시되면 은행은 이를 심사하지 아니하며 은행측의 책임 없이 다음 당사자에게 송부하면 되는 것이다. 즉 용선계약부 선하증권에 대해서 은행은 용선계약부 선하증권의 기초가 되는 용선계약서와는 무관하게 이를 수리하면 되는 것이다.[230] 용선계약부 선하증권은 해상선하증권의 수리요건과 그 맥락을 같이 하고 있으나 환적에 관한 규정이 없음에 유의하여야 하며 또한 유가증권으로서의 신뢰성이 약하다는 점도 유의해야 한다. 해상선하증권과의 차이점을 간략히 살펴보면 〈표 7-2〉와 같다.

---

228) UCP 500 제25조. UCP 500은 1994년 1월 1일부터 시행되고 있다.
229) 이는 용선계약의 당사자도 아닌 은행이 용선계약서의 조건을 심사하고 검토하도록 하는 것은 불합리하다고 보기 때문이다.
230) 은행에서 심사하지 않음에도 용선계약서를 제시하는 이유는 운송서류가 용선계약에 관한 참조사항을 포함하고 있으면 매도인이 용선계약서 사본도 제공하여야 하기 때문이다. Incoterms 2020. CIF. A8. If the transport document contains a reference to a charter part, the seller must also provide a copy of this latter document.

<표 7-2> 해상선하증권과 용선계약선하증권 수리요건 비교

항목	해상선하증권	해상화물운송장
조항	23조	25조
신설 여부	UCP400 26조	신설조항
신설 동기	해당 없음	원유, 곡물, 목재 등 대량·특수 화물 운송시 특수선박 용선이용사례가많은운송업계의관행과요청으로신설
발행자	운송인, 선장 또는 그 대리인	선장, 선주 또는 그 대리인
운송인 표시	표시해야 함	표시하지 않아도 됨(화주가 운송인)
선적일	예정선박기재시 적재일자와 선박명 기재해야 함	지정선박선적으로 미리 인쇄한 발행일이 선적일로 간주가능
선적·양륙항	지정, 명시해야 함	지정, 명시해야 함
환적	규정함	규정 없음
용선계약서 심사	해당 없음	은행의 심사의무 없음
유가증권 신뢰성	법적으로 충분한 보장을 받음	보장장치가 없어 신뢰성 약함(용선료 체불시 선주의 유치권 행사, 선하증권 남발, 사기 가능성 등)

자료: UCP 500 23, 25조 비교 작성

7.3.5 전자식 선하증권

7.3.5.1 의의

최근 들어 무역자동화 시스템이 구축되어 무역기관들의 컴퓨터시스템이 데이터통신망으로 연결되어 있기 때문에 자동적으로 무역절차를 수행할 수 있게 되었다. 이에 따라 무역관련 서류의 작성도 전자식으로 발행 가능하게 됨에 따라 전자식으로 발행된 선하증권도 수리 가능한지 관심이 집중되어 왔다.

국제무역거래에서 보편적으로 사용되는 정형무역거래조건으로 계약당사자간의 책임을 보다 간단하게 규정함으로써 상호간의 오해와 분쟁발생의 가능성을 감소시켜 왔던 Incoterms가 1990년에 개정되었는데 그 개성의 주된 이유는 전사식으로 서류를 전송 또는 송수신하는 EDI방식이 확산됨에 따라 상호교환된 서류가 인정될 수 있는 법적 지위를 보증하기 위해서이다.231) Incoterms 2020에서는 다양한 서류들, 즉 상업송장, 통관에 필요한 서류 또는 운송서류도 EDI로 대체가 가능하도록 규정하고 있다.232) 최근 일부 선박회사에서는 컴퓨터에 의한 선하증권의 작성을 하고 있는데 화주로부터 선적요청이 오면 선박회사는 컴퓨

---

231) Incoterms 2020. Introduction 3. The main reason for the 1990 revision of Incoterms was the desire to adapt terms to the increasig use of electronic data interchange(EDI)" "…when using EDI, message to ensure that the buyer has the same legal position…"

232) Incoterms 2020. 매도인의 의무 각8조(EXW를 제외한 12개 조건)에서 매도인과 매수인이 전자적으로 통신할 것을 합의한 경우 EDI서류로 대체될 수 있도록 규정하고 있다.

터의 디스플레이(display)장치를 사용하여 컴퓨터에 선하증권의 자료를 입력하고 전자통신회로를 이용하여 도착지까지 선화증권(船貨證券)을 전송할 수 있게 되었다. 이와 같이 선하증권을 발행하지 않고 선하증권의 내용을 구성하는 정보를 전자식 방법에 의해 운송인의 컴퓨터에 보관하고, 운송인이 부여한 '개인 키(private key; 비밀번호)'를 사용하여 운송인(선박회사)과 송화인(매도인) 혹은 수화인(매수인) 상호간에 EDI메시지를 교환하게 된다. 그 권리의 증명으로서 개인 키(비밀번호)를 사용하게 된다. 물품에 대한 지배권 및 처분권을 가진 권리자에 의해 수화인에게 정보가 전송되어지게 된다. 이러한 방식으로 이용되는 선하증권을 전자식선하증권(電子式船貨證券)이라고 한다.233)

1990년 6월 국제해사위원회(Comite Maritime International; CMI)는 전송정보의 신속화를 위해 종전의 서면형식의 선하증권을 발행하는 대신에 선하증권의 정보를 전자데이터 통신수단에 의해 전송하는 경우에 있어서 당사자의 권리 및 의무를 규정하기 위해 전자식선하증권을 위한 CMI규칙(CMI Rules for Electronic Bills of Lading)을 채택하였다.234)

7.3.5.2 수리가능요건

최근 국제운송시장에서 세계 100여 개국의 2,000여 외국환은행이 신용장에 관한 모든 통신업무를 SWIFT(Society for World-wide Interbank Financial Telecommunication; 세계은행간 금융전산망)시스템으로 처리하고 있다. 이러한 변화에 맞추어 신용장통일규칙 제5차 개정(UCP 500)이 이루어지고 1994년부터 시행되고 있는데, 그 주요 특징 중의 하나가 EDI시스템을 신용장과 그 관계서류에도 포괄적으로 적용할 수 있도록 규정하고 있다는 점이다.235)

이에 따라 EDI에 의해 전자식으로 작성된 신용장 및 선적서류들도 신용장에 별도규정이 없는 한 은행은 원본으로 수리하여야 하며, 전자적 인정방법에 의하여 전자서명된 서류들도 인정된다는 규정을 새로이 추가하였다.236) 전자식선하증권의 수리요건은 앞서 살펴본 해상선하증권 수리요건에 준해야 할 것이나 그 활용에는 몇 가지 문제점을 내포하고 있으므로 이의 해결 방법이 관심사가 되고 있다.237)

---

233) 梁暎煥 · 吳元奭 (1994), 『貿易商務論』, 서울: 法文社, pp.144-156.
234) 동규칙은 모두 11개 조항으로 구성되어 있는데 당사자가 합의한 경우에만 적용되므로 전자식 B/L을 운송서류로 채택하는 경우 동규칙을 참조사항으로 사용하는 것이 바람직하다. 동규칙의 주요 규정은 EDI표준과 절차, 형식과 내용, 운송물의 지배권 및 처분권, 개인부호사용 및 전자식 자료의 효력 등이다.
235) UCP 500 제20조 참조.
236) UCP 500 제20조 b항, "A document may be signed by handwriting, by facsimile signature, by perforated signature, by stamp, by symbol, or by any other mechanical or electronic method of authentication."
237) 한남성 (1994), "전자식 B/L의 이용에 따른 문제점", 『무역상무연구』, 7권, pp.358-364에서는 ① 소송의 증거로서 법적으로 허용하느냐의 문제, ② 전자식 통신문의 진정성(眞正性)을 증명하는 문제, ③ 전자식 통신문이 법

7.3.6 컨테이너 선하증권

7.3.6.1 의의

오늘날 대부분의 운송이 컨테이너를 이용하고 있으며, 운송서류도 거의 컨테이너 선하증권이다. 운송서류의 명칭이 "Bill of Lading"으로 되어 있어도 이면약관에 컨테이너 관련조항을 포함하고 있는 B/L이 컨테이너 선하증권이다. 컨테이너 선하증권의 일반적인 명칭은 "Combined Transport Bill of Lading" 또는 "Container Bill of Lading"으로 되어 있으나 UCP 500에서는 복합운송서류의 명칭을 "Multimodal Transport Document"로 사용하고 있다. 컨테이너 B/L은 항로와 발행국가에 따라 다소 차이가 있으나 미주항로에서 사용되는 주요 북미컨테이너 B/L과 유럽항로에 사용되고 있는 유럽 컨테이너 B/L의 양식이 많이 사용되며 그 약관의 내용에 차이가 있다.238)

7.3.6.2 수리가능요건

컨테이너 선하증권 그 자체는 보통 컨테이너를 CY Operator에게 인도 후 발급받는 수취 선하증권이므로 본선적재 후 선장, 운송인(복합운송의 경우는 복합운송인) 또는 그 대리인의 본선 적재표기(本船積載表記, on Board Notation)를 해야만 유효한 선적 선하증권이 될 수 있다. 이 컨테이너 B/L의 발행이 복합운송에서 발행되더라도 은행에서 수리되는 데는 문제가 없다.239) 해상운송에서 컨테이너 선하증권을 발급받으면 그 수리요건은 해상선하증권과 동일한 맥락으로 적용되어진다. 즉 On Board Notation만 표기되면 수리요건은 해상선하증권과 동일하다.

7.3.7 운송주선인 발행 운송서류

7.3.7.1 의의

UCP400에서 운송인 또는 그 대리인의 자격없이 단지 운송 주선인의 자격으로 발행된 운송서류 가운데 국제상업회의소가 인정한 FIATA(국제운송주선인협회)가 발행한 FIATA B/L만은 예외적으로 인정하였으나, 현행 UCP 500에서는 운송인, 복합운송인 또는 그의 대리인의 자격없이 운송주선인만의 자격으로 발행되는 모든 운송 서류에 대해서는 그것이 FIATA B/L이라 하더라도 은행에서 이를 수리하지 않는다고 규정하고 있음에 유의해야 한다.

률에서 요구하는 서면(writing) 또는 서명(signature) 등과 같은 요건을 충족시키느냐의 문제, ④ 전자식 선하증권 활용당사자 및 EDI 서비스 제공자간의 책임한계와 위험분담 결정의 문제, ⑤ 전자식 선하증권 관련 자료의 보호 문제 등을 제기하고 있다.
238) 상세한 약관 내용은 오원석 (1994), "Seaway Bill의 문제점에 관한 소고", 『중재』, 265호, pp.112-142 참조.
239) UCP 500 제26조 참조.

7.3.7.2 수리가능요건

운송주선인(運送周旋人, freight forwarder)이 운송인, 복합운송인의 자격으로서 또는 그 대리인의 자격으로 서명한 운송서류가 신용장의 제조건과 일치한 때에는 이를 반드시 은행에서 수리하나 그러한 자격없이 발행된 운송주선인 발행서류는 서류가 거절됨에 유의해야 한다.[240]

FIATA 선하증권뿐만 아니라 운송주선인이 발행하는 모든 운송서류가 수리되기 위해서는 운송주선인 자신이 반드시 운송인, 복합운송인 또는 그의 대리인의 자격으로 발행되었다는 것이 운송서류상에 나타나 있어야 한다.

7.3.8 복합운송서류

7.3.8.1 의의

복합운송이란 선박, 철도, 항공기 및 자동차 중 적어도 두 가지 이상의 상이한 운송방식으로 인수지와 인도지가 다른 국가간에 물품 운송하는 것을 말한다. 그 복합운송의 계약이행을 증명하기 위하여 복합운송인은 물품 인수 후 복합운송증권을 발행한다. 복합운송인은 자신의 운송수단을 갖고 있지 않아도 전구간운송의 책임을 지고 송화인과의 계약의 주체로서 행동할 수 있다.

복합운송증권은 책임형태에 따라 책임분할형증권과 단일책임형증권으로, 유통성 여부에 따라 유통성 복합운송증권과 비유통성 복합운송증권으로, 작성방법에 따라 지시식(指示式)과 소지인식(所持人式)으로, 복합운송증권 중 선하증권의 명칭을 지니고 있는 "combined (multimodal) transport bill of lading"과 "combined transport document"와 같이 선하증권의 명칭이 사용되지 않은 것이 있다.[241]

UCP 500이나 UN국제물품복합운송협약에서는 복합운송증권을 유통성증권이 아닌 비유통성증권으로도 발행할 수 있음을 규정하고 있는데, 비유통성 복합운송증권은 유가증권이 아니며 증거증권(證據證券)의 기능을 가질 뿐이다. 비유통성 복합운송증권을 인정한 이유는 항공운송의 경우 화물이 운송증권보다 빨리 목적지에 도달하기 때문에 운송증권과 상환으로 물품을 인도하게 되면 오히려 신속성이 없어지게 되기 때문이다. 우리나라 상법에서는 유가증권인 선하증권과 화물상환증의 두 종류만 운송증권으로 규정하고 있을 뿐이며[242] 복합운송증권에 관한 TCM조약안은 백지화되었다. UN국제운송증권에 관한 통일규칙, UNCTAD/

---

240) UCP 500 제30조.
241) UCP 500 제26조에서는 multimodal transport document(복합운송서류)라 칭하고 있다. 그러나 복합운송서류의 유통성을 인정하고 있으므로 실무적 이용에는 선하증권과 같은 권리를 지니게 된다.
242) 상법 제128~133조에서의 화물상환증의 발행과 효력을 제820조에서 선하증권에도 준용됨을 규정하고 있다.

ICC의 복합운송증권규칙 그리고 신용장통일규칙의 개정(UCP 500) 등으로 실무적으로는 복합운송증권을 선하증권과 마찬가지로 유통시키고 있다.

7.3.8.2 복합운송서류의 수리요건[243]

① 운송인이나 복합운송인의 명의와 함께 운송인이나 복합운송인, 선장 또는 그 대리인이 서명하거나 기타의 방법으로 인정한 서류
② 물품이 발송, 수취 또는 본선적재되었음을 명시한 서류
③ 선적항과 수취지 및/또는 양륙항과 최종목적지가 다른 서류, 또는 '예정된' 선박, 선적항 또는 양륙항만을 명시한 서류
④ 단일의 원본서류나 여러 통의 원본으로 발행된 전통(全通)으로 구성된 서류
⑤ 운송에 관한 배면약관이 있거나, 또는 그 약관이 없는 약식의 서류
⑥ 용선계약 또는 범선만에 의한 운송의 어떠한 명시도 없는 서류
⑦ 기타 신용장에 있는 모든 규정을 충족한 서류 등이다

신용장의 관습은 운송산업의 변혁과 운송량의 증가에 따른 새로운 규칙을 수용해 나아가야 한다. 따라서 신용장은 항대항(港對港) 선적으로 제한된 해상선하증권을 특별히 요구하지 않은 한 은행은 두 가지의 서로 다른 운송방식에 적용되는 양식으로 발행된 복합운송서류를 수리하도록 하였으며 해상선하증권에 관한 조항 중에서 복합운송서류에도 적용되는 것을 그대로 삽입해 두고 있다. 즉 운송인 또는 그 대리인의 서명에 관한 요건, 물품의 발송, 수탁 또는 본선적재일 등을 결정하는 문제, 그리고 용선계약이나 범선만에 의한다는 서류의 배제에 관해서는 해상선하증권에 관한 규칙과 맥락을 같이 하고 있다. 발행인의 자격(운송인→복합운송인), 환적조항이 생략되어 있는 점(복합운송은 환적을 전제하므로) 등에 약간의 차이가 있을 뿐이다. 해상선하증권과 그 수리요건을 비교하여 정리하면 〈표 7-3〉과 같다.

---

243) UCP 500 제26조 참조

<표 7-3> 해상선하증권과 복합운송서류 수리요건 비교

	해상선하증권	복합운송서류
조항	23조	25조
발행자	운송인, 선장 또는 그 대리인	운송인, 복합운송인, 선장 또는 그 대리인
본선적재 표시	본선적재 표시	발송, 수탁 또는 본선적재 명시
선적·양륙항	신용장조건 일치해야 함	선적항과 수탁지 및/또는 양륙항과 최종목적지가 다른 서류. 예정된 선박, 선적항 또는 양륙항으로 표시된 서류는 수리 가능
약식서류	약식선하증권 수리	약식복합운송서류 수리
환전조항	규정	규정치 않음(환적을 전제)
환전금지시 수리조건	신용장상 환적금지시라도 해상선하증권상 '환적될 것이다' 또는 '환적될 수 있다'라고 명시된 증권은 수리	신용장상 환적금지하더라도 복합운송서류상 '환적될 것이다' 또는 '환적될 수 있다'라 명시된 서류는 수리

자료: 박명섭 (1997), 『국제해운론』, 서울: 법문사, p.434.

7.3.9 운송서류 전자화

7.3.9.1 운송서류 전자화 배경

1960년대부터 컨테이너 혁명은 국제해상수송의 고속화, 복합적 일관성, 운송의 제경비의 삭감, 해운동맹의 쇠퇴 등을 가져왔다. 이와 함께 기업의 가일층의 국제적인 전개에 정보기술의 발전과 진화가 더해져 무역거래가 이른바 SCM(supply chain management)의 중요한 일환을 차지하고 있다. 게다가 기업의 입지가 컨테이너 운송, 정보기술(IT), SCM의 지원을 받고 글로벌화하고 무역량도 증가하면 모두 그 주요한 흐름도 다각화되고 있다. 운송측면에서는 NVO(Non Vessel Operating, 무선박운송)의 활약이나 Third Party Logistics(3PL, 제3자물류)의 도입을 마주하고 있다.

정기운송되는 대량의 화물정보를 신속, 염가, 정확하게 전달처리하여 무역절차의 신속, 간소, 높은 투명성을 요구하는 한편, 미국의 9.11사건 이후 무역거래의 안전확보가 강조되어 왔다. 요컨대, 국제물류에서는 안전과 효율성의 양립이 바람직하다. 이러한 상황에 적극적으로 대응하기 위해 1970년대 중반부터 무역거래의 전자정보에 따른 관리(이른바 EDI화)가 유럽을 중심으로 검토되어 실시 가능성이 높은 것부터 선택되어 왔다.

1963년 유엔 유럽경제위원회(UNECE)가 공식화한 각종 무역서식의 표준이 세계적으로 받아들여지면서 무역서식의 통일과 채우기 항목의 단순화가 진행돼 전자데이터 교환을 위한 표준화의 첫걸음이 됐다. 1980년대 대형 컴퓨터가 보급되면서 1987년 전자데이터교환(EDI)의 세계표준으로 행정/상업/운송을 위한 전자데이터교환에 관한 유엔규칙 UN/EDIFACT가 승인돼 무역전자화의 큰 진화로 이어졌다.

EDI화의 중요한 프로그램 중 하나는 선하증권을 핵심으로 하는 표준적인 무역거래모델인 국제화환결제모델의 재검토 중이다. 구체적으로는 선하증권(Bill of Lading: B/L)에서 해상운송장 (Sea Waybill: SWB)의 사용으로 전환하여 업무 흐름 모델로서 BSP(buy-ship-pay)로의 이행 촉진 을 추구하고 있다.[244]

7.3.9.2 해상운송서류의 전자화 상황

유엔유럽경제위원회 UNECE 권고 12호 개정판의 지침에 "해상운송 서류의 전자 매체화" 가 포함되어 있어, 해상 화물 운송장을 전자적인 환경으로 이행시키는 데 있어서의 이점 등 을 설명하고 있다. 전자 매체화의 장점은 다음과 같다.

① 정보통신기술의 발전은 종이의 서류를 신뢰성 있는 전자매체화하는 것을 실현시켜 종 이의 선하증권이 가져오는 여러 문제를 해결하려고 하고 있다. 그러나 전자 문서 및 전자 데이터 처리에서는 종이 서류의 물리적 보유와 연관된 법적 양도성을 효과적으로 재현할 수 없는 경우가 있다.

② 2종류의 전자화를 위한 업무시스템이 이 문제의 해결을 시도하고 있어 선하증권을 전 자적으로 취급하는 것을 가능하게 하는 것을 목표로 했다. 첫 번째 시스템은 종이 선적 증 권을 신용 제3자(Trusted Third Party, 신뢰성 있는 제3자, TTP)가 보유하는 권한 보유자의 전자 등록 부서로 대체하는 것이다. TTP와의 접촉 권한은 신뢰할 수 있는 전자 메시지 교환과 현재 권한 보유자 및 레지스트리(등록 기관)에게만 알려진 고유 암호로 부여된다. 이러한 등록 시스 템은 운영이 복잡하고 비용이 많이 드는 경향이 있으며, 이러한 비용은 사용료와 가입료와 같은 형태로 이용자에게 전가된다. 또한 전자 등록 부서에는 유연성이 부족하다. 왜냐하면, 독자 사양으로 공개성이나 표준성이 없고, 또 종이의 서류와 전자적인 처리의 조합을 취급 할 수 없기 때문이다. 또한 등록 부서를 운영하는 TTP는 화물이 잘못되거나 부적절하게 인 도 된 경우에만 자사의 법적 책임을 제한한다.

③ 종이 없는 선하증권을 처리하는 두 번째 시스템은 정보통신기술을 이용하여 무역거래 의 신뢰성 확보를 하는 것이다. 이 시스템은 신용카드와 같은 구조 또는 제3자 예탁(escrow) 계정 방식을 사용하여 매매계약에 따라 화물을 인도할 때 대금결제를 수행한다. 이 시스템 내에서 확실한 결제가 보장됨으로써 판매자는 장점을 얻을 수 있으며, 화물의 수령까지 대 금결제가 이루어지지 않기 때문에 구매자도 보호된다. 그러나 이 시스템은 비용, 유연성 및

---

244) 椿弘次・門田眞理子・釜井大介・酒井康智・中村純也・橋本弘二・眞期大輔・松井宏樹・山村武・吉開研悟・李來好・ 渡邊浩吉 (2014), 『海上運送書類に関する手続き簡素化に向けた調査研究委員会報告書』, 東京: 日本貿易関係手続簡 易化協会, p.137.

법적 책임과 관련하여 위의 전자 등록 부서 시스템이 직면 한 많은 문제를 면제하지 않는다.

④ 그에 대해 해상화물운송장을 전자화한 것은 이미 널리 이용되고 있다. 유엔 권고 제1호 "무역문서를 위한 유엔통일서식(UNLK)"에 준거한 문서에 근거하여 UN/EDIFACT의 선적 오더·탁송화물 계약(IFTMCS) 메시지가 메시지 실장 가이드라인(MIG)과 함께 개발되었으며 컴퓨터화된 비즈니스 시스템 간의 효율적인 데이터 교환 촉진에 기여한다. 따라서 해상화물운송장을 전자 환경으로 옮기는 작업은 선하증권에 비해 훨씬 쉬워졌다. 선하증권에서는 그 권원증권으로서의 측면이 복잡함과 다양한 지장을 낳고 있기 때문이다.

⑤ 전자문서처리는 해상운송 서류의 작성과 사용에 큰 혜택을 가져온다. 이점은 보다 정확하고 신속한 처리로 인한 효율 증가, 오류 감소(또는 완전한 제거) 및 기타 무역 문서에서 데이터를 재사용할 수 있다는 것이다. 그 밖에도 Demurrage(체선) 요금이나 컨테이너 임차료 등의 비용 감소, 공급 체인의 가시화와 투명성의 증대, 고객 서비스의 향상, 경쟁력의 증대 등의 이점이 있다.

7.4 정기선용 표준선하증권

7.4.1 총설

본문에 소개되는 정기선용 표준선하증권은 우리나라 대한상사중재원에서 개발한 표준서식으로서 CONLINEBILL을 모델로 하였다.[245]

이 정기선용 표준선하증권은 1978년판 CONLINEBILL을 모델로 한 것이다. CONLINEBILL은 BIMCO(The Baltic and International Maritime Council)가 채택한 정기선용 표준선하증권(CODE NAME: "CONLINEBILL")이다. CONLINEBILL은 최초의 제정 후 꾸준히 개정이 이루어져 왔는데 1950년 1월 1일 개정판 이후 계속 개정되고 있는데 가장 최근에 개정된 모델은 2016년판이다. 일반적으로 전세계적으로 가장 통용되는 모델은 1978년 1월 1일에 개정된 CONLINEBILL 1978이다.

이 정기선용 표준선하증권은 BIMCO의 CONLINEBILL 2000과 대동소이하다. 다만 제2조에 (a)항(준거법)에 관한 조항을 삽입하면서 일반지상약관은 제2조 (b)항으로 만들었고, 제3조 (a)항에 관할법원을 서울중앙법원으로 변경하고 (b)항에 중재를 추가하였다. CONLINEBILL의 제9조(동식물) 제13조(지연손해) 제17조(운송인의 특정)는 우리나라 법과 상충되어 삭제하였다.

---

245) 본문의 정기선용 표준선하증권과 약관의 해설은 대한상사중재원의 제공이다.

7.4.2 국문 계약서

송하인	정기선용 선하증권 증권번호:
	참조번호:

수하인	

통지처	

전운송인*	전운송인으로부터의 수령지*	

선박	선적지
양륙항	인도지*

표시와 수량	포장의 수량과 종류: 운송물의 명세	총톤수	검량

송하인의 신고에 따름	
운임액	
체선료	

	운임지급장소	발행장소 및 발행일
	원본증권의 통수	도장 또는 서명

정기선용 표준선하증권(LINER BILL OF LADING)

1. 정의(Definition)

본 선하증권에서 "화주"(Merchant)라 함은 송하인(Shipper), 수령인(Receiver), 수하인(Consignee), 선하증권소지인(Holder of the B/L) 및 화물소유자(Owner of the cargo)를 포함하는 것으로 본다.246)

2. 준거법(Governing Law)/일반지상약관(General Paramount Clause)*

(a) 본 계약의 준거법은 대한민국의 법으로 한다.

(b) 선적국에서 국내법으로 입법화되고 1924년 8월 25일 브뤼셀에서 채택된 '선하증권에 관한 일부 규칙의 통일에 관한 국제협약'에 포함된 헤이그 규칙이 본 계약에 적용된다. 선적국에서 동 규칙을 입법화하지 않은 경우 목적지 국가에서 입법화된 상응하는 법률을 적용한다. 그러나 선적과 관련하여 그러한 법률이 강행적으로 적용되지 않는 경우에는 위 국제협약이 적용된다.

〈헤이그-비스비 규칙이 적용되는 운송〉

1968년 2월 23일 브뤼셀에서 채택된 개정의정서에 의하여 개정된 협약(헤이그-비스비 규칙)이 강제적으로 적용되는 운송에 있어서는 헤이그-비스비 규칙의 각 조항이 본 선하증권에 표창되어 있는 것으로 본다. 운송인은 선적 전과 양하 후 및 운송물이 다른 운송인의 관리 하에 있는 기간, 그리고 갑판적 화물 및 생동물에 관하여 적용법률상의 가능한 모든 유보권을 갖는다.247)

3. 재판관할(Jurisdiction)/중재(Arbitration)*

(a) 본 계약으로부터 발생되는 모든 분쟁의 본안에 관한 제1심 재판의 관할은 서울중앙지방법원의 전속관할로 하기로 한다.

---

246) [해설] 본조에서는 본 약관에 사용되는 "하주"를 정의하였다. 본 선하증권에서 하주란 송하인과 수하인은 물론이고, 물건 소유자나 물건 수령인 등 그 표현이 어떠하든 상관없이 실제 화물을 소유하거나 점유할 권리가 있는 자를 말한다.

247) [해설] ① (a)항에서 본 운송계약의 준거법은 대한민국의 상법이 원칙적으로 적용되고 대한민국의 상법에 규정이 없는 부분은 민법 기타의 법률이 적용된다는 것을 규정하고 있다. 다만 당사자들의 선택에 따라 위 준거법 조항 대신 (b)항에 정한 헤이그 규칙 또는 헤이그-비스비 규칙을 준거법으로 하는 일반지상약관을 선택할 수 있다. 이 경우에는 제2조 (a)항을 삭제하여야 한다. ② (b)항에서 헤이그 규칙 또는 헤이그-비스비 규칙이 적용되는 경우에는 본 약관에 규정되지 아니한 사항은 헤이그 규칙 또는 헤이그-비스비 규칙이 정한 바에 따른다는 것을 규정하고 있다. 다만 각국의 강행법규가 적용되는 경우에는 그러하지 아니하다. ③ 또한 (b)항에서는 선적 전과 양하 후 및 운송물이 다른 운송인의 관리 하에 있는 기간에 발생한 손해에 대하여, 그리고 갑판적 화물 및 생동물에 발생한 손해에 관하여는 적용법률에 의거, 운송인의 면책을 주장할 수 있도록 하고 있다.

(b) 이 운송계약으로부터 또는 이 운송계약과 관련하여 또는 이 운송계약의 불이행으로 말미암아 운송 계약의 당사자간에 발생하는 모든 분쟁, 논쟁 또는 의견 차이는 대한민국 서울에서 대한상사중재원의 중재규칙 및 대한민국법에 따라 중재에 의하여 최종적으로 해결한다. 중재인(들)에 의하여 내려지는 판정은 최종적인 것으로 당사자 쌍방에 대하여 구속력을 가진다.

* 제3조 (a)항과 (b)항은 선택할 수 있다. 적용하지 아니하는 항은 삭제하여야 한다. 만약 삭제하지 않은 경우 (b)항이 적용된다.248)

4. 책임기간(Period of Responsibility)

운송인 또는 그 대리인은 운송물이 본선에 선적되기 전 또는 운송물이 본선에서 양하된 이후에 발생한 어떠한 운송물의 멸실 또는 훼손에 대하여도 책임지지 아니한다.249)

5. 항해의 범위(The Scope of Voyage)

본선이 정기운송의 운행을 함에 있어서 예정항해는 직행항로에 한정되는 것은 아니며, 선박 및 선원의 유지를 포함한 운송과 관련된 합리적 목적에 따라 어느 항구나 장소로 귀항, 회항, 정선 또는 감속하는 것까지를 모두 이 항해의 범위에 포함되는 것으로 본다.250)

6. 대선, 환적, 주선(Substitution of Vessel, Transshipment and Forwarding)

사전에 명시적 합의가 있었거나 다른 경우에도 운송인이 목적항에 운송물을 운송함에 있어서 본 선하 증권에 기재된 선박이거나 그 외의 타선박이거나, 운송인 소유이거나 타인 소유이거나, 목적항에 직접 또는 간접으로 운행하는 다른 운송수단이거나, 또는 다른 어떠한 방법으로도 운송하거나 목적항구를 지나쳐 운송물의 전부 또는 일부를 운송할 자유가 있으며, 운송물을 환적하고, 해안이나 해상에 양하 하여 보관할 수 있고, 운송인의 비용과 화주의 위험으로 운송물을 재선적하거나 전송할 수 있다. 운송 인이 운송물을 인도하게 될 최종 목적지가 선박의 양하항과 다른 경우에, 운송인은 단지 운송주선인 (forwarding agent)으로서 행위한다.

운송인의 책임은 자신의 관리하에 있는 선박으로 그 자신이 실행한 운송범위까지로 제한되며, 비록 전 운송구간에 대한 운임을 수령하였다 하더라도 위의 범위 밖에서 발생한 화물의 손상·멸실에 대하여 운송인은 손해배상청구에 응하지 아니한다.251)

---

248) [해설] ① 본조 (a)항에서는 만약 본 운송계약으로부터 발생하는 분쟁을 소송으로 해결하고자 할 경우는 대한민 국의 법원에 관할권이 있음을 명시하였다. ② 본조 (b)항에서는 본 운송계약과 관련하여 분쟁이 발생한 경우, 대 한민국의 법률을 준거법으로 하여, 대한상사중재원의 중재에 의하여 분쟁을 해결한다는 점을 명시하였다. ③ 중 재로 해결하기로 한 경우에는 제3조 제(a)항를 삭제하여야 한다. 삭제하지 않은 경우 제(b)항이 적용된다.
249) [해설] 본조에서는 운송인의 책임기간을 명확하게 한 것으로 선적 이후 양하까지가 운송인의 책임기간이 된다.
250) [해설] 본조에서는 운송과 관련된 합리적인 목적의 이로, 회항, 귀항, 정선, 감속 등을 허용한다.
251) [해설] 본조에서는 하주와 운송인 간에 사전에 명시적 합의가 있더라도 운송인은 필요에 따라 운송수단을 대체

7. 부선료(Lighterage)

선적항이나 양륙항의 내·외항에서의 부선 사용은 화주의 부담으로 한다.252)

8. 선적, 양륙 및 인도(Loading, Discharging and Delivery)

화물의 선적·양륙 및 인도에 대하여 별도로 정한 바가 없으면 운송인의 대리인이 이를 정한다.

양륙·보관·인도는 하주의 계산으로 한다.

선적과 양륙은 사전 통지없이 개시할 수 있다.

하주나 그의 양수인은 본선이 선적할 준비가 되고 가능한 한 신속하게 본선이 수령할 수 있을 때에 운송물을 제공하여야 한다. 이는 운송인의 요청이 있을 때에는 해당 항구의 다른 관습에도 불구하고 정규작업시간 외인 경우에도 같다. 만약 하주가 이에 응하지 아니하면 운송인은 화물선적의 의무를 면하고 본선은 별도의 통지없이 출항할 수 있으며 부적운임(dead freight)을 징수한다.

하주나 그 양수인은 운송물의 인도를 받으며 본선이 가능한 한 신속하게 인도할 수 있는 때에 운송물 수령을 계속하여야 한다. 이는 운송인의 요청이 있을 때에는 해당 항구의 다른 관습에도 불구하고 정규작업시간 외인 경우에도 같다. 만약 하주가 이에 응하지 아니하면 운송인은 운송물을 양륙할 수 있고 이러한 양륙도 계약의 완전한 이행이라 간주되며, 이와는 달리 운송인은 본 약관 제14조에 따른 별도의 조치를 취할 수 있다.

하주는 상기 운송물의 제공이나 수령에 관련된 모든 초과시간수당(overtime charges)을 부담한다. 상당한 시간 내에 운송물에 대한 조치가 취해지지 아니하면 운송인은 그것을 매도하거나 경매할 수 있다. 하주는 특정되지 않은 비포장화물(loose cargo)에 대해서는 합리적인 범위 내에서 자신의 분담 부분을 부담하여야 한다.253)

하거나, 대선하거나, 환적하거나, 운송 주선 등을 할 수 있도록 규정하였다. 나아가 그 경우 운송인의 그 책임은 자신의 운송구간에 한정된다는 것을 규정하고 있다. 먼저 선박 자체가 본 선하증권에 기재된 선박이든 아니든 묻지 않으며, 그 선박이 운송인 소유이든 타인 소유이든 묻지 않는다. 또한 반드시 선박이 아니어도 목적항에 직접 또는 간접으로 운행하는 다른 운송수단이어도 상관없으며, 다른 어떠한 방법으로 운송하더라도 상관없다. 나아가 목적항구를 지나쳐 운송물의 전부 또는 일부를 운송할 자유가 있으며, 운송물을 환적하고, 해안이나 해상에 양륙하여 보관할 수 있고, 운송인의 비용과 하주의 위험으로 운송물을 재선적하거나 전송할 수도 있다. 운송인이 운송물을 인도하게 될 최종 목적지가 선박의 양륙항과 다른 경우에, 운송인은 단지 운송주선인(forwarding agent)으로서 활동하게 되므로, 운송주선인으로서 그 운송물을 최종의 목적지까지 운송될 수 있도록 주선만 하면 된다. 운송인의 책임은 자신의 관리 하에 있는 선박으로 그 자신이 실행한 운송범위까지로 제한되며, 비록 전운송구간에 대한 운임을 수령하였다 하더라도 위의 범위 밖에서 발생한 화물의 손상·멸실에 대하여 운송인은 손해배상청구에 응하지 아니한다.

252) [해설] 본조에서는 부선 사용에 따른 사용료는 하주의 책임임을 명시하였다.

253) [해설] ① 본조에서는 선적, 양륙, 인도에 관하여 포괄적으로 규정하고 있다. ② 우선 화물의 선적·양륙 및 인도에 대하여 별도로 정한 바가 없으면 운송인의 대리인이 이를 정하도록 하여 대리인이 화물의 선적·양륙 및 인도를 총괄하도록 하였다. ③ 양륙·보관·인도 비용은 하주가 부담하도록 하였다. ④ 선적과 양륙은 하주에게 사전에 일일이 통지하지 않고도 개시할 수 있도록 하였다. ⑤ 하주는 운송인의 사정에 맞추어 신속하게, 정규작업시간인지를 묻지 아니하고, 선적될 화물을 제공하여야 한다. 만약 하주가 이에 응하지 아니하면 운송인은 화물선적의 의무를 면하고 본선은 별도의 통지없이 출항할 수 있으며 부적운임(dead freight)을 징수한다. ⑥ 하주는 운송인의 사정에 맞추어 신속하게, 정규작업시간인지를 묻지 아니하고, 하역될 운송물을 수령하여야 한다.

9. 선택권(Options)

선택화물의 양륙항은 선박이 도착하기 48시간 전에 첫 번째 선택항의 선박대리점에 통지되어야 한다. 그러한 통지가 없는 경우 운송인은 선택항 중 첫 번째 선택항 또는 어느 항에나 양하할 수 있고, 이로써 운송계약이 완전히 이행된 것으로 본다. 여하한 선택권을 행사함에 있어서는 반드시 선하증권상의 화물 전량으로써만 이를 하여야 한다.[254]

10. 운임과 비용(Freight and Charges)

(a) 선급운임은 그것이 실제로 지급되었는가의 여부와는 상관없이, 화물이 선적된 때 전액 지급되어야 하며, 어떤 경우에도 반환하지 아니한다. 마찬가지로 본 계약상 발생한 비용에 대하여도 운송인의 요구에 따라 비용이 발생한 즉시 지급되어야 한다.

(b) 화주는 훈증소독과 비포장화물(loose cargo)의 수집·분류 및 선내검량의 비용, 면책사유로 인한 화물손상의 수리 및 재포장으로 발생한 비용과 상기 사유로 인한 화물의 특별취급으로 인한 비용을 부담하여야 한다.

(c) 화주는 운임액·화물중량·선박의 톤수 등을 기준으로 하여 어떤 명목으로든 부과되는 요금·부담금·세금 기타 비용을 지급하여야 한다.

(d) 화주는 운송인·선박 또는 화물에 대하여 세관규정이나 수출입규정의 위반으로 부담하게 된 벌과금이나 손실에 대하여 책임을 진다.

(e) 운송물의 내용·중량·용적 또는 가격이 부정확하게 고지된 경우 운송인은 그러한 고지가 정확히 되었더라면 징수하였을 운임액의 2배를 청구할 권리가 있다. 운송인은 그 사실확인을 위하여 화주로부터 송장 원본을 제시받을 권리와 내용을 검사하고 중량·용적 또는 가격을 검증할 권리가 있다.[255]

만약 하주가 이에 응하지 아니하면 운송인은 운송물을 양륙할 수 있고 이러한 양륙도 계약의 완전한 이행으로 간주된다. ⑦ 정부의 지시 전쟁, 검역, 파업 등의 경우에는 본 선하증권 약관 제14조에 의거, 운송인은 이에 상응한 조치를 취할 수 있다. ⑧ 하주는 상기 운송물의 제공이나 수령에 관련된 모든 초과시간수당(overtime charges)을 부담한다. ⑨ 상당한 시간 내에 운송물을 수령하는 등의 조치가 취해지지 아니하면 운송인은 그것을 매도하거나 경매할 수 있다. ⑩ 하주는 특정되지 않은 루스화물(loose cargo)에 대해서는 합리적인 범위 내에서 자신의 분담 부분을 부담하여야 한다.

254) [해설] 본조에서는 양륙지가 선택적인 경우 운송인의 선택에 따라 양륙할 수 있음을 규정하고 있다. 그리고 선택권을 행사함에 있어서는 반드시 선하증권상의 화물 전량으로써만 이를 하여야 하고, 일부만을 해당 항구에 양륙하거나 타항구에서 양륙하여서는 안된다.

255) [해설] ① 본조에서는 운임과 비용 부담에 대하여 규정하고 있다. ② 선급운임은 그것이 실제로 지급되었는가의 여부와는 상관없이, 화물이 선적된 때 전액 지급되어야 하며, 어떤 경우에도 반환되지 아니한다. 마찬가지로, 본 계약상 발생한 비용에 대하여도 운송인의 요구가 있으면 비용이 발생한 즉시 지급되어야 함을 규정한다. ③ 운임과 비용의 지급 지체에 따른 이율은 연리 5%이다. ④ 하주는 훈증소독과 루스화물(loose cargo)의 수집·분류 및 선내검량의 비용, 면책사유로 인한 화물손상의 수리 및 재포장으로 발생한 비용과 상기 사유로 인한 화물의 특별취급으로 인한 비용을 부담하여야 한다. ⑤ 하주는 운임액·화물중량·선박의 톤수 등을 기준으로 어떤 명목으로든 부과되는 요금·부담금·세금 기타 비용을 지급하여야 함을 규정하였다. ⑥ 하주는 운송인·선박 또는 화물에 대하여 세관규정이나 수출입규정의 위반으로 부담하게 된 벌과금이나 손실에 대하여 책임을 진다는

12. 유치권(Lien)

운송인은 본 계약에서 지급키로 되어 있는 금액 및 그 금액의 회수비용을 충당하기 위한 유치권을 가지며, 채무의 변제에 충당하기 위하여 경매 또는 임의로 운송물을 처분할 권리가 있다.[256]

12. 공동해손 및 구조료(General Average and Salvage)

공동해손은 운송인이 선정하는 항이나 장소에서 1994년 요크-엔트워프 규칙(York-Antwerp Rule)에 따라 정산한다. 운송인은 사고, 위험, 손해 또는 재해가 항해개시 전 또는 후에 발생한 것이라면, 어떠한 원인에 의한 결과이든지 상관없이, 또한 과실에 의한 것이든 아니든 상관없이, 그 자체 또는 그 결과에 대하여 실정법이나 계약 등에 의하여 책임지지 아니하고, 하주는 형성되거나 발생한 공동해손의 성질을 띤 모든 희생이나 손실 또는 비용의 지급에 관하여 공동해손으로서 운송인과 연대하여 분담하여야 하며, 운송물과 관련하여 발생한 해난구조료 및 특별비용을 지급하여야 한다. 구조선이 운송인 소유이거나 운송인이 운항하는 선박인 경우에도 구조선이 타인의 선박인 경우와 동일하게 구조료 전액을 지급하여야 한다.[257]

13. 쌍방과실충돌(Both-to-Blame Collision Clause)

(이 조항은 미국 법원에서 효력이 부인되는 경우에도 유효하다. 또한 이 조문은 대한민국법이 적용되는 경우에는 적용되지 않는다)

타선박의 과실 및 본선의 선장, 해원, 도선사 기타 운송인의 사용인이 항해 또는 선박관리상의 행위나 고의 또는 과실의 결과로 본선과 타선박이 충돌한 경우에, 하주는 운송인이 상대선박이나 비적재선 또는 그 선주에게 지게 되는 모든 손실 또는 채무에 대하여 운송인에게 보상하여야 한다. 다만 여기에서의 채무 또는 손실은 상대선박 또는 비적재선 또는 그 선주가 멸실 또는 훼손 또는 어떤 것이든 불문

점을 명백히 하였다. ⑦ 하주가 운송물의 내용·중량·용적 또는 가격을 부정확하게 고지한 경우 운임액의 2배의 위약금을 물도록 하였다. 이 때 운송인은 그 사실을 확인할 수 있는 각종의 조치를 취할 권리가 있음을 규정하였다.

256) [해설] 본조에서는 운송인의 유치권을 규정하였다. 즉, 운송인은 본 운송계약상 하주가 지급키로 되어 있는 금액 및 그 금액의 회수비용을 완전히 변제받을 때까지 화물의 반환을 거절할 수 있는 유치권을 가지며, 상당한 기간이 지났음에도 불구하고 위의 금액을 지급하지 않는 경우, 그 채권을 확보하기 위하여 그 유치한 운송물을 경매 또는 임의로 처분할 수 있고, 이로써 취득한 금액으로써 자신의 채권에 충당할 권리가 있다.

257) [해설] ① 본조에서는 공동해손 정산장소 또는 항구는 운송인이 지정하도록 하였다. ② 공동해손 정산에 적용될 규칙은 1994년 요크-엔트워프 규칙(York-Antwerp Rule)으로 정하였다. ③ 운송인은 사고, 위험, 손해 또는 재해가 항해개시 전 또는 후에 발생한 것이라면, 어떠한 원인에 의한 결과이든지 상관없이, 또한 과실에 의한 것이든 아니든 상관없이, 그 자체 또는 그 결과에 대하여 실정법이나 계약 등에 의하여 책임지지 아니한다고 정하였다. ④ 하주는 공동해손의 성질을 띤 모든 희생이나 손실 또는 비용의 지급에 관하여 공동해손으로 간주하고 이를 운송인과 연대하여 분담하여야 하며, 운송물과 관련하여 발생한 해난구조료 및 특별비용을 지급하여야 한다고 정하였다. ⑤ 구조선이 운송인 소유이거나 운송인이 운항하는 선박인 경우에도 구조선이 타인의 선박인 경우와 동일하게 구조료 전액을 지급하여야 한다는 점을 명시하였다.

하고 청구에 의하여 화물의 소유자에게 지급되었거나 지급될 수 있는 채무 또는 손실 및 상대선박, 비적재선 또는 그 선주가 적재선 또는 운송인에 대하여 자기의 청구 부분으로서 상계 또는 보상받거나 회수한 채무 또는 손실을 의미한다.

상기 규정은 충돌선 또는 충돌물 이외의 선박이나 물체의 소유자, 운항자, 수임관리인이 충돌이나 접촉에 관하여 과실이 있거나 과실이 추가된 경우에도 적용한다.[258]

14. 정부의 지시, 전쟁, 전염병, 결빙, 파업 등

(Government Directions, War, Epidemics, Ice, Strikes, etc.)

(a) 선장과 운송인은 본 계약상의 운송과 관련하여 어느 정부, 관청, 정부나 관청의 대리인 또는 선박보험조건상의 그러한 명령이나 지시 또는 권고를 내릴 권한을 가진 자가 행하는 명령이나 지시 또는 권고를 따를 재량권이 있다.

(b) 운송의 이행에 있어서 선박과 선적화물에 전쟁, 전쟁유사행위, 봉쇄, 폭동, 내란, 해적행위 등으로 나포, 손상 또는 지연의 위험에 노출되거나, 선상의 인명이나 선상인의 자유를 위태롭게 하거나 또는 그와 같은 위험이 증가되는 사태가 발생하는 경우에 선장은 화물의 선적항 또는 다른 안전하고 편리한 항에 화물을 양륙시킬 수 있다.

(c) 선상에서든 육상에서든, 전염병, 검역, 결빙, 노동쟁의, 노동장애, 파업, 직장폐쇄 등이 발생하여 적하 또는 양하의 곤란으로 인하여 선적항의 출항이 방해되거나 양륙항에의 도착 또는 입항이 방해되거나, 출·입항 작업의 안전하고 지체없이 이루어지는 통상적 방법의 양륙 및 재출항이 방해되는 사태가 발생하면 선장은 선적항이나 다른 안전하고 편리한 항에 화물을 양륙할 수 있다.

(d) 선하증권이 발행된 운송물에 있어서 본 조항에 따른 양륙은 계약의 완전한 이행으로 본다. 본 조항에서 정한 운송인의 재량권의 행사와 관련하여 발생하는 별도의 비용은 하주가 운임, 반송운임에 가산하여 운송물에 대한 별도의 작업에 대한 상당한 보상을 할 때 이것도 함께 하주가 부담한다.

(e) 본 조항에 규정한 사태가 미리 예견되거나 그러한 이유로 선박이 안전하고 지체없이 선적항에 도착, 입항할 수 없는 경우 또는 수리를 하여야 하는 경우에는 운송인은 선하증권 발행 전에 계약을 해

---

258) [해설] ① 이 조항은 미국 법원에서 효력이 부인되는 경우에도 유효하다. 또한 이 조문은 대한민국법이 적용되는 경우에는 적용되지 않는다. ② 본조에서는 쌍방과실로 인한 충돌의 경우 하주의 운송인에 대한 부담에 관하여 규정하였다. ③ 타선박의 과실 및 본선의 선장, 해원, 도선사 기타 운송인의 사용인이 항해 또는 선박관리상의 행위나 고의 또는 과실의 결과(즉, 쌍방의 과실)로 본선과 타선박이 충돌한 경우에, 하주는 운송인이 상대선박이나 비적재선 또는 그 선주에게 지게 되는 모든 손실 또는 채무에 대하여 운송인에게 보상하여야 한다. ④ 여기에서의 채무 또는 손실은 상대선박 또는 비적재선 또는 그 선주가 멸실 또는 훼손 또는 어떤 것이든 불문하고 청구에 의하여 화물의 소유자에게 지급되었거나 지급될 수 있는 채무 또는 손실 및 상대선박, 비적재선 또는 그 선주가 적재선 또는 운송인에 대하여 자기의 청구부분으로서 상계 또는 보상받거나 회수한 채무 또는 손실을 의미한다. ⑤ 상기규정은 충돌선 또는 충돌물 이외의 선박이나 물체의 소유자, 운항자, 수임관리인이 충돌이나 접촉에 관하여 과실이 있거나 과실이 추가된 경우에도 적용한다.

제할 수 있다.

(f) 가능한 한 운송인은 하주에게 이러한 사정을 통지하여야 한다.259)

15. 운송인의 사용인 및 대리인의 의무면제 및 면책
(Exemptions and Immunities of All Servants and Agents of the Carrier)

운송인의 어떠한 사용인이나 대리인(운송인이 필요할 때만 사용하는 독립적 하도급인 포함)은 직무상 또는 직무와 관련한 고의, 과실 또는 어떠한 행위로부터 직접 또는 간접적으로 발생하거나 야기된 멸실, 손상 또는 지연에 관하여, 어떤 상황하에서도 운송인은 하주에 대하여 아무런 책임도 지지 아니한다는 점을 명시적으로 합의한다. 그러나 이로 인하여 본 약관에서 규정한 일반조항을 침해하는 것은 아니며, 모든 의무의 면제, 제한, 조건 및 본 약관에 포함된 자유재량권 및 모든 권리, 책임의 면제, 항변 및 그 성질이 어떠한 것이든 막론하고 본 약관상 운송인에게 적용될 수 있거나 운송인의 권리로 인정되는 면책을 적용할 수 있고, 또한 이러한 규정은 앞서 언급한 이러한 직무를 수행하는 운송인의 모든 사용인과 대리인을 보호하기 위하여 그 적용을 확장한다. 본 약관의 모든 조항의 이러한 목적을 위하여 운송인은 그의 사용인 또는 대리인(전기한 독립적 계약자를 포함)의 이익을 위하여 또는 그들을 대신하여 그들의 대리인 또는 수탁자로서 행동하는 것으로 간주하고, 또한 이러한 한도까지는 그러한 자는 모두 본 선하증권으로 증명되는 계약의 당사자로 간주한다. 운송인은 멸실 · 손상 · 지연 등으로 인하여 하주 또는 다른 사람이 운송인의 사용인이나 대리인으로부터 배상받았거나 받을 금액을 청구하여 하주로부터 지급(환급)받을 권리가 있다.260)

---

259) [해설] ① 본조에서는 본 계약상의 운송과 관련하여 선장과 운송인은 어느 정부, 관청, 정부나 관청의 대리인 또는 선박보험조건상의 그러한 명령이나 지시 또는 권고를 내릴 권한을 가진 자가 행하는 명령이나 지시 또는 권고를 따를 자유가 있음을 규정하고, 아울러 운송의 이행에 있어서 선박과 선적화물에 전쟁, 전쟁유사행위, 봉쇄, 폭동, 내란, 해적행위 등의 불가항력의 경우와 나포, 손상 또는 지연의 위험에 노출되거나, 선상의 인명이나 선상인의 자유를 위태롭게 하거나 또는 그와 같은 위험이 증가되는 사태가 발생하는 경우에 선장은 화물의 선적항 또는 다른 안전하고 편리한 항에 화물을 양륙시킬 수 있는 등 불가항력의 경우 운송인이 취하여야 할 조치 및 그에 대한 면책을 규정하였다. ② 또 다른 불가항력의 유형으로서 선상에서든 육상에서든, 전염병, 검역, 결빙, 노동쟁의, 노동장애, 파업, 직장폐쇄 등이 발생하여 적하 또는 양하의 곤란으로 인하여 선적항의 출항이 방해되거나 양륙항에의 도착 또는 입항이 방해되거나, 출입항작업의 안전하고 지체없이 이루어지는 통상적 방법의 양륙 및 재출항이 방해되는 사태가 발생하면 선장은 선적항이나 다른 안전하고 편리한 항에 화물을 양륙할 수 있는 등 운송인과 선장이 취할 수 있는 조치 및 그에 대한 면책을 규정하였다. ③ 상기와 같은 경우 선하증권이 발행된 운송물에 있어서 본 조항에 따라 양륙하게 되면 운송인의 계약을 완전히 이행한 것으로 보며, 이와 같은 운송인의 재량권의 행사와 관련하여 발생하는 별도의 비용은 하주가 운임, 반송운임에 가산하여 운송인이 행한 운송물에 대한 별도의 작업에 대한 상당한 보상을 할 때 이것도 함께 하주가 부담하여야 한다. ④ 그리고 본 조항에 규정한 사태가 미리 예견되거나 그러한 이유로 선박이 안전하고 지체없이 선적항에 도착, 입항할 수 없는 경우 또는 수리를 하여야 하는 경우에는 운송인은 선하증권 발행 전에 계약을 해제할 수 있으며, 가능한 한 운송인은 하주에게 이러한 사정을 통지하여야 한다.

260) [해설] ① 본조에서는 운송인의 사용인이나 대리인(운송인이 필요할 때만 사용하는 독립적 계약자를 포함)은 직무상 또는 직무와 관련한 고의, 과실 또는 어떠한 행위로부터 직접 또는 간접적으로 발생하거나 야기된 멸실, 손상 또는 지연에 관하여, 어떤 상황 하에서도 운송인은 하주에 대하여 아무런 책임도 지지 아니하며, 그럼에도 불구하고 운송인은 본 약관이 정한 모든 권리와 면책 및 항변을 원용할 수 있다는 점을 규정하였다. ② 나아가

16. 적부재량과 단위화(Optional Stowage, Unitization)

(a) 화물은 운송인이 수령한 대로 적부하고 또는 운송인의 선택에 따라 컨테이너에 또는 혼재화물 (consolidate cargo)에 사용되는 컨테이너와 유사한 운송용기에 넣어 선적할 수 있다.

(b) 컨테이너, 트레일러 및 운반용 탱크는 운송인이 그것을 적부하였든 하주로부터 적부된 상태로 수령하였든 상관없이, 하주에 대한 통지없이 갑판적하거나 또는 선창에 적부하여 운송될 수 있다.

(c) 상기와 같이 적부된 화물에 대한 운송인의 책임은 전기 정의한 바와 같이 갑판적으로 운송된다 하더라도 헤이그-비스비 규칙을 적용하며 공동해손에 있어서 분담금을 부담하고 공동해손 보상금을 수령한다.[261]

부칙약관(Additional Clauses)

A. **체선료**(demurrage)

해상운송인은 본 약관 제8조에 규정되어 있는 신속한 선적 또는 양륙이 실행되지 않을 경우, 정박 중 또는 묘박 중 대기로 인한 어떠한 지연에도 표면약관에 명시된 선박의 등록 총톤수의 톤당 일수의 비율(daily rate)로 체선료를 지급받는다. 다만 이러한 지연이 하주의 귀책을 벗어난 이유로 발생하였다면, 체선시간에서 24시간을 감한다.

각 하주는 항구에서 화물을 선적 또는 양륙함에 있어 총운임을 기준으로 하여 총 체선료에 대한 비율만큼 운송인에 대하여 책임을 진다.

하주는 단지 다른 하주의 운송물과 관련하여서만 발생한 지연에 대해서는 책임을 지지 않는다.

각 화물과 관련한 체선료는 그 운임을 초과하지 못한다.

(본 약관조항은 2면 표면약관의 체선료란이 기입된 경우에만 적용된다.)[262]

B. **미국에서의 운송에 있어서의 책임기간**(U.S. Trade. Period of Responsibility)

선하증권상 미국 해상물건운송법의 적용을 받는 계약의 경우는 선적 전 및 양륙 후와 운송인의 관리하에 있는 전 기간에 대해 동 법률의 조항이 적용된다.[263]

8.4.3 영문 계약서

운송인의 사용인과 대리인도 운송인과 동일한 면책특권을 향유하며, 운송인과 동일한 권리를 향유한다는 점을 규정하였다.

261) [해설] 본조에서는 운송인에게 적부재량권과 운송에 필요한 단위화를 운송인의 재량으로 할 수 있도록 허용하고 있다. 그리고 갑판적의 경우에도 선창에 적부한 경우와 꼭 같이 헤이그-비스비 규칙을 적용하며 공동해손 정산에 참여하여야 한다는 것을 규정하였다.

262) [해설] 본조에서는 체선료에 관하여 일할계산의 원칙을 규정하였다. 또한 하주간에는 총운임을 기준으로 총체선료의 비율에 따라 체선료를 부담하도록 하였다. 그리고 체선료는 그 운임을 초과할 수 없다.

263) [해설] 본조에서는 미국 해상물건운송법(U.S. COGSA)이 적용되는 경우 본 약관이 적용이 일부 배제된다는 점에 관하여 규정하였다.

CONLINEBILL 2000

LINER BILL OF LADING

PAGE 1

Shipper (full style and address)		

Consignee (full style and address) or Order	B/L No.	Reference No.
	Vessel	

Notify Party (full style and address)	Port of loading
	Port of discharge

PARTICULARS DECLARED BY THE SHIPPER BUT NOT ACKNOWLEDGED BY THE CARRIER

Container No./Seal No./Marks and Numbers	Number and kind of packages, description of cargo	Gross weight, kg	Measurement, m^3

SHIPPED on board in apparent good order and condition (unless otherwise stated herein) the total number of Containers/Packages or Units indicated in the Box opposite entitled "Total number of Containers/Packages or Units received by the Carrier" and the cargo as specified above, weight, measure, marks, numbers, quality, contents and value unknown, for carriage to the Port of discharge or so near thereunto as the vessel may safely get and lie always afloat, to be delivered in the like good order and condition at the Port of discharge unto the lawful holder of the Bill of Lading, on payment of freight as indicated to the right plus other charges incurred in accordance with the provisions contained in this Bill of Lading. In accepting this Bill of Lading the Merchant* expressly accepts and agrees to all its stipulations on both Page 1 and Page 2, whether written, printed, stamped or otherwise incorporated, as fully as if they were all signed by the Merchant. One original Bill of Lading must be surrendered duly endorsed in exchange for the cargo or delivery order, whereupon all other Bills of Lading to be void. IN WITNESS whereof the Carrier, Master or their Agent has signed the number of original Bills of Lading stated below right, all of this tenor and date.	Total number of Containers/Packages or Units received by the Carrier	
	Shipper's declared value	Declared value charge
	Freight details and charges	

Carrier's name/principal place of business	Date shipped on board	Place and date of issue
	Number of original Bills of Lading	
	Pre-carriage by**	

Signature	Place of receipt by pre-carrier**
.... Carrier	
or, for the Carrier	Place of delivery by on-carrier**
.... as	
Master	
(Master's name/signature)	
.... as	
Agents	
(Agent's name/signature)	

* As defined hereinafter (Cl. 1)
**Applicable only when pre-/on-carriage is arranged in accordance with Clause 8

BIMCO LINER BILL OF LADING
Code Name: "CONLINEBILL 2000"
Page 2

1. Definition.

"Merchant" includes the shipper, the receiver, the consignor, the consignee, the holder of the Bill of Lading, the owner of the cargo and any person entitled to possession of the cargo.

2. Notification.

Any mention in this Bill of Lading of parties to be notified of the arrival of the cargo is solely for the information of the Carrier and failure to give such notification shall not involve the Carrier in any liability nor relieve the Merchant of any obligation hereunder.

3. Liability for Carriage Between Port of Loading and Port of Discharge.

(a) The International Convention for the Unification of Certain Rules of Law relating to Bills of Lading signed at Brussels on 25 August 1924 ("the Hague Rules") as amended by the Protocol signed at Brussels on 23 February 1968 ("the Hague-Visby Rules") and as enacted in the country of shipment shall apply to this Contract. When the Hague-Visby Rules are not enacted in the country of shipment, the corresponding legislation of the country of destination shall apply, irrespective of whether such legislation may only regulate outbound shipments.

When there is no enactment of the Hague-Visby Rules in either the country of shipment or in the country of destination, the Hague-Visby Rules shall apply to this Contract save where the Hague Rules as enacted in the country of shipment or, if no such enactment is in place, the Hague Rules as enacted in the country of destination apply compulsorily to this Contract.

The Protocol signed at Brussels on 21 December 1979 ("the SDR Protocol 1979") shall apply where the Hague-Visby Rules apply, whether mandatorily or by this Contract.

The Carrier shall in no case be responsible for loss of or damage to cargo arising prior to loading, after discharging, or with respect to deck cargo and live animals.

(b) If the Carrier is held liable in respect of delay, consequential loss or damage other than loss of or damage to the cargo, the liability of the Carrier shall be limited to the freight for the carriage covered by this Bill of Lading, or to the limitation amount as determined in sub-clause 3(a), whichever is the lesser.

(c) The aggregate liability of the Carrier and/or any of his servants, agents or independent contractors under this Contract shall, in no circumstances, exceed the limits of liability for the total loss of the cargo under sub-clause 3(a) or, if applicable, the Additional Clause.

4. Law and Jurisdiction.

Disputes arising out of or in connection with this Bill of Lading shall be exclusively determined by the courts and in accordance with the law of the place where the Carrier has his principal place of business, as stated on Page 1, except as provided elsewhere

the Carrier's discharging of the cargo shall be deemed fulfilment of the contract of carriage. Should the cargo not be applied for within a reasonable time, the Carrier may sell the same privately or by auction. If the Merchant or his Agent fails to take delivery of the cargo as fast as the Vessel can discharge, the Merchant shall be liable to the Carrier for any overtime charges, losses, costs and expenses incurred by the Carrier.

(f) The Merchant shall accept his reasonable proportion of unidentified loose cargo.

10. Freight, Charges, Costs, Expenses, Duties, Taxes and Fines.

(a) Freight, whether paid or not, shall be considered as fully earned upon loading and non-returnable in any event. Unless otherwise specified, freight and/or charges under this Contract are payable by the Merchant to the Carrier on demand. Interest at Libor (or its successor) plus 2 per cent. shall run from fourteen days after the date when freight and charges are payable.

(b) The Merchant shall be liable for all costs and expenses of fumigation, gathering and sorting loose cargo and weighing onboard, repairing damage to and replacing packing due to excepted causes, and any extra handling of the cargo for any of the aforementioned reasons.

(c) The Merchant shall be liable for any dues, duties, taxes and charges which under any denomination may be levied, inter alia, on the basis of freight, weight of cargo or tonnage of the Vessel.

(d) The Merchant shall be liable for all fines, penalties, costs, expenses and losses which the Carrier, Vessel or cargo may incur through non-observance of Customs House and/or import or export regulations.

(e) The Carrier is entitled in case of incorrect declaration of contents, weights, measurements or value of the cargo to claim double the amount of freight which would have been due if such declaration had been correctly given. For the purpose of ascertaining the actual facts, the Carrier shall have the right to obtain from the Merchant the original invoice and to have the cargo inspected and its contents, weight, measurement or value verified.

11. Lien.

The Carrier shall have a lien on all cargo for any amount due under this contract and the costs of recovering the same and shall be entitled to sell the cargo privately or by auction to satisfy any such claims.

12. General Average and Salvage.

General Average shall be adjusted, stated and settled in London according to the York-Antwerp Rules 1994, or any modification thereof, in respect of all cargo, whether carried on or under deck. In the event of accident, danger, damage or disaster before or after

delay, the Master may discharge the cargo at the Port of loading or any other safe and convenient port.

(d) The discharge, under the provisions of this Clause, of any cargo shall be deemed due fulfilment of the contract of carriage.

(e) If in connection with the exercise of any liberty under this Clause any extra expenses are incurred they shall be paid by the Merchant in addition to the freight, together with return freight, if any, and a reasonable compensation for any extra services rendered to the cargo.

15. Defences and Limits of Liability for the Carrier, Servants and Agents.

(a) It is hereby expressly agreed that no servant or agent of the Carrier (which for the purpose of this Clause includes every independent contractor from time to time employed by the Carrier) shall in any circumstances whatsoever be under any liability whatsoever to the Merchant under this contract of carriage, for any loss, damage or delay of whatsoever kind arising or resulting directly or indirectly from any act, neglect or default on his part while acting in the course of or in connection with his employment.

(b) Without prejudice to the generality of the foregoing provisions in this Clause, every exemption from liability, limitation, condition and liberty herein contained and every right, defence and immunity of whatsoever nature applicable to the Carrier or to which the Carrier is entitled, shall also be available and shall extend to protect every such servant and agent of the Carrier acting as aforesaid.

(c) The Merchant undertakes that no claim shall be made against any servant or agent of the Carrier and, if any claim should nevertheless be made, to indemnify the Carrier against all consequences thereof.

(d) For the purpose of all the foregoing provisions of this Clause the Carrier is or shall be deemed to be acting as agent or trustee on behalf of and for the benefit of all persons who might be his servants or agents from time to time and all such persons shall to this extent be or be deemed to be parties to this Contract of carriage.

16. Stowage.

(a) The Carrier shall have the right to stow cargo by means of containers, trailers, transportable tanks, flats, pallets, or similar articles of transport used to consolidate goods.

(b) The Carrier shall have the right to carry containers, trailers, transportable tanks and covered flats, whether stowed by the Carrier or received by him in a stowed condition from the Merchant, on or under deck without notice to the Merchant.

17. Shipper-Packed Containers, trailers, transportable tanks, flats

herein.

5. The Scope of Carriage.

The intended carriage shall not be limited to the direct route but shall be deemed to include any proceeding or returning to or stopping or slowing down at or off any ports or places for any reasonable purpose connected with the carriage including bunkering, loading, discharging, or other cargo operations and maintenance of Vessel and crew.

6. Substitution of Vessel.

The Carrier shall be at liberty to carry the cargo or part thereof to the Port of discharge by the said or other vessel or vessels either belonging to the Carrier or others, or by other means of transport, proceeding either directly or indirectly to such port.

7. Transhipment.

The Carrier shall be at liberty to tranship, lighter, land and store the cargo either on shore or afloat and reship and forward the same to the Port of discharge.

8. Liability for Pre- and On-Carriage.

When the Carrier arranges pre-carriage of the cargo from a place other than the Vessel's Port of loading or on-carriage of the cargo to a place other than the Vessel's Port of discharge, the Carrier shall contract as the Merchant's Agent only and the Carrier shall not be liable for any loss or damage arising during any part of the carriage other than between the Port of loading and the Port of discharge even though the freight for the whole carriage has been collected by him.

9. Loading and Discharging.

(a) Loading and discharging of the cargo shall be arranged by the Carrier or his Agent.

(b) The Merchant shall, at his risk and expense, handle and/or store the cargo before loading and after discharging.

(c) Loading and discharging may commence without prior notice.

(d) The Merchant or his Agent shall tender the cargo when the Vessel is ready to load and as fast as the Vessel can receive including, if required by the Carrier, outside ordinary working hours notwithstanding any custom of the port. If the Merchant or his Agent fails to tender the cargo when the Vessel is ready to load or fails to load as fast as the Vessel can receive the cargo, the Carrier shall be relieved of any obligation to load such cargo, the Vessel shall be entitled to leave the port without further notice and the Merchant shall be liable to the Carrier for deadfreight and/or any overtime charges, losses, costs and expenses incurred by the Carrier.

(e) The Merchant or his Agent shall take delivery of the cargo as fast as the Vessel can discharge including, if required by the Carrier, outside ordinary working hours notwithstanding any custom of the port. If the Merchant or his Agent fails to take delivery of the cargo

commencement of the voyage resulting from any cause whatsoever, whether due to negligence or not, for which or for the consequence of which the Carrier is not responsible by statute, contract or otherwise, the Merchant shall contribute with the Carrier in General Average to the payment of any sacrifice, losses or expenses of a General Average nature that may be made or incurred, and shall pay salvage and special charges incurred in respect of the cargo. If a salving vessel is owned or operated by the Carrier, salvage shall be paid for as fully as if the salving vessel or vessels belonged to strangers.

13. Both-to-Blame Collision Clause.

If the Vessel comes into collision with another vessel as a result of the negligence of the other vessel and any act, negligence or default of the Master, Mariner, Pilot or the servants of the Carrier in the navigation or in the management of the Vessel, the Merchant will indemnify the Carrier against all loss or liability to the other or non-carrying vessel or her Owner in so far as such loss or liability represents loss of or damage to or any claim whatsoever of the owner of the cargo paid or payable by the other or non-carrying vessel or her Owner to the owner of the cargo and set-off, recouped or recovered by the other or non-carrying vessel or her Owner as part of his claim against the carrying vessel or Carrier. The foregoing provisions shall also apply where the Owner, operator or those in charge of any vessel or vessels or objects other than, or in addition to, the colliding vessels or objects are at fault in respect of a collision or contact.

14. Government directions, War, Epidemics, Ice, Strikes, etc.

(a) The Master and the Carrier shall have liberty to comply with any order or directions or recommendations in connection with the carriage under this contract given by any Government or Authority, or anybody acting or purporting to act on behalf of such Government or Authority, or having under the terms of the insurance on the Vessel the right to give such orders or directions or recommendations.

(b) Should it appear that the performance of the carriage would expose the Vessel or any cargo onboard to risk of seizure, damage or delay, in consequence of war, warlike operations, blockade, riots, civil commotions or piracy, or any person onboard to risk of loss of life or freedom, or that any such risk has increased, the Master may discharge the cargo at the Port of loading or any other safe and convenient port.

(c) Should it appear that epidemics; quarantine; ice; labour troubles, labour obstructions, strikes, lockouts (whether onboard or on shore); difficulties in loading or discharging would prevent the Vessel from leaving the Port of loading or reaching or entering the Port of discharge or there discharging in the usual manner and departing therefrom, all of which safely and without unreasonable

and pallets.

(a) If a container has not been filled, packed or stowed by the Carrier, the Carrier shall not be liable for any loss of or damage to its contents and the Merchant shall cover any loss or expense incurred by the Carrier, if such loss, damage or expense has been caused by:

(i) negligent filling, packing or stowing of the container;

(ii) the contents being unsuitable for carriage in container; or

(iii) the unsuitability or defective condition of the container unless the container has been supplied by the Carrier and the unsuitability or defective condition would not have been apparent upon reasonable inspection at or prior to the time when the container was filled, packed or stowed.

(b) The provisions of sub-clause (i) of this Clause also apply with respect to trailers, transportable tanks, flats and pallets which have not been filled, packed or stowed by the Carrier.

(c) The Carrier does not accept liability for damage due to the unsuitability or defective condition of reefer equipment or trailers supplied by the Merchant.

18. Return of Containers.

(a) Containers, pallets or similar articles of transport supplied by or on behalf of the Carrier shall be returned to the Carrier in the same order and condition as handed over to the Merchant, normal wear and tear excepted, with interiors clean and within the time prescribed in the Carrier's tariff or elsewhere.

(b) The Merchant shall be liable to the Carrier for any loss, damage to, or delay, including demurrage and detention incurred by or sustained to containers, pallets or similar articles of transport during the period between handing over to the Merchant and return to the Carrier.

ADDITIONAL CLAUSE

U.S. Trade. Period of Responsibility.

(i) In case the Contract evidenced by this Bill of Lading is subject to the Carriage of Goods by Sea Act of the United States of America, 1936 (U.S. COGSA), then the provisions stated in said Act shall govern before loading and after discharge and throughout the entire time the cargo is in the Carrier's custody and in which event freight shall be payable on the cargo coming into the Carrier's custody.

(ii) If the U.S. COGSA applies, and unless the nature and value of the cargo has been declared by the shipper before the cargo has been handed over to the Carrier and inserted in this Bill of Lading, the Carrier shall in no event be or become liable for any loss or damage to the cargo in an amount exceeding USD 500 per package or customary freight unit.

제8장
해상운송인의 책임

8. 해상운송인의 책임

8.1 운송인의 책임과 국제규칙

8.1.1 하터법

1892년 마이클 하터(Michael D. Harter, 1846~1896) 의원에 의하여 제출된 법안으로 전문 8조로 되어 있다. 1893년 공포되었는데 모든 선하증권(B/L)의 과실면책약관을 무효로 하는 동시에 해기사의 과실에 대해서는 운송인은 당연면책으로 하고 있다. 본법의 주안점은 선주는 선박의 감항성에 있어 상당한 주의를 게을리하지 않으면 항해 또는 선박의 취급에 관한 과실, 곧 항해상의 과실에 대해서는 면책이 되나 그밖의 불가항력, 화물의 성질 또는 하자, 포장의 결함 등으로 인하여 발생한 손해, 즉 상업상의 과실 및 인명과 화물의 구조를 위한 항로의 이탈로 인하여 발생한 손해에 대해서는 면책되지 않는다는 것으로 이 원칙은 미국에 입·출항하는 모든 선박에 적용된다는 것이다. 본법은 항해상의 과실에 대한 면책이 면책약관이 아닌 법정이라는 점, 그리고 상업상의 과실에 대한 면책약관의 금지를 강행법적으로 확립하였다는데 획기적 의의가 있다.

동법의 요지를 보면 제1조에서는 화물의 선적, 적부, 보관 또는 인도시 선원의 과실 또는 태만으로 인하여 발생하는 손해에 관하여 비록 선주가 선하증권상 면책조약을 삽입하여도 무효라고 규정하여 상업과실에 대하여 선주의 면책특약을 금지하고 있다. 제2조는 선주는 선박의 내항성을 갖추기 위해 상당한 주의를 기울여야 하고 선장이나 선원에게 화물의 취급과 인도의 의무를 경감시키거나 면제시키는 면책특약을 제한하고 있다. 제3조는 선주가 내항성의 확보를 위하여 상당한 주의를 기울였는데도 발생하는 항해과실에 대하여는 면책될 것을 규정하고 있다. 제4조는 선하증권의 발행, 제5조는 벌칙·유치권, 제6조는 화재법 및 책임제한법의 수정, 제7조는 생동물, 제8조는 본법의 유효일자 등에 관하여 규정하고 있다.

하터법의 정신은 미국 판례법에 의하여 선주에게 부과된 과중한 책임을 완화시킴으로써 자국의 해운, 무역을 발전시키고자 하였던 바 이 원칙은 후에 헤이그 규칙에 채용되어 세계 해상물품운송법의 기본을 이루게 되었다. 이 취지는 "선하증권에 관한 통일규칙(International Convention for the Unification of Certain Rules Relating to Bill of Lading)"에 채택되었다.

8.1.2 헤이그 규칙

8.1.2.1 헤이그 규칙의 제정

Harter법이 제정된 후 해상운송에 관한 통일조약의 필요성이 국제적으로 인식되었다. 1921년 헤이그에서 국제법협회가 선주, 화주, 은행, 보험회사의 대표들이 참석한 가운데 ICC 초안을 통과시켰다. 그 후 국제해사법위원회(CMI)가 이를 수정하여 3년 후인 1924년 브뤼셀에서 개최된 '해상법에 관한 국제회의'에서 승인된 "선하증권에 관한 통일규칙(International Convention for the Unification of Certain Rules of Law Relating to Bills of Lading, 1924. 약칭 Hague Rules)"을 제정하였다.

8.1.2.2 헤이그 규칙의 적용범위

우리나라는 이 조약에 가입하지 않았으나 우리나라에서 발행하는 선하증권의 지상약관(至上約款, Paramount Clause)264)이나 지역약관에 이 규칙을 준거법으로 한다는 규정을 두고 있다. 이 규칙이 상법의 강행규정(제790조)을 위반하는 경우를 제외하고는 국내 상법에 우선하도록 규정하고 있다.265) 그러나 모든 화물의 운송에 Hague Rule이 적용되지는 않는다. 즉 생동물과 갑판적화물(on deck cargo)의 경우는 물품 범주에 포함되지 않으며,266) 용선계약이나 특별한 화물의 운송, 유통되지 못하는 영수증이 발급되는 경우 등은 적용되지 않는다.267)

8.1.2.3 헤이그 규칙상의 운송인의 책임과 면책

운송인의 주요의무로서 선박의 내항능력(耐航能力)을 갖추고 선박의 선원 배치, 선박의장 및 필수품 보급을 적절히 하며, 화물이 운송될 창내, 냉동실, 냉기실 및 화물운송에 필요한 선박의 이외의 모든 부분을 화물의 수령, 운송 및 보존에 적합하고 안전하게 하기 위하여 상당한 주의를 기울여야 한다.

이외에도 운송인은 화물의 적재, 취급, 선내작업, 운송, 보관, 관리 및 양하를 적절하고 신중하게 이행하여야 한다.268)

---

264) 선하증권약관의 하나로서 당해 선하증권이 어느 나라의 법에 의해 해석하며 효력을 갖는가를 규정한 준거법(準據法)에 관한 약관이다. 편집부 (2010), 『물류용어사전』, 18판, 서울: 운송신문사, s.v. "지상약관."
265) 우리나라 상법에서는 운송인이 출항 당시 전쟁, 폭동 또는 내란이 아닌 이유로 선박의 안전항해나 운송물의 적정한 수령, 보존, 운송에 주의를 해태한 경우 손해배상책임을 면하지 않는다고 규정하고 있다. 또한 주의를 해태하지 아니한 증명은 운송인이 하도록 규정하고 있다. 제787조, 제789조. 이러한 주의를 해태한 경우 운송인의 책임을 경감 또는 면제하는 당사자간의 특약은 효력이 없음을 명시하고 있다. 제790조. 즉 이러한 운송인 면책의 사유에 해당하지 않는 경우를 제외하고는 헤이그 규칙이 적용된다. 崔基元 (1995), 『商法學槪論』, 서울: 博英社, pp.129-130.
266) 상법 제790조 2항, Hague Rules 제1조.
267) Hague Rules 제6조.

동규칙은 운송인의 면책사항을 열거하고 있는데, 이를 면책카탈로그라 한다.269)

① 항해, 선박관리상의 과실(errors in the navigation and management of ship)

② 화재(fire)

③ 해상 고유의 위험(perils of the sea)

④ 천재지변(act of God)

⑤ 전쟁행위(act of war)

⑥ 공적(公敵)의 행위(act of pubic enemies)

⑦ 통치권자의 검거, 억류(arrest or restraint of princes, rulers or people)

⑧ 검역조치(quarantine restrictions)

⑨ 송화인의 과실(act or omission of the shipper)

⑩ 동맹파업과 직장폐쇄(strikes or lockouts)

⑪ 폭동 및 내란(riot and civil commotions)

⑫ 해상구조(saving or attempting to save life or property at sea)

⑬ 화물고유의 하자(loss or damage arising from inherent defect)

⑭ 화물포장의 불충분(insufficiency of packing)

⑮ 화인의 불충분(insufficiency or inadequacy of marks)

⑯ 잠재하자(latent defects not discoverable by due diligence)

⑰ 기타 원인(any other cause)

그러나 운송인이 면책받기 위해서는 화물의 손해가 운송인 자신의 과실, 고의 또는 태만에 의하지 않아야 한다.270)

8.1.2.4 운송인의 손해배상 책임한계

송하인이 선적 전에 화물의 성질과 가격을 고지하여 선하증권에 기재하지 않았을 경우 운송인의 손해배상책임의 한계는 포장당 또는 단위당 100Pound를 초과하지 않는다. 화물이 인화성·폭발성·위험성이 있어 운송인, 선장 또는 운송인의 대리인이 이를 알았다면 선적을 허용하지 않았을 화물에 대하여 운송인은 양하 전 언제 어디서도 손해보상의 책임없이 양하하거나 파괴 또는 무해화시킬 수 있다.271)

---

268) Hague Rules 제3조, 운송인의 의무.

269) Hague Rules 제4조. 면책조항 제2항에서는 운송인의 면책조항을 (a)-(q)로 17개 항목을 규정하고 있다. 또한 4항에선 합리적인 이로에 대해서도 면책됨을 규정하고 있다.

270) Hague Rules 제4조 3항. "The shipper shall not be responsible for loss or damage sustained by the carrier or the ship arising or resulting from any cause without the act, fault or neglect of the shipper, his agents or his servants."

그 외의 운송인의 주요책임은 다음과 같다.

① 내항성담보(耐航性擔保)에 관한 주의의무: 운송인은 내항성담보에 관한 주의를 선적 개시부터 출항시까지 소홀히 하지 않아야 할 의무가 있다. 내항성에 대해 운송인이 주의를 기울였다는 입증은 운송인측이 해야 한다.[272]

② 항해과실(航海過失): 항해과실은 항해 또는 선박 자체의 취급에 대하여 선장이나 선원의 과실을 말한다. 항해과실에 기인한 물품의 손해에 대하여는 운송인은 면책된다.[273]

③ 상업과실(商業過失): 상업과실은 물품의 선적, 적부, 운송, 보관 또는 양하가 적절하고 신중하게 행하여지지 않아서 발생한 물품의 손해로 이에 대하여 운송인은 면책약관이 있어도 책임을 면할 수 없다. 운송인은 항해과실에 관해서는 면책되지만 상업과실에 관해서는 책임을 진다.[274]

④ 화재: 화재는 원칙적으로 운송인면책으로 되는데 선박의 화재는 적재화물 전체를 태울 위험이 있고 피해가 큰 경우가 많으며 화재원인이 선박측에 있는지 화물측에 있는지의 규명이 곤란하다. 화물의 화재손해는 적하보험에서 보상받는 점을 고려하여 운송인의 책임이 면책된다.[275]

8.1.3 헤이그-비스비 규칙

8.1.3.1 헤이그-비스비 규칙의 제정

1963년 Stockholm CMI 회의에서 Hague Rules의 개정안이 토의되고 그 후 Visby시에서 토의된 후 1968년 2월 Brussels에서 서명되어 Hague Rules의 개정의정서가 되었다.[276] 전문 17개 조로 구성되어 있으며 1924년의 Hague Rules의 한 부분으로서만 유효하게 되어 있다.[277]

---

271) Hague Rules 제4조 5, 6항.
272) Hague Rules 제3조 1. a. 운송인의 내항성담보 의무규정은 항해시의 내항능력을 담보해야 함을 의미하는 것이 아니라 선박의 발항시까지의 내항능력에 대한 주의의무를 규정한 것이다. 즉 권위있는 검사관이 발항 전 내항능력이 있다고 결정했다면 운송인은 주의의무를 다한 것이므로 면책이 된다고 보아야 한다. 박대위 (1991),『국제무역법규』, 서울: 박영사, pp.250-256.
273) Hague Rules 제4조 2. a.
274) Hague Rules 제3조 2.
275) Hague Rules 제4조 2.b.
276) 원명칭은 선하증권에 관한 법규의 통일을 위한 국제협약의 개정의정서(Protocol to Amend the International Convention for the Unification of Certain Rules of Law Relating to Bills of Lading: 이하 "헤이그-비스비 규칙"
277) 梁暎煥・徐正斗 (1994),『國際貿易法規』, 서울: 三英社, p.559.

8.1.3.2 헤이그-비스비 규칙상의 운송인의 책임

① 책임제한금액

Hague Rules에는 운송인의 포장당 책임한도액(per package limitation)을 100파운드로 정하였으나 Visby 개정에서는 한도액을 인상하게 되었는데 화폐단위도 종래부터 항공관계의 국제조약 등에 사용되고 있던 비유통 통화단위인 Franc이 채택되었고, 포장당 책임한도액 100Pound에 대하여 한도액이 10,000Franc[278]으로 되었으며, 동시에 화물중량 1kg에 대하여 30Franc으로 계산된 총액을 산출하여 많은 쪽을 운송인의 책임한도로 하게 되었다. 그 후 해사조약의 화폐단위는 IMF가 창출한 특별인출권(Special Drawing Right; SDR)을 사용하는 것이 일반적으로 됨에 따라 Visby Rules의 10,000Francs 과 30Francs은 각각 667SDR, 2SDR로 개정되었다.

② 화물손해배상액의 산정

화물손해배상액의 산정은 물품인도시의 도착지가격을 기준으로 하는 것이 원칙이나 Hague Rules에 그러한 규정은 없고 정기선의 개품운송에 대하여는 선하증권상에 송장가격을 기준으로 한다는 취지의 약관을 삽입하여 이에 따라 클래임(Claim) 처리하는 것이 관행이었으나 Visby Rules은 도착지가격을 기준으로 할 것을 규정하였다.[279]

③ 책임제한

운송인의 책임제한은 화물손해에 대하여 운송인의 고의나 중과실이 있는 경우는 인정되지 않았다. 그러나 Visby Rules는 운송인이 책임한도액 규정의 이익을 받지 못하는 경우로서 운송인에게 '고의'나 '인식 있는 과실'이 있는 경우로 책임제한을 저지하는 사유를 명시하였다.[280]

④ 운송인의 사용인 책임

운송인의 사용인이나 대리인도 운송인에게 인정된 책임제한이나 항변사유를 향유할 수 있다는 취지의 규정을 신설했다.[281] 그러나 선내하역업자와 같은 운송인의 하청업자는 운송인과 하청계약을 체결한 독립된 계약주체(independent contractor)이므로 적용되지 않는다.

---

278) 1 Franc의 가치기준은 순도 900/1000인 금 65.5㎎이다. Visby protocol 제4조 5,d. "A franc means a unit consisting of 65.5 milligrams of gold of millesimal fineness 900."

279) Hamburg Rules 1978에선 다시 삭제되었다. 이것은 도착지가격 사정의 번잡성과 그 비용 때문으로 보여진다.

280) Visby protocol 제4조 5. e항. "Neither the carrier nor the ship shall be entitled to the benefit of the limitation of liability provided for this paragraph if it is proved that the damage resulted from an act or omission of the carrier done with intent to cause damage, or recklessly and with knowledge that damage would probably result."

281) Visby protocol 제4조 2.

8.1.4 함부르크협약

8.1.4.1 함부르크협약의 제한

헤이그, 헤이그-비스비 규칙이 선진국의 선주 위주로 되어 있기 때문에 하주에게 불리하다는 주장에 따라 UN무역개발회의(United Nations Conference on Trade and Development: UNTAD)에서 강하게 대두하게 되어 UN국제무역법위원회(United Nations Commission on International Trade Law: UNCITRAL)는 1972년부터 개정작업을 시작하여 1978년 3월 Hamburg에서 해상화물운송에 관한 UN협약(United Nations Convention on the Carriage of Goods by Sea, 1978, 약칭 Hamburg rules)을 채택하였다. 본 협약은 1992년 11월 1일부터 발효되었다.

8.1.4.2 운송인의 면책폐지

함부르크협약은 40개조와 부속서로 되어 있으며 물품에 생동물을 포함한다. 또한 갑판적된 컨테이너화물도 물품의 범주에 포함되게 되었다.[282] 함부르크협약에서는 해상운송구간을 중심으로 약간의 다른 운송수단에 의한 운송까지 포함함으로써 컨테이너운송과 관련하여 집화와 인도를 위하여 해상운송에 인접한 육상운송까지 포함하게 되었다. 헤이그협약의 운송인의 책임구간인 'from tackle to tackle' 안에서 함부르크협약은 'from port to port'로 확대되었다.[283]

운송인의 책임한도액은 포장당 또는 선적단위당 835SDR로 인상시켰다.[284] Hamburg Convention의 주요한 개정사항은 운송인의 책임증가로 집약되는데, 그 주요한 내용을 살펴보면 다음과 같다.

① 내항성담보

Hague Rules에 있어서는 운송인 내항성담보(耐航性擔保)에 관한 주의의무가 규정되어 있는데 Hamburg 협약에서는 이 규정이 없다. Hamburg 협약에서는 운송인은 화물의 멸실, 손상 또는 인도지연의 원인으로 된 사고로 생긴 손해에 대하여 책임을 지나 사고를 방지하기 위하여 합리적으로 요구되는 모든 조치를 취하였다는 것을 증명한 때는 그러하지 아니하다고 규정하고 과실책임주의의 원칙을 표명하고 있다.[285]

---

282) Hamburg Rules 제11조 5항. "'Goods' includes live animals; where the goods are consolidated in a container, pallet or similar article of transport or where they are packed, 'goods' includes such article of transport or packaging if supplied by the shipper."

283) Hamburg Rules 제1조 6항. "Contract of carriage by sea」 means any contract whereby the carrier undertakes against payment of freight to carry goods by sea from one port to another."

284) Visby protocol은 667 SDR.

285) Hamburg Rules 제5조 1항, "The carrier is liable for loss resulting from loss of or damage to the

불내항성(不耐航性)에 의하여 화물손해가 생길 때에도 이 운송인 책임의 원칙에 의하게 된다. 즉 항해 전이나 항해의 개시시에 내항성에 대한 상당한 주의를 기울이는 것만으로는 충분하지 않고 물품이 운송인의 관리하에 있는 동안에 항상 내항성에 대한 주의를 계속하여야 한다.

② 항해과실면책의 폐지

Hauge Rules에서는 운송인이 상업과실에 대하여는 책임을 지지만 항해과실에 대해서는 면책되도록 규정하고 있으나 Hamburg Convention에서는 항해과실 면책규정을 폐지했다.

③ 화재면책의 폐지

Hague Rules 하에서 면책되어 있던 선박 내의 화재에 대하여 Hamburg Convention은 면책규정을 두고 있지 않다. 단 화재가 운송인측의 과실 또는 부주의에서 발생한 경우, 화재의 진화나 그 결과의 방지를 위해 합리적으로 요구되는 모든 수단을 강구함에 있어 운송인측에 과실 또는 부주의가 있었다는 것을 손해배상청구자, 즉 화주측이 증명하여야 한다.[286]

④ 면책 카탈로그 폐지

Hague Rules의 열거된 17개 면책 Catalog도 모두 폐지되어 운송인책임의 일반원칙, 즉 사고로 생긴 손해에 대하여 책임을 지지만 사고 방지를 위해 합리적 조치를 취했다면 면책되는 책임의 일반원칙에 따른다.

⑤ 지연손해

Hague Rules에는 지연손해(遲延損害)에 대하여 명문규정이 없었으나 본 협약에서는 이를 명확히 하였다. 즉 화물이 인도기간의 만료일을 경과한 후 60일 이내에 인도되지 아니한 경우에 화주는 지연손해배상을 청구하는 대신 이를 운송품 불착(運送品 不着)으로 보아 화물대금 전액에 대하여 배상을 청구할 수 있다.[287]

---

goods, as well as from delay in delivery, if the occurrence which caused the loss, damage or delay took place while the goods were in his charge as defined in article 4, unless the carrier proves that he, his servants or agents took all measures that could reasonably be required to avoid the occurrence and its consequences."

286) Hamburg Rules 제5조 4항. "The carrier is liable for loss of or damage to the goods or delay in delivery caused by fire, if the claimant proves that the fire arose from fault or neglect on the part of the carrier, his servants or agents."

287) Hamburg Rules 제5조 3항. "The person entitled to make a claim for the loss of goods may treat the goods as lost if they have not been delivered as required by article 4 within 60 consecutive days following the expiry of the time for delivery according to paragraph 2 of this Article."

⑥ 책임한도액 인상

본 조약에서는 화폐단위로 SDR을 사용하고, 책임한도액은 포장단위당 835SDR로 증가시켰다. 이것은 Visby Rules의 한도액보다 25% 증액된 것이다.

⑦ 책임기간 확대

Hague Rules의 전통적인 'from tackle to tackle'의 원칙을 철폐하고 'from receipt to delivery'로서 운송인의 책임기간을 확장하였다. 장소적 한정을 두어 항구의 부두에서 이행된 수령으로부터 양륙항에서 인도가 이행될 때까지로 장소적 한계를 'from port to port'라고 할 수 있다.288)

⑧ 보상장 효력규정

송화인과 선박회사간에 편법으로써 관행화되고 있는 파손화물보상장(破損貨物補償狀, Letter of Indemnity)이 송화인 이외의 선의의 선하증권 소지자에게 대항할 수 없음을 명문화하고 있다.289)

⑨ 계약운송인과 실제운송인

함부르크협약에서는 계약운송인과 실제운송인을 분리하여 송화인과 운송계약을 체결하는 운송인이 전운송구간에 대하여 책임을 져야 한다.290) 실제운송인은 물품이 자신이 관리 하에 있는 동안에는 운송계약 유무와 관계없이 책임을 지게 되므로 이 경우 계약운송인과 실제운송인은 송화인에 대하여 연대책임을 지게 된다.291)

8.1.5 UN국제물품 복합운송협약

8.1.5.1 UN국제물품 복합운송협약의 제정

국제복합운송(international multimodal transport)이란 복합운송인에 의하여 국제간의 화물운송이 해상·항공·육상의 두 가지 이상의 서로 다른 운송방식으로 이루어지는 화물운송을 말한다.292)

---

288) Hamburg Rules 제4조 1항. "The responsibility of the carrier for the goods under this Convention covers the period during which the carrier is in charge of the goods at the port of loading, during the carriage and at the port of discharge."
289) Hamburg Rules 제17조 2항.
290) Hamburg Rules 제10조 1항. "Where the performance of the carriage or part thereof has been entrusted to an actual carrier, whether or not in pursuance of a liberty under the contract of carriage by sea to do so, the carrier nevertheless remains responsible for the entire carriage according to the provisions of this Convention."
291) Hamburg Rules 제10조 4항. "Where and to the extent that both the carrier and the actual carrier are liable, their liability is joint and several."

복합운송인은 운송을 위한 화물의 수령시로부터 인도시까지 전운송과정에 걸쳐 화물의 멸실, 손상 또는 인도의 지연에 의하여 발생하는 손해에 대하여 책임을 지게 된다.[293] 컨테이너 운송의 발달과 함께 최근에 활성화됨에 따라 이를 규율하는 통일된 국제협약의 필요를 인식하여 유엔에서 1978년의 해상운송에 관한 함부르크규칙에 이어 1980년 국제복합물품운송에 관한 UN협약(United Nations Convention on International Multimodal transport of Goods, 1980)을 제정하였다.

복합운송에 관한 법체계를 확립하고자 하는 노력은 1930년대 사법통일을 위한 국제협회(International Institute for the Unification of Private Law: UNIDROIT)에 의하여 처음 시도되었다. 1965년에는 국제해사위원회(Comite Mari-time International: CMI)가 먼저 복합운송에 관한 법제도의 개발을 시작하여 1969년 도쿄규칙(Tokyo Rules)을 제정하였다. 뒤이어 로마초안(Rome Draft)을 제정한 UNIDROIT의 후원 하에 1971년 TCM 협약초안이 만들어졌다. 그러나 이 협약초안은 기초 입안단계를 벗어나지 못하여 여러 국가가 이를 반대하였다.

UN경제사회이사회는 1973년 국제화물복합운송에 관한 협약의 초안을 만들기 위하여 UNCTAD의 후원 하에 정부간준비단체(Intergovernmental Preparatory Group: IPG)를 설치하고 1975년 말까지 복합운송협약을 제정하여 채택하고자 하였으나 선진국과 개발도상국간에 경제적인 영향에 관한 의견대립 등으로 협약의 완성이 지연되었다. 이 과정에서 국제상업회의소(International Chamber of Commerce: ICC)가 중심이 되어 국제규칙의 제정이 추진되었으며 1973년 복합운송서류에 관한 통일규칙(Uniform Rules for a Combined Transport Document)이 제정되고 이를 보완하여 1975년부터 시행하고 있었다. 그러나 UN경제사회이사회의 IPG는 1973년부터 77년까지 여섯 차례에 걸쳐 회의를 갖고 독자적인 협약초안을 작성하여 1980년 5월에 제네바에서 개최된 UN회의에 제출하여 본 협약이 제정되었다. 이 협약의 상당부분은 해상운송에 관한 함부르크협약에 기초하였으며 UNIDROIT의 TCM 협약초안과 ICC복합운송통일규칙에도 크게 의존하여 제정되었다.

그러나 유엔의 복합운송협약은 30개국의 정부가 비준, 승낙, 승인 또는 가입하고 12개월 후에 발효되어지도록 제정되었다.[294] 유엔의 복합운송협약은 오늘날 국제복합운송체제의 확장에 따른 복합운송인과 송화인의 책임한계에 대한 중요한 해석기준이 되고 있다.[295]

---

292) UN복합운송협약 제1조 1항.
293) UN복합운송협약 제1조 2항.
294) UN복합운송협약 제36조에서는 30개국의 정부가 비준, 승낙 또는 승인하고 12개월이 경과한 후 효력이 발생한다고 규정하고 있다.
295) 梁暎煥·徐正斗 (1994), 『國際貿易法規』, 서울: 三英社, pp.601-606.

8.1.5.2 복합운송인의 책임

UN국제복합운송협약은 헤이그 규칙과 마찬가지로 과실책임주의를 원칙으로 하고 있다. 그러나 복합운송의 무과실책임을 복합운송인에게 전가하고 있으며 해상운송구간에서의 운송인의 면책조항을 두지 않고 있는 대신에 운송인에 대한 책임을 설정하고 있다. UN협약상 복합운송인의 책임의 기본원칙은 대화주 전구간 단일책임원칙(對貨主 全區間 單一責任原則)에 두어 운송인의 면책조항을 인정하지 않지만 운송구간 불명의 화물손상이나 멸실의 경우에는 그 구간의 책임한도액이 조약에 규정된 일반원칙에 의한 제한액보다 적을 경우에는 일반원칙을 적용하는 수정단일책임체제(修正單一責任體制)를 택하고 있다.

본 협약의 복합운송인 책임규정은 Hague Rules, Hamburg Rules과 마찬가지로 화주의 이익을 중심으로 하고 있는 강행규정이다.

본 협약에서 복합운송인은 복합운송과정에서 발생한 화물의 멸실 및 손상과 함께 인도지연에 대해서는 자기 또는 그 사용인 기타 이행보조자가 그 방지를 위해 필요한 모든 조치를 취했다는 것을 스스로 증명하지 않는 한 책임지게 된다.296) 이 복합운송인의 과실책임원칙에는 일체의 예외규정이 없다. 이 때문에 기존 개별운송조약 하에서의 운송인의 책임과 큰 차이를 보인다.

UN협약상 복합운송인의 책임제한은 운송구간 불명손실(運送區間 不明損失)에 대한 일반기준으로서 운송인의 책임은 1포당 1 운송단위당 920SDR을 초과하지 않는 금액과 멸실 또는 손상화물의 총중량 1kg마다 2.75SDR 중 많은 금액으로 제한하고 있다.297) 손실구간 판명손실(損失區間 判明損失)에 대한 책임기준으로서는 화물의 멸실이나 손상이 어느 한 특정 구간에서 발생하고 그 구간에 관하여 개별 국제협약이나 국내법이 존재하는 경우에는 이를 채용하는 수정단일책임체계를 채택하고 있다.298)

---

296) UN복합운송협약 제16조 1항. "The multimodal transport operator shall be liable for loss resulting from loss of or damage to the goods, as well as from delay in delivery, if the occurrence which caused the loss, damage or delay in delivery took place while the goods were in his charge as defined in article 14."

297) UN복합운송협약 제18조 1항. "When the multimodal transport operator is liable for loss resulting from loss of or damage to the goods according to article 16, his liability shall be limited to an amount not exceeding 920 units of account per package or other shipping unit or 2.75 units of account per kilogram of gross weight of the goods lost or damaged, whichever is the higher."

298) UN복합운송협약 제19조. "When the loss of or damage to the goods occurred during one particular stage of the multimodal transport, in respect of which an applicable international convention or mandatory national law provides a higher limit of liability than the limit that would follow from application of paragraphs 1 to 3 of article 18, then the limit of the multimodal transport operator's liability for such loss or damage shall be determined by reference to the provisions of such convention or mandatory national law."

8.1.6 UNCTAD/ICC 복합운송증권규칙

8.1.6.1 규칙의 제정

본 규칙은 UN국제물품복합운송조약(1980)의 발효에 대비하여 UNCTAD 해운위원회에서 해운관련 국제기구와 협조하여 기존의 국제운송규칙인 Hague Rules(1924), Hague-Visby Rules(1968)과 ICC통일규칙 등을 기초로 하여 새로운 복합운송증권에 관한 규칙을 제정할 것을 검토하여 1988년 UNCTAD와 ICC의 합동 작업반이 조직된 후 3년간의 작업 끝에 제정된 UNCTAD/ICC 복합운송증권규칙(UNCTAD/ICC Rules for Multim-odal transport Document 1992)이다. 이 규칙은 1992년 1월 1일부터 시행하고 있다.299)

8.1.6.2 복합운송인의 책임

본 규칙은 전문과 13개 조항으로 구성되어 있다. 본 규칙은 복합운송계약에서 본 규칙을 적용시킬 경우에만 적용되며 강행법규가 아니다. 그러므로 복합운송계약에 적용되는 국제협약이나 국내법의 강행규정이 있다면 본 규칙보다 우선 적용된다. 본 규칙에서 복합운송인의 책임원칙과 책임체계는 과실책임주의와 수정된 단일책임체계를 원칙으로 하고 있다. 복합운송인의 책임한도액은 포장당 또는 단위당 666.67SDR 혹은 멸실 또는 손상된 물품의 총중량에 대한 매 kg당 2SDR 중에서 높은 쪽의 금액을 초과하지 않는 범위 내에서만 책임을 지게 된다. 또한 복합운송인은 선장, 선원, 선사 또는 운송인의 사용인의 항해상의 과실과 운송인의 고의나 과실이 아닌 화재에 대해서는 면책된다.

8.1.7 복합운송인의 책임제도300)

8.1.7.1 이종책임체계(Network Liability System)

이 제도 하에서 복합운송인의 책임은 운송물의 멸실 또는 훼손이 생긴 운송구간을 아는 경우와 이를 알 수 없는 경우로 구분되는데, 운송인의 책임은 운송물의 멸실 또는 훼손이 생긴 운송구간에 적용될 국제협약 또는 강행적인 국내법에 따라서 결정된다. 즉 해상, 육상, 항공 등의 운송구간 또는 운송방식에 따라서 각각 고유한 법원칙이 성립되어 적용된다. 멸실이나 훼손 등의 손해발생구간을 알 수 없는 경우 또는 아는 경우라 하더라도 그 구간에 적용할 조약이나 강행법규가 없는 경우 등에는 이종방식에서도 따로 일정한 책임원칙을 둔다(TCM조약 제9조와 제10조). 이 제도에 의하면 화주가 각 운송방식별 운송인과 개별적으로 계약

---

299) 吳元奭 (1995), 『國際運送論』, 서울: 博英社, pp.316-317.
300) 박명섭 (1997), 『국제해운론』, 서울: 법문사, pp.430-432.

을 체결한 것과 같이 복합운송 내에 각종의 책임제도가 공존하게 되며 복합운송상의 규칙 기존의 다른 운송규칙과의 법충돌(conflict)을 방지할 수 있다. 복합운송에 관한 ICC의 통일규칙과 FIATA, BIMCO 등에서 공표한 복합운송증권 등이 이종방식(異種方式)에 따르고 있다.

8.1.7.2 단일책임체계(Uniform Liability System)

이 제도에 의하면 복합운송인은 물품의 멸실이나 훼손 등 손해가 발생한 운송구간 또는 운송방식에 상관없이 그 발생장소가 밝혀진 손상의 경우나 밝혀지지 않은 손상의 경우에 있어 동일한 책임원칙이 적용된다. 즉 복합운송인은 책임원칙, 책임의 한계에 있어서 단일방식운송(unimodal transport)의 운송인의 경우와는 전연 다른 독자적인 책임제도에 따른다. 이 제도는 간명하기 때문에 당사자들 사이에서 분쟁을 줄일 수 있는 것으로 평가되고 있다. 즉 송화인 등 원고(原告)나 운송인으로서는 손해발생의 장소나 시기 등을 고려할 필요가 없으므로 불필요한 소송을 除去할 수 있다. 그러나 복합운송인은 하청운송인에게 구상(求償)해야 하는 문제가 있어 오히려 절차가 복합하여 비용이 증가한다는 반론도 있다.

그러나 이론적으로는 단일책임체계가 일관성이 있고 합리적인 면이 있다. 이종책임체계에 따른다면 운송과정에서 적용될 각종의 국제협약과 국내법에 의한 책임내용을 운송인이 전부 알아야 하는데 이것은 매우 어려운 일이다. 하지만 실무적, 상업적 관점에서는 오히려 이종책임체계(異種責任體系)가 현실적인 것으로 인식되고 있으며 단일책임체계는 다분히 이상주의적인 것이다. 오늘날 사용되는 컨테이너 선하증권 또는 복합운송증권상의 책임제도가 거의 모두 이종책임제도를 따르고 있다.

8.1.7.3 절충식책임체계(Flexible Liability System)

위의 두 제도를 절충한 것으로 복합운송인의 책임체계는 일률적인 책임원칙을 따르고 책임의 정도와 한계는 손상(損傷)이 발생한 구간의 규칙에 따른다는 책임체계이다. 그러나 이 체계 또한 책임의 한계가 기본책임 하의 한계를 초과했을 때만 적용되는지의 문제가 제기된다. 일반적으로 선진국은 이종책임제도를 개발도상국은 단일책임제도를 선호하고 있어 UN은 절충적 방식을 선호하고 있다.301)

---

301) 房熙錫 (1995), 『海上運送論』, 서울: 博英社, p.313.

8.2 해상운송계약

8.2.1 해상운송계약 개념

국제운송계약이라 함은 매도인과 매수인 사이에 체결된 국제물품매매계약의 이행을 위하여 필수적으로 수반되는 종속계약의 하나로서, 운송인(Carrier)은 송하인(Shipper, Consignor)에 대하여 물품의 운송을 약정하고, 송하인은 그 대가로 운송인에게 운임(Freight)을 지급할 것을 약정함으로써 성립하는 계약을 말한다.

국제운송계약은 물품 운송이 행해지는 장소에 따라 해상운송계약, 항공운송계약, 육상운송계약으로 대별되며, 최근에는 컨테이너화의 진전에 따라 상이한 운송수단을 결합하여 일괄운송하는 국제복합운송계약이 급속히 발전하고 있다. 한편 우리나라는 대량운송이 가능하고, 운임이 비교적 저렴한 해상운송계약에 거의 의존하고 있으며, 견본품이나 경량고가품의 경우에는 항공운송계약을 이용하기도 한다.

해상운송계약이란 운송인이 송하인에 대하여 해상에 의한 화물운송을 약정하고, 송하인은 이에 대하여 운임을 지급하기로 약정하는 계약을 말한다. 그런데 해상운송계약은 용선계약서(Charter Party)가 작성되는 계약과 선하증권(Bill of Lading)이 발행되는 계약으로 대별되는데, 전자를 항해용선계약, 그리고 후자를 개품운송계약이라고 한다.

용선계약이란 다량의 화물을 운송하기 위하여 선주가 선박의 운송능력을 특정 항해 또는 특정 기간에 걸쳐 용선자에게 제공하기로 약정하고, 용선자가 그 보수로 운임 또는 용선료를 지급할 것을 약정하는 계약으로서, 이것은 부정기해운시장에서 주로 맺어진다. 용선계약에서 계약당사자인 선주와 용선자는 계약자유의 원칙에 의거하여 어떠한 법적 개입없이 자유롭게 계약조건에 대하여 협상할 수 있다. 즉 계약당사자는 협상의 기준으로 표준용선계약서를 선정하고, 이를 토대로 자신들의 요구사항에 맞게 수정 또는 보완하는 것이 실무적 관행이다.

용선계약은 다시, 운송계약의 성질을 갖는 것과 그러하지 않은 것으로 구분되는데, 전자에는 항해용선계약(Voyage Charter: V/C)이 있고, 후자에는 정기용선계약(Time Charter: T/C)과 나용선계약 또는 선체용선계약(Bare Boat Charter: BBC)이 있다.

개품운송계약이란 정기선해운시장에 종사하고 있는 운송인이 소량화물을 운송하고자 하는 송하인으로부터 개개의 물건운송을 인수하고, 송하인이 이에 대하여 운임을 지급할 것을 약정하는 운송계약이다. 개품운송계약에서 운송계약서는 선하증권이다. 그러나 선하증권은 운송인이 운송계약이 체결된 이후 송하인으로부터 화물을 수령 또는 인수한 시점에서 일방적으로 서명하여 송하인에게 발행하여 주는 것이기 때문에 엄밀한 의미에서 선하증권 자체가 운송계약서가 될 수 없다. 다만 선하증권의 전면과 이면에 기재된 계약내용은 원래의 운송계약의 내용과 일치한다는 가정 하에서 운송계약서로서 간주된다. 또한 개품운송계약에서 송하인은 용선계약과 달리 소규모회사일 경우가 많기 때문에 이들을 보호하기 위하여 운송인이 향유할 수 있는 면책사항의 최고한도와 배상책임액의 최저한도를 법으로 규제할 필요성이 제기되었고, 이에 헤이그규칙, 헤이그-비스비규칙, 함부르크규칙, 로테르담규칙 등과 같은 국제규칙이 제정되었다.

한편 용선계약서에 의하여 항해용선계약을 체결한 경우라도 선주는 화물에 대한 수령 증거와 송하인의 화물처분을 위하여 선하증권을 발행하게 되는데, 이것을 용선계약부선하증권(Charter party Bill of Lading: C/P B/L)이라 한다. 이 선하증권에는 용선계약서의 모든 계약내용이 선하증권에 편입된다는 편입조항(incorporation clause)을 규정하면서 약식(short form)으로 발행되는 것이 일반적이다. 그런데 용선자이자 송하인으로부터 선하증권을 선의로 취득한 소지자는 용선계약서의 내용을 알 수 없어 불리한 위치에 있게 된다. 이러한 사정을 고려하여 과거 UCP에서는 용선계약부 선하증권이 수리거절되는 운송서류였으나, 그것의 높은 사용 빈도를 고려하여 1993년 UCP 500부터는 신용장에서 이것을 요구하고 있거나, 허용한 경우에는 수리한다고 규정하고 있다. 따라서 부정기선 실무에서 항해용선계약서와 선하증권은 서로 배타적인 관계가 아닌 상호 보완적 관계이다.

〈표 8-1〉 개품운송계약과 항해용선계약의 비교

	개품운송계약	항해용선계약
계약의 목적	개개의 물품운송	선복의 일부 또는 전부 이용
운송방법	정기선	부정기선
적용법규	성문법	보통법
책임관계	운송인 면책확대 불인정	운송인 책임수정 가능
당사자	운송인과 송하인	선주와 용선자
화주	불특정 다수의 화주	특정 화주
계약의 증거	선하증권	용선계약서
화물	잡화와 같은 소량화물	대량산물(원유, 석탄, 철광석, 곡물)
운임	공표운임(tariff rate)	수급에 의한 시세 운임(open rate)

8.2.2 해상운송계약의 성질

〈표 8-2〉 용선계약의 특성 비교

구 분	나용선	정기용선	항해용선	정기선운송
항만내 시간위험	Charterer	Charterer	Charterer 또는 Owner 1	Owner
선적 및 양륙	Charterer	Charterer 2	Charterer 또는 Owner 3	Owner
항비	Charterer	Charterer	Owner 4	Owner
연료비	Charterer	Charterer	Owner	Owner
항해 중 시간위험	Charterer	Charterer 5	Owner	Owner
집화	Charterer	Charterer	Owner	Owner
선원배승	Charterer 6	Owner	Owner	Owner
선박의 유지 · 보수	Charterer 또는 Owner 7	Owner	Owner	Owner
보험	Charterer 또는 Owner 7	Owner 8	Owner 8	Owner
자본비	Owner	Owner	Owner	Owner

1. 항해용선계약에서 항만내 시간위험은 정박기간의 약정방법에 따라 선주와 용선자 간에 분담됨.
2. 정기용선계약상 선적 및 양륙비용은 용선자의 부담임. 즉 하역작업은 선장과 선원의 감독 하에서 이루어지며, 선박은 선원과 함께 관습적 지원(customary assistance)만 행함.
3. 항해용선계약상 선적 및 양륙비용은 하역비의 약정방법에 따라 선주와 용선자 간에 분담됨. 즉 Liner Term 인 경우 선주부담이고, FIO Term 인 경우 용선자 부담임.
4. 항해용선계약상 항비(예선료, 계류비 포함)는 선박에 대하여 부과되므로 통상 선주의 부담임.
   다만, 화물에 대하여 부과되는 비용은 약정에 따라 용선자가 부담하는 경우도 있음.
5. 특정 정기용선계약(유류운송)상 항해 중 시간위험을 선주가 부담하는 경우도 있음.
6. 특정 나용선계약상 선장과 고급선원만은 선주가 고용하는 경우도 있음.
7. 선박의 유지 · 보수비, 선체보험료에 대한 부담주체는 나용선계약에 따라 상이하나, 통상 용선자가 부담함.
8. 통산 선주가 선체보험, P&I 보험, 전쟁보험 등에 가입함. 그러나 정기용선계약상 용선자가 제한된 범위의 P&I 보험(정기용선자배상책임보험)에 가입하기도 하며, 특별한 사정이 있는 경우 선체보험과 전쟁보험의 추가보험료를 부담하기도 함.

① 낙성계약

해상운송계약은 화주의 화물운송 청약과 이에 대한 운송인의 승낙이라는 의사표시의 합치로 성립된다.

② 쌍무계약

운송인은 운송계약상 물품운송의 채무를 부담하며, 화주는 운임지급이라는 대가성 채무를 부담하는 계약이다.

③ 도급계약

도급계약은 당사자 어느 일방이 어느 일을 완성할 것을 약정하고, 상대방이 그 일의 결과에 대하여 보수를 지급할 것을 약정함으로써 성립한다. 즉 해상운송계약은 화물의 장소적 이동의 완성을 목적으로 하고, 화주(도급인)는 이러한 목적의 완성에 대하여 운송인(수급인)에게 운임이라는 보수를 지급하게 된다. 따라서 운임은 후지급하는 것이 이치에 맞으나, 계약에 따라 선지급하기도 한다.

④ 부합계약

용선계약은 선주와 용선자간에 개별적 협상을 통하여 체결된다. 반면 개품운송계약은 운송인이 다수의 송하인을 상대로 하기 때문에 계약조건을 미리 선하증권에 기재하여 송하인에게 발행 및 교부하고, 송하인이 이를 포괄적으로 받아들임으로써 체결된다. 즉 선하증권과 같이 계약의 일방 당사자가 특정 종류의 계약을 다수의 상대방과 계속 반복하여 체결하는 것에 대비하여 미리 정하여둔 계약조항을 보통거래약관이라 하고, 이에 따라 체결되는 계약을 부합계약이라고 한다.

⑤ 불요식계약

해상운송계약의 청약서나 승낙서에 일정의 법정양식이 요구되지 않는다. 즉 의사표시를 함에 있어서 특정한 방식을 필요로 하지 않으며, 따라서 구두에 의한 의사표시도 가능하다.

해상운송계약의 청약서나 승낙서에 일정의 법정양식이 요구되지 않는다. 즉 의사표시를 함에 있어서 특정한 방식을 필요로 하지 않으며, 따라서 구두에 의한 의사표시도 가능하다.

<표 8-3> 해상운송에 관한 국제규칙의 비교

	헤이그규칙 (1924)	헤이그-비스비규칙 (1968)	함부르크규칙 (1978)	로테르담규칙 (2008)
적용 구간	선적부터 양륙까지 (from tackle to tackle)	좌측과 동일	선적항과 양륙항에 서 운송인의 관리 하에 있는 기간 (from port to port)	수령부터 인도까지 (from receipt to delivery)
책임 원칙	과실책임주의	좌측과 동일	추정과실책임주의	추정과실책임주의
책임 손해	멸실, 손상	좌측과 동일	멸실, 손상, 지연	좌측과 동일
면책 사유	규정 (17개, 항해과실 포함)*	좌측과 동일	규정 없음	규정(15개 단, 항해과실 제외)**
책임 한도	포장/단위당 100파운드	포장/단위당 667SDR 또는 1kg당 2SDR 중 큰 것	포장/단위당 835SDR 또는 1kg당 2.5SDR 중 큰 것(지연손해는 운임의 2.5 배)	포장/단위당 875SDR 또는 1kg당 3SDR 중 큰 것 (지연손해는 운임의 2.5 배)
손해 통지	화물인도시 또는 인도로부터 3 일 이내	좌측과 동일	화물인도익일 또는 인도로부터 15 일 이내(지연손해는 60 일 이내)	화물인도시 또는 인도로부터 7 일 이내(지연손해는 21 일 이내)
제소 기한	1 년	좌측과 동일	2 년	좌측과 동일

* 17개 면책사유: 항해과실, 화재, 해상고유의 위험, 천재지변, 전쟁행위, 공적행위, 공권력에 의한 억류·제한 또는 재판상의 압류, 검역상의 제한, 송하인의 작위 또는 부작위, 동맹파업, 폭동 또는 소요, 해상에서의 인명 또는 재산의 구조, 화물의 고유 하자 또는 특수 성질에 의한 손해, 포장의 불충분, 기호의 불충분 또는 부적합, 상당한 주의를 기울여도 발견할 수 없는 숨은 하자, 운송인측의 고의·과실에 의하지 않는 사고

** 15개 면책사유: 불가항력, 해상 또는 다른 항해가능수역에서의 위험과 사고, 전쟁·적대행위·무력충돌·해적·테러·폭동·소요, 검역상 제한 또는 정부·공공기관·통치자·국민 등에 의해 야기된 개입이나 방해 또는 운송인에 기인하지 않은 지체·압류·억류, 동맹파업·직장패쇄·휴업·노동의 제약, 선박의 화재, 상당한 주의로도 발견할 수 없는 숨은 하자, 송하인 등에 의한 작위 또는 부작위, 송하인 등에 의해 실제로 이행된 운송물의 선적·취급·적재·양륙, 화물고유하자에 기인한 중량의 감소 또는 멸실이나 훼손, 운송인이 직접 행하지 아니한 포장 또는 하인의 불충분 또는 결함, 해상에서의 인명구조, 해상에서의 재산구조, 환경피해회피조치, 운송인의 특정 행위(인명·재산·환경 등을 보호하기 위한 합리적 조치로서 화물수령 및 선적의 거절, 강제양륙, 파괴, 희생)

8.2.3 컨테이너 화물 계약 현황

8.2.3.1 우리나라의 컨테이너 화물 운송계약 실태

우리나라 컨테이너 화물의 해상운송 계약은 장기운송계약, 입찰계약, 1회성 계약으로 나눌 수 있다. 국내 수출입 물동량의 지역별 비중을 기반으로 추정하면 77~78%의 컨테이너 화물은 1회성 단기계약, 8~9%는 유럽 및 기타 지역의 3~6개월 입찰물, 12~13%가 미국의 1년 정도의 우대운송계약 형태로 진행되고 있다.

따라서 우리나라 화물운송의 대부분을 차지하고 있는 1회성 계약의 경우, 일반적으로 B/L로 계약을 갈음하기 때문에 계약서를 작성하지 않고 유선통화, 이메일 형태로 운임과 화물을 확정하는 관행이 이루어지고 있다. 따라서 선박이 입항하여 적하를 마감하고 B/L을 발행하는 마지막 순간까지 운임 협상이 지속되어 운임변동성이 확대되는 것이다.[302]

현재 운송계약의 증빙은 B/L 또는 해상화물운송장(Seaway Bill)이 발행되었을 때만 가능하며 이 서류들은 계약 운임, 화주의 서명과 같이 계약 시점에서 운임을 구속하는 항목을 의무적으로 요구하지 않고 있다.

현실적으로 선사의 입장에서는 입항부터 출항 직전까지 지속적인 운임 협상 환경에 노출되어 지나치게 운임경쟁이 과열되는 부작용이 있으며 호황에는 화주가 출항 전까지 선복을 장담할 수 없는 불필요한 변동성을 감내하고 있다. 특히 포워더(국제물류주선인 또는 복합운송인)가 컨테이너 물동량의 대부분을 처리하는 경우에는 화주와 선사 간의 운임차익이 곧 수익이 되기 때문에 불황기에는 운임경쟁을 유발하고, 호황기에는 선사가 선복경쟁을 심화시켜 운임 변동성을 확대시키고 있다. 또한 시황과 관련 없이 운송계약 관행상 계약서를 쓰지 않기 때문에 불황시 운임 변동성에 효과적으로 대응하지 못하는 구조적인 문제가 있다.

8.2.3.2 컨테이너 화물 운송계약 절차

컨테이너 운송의 경우 복수의 화주를 대상으로 1개의 선사가 계약을 체결하고 선하증권을 발행해야하기 때문에 계약서 체결의 어려움이 있다. 또한 기항지별로 다양한 운임이 적용되기 때문에 운임과 화물에 대한 명세 역시 매우 복잡할 수 있다.

실무에서는 냉동, 위험, 일반 화물을 컨테이너 장치의 특징과 결부시켜 운임률표로 공표하고 있으며 개별 화주별로 B/L이 발행됨으로서 계약서를 대신하고 있다.

과거 해운동맹에 의한 개별선사의 구속이 심하던 시기에는 이러한 관행이 크게 문제되지 않았다. 왜냐하면 개별선사의 독자운임, 화주별로 특정된 운임이 용인되지 않았고 특별히

---

302) 윤재웅·안영균·김주현 (2018), 『컨테이너 화물 해상운송 계약개선방안 연구』, 부산: 한국해양수산개발원, p.2

B/L 이면약관에 의한 선사에게 유리한 부합계약이 용인되었기 때문이다.

그러나 미국의 1998년 해운법 개정, 유럽의 2008년 반독점법의 해운동맹 예외 폐지로 인해 해운동맹의 시대가 막을 내렸다. 또한 최근의 국제규칙은 컨테이너의 대량운송화물에 대하여 쌍무계약을 인정하는 추세로 진행됨에 따라 개품운송에서 개별 화주와 계약 내용이 과거와 다르게 나타나고 있다.

반면 B/L은 성격상 그 자체로 권리증권(유가증권)인 동시에 화물의 수령(영수), 운송계약의 증빙으로 의미가 있지만 계약 내용을 구체화하지 못하는 한계가 있다. 특히 B/L에는 송화인의 서명이 없고 운임에 대한 쌍방의 합의를 증명할 수 없어 화주와 선사 간의 운송계약 내용의 합치와 관련 다툼의 소지가 있다.

S/C 및 입찰 계약의 경우 장기계약서 및 입찰 계약서를 통해 계약내용을 상호 구속할 수 있지만 우리나라 화물운송의 대부분을 차지하고 있는 1회성 계약의 경우에는 선사와 화주가 운임, 수량, 서비스 특약을 유선 또는 이메일을 통해 합의하는 데 그치기 때문에 선박이 입항하여 적하를 마감하고 B/L을 발행하는 마지막 순간까지 운임 협상이 지속되게 된다.

〈그림 8-1〉 운송계약 청약 사례

자료: 윤재웅·안영균·김주현 (2018), 『컨테이너 화물 해상운송 계약개선방안 연구』, 부산: 한국해양수산개발원, p.13.

운임 확약 이후 선사가 B/L 발행을 위해 접수하는 선복의뢰서(Shipping Request: S/R)에는 운임을 표시하지 않고 관행상 선적의뢰서도 접수하지 않고 화주에게서 송장과 포장명세서를 받아 B/L 발행전까지 선적 절차를 진행하기 때문에 운송계약은 매우 불안전한 형태로 진행된다. 따라서 선장의 B/L 발행 전까지 메일을 제외한 운임이 명시된 계약서류가 존재하지 않기 때문에 운임 변동에 따른 신용위험(계약 변경, 철회, 불이행 등)이 존재하게 된다.

KPMG(Klynveld Peat & Main Goerdeler, 2016)의 추계로는 선사-화주 간 연간 세계 해상운송 계약 금액은 적어도 3,000억 달러에 육박하는 반면 구두 계약 중심의 관행으로 인한 오해나 착오, 그리고 일부 의도적인 허위 계약으로 인해서 전체 구두계약 중 70%는 추후에 다시 계약내용이 재조정되는 것으로 추산되고 있다.303)

이에 따라 컨테이너 화물 운임은 운임률표에 의한 정기 운송임에도 상당한 변동성을 갖게 되고 고정비 비중이 높은 선사에게는 재무적으로 상당한 부담이 되고 있다. 선사는 출항일에 인접할수록 소석율 압박이 커지게 되고 다음 계약이 담보되지 않는 상황에서 화주의 운임 협상(또는 리베이트)를 거절하기 매우 어렵기 때문이다. 또한 운임 분쟁 시 구두나 메일로 확약된 운임에 의거하여 화주와 법적 다툼을 하기에는 부담이 크다

반대로 시황이 상승하는 시기에는 선사가 선복 확정을 늦추는 한편 빠르게 일괄 운임을 인상하여 불황기의 손실을 보존하고 시장 평균 운임을 회복하려 하기 때문에 화주는 스케줄링에 어려움이 가중되고 계약서 부재에 따른 위험을 감수하게 된다.

결과적으로 단기계약 비중이 높은 환경에서는 선화주 간 운임 협상 횟수가 증가하여 하락시에는 운임 덤핑, 상승시에는 운임 담합을 가중시켜 변동성을 확대시키는 결과가 나타나게 된다. 즉, 시황에 따라 낮은 운임은 더욱 낮게, 높은 운임은 더욱 높게 변동성이 가속화되는 부작용이 나타나게 되는 것이다.

---

303) 윤재웅 · 안영균 · 김주현 (2018), 『컨테이너 화물 해상운송 계약개선방안 연구』, 부산: 한국해양수산개발원, p.28. 재인용.

<표 8-4> 우리나라 컨테이너 운송 계약 관행

항목	내용
계약서가 작성되는 비율	화주별로 중소기업은 10% 이하, 대기업은 80%
계약서가 작성되지 않는 이유	1. 미주노선의 S/C를 제외하고는 B/L의 이면약관을 계약으로 간주 2. 관행 및 계약서가 의무가 아니기 때문 3. SPOT 운임경쟁, 중소형 화주의 선적물량 불규칙성, 4. 잦은 운임 변동으로 계약서 작성 불필요, 5. 장기계약이 아니면 선적 전 확정된 물량을 정하기 어려움 6. 시장의 변수를 1년 동안 고정시키는 데에서 오는 리스크
계약서 작성의 필요성	1. 운송사고에 대하여서는 B/L 약관이 적용되나 계약물량을 담 보하는 계약근거가 없어 화주가 선사를 임의로 변경 가능 2. 운임안정 3. 주간 선적물량 예상을 통한 선복 활용 효율성 제고
장기계약을 위해 필요한 인센티브	1. 물량할인, 안정적 선복공급(전용슬롯) 2. 내륙운송 서비스 차별화 3. 운송리드타임 축소 4. 성수기 운임 인상 미적용 5. 공기기 우선제공 6. 체선(Demurrage)/ 지체(Detention) 우대 7. 정부지원을 포함한 최저가 운임
선화주 협력을 위해 필요한 사항	1. 2자물류는 그룹사만 3자 물류는 중소 포워더에게 양보, 대형 실화주는 선사 간 직접계약 추진 2. 계약운임, 약정물량, 계약기간의 준수, 3. 동반자정신 4. 선사 원가수준을 고려한 적정 운임
장기계약 가능 노선 및 화물	전자(삼성, LG), 화학(LG, 금호, SK, BASF), 레진, 타이어, 자동차(CKD), 대한통운(원전), 섬유(원단), 제지, 대형 포워더

자료: 윤재웅·안영균·김주현 (2018), 『컨테이너 화물 해상운송 계약개선방안 연구』, 부산: 한국해양수산개발원, p.18.

8.2.3.3 미국향 화물의 우대운송계약

미국향 컨테이너 수출입 화물의 대부분은 우대운송계약(Service Contract: S/C)이라고 하는 1년 정도의 장기운송계약 형태가 대부분을 차지한다. 미국에서는 해상운송계약의 90%가 S/C 계약으로 이루어지는 것으로 보고되고 있다.[304]

우대운송계약(Service Contract: S/C)이란 미국해운법에 명시된 계약형태로 선사가 화주 또는 포워더(NVOCC)와 최소물량을 일정기간 동안 특정 운임/요율로 운송하기로 한 계약을 말한다. 이것은 20세기말 복합운송의 출현으로 항공, 철도, 도로 운송에 대한 규제완화가 이루어짐에 따라 해운산업의 대전환기인 1984년 미국해운법에 의해 법적 근거가 마련되었다. 미

---

304) Prohanto K. Mukherjee and Abhinayan Basu Bal (2009), "A Legal and Economic Analysis of the Volume Contract Concept under the Rotterdam Rules: Selected Issues in Perspective", Journal of Maritime Law and Commerce, Vol. 40, Issue 4, p.604.

국은 과거 정기선 해운동맹, 개별선사에 의한 일방적인 부합계약을 탈피하여 화주와 선사가 쌍무계약을 할 수 있도록 선택권을 보장하고자 하는 제도로서 기존의 기간, 물량할인 계약과 다른 별도의 계약형태이다. S/C 도입으로 하주는 동맹에 물량을 모두 맡기는 관행에서 벗어나 일부만 선사에게 물량을 맡길 수 있어 시황에 탄력적으로 대응할 수 있는 이점을 얻고 운임외 서비스에 대하여 선사와 자유롭게 협상할 수 있는 여지가 마련되었다는 점이다.[305]

미국의 S/C는 미연방해사위원회(FMC)에 그 내용을 의무적으로 신고해야 하며 그 시기가 5월 한 달로 정해져 있어 국내 선사들도 이 시기에 맞춰 미국 화주(포워더 포함)와 S/C 내용을 마무리지어 신고한다.

8.3 정형거래조건과 무역운송

8.3.1 정형거래조건의 의의

가격조건은 매매계약 조건 중 매매 당사자의 관심이 가장 높은 계약 조건이다.
가격조건을 약정 시 ① 매매가격의 표시통화, ② 매매가격의 산출근거, ③ 매매가격의 구성요소 등을 고려하여야 한다.

8.3.1.1 매매가격의 표시통화

수출입대금이 결제를 어느 나라 통화로 결제하느냐는 환율의 변동에 따른 환 위험(exchange risk)을 회피하는데 중요하다. 우리나라의 결제통화로서는 외국환 관리규정에 규정된 지정영수통화나 지정지급통화에 한하여 인정되고 있다. 통화의 표시에 있어서는 US$, Canada$ 같이 국가명도 함께 표시하는 것이 바람직하다.

수출입 거래시 결제 통화 종류는 제약이 없다. 환율 등 제반사항 고려 후 바이어와 협의하면 되는데 〈표 8-5〉에서와 같이 우리나라에서 수출입거래에 이용할 수 있는 통화는 48종류가 된다. 대부분의 무역거래에서는 거래의 안정성을 위해 달러, 유로, 엔화가 주로 사용된다.

통화단위의 선택에 있어서 중요한 의사결정 요소는 환율인데, 환율은 대금결제 방법 및 시기에 따라 적용 기준이 상이해지기 때문에 수출거래에 있어서 환율에 따른 위험을 회피하

---

305) 정영석 (2005), "미국의 대외해운정책과 해운법에 관한 고찰: 미국 해운법의 발전과 1984년 신해운법을 중심으로", 『해사법연구』, 17권 1호, pp.197-198.

기 위하여 통화의 안정성, 교환성 및 유동성에 따라 통화 종류를 결정하지 않으면 안된다. 환율 변동이 심할 경우 한동안 손실을 감수하더라도 수출거래를 유지할 것인지 아니면 내수에 집중할 것인지도 고민해야한다.

〈표 8-5〉 수출입거래에 사용 가능한 통화 단위

No	국가명	통화부호	No	국가명	통화부호
1	아랍에미리트연합	AED	25	캄보디아	KHR
2	오스트리아	ATS	26	한국	KRW
3	호주	AUD	27	몽골	MNT
4	방글라데시	BDT	28	마카오	MOP
5	벨기에	BEF	29	멕시코	MXN
6	브라질	BRL	30	말레이지아	MYR
7	캐나다	CAD	31	네덜란드	NLG
8	스위스	CHF	32	노르웨이	NOK
9	중국	CNY	33	네팔	NPR
10	체코공화국	CZK	34	뉴질랜드	NZD
11	독일	DEM	35	필리핀	PHP
12	덴마크	DKK	36	파키스탄	PKR
13	이집트	EGP	37	폴란드	PLN
14	스페인	ESP	38	카타르	QAR
15	유럽연합	EUR	39	러시아연방	RUB
16	핀란드	FIM	40	사우디아라비아	SAR
17	프랑스	FRF	41	스웨덴	SEK
18	영국	GBP	42	싱가포르	SGD
19	홍콩	HKD	43	태국	THB
20	인도네시아	IDR	44	터키(튀르키예)	TRY
21	이스라엘	ILS	45	대만	TWD
22	인도	INR	46	미국	USD
23	이탈리아	ITL	47	베트남	VND
24	일본	JPY	48	남아프리카공화국	ZAR

자료: 중소중견기업본부 (2019), 『내수기업을 위한 종합 수출 가이드북』, 서울: KOTRA, p.68.

8.3.1.2 매매가격의 산출근거

매매가격은 계약물품의 인도장소와 매도인의 비용부담 범위에 따라서 결정된다. Incoterms (정형거래조건의 해석에 관한 국제규칙, International Rules for the Interpretation of Trade Terms)에서는 매매가격의 산출근거가 되며, 매매당사자의 권리 및 의무 등 법률관계를 규정하고 있다. 따라서 어느 조건을 채택할 것인가가 중요한 문제가 된다.

8.3.1.3 매매가격의 구성요소

물품이 수출이나 수입가격은 여러 가지 원가요소를 포함하여 가격을 제시한다. 〈표 8-6〉와 같이 수출가격은 상품을 직접 제조하거나 타사에서 구매하는 생산원가와 거래조건에 따른 절차상의 부대비용 및 예상이익을 포함한 가격이 된다.

〈표 8-6〉 수출가격 원가 구성요소

항목	내용
생산원가	① 제조원가 (manufacturing cost)
	② 수출포장비 (export packing charge)
	③ 물품검사비 (inspection fees)
	④ 수출허가 및 제세공과금
	⑤ 통신비 및 잡비 (communication charge)
운송비	⑥ 국내운송비 (inland transport charge)
	⑦ 국내운송보험료 (inland transport insurance)
	⑧ 선적비용 (shipping charge), 부두사용료 (wharfage), 창고료 (storage)
	⑨ 수출통관비용 (export clearance fees)
	⑩ 검수 · 검량비 (measuring and/or weighing charge)
금융비	⑪ 금리 (interest)
	⑫ 은행수수료 (banking charge and commission)
마진	⑬ 예상이익 (expected profit) 예상이익 (margin)
해상운송비 추가	⑭ 해상운임 (ocean freight) 해상운송비 추가
해상보험료 추가	⑮ 해상보험료 (marine insurance premium)

8.3.2 Incoterms 2020 활용

정형거래조건(Trade Terms)은 가격조건을 뜻하는 명시조건(明示條件)인 한편, 계약목적물에 대한 위험 및 비용부담의 분기점, 인도장소, 운송계약 및 보험계약 체결의무 등에 관한 보완적인 기능을 수행하는 묵시조건(黙示條件)이기도 한다. 인코텀스(International Commercial Terms)는 무역 조건에 관한 국제 규칙이다. 상품을 인도하는 장소, 수송 및 보험 등의 비용을 판매자/구매자가 누가 부담 하는지, 상품의 위험 부담은 어디로 이전하는지에 대한 무역 조건을 정하고 있다.

이러한 정형거래조건(Trade Terms)을 규정한 국제규칙이 Incoterms 2020이다. International Commercial Terms의 약칭으로서 국내 및 국제 거래조건의 사용에 관한 ICC(국제상업회의소)의 규칙이다. 1936년 국제 매매거래에 대한 규칙을 만든 이후 국제무역의 원활화를 위해 10년에 한번씩 개정을 하고 있다. Incoterms 2020은 11가지의 거래정형조건으로 구성되어 있으며, 매도인과 매수인의 의무 및 위험과 비용의 분기점을 다루고 있다.

① EXW: Ex Works 공장인도

② FCA: Free Carrier 운송인 인도

③ CPT: Carriage Paid To 운송비지급인도

④ CIP: Carriage And Insurance Paid To 운송비·보험료지급인도

⑤ DAP: Delivered At Place 도착장소인도

⑥ DPU: Delivered At Place Unloaded 도착지양하인도

⑦ DDP: Delivered Duty Paid 관세지급인도

⑧ FAS: Free Alongside Ship 선측인도

⑨ FOB: Free On Board 본선인도

⑩ CFR: Cost And Freight 운임포함인도

⑪ CIF: Cost Insurance And Freight 운임·보험료포함인도

이 가운데 Incoterms상에서는 FAS, FOB, CFR, CIF 조건은 해상(또는 내수로) 운송에서만 사용되는 조건이라고 명기되어 있다.

〈표 8-7〉는 Incoterms 2020에서 매도인과 매수인의 책임관계을 정리한 내용이다.

<표 8-7> 인코텀즈 2020에서 수출자의 위험부담 및 비용부담 분기점

	공장, 창고	지정장소 (지정운송인)	수출항 (부두)	본선	운송	목적지항 (수입항)	지정목적지 (수입국)
	〈모든 운송방식에 적용되는 규칙〉						
EXW							
FCA							
CPT							
CIP							
DAP							
DPU							
DDP							
	〈해상운송과 내수로 운송에 적용되는 규칙〉						
FAS							
FOB							
CFR							
CIF							

·················· 수출자의 비용부담 　　　　 ──────── 수출자의 위험부담

* C규칙은 위험부담 분기점과 비용부담 분기점이 다름에 유의한다.
* DAP는 목적지에서 양하 전까지 수출자가 위험부담을 진다.
* DPU는 목적지에서 양하에 따르는 위험부담까지 수출자가 진다.
* DDP는 수출자가 수입국의 수입통관은 물론 수입관세 등 제비용을 모두 부담해야 한다. 목적지에서 양하 전까지 수출자가 위험부담을 한다.
자료: 권영구 (2020), 『개정 인코텀즈 2020 핵심 해설서』, 서울: 중앙경제평론사, p.51.

9.3.3 Incoterms 2020 실무적 이용

인코텀즈가 실무적으로 중요한 것은 위험의 이전시점에 따라 수출자와 수입자 중 누가 보험에 들지가 정해지고, 비용의 분담 이 어디에서 이루어지느냐에 따라서 원가계산이 달라지기 때문 이다. 인코텀즈에서 규정한 위험의 이전시점과 비용의 분담지점에 따라 보험을 누가 들고 원가계산을 어떻게 하는지를 정리해 보면 다음과 같다.

8.3.3.1 보험

물건이 수출국에서 수입국으로 이동하는 동안에 발생하는 사고에 따르는 손해를 보상해 주는 적하보험의 경우 수입국에서 위험의 이전이 이루어지는 DAP, DPU, DDP 등 3가지 조건에서는 수출자가 보험에 들고, 수출국에서 위험의 이전이 이루어지는 나머지 조건에서는 수입자가 보험을 들어야 한다. 다만 수출국에서 위험의 이전이 이루어지는 8가지 조건 중 CIF와 CIP 조 건에서는 예외적으로 수출자가 수입자를 대신해서 보험에 들도록 규정해 놓고 있다.

따라서 CIF나 CIP 조건으로 계약하면 보험은 수출자가 가입 하지만 사고가 났을 때 보상은 수입자가 받게 되므로 수출자는 보험에 가입한 후 보험회사로부터 보험증권을 받아서 직접 또는 은행을 통해서 수입자에게 보내주어야 한다. 인코텀즈 2020에서는 CIF 조건은 협회적하약관 ICC(C), CIP 조건은 협회적하약관 ICC(A)로 보험에 가입하도록 규정해 놓았지만 당사자 간의합의에 따라 부보조건을 바꿀 수 있다.

CIF와 CIP를 제외한 나머지 9가지 조건에 대해서는 서로 상대 방을 위해서 보험에 가입할 의무가 없다고 인코텀즈에 규정해 놓았지만, 위험의 이전시점에 따라 DAP, DPU, DDP 조건에서는 수출자가, EXW, FOB, FAS, FCA, CFR, CPT 조건에서는 수입자 가 자신을 위해서 보험에 가입하는 것이 바람직하다.

결론적으로 11가지 정형거래조건 중에서 CIF, CIP, DAP, DPU, DDP 등 5가지 조건 중에 하나로 계약하면 수출자가 보험에 가 입하고, 나머지 6가지 조건 중에 하나로 계약하면 수입자가 보험에 가입해야 한다.

8.3.3.2 원가계산

수출자는 공장도가격에 정형거래조건별로 수출자가 부담해야 하는 부대비용(운송비, 보험료, 통관비 등)을 더해서 수출원가를 계산 하고 여기에 수출자의 마진을 더해서 수입자에게 제시하면 된다. 수입자는 수출자가 제시한 가격에 정형거래조건별로 수입자가 부담해야 하는 부대비용을 더해서 수입원가를 계산한다. 인코텀즈 2020에서 규정한 비용의 분담시점에 따라서 11가지 조건별로 수출자와 수입자가 부담해야 하는 부대비용을 정리하면 다음의 〈표 8-8〉과 같다.

〈표 8-8〉 인코텀즈 2020

			EXW	FCA	CPT	CIP	DAP	DPU	DDP	FAS	FOB	CFR	CIF
수출통관							수출자						
수입통관				수입자						수입자			
인도장소				수출국			수입국		수입국	수출항		수입항	
			공장·창고등	수입자지정 운송인·장소	수출자지정 운송인·장소	수출자지정 운송인·장소	지정장소	지정장소	지정장소	본선선측	본선상	본선상	본선상
비용			Incoterms별 비용부담										
국내	1	상품본체가격											
	2	이익											
	3	포장비	수출용	포장·화인	(자사·	수출포장	업자)						
	4	무역보험료	수출가	통제	불가능	비상위험	·신용위험	을 위한	보험				
	5	수출허가·검사료		수출허가	(안전보장	무역관리	가 필요	한 경우	수속	제반비용			
	6	국내운송비		공장·창고	부터	항구의	창고까지(	운송업자)					
	7	창고료		선적까지	보관료								
수출항	8	수출통관제비용		통관료	항만사용	료 등 (세	관)						
	9	선적비용		포워더	수수료·	컨테이너	포장비용	등					
운송중	10	국제운임(해상·항공)			최종항구	까지	운임(선사	·항공회사	·포워더	FedEx 등)			
	11	운송보험료				운송중의	보험(보	험회사)					
수입항	12	하역·양육비용						포워더	수수료·	컨테이너	하역비용	등	
	13	수입허가·검사료							수입허가	필요한	경우의	비용	
	14	수입통관료							통관료·	항만사용	료 등		
	15	관세·소비세등							수입통관	·소비세(	관세)		
수입국	16	국내운송비							항구부터	지정장소			

자료: 海外展開支援担当 (2020), 『海外ビジネスハンドブック』, 東京: 東京商工会議所, p.25.

예를 들어 CIF 조건으로 거래한다면, 수출자는 수출국내륙운 송비, 수출통관비, 해상(항공)운임, 보험료 등을 더해서 수출원가를 계산하고, 수입자는 수출자가 제시하는 가격에다 수입통관비, 수입국내륙운송비 등을 더해서 수입원가를 계산하면 된다. FCA 조건에서 인도장소가 공장이나 창고인 경우에는 수출자가 수출국내륙운송비를 부담할 필요가 없으며, CPT, CIP, DAP, DPU, DDP 조건에서 인도장소가 항구인 경우에는 수입국의 내륙운송비를 부담할 필요가 없다.

실제 거래에서 어떤 정형거래조건을 적용할지는 수출자와 수입자의 합의에 따른다. 일반적으로 수출자가 임의의 거래조건(주로 FOB나 CIF)을 적용한 가격을 산출해서 수입자에게 제시하면, 수입자는 거래조건을 그대로 두고 가격만 네고하거나, 다른 거래 조건으로의 변경을 요청할 수도 있다.

수입자가 거래조건의 변경을 요청할 경우 수출자는 수입자가 원하는 거래조건을 적용한 가격을 새로 산출하여 제시해야 한다. 예를 들어 FOB 조건으로 가격을 제시했는데 CIF 조건으로 바꿔 달라고 하면 이미 제시했던 가격에다 목적항까지의 해상운임과 보험료를 더해서 제시하면 된다.

수출자의 입장에서 보면 거래조건에 따라 자신이 부담해야 하는 비용 및 위험을 반영한 가격을 수입자로부터 지급받게 되므로 어떤 거래조건을 적용하는 것이 유리 또는 불리하다고 단정 할 수는 없다. 다만 비용 및 위험을 부담하는 구간이 큰 거래조건일수록 그만큼 신경을 많이 써야 하고 운송계약이나 보험계약에 따르는 일거리가 늘어나게 되므로 불편하다고 할 수 있다. 수입자의 입장에서도 어떤 거래조건을 적용하는 것이 유리 또는 불리하다고 단정할 수는 없으나, 수출자가 비용 및 위험을 부 담하는 구간이 클수록 수입자로서는 그만큼 신경을 덜 써도 되고 운송계약이나 보험계약에 따르는 일거리도 줄어들게 되어 편리하다고 할 수 있다.

다만 수입자가 상대적으로 대기업이거나 수입물량이 많아서 운송계약이나 보험계약을 좀 더 유리한 조건으로 체결할 수 있다면 가급적 FOB와 같이 운송비나 보험료가 포함되지 않은 거래조건으로 계약함으로써 운송비나 보험료를 절약할 수 있다. 반대로 수출자가 상대적으로 대기업이거나 수출물량이 많아서 운송계약이나 보험계약을 유리한 조건으로 체결할 수 있다면 가급적 CIF와 같이 운송비나 보험료가 포함된 거래조건으로 계약하는 것이 바람직하다.

인코텀즈에서 규정한 대로 FOB, CFR, CIF 등의 거래조건은 해 상 및 내수로 운송에만 사용할 수 있는 조건이며, 항공운송의 경우에는 FOB 대신에 FCA, CFR 대신에 CPT, CIF 대신에 CIP를 각각 사용해야 한다.

또한 해상운송인 경우라도 컨테이너에 탑재하여 운송할 때는 선박에 적재하여 인도하는 대신 선적항의 컨테이너 터미널에서 운송인에게 인도하는 것이 일반적이므로 FOB 대신에 FCA, CFR 대신에 CPT, CIF 대신에 CIP를 사용하는 것이 바람직하다. 위에 언급한 내용에도 불구하고 무역현장에서는 아직도 운송 방식과 상관없이 FOB, CFR, CIF 조건을 사용하는 경우가 많으며, 이때 FOB 조건은 FOB 뒤에 명시된 지점까지 발생한 비용을 가격에 포함시키는 것으로 간주하고, CFR 및 CIF 조건에서는 CFR, CIF 뒤에 명시된 지점까지 발생한 비용을 가격에 포함시키는 것으로 간주한다.

8.4.1 FOB계약과 해상운송

8.4.1.1 FOB계약 위험 · 비용의 부담

Incoterms상의 FOB(Free on Board, 본선인도조건)계약에서 위험부담의 분기점은 "물품이 본선의 난간(欄干, ship's rail)을 통과하는 시점"이라고 규정하고 있다.306)

물품이 선측을 떠나 이동하는 중에 본선의 현측난간을 물리적으로 통과한 이상 아직 그 물품이 본선의 갑판상에 내려지지 않았다 하더라도 그 이후의 물품에 대한 손해는 매수인의 부담으로 한다. 그러나 이것은 법리적, 관념적인 의미이며 실무적으로는 갑판상 적재로 이해되어지는 것이 타당하다.307) Incoterms상의 FOB계약을 갑판 또는 창내 적재완료의 의미로 사용하고자 한다면 FOB stowed로 하면 문제가 없을 것이다. Incoterms상의 비용부담의 분기점은 위험부담의 분기점과 동일하게 규정되어 있다.308) 수출통관비용과 수출관세 및 적재비 등을 매도인이 부담하여야 한다.

FOB stowed 조건의 경우 적부비(stowing charges)도 매도인이 부담하여야 하지만 Incoterms상의 FOB계약에서는 매수인의 부담이다. 물품이 liner terms로 운송된다면 적재 및 양화 비용은 운송인이 부담하여 운임에 포함된다. 반면 Free In and Out조건으로 운송되면 적재 및 양화비용은 매도인이 부담하게 된다.

8.4.1.2 FOB계약 제공서류

매도인의 제공 서류로는 상업송장, 포장명세서, 품질증명서, 수량증명서 및 물품이 본선인도를 증명하기 위한 무고장본선수령증(無故障本船受領證)을 제공해야 한다. Incoterms상의 FOB계약은 매도인이 물품운송의 증빙으로 본선수령증만 제공하면 되지만 화환특약부 FOB 계약에서는 무고장선적선하증권을 제공하여야 한다. 이 외에도 기타 서류로 원산지증명서 (Certificate of Origin; C/O), 영사서류 등이 계약에 의해 매도인이 제공하는 서류가 되어질 수 있다.

---

306) Incoterms 2020. FOB. A5. "···bear all risks of loss of or damage to the goods until such time as they have passed the ship's rail at the named port of shipment."
307) 오원석 (1994), 『무역계약론』, 서울: 삼영사, p.139.
308) Incoterms 2020. FOB. A6. "···pay all costs relating to the goods until such time as they have passed the ship's rail at the named port of shipment."

8.4.2 CIF계약과 해상운송

8.4.2.1 CIF계약 위험·비용의 부담

CIF(Cost, Insurance and Freight; 운임 및 보험료 포함조건)계약에서 물품에 대한 위험부담의 분기점은 FOB계약의 경우와 같이 본선의 난간(ship's rail)이다. FOB계약에서는 약정된 물품을 본선에 인도함으로써 매도인의 인도의무가 완료되지만 CIF계약에서는 물품을 본선에 인도하고 이를 증명하는 운송서류를 제공함으로써 이행된다. CIF계약에서 위험은 선적항에서 매도인으로부터 매수인에게 이전하기 때문에 매수인은 매도인이 부보(付保)한 보험을 통하여 위험을 제거해야 하며 매수인은 양도받은 운송서류의 운송계약에 따라 운송인에게 배상을 청구할 권리가 있다. 그러나 운송계약에서 운송인의 책임제한이 많은 면책조항이 있기 때문에 주로 보험에서 보상을 받고 운송인에 대한 배상청구권은 보험자가 대위하게 된다.

CIF계약에서는 물품이 목적항에 도착할 때까지 소요되는 운임과 보험료 등의 비용을 매도인이 부담한다.[309]

CIF계약의 비용은 수출원가, 해상운임 및 해상보험료를 포함하는데, 해상운임은 정기선에 부과되어지는 양륙비도 포함될 수 있으며, 해상보험은 매도인이 공신력 있는 보험회사나 보험업자에게 부보해야 하며 담보조건에 명시가 없다면 최저담보조건인 분손부담보조건(FPA terms)이나 ICC(C)로 CIF가격의 110%를 보험금액으로 하여 부보하여야 한다. 즉, 별도의 약정이 없다면 부보조건은 FPA조건이나 ICC(C)조건으로 부보하여야 한다. 전쟁위험, 동맹파업위험, 소요, 폭동의 위험 등은 추가위험으로 매수인의 요청과 부담으로 매도인이 부보하게 된다.[310]

8.4.2.2 CIF계약 제공서류

CIF계약에서 매도인이 제공하여야 할 서류는 FOB계약에서 매도인이 제공하는 서류 외에 운송서류와 보험서류가 있다. 운송서류, 보험서류 및 상업송장 등은 매도인이 매수인에게 제공해야 하는 주요서류이다. 보험서류로 보험증권(Insurance Policy)이나 보험증명서(Certificate of Insurance)를 제공해야 하며 부보확인서(Cover Note, 보험승낙서)는 보험서류로 부적합하다.[311]

---

309) Incoterms CIF A6.

310) Incoterms CIF A3. "The insurance shall be contracted with underwriters or an insurance company of good repute and, failing express agreement to the contrary, be in accordance with minimum cover of the Institute Cargo Clauses." "When required by the seller shall provide at the buyer's expense war, strikes, riots and civil commotion risk insurances if procurable. The minimum insurance shall cover the price provided in the contract plus ten per cent(i.e.110%) and shall be provided in the currency of the contract."

311) 보험승낙서(Cover Note)는 보험료를 수취하였다는 것을 증명하는 것으로 보험중개업자(broker)가 제공하는 일

매도인이 제공하는 서류는 전자자료교환(EDI)통신문으로 대체될 수 있다. CFR(Cost and Freight: 운임포함조건)계약에서의 위험부담은 CIF계약과 동일하나 비용 중 보험료를 부담하지 않는 점을 제외하고는 CIF계약과 거의 동일하다. 또한 제공서류도 보험서류를 제외하면 동일하다.

8.4.3 FCA계약과 복합운송

컨테이너의 등장으로 해상운송을 전제로 한 전통적인 거래조건인 FOB, CFR 및 CIF계약에서의 위험 이전의 장소인 본선의 난간(ship's rail)은 복합운송에서는 의미가 없어지게 되었다. 복합운송에서는 본선의 난간이 아닌 CY, CFS 또는 내륙 Depot(보관창고) 등에서 물품을 수령한 운송인은 전운송구간에 일괄책임을 진다. 이러한 운송인을 복합운송인이라 하고, 이 복합운송인이 발행하는 운송서류는 수취식운송서류(受取式運送書類)가 된다. 이러한 점이 Incoterms (1990)에 반영되어 FCA(Free Carrier; 운송인 인도조건), CPT(Carriage Paid to; 운송비 지급조건) 및 CIP(Carriage, Insurance Paid to; 운송비, 보험료 지급조건) 등의 복합운송을 수용하는 거래조건으로 정형화되었다. 이러한 정형거래조건에서 위험의 이전 장소는 매도인이 최초의 운송인의 관리 하에 물품을 인도하는 장소가 된다.

FCA계약조건은 해상운송의 FOB계약의 조건과 유사하나 매도인은 본선이 아닌 지정된 장소에서 운송인의 관리하에 물품을 인도함으로써 자신의 의무를 이행한다.[312] 즉 FCA계약에서도 위험, 비용 및 책임의 분기점인 한 장소를 지정하여야만 한다. 이 장소로는 운송인의 cargo terminal이 많이 사용되지만 CFS나 내륙 Depot 등이 사용되기도 한다. 만약 매수인이 인도장소를 지정하지 않으면 매도인은 자신에게 가장 편리한 장소를 선택할 수 있다.[313] 매수인은 매매계약 성립 후 운송계약을 체결하고, 운임을 지급하여야 하며 매도인에게 이를 통지하여야 한다.[314] FCA계약의 운송인(carrier)의 개념은 전 운송에 대하여 책임을 지는 운송인을 말하는 것이지 반드시 운송수단을 소유, 운영하는 운송인만을 의미하지는 않는다. 운송주선인(freight forwarder)도 이러한 책임을 지게 되거나 또는 운송인으로부터 대리인으로 지정되면 운송인의 자격을 갖게 된다.[315] 매수인의 요청에 의해 매도인이 운송계약을

종의 각서이다.

312) Incoterms 2020. FCA정의, "'Free Carrier' means that the seller fulfils his obligation to deliver when he has handed over the goods, cleared for export, into the charge of the carrier named by the buyer at the named place or point."

313) Incoterms FCA A4. "Failing precise instructions from the buyer, the seller may deliver the goods to the carrier in such a manner as the transport mode of that carrier and the quantity and/or nature of the goods may require."

314) Incoterms B7, 매수인은 매도인에게 운송인의 명의 및 필요시 운송방식, 인도일시, 인도장소를 통지해야 한다. 또한 매도인은 운송인에게 물품인도 후 매수인에게 인도통지해야 한다. A7.

315) Incoterms FCA정의. "If the buyer instructs the seller to deliver the cargo to a person, e. g. a

체결하는 경우가 있는데, 이 경우 매도인은 매수인의 위험과 비용부담으로 운송계약을 체결하게 된다. 이를 "매도인의 추가의무"라고 한다.316)

8.4.4 CPT, CIP계약과 복합운송

CIP나 CPT계약은 FCA와는 달리 매도인이 지정된 목적지까지 운송계약을 체결하고 운임을 지급하여야 한다.317) 그러나 물품에 대한 위험부담은 최초의 운송인에게 그 물품이 인도될 때 이전하게 된다.318) 이들 조건에서 매도인이 운송서류를 제공하여야 할 경우 운송인이 발행한 서류를 제시하여 자신의 의무를 이행하는데, 화환취결시(貨換就結時) 은행의 담보용으로 사용할 경우에는 유통성 복합운송증권을 제시하여야 한다.319)

CIP계약조건은 매도인이 운송 중 물품에 대한 손해를 담보한 운송보험을 부보해야 한다는 조건을 제외하고는 CPT계약과 같다. 따라서 CIP계약에선 매수인이 부담할 위험에 대하여 매도인이 보험계약을 체결하여야 한다.320) 물품에 손해가 발생하면 CIF계약에서와 마찬가지로 매수인은 운송인에게 보상을 청구할 수 있으나 운송인의 책임한도액 제한이 있기 때문에 보통 보험자로부터 보상을 받고 운송인에 대하여갖는 권리를 대위(代位, subrogation)하게 된다.

CIF계약에서 매도인의 최저책임은 FPA조건이나 ICC(C)로 부보하는 것이었으나 복합운송에서는 해상운송을 전제하는 FPA조건으로는 적절한 담보조건이 될 수 없으므로 CIP계약에서는 담보조건을 합의하여야 한다. 그러나 별도의 합의가 없다면 CIP계약도 CIF와 같이 최소담보조건인 ICC(C)로 부보(付保)하고 전쟁이나 동맹파업 등의 추가위험은 매수인의 비용부담으로 매도인이 부보한다. 최소부보금액은 모두 계약된 물품대금의 110%이다.321)

---

freight forwarder who is not a 'carrier', the seller is deemed to have fuliflled his obligation to deliver the goods when they are in the custody of that person."
316) Incoterms FCA. A8. "Seller must render the buyer at the latter's request, risk and expense, every assistance in obtaining a transport document for the contract of carriage."
317) Incoterms CPT. CIP.각 A3.A6.
318) Incoterms CPT. CIP.각 A4.
319) Incoterms CPT. CIp.각 A8. 참조
320) Incoterms CIP A3
321) Incoterms 2020. CIF. CIP A3.

제9장

용 선

9. 용선

9.1 용선의 의의

9.1.1 용선의 개념

용선이란 선주가 선박을 이용하는 자를 위하여 선박의 전부 또는 일부를 빌려주어 그를 이용할 수 있도록 하는 것을 말한다. 일반적으로는 선주가 선박을 장비하고 선장이나 기타의 선박 종업원을 고용하며 선용품을 부담하거나 혹은 지급한 다음에 그 선박을 이용하도록 하는 것이 용선이며, 단순한 선박 그 자체의 임대차(Demise)와는 구별하고 있다. 무역에서 차터(charter)라고 할 때에는 계약의 성질에 따라서 그것이 판정되고 있으나 이에 관해서는 영국의 판례가 중시되고 있다. 용선에 있어서의 계약당사자는 선주(ship owner)와 용선자(charterer)이다. 전자에는 선박소유자인 선주는 물론 전대(轉貸)하는 용선자, 선박을 임차한 선주 등이 포함되며, 후자에도 용선자가 다시 제3자에게 용선하는 경우가 적지 않으므로, 보통의 용선자 이외에도 재용선자 또는 전대 용선자인 Sub-charterer가 있다.

9.1.2 용선계약의 종류

9.1.2.1 항해용선(Voyage Charter)

이것은 항구에서 다른 항구에 화물운송을 의뢰하고자 하는 용선자(화주)와 해운업자(operator) 간에 체결되는 운송계약을 말한다. 본선 선복의 사용을 허용한다는 것을 계약하는 것으로서, 이 용선에서는 운송에 대한 보수가 원칙적으로 화물의 실제 적재량에 대하여 운임은 톤당 얼마라고 정해지는 일종의 운임임차계약이다. 이것의 변칙적인 형태로 선복용선 계약(lump sum charter party)과 일당용선 계약(daily charter party)이 있다.

선주는 모든 운항경비, 연료비, 수수료, 중개료 그리고 반대의 특약이 없으면 선적비용도 부담한다.

항해용선계약은 용선자가 단일항해에 의한 운송행위를 필요로 할 때 이루어지는 계약으로, 이 경우 선주는 선박의 의장을 할 뿐만 아니라 운송행위에 대해서 전책임을 지는 것이다. 항로, 화물 및 기일은 선주와 용선자의 합의에 의해서 결정된다. 정기용선계약의 경우와 달리 선주는 일체의 경비를 부담하고 때에 따라서는 화물의 적양에 요하는 비용까지도 부담하는 것이다. 운임은 운송화물수량 혹은 선복에 의해 결정된다.

항해용선계약은 하역비와 항비를 선주가 부담하는가 또는 용선자가 부담하는가에 따라서 몇 가지로 나눌 수가 있다.

① Gross form: 부정기선에서 보는 통상의 방법으로 선주가 일체의 하역비 및 항비를 부담한다. 그러나 Gross form에서도 화물은 본선인도가 원칙이기 때문에 부임(艀賃, lighterage), 체선료, 휴일하역, 야간하역의 할증임과 같은 특별항비는 용선자의 부담이다.

② Net form: 용선자는 적양하역비 외에 선박이 선적준비를 정돈하고서부터 양륙완료까지 일체의 항비를 부담한다. 즉 용선자는 최초의 선적항에서 출항 항비와 최종 양륙항에서의 입항 항비 및 중간항에서 일체의 항비를 지불한다. 이러한 방식은 선주가 사정을 잘 알지 못하는 항구에 배선할 경우나 중간 기항지의 경우 선주가 취하는 것이 유리하다.

③ F.I.O. charter: 용선자가 적양의 하역비용을 부담하고 선주는 항비를 부담한다. 이러한 변형에 FOB charter가 있으나 이것은 선주가 양륙의 하역비용을 부담하는 것이다.

④ Lump sum charter: 용선자는 선박의 사용에 대하여 총액의 운임을 지불하고 선주는 일정한 선복을 화물의 사용에 제공하고 또 선박이 운송할 수 있는 화물의 최대중량을 보증한다. 여기에 Gross basis의 경우와 FIO basis 경우가 있다. 이런 방식은 용선자가 혼합화물을 운송할 경우에 유리하다. 선주는 일정한 공적(空積, dead freight) 및 중량이 사용될 수 있는 것을 보증하고 용선자는 그 공적을 최대한으로 이용할 수 있다. 항비는 선주 부담이다.

항해용선계약의 표준양식을 보면 화물에 따라 다르며 표준서식도 여러 가지가 있다. 몇 가지를 들어보면 다음과 같다.

① Gencon(1976): The Baltic and International Maritime Conference가 제정한 것으로 현행 1976년판은 1922년의 개정판이다. 화물, 항로에 구별 없이 일반적으로 사용할 목적으로 작성되고 있으나 곡물, 비료, 시멘트, 화학제품 등 살화물에 알맞도록 되어 있고 다른 것에 비해 선주에게 유리한 것이다.

② Scancon(1956): 북유럽의 선주단체가 Scandinavia 항로에 사용하는 일반 항해용선계약의 표준서식으로서 입안했던 것을 발틱 국제해운동맹에서 검토하여 1956년 2월에 표준서식으로 승인했던 서식이다. 북유럽용 Gencon이라고도 알려져 있는데 운임, 하역비용, Laytime 등에 많은 선택규정을 설정하고 당사자에게 선택하게 하고 또 준거법을 선박의 기국법(旗國法, flag of law), 화주 소재지법 및 영국법 등으로 하는 등 세심한 주의를 기울이고 있다.

③ Baltcon(1921): 1908년 9월 선주와 영국 수출업자 및 Scandinavia 석탄 수입업자가 협의했던 결과 제정된 것으로서 당초의 목적은 영국 동안 및 스코틀랜드 항들로부터 발틱연

안 제국, 스칸디나비아 방면에 석탄을 운송하기 위해서 쓰여졌으나, 제정 이후에는 유럽대륙과 영국에서 스칸디나비아 방면으로 각종의 연료를 운송하기 위하여 사용되었다. 이 서식은 영국 및 스칸디나비아 제국의 법정에서 오랫동안 사용되면서 많은 판례를 낳았다. 그 규정 중에는 스트라이크 규칙이 유명하며 다른 각종 석탄용선계약에도 채용되고 있다.

④ Balt wood(1926): 영국해운거래소 서식으로 Baltic 및 Norway적 영국 및 아일랜드향 표준목재용 서식이다. Benacon 기타의 목재용 서식이 선측도를 규정하고 있는데 대해 목서식에서는 목선궤조(木船軌條)에 있어서 선주의 책임이 종료하는 것으로 되어 있다. 또 목서식에는 양륙비용의 분담에 관한 규정이 있으나 Benacon등에는 이러한 규정이 없다. 현재로는 Nubelt wood(1956)에 그 지위를 이양했다.

⑤ Centrocon(1914): 영국해운회의소 서식으로 남미 River plate로부터 영국/유럽향의 소맥, 기타 곡물용 운송계약서이다. 목서식에는 당사자간의 분쟁이 생겼을 경우 신청인이 화물에 최종양륙후 3개월 이내에 중재인을 임명하지 않으면 청구권은 방기된 것으로 간주한다는 취지의 규정으로 선하증권에 많이 인용되고 있다.

⑥ Austral(1928): Australia적 구주양곡물용운송계약서로 목서식에는 용선자가 2항양 선택권을 행사하지 않았을 경우에 있어서는 감항성保持를 위한 Trim에 관한 유명한 Scaworthy trim clause가 들어 있다.

⑦ Aust wheat(1956): Austral서식의 개정서식으로 양륙에 관한 Austral이 C.Q.D를 기초로 하고 있는데 반하여 목서식은 Run조건이 채용되고 있다.

⑧ C(ore) 7: 영국해운거래소서식, 지중해 선적 본국 및 유럽대륙향 광석용 서식이다.

⑨ Warshipvoy: 제2차대전의 발발후 미국에 있어서 징용선을 민간운항을 위할때 사용할 목적으로 제정된 일반서식이다. 따라서 선주인 전시해운관리국(WSA)에 선박의 관리사용상의 대폭적인 권한을 부여하고 극력책임을 지지 않도록 되어 있다.

⑩ Baltimore berth grain charter party(Form C)(1913): 북미 및 캐나다 대서양안으로부터 세계 각지향 만선곡물용서식으로 선적은 Berth term에 의해 행하여지고 5일(일요일,휴일제외)이상 체류할 때에는 용선자가 소정의 체선료를 지불하는 것으로 되어 있다.

⑪ Americanised welsh coal charter(1953): 1953년 뉴욕선박중립인조합에 승인된 북미수출석탄용 서식으로 일반적으로 사용되고 있는 서식이다. 최근 제8조의 Laytime조항에 대해 하역임의기간중의 하역실시시간을 Laytime에 산입하는가 않는가로 영국과 독일의 해석이 달라 업계의 관심을 모았다.

그 외에 Constcon 1920, Medcon 1922, Welcon 1913, Benacon 1914, Pitwooden 1924, Burma rise charter, Saigon rice charter, Java sugar charter, Cuba sugar charter, Warshipoilvoy 등이 있다.

9.1.2.2 정기용선(기간용선, Time Charter)

선박의 전부 또는 일부를 일정 기간 동안 고용하는 것이다. 선주가 해운업자에게 그가 소유하고 있는 선박에 용선기간을 정하여 빌려주는 형식이 보통이다. 이 경우 선주는 내항상태의 적격의 선박을 일체의 속구를 갖추고 선원을 배승시켜 약정된 항구에서 용선자에게 인도하는 것으로 선주는 선원비, 수리비, 선용품 등의 직접선비 이외에 감가상각비, 보험료, 금리 등의 간접선비를 부담하고, 용선자는 이에 대하여 약정한 용선료를 지불하고, 연료비, 항비 등의 운항비를 부담한다. 이와 같은 계약내용은 모두 정기용선계약서에 명시된다.

정기용선 계약시에는 표준서식을 사용하고 있는데 일반적으로 사용되고 있는 서식으로 ① Baltime charter(The Baltic and White Sea Conference Uniform Time Charter) ② Produce form(The New York Produced Exchange Charter)이 있다.

9.1.2.3 나용선(BBC: Bare Boat Charter)

기간용선의 일종으로서 용선자가 선박 자체만을 용선하여 선원의 배치, 선체보험료, 항비, 항해비, 수리비 등의 일체를 부담하는 용선이다. 선주는 일정 기간 중량톤당 얼마라는 용선료로써 용선자에게 자유롭게 자기운송을 사용하도록 허가하는 것이다. 원칙으로 용선료는 1개월마다 전불한다.

용선의 성격을 보면 선박의 상태를 결정하기 위하여 인도 및 반환시에 본선을 검사하며 인도시에 발생하는 검사비용은 용선자가 지불하고 반환시에 그것은 선주부담이 된다.

용선자는 선주의 승인을 얻어 선장과 기관장을 임명할 수 있으나 만일 정당한 이유에 의하여 선장의 임명을 불만족스럽게 생각할 때 선주는 용선자에게 선장 또는 기관장의 해임을 요구할 수 있다. 용선자는 본선을 마치 자기소유선과 같이 운항할 안전한 관리권을 가지며 본선의 사용 및 운항에 필요한 일체의 비용을 부담 한다.

용선자는 본선을 양호한 상태로서 관리운영하고 선주로부터 인수할 때와 실질적으로 같은 상태를 유지하고 정기적으로 검사하고 필요하면 수리도 하여야 한다. 용선자는 선박을 필요에 따라 자기부담으로 도크에 넣고 청소하고 페인트 도장을 할 수 있으나 적어도 선주와 용선자가 협정한 어느 일정한 기간에 1회, 예를 들면 용선개시일로부터 8개월마다 1회씩 입거(入渠, docking)하여야 한다.

용선자는 인도시 본선에 남아 있는 모든 연료, 저장품을, 또 선주는 반환시 본선이 가지고 있는 모든 연료, 저장품을 각각 인도 또는 반선(返船, redelivery)을 받는 항만의 시가에 의하여 매수하고 대금을 지불한다. 보통 선주는 자기비용으로 보통의 해상위험과 필요에 따라 전쟁위험에 대하여 본선의 보험을 부보한다. 단 보험료는 용선자의 부담이다. 용선자는 본선의 용선기간이 종료하였을 때 통상의 손상을 제외하고는 인도시와 같은 양호한 상태로서 선주에게 반선하여야 한다. 용선자는 선주의 승인 없이는 본선에 어떠한 구조상의 변경을 가할 수 없다.

나용선이 정기용선과 다른 점은 관리비와 직접선비를 용선자가 부담하는 것이 다르며, 간접선비는 선주가 부담하며 운항비는 용선자가 부담하는 것이 같다.

이상 3가지의 차이점을 보면 〈표 9-1〉과 같다.

<표 9-1> 용선에 따른 특성

항해용선	기간(정기)용선	나용선
① 선주가 선장을 임명하고 지휘 · 감독한다.	① 좌와 같음	① 임차인이 선장을 임명하고 지휘 · 감독한다.
② 용선자는 선복을 이용하고, 선주는 운송행위를 한다.	② 좌와 같음	② 임차인이 선박을 일정한 기간 사용하면서 운송행위를 한다.
③ 운임은 화물의 수량 또는 선복을 갖고 결정한다.	③ 용선료는 원칙적으로 기간에 의하여 정한다.	③ 임차료는 기간을 기초로 하여 결정한다.
④ 용선자는 재용선자에 대한 감항담보(堪航擔保)의 책임이 없다.	④ 좌와 같음	④ 임차인은 화주 또는 용선자에 대하여 감항담보의 책임을 진다.
⑤ 선주부담비용 항목: 선원급료, 식료, 윤활유, 유지비 및 수선비, 보험료, 감가상각, 연료, 항비, 하역비, 재수수료, 예선료, 도선료	⑤ 선주부담비용항목-선원급료, 식료, 윤활유, 유지비 및 수선비, 보험료, 감가상각	⑤ 선주부담비용항목: 감가상각(보험료)
⑥ 용선자 부담비용 항목: 없음	⑥ 용선자 부담비용 항목: 연료, 항비, 하역비, 제반수수료, 예선비, 도선료	⑥ 용선자 부담비용 항목: 항해용선중 감가상각 이외의 비용

9.1.2.4 해상운송 계약(COA: Contract of Affreightment)

Affreightment라고도 하는데 해상운송 계약에 있어 선주 또는 운송인은 용선자와 상호 협정한 일정률의 운임지급을 받고 해상화물을 운송 또는 선박을 (선박의 전부 또는 일부) 해상운송 목적으로 용선자에게 제공할 것을 계약한다.

이와 같은 해상운송계약은 계약당사자 쌍방의 권리의무를 명확히 하기 위하여 용선계약서(Charter party), 선하증권(Bill of Lading) 또는 선적예약서(Booking Note)의 형식을 취하는 것이 통상이다.

운송계약이 일부 화물을 대상으로 할 경우, 즉 개품운송이 행하여지는 경우도 물론 용선계약에 의해서 그 조건을 정할 수 있으나 보통 선하증권이 사용된다. 선하증권은 본래 선주가 화물을 인수하였다는 것을 나타내는 수취증의 성격을 가진 것으로 운송계약을 증명하는 중요한 서류이나 계약서는 아니다.

9.2 해운기업의 용선 행동

9.2.1 용선의 배경

구체적인 현실에 있어서 해운기업의 용선행동은 아주 다양한 요인들을 계기로 해서 유발된다.[322] 그러나 이들의 다양한 용선수요 원인은 Common Carrier로서 선박운항업무를 경영하는 이상 피할 수 없는 소위 '기본적'인 이유와 기업이 선택하는 경영전략에서 도출되는 소위 '전략적'인 이유로 크게 나눌 수 있다.

예를 들면 거래처로부터의 예기치 않은 선복수요의 급증에 대응하기 위해서 개조, 수선, 정기검사 중인 선박의 대체선의 수요이다. 신조선 또는 선박매입에 의한 자사선 조달까지의 일시적인 방책으로서, 자금 조달능력 등의 이유에서 자사선 건조능력이 부족하여 이것을 보충하기 위한 수요가 있다. 운항비용(국제경쟁력)상의 이유에서 자사선을 보유할 수 없기 때문에, 계열회사 또는 전속회사와의 협력관계의 일환으로 삼기 위해서, 장기의 기존계약을 이행하기 위해서 및 선박 관리상의 이유라고 하는 기본적인 용선수요 요인의 범주에 속한다.

또한 장래의 선복수요확대 또는 이것에 의한 시황의 상승을 예측하여 이러한 이점을 이용하기 위해서, 시황의 변동 혹은 선복수요의 변화에 탄력적으로 대처하고, 운항선복의 효율적인 운영을 도모하는 조정수단으로 삼기 위해서라고 하는 이유는 전략적인 용선수요 요인의 범주에 속한다.

9.2.2 기본적인 용선수요의 원천

해상운송 수요는 전체적으로 그리고 개별적으로도 생산경제 및 유통경제에 속하는 화주산업의 경기변동과 이것에 의한 개별기업의 생산계획과 상업활동의 조정에 의해 변화한다. 그러나 이들에 대응해야 할 해운서비스는 수요의 단기적 변동에 대해 재고조절로써 대응할 수 없는 즉시재이기 때문에 본래 탄력성이 결여되어 있었다. 보유선대의 100% 가동을 통상적인 조업패턴으로 하고 있으며, 또한 신조선의 취득이 발주에서 인수까지 장기간을 요하기 때문에, 그리고 선복 부족시 중고선의 취득이 어렵기 때문에 공급부족사태에 대한 단기적인

---

322) 織田政夫 (1983), "海運企業の用船行動に関する若干の分析", 『海事産業研究所報』, 205號, pp.7-23.

탄력성이 극히 낮다. 반면 공급과잉사태에 대처하기 위한 계선, 해체 및 타선사로의 매각 등이 선원의 처우와 자본설비의 상실이라는 경제적·사회적 희생을 크게 수반하기 때문에 단기적으로 아주 경직적이다.

우리가 관찰하고 있는 신조선의 취득, 선박매매, 기존선박의 해체 및 계선 등은 장기적인 대응책이며, 운송수요의 양, 품목구성, 운송항로 및 시기, 화주의 해운서비스에 대한 선호 등의 변화가 이들 대응책을 초래하기까지는 상당한 시간적 경과를 수반한다. 이러한 수요구조의 변화가 그렇게 크지 않으면 기존선대의 이용률 향상 또는 저하라고 하는 생산성의 변화에 의해 흡수되고 공급측의 대응현상은 나타나지 않는다.

따라서 해운시장의 수요와 공급은 지역적으로 편재함과 동시에 시장 전체에 있어서 혹은 개별기업에 있어서 종종 질적·양적으로 불균형을 낳는다. 어떤 시기의 시장에 있어서 일부의 해운기업은 선복거래에 대비되는 자기의 해운서비스에서 질적·양적인 균형의 합리성을 누리고 있으나, 다른 일부기업은 과다한 거래를 하거나 거래처로부터의 수요변화에 의해서 어떤 형의 선복이 부족하거나, 또한 어떤 기업은 선복거래에의 보유선박이 부족하거나 운항선복의 과잉사태에 직면하는 상황 등이 그러한 예이다. 이러한 사태는 개별적인 수요와 공급의 질적·양적 변화에 의해서 뿐만 아니라 개별적인 수요와 공급의 결합관계를 움직이는 서비스의 질적 내용, 판매가격, 시장점유율, 신용, 수요자의 선호 그리고 정보 등에 의해서도 도출되고 있다.

문제는 이렇게 해서 해운시장에서 일어나는 선복수급의 질적·양적 불균형이 분명히 해운시황에 영향을 미치고, 조선발주, 중고선 매매, 용선거래, 해체 및 계선이라는 현상들을 야기하는 근본원인이 된다는 점이다. 그리고 이들 현상들 중 조선발주, 중고선 매입 그리고 용선거래가 해운기업 서비스의 생산설비인 '선박조달 행동'으로서 채택되고 있다.

그러나 앞의 두 가지는 선박을 긴급히 조달하려는 단기일의 요청에는 적합하지 않다. 중고선의 취득은 매도인(공급선박)이 부족하고 선가가 아주 높기 때문에 비탄력적이며, 또한 신조선의 취득은 장기간의 회임기간을 요하기 때문에 비탄력적이다. 따라서 이 두 가지는 기업의 임기응변적인 선박조달수단이 될 수 없다.

용선거래는 선박의 지배관계 내지 운영주체를 신속하게 변경할 수 있을 뿐 아니라, 매각·해체 및 계선에서 필연적으로 초래되는 선원 처우와 자본설비 상실 등의 사회·경제적 희생을 수반하지 않는다. 더구나 신조선과 매선에 의한 선박취득은 거액의 고정자본을 요하기 때문에 선주의 자금조달력에 의해 적지 않은 제약을 받는다. 그러나 용선에 의한 운항선박의 조달은 용선료와 본선의 운항비에 해당하는 비교적 적은 유동자본만을 준비하면 족하다. 따라서 용선은 신조선 취득의 경우처럼 선박의 조달에 있어서 시간적 제약도 또한 중고선

취득의 경우처럼 선박공급량과 선가 면에서의 제약도 거의 수반하지 않는다.

이와 같이 용선거래는 운항선복이 부족하며 신속히 선박조달을 필요로 하는 기업과 반대로 운항선복의 과잉사태에 직면하여 효과적인 축소조정을 필요로 하거나, 또는 운영전략으로서 용선에 의한 방출을 계획하는 기업의 쌍방을 동시에 만족시키는 요건을 구비하고 있다. 이러한 용선기능의 특성에서 선사 상호의 신속하고 효과적인 운항선복의 조정수단으로서 용선거래는 일찍부터 발달하였다. 그 결과 선사 간 운항선복의 과부족을 조절하고 생산설비를 효과적으로 이용하는 것이 가능해졌다. 사실 용선거래는 해운시장의 수급구조와 해운서비스의 생산·공급특성에 힘입어 개별기업의 보유 내지 운항선복의 과부족이 필연적인 해운시장에서 운송거래와 함께 중요한 거래부분을 형성시켜 왔다. 이러한 본연의 용선의 역할을 기대하여 행하는 용선을, 그리고 이러한 용선을 유발하는 요인들을 '기본적'인 용선 및 용선수요 요인이라고 부른다.

9.2.3 비용 격차의 불이익을 흡수하는 용선거래

선주 상호 간에 일어나는 선박취득 비용(자본비) 및 관리 비용(선박경비)의 격차를 동인으로 하는 용선수요도 있다.

해운업 경영에서는 조선발주, 중고선 구입의 시기에 의해서, 자금조달능력과 이것을 포함하는 재정금융환경에 의해서, 선원고용 형태 및 배승정원과 이것을 포함하는 정책적·사회적 환경조건에 의해서 선박취득 비용 및 관리 비용의 선주간 및 선박간의 차이를 피할 수 없다. 이 비용상 불이익을 떠맡는 선주는 당연히 설비투자(선박취득)에 있어서 불리하며 투자행동에서 제약을 받는다. 이러한 선주의 불이익을 흡수하고, 타방의 유리한 비용 지위에 있는 선주의 투자의욕을 양성시키고, 가장 경제적인 선박의 조달과 이것에 의존하는 해운업 경영을 가능하게 한 것이 분명 용선시장의 발달이었다.

즉 용선시장의 발달이 비용 격차에 입각한 선박의 소유·관리 및 경영의 '분업경영'을 가능하게 하였다. 이것에 의해서 용선시장을 매개로 하여 구체적으로는 정기용선계약과 나용선계약에 입각한 대선(貸船) 주력의 선주업무와 용선주력의 운항업무라는 독립경영의 길이 열렸다. 즉 선박의 소유·관리 및 경영의 각각이 독립된 해운업무로서 개별기업의 책임과 부담 하에서 경영되는 것이 가능해졌다. 이렇게 하여 현실의 해운업 경영은 선박의 소유·관리 및 운영의 일관경영뿐 아니라, 이들이 분리되어 개별적으로 영위되는 운영행태도 있다. 현실의 해운업계에 있어서 선박을 운항하지 않고 소유만 또는 소유와 관리만을 하는 중소 해운자본이 대자본과 효과적으로 공존하고 있는 것도 이러한 기본적인 배경과 가능성에서 유래한다.

이러한 해운업무의 분리경영은 무엇보다 비용 및 기타 기업경영상의 괴리성에서 비롯되었지만, 소유·관리 및 경영의 유기적 결합을 통해서 비로소 이 분리경영의 괴리성을 발휘할 수 있다. 그러므로 소유·관리 또는 운영을 제각기 주력으로 하는 기업상호 간에 긴밀한 결합관계가 형성되기 쉽다. 기업 간에 소유·관리 및 운영을 가장 효과적으로 결합하기 위한 수단으로서 일본의 중핵체·계열회사 및 전속회사로 대표되는 자본지배 혹은 기타 방법에 의한 계열관계가 있다. 일본 해운업계에서는 전통적으로 대선(貸船) 주력의 중소선주와 용선에 의존하는 오퍼레이터가 다수 존재하고 있는데, 이들 상호간에 긴밀한 결합관계가 확립되어 있는 경우가 많은 것은 주지하는 바와 같다.

이와 같이 용선시장은 긴급하게 혹은 재빨리 선박조달을 가능하게 할 뿐 아니라, 비용 격차라고 하는 소위 비교생산비의 원리에 입각한 분업경영을 용이하게 함으로써, 장기적이고 항상적인 선박조달의 수요까지도 충족시킬 수 있다. 이런 점에서 용선은 해운기업의 선박조달에 있어서 신조선 및 중고선의 취득과 대등한 지위에 오르며, 해운기업의 설비투자와의 관계에서 비교·검토의 대상이 된다. 즉 운항 선복의 증감을 필요로 하는 기업이 어떠한 조달방법에 의해 그 선박조달 수요를 충족시키는가를 살펴보면 신조선의 발주 또는 중고선의 취득도 있지만, 용선이 유력한 검토의 대상이 되고 있다. 실제 어떠한 조달수단이 선택되는가는 무엇보다 선복수요의 내용, 비용 경쟁력, 자금조달력, 해운시황 및 조선·중고선 시장동향 등 해당 기업의 구체적 조건과 시장환경조건을 포함한 종합적인 판단에 의존한다.

물론 용선시장을 매개로 하는 해운업무의 분업경영은 국내시장 영역에 그치지 않는다. 특히 전후 국제용선거래에 의존하는 분업경영이 현저하게 발달하였다. 그리고 그것을 가장 상징적으로 대표하는 것이 편의치적선, 시쿠미선(仕組船 tie-in ship, Sikumisen), 차터백선(charter back ship),323) 마루쉽(Maru ship)324) 등과 같은 것이다. 그것들은 용선기능을 가장 효과적으로 활용한 해운업무의 분업경영임에 틀림없다. 그러나 이 국제적 분업경영도 선박의 소유·관리 및 운영의 유기적 결합을 보면, 그것들의 괴리성을 발휘할 수 없기 때문에, 본래 이들 경영주체 상호간에 자본지배 혹은 기타의 방법에 의한 긴밀한 계열관계가 형성되기 쉽다. 여기서 해운자본의 용이한 국제이동의 계기가 창출되는 것이다. 이것은 구체적인 현실에 의해 보다 잘 증명되고 있다.

해운기업이 용선으로 향하는 계기가 되는 요인(이유)은 '기본적'인 것만으로도 예시되었듯

---

323) 자국 선박을 해외의 회사에 판 후에 다시 용선하는 일. 이때 선주는 외국인 선원을 적은 비용으로 고용할 수 있다.

324) 일본 선박을 일단 외국기업에게 빌려주고 외국인을 나누어 승선시킨 상태에서 용선(傭船)하는 방식이 있다. 선명은 일본식 선명인 "~마루(~丸)"를 그대로 사용하기 때문에 "마루쉽"이라고 한다.

이 아주 다양하다는 것이 밝혀졌다. 이러한 종류의 용선수요 요인은 본래 선박운항업무에 부수하여 일어나는 것이기 때문에, 시장의 호·불황에 관계없이 해운기업의 용선행동을 초래한다. 현실의 해운불황 하에서 선사의 용선행동을 보면 기본적 요인이 주요한 원천이 되고 있음을 알 수 있다.

그렇지만 해운기업의 용선행동은 근본적으로 수익성에 의해 규정되기 때문에, 기본적 요인에서 도출되는 것이라 해도 해운기업의 용선수요는 시황으로부터 영향을 피할 수가 없다. 즉 기본적 이유에 의한 선사의 용선에서도 불황시에는 비관적인 수익성의 예상에 의해 필요 최소한으로 억제되고, 거꾸로 호황시에는 높은 수익동향에 매료되어 종종 용선이유의 측면에서 본 경우의 필요량을 상회하게 된다. 더욱이 해운시장의 호·불황은 대체로 선복수요의 증감을 수반하기 때문에 현실적으로 해운기업의 용선량은 시황의 변동에 대응하여 증감한다. 이 때문에 기본적 요인에 입각한 선사의 용선수요도 호황시에는 증가한다.

9.2.4 전략적인 용선수요

수요와 공급의 불균형에 의해 일어나는 해운시황의 빈번하고 대폭적인 변동은 해운자본의 수익을 불안전하게 하고, 때로는 재무상황을 악화시켜 기업의 생존까지도 위협한다. 시장에 있어서 선복수요 사정의 변화와 시황의 변동에 대응하여 운항선대를 탄력적으로 조절할 수 있는 것이 극히 중요하다.

사실은 오로지 이러한 목적의식에서 유발되어 용선으로 향하는 해운기업도 적지 않다. "시황의 변동 혹은 선복수요의 변화에 탄력적으로 대처하고, 운항선복을 효과적으로 조절하기 위해서"라고 하는 용선수요 요인이 그것이다. 조선발주 및 매선(買船, purchase of ship)에 의한 선박의 보유는 기술혁신에 의한 경제적 진부화라고 하는 설비자본의 리스크는 물론 선박경비의 상승에 의한 소유관리의 리스크를 안고 있다.

이에 대해 용선운항은 이들 리스크를 회피할 수 있을 뿐 아니라, 선복수요와 시황의 후퇴기에는 용선한 선박을 계약만료와 함께 반선(返船, Redelivery of the Vessel) 함으로써 운항선복을 축소하고, 선복수요의 감소와 이것에 의한 시황부진에서 입는 불이익을 최소한으로 줄일 수 있다. 이러한 목적에서 행해지는 용선은 분명히 경영전략에 입각한 것으로써 '전략적' 이유에 의해 유발되는 용선행동이라고 부를 수 있다.

한편 해운시장은 이미 기술한 이유에서 빈번하게 때로는 대폭적인 시황의 변동을 전개한다. 이 때문에 계약체결시의 운임 및 용선료 수준에 비해 적지 않은 격차가 발생하며, 따라서 그 만큼 용선자의 수익성은 달라진다. 말할 필요도 없이 고운임 시황시에는 보다 많은 운항선대를 내포하는 선사일수록 이익은 커진다. 그러므로 고운임 시황은 해운업계에 활발한 선박조달 행동을 유발한다. 그 일환으로서 조선발주에 의한 공급과잉 사태를 야기하고 고운임 시황의 혜택을 입는 시간을 단축하기 때문에 반드시 현명한 수단이라고는 할 수 없다. 오히려 선복수요의 후퇴에 의한 불황시에는 잉여선복을 지니므로 기업재무를 악화시키는 요인이 된다.

용선에 의한 운항선박의 조달은 시장에 있어서 과잉선복 사태를 야기한다는 폐해를 수반하지 않는다. 더욱이 운항선대의 확대수요를 신속하고 용이하게 만족시킬 수 있고, 또한 시황후퇴기에는 계약만료시에 반선할 수 있기 때문에 선복을 확대함으로써 시황후퇴로부터 입는 불이익을 최소화할 수 있다. 이러한 용선의 이점에서 해운기업 사이에는 시황변동을 적극적으로 이용하고, 장래의 시황상승을 예상하여 높은 수익을 올리기 위해 용선을 하는 기업도 적지 않다.

즉 시황이 상승하기 전에 미리 용선계약을 체결해 두고, 이 용선한 선박을 그 후에 운임시장과 용선시장이 호황일 때 운영함으로써 취득하는 운임 또는 재용선료와 자기가 지불한 용선료와의 차액을 이윤으로 획득할 목적에서 용선을 행하는 해운기업의 행위가 그것이다. 그리고 차액(용선차익)은 용선계약시와 선박수도(船舶受渡) 시점과의 시간적 격리가 큰 선물거래일수록 크다. 이 때문에 이러한 경영전략의 목적에서 행하는 해운기업의 용선거래는 대체로 선물거래의 형태를 취한다. 따라서 이러한 종류의 전략적 용선은 가장 '투기적'인 색채가 강하며, 이것을 도출하는 선사의 목적의식은 가장 전략성이 높은 것이다.

자유경쟁형태를 취하는 단일시장에서 공통의 이해관계에 놓여 있는 해운기업 상호간에, 이러한 시장예측과의 관련 하에서 유발되는 투기적·전략적 용선거래에 있어서 운항선대를 확대하고자 하는 기업과 거꾸로 운항선대를 축소하고자 하는 기업이 동시에 존재하는 것은 얼핏 보기에 이상하게 느껴질지 모른다. 그러나 현실적으로 정보의 부족과 시황예측에 대한 판단의 상위 등에 의해 어떤 시황동향에 대해 이와 같이 상반된 행동을 취하는 해운기업이 동시에 존재한다.

시황의 변동을 이용하여 이익획득을 목표로 하는 투기적인 용선은 시황의 상승변동에 의한 용선차익을 최대한 향유하는 것을 전략목적으로 하기 때문에 장래의 시황동향 예측에 의거하여 결정된다. 그러한 시황예측은 기업이 입수하는 정보와 의사결정 시스템에 참여하는 톱 매니지먼트 및 이들 매니지먼트의 경험과 통찰력에 의존한다. 즉 전략적 용선의 결정에 도입되는 것은 시황예측이며, 그리고 이 예측을 규정하는 것은 정보와 이것에 대한 관계 당사자의 판단능력이다.

그 정보는 기업의 정보 시스템 혹은 사내 각 레벨의 개인에 의해 혹은 외부의 정보와 동향에 대한 독자적인 판단에 의해 입수되는 부분적이고 주관적인 것도 있기 때문에, 정보의 내용은 기업마다 다르며 다양하다. 또한 다른 관계당사자의 판단능력도 개인에 따라 다르다는 것은 말할 필요도 없다. 따라서 시황동향 예측의 결론은 기업에 따라 다양하여 동일 해운업 내에서도 이따금 낙관적인 것과 비관적인 것이 혼재한다. 이 결과 어떤 시기의 시황에서 용선에 의해 미리 운항선복을 증강하는 것이 유리하다고 판단하는 기업과, 반대로 용선시장에 내 놓아서 수입의 안정을 도모하고 자신의 운항선복을 감소시키는 것이 유리하다고 판단하는 기업이 존재한다. 그러므로 투기적 전략에 의해 도출되는 용선거래는 어떠한 시기에 있어서도 용이하게 성립된다.

9.2.5 용선의 집중과 투기성

9.2.5.1 용선의 집중과 시황에의 영향

그렇지만 투기적 전략에서 유발되는 해운기업의 용선행동은 전술하였듯이 시황의 상승예측을 시발적 동인으로 하기 때문에, 이러한 전략적 이유에서 도출되는 선사의 용선수요는 당연히 장래 시황이 등귀할 것으로 예측되는 시기에 집중한다. 그렇지만 현실의 해운시장에 있어서 시황의 상승변동을 사전에 예측하기란 아주 어렵다. 더구나 불행하게 잘못된 시황예측에 입각한 설비투자와 용선에 의한 선박조달은 해운기업의 재무상태를 위협한다.

이 때문에 해운기업의 시황예측에 입각한 투기적 전략용선은 대체로 예측의 확실성이 높은 운임시황의 상승과정 내지 붐(boom) 시기에 집중한다. 조선발주와 달리 용선거래는 신속하게 선박을 인수할 수 있기 때문에, 시황상승 및 붐 시기의 용선집중 경향은 아주 강하다. 이렇게 하여 투기적 전략에 입각한 해운기업의 용선은 운임시황에 아주 민감한 반응을 보인다.

그런데 투기적 전략에 입각한 해운기업의 용선거래는 무엇보다 가까운 장래에 인수되는 선박만을 대상으로 하고 있는 것은 아니다. 오히려 시황의 상승변동 예측을 주요한 판단기준으로 하는 선물거래의 형태를 취한다. 왜냐하면 전략적 용선의 목적인 용선운항에 의한 운항이익 내지 재용선 이익을 창출하는 시황의 격차는 용선의 계약시점과 선박인도 시점과의 시간적 격차가 클수록 커질 가능성이 높기 때문이다. 따라서 시황 상승시는 가까운 장래에 인수하게 되는 용선거래뿐 아니라 보다 먼 장래에 인수하게 되는 선물거래까지도 이 시기에 집중된다.

더욱이 기본적인 용선수요는 시황의 영향을 받아 이 시기에 집중되면 호황시에 있어서 해운기업의 용선수요는 현저해진다. 사실 개별기업의 용선활동의 집적으로서 나타나는 해운업 전체의 용선량을 보면, 현실적으로 조선발주량의 경우와 똑같이 운임시황에 가장 민감하게 반응하고, 운임시황의 상승시에 현저하게 많다.

문제는 이 용선수요의 집중이 시장에 있어서 선복수급의 불균형을 현실 이상으로 크게 하여 시황을 급등시키고, 이것이 선물거래를 유인하여 용선집중의 정도를 높임과 동시에 조선발주 및 중고선 취득 등의 설비투자까지도 조장하는 것이다. 〈그림 9-1〉을 참조하면 이 경우 유인 내지 조장되는 해운기업의 용선행동과 중고선 취득 행동은 개별기업에 있어서 선복의 확대를 의미하며 그것은 선박의 운영주체와 소유권의 기업 간 이동을 낳는다. 따라서 해운업계 즉 해운시장 전체에 있어서 선복절대량의 증가를 의미하는 것은 아니다. 그러나 조선발주는 시장 및 업계 전체에 있어서의 선복수급 밸런스에 영향을 미친다. 그것은 분명 수급균형 혹은 공급과잉으로 향하는 변동임에 틀림없다.

또한 특히 투기적 전략요인에서 유발되는 용선수요는 시황등귀에 일익을 담당하고, 이것을 통해 용선거래 그 자체뿐 아니라 조선발주까지도 자극하여 해운시장의 호황을 단기적으로 종식시키므로, 용선도 시장부진을 길게 하는 한 요인이 되고 있다는 것을 알 수 있다.

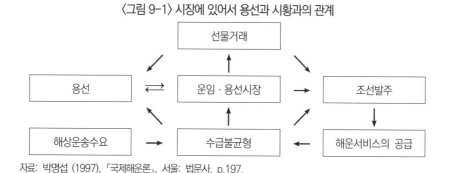

〈그림 9-1〉 시장에 있어서 용선과 시황과의 관계

자료: 박명섭 (1997), 『국제해운론』, 서울: 법문사, p.197.

9.2.5.2 선사용선 자체의 투기성

해운기업의 투기적·전략적 용선수요를 야기하는 시황의 변동과 선복수요 변화는 용선자의 예측 그대로 반드시 현재화하는 것은 아니다. 용선거래시의 예상과는 반대로 용선 받는 시점에 시황이 후퇴할 수도 있다. 1979~1981년에 연료탄의 무역이 급증하자 부정기선 시장이 경험하였듯이 특정 화물의 급속한 해상물동량 증가라는 변화가 당초의 예상대로 전개를 보이지 않을지도 모른다. 물론 그러한 경우 해운기업이 지불한 용선료와 당해 선박 수도(受渡) 이후의 저운임시황에서 성약(成約)되는 운송계약인 재용선계약(再傭船契約)에서 획득되는 운임 또는 용선료와의 차액을 선사 스스로 부담하게 되어 용선차손(傭船差損)을 입게 된다. 이러한 위험을 회피하는 방법으로서 용선하는 선박을 미리 용선기간의 대부분 동안 운송계약 또는 재용선계약을 할 수 있으나 투기적 전략목적을 달성할 수 있는 것은 아니다. 투기적인 용선차익의 획득을 목표로 하는 한 선박 수도(受渡) 이후의 시황에서 운항할 수밖에 없다. 이와 같이 전략적 용선은 본래 투기성이 높은 것이다.

해운기업의 모든 용선운항은 본래 투기성을 띠고 있다고 할 수 있다. 그리고 이 용선의 본래적인 투기성은 용선기간(傭船期間)에 의해 훨씬 강해진다. 즉 자사선(自社船) 운항이라면 어떤 시기의 시황후퇴에 의한 결손을 뒤에 찾아온 호황기에 획득하는 고이윤에 의해 보상할 수 있으나, 용선운항의 채산은 용선기간 중의 시황에 의해 모든 것이 결정된다. 용선자는 시황변동의 한 주기 이상에 미치는 장기용선이 아닌 한, 다음의 시황회복을 기다려 용선운항채산을 회복할 수 있는 여유를 가지지 못한다. 따라서 용선운항의 채산성은 분명히 시황 예측과의 관계에서 어떠한 선박운영방식을 채택할 것인가 하는 용선자의 판단에 달려 있다. 또한 용선운항은 적지 않은 잠재적 위험을 수반하고 있다.

9.3 항해용선표준계약서

9.3.1 총설

본문에 소개되는 항해용선표준계약서는 우리나라 대한상사중재원에서 개발한 표준서식으로서 GENCON을 모델로 하였다.[325]

항해용선계약은 선박소유자가 용선자에게 선박을 항차동안 사용하게 하고 그 대가로 선박소유자는 용선자로부터 용선료를 지급받기로 하는 계약이다. 항해용선자가 자신의 화물을 싣는 경우에는 그 자신이 화주가 되어 더 이상의 용선관계는 없게 된다.

그런데 항해용선자가 자신의 선복을 이용하여 자신이 선박소유자의 입장에서 다른 용선자와 다시 용선계약을 체결하게 되는 경우가 있다. 이때 항해용선자는 해상기업의 주체가 된다. 이를 기업형 항해용선이라고 한다. 일반적인 경우는 전자의 경우이다. 즉 화주로서의 항해용선자를 보통은 용선자라고 한다. 이 경우 용선자는 개품운송계약의 송하인에 해당하게 된다. 항해용선계약의 당사자는 선박소유자와 용선자이다. 선박소유자에는 나용선자, 정기용선자, 그리고 재용선자(운송인으로서의 항해용선자)가 포함된다. 여기의 용선자는 화주로서의 용선자로서 개품운송계약의 송하인에 해당한다.

선박소유자와 항해용선자와의 관계는 당사자 사이의 약정에 의하여 권리의무가 정하여

---

325) 본문의 항해용선표준계약서와 약관의 해설은 2017년 대한상사중재원의 제공이다.

진다. 항해용선에 사용되는 용선계약서는 주로 Gencon이다. 당사자 사이의 약정이 없는 경우에는 우리나라 상법의 운송계약 규정이 적용된다. 항해용선자가 다시 운송인이 되는 경우에 선박소유자와 제1항해용선자 사이에 어떠한 규정이 적용되는가는 의문이나, 이들도 항해용선계약이므로 선박소유자는 제1항해용선자에 대하여 조출료 지급의무, 감항능력담보 의무를 각각 부담한다고 본다.

여기에서 제시하고 있는 항해용선표준계약서는 항해용선계약의 보통거래약관인 발트국제 해운동맹의 젠콘(Baltic and International Maritime Council Uniform General Charter, GENCON) 1994년판을 바탕으로 하여 작성된 것이며 코드명칭도 KORGEN이다. 따라서 이들 규정은 부합계약이 므로 작성자에게 불리하게 해석하는 것이 원칙이다.

이 항해용선표준 약관은 GENCON 1994와 그 내용이 대동소이하다. 제19조(준거법) 제20 조(중재/재판관할)는 한국의 실정에 맞춘 것으로 GENCON 서식과 다르다. 본 약관의 영문본을 만들고자 한다면 GENCON 1994에서 제19조를 삭제하고 본 약관 해설란의 제19조와 제 20조에 기재된 영문조항을 추가하면 된다.

9.3.2 국문 계약서

1. 선박중개인	이 표준항해용선계약서는Baltic and International Maritime Council Uniform General Charter, GENCON 1994를 모델로 하여 작성한 것임.
	2. 장소 및 일자
3. 선박소유자/영업소(1조)	4. 용선자/영업소(1조)
5. 선박명(1조)	6. 총톤수/순톤수(1조)
7. 재화중량톤수(DWT) 하계만재흘수선미터톤(개략)(1조)	8. 선박의 현재위치(1조)
9. 선적준비예정일(1조)	
10. 선적항 또는 장소(1조)	11. 양하항 또는 장소(1조)
12. 화물(1조) 만약 합의하였다면, 선박소유자의 선택에 따라 수량과 여유분 기재, 화물의 중량과 용적의 최대한 적재가 합의되지 않았다면 "부분화물"이라고 기재	
13. 용선료(선지급 또는 착지급 기재)(4조)	14. 용선료의 지급(통화, 지급방법, 수령인, 은행계좌 기재)(4조)

15. 선박의 화물처리장치사용여부 기재(5조)	16. 정박기간 (선적과 양하의 별도정박기간 합의시 a)와 b)기재, 선적과 양륙의 통산정박기간 합의시 c)만 기재)(6조)
17. 선적의뢰인/ 영업소(6조)	(a) 선적기간
18. 대리인(선적)(6조)	(b) 양하기간
19. 대리인(양하)(6조)	(c) 선적 · 양하의 통산정박기간
20. 체선료 및 지급방법(선적 및 양하)(7조)	21. 계약해제일자(9조)
	22. 공동해손정산장소(12조)
23. 용선료세금(선박소유자계산 기재)(13조c)	24. 중개수수료 및 수령인(15조)
25. 준거법(19조) 및 중재/재판관할(20조) 　　　준거법　한국법 중재/재판관할　a)와 b)중 하나를 삭제 　　a) 대한민국서울: 대한상사중재원 　　b) 대한민국서울: 서울중앙지방법원	26. 합의된 특약조항

● 이 계약은 제1부와 제2부로 구성되는 이 용선계약서에 규정된 조건에 따라 이행할 것을 상호 합의한다. 규정조건이 상충되는 경우에는 그 상충의 범위 내에서 용선계약서 제1부의 규정이 제2부 규정에 우선하는 것으로 한다.

서명(선박소유자)	서명(용선자)

표준항해용선계약서

제1조 기본 조항

이 계약서 양식 5번 란에 기재된 선박의 소유자로서 3번 란에 기재된 당사자와 4번 란에 기재된 용선자로서의 당사자는 다음과 같이 합의한다.

5번 란에 기재된 선박은 6번 란에 표시된 총톤수/순톤수 및 7번 란에 기재된 하계만재흘수선에 따른 재화중량 미터톤수를 가지며, 현재 8번 란에 기재된 곳에 위치하고, 이 용선계약에 따라 9번 란에 기재된 일자에 선적할 준비가 되어 있는 선박으로 한다.

이 선박은 이전계약이 종료된 후 지체 없이 10번 란에 기재된 선적항이나 장소 또는 그 근접지로서 선박이 안전하게 도달하고 계속적으로 해상체류가 가능한 곳으로 이동하여야 한다. 그 곳에서 12번 란의 기재에 따라 중량과 용적을 최대한으로 화물을 적재하여야 하며, 선적 의무는 용선자가 부담한다. (갑판 적화물의 선적을 합의한 경우에는 용선자의 위험과 책임으로 한다.) 선적이 종료된 후 선박은 선하증권의 서명과 함께 지시하는 바에 따라 11번 란에 기재된 양륙항이나 장소 또는 그 근접지로서 선박이 안전하게 도달하고 계속적인 해상체류가 가능한 곳으로 출항하여야 한다. 화물은 그 곳에서 인도한다.[326]

제2조 선박소유자의 책임 조항

선박소유자는 물건의 멸실이나 훼손이나 인도지연에 대하여 그 멸실, 훼손 또는 인도지연이 모든 명면에서 선박에 감항력을 확보하고 적절한 인원을 배치하며 장비를 보급할 것을 담보할 선박소유자나 그 관리인의 개인적 주의의무의 결여에 기인하거나 또는 선박소유자나 관리인의 개인적 작위나 부주의에 기인하는 경우에만 그 책임을 진다.

또한 선박소유자는 그 이외의 어떠한 원인으로 인한 멸실, 훼손, 지연에 대하여서도 책임을 지지 아니한다. 비록 그러한 손해가 선장, 선원 또는 선박소유자가 고용한 육상이나 선상에서 작업할 인원의 부주의나 과실로 인한 것으로 본 규정이 없었다면 책임을 지게 될 요인으로 인하여 발생하였거나 또는 선적, 항해의 개시 또는 어떠한 때이거나 그로 인한 선박의 불감항으로 인한 손해에 대하여 책임을 지지 아니한다.[327]

---

326) [해설] 선박소유자는 운송계약을 이행함에 있어서 항해에 적합한 선박을 제공할 감항능력주의의무를 부담하며, 여기에서는 선체의 물리적 감항성, 선박의 항해능력, 선박의 적재 적합성이 담보되어야 한다. 그러므로 항해용선계약의 당사자로서의 선박소유자와 용선자, 그리고 선박을 특정하고, 이들 당사자의 의무와 책임을 규정한 기본조항이다.

327) [해설] 선박소유자나 그 사용인이 선박의 감항능력에 대한 주의의무를 해태하지 아니한 이상 선박소유자는 물건의 멸실, 훼손 또는 인도지연에 대하여 어떠한 책임도 지지 않는다는 규정이다.

제3조 이로(離路)조항

이 선박은, 어떠한 항구라도, 그 순서에 상관없이, 어떠한 목적으로라도, 기항할 수 있으며, 여하한 상황에서 다른 선박을 예선 그리고/또는 원조하고, 인명 그리고/또는 재산을 구조할 목적으로 이로를 할 수 있는 자유를 가진다.[328]

제4조 용선료의 지급

(a) 용선료는 13번 난에 기재된 요율과 적재된 화물량에 따라 계산한 금액을 현금으로 지급하여야 한다.

(b) 용선료의 선급(先給)

13번 난에 따라 용선료가 선적시에 지급되는 경우에는 이를 선박 그리고/또는 화물의 상실여부와 상관없이 반환할 수 없는 것으로 본다.

용선료가 실제로 지급되기 전에는 선주나 그의 대리인은 운임선급이라고 표시한 선하증권에 서명하거나 배서할 것을 요구받지 아니한다.

(c) 용선료의 착급(인도시 지급)

13번 난에 따라 용선료 또는 그 일부를 목적항에서 지급하기로 되어 있는 경우에는 화물이 인도될 때까지 용선료를 수령한 것으로 보지 아니한다.

용선료 또는 그 일부를 화물인도시에 지급하기로 되어 있는 경우에 용선자는 (a)항의 규정에 불구하고 인도된 화물의 중량/수량에 따라 용선료를 지급할 선택권을 가진다. 다만 이 경우에는 선택권의 행사를 화물양륙개시 이전에 통지하고, 화물의 중량/수량이 공식적인 계량기나 합동흘수 조사 또는 검수(檢數)에 의하여 확인될 수 있어야 한다.

선적항에서 선박의 통상적 비용지출을 위하여 현금가불을 용선자가 요구받은 경우, 필요하면, 당시의 최고환율과 2퍼센트의 보험료 및 기타비용을 합산 적용한다.[329]

제5조 선적/양륙

(a) 비용/위험부담

화물을 선창으로 반입, 선적하고, 이를 적부 그리고/또는 정돈, 검수(檢數)표시, 고박 그리고/또는 안전하게 고정, 그리고 이를 선창에서 반출, 양하하는 작업 등은 모두 용선자가 시행한다. 선박소유자는 이

---

328) [해설] 이로(離路)는 원칙적으로 금지되나, 인명재산의 구조목적 기타 이로(離路)를 할 수 있는 이로(離路)자유약관 조항을 규정한 것이다.

329) [해설] 용선자의 기본적인 의무는 선박의 이용에 대하여 용선료를 지급하는 것이며, 그 지급시기는 당사자의 약정에 따른다. 본조는 용선료의 지급시기, 지급방법, 지급기준에 관하여 정한 규정이다. 용선료의 선급(先給)의 경우에는 이를 반환할 수 없는(earned and non-returnable) 수령으로 본다. 용선자가 용선료를 지급하지 아니하는 경우 선박소유자는 선박철수권을 가지며, 용선계약을 해제할 수 있다.

에 관하여 어떠한 위험과 책임 그리고 비용도 부담하지 아니한다. 용선자는 선적화물의 적절한 적부와 보호에 필요한 짐깔개(荷敷)를 제공하고 설치하여야 하며, 선박소유자는 선상에 있는 모든 짐깔개의 사용을 허용하여야 한다. 용선자는 이 용선계약에 따라 화물이 양륙된 후 짐깔개의 제거의무를 부담하고 그 비용을 지급하여야 한다. 짐깔개 제거에 소요된 시간은 이를 모두 정박기간에 산입한다.

(b) 하역장치

하역장치가 없는 선박이 아닌 경우, 또는, 15번 난의 기재에 따라 선박의 하역장치를 사용하지 않기로 당사자간에 합의된 경우가 아니라면, 선박소유자는 선적/양륙의 전기간에 걸쳐 선박하역장치를 무상으로 사용하게 하고, 하역장치의 조종에 필요한 충분한 동력을 무상으로 공급하여야 한다. 이들 장비는 모두 양호하고 정상적인 작동상태에 있어야 한다. 하역 인부의 과실이 없는 한 선박의 하역장치의 고장이나 동력의 고갈로 초과된 시간은 정박시간이나 체선시간에 산입되지 아니한다. 다만 이 경우에는 이 용선계약에 따라 당시에 필요하였던 화물의 선적/양륙용 기중기/권양기의 총 숫자에 비례하여 계산한다. 선박소유자는 청구가 있는 경우 선원 중에서 선박의 하역장치를 운전할 기중기/권양기의 조종사를 무상으로 지명하여야 한다. 다만 그 지역의 법규가 이를 금지하는 경우에는 그러하지 아니하다. 위 단서의 경우 부두노동자는 용선자의 책임하에 선임한다. 기중기 조종사 / 권양기 조종사는 용선자의 위험부담과 책임으로 하며, 하역인부는 용선자의 사용인으로 간주하지만 선장의 지휘에 따라 작업을 수행한다.

(c) 하역인부에 의한 선박손상

하역인부에 의한 선박의 손상(통상적인 자연 마모을 넘어서는 경우)에 대하여는 용선자가 책임을 진다. 이러한 선박손상이 발생하는 경우 선장은 가능한 한 조속히 용선자나 그 대리인 그리고 하역인부에게 이를 통지하여야 하며, 이를 해태하는 경우에는 용선자에게 책임이 없다. 선장은 하역인부의 책임인정진술서를 확보하도록 노력하여야 한다.

용선자는 항해종료 이전에 하역인부에 의한 선박 손상을 수선할 의무가 있다. 그러나 선박의 손상이 선박의 감항능력이나 선급에 영향을 미치는 경우에는 그 손상이 발생 또는 발견된 항구에서 출항하기 이전에 이를 수선하여야 한다. 그 밖에 발생된 모든 부가비용은 용선자가 부담하며, 선박수선에 소요된 시간에 대하여는 체선료율에 따라 용선자가 선박소유자에게 지급하여야 한다.[330]

제6조 정박기간

(a) 선적과 양륙의 별도 정박기간

화물은, 기상조건이 허용되는 한, 16번 난에 기재된 연속일수/시간 이내에 적재하여야 한다. 일요일과

---

330) [해설] 선적과 양륙 그리고 이에 수반하는 법률관계에 관한 규정이다. 선적과 양륙은 용선자의 책임과 비용부담으로 한다. 선박에 장착된 하역장치와 그 운용에 필요한 동력과 조종사는 선박소유자가 무상으로 제공하는 것이 원칙이다. 하역인부에 의한 선박손상에 대하여는 용선자가 책임을 부담하며, 원칙적으로 항해종료 이전에 수선을 완료해야 한다.

공휴일은 선적작업이 없으면 산입되지 아니하며, 선적작업이 있는 경우에는 그 시간을 산입한다. 화물은, 기상조건이 허용되는 한, 16번 난에 기재된 연속일수/시간 이내에 양륙하여야 한다. 일요일과 공휴일은 양륙작업이 없으면 산입되지 아니하며, 양륙작업이 있는 경우에는 그 시간을 산입한다.

(b) 선적과 양륙의 통산 정박기간

화물은, 기상조건이 허용되는 한, 16번 난에 기재된 연속일수/시간 이내에 적재 및 양륙하여야 한다. 일요일과 공휴일은 적재양륙작업이 없으면 산입되지 아니하며, 적재양륙작업이 있는 경우에는 그 시간을 산입한다.

(c) 정박기간의 개시 (선적 및 양륙)

선적 및 양륙의 정박기간은 선적양륙준비완료통지를 12시 또는 그 이전에 행한 경우에는 13시에 개시하며, 그 통지를 12시 이후 업무시간 이내에 행한 경우에는 그 다음 작업일 6시에 개시한다. 선적항에서는 선적 준비의 완료를 17번 난에 기재된 송하인, 또는 그 기재가 없는 경우에는 용선자에게, 또는 18번 난에 기재된 이들의 대리인에게 통지하여야 한다. 양륙항에서는 양륙준비의 완료를 수하인에게, 또는 이를 알지 못하는 경우에는 용선자나 19번 난에 기재된 이들의 대리인에게 통지하여야 한다.

선박이 선적/양륙항의 내외에 도달하였으나 선적/양륙에 필요한 선석을 확보할 수 없는 경우에도, 검역통과 여부나 세관통관 여부와 상관없이, 도착 후 바로 통상적인 업무시간 내에 선적/양륙 준비의 완료를 통지할 수 있다. 이 경우 선박이 선석에서 선적/양륙준비가 모든 면에서 완료된 것과 똑같이 정박기간이나 체선료 기간이 산정된다. 다만 이 경우 선박이 사실상 모든 면에서 선적/양륙 준비가 완료되었다는 선장의 보증이 있어야 한다. 선박이 대기장소로부터 선적/양륙선석으로 이동하는 데에 소요된 시간은 정박기간에 산입되지 아니한다.

정박기간이 개시되기 이전에 용선자에 의하여 사용된 시간도 산입한다.

만약 검사 후에 선박이 선적 또는 양륙작업을 위하여 모든 면에서 준비가 완료되지 아니한 점이 발견되면 그 때부터 선박이 선적/양륙준비가 완료될 때까지의 시간은 정박기간에 산입하지 아니한다.

참고: 16번 난의 합의에 따라 (a)(b) 또는 (c)의 두 가지 중 하나를 선택할 것[331]

제7조 체선료

선적항과 양륙항에 있어서의 체선료는, 20번 난에 기재된 요율과 20번 난에 기재된 방법으로, 용선자가 일당 또는 1일의 부분적 비례에 따라 지급한다. 체선료의 지급 기일은 매일매일 도래하는 것으로 하고, 선박소유자의 청구서를 받는 즉시 지급하여야 한다.

---

331) [해설] 선적·양륙을 위한 정박기간과 그 기산(起算)에 관한 규정이다. 선적기간과 양륙기간은 이를 각각 따로 정하는 방법과 통산하여 한꺼번에 정하는 방법이 있다. 정박기간의 개시는 선적(양륙)준비 완료통지가 오전에 있는 경우에는 당일 오후 1시, 동 통지가 오후에 있는 경우에는 익일 오전 6시에 각각 기산한다. 또 정박기간 개시 이전 용선자에 의하여 사용된 시간도 정박기간에 산입된다. 계약서 16번 난에는 (a)(b) 와 (c) 두가지 중 하나만 선택적으로 기재한다.

위의 규정에 따라 체선료가 지급되지 아니하는 경우 선박소유자는 96연속시간 이내에 이행지체를 해결하도록 용선자에게 서면으로 통지하여야 한다. 체선료가 이러한 시한이 종료되기까지 지급되지 아니하고 선박이 선적항에 있는 경우 선박소유자는 언제나 용선계약을 해제하고 그로 인한 손해의 배상을 청구할 수 있다.[332]

제8조 유치권 조항

선박소유자는 용선료, 공적운임(空積運賃), 체선료, 손해배상금액, 그 밖에 이 용선계약에 따라 지급받을 기타 금액과 이를 확보하기 위한 구상비용을 위하여 화물 및 화물과 관련하여 지급될 운임부대비용 위에 유치권을 가진다.[333]

제9조 계약해제 조항

(a) 선박이[선석에 있거나 없거나를 막론하고]21번 난에 기재된 계약해제일자까지 선적준비가 완료되지 아니한 경우 용선자는 이 용선계약을 해제할 수 있다.

(b) 상당한 주의를 다함에도 불구하고 계약해제일자까지 선박의 선적준비가 완료되지 못할 것으로 예상되는 경우 선박소유자는 이를 용선자에게 지체없이 통지하여야 한다. 이 경우 선박소유자는 선박의 선적준비완료 가능일자를 명시하고, 용선자가 용선계약의 해제권을 행사할 것인지, 또는 새로운 계약해제일자를 합의할 것인지의 여부를 문의하여야 한다. 이러한 선택권에 관하여는 선박소유자의 통지수령 후 연속 48시간 이내에 용선자가 통보하여야 한다. 용선자가 계약해제권을 행사하지 않을 경우 이 용선계약은 선박소유자가 용선자에게 통지한 새로운 선적준비 완료일자로부터 7일째를 새 계약해제일로 잡기로 변경된 것으로 본다.
이 조항 (b)항의 규정은 1회에 한하여 적용되며, 선박이 더 이상 지체되는 경우 용선자는 이 조항 (a)항의 규정에 따라 용선계약을 해제할 수 있다.[334]

제10조 선하증권

---

332) [해설] 체선료는 일수(日數)단위 뿐만 아니라 그 이하의 부분적 비례(pro rata for any part of a day)에 따라 계산하며, 선박소유자의 청구서를 받는 즉시 지급하여야 한다. 이를 해태하는 경우 선박소유자는 용선자에게 최고 후 용선계약을 해제하고 손해배상을 청구할 수 있다.
333) [해설] 선박소유자가 가지는 용선료 등의 채권을 담보하기 위하여 화물과 운임부대비용에 대한 유치권을 규정한 것이다.
334) [해설] 선박의 선적준비가 완료되지 아니하는 경우 용선자의 계약 해제권 행사에 관한 요건과 절차를 규정한 것이다. 제1차적으로 용선자는 용선계약서에 기재된 계약해제일자에 해제권을 행사할 수 있으며, 당사자간에 새로운 선적준비완료일자를 합의한 경우에는 그 일자로부터 7일째가 제2차적 계약해제일이 된다. 제2차적 계약해제일은 확정적이며, 더 이상 연장할 수 없다.

선하증권은, 이 용선계약과 상치되지 않는 한, 콘젠빌 선하증권 양식 1994년판 (Congenbill Bills of Lading form, Edition 1994)에 따라 선장에게 제시하고 선장의 서명을 받아야 한다. 또한 선박소유자의 대리인도 그 권한이 서면에 의하여 선박소유자로부터 대리인에게 수여된 경우에는 선하증권을 제시받고 이에 서명할 수 있으며, 이 경우 그 서면의 사본을 용선자에게 제출하여야 한다. 용선자는 선하증권상의 용어나 내용이 이 용선계약에 의한 선박소유자의 부담을 초과하는 책임을 선박소유자에게 부과하거나 초래하는 경우 제시된 선하증권의 서명으로 인하여 야기될 수 있는 결과 또는 책임에 대하여 선박소유자의 초과부담을 보상해 주어야 한다.335)

제11조 쌍방책임충돌조항

용선 선박이 다른 선박의 과실 및 용선 선박의 항해 또는 관리에 있어서 선장, 해원, 도선사 또는 선박소유자의 사용인의 행위, 과실 또는 부주의의 결과로서, 다른 선박과 충돌한 경우에, 이 용선 계약에 따라서 운송되는 화물의 소유자는 용선선박 소유자가 다른 선박(비적재선) 또는 그 선박 소유자에 대하여 배상하여야 할 모든 손해 또는 채무를 보상하여야 한다. 그러한 손해 또는 채무는 용선 선박 상의 화물 소유자의 멸실 또는 훼손 또는 일체의 청구를 표시하고, 다른 선박(비적재선) 또는 그 선박의 소유자로부터 위 화물 소유자에게 지급하였거나 지급하게 될 금액과, 그리고 다른 선박(비적재선) 또는 그 선박의 소유자가 적재선인 용선 선박 또는 용선 선박의 소유자에 대한 손해배상 청구액의 일부로서 상계, 공제 또는 회수할 수 있었던 범위의 것으로 한다.336)

제12조 공동해손 및 뉴 제이슨 조항(New Jason Clause)

공동해손은, 22번 난에 달리 합의되어 있지 않은 한, 1994년 요크 앤트워프 규칙 (York-Antwerp Rules 1994)과 그 이후의 수정규칙에 따라 런던에서 정산한다. 화물의 소유자는 공동해손 비용이 선박소유자의 사용인의 부주의나 과실에 기인한 경우에도 공동해손 비용에 대한 화물측의 분담액을 지급하

---

335) [해설] 사용되는 선하증권은 콘젠빌선하증권양식 1994년판(Congen-bill Bill of Lading form, Edition 1994)이며, 선장 기타 선박소유자의 대리인이 서명제시 하여야 한다. 선박소유자는 선하증권의 기재여하에 불구하고 용선계약상의 책임이상을 부담하지 아니하며, 이 초과부담에 대하여는 용선자가 선박소유자에게 보상해 주어야 한다. 항해용선한 선박에 선적된 운송물에 관하여 운송인이 선하증권을 발행한 경우에도 선박소유자와 용선자 사이의 용선계약에 영향을 미치지 않는다는 것이 미국의 판례법원칙이다. 따라서 선하증권을 용선계약의 일부로 하고자 하는 경우에는 용선계약이나 선하증권에 선하증권편입조항(incorporation clause)이 기재되어야 한다.
336) [해설] 이 조항은 미국에서는 물적손해에 대하여 공동불법행위자가 연대책임을 부담하기 때문에 필요하다. 예컨대, 갑선박과 을선박이 각각 AB화주의 운송물을 적재한 경우에, 항해과실에 의한 사고에서, 갑선박은 A에 대하여, 을선박은 B에 대하여, 각각 면책된다. 그러나 A의 을선박에 대한 손해배상청구권은 여전히 남아있다. 그러므로 A는 을선박의 소유자에게 손해배상 청구를 할 것이고, B는 갑선박의 소유자에게 손해배상청구를 할 것이다. 이러한 경우에 각각의 화주는 자신의 선박소유자에게 청구된 손해배상을 배상하도록 약정하는 것이다. 우리 법상으로는 상법 제845조 내지 제847조에서 물적손해는 분할책임으로 규정하고 있으므로 이러한 문제는 발생하지 않고, 이 조항은 필요없다. 그러나 미국법정에서 문제가 생기거나 국제적 요소가 가미되는 경우에 대비하여 이 조항을 존치시킬 필요가 있다.

여야 한다 (제2조 참조). 공동해손이 미합중국의 법령과 관행에 따라 정산되는 경우에는 아래의 조항을 적용한다:「선박의 항해개시 이전이거나 또는 이후이거나, 선박소유자가 그의 과실에 기인한 것인지의 여부를 불문하고, 이유가 무엇이든지 간에, 법률이나 계약 또는 기타에 의하여, 그 자체 또는 결과에 대한 손해배상책임을 부담하지 아니하는 사고, 위험, 손해, 해난이 발생한 경우에, 화물의 송하인이나 수하인 또는 소유자는 공동해손 성질로 발생 또는 부담하게 된 손실, 손해 또는 비용에 대한 지급에 있어서 공동해손 선박소유자와 함께 분담하여야 하며, 운송물과 관련하여 해난구조료와 특별비용을 지급하여야 한다.

구조선이 선박소유자의 소유 또는 관리하에 있는 경우에도 구조료는 그 구조선이 타인소유인 경우와 똑같이 완전히 지급하여야 한다. 화물, 선적의뢰인, 수하인 또는 화물의 소유자는, 청구가 있는 경우, 화물의 분담금과 그 구조료 및 특별비용에 관하여 선박소유자에 대한 예상분담액을 보전하기에 충분한 것으로 선박소유자나 대리인이 생각하는 예탁금을 화물인도 전에 예치하여야 한다.」[337]

제13조 조세 및 부과금 조항

(a) 선박관련 – 관습상 선박에 부과되는 모든 부과금, 비용, 그리고 세금은 선박소유자가 지급한다. 다만 그 금액은 사정(査定)할 수 있다.

(b) 화물관련 – 관습상 화물에 부과되는 모든 부과금, 비용, 관세 및 세금은 용선자가 지급한다. 다만 그 금액은 사정할 수 있다.

(c) 용선료관련 – 23번 난에서 달리 합의되지 않는 한 용선료에 부과된 세금은 용선자의 계산으로 한다.[338]

제14조 대리인

모든 경우에 신빅소유자는 선적항과 양륙항에서 각각 그 대리인을 지정하여야 한다.[339]

제15조 중개료

취득한 용선료, 공적운임(空積運賃) 및 체선료에 대하여 24번 난에 기재된 중개수수료는 24번 난에 기

---

337) [해설] 공동해손 정산장소는 당사자간의 특약이 없는 한 요크앤트워프규칙에 따라 런던으로 하고 있다. 사고 장소가 미국 영해인 경우에 대비하여 미국법의 적용과 뉴 제이슨조항(New Jason Clause)을 규정하였다. 뉴 제이슨조항은 선박소유자가 미국해상물건운송법 기타 법령에 의하여 면책되는 한 설사 선박소유자에게 과실이 있더라도 화주는 공동해손을 분담하여야 한다는 내용이다. 우리법상으로도 사고의 원인에 관계없이 공동해손이 성립하므로 그 효력에는 문제가 없다.

338) [해설] 조세와 부과금에 대한 선박소유자와 용선자의 책임을 규정한 것이다.

339) [해설] 선적항과 양륙항별로 선박소유자의 대리인 지정의무를 규정한 것이다.

재된 당사자에게 지급하여야 한다. 중개행위가 주효하지 아니하는 경우 그 책임이 있는 당사자는 중개인의 비용과 노고에 대한 보상금으로 예정용선료에 대한 중개료의 3분의 1을 지급하여야 한다. 여러 항해에 관한 경우에는 그 보상금은 합의에 의하여야 한다.[340]

제16조 일반파업 조항

(a) 선박이 최종항으로부터 항행할 준비가 되어 있거나, 선적항으로 항해중 어느 때이거나, 선박이 선적항에 도착한 이후에 화물 또는 그 일부의 선적을 사실상 방해하거나 영향을 미치는 파업이나 직장폐쇄가 일어난 경우, 선장 또는 선박소유자는 용선자에게 파업이나 직장폐쇄가 없는 경우와 똑같이 정박기간을 계산하겠다는 합의의 표명을 하도록 요구할 수 있다. 용선자가 24시간 이내에 서면으로 (필요한 경우에는 전보로) 합의표명을 하지 않는 경우 선박소유자는 이 용선계약을 해제할 수 있다. 화물의 일부가 이미 선적되었다면 선박소유자는 이를 가지고 항행하여야 하며, (용선료는 선적된 화물량에 대하여만 지급된다) 선박소유자의 책임하에 항해도중 다른 화물을 완재할 수 있다.

(b) 선박이 양륙항 내외에 도착시 또는 도착 후 화물의 양륙에 사실상 지장을 주거나 영향을 미치는 파업이나 직장폐쇄가 발생하고 48시간 이내에 해결되지 아니하는 경우, 용선자는 파업이나 직장폐쇄가 종료될 때까지 체선료의 반액을 지급하고, 그 파업이나 직장폐쇄가 끝나기까지 선박을 계속하여 대기시킬 수 있고, 양륙기간의 만료 후에는 파업이나 직장폐쇄가 끝나고 양하작업이 완료될 때까지 체선료의 전액을 지급하기로 하거나, 또는 용선자는 선박이 파업이나 직장폐쇄로 인한 억류위험 없이 확실히 양륙될 수 있는 안전항구로 이동할 것을 선박에 지시할 수 있다. 이러한 지시는 양륙에 영향을 미치는 파업이나 직장폐쇄에 관하여 선장이나 선박소유자가 용선자에게 통지한 후 48시간 이내에 하여야 한다. 이동 후의 대체항구에서의 화물인도에는 이 용선계약과 선하증권상의 모든 규정이 적용되며, 선박은 본래의 목적항에서 양륙된 것과 동일한 용선료를 수령한다. 다만 대체항까지의 거리가 100해리를 초과하는 경우에는 대체항에서 인도한 화물량에 따라 용선료는 비례적으로 증액한다.

(c) 위에서 규정한 의무를 제외하고, 용선자나 선박소유자는 화물의 선적이나 양륙에 사실상 지장이 되거나 영향을 미치는 파업이나 직장폐쇄의 결과에 대하여 아무런 책임도 지지 아니한다.[341]

제17조 전쟁위험(Voywar 1993)

(1) 이 조항에서 쓰인 용어의 정의는 다음과 같다:

---

340) [해설] 항해용선계약의 중개수수료에 관한 규정이다.
341) [해설] 선적항과 양륙항에서의 파업시 선박소유자와 용선자의 권리의무에 관한 규정이다. 선적항 파업의 경우에 선박 소유자는 용선자에게 정상적인 정박기간계산을 요구할 수 있으며, 계약을 해제할 수도 있다. 양륙항 파업시 용선자는 체선료의 반액을 지급하고 파업종료시까지 선박을 대기시킬 수 있으며, 다른 안전항구를 양륙항으로 지정할 수도 있다.

(a) 선박소유자에는 선박소유자, 나용선자, 관리선주, 선박의 경영 책임을 지고 있는 관리인 기타 운영자, 및 선장을 포함한다.

(b) 전쟁위험에는 어떠한 사람, 군중, 폭력주의자, 또는 정치집단이나 국가정부에 의한 전쟁(실전이거나 전쟁위협적이거나 간에), 전투행위, 내란, 적대행위, 혁명, 반란, 소요, 전쟁유사움직임, 폭약부설(실제적이거나 보도가 있거나 간에), 해적행위, 테러행위, 적대행위나 악의적 손괴행위, 봉쇄(모든 선박의 봉쇄 또는 기국이나 소유관계 또는 화물이나 선원 또는 기타 기준에 따른 선박의 선별적 봉쇄이던지 간에)로서 선장 그리고/또는 선박소유자의 합리적 판단에 따라 선박, 화물, 선원 또는 선박에 승선한 기타 사람에게 위험할 수 있거나, 위험의 개연성이 있거나, 위험하게 될 수 있는 것들이 포함된다.

(2) 선박에 선적이 개시되기 이전에 선장 그리고/또는 선박소유자의 합리적인 판단에 의하여 운송계약 또는 그 일부의 이행이 선박, 그 화물, 선원, 또는 기타 승선한 사람을 전쟁위험에 노출시키거나, 노출시킬 개연성이 있는 경우, 선박소유자는 이 운송계약의 해제를 용선자에게 통지하거나, 또는 선박, 그 화물, 선원, 또는 기타 승선한 사람을 전쟁위험에 노출시키거나, 노출시킬 개연성이 있는 운송계약부분의 이행을 거절할 수 있다. 다만 이 경우, 이 운송계약에 선적이나 양륙이 일단의 항구구역범위 내에서 이루어지도록 규정되어 있고, 용선자가 지정한 항구 내에서는 선박, 그 화물, 선원 또는 기타 승선한 사람을 전쟁위험에 노출시키거나, 노출시킬 개연성이 있는 경우, 선박소유자는 먼저 용선자에게 선적이나 양륙구역범위 내의 다른 안전항구를 지정하도록 요구하여야 하며, 용선자가 이러한 요구를 받은 후 48시간 내에 안전항구를 지정하지 아니하는 경우에만 이 운송계약을 해제할 수 있다.

(3) 선박소유자는, 화물의 선적개시 후 또는 그 이후 화물양륙이 완료되기 이전의 어떠한 항해단계에 있어서나, 선장 그리고/또는 선박소유자의 합리적 판단에 따라 선박, 그 화물(또는 그 일부), 선원 또는 기타 승선한 사람(또는 그 수가 단수이거나 복수이거나)을 전쟁위험에 노출시키거나, 노출시킬 개연성이 있는 경우, 어떠한 항해를 위하여서든지 간에 화물의 선적을 계속하거나, 어떠한 항해 또는 그 일부를 막론하고 이를 개시 또는 계속하거나, 어떠한 운하나 수로를 통과하거나, 어떠한 항구나 장소든지를 막론하고 그 곳으로 항해하거나 그 곳에 미무르도록 요구를 받아서는 아니된다. 위의 경우 선박소유자는 용선자에게 화물 또는 그 일부의 양륙을 위하여 안전항구를 지정하여 줄 것을 요구할 수 있고, 이 요구를 받은 후 48시간 이내에 용선자가 안전항구를 지정하지 아니하는 경우 선박소유자는 안전항구(선적항 포함)를 임의로 선택하여 화물을 양륙하고, 운송계약의 이행을 완료할 수 있다. 선박소유자는 이러한 양륙의 부가비용을 용선자로부터 보상받을 수 있으며, 양륙이 선적항 아닌 항구에서 이루어 지는 경우 화물이 양륙항까지 운송된 것과 똑같이 용선료의 전액을 수령할 수 있다. 추가항해거리가 100마일을 초과하는 경우 선박소유자는 정상적이고 관습적인 항로상의 거리에 대한 추가거리에 비례하여 약정된 용선료와 동률의 추가 용선료를 수령할 권리가 있다. 이러한 비용과 용선료에 대하여 선박소유자는 화물위에 유치권을 가진다.

(4) 계약상의 성질에 부합하는 항해에 정상적으로 그리고 관습적으로 이용되는 항로(운하 또는 수로 포

함)이기는 하나 화물의 선적개시 이후 어떠한 항해단계에서라도 선장 그리고/또는 선박소유자의 합리적인 판단에 의하여 선박, 그 화물, 선원 또는 기타 승선한 사람을 전쟁위험에 노출시킬 수 있거나, 노출시킬 개연성이 있는 항로와 양륙항에 이르는 더욱 먼 거리의 항로가 있는 경우, 선박소유자는 용선자에게 후자의 항로를 선택하겠다는 통지를 하여야 한다. 이 경우, 총 추가거리가 100마일을 초과하는 때에는, 선박소유자는 정상적이고 관습적인 항로상의 거리에 대한 추가거리에 비례하여 약정된 용선료와 동율의 추가 용선료를 수령할 권리가 있다.

(5) 선박은 다음의 권리를 가진다:

(a) 출발, 도착, 항로, 호송항해, 기항항, 항해중지, 목적항, 화물양륙, 인도 그 밖의 무엇에 관한 것이든지 간에 항해선박의 기국정부, 선박소유자가 준수하여야 할 법을 제정한 다른 정부, 기타 이를 요구하는 다른 정부, 또는 명령이나 지시를 준수하도록 강제할 권한을 가지고 운용되는 조직체나 집단이 내린 모든 명령, 지시, 권고, 또는 조언을 준수하는 것;

(b) 전쟁위험보험의 조건에 따른 권한을 가진 전쟁위험인수인의 명령, 지시 또는 권고에 따르는 것;

(c) UN안전보장이사회의 결의 조항, 유럽공동체(European Community)의 지령, 기타 동일한 법규발포권을 가진 초국가적 조직체의 유효한 명령, 및 이들 국제기구의 법규를 시행하기 위하여 선박소유자가 준수하게 할 국내법을 준수하고, 이들 법규의 시행책임이 있는 기관의 명령과 지시를 준수하는 것;

(d) 선박이 밀수품 운반선으로서 밀수의 책임을 지게 되는 어떠한 화물이나 그 일부를 다른 어떠한 항구에서나 양륙하는 것;

(e) 선원이나 그 일부의 교체 또는 승선한 기타 사람을 억류, 감금 기타 제재해야 할 필요가 있다고 확신할 만한 사유가 있는 경우 어떠한 항구에나 기항하는 것;

(f) 화물이 이 조항의 어느 규정에 따라 선박소유자에 의하여 선적되지 않았거나 양륙된 경우, 선박소유자를 위하여 다른 화물을 선적하고, 이를 뒷방향이거나 앞방향이거나 또는 통상 내지 관습적인 항로의 역방향이거나를 막론하고, 다른 어떤 항구로든지 간에 운송하는 것.

(6) 이 조항 (2)항 내지 (5)항의 규정에 따라 어떠한 조치를 취하였거나 취하지 아니하였거나 간에 이는 이로(離路)로 보지 아니하고 운송계약의 적절한 이행으로 본다.[342]

제18조 일반결빙 조항

선적항

(a) 선박이 최종항으로부터 항행할 준비가 되어 있는 때, 항해도중의 어느 때, 또는 선박의 선적항 도착

---

[342] [해설] 전쟁위험에 직면하여 용선계약의 이행과 관련된 당사자간의 법률관계를 규정한 조항이다. 전쟁위험의 유무에 관한 판단은 선박소유자 선장이 하며, 전쟁위험이 있는 경우 선박소유자는 용선계약의 해제, 계약이행의 부분거절, 안전항구 지정요구를 할 수 있다. 선박소유자는 전쟁위험이 있는 항로의 이용을 거절하고 안전항로와 안전항구를 임의로 선택할 수 있으며, 이로 인한 추가비용을 용선자에게 청구할 수 있다. 이 경우에는 이로(離路)로 보지 아니한다. 이 조항은 선박이 준수하여야 할 여러 가지 법규를 열거하고 있다.

시 또는 선박이 선적항 도착 후 결빙이 시작된 경우에 선장은 선박의 동결을 우려하여 화물없이 출항할 권리가 있다. 이 경우 이 용선계약은 무효가 된다.

(b) 선적 중 선장이 선박의 동결을 우려하여 출항이 적절한 것으로 판단하는 경우에는 선적된 화물만 가지고 발항할 수 있으며, 이 경우, 선박소유자의 이익을 위하여, 어느 항구에서나 그리고 양륙항을 포함하여 어느 항구로 향하는 화물이든지 간에, 이를 선박에 선적할 수 있는 선택권을 가진다. 이 용선계약에 의하여 선적된 일부화물은 선박의 비용으로 목적지에 운송되지만 그 대가로 운임을 수령한다. 다만, 추가비용은 용선자에게 부담시키지 않고, 운임은 인도된 수량에 따라 정하여지고 (총액운임제인 경우에는 비례하여) 모든 다른 조건은 이 용선계약에 따른다.

(c) 선적항이 1개 이상이고, 그 1개 또는 그 이상의 항구가 결빙으로 폐쇄된 경우 선장이나 선박소유자는 사용중인 항구에서 화물의 일부를 선적하고 (b)항에 따라 다른 항구에서 선박소유자의 계산으로 화물을 채워 싣든지 또는 용선자가 상용중인 항구에서 화물전량 선적에 합의하지 않는 경우에는 이 용선계약을 무효로 선언할 권리를 가진다.

양륙항

(a) 결빙으로 인하여 선박이 양륙항에 도달할 수 없는 경우 용선자는 항해 재개시까지 선박을 대기시키고 체선료를 지급하거나, 또는 결빙으로 인한 지체의 위험이 없이 안전하게 양륙할 수 있고, 즉각 접근이 가능한 안전항구로 회항할 것을 지시할 수 있는 선택권을 가진다. 이러한 지시는 선장이나 선박소유자가 목적항 도달불능을 용선자에게 통지한 때로부터 48시간 이내에 하여야 한다.

(b) 양륙 도중 선장이 선박의 동결을 우려하여 출항이 적당한 것으로 판단하는 경우 선장은 선적되어 있는 화물을 가지고 발항하여 안전양륙이 가능한 최근접항구로 회항할 수 있다.

(c) 안전항에서 화물을 인도하는 경우 선하증권상의 모든 규정이 그대로 적용되며, 선박은 본래의 목적항에서 양륙이 이루어진 것과 똑같이 용선료를 수령한다. 다만 대체항구까지의 거리가 100해리를 초과하는 경우에는 대체항구에서의 화물인도에 대한 용선료를 거리 비율에 따라 증액하여야 한다.[343]

---

343) [해설] 선적항·양륙항의 결빙에 대비한 규정이다. 선적항의 결빙으로 선박이 선적이전에 출항하는 경우에는 용선계약이 무효가 되며, 화물의 일부만 선적후 출항하는 경우, 선박소유자는 다른 화물을 추가 선적할 수 있고, 이 경우의 운임은 인도된 화물의 수량에 따라 결정한다. 양륙항 결빙시 용선자는 체선료를 지급하고 선박을 대기시키거나 안전항구로 회항할 것을 지시할 수 있다. 화물의 양륙도중 결빙이 되는 경우 선장은 선적된 화물을 가지고 최근접안전항구로 발항할 수 있다.

제19조 준거법

이 계약의 준거법은 한국법으로 한다.344)

제20조 중재/재판관할

(a) 이 계약으로부터 또는 이 계약과 관련하여 또는 이 계약의 불이행으로 말미암아 당사자간에 발생하는 모든 분쟁, 논쟁 또는 의견차이는 대한민국 서울에서 대한상사중재원의 중재규칙 및 대한민국법에 따라 중재에 의하여 최종적으로 해결한다. 중재인(들)에 의하여 내려지는 판정은 최종적인 것으로 당사자 쌍방에 대하여 구속력을 가진다.

(b) 이 계약으로부터 발생되는 모든 분쟁의 본안에 관한 제1심 재판의 관할은 서울중앙지방법원의 전속관할로 하기로 한다.

참고: (a)항 및 (b)항은 선택적임. 두 조항 중에 적용되지 않는 조항은 삭제할 것. 모두 삭제되지 않은 경우에는 (a)항을 적용함.345)

---

344) [해설] 이 용선계약의 준거법을 한국법으로 명시한 규정이며, 이는 국내용선뿐만 아니라 국제용선의 경우에도 적용된다. 그러나 국제용선계약에 있어서는 당사자간의 합의가 있으면 다른 나라의 법률을 준거법으로 지정할 수도 있다. Article 19 (Governing Law) This Contract shall be governed by Korean law.

345) [해설] 용선계약상의 분쟁해결은 당사자간의 합의에 따라 중재 또는 본안소송을 모두 이용할 수 있으므로 양자 (a)(b)중 한 가지를 선택하고, 나머지를 삭제하여야 한다. 그러나 양자 모두가 삭제되지 아니한 경우에는 대한상사중재원의 중재에 의하는 것으로 본다. Article 20 (Arbitration/Jurisdiction) (1) * All disputes, controversies, or differences which may arise between the parties, out of or in relation to or in connection with this Contract or for the breach thereof, shall be finally settled by arbitration in Seoul, Korea in accordance with the Arbitration Rules of the Korean Commercial Arbitration Board and under the Laws of Korea. The award rendered by the arbitrator(s) shall be final and binding upon both parties concerned. (2) * All disputes arising from this Contract shall be submitted to the exclusive jurisdiction of the Seoul Central District Court in Seoul, Korea. * Article 20 (1) and (2) are alternative: delete whichever is not applicable. In the absence of deletions, alternative Article 20 (1) is to apply.

9.3.2 영문 계약서 실제

1. Shipbroker H & R BROKERING 1 SHIRELANE RD. UK - 58ZB1 NOTTINGHAM	RECOMMENDED THE BALTIC AND INTERNATIONAL MARITIME COUNCIL UNIFORM GENERAL CHARTER (AS REVISED 1922, 1976 and 1994) (To be used for trades for which no specially approved form is in force) CODE NAME: "GENCON" Part I
	2. Place and date 15. DEC. 2008
3. Owners/Place of business (Cl. 1) N. P. TRALSTRUP A/S STOREGADE 17 5725 LILLEBØLLE , DK.	4. Charterers/Place of business (Cl. 1) PETERSEN FERTILISERS 22 B CAVE ROAD FELIXTOVE 1 Nº 2 SX
5. Vessel's name (Cl. 1) PRIDE & JOY	6. GT/NT (Cl. 1) 4009 /3865
7. DWT all told on summer load line in metric tons (abt.) (Cl. 1) 3800 T	8. Present position (Cl. 1) SONNY POINT WILMINGTON NT. CAROLINA
9. Expected ready to load (abt.) (Cl. 1) 10 FEBRUARY 2009	
10. Loading port or place (Cl. 1) NAPLES	11. Discharging port or place (Cl. 1) momBASA
12. Cargo (also state quantity and margin in Owners' option, if agreed; if full and complete cargo not agreed state "part cargo") (Cl. 1) APPX. 3750 TS FERTILISER (NPK) IN BAGS, STACKED AND WRAPPED ON PALLETS.	
13. Freight rate (also state whether freight prepaid or payable on delivery) (Cl. 4) USD 200 / MT PRE PAID.	14. Freight payment (state currency and method of payment; also beneficiary and bank account) (Cl. 4) USD - SWIFT
15. State if vessel's cargo handling gear shall not be used (Cl. 5) TO BE USED	16. Laytime (if separate laytime for load. and disch. is agreed, fill in a) and b). If total laytime for load. and disch., fill in c) only) (Cl. 6)
17. Shippers/Place of business (Cl. 6) 17 AV. PARIS, NAPLES	a) Laytime for loading 22 HRS
18. Agents (loading) (Cl. 6) FIRELLI, NAPLES	b) Laytime for discharging 36 HRS
19. Agents (discharging) (Cl. 6) QUEEK, MOMBASA	c) Total laytime for loading and discharging
20. Demurrage rate and manner payable (loading and discharging) (Cl. 7) USD. 5000 / 24 HRS.	21. Cancelling date (Cl. 9) 20 FEBRUARY 2009
	22. General Average to be adjusted at (Cl. 12) OSLO, NORWAY
23. Freight Tax (state if for the Owners' account) (Cl. 13 (c)) FOR OWNERS ACC.	24. Brokerage commission and to whom payable (Cl. 15) 1,5% H&R BROKERING
25. Law and Arbitration (state 19 (a), 19 (b) or 19 (c) of Cl. 19; if 19 (c) agreed also state Place of Arbitration) (if not filled in 19 (a) shall apply) (Cl. 19) NORWAY, OSLO, SG. ARBITRATOR	
(a) State maximum amount for small claims/shortened arbitration (Cl. 19) USD. 100,000	26. Additional clauses covering special provisions, if agreed NIL.

It is mutually agreed that this Contract shall be performed subject to the conditions contained in this Charter Party which shall include Part I as well as Part II. In the event of a conflict of conditions, the provisions of Part I shall prevail over those of Part II to the extent of such conflict.

Signature (Owners)	Signature (Charterers)

PART II
"Gencon" Charter (As Revised 1922, 1976 and 1994)

1. It is agreed between the party mentioned in Box 3 as the Owners of the Vessel 1
named in Box 5, of the GT/NT indicated in Box 6 and carrying about the number 2
of metric tons of deadweight capacity all told on summer loadline stated in Box 3
7, now in position as stated in Box 8 and expected ready to load under this 4
Charter Party about the date indicated in Box 9, and the party mentioned as the 5
Charterers in Box 4 that: 6
The said Vessel shall, as soon as her prior commitments have been completed, 7
proceed to the loading port(s) or place(s) stated in Box 10 or so near thereto as 8
she may safely get and lie always afloat, and there load a full and complete 9
cargo (if shipment of deck cargo agreed same to be at the Charterers' risk and 10
responsibility) as stated in Box 12, which the Charterers bind themselves to 11
ship, and being so loaded the Vessel shall proceed to the discharging port(s) or 12
place(s) stated in Box 11 as ordered on signing Bills of Lading, or so near 13
thereto as she may safely get and lie always afloat, and there deliver the cargo. 14

2. Owners' Responsibility Clause 15
The Owners are to be responsible for loss of or damage to the goods or for 16
delay in delivery of the goods only in case the loss, damage or delay has been 17
caused by personal want of due diligence on the part of the Owners or their 18
Manager to make the Vessel in all respects seaworthy and to secure that she is 19
properly manned, equipped and supplied, or by the personal act or default of 20
the Owners or their Manager. 21
And the Owners are not responsible for loss, damage or delay arising from any 22
other cause whatsoever, even from the neglect or default of the Master or crew 23
or some other person employed by the Owners on board or ashore for whose 24
acts they would, but for this Clause, be responsible, or from unseaworthiness of 25
the Vessel on loading or commencement of the voyage or at any time 26
whatsoever. 27

3. Deviation Clause 28
The Vessel has liberty to call at any port or ports in any order, for any purpose, 29
to sail without pilots, to tow and/or assist Vessels in all situations, and also to 30
deviate for the purpose of saving life and/or property. 31

4. Payment of Freight 32
(a) The freight at the rate stated in Box 13 shall be paid in cash calculated on the 33
intaken quantity of cargo. 34
(b) *Prepaid.* If according to Box 13 freight is to be paid on shipment, it shall be 35
deemed earned and non-returnable, Vessel and/or cargo lost or not lost. 36
Neither the Owners nor their agents shall be required to sign or endorse bills of 37
lading showing freight prepaid unless the freight due to the Owners has 38
actually been paid. 39
(c) *On delivery.* If according to Box 13 freight, or part thereof, is payable at 40
destination it shall not be deemed earned until the cargo is thus delivered. 41
Notwithstanding the provisions under (a), if freight or part thereof is payable on 42
delivery of the cargo the Charterers shall have the option of paying the freight 43
on delivered weight/quantity provided such option is declared before breaking 44
bulk and the weight/quantity can be ascertained by official weighing machine, 45
joint draft survey or tally. 46
Cash for Vessel's ordinary disbursements at the port of loading to be advanced 47
by the Charterers, if required, at highest current rate of exchange, subject to 48
two (2) per cent to cover insurance and other expenses. 49

5. Loading/Discharging 50
(a) Costs/Risks 51
The cargo shall be brought into the holds, loaded, stowed and/or trimmed, 52
tallied, lashed and/or secured and taken from the holds and discharged by the 53
Charterers, free of any risk, liability and expense whatsoever to the Owners. 54
The Charterers shall provide and lay all dunnage material as required for the 55
proper stowage and protection of the cargo on board, the Owners allowing the 56
use of all dunnage available on board. The Charterers shall be responsible for 57
and pay the cost of removing their dunnage after discharge of the cargo under 58
this Charter Party and time to count until dunnage has been removed. 59
(b) Cargo Handling Gear 60
Unless the Vessel is gearless or unless it has been agreed between the parties 61
that the Vessel's gear shall not be used and stated as such in Box 15, the 62
Owners shall throughout the duration of loading/discharging give free use of 63
the Vessel's cargo handling gear and of sufficient motive power to operate all 64
such cargo handling gear. All such equipment to be in good working order. 65
Unless caused by negligence of the stevedores, time lost by breakdown of the 66
Vessel's cargo handling gear or motive power - pro rata the total number of 67
cranes/winches required at that time for the loading/discharging of cargo 68
under this Charter Party - shall not count as laytime or time on demurrage. 69
On request the Owners shall provide free of charge cranemen/winchmen from 70
the crew to operate the Vessel's cargo handling gear, unless local regulations 71
prohibit this, in which latter event shore labourers shall be for the account of the 72
Charterers. Cranemen/winchmen shall be under the Charterers' risk and 73
responsibility and as stevedores to be deemed as their servants but shall 74

always work under the supervision of the Master. 75
(c) Stevedore Damage 76
The Charterers shall be responsible for damage (beyond ordinary wear and 77
tear) to any part of the Vessel caused by Stevedores. Such damage shall be 78
notified as soon as reasonably possible by the Master to the Charterers or their 79
agents and to their Stevedores, failing which the Charterers shall not be held 80
responsible. The Master shall endeavour to obtain the Stevedores' written 81
acknowledgement of liability. 82
The Charterers are obliged to repair any stevedore damage prior to completion 83
of the voyage, but must repair stevedore damage affecting the Vessel's 84
seaworthiness or class before the Vessel sails from the port where such 85
damage was caused or found. All additional expenses incurred shall be for the 86
account of the Charterers and any time lost shall be for the account of and shall 87
be paid to the Owners by the Charterers at the demurrage rate. 88

6. Laytime 89
* *(a) Separate laytime for loading and discharging* 90
The cargo shall be loaded within the number of running days/hours as 91
indicated in Box 16, weather permitting, Sundays and holidays excepted, 92
unless used, in which event time used shall count. 93
The cargo shall be discharged within the number of running days/hours as 94
indicated in Box 16, weather permitting, Sundays and holidays excepted, 95
unless used, in which event time used shall count. 96
* *(b) Total laytime for loading and discharging* 97
The cargo shall be loaded and discharged within the number of total running 98
days/hours as indicated in Box 16, weather permitting, Sundays and holidays 99
excepted, unless used, in which event time used shall count. 100
(c) Commencement of laytime (loading and discharging) 101
Laytime for loading and discharging shall commence at 13.00 hours, if notice of 102
readiness is given up to and including 12.00 hours, and at 06.00 hours next 103
working day if notice given during office hours after 12.00 hours. Notice of 104
readiness at loading port to be given to the Shippers named in Box 17 or if not 105
named, to the Charterers or their agents named in Box 18. Notice of readiness 106
at the discharging port to be given to the Receivers or, if not known, to the 107
Charterers or their agents named in Box 19. 108
If the loading/discharging berth is not available on the Vessel's arrival at or off 109
the port of loading/discharging, the Vessel shall be entitled to give notice of 110
readiness within ordinary office hours on arrival there, whether in free pratique 111
or not, whether customs cleared or not. Laytime or time on demurrage shall 112
then count as if she were in berth and in all respects ready for loading/ 113
discharging provided that Master warrants that she is in fact ready in all 114
respects. Time used in moving from the place of waiting to the loading/ 115
discharging berth shall not count as laytime. 116
If, after inspection, the Vessel is found not to be ready in all respects to load/ 117
discharge time lost after the discovery thereof until the Vessel is again ready to 118
load/discharge shall not count as laytime. 119
Time used before commencement of laytime shall count. 120
* *Indicate alternative (a) or (b) as agreed, in Box 16.* 121

7. Demurrage 122
Demurrage at the loading and discharging port is payable by the Charterers at 123
the rate stated in Box 20 in the manner stated in Box 20 per day or pro rata for 124
any part of a day. Demurrage shall fall due day by day and shall be payable 125
upon receipt of the Owners' invoice. 126
In the event the demurrage is not paid in accordance with the above, the 127
Owners shall give the Charterers 96 running hours written notice to rectify the 128
failure. If the demurrage is not paid at the expiration of this time limit and if the 129
vessel is in or at the loading port, the Owners are entitled at any time to 130
terminate the Charter Party and claim damages for any losses caused thereby. 131

8. Lien Clause 132
The Owners shall have a lien on the cargo and on all sub-freights payable in 133
respect of the cargo, for freight, deadfreight, demurrage, claims for damages 134
and for all other amounts due under this Charter Party including costs of 135
recovering same. 136

9. Cancelling Clause 137
(a) Should the Vessel not be ready to load (whether in berth or not) on the 138
cancelling date indicated in Box 21, the Charterers shall have the option of 139
cancelling this Charter Party. 140
(b) Should the Owners anticipate that, despite the exercise of due diligence, 141
the Vessel will not be ready to load by the cancelling date, they shall notify the 142
Charterers thereof without delay stating the expected date of the Vessel's 143
readiness to load and asking whether the Charterers will exercise their option 144
of cancelling the Charter Party, or agree to a new cancelling date. 145
Such option must be declared by the Charterers within 48 running hours after 146
the receipt of the Owners' notice. If the Charterers do not exercise their option 147
of cancelling, then this Charter Party shall be deemed to be amended such that 148

the seventh day after the new readiness date stated in the Owners' notification 149
to the Charterers shall be the new cancelling date. 150
The provisions of sub-clause (b) of this Clause shall operate only once, and in 151
case of the Vessel's further delay, the Charterers shall have the option of 152
cancelling the Charter Party as per sub-clause (a) of this Clause. 153

10. Bills of Lading 154
Bills of Lading shall be presented and signed by the Master as per the 155
"Congenbill" Bill of Lading form, Edition 1994, without prejudice to this Charter 156
Party, or by the Owners' agents provided written authority has been given by 157
Owners to the agents, a copy of which is to be furnished to the Charterers. The 158
Charterers shall indemnify the Owners against all consequences or liabilities 159
that may arise from the signing of bills of lading as presented to the extent that 160
the terms or contents of such bills of lading impose or result in the imposition of 161
more onerous liabilities upon the Owners than those assumed by the Owners 162
under this Charter Party. 163

11. Both-to-Blame Collision Clause 164
If the Vessel comes into collision with another vessel as a result of the 165
negligence of the other vessel and any act, neglect or default of the Master, 166
Mariner, Pilot or the servants of the Owners in the navigation or in the 167
management of the Vessel, the owners of the cargo carried hereunder will 168
indemnify the Owners against all loss or liability to the other or non-carrying 169
vessel or her owners in so far as such loss or liability represents loss of, or 170
damage to, or any claim whatsoever of the owners of said cargo, paid or 171
payable by the other or non-carrying vessel or her owners to the owners of said 172
cargo and set-off, recouped or recovered by the other or non-carrying vessel 173
or her owners as part of their claim against the carrying Vessel or the Owners. 174
The foregoing provisions shall also apply where the owners, operators or those 175
in charge of any vessel or vessels or objects other than, or in addition to, the 176
colliding vessels or objects are at fault in respect of a collision or contact. 177

12. General Average and New Jason Clause 178
General Average shall be adjusted in London unless otherwise agreed in Box 179
22 according to York-Antwerp Rules 1994 and any subsequent modification 180
thereof. Proprietors of cargo to pay the cargo's share in the general expenses 181
even if same have been necessitated through neglect or default of the Owners' 182
servants (see Clause 2). 183
If General Average be adjusted in accordance with the law and practice of 184
the United States of America, the following Clause shall apply: "In the event of 185
accident, danger, damage or disaster before or after the commencement of the 186
voyage, resulting from any cause whatsoever, whether due to negligence or 187
not, for which, or for the consequence of which, the Owners are not 188
responsible, by statute, contract or otherwise, the cargo shippers, consignees 189
or the owners of the cargo shall contribute with the Owners in General Average 190
to the payment of any sacrifices, losses or expenses of a General Average 191
nature that may be made or incurred and shall pay salvage and special charges 192
incurred in respect of the cargo. If a salving vessel is owned or operated by the 193
Owners, salvage shall be paid for as fully as if the said salving vessel or vessels 194
belonged to strangers. Such deposit as the Owners, or their agents, may deem 195
sufficient to cover the estimated contribution of the goods and any salvage and 196
special charges thereon shall, if required, be made by the cargo, shippers, 197
consignees or owners of the goods to the Owners before delivery.". 198

13. Taxes and Dues Clause 199
(a) _On Vessel_ -The Owners shall pay all dues, charges and taxes customarily 200
levied on the Vessel, howsoever the amount thereof may be assessed. 201
(b) _On cargo_ -The Charterers shall pay all dues, charges, duties and taxes 202
customarily levied on the cargo, howsoever the amount thereof may be 203
assessed. 204
(c) _On freight_ -Unless otherwise agreed in Box 23, taxes levied on the freight 205
shall be for the Charterers' account. 206

14. Agency 207
In every case the Owners shall appoint their own Agent both at the port of 208
loading and the port of discharge. 209

15. Brokerage 210
A brokerage commission at the rate stated in Box 24 on the freight, dead-freight 211
and demurrage earned is due to the party mentioned in Box 24. 212
In case of non-execution 1/3 of the brokerage on the estimated amount of 213
freight to be paid by the party responsible for such non-execution to the 214
Brokers as indemnity for the latter's expenses and work. In case of more 215
voyages the amount of indemnity to be agreed. 216

16. General Strike Clause 217
(a) If there is a strike or lock-out affecting or preventing the actual loading of the 218
cargo, or any part of it, when the Vessel is ready to proceed from her last port or 219

at any time during the voyage to the port or ports of loading or after her arrival 220
there, the Master or the Owners may ask the Charterers to declare, that they 221
agree to reckon the laydays as if there were no strike or lock-out. Unless the 222
Charterers have given such declaration in writing (by telegram, if necessary) 223
within 24 hours, the Owners shall have the option of cancelling this Charter 224
Party. If part cargo has already been loaded, the Owners must proceed with 225
same, (freight payable on loaded quantity only) having liberty to complete with 226
other cargo on the way for their own account. 227
(b) If there is a strike or lock-out affecting or preventing the actual discharging 228
of the cargo on or after the Vessel's arrival at or off port of discharge and same 229
has not been settled within 48 hours, the Charterers shall have the option of 230
keeping the Vessel waiting until such strike or lock-out is at an end against 231
paying half demurrage after expiration of the time provided for discharging 232
until the strike or lock-out terminates and thereafter full demurrage shall be 233
payable until the completion of discharging, or of ordering the Vessel to a safe 234
port where she can safely discharge without risk of being detained by strike or 235
lock-out. Such orders to be given within 48 hours after the Master or the 236
Owners have given notice to the Charterers of the strike or lock-out affecting 237
the discharge. On delivery of the cargo at such port, all conditions of this 238
Charter Party and of the Bill of Lading shall apply and the Vessel shall receive 239
the same freight as if she had discharged at the original port of destination, 240
except that if the distance to the substituted port exceeds 100 nautical miles, 241
the freight on the cargo delivered at the substituted port to be increased in 242
proportion. 243
(c) Except for the obligations described above, neither the Charterers nor the 244
Owners shall be responsible for the consequences of any strikes or lock-outs 245
preventing or affecting the actual loading or discharging of the cargo. 246

17. War Risks ("Voywar 1993") 247
(1) For the purpose of this Clause, the words: 248
(a) The "Owners" shall include the shipowners, bareboat charterers, 249
disponent owners, managers or other operators who are charged with the 250
management of the Vessel, and the Master; and 251
(b) "War Risks" shall include any war (whether actual or threatened), act of 252
war, civil war, hostilities, revolution, rebellion, civil commotion, warlike 253
operations, the laying of mines (whether actual or reported), acts of piracy, 254
acts of terrorists, acts of hostility or malicious damage, blockades 255
(whether imposed against all Vessels or imposed selectively against 256
Vessels of certain flags or ownership, or against certain cargoes or crews 257
or otherwise howsoever), by any person, body, terrorist or political group, 258
or the Government of any state whatsoever, which, in the reasonable 259
judgement of the Master and/or the Owners, may be dangerous or are 260
likely to be or to become dangerous to the Vessel, her cargo, crew or other 261
persons on board the Vessel. 262
(2) If at any time before the Vessel commences loading, it appears that, in the 263
reasonable judgement of the Master and/or the Owners, performance of 264
the Contract of Carriage, or any part of it, may expose, or is likely to expose, 265
the Vessel, her cargo, crew or other persons on board the Vessel to War 266
Risks, the Owners may give notice to the Charterers cancelling this 267
Contract of Carriage, or may refuse to perform such part of it as may 268
expose, or may be likely to expose, the Vessel, her cargo, crew or other 269
persons on board the Vessel to War Risks; provided always that if this 270
Contract of Carriage provides that loading or discharging is to take place 271
within a range of ports, and at the port or ports nominated by the Charterers 272
the Vessel, her cargo, crew, or other persons onboard the Vessel may be 273
exposed, or may be likely to be exposed, to War Risks, the Owners shall 274
first require the Charterers to nominate any other safe port which lies 275
within the range for loading or discharging, and may only cancel this 276
Contract of Carriage if the Charterers shall not have nominated such safe 277
port or ports within 48 hours of receipt of notice of such requirement. 278
(3) The Owners shall not be required to continue to load cargo for any voyage, 279
or to sign Bills of Lading for any port or place, or to proceed or continue on 280
any voyage, or on any part thereof, or to proceed through any canal or 281
waterway, or to proceed to or remain at any port or place whatsoever, 282
where it appears, either after the loading of the cargo commences, or at 283
any stage of the voyage thereafter before the discharge of the cargo is 284
completed, that, in the reasonable judgement of the Master and/or the 285
Owners, the Vessel, her cargo (or any part thereof), crew or other persons 286
on board the Vessel (or any one or more of them) may be, or are likely to be, 287
exposed to War Risks. If it should so appear, the Owners may by notice 288
request the Charterers to nominate a safe port for the discharge of the 289
cargo or any part thereof, and if within 48 hours of the receipt of such 290
notice, the Charterers shall not have nominated such a port, the Owners 291
may discharge the cargo at any safe port of their choice (including the port 292
of loading) in complete fulfilment of the Contract of Carriage. The Owners 293
shall be entitled to recover from the Charterers the extra expenses of such 294
discharge and, if the discharge takes place at any port other than the 295
loading port, to receive the full freight as though the cargo had been 296

carried to the discharging port and if the extra distance exceeds 100 miles, 297
to additional freight which shall be the same percentage of the freight 298
contracted for as the percentage which the extra distance represents to 299
the distance of the normal and customary route, the Owners having a lien 300
on the cargo for such expenses and freight. 301

(4) If at any stage of the voyage after the loading of the cargo commences, it 302
appears that, in the reasonable judgement of the Master and/or the 303
Owners, the Vessel, her cargo, crew or other persons on board the Vessel 304
may be, or are likely to be, exposed to War Risks on any part of the route 305
(including any canal or waterway) which is normally and customarily used 306
in a voyage of the nature contracted for, and there is another longer route 307
to the discharging port, the Owners shall give notice to the Charterers that 308
this route will be taken. In this event the Owners shall be entitled, if the total 309
extra distance exceeds 100 miles, to additional freight which shall be the 310
same percentage of the freight contracted for as the percentage which the 311
extra distance represents to the distance of the normal and customary 312
route. 313

(5) The Vessel shall have liberty:- 314
(a) to comply with all orders, directions, recommendations or advice as to 315
departure, arrival, routes, sailing in convoy, ports of call, stoppages, 316
destinations, discharge of cargo, delivery or in any way whatsoever which 317
are given by the Government of the Nation under whose flag the Vessel 318
sails, or other Government to whose laws the Owners are subject, or any 319
other Government which so requires, or any body or group acting with the 320
power to compel compliance with their orders or directions; 321
(b) to comply with the orders, directions or recommendations of any war 322
risks underwriters who have the authority to give the same under the terms 323
of the war risks insurance; 324
(c) to comply with the terms of any resolution of the Security Council of the 325
United Nations, any directives of the European Community, the effective 326
orders of any other Supranational body which has the right to issue and 327
give the same, and with national laws aimed at enforcing the same to which 328
the Owners are subject, and to obey the orders and directions of those who 329
are charged with their enforcement; 330
(d) to discharge at any other port any cargo or part thereof which may 331
render the Vessel liable to confiscation as a contraband carrier; 332
(e) to call at any other port to change the crew or any part thereof or other 333
persons on board the Vessel when there is reason to believe that they may 334
be subject to internment, imprisonment or other sanctions; 335
(f) where cargo has not been loaded or has been discharged by the 336
Owners under any provisions of this Clause, to load other cargo for the 337
Owners' own benefit and carry it to any other port or ports whatsoever, 338
whether backwards or forwards or in a contrary direction to the ordinary or 339
customary route. 340

(6) If in compliance with any of the provisions of sub-clauses (2) to (5) of this 341
Clause anything is done or not done, such shall not be deemed to be a 342
deviation, but shall be considered as due fulfilment of the Contract of 343
Carriage. 344

18. General Ice Clause 345
Port of loading 346
(a) In the event of the loading port being inaccessible by reason of ice when the 347
Vessel is ready to proceed from her last port or at any time during the voyage or 348
on the Vessel's arrival or in case frost sets in after the Vessel's arrival, the 349
Master for fear of being frozen in is at liberty to leave without cargo, and this 350
Charter Party shall be null and void. 351
(b) If during loading the Master, for fear of the Vessel being frozen in, deems it 352
advisable to leave, he has liberty to do so with what cargo he has on board and 353
to proceed to any other port or ports with option of completing cargo for the 354
Owners' benefit for any port or ports including port of discharge. Any part 355
cargo thus loaded under this Charter Party to be forwarded to destination at the 356
Vessel's expense but against payment of freight, provided that no extra 357
expenses be thereby caused to the Charterers, freight being paid on quantity 358
delivered (in proportion if lumpsum), all other conditions as per this Charter 359
Party. 360
(c) In case of more than one loading port, and if one or more of the ports are 361
closed by ice, the Master or the Owners to be at liberty either to load the part 362
cargo at the open port and fill up elsewhere for their own account as under 363
section (b) or to declare the Charter Party null and void unless the Charterers 364
agree to load full cargo at the open port. 365

Port of discharge 366
(a) Should ice prevent the Vessel from reaching port of discharge the 367
Charterers shall have the option of keeping the Vessel waiting until the re- 368
opening of navigation and paying demurrage or of ordering the Vessel to a safe 369
and immediately accessible port where she can safely discharge without risk of 370
detention by ice. Such orders to be given within 48 hours after the Master or the 371
Owners have given notice to the Charterers of the impossibility of reaching port 372

of destination. 373
(b) If during discharging the Master for fear of the Vessel being frozen in deems 374
it advisable to leave, he has liberty to do so with what cargo he has on board and 375
to proceed to the nearest accessible port where she can safely discharge. 376
(c) On delivery of the cargo at such port, all conditions of the Bill of Lading shall 377
apply and the Vessel shall receive the same freight as if she had discharged at 378
the original port of destination, except that if the distance of the substituted port 379
exceeds 100 nautical miles, the freight on the cargo delivered at the substituted 380
port to be increased in proportion. 381

19. Law and Arbitration 382
* (a) This Charter Party shall be governed by and construed in accordance with 383
English law and any dispute arising out of this Charter Party shall be referred to 384
arbitration in London in accordance with the Arbitration Acts 1950 and 1979 or 385
any statutory modification or re-enactment thereof for the time being in force. 386
Unless the parties agree upon a sole arbitrator, one arbitrator shall be 387
appointed by each party and the arbitrators so appointed shall appoint a third 388
arbitrator, the decision of the three-man tribunal thus constituted or any two of 389
them, shall be final. On the receipt by one party of the nomination in writing of 390
the other party's arbitrator, that party shall appoint their arbitrator within 391
fourteen days, failing which the decision of the single arbitrator appointed shall 392
be final. 393
For disputes where the total amount claimed by either party does not exceed 394
the amount stated in Box 25** the arbitration shall be conducted in accordance 395
with the Small Claims Procedure of the London Maritime Arbitrators 396
Association. 397

* (b) This Charter Party shall be governed by and construed in accordance with 398
Title 9 of the United States Code and the Maritime Law of the United States and 399
should any dispute arise out of this Charter Party, the matter in dispute shall be 400
referred to three persons at New York, one to be appointed by each of the 401
parties hereto, and the third by the two so chosen; their decision or that of any 402
two of them shall be final, and for purpose of enforcing any award, this 403
agreement may be made a rule of the Court. The proceedings shall be 404
conducted in accordance with the rules of the Society of Maritime Arbitrators, 405
Inc.. 406
For disputes where the total amount claimed by either party does not exceed 407
the amount stated in Box 25** the arbitration shall be conducted in accordance 408
with the Shortened Arbitration Procedure of the Society of Maritime Arbitrators, 409
Inc.. 410

* (c) Any dispute arising out of this Charter Party shall be referred to arbitration at 411
the place indicated in Box 25, subject to the procedures applicable there. The 412
laws of the place indicated in Box 25 shall govern this Charter Party. 413
(d) If Box 25 in Part 1 is not filled in, sub-clause (a) of this Clause shall apply. 414
* (a), (b) and (c) are alternatives; indicate alternative agreed in Box 25. 415
** Where no figure is supplied in Box 25 in Part 1, this provision only shall be void but 416
the other provisions of this Clause shall have full force and remain in effect. 417

정기용선표준계약서

9.4.1 총설

본문에 소개되는 정기용선표준계약서는 우리나라 대한상사중재원에서 개발한 표준서식으로서 NYPE가 모델이다.346)

본 서식은 정기용선계약에서 사용되는 전형계약으로서 볼타임(BALTIME)과 함께 애용되고 있다. 실무적으로는 1946년 서식과 1981년 서식도 많이 사용되고 있다.

정기용선계약은 일방인 선주(선박소유자, 나용선자, 정기용선자)가 선박을 일정한 기간 동안 용선자(정기용선자)의 사용을 위하여 빌려주는 계약이다. 통상 선박소유자, 나용선자의 선원이 이미 승무한 상태에서 용선되어 지는 점에 특징이 있다. 따라서 항해사항(선박의 조종, 항행)에 대하여는 선주의 비용과 책임으로 운항이 이루어지고, 상사사항(선적항과 양륙항의 지정, 화물의 수배 등)에 대하여는 정기용선자의 비용과 책임으로 운항이 이루어진다.

정기용선계약은 운송물의 운송의 전제가 되는 선박의 사용에 대한 약정이므로 선주는 운송물에 대한 주의의무를 부담한다는 등의 내용이 용선계약에는 찾아 볼 수 없다. 일당 용선료가 지급되기 때문에 용선의 시작이 되는 선박의 인도에 대한 규정과 선주의 귀책사유로 인한 용선료 지급이 중단되어야 하는 사항(오프 하이어) 등에 대한 규정이 있다.

이 정기용선표준계약 서식은 모두(冒頭)에서부터 제44조까지는 NYPE 1993과 그 내용이 대동소이하다. 이 정기용선표준계약 서식의 제45조(준거법) 및 제46조(중재/재판관할)는 NYPE 1993의 내용을 대체하는 조항이다. 따라서 만일 이 정기용선표준계약 서식의 영문본을 만들고자 한다면 NYPE 1993에서 제45조를 삭제하고 이 해설판 제45조 및 제46조에 기재된 영문조항을 추가하면 될 것이다.

---

346) 본문의 정기용선표준계약서와 약관의 해설은 2017년 대한상사중재원의 제공이다.

9.4.2 국문 계약서

〈정기용선표준계약서〉

이 정기 용선계약서는   년   월   일   에서 다음에 지정한 선박소유자
          와 용선자   와 사이에 체결한다.

선박의 명세(Description of Vessel)
선명   기국   건조   연월일
선적항 및 선박번호
선급
해수 하기 만재흘수선의 흘수   에서 재화톤수   롱톤＊/미터톤＊(청수 및 선용품을 포함
하여 화물 및 연료   롱톤＊/미터톤＊을 초과하지 않음).
용적은   곡물 입방피트, 또는   포대의 경우 입방피트, 총톤수
          톤, 속력은 만재 항해 속력으로 양호한 날씨 조건에서 최대 풍력 뷰포트 지수   까지를
포함하여(연료   을   롱톤＊/미터톤＊을 소모하는 약   노트이다.

 ＊ 표시는 적절히 삭제한다.
    선박 명세의 구체적인 추가 사항은 이 계약서의 부속서 A(Appendix A)를 참고할 것.

제1조 용선 기간

선박소유자는 본선의 인도시부터   기간 동안
                                        항행구역의 범위 안에서 선

박을 인도하고 용선자는 이것을 용선할 것을 약정한다.[347]

제2조 선박의 인도

본 선박은   장소에 정박되어 용선자가 자유롭게 사용할 수 있어야 한다.
선박은 인도시에 깨끗이 청소된 선창과 함께 화물을 수령할 준비가 되고, 수밀상태로 견고하여야
한다. 그리고 물 밸러스트를 유지하며, 동시에 윈치를 작동시킬 수 있는 충분한 동력을 가지고 모

---

347) [해설] 제1조는 용선 기간에 대하여 정한다. 정기용선은 기간에 따라 용선료가 지급되므로 아주 중요한 의미를
    갖는다.

든 면에서 통상적인 운송 서비스에 적합하도록 하여야 한다.

선박소유자는 용선자에게 용선선박의 예상 인도일의 통지를   일 이전에 하여야 한다.

제3조 용선개시 및 종료시의 검사

계약 당사자는 별도의 합의가 없는 한, 용선선박을 인도 또는 반선하기 전에 각자의 비용으로써 검사원을 최초의 선적항/최후의 양륙항 보다 앞서 각각 선임하여 용선선박 내의 연료양과 용선선박의 상태를 확인하기 위하여 공동 용선개시 및 종료(온-오프 하이어) 검사를 실시하여야 한다. 각 검사원은 각 사항에 관하여 1통의 보고서를 작성하고 각자 서명하여야 한다. 그러나 검사원이 합의할 수 없는 사항을 기재한 별도의 보고서를 제출할 권리에는 영향이 없다. 만일 일방 당사자가 검사에 입회할 대표자를 선임하지 못하거나 또 공동검사 보고서에 서명할 수 없는 경우라고 하더라도, 그 당사자는 상대방 당사자가 작성한 검사 보고서의 조사 결과에 관하여 모든 면에서 구속을 받는다. 용선개시(온 하이어) 검사에 소요되는 시간은 용선자가 부담하고, 용선종료(오프 하이어) 검사에 소요되는 시간은 선박소유자가 부담한다.

제4조 위험 화물/면책 화물

(a) 용선선박의 선적국, 선적항과 양륙항의 국가, 및 용선선박이 반드시 통과하여야 할 중간국 또는 항의 관할청이 요구하거나 권고하는 방법에 따라서 운송할 경우를 제외하고, 용선선박은 모든 위험성, 유해성, 가연물 또는 부식성을 가진 물건을 제외하고 적법한 운송물의 운송에 사용할 수 있다. 위의 일반 규정에 영향을 미치지 아니하고, 특히 모든 종류의 생동물, 무기, 탄약, 폭발물, 핵물질 및 방사능 물질의 운송을 추가제외한다.

(b) 국제해사기구에서 지정한 운송물을 운송할 것을 합의한 경우에 그 운송물의 양은   톤으로 제한하여야 하고, 용선자는 국제해사기구의 규칙에 따라서 포장, 표시, 선적 및 적부되었는가를 알 수 있게 하기 위하여 선장이 합리적으로 요구하는 증거를 제출하여야 한다. 만일 이에 위반하면 선장은 운송물의 선적을 거부할 수 있고, 이미 선적된 운송물은 용선자의 위험과 비용으로써 양륙할 수 있다.

제5조 항행구역

용선선박은 용선자의 지시에 따라서

안에 있는 구역의 안전한 항 또는 안전한 장소 사이에서의 적법한 항해에 사용되어야 한다.

제6조 선박소유자의 제공 의무

선박소유자는 별도의 합의가 있는 경우를 제외하고, 용선선박의 보험, 모든 식료품, 선원실, 갑판부, 기관부 및 보일러 물을 포함하여 기타 필요한 선용품을 제공하고 비용을 지급하여야 한다. 선원의 임금, 선원의 고용과 선원의 하선비용 및 영사 비용, 선원에 관련된 항비도 지급하여야 한다. 그리고 선박소유자는 용선선박의 선급을 유지하고, 선체, 기관 및 장비를 철저하게 효과적인 작동 상태로 유지하고 또한 사관과 부원의 정원을 확보하여야 한다.348)

제7조 용선자의 제공 의무

용선자는 용선선박이 용선 기간 중에, 별도의 합의가 있는 경우를 제외하고, (필수적인 경비원과 화물 경비원 및 필수적인 폐기물 처분을 포함한) 연료 전부를 준비하고 항비, 용선자의 업무에 관련된 일체의 통신비, 도선료, 예선료, 대리점비, 수수료, 영사 비용을 지급하여야 한다. (다만 각 선원 및 용선선박의 국적에 관한 비용을 제외한다.) 그리고 제6조에 규정된 것을 제외한 기타 모든 통상 비용을 지급하여야 한다. 다만, 용선선박의 책임 있는 사유로 인하여(기상을 이유로 한 경우는 제외함) 발생한 모든 비용은 선박소유자가 부담한다. 선원의 발병으로 소독 명령을 받은 경우의 비용은 선박소유자의 부담으로 한다. 그러나 이 용선계약에 따라서 용선선박을 사용할 동안 적재된 운송물 또는 기항한 항구 때문에 소독 명령이 내려진 경우에 그 비용은 용선자가 부담하여야 한다. 본 선박이 연속 6개월 이상 용선된 이후의 기타의 모든 소독 비용은 용선자가 부담하여야 한다.

용선자는 필요한 깔판과 특별 항해 및 운송물에 필요한 추가 의장품을 준비하여야 한다. 그러나 선박소유자는 용선자에게 이미 용선선박 위에 있는 모든 깔판의 사용을 허락하여야 한다. 용선자는 용선선박을 반선하기 전에 자기의 비용과 시간으로써 자기가 설치한 깔판과 의장품을 철거하여야 한다.349)

---

348) [해설] 선박소유자가 부담하는 비용에 대하여 정한다. 선원의 고용과 선박의 관리 등이 선박소유자의 부담이라는 점이 특히 중요하다. 선박소유자가 고용한 선원의 과실로 인한 과실에 대하여는 선박소유자가 책임의 주체가 된다.

349) [해설] 정기용선자가 부담하여야 하는 내용은 선박 운항과 관련된 연료유 공급, 항비, 도선료 등임을 알 수 있다. 이는 상사사항에 대하여 정기용선자가 책임을 부담하게 되는 근거가 된다.

제8조 항해의 이행

(a) 선장은 신속하게 항해를 수행하여야 하고, 선원들과 함께 관습상 요구되는 모든 지원을 제공하여야 한다. 선장은 영어에 정통하여야 하고 또 (선박소유자에 의하여 선장이 선임되었다고 하여도) 용선선박의 사용 및 대리관계에 관하여 용선자의 지시를 따라야 한다. 용선자는 자기의 위험과 비용으로써, 선장의 감독 아래에서 제한없이 운송물의 선적, 적부, 고르기, 묶기, 고정, 더니징, 풀기, 양하 및 검수를 포함하여 모든 운송물에 대한 취급을 실행하여야 한다.

(b) 용선자가 선장과 선박 직원의 행위가 불만족하다는 합리적인 이유가 있는 경우에, 선박소유자는 불만 사유서를 접수하는 즉시 그 사실을 조사하고, 필요하면 그 선임을 변경하여야 한다.[350]

제9조 선박연료

(a) 용선자는 용선선박을 인도할 때, 선박소유자는 반선할 때, 선내에 남아 있는 모든 연료유 및 디젤유를 아래의 조건에 따라서 인도받고 그 대금을 지급하여야 한다. 용선선박은   톤당 가격의 연료유   롱톤*/미터톤* 및 톤당   가격의 디젤유 톤의 연료유와 함께 인도된다. 용선선박은 톤당   가격의 연료유 톤과, 톤당   가격의 디젤유   톤과 함께 반선된다.
* 위 조항에서는 동일한 톤수 단위를 적용한다.

(b) 용선자는 용선선박의 주기관 및 보조기관의 사용에 적합하고 그리고 부속서 A에서 기재하고 있는 명세에 적합한 품질의 연료유를 공급하여야 한다.
선박소유자는 부적합한 연료유 또는 합의된 명세와 적합하지 아니한 연료유를 사용하여 발생한 주기관 및 보조기관의 모든 손해에 대하여 용선자에게 손해배상 청구권을 유보한다. 또한 제공된 연료유가 상호 합의한 명세와 일치하지 아니하거나 또는 용선선박의 주기관 또는 보조기관에 사용함에 부적합하다는 것이 증명된 때에, 선박소유자는 용선선박의 항해 속력의 저하 및/또는 연료유 소비량의 증가 및 상실된 시간, 기타의 결과에 대하여 책임을 지지 아니한다.[351]

제10조 용선 요율/반선 구역과 통지

용선자는 매 30일마다 용선선박의 사용과 용선에 대하여 1일당 미화   달러의 비율

---

350) [해설] (a)항은 선장은 선박소유자가 선임·감독하지만, 용선 기간 동안 선박의 사용에 대하여 정기용선자의 지시에 따라야 함을 정한다.
351) [해설] (b)항은 용선기간 중 선박연류유의 제공은 용선자의 부담과 책임임을 정한다.

혹은, 연료 및 선용품을 포함하여 하기 건현　　　　　　에서 용선선박의 총재화 톤수에 대하여 1톤당 미화　　　　　달러의 비율에 의한 금액을 위의 인도일부터 지급한다. 1개월 미만의 기간에 대하여서도 동일한 비율에 따른다. (용선선박이 멸실되지 않는 한), 용선료는 통상의 마모를 제외하고서, 용선선박의 용선 개시시와 똑같이 양호한 상태로서　　　　　　에서 선박소유자에게 반선일의 반선 시까지 지급된다. 다만 별도의 합의가 있으면 그것에 따른다.

용선자는 예정 반선일 및 예정항에 대한 통지를　　　　　일 전까지 선박소유자에게 하여야 한다.

용선료 계산의 목적을 위한 인도, 반선 또는 용선 종료시간은 세계 표준시에 따라 조정한다.352)

제11조　용선료의 지급

(a) 지급

용선료는 선박소유자 또는 선박소유자가 지정한　　　　　　곳에 있는 수취인에 대하여　　　　　　의 통화 또는 미화로써 선박소유자가 사용 가능한 자금으로서 15일치를 지급일에 선급하여야 한다. 마지막 달 또는 마지막 달의 일부분에 대하여는 개략액을 선급한다. 그 개략액이 실제의 시간을 만족시키지 못하는 경우에는, 선박소유자가 원하면, 만기가 되는 날마다 나머지를 지급하여야 한다. 용선료의 정시지급 및 규칙적 지급이 되지 않는 경우 또는 용선계약의 여하한 기본조항 위반의 경우 선박소유자는 자신이 용선자에 대하여 가지는 어떠한 손해배상청구에 대하여도 영향을 받지 않고, 용선자의 사용으로부터 용선선박을 철수시킬 권리를 갖는다. 제11조 (b)에 규정된 유예기간의 만료 후 용선료의 미지급이 있는 경우 선박소유자는 언제나, 자유로운 철수권을 침해받지 않고서, 이 용선계약의 어떠한 의무의 이행도 중단할 권리를 가지고 그 결과에 대하여 선박소유자는 어떠한 책임도 부담하지 아니하며, 용선자는 선박소유자에게 그러한 손해에 대하여 보상하여야 하고 용선료는 계속하여 발생하며 또 그러한 미지급에 의하여 발생한 모든 추가비용은 용선자가 부담한다.

(b) 유예기간

용선자측 또는 용선자의 은행측이 실수, 부주의, 잘못 또는 부작위로 말미암아 용선료가 정시에 정기적으로 지급되지 못한 경우, 선박소유자는 (약정된 지급지에서 인정된) 정상의 은행 영업일　　　　　　일 전에 서면으로 그에 대한 보완 통지를 용선자에게 보내어야 한다. 이 통지에 따라서 위의　　　　　　일 이내에 그 미지급이 보완되었을 때에는 그 지급은 정시에 정기적으

---

352) [해설] 정기용선에서 가장 중요한 용선료에 대하여 정하고 있다. 용선된 날짜 혹은 톤수 중에서 하나로 용선료가 정하여 지지만 통상 용선된 날짜의 수로 용선료가 지불된다.

로 지급된 것으로 유효하게 된다.

여기에 규정된 선박소유자의 통지를 받은 　　　　　　 일 이내에 용선자가 용선료를 지급하지 아니할 때에는 선박소유자는 위 제11조 (a)의 규정에 따라서 용선선박을 철수시킬 수 있다.

(c) 최종 용선료의 지급

최종 및/또는 그 직전의 용선료를 지급할 때에 용선선박이 반선항을 향하여 항해 중인 경우, 용선료의 지급은 그 항해를 완성하기 위하여 필요할 것으로 추정된 기간으로 계산되고 반선 전에 용선선박 안에 실제로 남아 있는 연료유와 그 중에서 그리고 선박소유자가 인수할 것 및 또한 선박소유자의 계정으로 개략 산정한 것을 함께 고려하여 선박소유자와 정기용선자가 합의하여 정한다. 만일 그 지급액이 실제 기간의 용선료를 충족시키지 못할 때에 용선료 지급의 부족액은 만기가 되면 일당으로 지급되어야 한다. 용선선박을 반선한 후에 차액이 생겼을 때에는 경우에 따라서 선박소유자가 반환하거나 또는 정기용선자가 지급한다.

(d) 현금 가불금

모든 항구에서 통상적인 용도를 위한 현금은 선박소유자의 요구에 따라서 선박소유자가 용선자로부터 2.5 퍼센트의 수수료를 붙여서 빌릴 수 있고 그 가불금은 용선료에서 공제된다. 그러나, 용선자는 그러한 가불금의 사용에 관하여 결코 책임을 지지 아니한다.

제12조　선석

용선선박은 조석에 관계없이 용선선박이 항상 떠서 안전하게 입항하여 정박하고 또 발항할 수 있는 조건하에서, 용선자 또는 그 대리인이 지시하는 어떠한 안전한 도크, 안전 선석 또는 안전한 장소에서 선적 및 양하를 이행한다.[353]

제13조　화물 공간

(a) 용선선박의 사관, 부원, 색구, 장비, 비품, 식료품, 선용품 및 연료를 위한 적절하고 충분한 구역을 제외하고, (용선선박이 합리적으로 안전하게 적부 및 운송을 할 수 있는 한도를 초과하지 않는 정도의) 용선선박의 선창, 갑판 및 기타 운송물을 위한 공간은, 만약 하역 감독이 승선할 경우에는 그를 포함하여, 모두 용선자가 자유롭게 사용할 수 있어야 한다.

(b) 갑판 위에 운송물을 운송할 경우, 갑판 위의 운송물을 운송한 결과 용선선박에 생긴 모든 종

---

353) [해설] 용선자는 안전한 선석을 제공하여야 함을 정한다.

류의 멸실 및/또는 훼손 및/또는 책임 그리고 갑판적 화물을 적재하지 아니하였으면 생기지 아니하였을 모든 종류의 멸실 및/또는 훼손 및/또는 책임에 관하여 선박소유자는 용선자로부터 보상받을 수 있다.

제14조 하역 감독과 식사

용선자는 자신의 위험으로써 용선선박에 승선하여 항해를 신속히 실행하도록 감독하는 하역 감독을 선임할 권리를 가진다. 하역 감독은 거주 설비를 무상으로 사용하며 선장에게 제공되는 것과 동일한 대우를 받는다. 이 때에 용선자는 1일   의 비율의 금액을 지급하여야 한다. 선박소유자는 도선사 및 세관원의 식비를 제공하여야 하고, 용선자 또는 그 대리인으로부터 위임을 받았을 때에는 검수인, 하역 감독 등에게 식비를 제공하여야 한다. 용선자는 이러한 식비에 대하여 1끼당   의 비율의 금액을 지급하여야 한다.

제15조 항해 지시와 항해일지

용선자는 수시로 선장에게 영어로 된 서면으로 모든 필요한 지시 및 항해 지시를 주어야 한다. 선장은 매 항차 또는 여러 항차에 대한 갑판일지 및 기관일지를 정확하게 작성하여 용선자 또는 그 대리인에게 제공하여야 한다. 또 용선자, 그 대리인 또는 하역 감독의 요구가 있으면 용선선박의 침로, 항주 거리 및 연료 소비량을 기재한 갑판 및 기관 일지의 정본을 제출하여야 한다. 용선자 모든 일지의 요약은 영어로 작성되어야 한다.

제16조 인도/용선해제

용선자의 요구가 있으면 용선 기간은   전에는 개시하지 아니하고 용선선박이   일의   시 까지 인도 준비가 안된 경우 용선자는 이 계약을 해제할 선택권을 가진다.[354]

해제권의 연장
선박소유자가 상당한 주의를 다하였음에도 불구하고, 해제일까지 용선선박의 인도 준비가 되지 아니하고 용선선박의 새로운 준비 예정일을 선박소유자가 합리적으로 담보할 수 있는 경우에는, 선박소유자는 용선선박의 인도항 또는 인도지로 향할 발항 예정일 7일 전에, 용선자에게 이 정기

---

354) [해설] 용선선박의 인도일에 대하여 정한다. 용선자가 준비가 되지 않은 상태에서 선박을 인도받을 수 없고, 너무 늦게 제공되어서도 아니되므로 이러한 경우에는 계약해제권이 발생함을 정한다.

용선계약; 해제 여부의 확답을 요구할 수 있다. 용선자가 해제하지 아니하기를 선택하거나, 혹은 2일 이내 또는 해제일 중에서 빠른 날 안에 대답이 없는 경우, 선박소유자가 통지한 새로운 인도 준비 예정일의 7일 후가 최초의 해제일을 대신한다. 용선선박이 다시 연기되었을 때에는 선박소유자는 이 조항에 따라서 용선자의 해제권 행사의 확답을 다시 요구할 수 있다.

제17조 용선료 지급중단

선박 사관 또는 부원의 부족 및/또는 태만 및/또는 동맹파업, 선용품 부족, 화재, 선체, 기관 또는 비품의 고장 또는 손상, 좌초, 용선선박의 압류에 의한 억류(다만 그 압류가 용선자, 그 대리인 또는 하도급자의 귀책사유로 인한 것을 제외한다.), 운송물의 고유한 흠, 성질 또는 결함에 기인하지 않는 용선선박 또는 운송물의 해난 사고에 의한 선박의 지체, 검사 또는 선저 페인트 칠을 위한 드라이 도크 기타 용선선박의 완전한 운항을 저해하는 기타 유사한 사유로 인하여 시간을 상실한 때에는 용선료 및 시간외 수당의 지급은 그 상실한 기간에 대해서 중단된다. 용선선박이 항해 중 용선자의 지시를 위반하거나 또는 운송물의 사고, 또는 본 용선계약의 제22조에서 인정하는 경우 이외의 사유로 이로하고 다시 되돌아 왔을 경우, 용선선박이 이로를 개시한 때부터 용선선박이 다시 그 개시점 또는 목적지에서 등거리의 지점에서 항해를 재개할 때까지; 용선료의 지급은 중단된다. 용선료 지급 중단기간 중에 용선선박이 소비한 연료는 선박소유자가 부담한다. 거친 바다 때문에 항구 또는 정박지로 피항하는 경우 또는 수심이 낮은 항, 낮은 곳이 있는 강 또는 항에 취항하게 된 경우 용선선박의 지체 및/또는 그러한 지체의 결과로 발생한 비용은 용선자의 부담으로 한다. 항해 중에 선체 기관 또는 설비의 결함 또는 고장에 의하여 속력이 저하되었을 때에 발생한 상실 시간 및 그 결과로 추가 소비된 연료비 및 기타 입증된 모든 비용은 용선료에서 공제한다.[355]

제18조 재용선

별도의 합의가 없는 한, 용선자는 이 본 용선계약 기간의 전부 또는 일부에 대하여 용선선박을 재용선하여 줄 수 있다. 그러나 용선자는 이 용선계약의 이행의 책임을 여전히 부담한다.[356]

제19조 드라이 도크 입거

---

355) [해설] 소위 말하는 오프 하이어 규정이다. 정기용선계약은 선박의 사용을 선박소유자가 제공하고 정기용선자는 이를 일당으로 지급하고 제공된 선박을 이용하는 것이므로, 선박소유자의 귀책사유로 선박이 사용할 수 없는 상태에 있다면 이 경우는 용선료의 지급이 중단되어야 할 것이다. 이에 대한 규정이다. 다만, 용선자의 귀책사유의 경우에는 용선자 비용으로 한다.
356) [해설] 원칙적으로 용선자는 용선선박을 재용선할 수 있음을 정한다.

본 용선선박은 드라이 도크의 입거를   마지막으로 하였다.

* (a) 선박소유자는 이 용선계약 기간 중에 선급협회의 요구 또는 상황에 따라 선저의 청소 및 페인트 칠 및/또는 수선에 대하여 선박소유자와 용선자가 합의한 경우에 보다 좋은 시기와 장소에서 용선선박을 드라이 도크에 입거시킬 선택권을 갖는다.
* (b) 긴급한 경우를 제외하고서 이 용선 기간 중에 용선선박을 드라이 도크에 입거하지 아니한다.
* 적절히 하나를 삭제함.

제20조 전손

용선선박이 멸실되었을 때에는 선급금 가운데 경과되지 아니한 금액(멸실 또는 최후에 소식이 있었던 날부터 기산하여)은 바로 용선자에게 반환되어야 한다.

제21조 면책사유

이 용선 기간 중에 천재지변, 공적, 화재, 군주, 지배자 및 인민에 의한 억류, 해상, 강, 기계, 보일러 및 항해의 모든 위험 및 사고, 그리고 항해과실에 기인한 손해에 대하여 계약당사자 사이에서는 상호 면책된다.

제22조 자유 항해권

용선선박은 도선사의 승선 여부에 관계없이 항해할 수 있고, 예인할 수 있고 또는 예인될 수 있으며, 조난 선박을 구조하고, 인명 및 재산을 구조할 목적으로 이로할 권리를 갖는다.

제23조 유치권

선박소유자는 본 용선계약하에서 수령할 모든 금액(공동해손 분담금을 포함하여)에 대하여 모든 운송물, 재운임 및/또는 재용선료 위에 유치권을 가진다. 용선자는 선급금으로서 미경과 금액의 전부 그리고 즉시 반환되어야 할 초과지급된 용선료 혹은 초과 예치액에 대하여 용선선박에 유치권을 가진다.
용선자는 선박소유자가 용선선박 위에 가진 권리 및 이익보다 우선할 수 있는 어떠한 유치권 또는 채무를 직접적 또는 간접적으로 발생시키지 못하고 또 존속시키지도 못한다. 용선자는 이 용선 기간 중에 항비 및 연료를 포함하여 어떠한 보급품 혹은 필요품 혹은 용역을 선박소유자의 신용

(계산)으로 혹은 그 시간으로 조달하지 아니할 것을 약속한다.[357]

제24조 해난구조

모든 습득한 해상 유기물 및 해난구조료는, 선박소유자와 용선자의 비용과 선원의 배당금을 공제하고 그 잔액에 대하여 선박소유자와 용선자가 균분한다.[358]

제25조 공동해손

공동해손은 1990년에 개정된 1974년 요크 앤트워프 규칙 또는 그 후에 개정된 규칙에 따라서   곳에서   의 통화로써 정산한다.
용선자는 이 용선 기간 중에 발행된 모든 선하증권에 공동해손은 1990년 개정의 1974년 요크 앤트워프 규칙 또는 그 후에 개정된 규칙에 따라서 정산한다는 취지 조항 및 제31조의 뉴 제이슨 조항을 삽입할 것을 약정한다.
정기용선료는 공동해손을분담의 대상이 아니다.

제26조 항해

본 용선계약서의 어느 조항도 용선자에 대하여 선박을 임대차한 것으로 해석되어서는 아니된다. 선박소유자는 용선선박의 항해, 도선 및 예항 행위, 보험, 선원 기타 일체의 사항에 대하여 자기의 계산으로 항해하는 경우와 동일한 책임을 진다.[359]

제27조 운송물 손해배상청구

선박소유자와 용선자 사이의 운송물에 대한 손해배상은 1984년 5월 개성된 1970년의 뉴욕물산 거래소 클럽 간 협정 또는 후속 개정에 따라서 정산된다.[360]

제28조 하역설비와 조명

---

357) [해설] 용선료 채권을 갖는 선박소유자는 운송물 재운임 등에 대하여 유치권을 가지고, 반대로 선급금의 미경과금에 대하여는 용선자는 용선선박에 대하여 유치권을 가짐을 정한다.
358) [해설] 해난구조료에 대하여 일정한 비용을 제한 다음 선박소유자와 용선자가 균분함을 정한다.
359) [해설] 선박소유자가 선박에 대한 관리, 선원의 선임·감독을 계속한다는 취지이다. 따라서 정기용선자가 선박임차인(나용선자)이 부담하는 불법행위책임을 부담하지 않게 된다.
360) [해설] 선박소유자와 정기용선자는 감항능력 주의의무와 운송물 적부에 대한 의무를 각각 부담하여 공동으로 책임을 부담하게 되는 경우가 있다. 이러한 경우의 손해배상의 처리는 양 당사자가 선주상호보험조합에서 정한 협정서에 따라서 처리함을 말한다.

하역설비를 장치하고, 기재된 양하 능력(모든 데릭 및 크레인용)을 가진 설비를 제공한다. 또한 선박소유자는 용선선박의 야간 작업을 위한 조명을 준비하여야 한다. 그러나 선내의 조명 이외에 추가된 모든 조명의 비용은 용선자의 부담으로 한다. 용선자는 용선선박의 모든 설비의 사용권을 가진다. 용선자의 요구가 있는 경우 선박은 주·야간 작업을 하여야 한다.그리고 운송물을 선적·양하할 동안 모든 하역설비는 용선자가 자유로이 사용할 수 있다. 하역설비가 작동되지 않거나 또는 동력이 부족하여 작동되지 않을 경우, 그러한 불작동과 부족함이 용선자의 하역인부로 인하여 발생하지 않은 한, 용선자가 실제로 잃은 시간에 대하여 용선료 지급이 중단된다. 또 그로 인하여 발생한 하역인부의 대기로 인한 비용은 선박소유자가 지급하여야 한다. 만일 용선자의 요구가 있을 경우, 선박소유자는 그러한 하역설비에 대신하여 육상의 하역설비를 사용하고 그 임차료를 부담하여야 한다. 이 경우 용선선박에 대한 용선료 지급은 계속된다.361)

제29조 선원의 초과 수당

용선자는 자신 또는 그 대리인의 명령에 따라 발생한 사관 또는 부원의 시간외 초과수당을 지급하는 대신으로 1개월에   , 1개월 미만은 그 비율로써 용선료와 함께 이를 선박소유자에게 지급하여야 한다.

제30조 선하증권

(a) 선장은 화물수령증 또는 검수서의 기재에 따라서 제시된 선하증권 또는 해상화물운송장에 서명하여야 한다. 그러나 용선자는 사전에 선박소유자로부터 서면으로 권한을 위임받아서, 항상 화물수령증 또는 검수서와 일치하도록 발행된 선하증권 또는 해상화물운송장에; 선장을 대신하여; 서명할 수 있다.

(b) 어떠한 선하증권 또는 해상화물운송장도 이 용선계약에 영향을 미쳐서는 아니된다. 용선자는 자기에 의하여 또는 그 요청에 의하여 선장이 서명한 모든 선하증권 또는 해상화물운송장과 이 용선계약 사이에 불일치로부터 생긴 모든 결과 또는 책임에 대하여 선박소유자에게 보상한다.

---

361) [해설] 하역설비의 제공은 선박소유자의 부담이고, 이것이 선박측의 원인으로 사용이 불가하게 된 경우에는 용선료 지급이 중단됨을 정한다.

(c) 갑판적 운송물에 대한 선하증권에는 "용선자, 송하인 및 수하인의 위험, 비용 및 책임으로써 갑판 위에 적재하였음. 또 그로 인하여 발생한 모든 멸실, 훼손 또는 지연에 대하여 용선선박 또는 선박소유자 측에 책임을 부담시키지 아니함"이라는 뜻의 조항을 삽입하여야 한다.362)

제31조 보호조항

본 용선계약은 다음의 조항을 조건으로 하며, 이러한 조항은 모두 본 용선계약 하에서 발행되는 모든 선하증권 또는 해상화물운송장에 포함된다.

(a) 지상약관

본 선하증권은 미국 해상물건운송법, 헤이그 규칙, 헤이그 비스비 규칙 기타 선하증권 발행지 또는 목적지에 있어서 강행법으로서 적용되는 동종의 국내법의 조항에 의하여 효력을 가진다. 그리고 그러한 조항이 이 증권에 삽입된 것으로 본다. 그리고 이 증권에서 규정하고 있는 어떠한 규정도 위의 법에 기초한 운송인의 권리 또는 면책 특권을 포기하거나 또는 책임 또는 의무를 가중시키는 것으로 보아서는 아니된다. 이 증권의 문언이 위의 법과 저촉하는 경우에 그 문언은 저촉 범위내에서는 무효가 된다. 그리고,363)

(b) 쌍방과실충돌 약관

다른 선박의 과실과 용선선박의 항해상 또는 관리상 선장, 해원, 도선사 또는 운송인의 피용자의 행위, 과실 또는 부주의의 결과로 인하여 용선선박(적재선박)이 다른 선박과 충돌한 경우에, 본 증권에 따라서 운송되는 운송물의 화주는 비적재선 또는 그 선박소유자에 대하여 운송인이 부담하게 되는 모든 손해 또는 채무를 보상하여야 한다. 그러한 손해 또는 채무는 적재선박에 적재된 화주의 운송물에 대한 손상 혹은 손해 혹은 그 화주의 모든 손해배상을 나타내는 것으로서, 비적재선 또는 그 선박소유자가 적재선 화주에게 지급하였거나 지급할 것이며, 적재선박 혹은 그 운송인에 대하여 비적재선 선주가 구상권을 행사하여 상계하거나 공제하거나 회수한 것을 한도로 한다. 위의 조항은 충돌 선박 또는 물체 이외의, 또는 여기에 추가하여, 모든 선박 또는 물체의 소유자, 운항자 또는 관리인에게 충돌 또는 접촉과 관련하여 과실이 있는 경우에 또한 적용한다. 그리고,364)

---

362) [해설] 선하증권은 선장에 의하여 발행되어야 하고, 용선된 선박은 정기용선자에 의하여 영업의 목적으로 사용되는 것이므로, 선장은 서명할 의무를 부담한다. 그러나, 이런 지시에 대하여 정기용선자는 책임을 부담한다.

363) [해설] 미국 콕사(COGSA) 혹은 헤이그 비스비 규칙을 준거법으로 사용한다는 취지의 규정이다. 콕사 혹은 헤이그 비스비 규칙의 직접적인 적용대상은 아닐지라도 계약을 통하여 이를 준거법으로 사용이 가능하게 한다. 제45조의 한국 준거법 조항과의 관계에 있어서 미국 콕사의 내용이 한국상법 해상편보다 우선 적용된다. 그러나, 콕사 등에 없는 내용, 예컨대 계약의 성립 등은 한국법이 적용된다. 순전히 국내용으로 본 정기용선서식이 사용될 때에는 본 지상약관을 삭제하는 것이 바람직하다.

(c) 뉴 제이슨 약관

항해의 개시 전 또는 후에 어떠한 원인의 결과이든지 또는 과실에 의한 것인지를 불문하고 발생한 사고, 위험, 손해 또는 재해가 발생하고 그 원인 또는 그 원인의 결과에 대하여 운송인이 법률, 계약 또는 기타에 의하여 책임을 지지 아니하는 경우에, 운송물, 송하인 · 수하인 또는 화주는, 공동해손의 성질을 가진 여하한 희생, 손실 또는 비용에 대하여 운송인과 공동으로 분담하여야 한다. 운송물에 관련하여 발생한 해난구조료 및 특별비용도 지급하여야 한다.

운송인이 구조선을 소유하고 운항하는 경우에도, 마치 그 구조선이 제3자의 소유에 속하는 경우와 같이 구조료 전액을 지급하여야 한다. 운송물, 송하인, 수하인 또는 화주는 요구가 있으면 운송인 또는 그 대리인이 운송물의 예상공동해손 분담금, 모든 구조료 및 특별비용을 보상할 수 있는 정도의 충분한 금액을, 운송물을 인도하기 전에 운송인에게 예치하여야 한다.[365]

(d) 미국 항행구역과 마약금지 약관

1986년 미국 약물남용금지법 또는 그 법의 개정법 조항에 따라서, 정기용선자는 적하목록에 기재되지 아니한 마약 및 마리화나가 용선선박에 선적되고 숨겨지는 것을 방지하기 위한 최선의 주의의무를 행할 것을 담보한다.

본 조항을 준수하지 않는 것은 담보의 위반을 구성하고 그 결과에 대하여 용선자는 책임을 부담하고, 또한 선박소유자, 용선선박의 선장 및 해원이 손해가 없도록 하여야 한다. 그리고 용선자는 이들에게 개별적으로 또는 합동하여 발생하거나 또는 발생하였던 모든 손해에 대하여 보상하여야 한다. 나아가, 용선자의 이 조항의 위반의 결과로서 야기된 벌금을 포함한 모든 시간의 상실과 발생한 비용에 대하여는 용선자의 부담이고 이러한 기간 동안에도 용선은 계속된다.

용선자가 본 조항의 내용을 위반한 결과, 용선선박이 압류되었을 때에는 용선자는 자신의 비용으로서 적절한 기간 안에 용선선박의 해방을 보장하기 위하여 모든 합리적인 수단을 강구하여야 하

---

364) [해설] 이 조항은 미국에서 선박충돌 상호간에는 분할책임이 적용되지만, 화주에 대하여는 공동불법행위자인 선박이 연대책임을 부담하기 때문에 필요하다. 예컨대, 갑 선박과 을 선박이 각각 A, B화주의 운송물을 적재한 경우에, 항해과실에 의한 사고에는 갑 선박은 A에 대하여 을 선박은 B에 대하여 각각 면책이 된다. 단순화시켜서, 갑 선박의 화주인 A만 1억원의 손해를 보았고 이 때 과실비율은 50:50이라고 하자. 갑은 항해과실로 면책이 되는 경우이다. 우리 법에 의하면 A는 을 선박에게만 5천만원을 청구할 수 있다. 그러나, 미국법에 의하면 A는 을 선박에게 1억을 청구할 수 있다. 을은 갑에게 다시 구상을 5천만원 하게 된다. 결국 갑은 분할책임주의를 채택하고있는 국가(예컨대 한국)에 비하여 5천만원을 더 배상한 것이 되고 화주 A는 5천만원을 더 보상받은 것이 된다. 이를 시정하기 위하여 동 조항을 두어서 갑은 A에 대하여 5천만원을 회수하게 된다. 우리 법상으로는 상법 제845-847조에 의하여 물적손해는 분할책임이므로 이러한 문제는 발생하지 않고 이 조항은 필요없다. 그러나, 미국 법정에서 문제가 생기거나 외국적 요소가 가미되는 경우를 대비하여 조항을 존치시킨다.

365) [해설] 과실이 있는 운송인의 화주에 대한 공동해손분담금의 청구를 인정한다고 하더라도, 화주는 과실이 있는 운송인에게 구상할 수 있게 된다. 그런데, 운송인이 면책이 되는 특별한 경우에는 이 조항을 통하여 화주는 구상할 수 없고 공동으로 공동해손비용을 부담하여야 한다.

고, 자신의 비용으로서 용선선박의 해방을 위하여 해방 공탁금을 제공하여야 한다.

마약 또는 마리화나를 용선선박의 승선자가 소지한 것이 발견되었을 때에 선박소유자는 벌금을 포함하여 모든 상실 시간과 발생 비용을 책임져야 한다. 그리고,

(e) 전쟁조항

(ⅰ) 전시 금제품은 일체 선적하여서는 아니된다. 용선선박은 선박소유자의 승낙 없이, 그 승낙은 부당하게 억제됨이 없이, 선전포고의 유무에 관계없이, 전쟁 상태, 전투 행위, 적대 행위, 내전, 폭동 또는 해적 행위가 전개되고, 또 용선선박, 운송물 또는 선원이 교전국의 권력에 의하여 포획, 압류, 억류 또는 적대 행위를 쉽게 받을 수 있다고 합리적으로 예측되는 항 또는 구역에 입항할 것을 요구하지 못한다(여기서 말하는 권력이란 해군, 육군 또는 공군을 가진 법률상 또는 사실상의 관헌 또는 모든 주장되는 정부기관을 말한다.).

(ⅱ) 선박소유자가 그러한 승낙을 한 경우에는, 용선자는 통상 선박보험증권상의 가액과 같은 보험가액으로서 (평가액   을 초과하지 아니한 금액으로서) 용선선박을 선박전쟁보험에 부보시키기 위하여 입증자료를 갖춘 할증보험료를 지급하여야 한다. 또한 선박소유자는 불가동 손해, 선비, 운임, 용선료 등의 손해, 전손, 봉쇄 등의 부수적 위험에 대하여 전쟁위험 보험에 부보할 수 있고 용선자는 그 보험료를 지급하여야 한다. 만일 그러한 보험이 상업적으로 또는 정부의 프로그램을 통하여도 확보되지 않는 경우, 용선선박은 그러한 항 또는 구역에 입항할 것이 강요되지 않는다.

(ⅲ) 이 용선계약일 후에 또는 용선선박이 용선계약에 따라서 용선 중에 (i)항에 기재된 상황이 있는 경우, 그러한 항 또는 지역으로 항해하는 것과 관련하여, 용선자는 그러한 전쟁, 전투 행위 또는 적대 행위의 결과, 선장, 사관 및 부원에 관하여 적절하게 발생하고 증명이 가능한 할증임금 및 할증 보험료를 부담하여야 한다.

(ⅳ) 용신신박의 항해 또는 운송되는 운송물에 기인하여 발생힌 선박 사긘과 부원에 지급하여야 할 특별수당은 모두 용선자의 계산으로 한다.

제32조 전쟁으로 인한 해지

국가명: 위 기재된 국가들 중에서 2개국 이상의 국가가 (선전포고의 유무에 관계없이) 전쟁을 일으킨 경우, 선박소유자 또는 용선자는 누구나 이 용선계약을 해지할 수 있다. 이 경우, 용선자는 제10조에 따라서 용선선박이 운송물을 선적하고 있는 경우 목적항에서 양륙한 후에, 또는 이 조항에 따라서 목적지에 도착 또는 입항을 방해받을 때에는, 선박소유자가 지시하는 부근의 안전한 개항에서 양륙한 후에; 용선선박이 운송물을 선적하지 않은 경우에 그

당시에 정박하고 있는 항에서; 또는 항해 중일 때에는 선박소유자가 지시하는 부근의 안전한 개항에서 선박을 반선하여야 한다. 어떠한 경우에도 용선료는 제11조에 따라서 계속 지급되어야 한다. 이 조항에 규정된 것을 제외하고 이 용선계약의 다른 규정은 모두 반선시까지 적용한다.

제33조 결빙

얼음으로 폐쇄된 항 또는 지역에, 또 얼음 때문에 등대선을 철수시켰거나 또는 철수시키려고 하는 경우에, 또한 통상적인 현상으로 얼음 때문에 용선선박이 안전하게 항구 또는 지역에 입항하여 정박할 수 없거나 또는 양륙을 마치고 난 다음에 출항할 수 없는 위험이 있어서 출항할 수 없는 경우는 용선선박은 여하한 얼음이 있는 항구 지역에 입항하거나 남아있기를 강요당하여서는 아니된다. 다만 선박소유자의 사전 승인을 조건으로 하여, 용선선박의 크기, 구조 및 얼음의 등급을 고려하여 합리적인 경우에는 쇄빙선을 따라 항행하여야 한다.

제34조 징발

본 용선계약 기간 중에 용선선박의 기국 정부에 의하여 용선선박이 징발된 경우에, 그 징발 기간은 용선료 지급중단 기간으로 본다. 정부가 그 징발 기간 중에 지급한 용선료는 선박소유자가 취득한다. 용선선박이 정부에 징발된 기간은 이 정기 용선계약에서 정한 기간의 일부로서 계산한다. 징발 기간이   개월을 초과할 경우에는 계약당사자 누구도 이 용선계약을 해지할 수 있다. 이로 인하여 발생한 손해에 대하여서는 어느 당사자도 손해배상을 청구할 수 없다.

제35조 하역 인부에 의한 손해

본 용선계약에 달리 정한 경우에도 불구하고, 하역 인부가 용선선박에 야기한 모든 손상에 대하여, 선장이 실무상 가능한 한 빨리 그리고 발견 후 48시간 이내에 서면으로 용선자 및/또는 그 대리인에 통지하면, 용선자는 손해배상을 선박소유자에게 지급하여야 한다. 그 통지는 손상을 상세하게 명시하고, 또 용선자에게 손상의 정도를 산정하기 위하여 검사인을 지정하도록 요구하는 것이어야 한다.

(a) 손상의 일부 혹은 모두가 용선선박의 감항능력 및/또는 선원의 안전 및/또는 용선선박의 항해능력에 영향을 미치는 경우, 용선자는 직접 자기의 비용으로써 그러한 손상을 수선하도록 주선하여야 하고 용선선박은 그러한 수선을 완성할 때까지 계속 용선료를 지급하여야 하며 필요하면 선급협회의 검사에 합격하여야 한다.

(b) 위 (a)항에 명시되지 아니한 손해의 일부 혹은 모두도 용선자의 선택에 따라서 반선 전후에 선박소유자의 수선 작업과 동시에 수선될 수 있다. 이러한 경우 용선자가 책임이 있는 수리를 위하여 필요한 시간과 비용이 선박소유자의 작업을 수행함에 있어서 필요한 시간과 비용을 초과하는 것을 제외하고는 어떠한 용선료 혹은 비용도 선박소유자에게 지급되지 않는다.[366]

제36조 선창 청소

항차의 사이에 혹은 운송물의 적재의 사이에 필요한 선창 쓸기 및/또는 물로 씻기 및/또는 청소에 대하여, 이들은 선원들에 의해 행하여질 수 있고 그 지역 규정이 승인한 경우에, 용선자는 매 선창당   의 비율로써 필요한 추가비용을 지급하여야 한다.
이러한 어떤 작업에 관하여 용선선박의 선창이 항만 당국 또는 기타 당국의 검사에 합격하지 아니하여도 선박소유자는 책임을 지지 아니한다. 용선자는 선창 청소를 하지 않는 대신총액   를 지급하면서 용선선박을 반선할 선택권을 가진다.

제37조 세금

용선자의 지시로부터 생긴 용선선박 또는 선박소유자에게 부과된 모든 지방세, 주(州)세 및 국세는 이 용선계약 기간 중이거나 또는 이후이거나를 묻지 않고 운송물 및/또는 운임 및/또는 재운송임 및/또는 용선료에 대한 세금을 포함하여 용선자가 지급하여야 한다(다만 용선선박의 기국 또는 선박소유자의 국적국에서 부과한 세금을 제외한다.).

제38조 용선자의 회사기

용선자는 용선선박에 자신의 회사기를 계양할 수 있고 자기 회사의 표시를 페인트 할 권리를 가진다. 용선선박은 용선계약의 종료 전에 선박소유자의 회사 색깔로 페인트 칠을 하여야 한다. 용선자가 행한 페인트 칠, 정비 및 다시 칠하는데 필요한 시간과 비용은 용선자가 부담하여야 한다.

제39조 계선보험료 반환

용선선박이 최단 30일 간 항내에서 정박하였기 때문에 선박소유자가 보험자로부터 보험료를 환급 받았을 때에는 용선자는 선박소유자가 보험자로부터 받은 환급보험료의 이익을 향유하고, 정박

---

366) [해설] 정기용선계약 하에서는 선박은 정기용선자에 의하여 운항되고, 선박소유자와의 관계에서 하역작업은 정기용선자의 부담이 된다. 그러므로 하역 인부들의 작업과정에서 발생하는 손해에 대하여는 정기용선자가 수리함을 정한다. 이 때에는 정기용선자의 귀책사유에 의한 것이므로 용선계속이 된다.

기간이 모두 용선 기간 계속 중이면 전액을, 용선 기간의 일부이면 실제용선기간의 비율에 따라서 용선자는 이익을 가진다.

제40조 서류

선박소유자는, 유류오염에 대한 재정책임 증서가 선박소유자의 상호보험조합으로부터 교부 가능하다면 그 증명서, 국제 톤수 증명서, 수에즈 운하 및 파나마 운하 톤수 증명서, 국적 톤수증서, 용선선박의 기기의 강도 및/또는 능력 증서에 대한 증서를 포함하여 합의된 항행구역 안에서 항해를 허용하기 위하여 필요한 용선선박에 관련된 모든 서류를 비치하여야 한다.

제41조 밀항자

(a) (ⅰ) 용선자는 자기가 선적할 운송물 및/또는 컨테이너 속에 숨어서 밀항자가 본선에 들어오는 것을 방지하기 위하여 상당한 주의를 다할 것을 담보한다.

(ⅱ) 용선자가 상당한 주의를 다하여도 밀항자가 용선자가 선적할 운송물 및/또는 컨테이너 속에 숨어서 용선선박에 들어왔을 때에는 용선계약의 위반이 되고, 용선자는 그 결과에 대하여 책임을 져야 하고 선박소유자가 손해를 보지 않도록 하여야 하고, 그리고 선박소유자에게 발생하고 그가 입은 모든 손해에 대하여 보상하여야 한다. 더욱이 벌금을 포함하여 발생된 모든 상실 시간과 비용은 용선자의 계산으로 하고 용선선박의 용선료의 지급은 계속된다.

(ⅲ) 위의 (a)(ⅱ)에 정한 바와 같이 용선자가 계약을 위반한 결과, 용선선박이 억류가 된 경우, 용선자는 해방을 보장하기 위하여 모든 적절한 조치를 마련하여야 하고, 자기의 비용으로 해방을 확보하기 위하여 공탁금을 제공하여야 한다.

제42조 밀수

선장, 사관 및/또는 부원이 밀수를 한 경우, 선박소유자는 모든 벌금, 세금 또는 부과금을 부담하여야 한다. 그 결과로 발생한 시간의 상실에 대하여는 용선료 지급이 중단된다.

제43조 선박소유자 수수료

용선선박 또는 선박소유자는 본 용선계약 하에서 획득되고 지급된 용선료에 대하여 그리고 본 용선계약의 계속 혹은 연장에 대하여   %의 수수료를
                                에게 지급한다.

제44조   용선계약 주선료

본 용선계약 하에서 지급된 용선료에 대하여   %의 수수료를

에게 지급할 수 있다.

제45조   준거법

본 계약의 준거법은 한국법으로 한다.367)

제46조   중재/재판관할

(1) * 이 계약으로부터 또는 이 계약과 관련하여 또는 이 계약의 불이행으로 말미암아 당사자간에 발생하는 모든 분쟁, 논쟁 또는 의견차이는 대한민국 서울에서 대한상사중재원의 중재규칙 및 대한민국법에 따라 중재에 의하여 최종적으로 해결한다. 중재인(들)에 의하여 내려지는 판정은 최종적인 것으로 당사자 쌍방에 대하여 구속력을 가진다.

(2) * 본 계약으로부터 발생되는 모든 분쟁의 본안에 관한 제1심 재판의 관할은 서울지방법원의 전속관할로 하기로 한다.

* 제46조 제(1)항 및 제46조 제(2)항은 선택적임. 두 조항 중에 적용되지 않는 조항은 삭제할 것. 삭제되지 않는 경우에는 제46조 제(1)항을 적용함. 368)

---

367) [해설] 본 계약을 규율하는 준거법은 당사자 자치의 원칙에 따라 한국법으로 하기로 정한다. Article 45 (Governing Law) This Contract shall be governed by Korean law.
368) [해설] 계약으로부터 발생하는 분쟁은 법원에 의한 소송으로 처리되기도 하고 중재로서 처리되기도 한다. 본 조항은 당사자가 이 두가지 방법 중의 하나를 선택하여 소송으로 가거나 중재로 갈 수 있음을 말하고 있다. 중재로 하기로 한 경우에는 중재가 법원의 판결과 동일한 효력이 있고 다시 법원으로 소가 제기되는 것은 허용되지 않는다. 둘 중의 하나를 선택하지 않은 경우에는 중재조항이 적용되는 것에 합의한 것이므로 중재가 우선적으로 적용된다. Article 46 (Arbitration/Jurisdiction) (1) * All disputes, controversies, or differences which may arise between the parties, out of or in relation to or in connection with this Contract or for the breach thereof, shall be finally settled by arbitration in Seoul, Korea in accordance with the Arbitration Rules of the Korean Commercial Arbitration Board and under the Laws of Korea. The award rendered by the arbitrator(s) shall be final and binding upon both parties concerned. (2) * All disputes arising from this Contract shall be submitted to the exclusive jurisdiction of the Seoul Central District Court in Seoul, Korea. * Article 46 (1) and (2) are alternative: delete whichever is not applicable. In the absence of deletions, alternative Article 46 (1) is to apply.

계약당사자가 합의할 경우 아래 47조부터   조까지를 이 용선계약에 완전하
게 삽입한다.

부속서 A

용선자   선박소유자

9.4.3 영문 계약서 실례

Code Name: **"NYPE 93"**

Recommended by:
The Baltic and International Maritime Council (BIMCO)
The Federation of National Associations of
Ship Brokers and Agents (FONASBA)

TIME CHARTER©

New York Produce Exchange Form
Issued by the Association of Ship Brokers and Agents (U.S.A.), Inc.

November 6th, 1913 - Amended October 20th, 1921; August 6th, 1931; October 3rd, 1946;
Revised June 12th, 1981; September 14th 1993.

THIS CHARTER PARTY, made and concluded in	1
this day of 19	2
Between	3
	4
<u>Owners</u> of the Vessel described below, and	5
	6
	7
<u>Charterers</u>.	8
Description of Vessel	9
Name Flag Built (year).	10
Port and number of Registry	11
Classed in	12
Deadweight long*/metric* tons (cargo and bunkers, including freshwater and	13
stores not exceeding long*/metric* tons) on a salt water draft of	14
on summer freeboard.	15
Capacity cubic feet grain cubic feet bale space.	16
Tonnage GT/GRT.	17
Speed about knots, fully laden, in good weather conditions up to and including maximum	18
Force on the Beaufort wind scale, on a consumption of about long*/metric*	19
tons of	20
Delete as appropriate.	21
For further description see Appendix "A" (if applicable)	22
1. **Duration**	23
The Owners agree to let and the Charterers agree to hire the Vessel from the time of delivery for a period	24
of	25
	26
	27
within below mentioned trading limits.	28
2. **Delivery**	29
The Vessel shall be placed at the disposal of the Charterers at	30
	31
	32
The Vessel on her delivery	33
shall be ready to receive cargo with clean-swept holds and tight, staunch, strong and in every way fitted	34
for ordinary cargo service, having water ballast and with sufficient power to operate all cargo-handling gear	35
simultaneously.	36
The Owners shall give the Charterers not less than days notice of expected date of	37

NYPE 93 Page 1

The Charterers shall give the Owners not less than   days notice of the Vessel's   135
expected date and probable port of redelivery.   136

For the purpose of hire calculations, the times of delivery, redelivery or termination of charter shall be   137
adjusted to GMT.   138

11. **Hire Payment**   139

(a) *Payment*   140

Payment of Hire shall be made so as to be received by the Owners or their designated payee in   141
                                      , viz   142
                                                                                                           143
                                                                                                           144
                                                                           in   145
                                      currency, or in United States Currency, in funds available to the   146
Owners on the due date, 15 days in advance, and for the last month or part of same the approximate   147
amount of hire, and should same not cover the actual time, hire shall be paid for the balance day by day   148
as it becomes due, if so required by the Owners. Failing the punctual and regular payment of the hire,   149
or on any fundamental breach whatsoever of this Charter Party, the Owners shall be at liberty to   150
withdraw the Vessel from the service of the Charterers without prejudice to any claims they (the Owners)   151
may otherwise have on the Charterers.   152

At any time after the expiry of the grace period provided in Sub-clause 11 (b) hereunder and while the   153
hire is outstanding, the Owners shall, without prejudice to the liberty to withdraw, be entitled to withhold   154
the performance of any and all of their obligations hereunder and shall have no responsibility whatsoever   155
for any consequences thereof, in respect of which the Charterers hereby indemnify the Owners, and hire   156
shall continue to accrue and any extra expenses resulting from such withholding shall be for the   157
Charterers' account.   158

(b) *Grace Period*   159

Where there is failure to make punctual and regular payment of hire due to oversight, negligence, errors   160
or omissions on the part of the Charterers or their bankers, the Charterers shall be given by the Owners   161
                      clear banking days (as recognized at the agreed place of payment) written notice to rectify the   162
failure, and when so rectified within those   days following the Owners' notice, the payment shall   163
stand as regular and punctual.   164

Failure by the Charterers to pay the hire within   days of their receiving the Owners' notice as   165
provided herein, shall entitle the Owners to withdraw as set forth in Sub-clause 11 (a) above.   166

(c) *Last Hire Payment*   167

Should the Vessel be on her voyage towards port of redelivery at the time the last and/or the penultimate   168
payment of hire is/are due, said payment(s) is/are to be made for such length of time as the Owners and   169
the Charterers may agree upon as being the estimated time necessary to complete the voyage, and taking   170
into account bunkers actually on board, to be taken over by the Owners and estimated disbursements for   171
the Owners' account before redelivery. Should same not cover the actual time, hire is to be paid for the   172
balance, day by day, as it becomes due. When the Vessel has been redelivered, any difference is to be   173
refunded by the Owners or paid by the Charterers, as the case may be.   174

(d) *Cash Advances*   175

Cash for the Vessel's ordinary disbursements at any port may be advanced by the Charterers, as required   176
by the Owners, subject to 2½ percent commission and such advances shall be deducted from the hire.   177
The Charterers, however, shall in no way be responsible for the application of such advances.   178

12. **Berths**   179

The Vessel shall be loaded and discharged in any safe dock or at any safe berth or safe place that 180
Charterers or their agents may direct, provided the Vessel can safely enter, lie and depart always afloat 181
at any time of tide. 182

13. **Spaces Available** 183

(a) The whole reach of the Vessel's holds, decks, and other cargo spaces (not more than she can 184
reasonably and safely stow and carry), also accommodations for supercargo, if carried, shall be at the 185
Charterers' disposal, reserving only proper and sufficient space for the Vessel's officers, crew, tackle, 186
apparel, furniture, provisions, stores and fuel. 187

(b) In the event of deck cargo being carried, the Owners are to be and are hereby indemnified by the 188
Charterers for any loss and/or damage and/or liability of whatsoever nature caused to the Vessel as a 189
result of the carriage of deck cargo and which would not have arisen had deck cargo not been loaded. 190

14. **Supercargo and Meals** 191

The Charterers are entitled to appoint a supercargo, who shall accompany the Vessel at the Charterers' 192
risk and see that voyages are performed with due despatch. He is to be furnished with free 193
accommodation and same fare as provided for the Master's table, the Charterers paying at the rate of 194
                                         per day. The Owners shall victual pilots and customs officers, and also, when 195
authorized by the Charterers or their agents, shall victual tally clerks, stevedore's foreman, etc., 196
Charterers paying at the rate of   per meal for all such victualling. 197

15. **Sailing Orders and Logs** 198

The Charterers shall furnish the Master from time to time with all requisite instructions and sailing 199
directions, in writing, in the English language, and the Master shall keep full and correct deck and engine 200
logs of the voyage or voyages, which are to be patent to the Charterers or their agents, and furnish the 201
Charterers, their agents or supercargo, when required, with a true copy of such deck and engine logs, 202
showing the course of the Vessel, distance run and the consumption of bunkers. Any log extracts 203
required by the Charterers shall be in the English language. 204

16. **Delivery/Cancelling** 205

If required by the Charterers, time shall not commence before   and should the 206
Vessel not be ready for delivery on or before   but not later than   hours, 207
the Charterers shall have the option of cancelling this Charter Party. 208

Extension of Cancelling 209

If the Owners warrant that, despite the exercise of due diligence by them, the Vessel will not be ready 210
for delivery by the cancelling date, and provided the Owners are able to state with reasonable certainty 211
the date on which the Vessel will be ready, they may, at the earliest seven days before the Vessel is 212
expected to sail for the port or place of delivery, require the Charterers to declare whether or not they will 213
cancel the Charter Party. Should the Charterers elect not to cancel, or should they fail to reply within two 214
days or by the cancelling date, whichever shall first occur, then the seventh day after the expected date 215
of readiness for delivery as notified by the Owners shall replace the original cancelling date. Should the 216
Vessel be further delayed, the Owners shall be entitled to require further declarations of the Charterers in 217
accordance with this Clause. 218

17. **Off Hire** 219

In the event of loss of time from deficiency and/or default and/or strike of officers or crew, or deficiency 220
of stores, fire, breakdown of, or damages to hull, machinery or equipment, grounding, detention by the 221
arrest of the Vessel, (unless such arrest is caused by events for which the Charterers, their servants, 222
agents or subcontractors are responsible), or detention by average accidents to the Vessel or cargo unless 223
resulting from inherent vice, quality or defect of the cargo, drydocking for the purpose of examination or 224
painting bottom, or by any other similar cause preventing the full working of the Vessel, the payment of 225

hire and overtime, if any, shall cease for the time thereby lost. Should the Vessel deviate or put back 226
during a voyage, contrary to the orders or directions of the Charterers, for any reason other than accident 227
to the cargo or where permitted in lines 257 to 258 hereunder, the hire is to be suspended from the time 228
of her deviating or putting back until she is again in the same or equidistant position from the destination 229
and the voyage resumed therefrom. All bunkers used by the Vessel while off hire shall be for the Owners' 230
account. In the event of the Vessel being driven into port or to anchorage through stress of weather, 231
trading to shallow harbors or to rivers or ports with bars, any detention of the Vessel and/or expenses 232
resulting from such detention shall be for the Charterers' account. If upon the voyage the speed be 233
reduced by defect in, or breakdown of, any part of her hull, machinery or equipment, the time so lost, and 234
the cost of any extra bunkers consumed in consequence thereof, and all extra proven expenses may be 235
deducted from the hire. 236

18. Sublet

Unless otherwise agreed, the Charterers shall have the liberty to sublet the Vessel for all or any part of 238
the time covered by this Charter Party, but the Charterers remain responsible for the fulfillment of this 239
Charter Party. 240

19. Drydocking

The Vessel was last drydocked 242

*(a) The Owners shall have the option to place the Vessel in drydock during the currency of this Charter 243
at a convenient time and place, to be mutually agreed upon between the Owners and the Charterers, for 244
bottom cleaning and painting and/or repair as required by class or dictated by circumstances. 245

*(b) Except in case of emergency no drydocking shall take place during the currency of this Charter 246
Party. 247

* Delete as appropriate 248

20. Total Loss

Should the Vessel be lost, money paid in advance and not earned (reckoning from the date of loss or 250
being last heard of) shall be returned to the Charterers at once. 251

21. Exceptions

The act of God, enemies, fire, restraint of princes, rulers and people, and all dangers and accidents of the 253
seas, rivers, machinery, boilers, and navigation, and errors of navigation throughout this Charter, always 254
mutually excepted. 255

22. Liberties

The Vessel shall have the liberty to sail with or without pilots, to tow and to be towed, to assist vessels 257
in distress, and to deviate for the purpose of saving life and property. 258

23. Liens

The Owners shall have a lien upon all cargoes and all sub-freights and/or sub-hire for any amounts due 260
under this Charter Party, including general average contributions, and the Charterers shall have a lien on 261
the Vessel for all monies paid in advance and not earned, and any overpaid hire or excess deposit to be 262
returned at once. 263

The Charterers will not directly or indirectly suffer, nor permit to be continued, any lien or encumbrance, 264
which might have priority over the title and interest of the Owners in the Vessel. The Charterers 265
undertake that during the period of this Charter Party, they will not procure any supplies or necessaries 266
or services, including any port expenses and bunkers, on the credit of the Owners or in the Owners' time. 267

24. <u>Salvage</u> 268

All derelicts and salvage shall be for the Owners' and the Charterers' equal benefit after deducting 269
Owners' and Charterers' expenses and crew's proportion. 270

25. <u>General Average</u> 271

General average shall be adjusted according to York-Antwerp Rules 1974, as amended 1990, or any 272
subsequent modification thereof, in   and settled in 273
currency. 274

The Charterers shall procure that all bills of lading issued during the currency of the Charter Party will 275
contain a provision to the effect that general average shall be adjusted according to York-Antwerp Rules 276
1974, as amended 1990, or any subsequent modification thereof and will include the "New Jason 277
Clause" as per Clause 31. 278

Time charter hire shall not contribute to general average. 279

26. <u>Navigation</u> 280

Nothing herein stated is to be construed as a demise of the Vessel to the Time Charterers. The Owners 281
shall remain responsible for the navigation of the Vessel, acts of pilots and tug boats, insurance, crew, 282
and all other matters, same as when trading for their own account. 283

27. <u>Cargo Claims</u> 284

Cargo claims as between the Owners and the Charterers shall be settled in accordance with the Inter-Club 285
New York Produce Exchange Agreement of February 1970, as amended May, 1984, or any subsequent 286
modification or replacement thereof. 287

28. <u>Cargo Gear and Lights</u> 288

The Owners shall maintain the cargo handling gear of the Vessel which is as follows: 289
290
291
292

providing gear (for all derricks or cranes) capable of lifting capacity as described. The Owners shall also 293
provide on the Vessel for night work lights as on board, but all additional lights over those on board shall 294
be at the Charterers' expense. The Charterers shall have the use of any gear on board the Vessel. If 295
required by the Charterers, the Vessel shall work night and day and all cargo handling gear shall be at the 296
Charterers' disposal during loading and discharging. In the event of disabled cargo handling gear, or 297
insufficient power to operate the same, the Vessel is to be considered to be off hire to the extent that 298
time is actually lost to the Charterers and the Owners to pay stevedore stand-by charges occasioned 299
thereby, unless such disablement or insufficiency of power is caused by the Charterers' stevedores. If 300
required by the Charterers, the Owners shall bear the cost of hiring shore gear in lieu thereof, in which 301
case the Vessel shall remain on hire. 302

29. <u>Crew Overtime</u> 303

In lieu of any overtime payments to officers and crew for work ordered by the Charterers or their agents, 304
the Charterers shall pay the Owners, concurrently with the hire   per month 305
or pro rata. 306

30. <u>Bills of Lading</u> 307

(a) The Master shall sign the bills of lading or waybills for cargo as presented in conformity with mates 308
or tally clerk's receipts. However, the Charterers may sign bills of lading or waybills on behalf of the 309
Master, with the Owner's prior written authority, always in conformity with mates or tally clerk's receipts. 310

NYPE 93 Page 7

Non-compliance with the provisions of this clause shall amount to breach of warranty for consequences 358
of which the Charterers shall be liable and shall hold the Owners, the Master and the crew of the Vessel 359
harmless and shall keep them indemnified against all claims whatsoever which may arise and be made 360
against them individually or jointly. Furthermore, all time lost and all expenses incurred, including fines, 361
as a result of the Charterers' breach of the provisions of this clause shall be for the Charterer's account 362
and the Vessel shall remain on hire. 363

Should the Vessel be arrested as a result of the Charterers' non-compliance with the provisions of this 364
clause, the Charterers shall at their expense take all reasonable steps to secure that within a reasonable 365
time the Vessel is released and at their expense put up the bails to secure release of the Vessel. 366

The Owners shall remain responsible for all time lost and all expenses incurred, including fines, in the 367
event that unmanifested narcotic drugs and marijuana are found in the possession or effects of the 368
Vessel's personnel." 369

and 370

(e) WAR CLAUSES 371
"(i) No contraband of war shall be shipped. The Vessel shall not be required, without the consent of the 372
Owners, which shall not be unreasonably withheld, to enter any port or zone which is involved in a state 373
of war, warlike operations, or hostilities, civil strife, insurrection or piracy whether there be a declaration 374
of war or not, where the Vessel, cargo or crew might reasonably be expected to be subject to capture, 375
seizure or arrest, or to a hostile act by a belligerent power (the term "power" meaning any de jure or de 376
facto authority or any purported governmental organization maintaining naval, military or air forces). 377

(ii) If such consent is given by the Owners, the Charterers will pay the provable additional cost of insuring 378
the Vessel against hull war risks in an amount equal to the value under her ordinary hull policy but not 379
exceeding a valuation of   In addition, the Owners may purchase and the 380
Charterers will pay for war risk insurance on ancillary risks such as loss of hire, freight disbursements, 381
total loss, blocking and trapping, etc. If such insurance is not obtainable commercially or through a 382
government program, the Vessel shall not be required to enter or remain at any such port or zone. 383

(iii) In the event of the existence of the conditions described in (i) subsequent to the date of this Charter, 384
or while the Vessel is on hire under this Charter, the Charterers shall, in respect of voyages to any such 385
port or zone assume the provable additional cost of wages and insurance properly incurred in connection 386
with master, officers and crew as a consequence of such war, warlike operations or hostilities. 387

(iv) Any war bonus to officers and crew due to the Vessel's trading or cargo carried shall be for the 388
Charterers' account." 389

32. War Cancellation 390

In the event of the outbreak of war (whether there be a declaration of war or not) between any two or 391
more of the following countries: 392
393
394
395
either the Owners or the Charterers may cancel this Charter Party. Whereupon, the Charterers shall 396
redeliver the Vessel to the Owners in accordance with Clause 10; if she has cargo on board, after 397
discharge thereof at destination, or, if debarred under this Clause from reaching or entering it, at a near 398
open and safe port as directed by the Owners; or, if she has no cargo on board, at the port at which she 399
then is; or, if at sea, at a near open and safe port as directed by the Owners. In all cases hire shall 400
continue to be paid in accordance with Clause 11 and except as aforesaid all other provisions of this 401
Charter Party shall apply until redelivery. 402

33. Ice 403

The Vessel shall not be required to enter or remain in any icebound port or area, nor any port or area 404

NYPE 93 Page 9

where lights or lightships have been or are about to be withdrawn by reason of ice, nor where there is 405
risk that in the ordinary course of things the Vessel will not be able on account of ice to safely enter and 406
remain in the port or area or to get out after having completed loading or discharging. Subject to the 407
Owners' prior approval the Vessel is to follow ice-breakers when reasonably required with regard to her 408
size, construction and ice class. 409

34. Requisition
410

Should the Vessel be requisitioned by the government of the Vessel's flag during the period of this Charter 411
Party, the Vessel shall be deemed to be off hire during the period of such requisition, and any hire paid 412
by the said government in respect of such requisition period shall be retained by the Owners. The period 413
during which the Vessel is on requisition to the said government shall count as part of the period provided 414
for in this Charter Party. 415
If the period of requisition exceeds   months, either party shall have the option 416
of cancelling this Charter Party and no consequential claim may be made by either party. 417

35. Stevedore Damage
418

Notwithstanding anything contained herein to the contrary, the Charterers shall pay for any and all 419
damage to the Vessel caused by stevedores provided the Master has notified the Charterers and/or their 420
agents in writing as soon as practical but not later than 48 hours after any damage is discovered. Such 421
notice to specify the damage in detail and to invite Charterers to appoint a surveyor to assess the extent 422
of such damage. 423

(a) In case of any and all damage(s) affecting the Vessel's seaworthiness and/or the safety of the crew 424
and/or affecting the trading capabilities of the Vessel, the Charterers shall immediately arrange for repairs 425
of such damage(s) at their expense and the Vessel is to remain on hire until such repairs are completed 426
and if required passed by the Vessel's classification society. 427

(b) Any and all damage(s) not described under point (a) above shall be repaired at the Charterers' option, 428
before or after redelivery concurrently with the Owners' work. In such case no hire and/or expenses will 429
be paid to the Owners except and insofar as the time and/or the expenses required for the repairs for 430
which the Charterers are responsible, exceed the time and/or expenses necessary to carry out the 431
Owners' work. 432

36. Cleaning of Holds
433

The Charterers shall provide and pay extra for sweeping and/or washing and/or cleaning of holds between 434
voyages and/or between cargoes provided such work can be undertaken by the crew and is permitted by 435
local regulations, at the rate of   per hold. 436

In connection with any such operation, the Owners shall not be responsible if the Vessel's holds are not 437
accepted or passed by the port or any other authority. The Charterers shall have the option to re-deliver 438
the Vessel with unclean/upswept holds against a lumpsum payment of   in lieu of cleaning. 439

37. Taxes
440

Charterers to pay all local, State, National taxes and/or dues assessed on the Vessel or the Owners 441
resulting from the Charterers' orders herein, whether assessed during or after the currency of this Charter 442
Party including any taxes and/or dues on cargo and/or freights and/or sub-freights and/or hire (excluding 443
taxes levied by the country of the flag of the Vessel or the Owners). 444

38. Charterers' Colors
445

The Charterers shall have the privilege of flying their own house flag and painting the Vessel with their 446
own markings. The Vessel shall be repainted in the Owners' colors before termination of the Charter 447
Party. Cost and time of painting, maintaining and repainting those changes effected by the Charterers 448
shall be for the Charterers' account. 449

NYPE 93 Page 10

39. **Laid up Returns** 450

The Charterers shall have the benefit of any return insurance premium receivable by the Owners from their 451
underwriters as and when received from underwriters by reason of the Vessel being in port for a minimum 452
period of 30 days if on full hire for this period or pro rata for the time actually on hire. 453

40. **Documentation** 454

The Owners shall provide any documentation relating to the Vessel that may be required to permit the 455
Vessel to trade within the agreed trade limits, including, but not limited to certificates of financial 456
responsibility for oil pollution, provided such oil pollution certificates are obtainable from the Owners' 457
P & I club, valid international tonnage certificate, Suez and Panama tonnage certificates, valid certificate 458
of registry and certificates relating to the strength and/or serviceability of the Vessel's gear. 459

41. **Stowaways** 460

(a) (i) The Charterers warrant to exercise due care and diligence in preventing stowaways in gaining 461
access to the Vessel by means of secreting away in the goods and/or containers shipped by the 462
Charterers. 463

(ii) If, despite the exercise of due care and diligence by the Charterers, stowaways have gained 464
access to the Vessel by means of secreting away in the goods and/or containers shipped by the 465
Charterers, this shall amount to breach of charter for the consequences of which the Charterers 466
shall be liable and shall hold the Owners harmless and shall keep them indemnified against all 467
claims whatsoever which may arise and be made against them. Furthermore, all time lost and all 468
expenses whatsoever and howsoever incurred, including fines, shall be for the Charterers' account 469
and the Vessel shall remain on hire. 470

(iii) Should the Vessel be arrested as a result of the Charterers' breach of charter according to 471
sub-clause (a)(ii) above, the Charterers shall take all reasonable steps to secure that, within a 472
reasonable time, the Vessel is released and at their expense put up bail to secure release of the 473
Vessel. 474

(b) (i) If, despite the exercise of due care and diligence by the Owners, stowaways have gained 475
access to the Vessel by means other than secreting away in the goods and/or containers shipped 476
by the Charterers, all time lost and all expenses whatsoever and howsoever incurred, including 477
fines, shall be for the Owners' account and the Vessel shall be off hire. 478

(ii) Should the Vessel be arrested as a result of stowaways having gained access to the Vessel 479
by means other than secreting away in the goods and/or containers shipped by the Charterers, 480
the Owners shall take all reasonable steps to secure that, within a reasonable time, the Vessel 481
is released and at their expense put up bail to secure release of the Vessel. 482

42. **Smuggling** 483

In the event of smuggling by the Master, Officers and/or crew, the Owners shall bear the cost of any 484
fines, taxes, or imposts levied and the Vessel shall be off hire for any time lost as a result thereof. 485

43. **Commissions** 486

A commission of   percent is payable by the Vessel and the Owners to 487
488
489
490
on hire earned and paid under this Charter, and also upon any continuation or extension of this Charter. 491

44. **Address Commission** 492

An address commission of   percent is payable to 493

NYPE 93 Page 11

on hire earned and paid under this Charter.

45. Arbitration

(a) NEW YORK
All disputes arising out of this contract shall be arbitrated at New York in the following manner, and subject to U.S. Law:

One Arbitrator is to be appointed by each of the parties hereto and a third by the two so chosen. Their decision or that of any two of them shall be final, and for the purpose of enforcing any award, this agreement may be made a rule of the court. The Arbitrators shall be commercial men, conversant with shipping matters. Such Arbitration is to be conducted in accordance with the rules of the Society of Maritime Arbitrators Inc.

For disputes where the total amount claimed by either party does not exceed US $ ** the arbitration shall be conducted in accordance with the Shortened Arbitration Procedure of the Society of Maritime Arbitrators Inc.

(b) LONDON
All disputes arising out of this contract shall be arbitrated at London and, unless the parties agree forthwith on a single Arbitrator, be referred to the final arbitrament of two Arbitrators carrying on business in London who shall be members of the Baltic Mercantile & Shipping Exchange and engaged in Shipping, one to be appointed by each of the parties, with power to such Arbitrators to appoint an Umpire. No award shall be questioned or invalidated on the ground that any of the Arbitrators is not qualified as above, unless objection to his action be taken before the award is made. Any dispute arising hereunder shall be governed by English Law.

For disputes where the total amount claimed by either party does not exceed US $ ** the arbitration shall be conducted in accordance with the Small Claims Procedure of the London Maritime Arbitrators Association.

*Delete para (a) or (b) as appropriate

** Where no figure is supplied in the blank space this provision only shall be void but the other provisions of this clause shall have full force and remain in effect.

If mutually agreed, clauses   to   , both inclusive, as attached hereto are fully incorporated in this Charter Party.

APPENDIX "A"

To Charter Party dated
Between   Owners
and   Charterers

Further details of the Vessel:

제10장

해상보험

10. 해상보험

10.1 해상보험의 발달

10.1.1 해상보험의 역사

국제무역에는 일정한 리스크가 발생하지만 단순히 위험을 두려워하다가는 자칫 사업 기회를 놓칠 수도 있다. 따라서 위험 헤지(hedge)의 하나의 수단으로 보험을 이용하는 것은 필연적이다.

그리스와 로마시대 때 지중해지방에서 선박 또는 적하를 담보로 돈을 빌린 선주 또는 화주는 항해를 무사히 완성하면 원금에 고리의 이자를 붙여 상환하고, 해난, 해적 등의 해상사고로 항해를 완성하지 못하면 원리금을 상환하지 않아도 되는 조건의 대차(貸借)가 있었다. 이를 모험대차(冒險貸借, bottomry)라고 하며 이 모험대차는 은행의 기능인 융자와 보험의 기능인 위험부담의 두 가지 기능을 겸하고 있었다. 모험대차 금리는 연 22~33.3%로서 일반대차 금리보다 고율이었으며 그 차액이 말하자면 해상보험료에 상당하는 것이었다. 따라서 이 모험대차를 해상보험의 기원으로 보는 것이 통설이다.

그러나 1203년 교황 그레고리우스(Gregorius) 9세가 이자금지령을 내림에 따라 모험대차로 이자를 주고받는 길이 막혔다. 유럽 상인들은 가장 매매(wash sale, 假裝 買賣)계약을 맺고, 이자 대신 수수료를 받는 형태의 변형 모험대차를 고안했다. 대출금이 돈으로 오가지 않으므로 모험대차에서 위험 부담 기능만 살린 것이다. 변형 모험대차는 지중해 교역을 주도한 중세 이탈리아 베네치아, 제노바, 피사 등지에서 성행했다. 특히 14세기 중반에 나침반이 보급되고 선박 대형화, 등대 구축 등으로 해상무역이 비약적으로 발전하면서 근대 보험의 기원이 되는 순수한 보험계약으로 진화했다. 오늘날과 같은 계약 형태는 1383년 피사에서 체결된 해상보험이다.

13세기경부터 무역은 한자상인이 금융은 롬바드상인이 독점하고 있었는데, 그 시기를 정확히 알 수는 없지만 해상보험을 영국에 전해 준 것도 롬바드상인이었다. 그러나 1483년 이후 롬바드인을 억압하는 법률이 제정되어 그들은 국외로 퇴거하고 또 한자상인도 1597년 엘리자베드여왕(1558~1603)에 의하여 국외로 추방됨으로써 무역, 금융 및 보험을 영국인이 장악하게 되었고 해상보험거래는 1568년에 개소된 Royal Exchange에서 행해지게 되었다.

영국 옥스퍼드대 앞에 처음 들어선 커피하우스가 17세기 후반 영국에서 대유행을 했다. 이 가운데 금융회사에서 빼놓을 수 없는 것이 1691년 템스강변에 들어선 로이즈 커피하우스다. 런던에는 왕립거래소가 있었지만 허가받은 소수의 중개인만 출입이 가능했다. 그렇지 못한 중개인은 왕립거래소 주변에 들어선 커피하우스로 모여들었다. 커피하우스가 보험, 증권거래의 중심이 된 배경이다. 로이즈 커피하우스는 선착장 근처여서 선주, 선원, 무역상, 보험업자, 조선업자 등이 모이기 쉬웠다. 정부기관도 부근에 즐비했다. 자연스럽게 무역과 항로, 선박과 유럽의 정치 상황 등 온갖 정보가 이곳으로 쏟아져 들어왔다.

큰 수익을 거둔 로이즈 커피하우스의 주인 에드워드 로이드(Edward Lloyd, 1648~1713)는 1696년 중심가인 롬바르드가의 훨씬 넓은 건물로 가게를 옮겼다. 그는 차별화된 서비스도 제공했다. 벽면 게시판에 선박의 출항·도착 시간, 화물 정보 등을 게시하였다. 로이드는 1696년부터 주 3회로 로이즈 뉴스(Lloyd's News)를 발행해 종합정보를 제공했다. 이것이 1734년부터 지금까지 이어지고 있는 '로이즈 리스트(Lloyd's List)'의 전신이다. 특정 분야의 종사자가 한곳에 모이면 그로 인한 시너지 효과가 나는데, 로이즈 커피하우스에 모인 이들의 관심사는 당연히 해상무역의 위험 분산으로 모여졌다. 그러나 로이즈 커피하우스가 번창하면서 도박 및 투기업자도 모여들었다.

로이즈 커피하우스가 도박의 온상이 된 데 반발한 보험업자들이 1769년 독립해 나왔다. 이들이 1771년 '로이즈협회'를 결성해 제대로 된 보험조합으로 발전시켰다. 1774년에 John Angerstein(1735~1823)에 의하여 Royal Exchange 건물로 이전하면서 Coffee house 시대를 끝내고 보험거래소로서의 로이즈가 탄생하였다. 이후 1779년에 Lloyd's S.G. Policy양식을 채택하였다.

로이즈는 개인보험업자가 사업하는 장소, 집단이고 그 자체가 보험회사는 아니다. 따라서 거대한 위험을 인수하는 데는 로이즈의 개인보험업자보다는 주식회사와 같이 법인이 적당하기 때문에 1720년에 London Assurance Corp.과 Royal Exchange Assurance Corp. 라는 보험회사가 설립되었다. 그 후 1824년 보험회사의 설립이 자유롭게 되어 법인 형태의 보험업자들이 많이 탄생되었다.

하지만 로이즈협회는 큰 사고가 발생해도 보험금 지급 거절이나 지급 불능이 거의 없었다. 이 때문에 1720년 왕립 보험회사들이 등장했음에도 해상보험의 90%를 점유할 만큼 공신력이 높았다. 그러나 로이즈는 개인보험업자 간 조합이기에 자금력에 한계가 있었다. 이를 극복하는 방법으로 신디케이트와 재보험을 발전시켰다. 대형 보험계약이 맺어지면 회원들이 미리 정한 비율로 나눠 인수하는 방식이었다. 재보험은 소규모 보험업자들의 위험을 다시 분산시키는 '보험의 보험'이다.

로이즈는 1887년에 해상보험 이외의 보험 분야로 활동영역을 확장하였다. 현대 영국에서는 로이즈의 개인보험업자와 법인의 보험업자가 상호 긴밀한 유대 관계를 갖고 세계 보험시장을 이끌고 있다.

10.1.2 해상보험의 의의

국제무역에서는 선박을 이용하는 경우가 많다. 선박에서의 고장이나 화물이 도난당하는 등의 사고의 가능성은 항상 존재한다. 이러한 리스크에 의해 화물이 파손되는 것에 대비하기 위해 화물보험을 가입하는 것이 일반적이다.

해상보험(marine insurance)이란 우연한 해상사고로 생기는 경제적 손실을 회복하기 위하여 많은 경제주체들이 합리적으로 산출한 자금을 각출하여 발생한 해상손해를 보상하는 경제적 제도를 말한다.

해상보험은 보험의 목적물에 따라 적하보험(cargo insurance), 선박보험(hull insurance), 운임보험(freight insurance), 희망이익보험(profit insurance), 배상책임보험(liability insurance) 등이 있다.

영국 해상보험법(MIA, 1906)에서는 "해상보험계약(contract of marine insurance)은 그 계약에 의해 합의된 방법과 범위내에서 해상손해, 즉 해상사업(marine adventure)에 수반하여 발생하는 손해를 보험자가 피보험자에게 보상할 것을 약속하는 계약"이라고 규정하고 있다.

10.1.2.1 적하보험

로이즈는 1779년 총회에서 런던보험시장에서 사용할 표준양식을 채택하였는데 그 증권이 Lloyd's S.G. Policy이다. SG는 Ship(선박)과 Goods(화물)의 약어이며, 선박보험과 적하보험에 공용으로 사용하기 위한 것이다.

그런데 1795년 영국의 의회법은 개인보험업자에게는 반드시 S.G. Policy를 사용하도록 규정하였으나 법인의 보험업자에게는 규제하지 않았다. 따라서 19세기 해상보험 시장이 크게 번성하여 S.G. Policy를 분리하여 "S"와 "G"가 분리한 증권을 선호하게 되었다. 이것이 Companies Combined Policy, Cargo와 Companies Combined Policy, Hull이다.

이 증권은 200년 이상 수정과 보완을 거듭해 왔지만 그 실질적인 내용은 1779년 양식 그대로라고 해도 과언이 아니다. 그런데 세월의 흐름에 따라 이 증권만으로 보험계약자의 수요(요구)에 충족할 수 없어 보험자는 계약을 체결할 때마다 특별약관을 작성 추가하였다.

그런데 19세기 말경부터 개개의 특별약관을 묶어 일반적인 적하보험약관에 사용 할 수 있도록 특별약관의 표준화 운동이 일어나 런던보험자협회가 1912년 ICC(FPA), 1921년 ICC(WA) 그리고 1951년에는 ICC(A/R)약관을 작성하여 사용 하게 되었고 현재 우리나라에서 사용하고 있는 약관은 1963년 1월 1일에 개정된 ICC 약관이다. 즉 적하보험은 1779년 Lloyd's S.G. Policy와 1963년의 ICC(FPA), ICC(WA), ICC(A/R)약관으로 하나의 보험증권(약관)을 구성하고 있다.

그런데 Lloyd's S.G. Policy는 수많은 판례와 관습을 공부하여만 이해할 수 있는 등의 문제점이 있는바 1978년 11월 UNCTAD는 "해상보험에 관한 보고서"를 통하여 공식적으로 위 약관들에 대한 비평을 하였다. 이 비평들을 참조하여 런던보험자협회(Institute of London Underwriters)와 로이즈보험협회(Lloyd's Underwriters' Association)의 합동작업반이 1982년 1월 1일에 새로운 적하보험 약관인 ICC(C), ICC(B) 및 ICC(A)를 발표하면서 S.G. Policy + ICC(FPA, WA, A/R)는 1983년 3월 31일 이후에는 사용하지 말 것을 합의하였다.

그러나 우리나라에서는 Lloyd's S.G. Policy +ICC(FPA, WA, A/R)약관을 구약관(증권), 1983년 증권(약관)을 신약관(증권)이라고 실무적으로 부르면서 같이 사용 하고 있다.

10.1.2.2 선박보험

1880년대에 증기선이 출현하여 종래의 항해단위의 보험(항해보험)에서 기간단위의 보험(기간보험)으로 가입하는 경향이 뚜렷하였다. 따라서 S.G. Policy의 내용만으로 보험계약자를 충족할 수 없게 되어 보험업자는 각자가 독자적인 특별약관을 S.G. Policy나 Companies Combined Policy, Hull에 첨부하여 선박보험을 인수하였다. 그 결과 소송사건들이 증대하게 되고 이러한 무질서한 특별약관을 정리할 필요성을 느껴 런던보험자협회의 적극적인 노력의 결과로 1888년 통일된 선박보험약관인 ITC-Hulls가 등장하게 되었다.

이 약관은 1889년부터 1938년까지 개정을 거의 매년이라고도 해도 과언이 아닐 정도로 해 왔으며, 그 후에도 1941년, 1952년, 1959년, 1964년, 1969년, 1970년에 개정되었다.

10.1.2.3 선체 및 기관보험 이외의 선박보험

① 계선보험(Port Risk Insurance)

선체 및 기관 등을 보험의 목적으로 하는 보험이라는 점에서는 선체 및 기관보험과 동일하다. 그러나 선체 및 기관보험은 선박이 항해는 물론 계선하고 있는 동안을 보험계약기간으로 하고 있으나, 계선보험은 선박이 항구나 안전한 해역에서 휴항하는 경우나 준설선과 같이 안전한 특정 해역에서 작업하는 경우에 가입한다. 이는 선체 및 기관보험보다 상대적으로 보험료가 저렴하기 때문이다. 계선보험에서는 4/4충돌배상금과 P&I 위험을 보상하는 것으로 약관에 규정하고 있다.

② **증액 및 초과책임보험**(Increased value and excess liabilities Insurance)

전손의 경우 선체 및 기관보험에 추가하여 보험금을 보상받기 위하여, 또 선체 및 기관보험이 기평가보험임에도 불구하고 비용손해는 Vessel's Contributory Value와 Insured Contributory Value보다 많은 경우 비례보상을 받게 되는데, 이렇게 비례보상을 받게 됨으로써 입는 손실을 보전받기 위한 보험이고, 그리고 충돌배상금도 선체 및 기관보험에서는 보험금액의 ¾을 최고 보상액으로 하고 있으므로 배상액이 최고 배상한도액을 초과하는 경우 보상받기 위한 보험이다.

③ **운임보험**(Freight Insurance)

해상사고로 항해를 중단하거나 포기하지 않았더라면 취득하였을 운임의 손실을 보상해 주는 보험이다. 이 보험은 운송계약서에 운임확정취득약관이 없는 경우에 가입한다.

④ **선박불가동손실보험**(Loss of Charter Hire Insurance)

영국, 미국 또는 노르웨이의 선체 및 기관보험에서 열거하고 있는 위험 또는 전기 기계와 기관을 포함한 기계의 고장(단 마모나 피보험자의 상당한 주의를 기울이지 않음으로써 발생한 경우는 제외)으로 선박이 불가동 상태가 됨으로써 운항자가 입는 손실을 보상하는 보험이다.

⑤ **전쟁보험**(War Risk Insurance)

해상위험을 담보위험으로 하는 보험조건에서는 전쟁위험을 보상하지 않는다. 따라서 전쟁위험으로 인한 선체손해를 보상받기 위한 보험이다.

⑥ **선박건조보험**(Builders' Risk Insurance)

선박의 건조에서부터 진수, 시운전 및 인도에 이르기까지의 육상위험과 해상위험을 담보함으로써 건조자의 경제적 손실을 보상해 주는 보험인데 Keeling부터 delivery까지를 보험기간으로 하는 경우도 있고 또 Launch부터 Delivery까지만을 보험기간으로 하는 경우가 있다.

10.1.3 해상보험의 관계당사자 및 기본원리

10.1.3.1 보험자

보험자(Insurer; Assurer; Underwriter)는 보험계약의 당사자로서 보험사고가 발생하여 피보험목적물에 손해가 발생한 경우 보험금을 지급할 의무를 부담하는 자를 말한다. 우리나라에서는 보험자는 법인체인 보험회사(Insurance Company)로 한정되어 있으나 외국의 경우 Lloyd'S 같은 개인보험업자(Underwriter)도 있다.

10.1.3.2 보험계약자

보험계약자(policy holder)는 자기의 명의로 보험회사와 보험계약을 체결하고 보험료를 지불할 의무를 지는 자를 말한다.

보험계약자는 보험계약을 체결할 때 보험자에 대하여 보험료 지불 외에도 보험계약에 관한 중요사항에 관한 고지의무(duty of disclosure)가 있다. 만약 보험계약자 또는 피보험자가 고의 또는 과실로 인하여 중요한 사항을 부실고지하거나 불고지(non-disclosure)를 하였다면 보험자는 계약을 해지할 수 있다.

10.1.3.3 피보험자

피보험자(insured, assured)는 피보험이익(insurable interest)의 주체로서 보험자로부터 손해보상을 받을 권리가 있는 자이다. 보험계약자와 피보험자는 매매계약 형태에 따라서 동일인이 될 수도 있고 다른 사람이 될 수도 있다.

FOB조건하에서는 보험계약자와 피보험자가 모두 동일한 수입상이다. 그러나 CIF조건의 경우는 보험계약자는 수출상이지만 피보험자는 수입상이 되며 이 경우 수출상이 보험증권을 여타의 운송서류와 함께 수입상에게 배서(endorsement)에 의한 양도를 함으로써 피보험이익이 수입상에게 이전된다.

10.2 해상보험의 개념

10.2.1 해상보험의 기본원리

10.2.1.1 보험목적물과 피보험이익

보험목적물(subject matter insured)이란 위험으로 인하여 손해나 경제상의 불이익이 발생하게 되는 대상, 즉 해상보험의 보험부보 대상인 수출입 물품 또는 운송수단을 말한다.

피보험이익(insurable interest)은 선적화물, 선박 등 보험목적물에 대하여 특정인이 갖는 이해관계로서, 이러한 피보험이익이 없으면 보험계약을 체결할 수 없으며 설령 보험계약이 체결되었다고 하더라도 효력이 발생할 수 없다. 해상보험계약이 유효하게 성립되기 위해서는 피보험이익이 적법성과 경제성, 확정성의 요건을 갖추지 않으면 안된다.

해상보험에서의 피보험이익은 별도규정이 없는 한 해상운송회사의 모든 합법적인 항해사업은 피보험이익이 될 수 있으며, 여기에는 선박(marine hull), 적화(marine cargo), 운임(freight),

선비(disbursement) 및 희망이익(expected profit), 희망보수(expected commission), 모험대차채권(bottomry) 등을 포함하고 있다.

10.2.1.2 보험가액과 보험금액

보험가액(insurable value)이란 보험사고가 발생한 경우에 피보험자가 입게 되는 경제적 손해의 최고한도액이며, 피보험이익의 평가액을 말한다. 실무에 있어서 운송화물의 보험가액은 피보험이익의 원가에 선적관련 운송비용과 보험비용을 가산한 CIF가액을 말한다.

그리고 보험금액(insured amount)은 보험계약금액으로서 손해발생시 보험자가 부담하는 실질적인 보상금액이다. 해상적하보험에 있어서 보험금액은 일반적으로 보험가액인 CIF가액에 희망이익 10%를 더한 금액으로 하고 있다.

Incoterms CIF 등의 경우에는 매도인이 화물보험 비용을 부담하고, CFR 등의 경우는 매수인이 부담한다. 보험료는 보험금액에 보험요율을 반영하여 적용한다. 일반적으로 보험금액은 상품의 CIF 가액의 110%로 하는 것이 일반적이다.369) 보험요율은 보험 대상이 되는 사고의 범위에 따라 손해보험회사마다 상이하다.

신용장통일규칙(UCP 600)에 따르면 보험서류는 부보금액을 표시하여야 하고 신용장과 동일한 통화로 표시되어야 한다고 규정하고 있다(28조). 또한 신용장에 부보금액이 물품의 가액, 송장가액 또는 그와 유사한 가액에 대한 백분율로 표시되어야 한다는 요건이 있는 경우, 이는 요구되는 부보금액의 최소한으로 본다. 신용장에 부보 범위에 부보금액에 대한 명시가 없는 경우, 부보금액은 최소한 물품의 CIF 또는 CIP 가액의 110%가 되어야 한다. 서류로부터 CIF 또는 CIP 가액을 결정할 수 없는 경우, 부보금액의 범위는 요구된 결제(honor) 또는 매입 금액 또는 송장에 나타난 물품에 대한 총가액 중 더 큰 금액을 기준으로 산출되어야 한다.

한편 보험계약에 있어서 보험가액과 보험금액이 동일한 경우를 전부보험(full insurance)이라 하고 보험가액보다 보험금액이 적은 경우를 일부보험(partial insurance), 보험가액보다 보험금액이 큰 경우를 초과보험(over insurance)이라고 한다.

해상적하보험에서 보험계약자가 전부보험으로 부보하고 화물이 전손을 입었을 경우 보험금은 보험금액과 같게 되지만 일부보험의 경우 손해보상의 산출에 있어서는 비례보상방식과 실손보상방식이 있다. 비례보상방식은 보험금액의 보험가액에 대한 비율에 따라 보상하는 방식이다. 실손보상방식은 손해액이 보험금액에 달할 때까지 손해액을 보상하며, 실제손

---

369) UCP 600, Article 28

해액이 보험금액을 초과할 때에는 초과부분은 보상하지 않는다.

10.2.1.3 보험금과 보험료

보험금(claim amount)은 보험계약에 실질적으로 의거 담보위험으로 피보험자가 입는 경제적 손해에 대하여 보험자가 피보험자에게 지급하는 보상금을 말한다. 보험료(insurance premium)는 보험계약시 위험을 담보하는 대가로 보험계약자가 보험자에게 지불하는 대금을 말하며, 보험료율은 보험금액에 대한 백분비로 표시한다.

10.2.1.4 보험서류

보험서류에는 보험증권(Insurance Policy), 보험증명서(Certificate of Insurance), 보험승낙서(Cover Note)가 있으며, 또 보험증권도 포괄예정보험증권(Open Policy)과 확정보험증권(Definite Policy)으로 나누어진다.

이들 서류 중 신용장거래에 있어서 제공될 수 있는 것은 신용장에 특별히 구체적으로 명시된 것과 일치해야 한다.

보험서류는 신용장통일규칙(UCP)에 의하면 보험회사(insurance company)나 보험인수업자(underwriters) 또는 이들의 대리인에 의해 발행되어야 하며, 중개업자가 발행한 보험승낙서는 신용장에 별도로 허용하지 않는 한 은행이 수리하지 않는다.

① 보험증명서

보험증명서(Certificate of Insurance)는 보험회사 또는 그 대리인이 자사발행의 원보험증권(original policy)에 의거하여 그 보험계약의 존재 및 피보험물에 보험이 부보되어 있다는 사실을 증명한 것을 말한다.

포괄예정보험(open cover)이 체결되어 있는 경우는 개개의 적화에 대하여 포괄보험에 부보되어 있음을 증명하는 보험증명서가 발행된다. 신용장에 별도의 명시가 없는 한 은행은 예정보험증권에 의한 보험증명서도 수리한다.

② 보험승낙서

보험승낙서(Cover Note)는 특정화물에 대해 보험부보를 하고 보험료를 수취하였음을 보험중개업자(broker)가 증명하는 일종의 각서를 의미한다.

10.2.1.5 담보

해상보험에서의 담보(warranties)는 특정조건에 대해 피보험자가 지켜야 할 약속을 말하며, 피보험자가 이 담보조건을 위반한 경우 그 시점부터 보험계약은 무효가 된다.

담보에는 명시담보와 묵시담보의 두 가지가 있으며, 명시담보(express warranties)는 담보의 내용이 보험증권에 명시되거나 또는 별도로 인쇄된 서류를 증권에 첨부하는 경우를 말한다. 특히 해상적하보험의 경우는 일정기간 피보험목적물의 안전에 관한 담보를 주로 하고 있다.

묵시담보(implied warranties)는 보험증권에 명시되어 있지는 않으나 피보험자가 묵시적으로 제약을 받아야 하는 담보로서, 여기에는 감항담보와 적법담보가 있다. 감항담보(warranty of seaworthiness)는 선박이 특정 항해를 완수할 수 있을 정도로 능력을 갖춘 상태, 즉 감항성이 있어야 하고, 적법담보(warranty of legality)는 피보험자가 지배할 수 없는 경우를 제외하고는 모든 해상사업이 합법적이어야 한다.

10.2.1.6 근인주의

근인주의(proximate cause)는 담보위험(insured perils)에 근인하여 발생한 손해에 대해서만 보험자가 보상할 책임이 있다는 원칙으로서, 근인이란 당해 사고를 야기시킨 가장 직접적이고 지배적인 원인을 말한다. 그러므로 손해를 야기시킨 가장 중요한 원인이 담보위험에 속하면 보험자는 보상책임이 있다.

10.2.1.7 고지의무

고지의무(disclosure)는 보험계약의 체결시 보험목적물의 위험의 정도나 성질에 영향을 미치는 중요 사실(material facts)에 대하여 보험계약자 또는 피보험자가 보험자에게 최대선의에 의거하여 계약이 체결될 수 있도록 구두 또는 서면으로 진술할 의무를 말한다.

영국 해상보험법(MIA)에서는, 해상보험계약은 최대선의(utmost good faith)에 의한 계약이며, 당사자의 일방이 최대선의를 준수하지 않을 경우에는 상대방은 그 계약을 취소할 수 있다고 규정하고 있다.

10.2.2 해상보험법

보험은 공공성이 강한 사업으로 국민경제 전반에 미치는 영향이 대단히 크기 때문에 엄격한 행정감독이 시행되고 있으며 이에 관한 법령으로서 각 국가에서는 자국의 상법 및 보험업법과 이에 따른 부속법령이 제정되어 있다. 이 법은 보험사업을 효율적으로 지도·감독하고, 보험계약자, 피보험자, 기타 이해관계인의 권익을 보호하여 보험사업의 건전한 육성과 국민경제의 균형있는 발전에 기여함을 목적으로 하고 있다.

특히 해상보험은 국제성이 가장 강한 보험종목으로 해상보험약관에 준거법약관을 삽입하여 영국의 법과 관습을 따르도록 규정한 준거법을 각 국가에서 채택하고 있기 때문에 우리나라 상법과 함께 영국 해상보험법 그리고 공동해손(general average)에 관한 국제규칙인 York-Antwerp Rules에 관한 이해를 필요로 하고 있다.

10.2.2.1 영국 해상보험법

영국의 해상보험에 관한 법은 1906년 영국 해상보험법(Marine Insurance Act, MIA 1906)이 제정되기까지는 거의 대부분이 관습법(common law)으로 산재되어 있었다. 이러한 당시의 불문법을 수정하지 않고 될 수 있는대로 정확히 성문법으로 재현하려는 의도하에, Chalmers경(Sir Mackenzie D. Chalmers)에 의하여 기초가 된 해상보험법안(Marine Insurance Bill)이 1894년 Hershell 대법원판사(Lord Chancellor Hershell)를 통하여 상원에 처음으로 제안되었다. 그 후 1900년에 상원을 통과하여 1906년 12월 21일에 제정되었고 다음 해 1907년 1월 1일부터 실행되었다.

이 법은 비록 영국의 국내법이긴 하지만 오늘날 모든 나라들이 실제 상거래에 있어서는 영문해상보험증권에 준거법 약관을 삽입하여 사용하고 있는 경우가 많으므로 영국 해상보험법(MIA, 1906)이 국제무역거래와 해운운송의 준거법으로 채택되고 있으며, 총 94개조로 구성되어 있다.

10.2.2.2 York-Antwerp 규칙

해상보험에 있어 공동해손에 관한 세계 각국의 관습과 법이 모두 상이한 경우가 많았으며 또한 공동해손의 발생시 각 국가별로 이해관계가 배치되는 경우가 많았기 때문에 공동해손에 관한 규칙을 세계적으로 통일하자는 운동이 1860년에 개시되어 1864년 York에서 York규칙 11개 조항이 채택되었고, 1877년 Antwerp회의에서 12개조의 공동해손규칙을 제정하였는데, 이것은 York규칙에 기초를 둔 것이므로 York-Antwerp Rules(YAR)라고 부른다.

그 후 1890년 Liverpool에서 18개 조항의 York-Antwerp규칙이 채택되어 34년간 사용되어 오다가 이론적으로나 실무적으로 실정에 맞지 않는 부분이 있어 1924년 Stokholm회의에서 YAR 문자규정으로 A조부터 G조까지 7개의 규정과 숫자규정 23개 조로 정비 및 개정하였다.

그리고 1974년 4월 Hamburg에서 국제해운위원회가 개최되어 새로운 YAR을 마련하여 공동해손을 정산할 때는 1974년 York-Antwerp규칙(YAR, 1974)을 기준으로 하고 있다. 이 1974년 YAR은 해석규정인 7개의 문자규정과 22개의 숫자규정으로 구성되어 있으며, 공동해손을 정산함에 있어서는 숫자규정이 우선하지만 숫자규정에 명시되지 아니한 문제는 문자규정에 따라 해결하도록 규정되어 있다.

오늘날 세계 각국의 해상보험증권과 선하증권(B/L)에서는 대부분 공동해손은 York·Antwerp규칙에 의거하여 정산한다는 사항이 삽입되는 경우가 많다. 그러나 이것은 법령이 아니므로 강제성이 없고 계약서에 본 조항이 삽입됨으로써 비로소 효력을 발생하는 것이다.

10.2.2.3 우리나라의 해상보험법

우리나라의 해사에 관한 법은 상법 제4편 제2장 제4절 해상법의 제740조에서 제870조까지 선박, 운송, 공동해손, 선박충돌, 해난구조, 선박채권에 관해서 규정하고 있다.

그리고 보험일반에 관해서는 상법 제4편 보험의 통칙과 제2장 해상보험통칙이 있으며 해상보험법으로는 상법 제693조에서 제718조까지 해상보험에 관한 규정을 두고 있다.

우리나라의 연안해운에 있어서는 우리나라의 해상보험법이 통용되지만 외국무역에 있어서의 해상보험은 국제성을 띠고 있는 만큼 법역(法域)이 상이하므로 우리나라 상법이 그대로 통용될 수는 없다. 특히 상법은 임의법으로 약관(約款)이 우선하는 것이며 우리나라 및 대부분의 국가에서의 해상보험증권에는 영국의 법과 관습을 따른다는 조항이 삽입되어 있다. 그러므로 사실상 해상보험에 관한 한 우리나라 해상보험법은 사문화된 것과 다를 바 없으며 공동해손(general average) 역시 마찬가지이다. 따라서 해상보험에 관하여서는 영국의 해상보험법(MIA, 1906)이 국제적으로 준거법이 되고 있다.

10.2.3 해상위험의 의의

해상위험(marine risks, marine perils)이란 항해에 기인하고 항해에 부수하여 발생하는 사고를 말한다. 영국 해상보험법(MIA)에서는 해상위험을 "항해에 기인 또는 수반되는 위험"으로 정의하고 해상위험을 하나하나 열거하고 있는데 반해, 우리나라에서는 "해상보험계약의 보험자는 항해에 관한 사고로 인하여 생길 손해를 보상할 책임이 있다"라고 포괄적으로 규정하고 있다.

해상위험은 항해에 기인하고 항해에 부수하여 발생하는 사고이지만 담보범위는 그 발생장소가 반드시 해상에서 발생한 손해에만 국한되는 것은 아니며 또한 반드시 해상에서만 발생하는 사고, 즉 해상고유의 사고에 한정되는 것은 아니다. 예를 들면 화재나 도난과 같이 육상에서 발생하는 사고도 포함하고 있다.

10.2.3.1 위험의 특성에 따른 분류

① 해상고유의 위험

해상고유의 위험(perils of the sea)은 해난, 즉 바다의 자연적 위험으로 인한 우연한 사고 또는 재난을 말하고, 풍파의 통상적인 작용은 포함되지 않는다.

해상고유의 위험은 해상에서 발생하여야 하고, 우연히 발생한 것이어야 하며, 바다의 작용을 원인으로 하거나 바다의 특유한 사건이어야 한다. 이러한 해상고유의 위험으로 인한 사고의 전형적인 예로는 소위 SSCG, 즉 침몰(sinking), 좌초(stranding), 충돌(collision), 교사(grounding)를 비롯하여 악천후(heavy weather) 등이 있다.

② 해상위험

해상위험(perils on the seas; maritime perils)의 전형적인 예로는 자연적 또는 인위적 행위에 의한 화재(fire or burning)뿐만 아니라 투하(jettison), 선원의 악행(barratry of master or mariners), 해적·절도·강도(pirates, rovers & thieves) 등 인위적 위험도 포함한다.

③ 전쟁위험

해상보험에 있어서의 전쟁위험(war perils)의 개념은 국제법상의 전쟁위험에 비하여 광범위하며, 국가로서 승인되어 있지 않은 주체에 속하는 군함 등에 의한 포획(capture)이나 나포(seizure) 등 전쟁에 준한 상황으로 인한 인위적 위험을 말한다. 그 전형적인 예로는 전쟁(war), 변란(warlike operation), 강유(arrests), 억지(restraints), 억류(detainments), 해상탈취(taking at sea) 등이 있다.

10.2.3.2 위험 담보 여부에 따른 분류

① 담보위험

담보위험(perils covered risks)은 보험자가 그 위험에 의하여 발생한 손해를 보상할 것을 약속한 위험으로서 보험자가 보상책임을 부담하기 위해서는 손해가 담보위험에 의하여 발생된 것이어야 한다. 실제로는 특정의 위험을 면책사유로 정하고 그 위험에 기인하여 발생한 손해는 보상하지 않는다는 제한을 약관상에 첨부하는 것이 일반적이다.

② 면책위험

면책위험(excepted or excluded perils)은 그 위험에 의하여 발생된 손해에 대하여 보험자가 보상책임을 면하는 특정한 위험이다. 면책위험은 일단 담보위험으로서 보험자가 부담한 위험의 효과를 일부 또는 전부를 저지하려는 목적으로 특정되기 때문에 그 위험을 면책위험으로 특정하지 않았다면 보험자의 보상책임이 있는 손해에 대하여 보상책임을 면하게 하는 것이다.

③ 비담보위험

비담보위험(perils not covered)은 담보위험 및 면책위험 이외의 모든 위험을 말하며, 이는 처음부터 보험의 대상에서 제외되는 중성위험(neutral perils)에 속한다.

이상에서의 여러 위험이 연속되어 있는 경우 예를 들어 트럭이 건물과 충돌하여 화재를 일으킨 경우 비록 트럭의 충돌은 비담보위험이라 하더라도 화재의 발생은 담보위험이기 때문에 그 화재에 기인한 손해는 당연히 보상된다.

10.3 해상손해

10.3.1 해상손해의 의의

해상손해(maritime loss)는 해상위험으로 인하여 피보험이익의 전부 또는 일부가 손상 또는 멸실되어 발생하는 피보험자의 경제적 손실을 말한다. 해상보험은 이러한 해상손해로 인하여 피보험자가 입게 되는 실질적인 손해를 보상하는 것이 원칙이다.

10.3.2 해상손해의 종류

해상손해는 그 정도와 상황에 따라 전손과 분손, 단독해손과 공동해손, 비용손해로 분류되며, 보험자는 모든 종류의 해상손해를 무조건 보상하는 것이 아니라 그 종류에 따라 달리한다.

10.3.2.1 전손

전손(total loss)이란 피보험이익이 전부 멸실된 경우를 말하며, 전손은 다시 현실전손과 추정전손으로 구분한다.

① 현실전손

현실전손(actual total loss: ATL)은 보험목적물이 현실적으로 전멸된 경우를 말하는데, 영국 해상보험법(MIA)에 의하면 구체적으로 다음과 같은 손해를 현실전손으로 한다.

ⓐ 보험목적물이 완전히 파손되어 상품가치가 완전히 멸실되었을 경우

ⓑ 보험목적물이 존재하고는 있지만 부보된 물건이 본래의 성질보다 심각한 정도로 상실
　　되었을 경우
　ⓒ 피보험자가 보험목적물을 탈취당해 다시 찾을 수 없는 경우
　ⓓ 선박이 상당한 기간 행방불명된 경우

② 추정전손

보험증권에 명시된 특약의 경우를 제외하고는 보험목적물이 현실전손을 피하기 어려울
정도로 손해가 심각하여 종래 그 목적물이 갖는 용도로 사용할 수 없게 되었을 때와 그 수
선 및 수리비가 수선 후 그 목적물이 갖는 시가보다 클 때에는 추정전손(constructive total loss:
CLT)으로 간주한다.

영국 해상보험법(MIA)에 따라 구체적으로 살펴보면 다음과 같은 손해를 추정전손으로 인정
한다.

　ⓐ 선박 또는 화물의 점유를 박탈당한 경우에 피보험자가 그것을 회복할 가망이 없을 때
　　또는 그것을 회복하는 비용이 회복한 후의 가액을 초과하는 경우
　ⓑ 선박의 수리비가 수리 후의 선박가액을 초과하는 경우
　ⓒ 화물의 수선비와 목적지까지의 운반비가 도착 후의 화물가액을 초과하는 경우

해상손해가 추정전손으로 인정되는 경우 피보험자는 그 피보험물에 대하여 갖는 일체의
권리를 보험자에게 이전하고 현실전손과 마찬가지로 보험금액 전액을 청구할 수 있는데, 이
것을 위부(abandonment)라고 한다.

10.3.2.2 분손

분손(partial loss)은 피보험이익의 일부가 멸실 또는 손상됨으로써 발생한 손해를 말한다. 이
러한 분손에는 단독해손과 공동해손이 있다.

① 단독해손

단독해손(particular average: P.A.)이란 피보험이익의 일부에 발생하는 손해로서 공동해손에 속
하지 않는 분손을 말하며, 피보험자가 단독으로 입은 손해이다. 한편 공동해손행위에 의하
여 전부 희생적으로 처분되어도 손해를 면한 이익관계자에 의하여 일부가 분담반환되므로
그 화주에 있어서는 결국 분손이 된다.

② 공동해손

공동해손(general average: G.A.)이란 선박, 화물 및 운임이 공동의 위험에 처한 경우에 그 위
험을 피하려고 선장의 의사에 의하여 선박 또는 화물의 일부가 희생적으로 처분됨으로써 일

어나는 손해 및 비용이며, 이에 의하여 손해를 면하게 된 이익관계자의 전부가 공동으로 공평하게 분담하게 된다.

예를 들면 본선이 폭풍우를 만나 침몰될 위험에 놓였을 경우 그 위험을 피하기 위해 화물의 일부를 선외로 버리는 투하(jettison)와 같은 물질적 손해인 공동해손희생(general average sacrifice)과 선박이 위험한 장소에 좌초한 경우 선박을 구하기 위해 예선을 사용함으로써 발생하는 비용손해인 공동해손비용(general average expenditure)이 있다.

이와 같은 비상조치로 인하여 발생한 손해는 그로 인하여 위험을 면하게 된 자들이 그들이 받은 혜택의 정도에 따라 분담하게 되는데, 이 분담액은 공동해손분담금(general average contribution)이라 한다. 공동해손의 정산은 보통 요크 · 앤트워프규칙(York · Antwerp Rule)규칙에 의해 행해진다.

③ 비용손해

보험의 목적물을 손해로부터 방지 · 경감하기 위하여 피보험자가 지출하는 비용을 비용손해라고 한다. 비용손해는 분손의 일종으로 보험자가 전보하는 바 비용손해와 물적손해의 합계가 보험금액을 초과하는 경우에는 초과분의 비용손해는 전보하지 않는다. 단 손해방지비용은 초과분도 보상한다.

비용손해에는 손해방지비용(sue and labour charges), 구조비(salvage charges), 특별비용(special charges), 공동해손분담금(general average contribution), 충돌손해배상금(선박의 경우), 손해조사비용(loss survey charges) 등이 있다. 비용손해는 비록 원칙적으로 보험자가 부담하지 않는 보험외적인 간접손해이지만 예외적으로 보험자가 이를 부담한다.

10.3.2.3 보험자가 부담하지 않는 손해

보험자는 원칙적으로 직접손해만을 부담한다. 그러나 선박 또는 적화의 불감항성(unseaworthiness)에 의한 손해, 화물 자체의 성질손해 등은 비록 직접손해이기는 하지만 예외적으로 보험자가 이를 부담하지 않는다. 이들 손해가 보험자에게 면책이 되는 이유는 손해발생에 우연성이 없거나 또는 희박하여 위험담보의 원리에서 벗어나기 때문이다.

10.3.3. 해상적하보험 손해 구상

10.3.3.1 손해 구상의 의의

해상적하보험에 부보하는 궁극적인 목적은 보험사고로 인한 피보험목적물의 멸실 · 손상으로 피보험자가 입게 되는 손해에 대하여 보험자에게 구상(claim)하여 보상받는데 있다.

보험구상의 청구인은 보험증권의 선의의 소지인(bona fide holder)으로서 보통 매수인인 수입상이 배상의 청구인이 된다. 보험증권의 선의의 소지인(bona fide holder)은 손해가 발생한 경우 그 사실을 서면 또는 구두로 보험회사나 그의 대리점에 우선 통지하고 추후에 손해에 따라 필요한 서류를 구비하여 정식의 구상절차를 밟아야 한다.

10.3.3.2 손해통지의무

피보험자는 보험목적물에 손해가 발생한 경우에는 이를 지체없이 보험자에게 통지하여야 한다. 손해통지의 방법으로는 구두 혹은 서면의 어느 것이라도 무방하나 때에 따라서는 수출화물에 관한 보험구상에 대해서도 도착지의 관행에 의해 서면으로 손해통지가 필요한 경우가 있다. 통지의 내용은 다음과 같다.
① 보험계약의 내용: 증권번호, 화물의 명세, 선명, 보험가입금액, 보험조건 등
② 손상화물의 상태
③ 화물의 보관장소

10.3.4 해상적하보험 손해의 구상절차

10.3.4.1 전손 및 단독해손의 보험금 청구서류

전손 및 단독해손의 경우 보험금 청구서류는 다음과 같다.
① 보험금청구서한(Letter of Claim): 손해의 명세 및 손해액계산서를 첨부
② 보험증권(Insurance Policy): 원본 또는 부본
③ 상업송장(Commercial Invoice), 포장명세서(Packing List), 중량명세서(Weight Lists): 서명된 사본
④ 선하증권(Bill of Lading): 서명된 사본. 단 전손인 경우에는 원본
⑤ 손해검정보고서(Survey Report): 원본 또는 부본
⑥ 선박회사 또는 기타 수탁자에 대한 클레임 청구서(Letter of Claim) 및 이에 대한 회신
⑦ 해난보고서(Marine Protest): 단, 해난이 있을 경우에 한함
⑧ 위부장(Letter of Abandonment): 단, 추정전손의 경우에 한함
⑨ 대위권 양도(Receipt and Letter of Subrogation): 보험자가 작성한 소정의 양식에 서명함으로써 이루어짐
⑩ 기타의 입증서류
상기와 같은 서류 이외에도 손해의 형태에 따라 이를 입증하기 위하여 화물인수도협정서(Cargo Boat Note), 검수보고서(Tally Sheet), 입고확인서(Warehouse Receipt), 기타 비용을 증빙하는

서류 등은 필요에 따라 보험자의 요구가 있으면 제출하여야 한다.

화물의 현실전손(Actual total Loss)이 발생한 경우에는 손해검정을 하지 않더라도 전손사실을 증명할 수 있는 적당한 정식서류만 구비하면 된다. 그러나 추정전손(Constructive total Loss)의 경우에는 보험자에게 위부통지서(Notice of Abandonment)를 제출하여야만 전손보험금을 청구할 수 있다.

피보험자 또는 그 대리인은 손해가 발생한 경우 이를 방지 또는 경감하도록 노력을 하여야 하며, 선박회사 또는 기타 수탁자에 대한 권리보전을 위하여 필요한 조치를 게을리하지 말아야 한다.

10.3.4.2 위부

위부(abandonment)란 선박의 행방불명 등 추정전손(constructive total loss)이 발생한 경우 피보험자가 현실전손(actual total loss)에 준하여 보험금액 전액의 청구권리를 취득하기 위하여 피보험자가 선박, 상품 등 보험목적물과 이에 부수되는 모든 권리를 보험자에게 이전하고 보험금액의 전액을 청구하는 행위를 말한다.

해상보험의 목적인 선박, 화물을 무조건 보험자에게 위부할 의사를 통고하는 것을 위부통지(notice of abandonment)라고 한다. 흔히 위부통지는 위부통지서에 필요사항을 기입하여 표시하며, 피보험자의 보험자에 대한 권리양도이기 때문에 보험자의 승낙을 얻어야 위부가 성립된다. 피보험자의 위부통지를 받은 보험자는 위부를 수락할 것인지 아니면 위부를 포기할 것인지를 결정해야 하며, 위부를 수락하면 손해에 대한 모든 책임은 보험자에게 귀속된다.

위부는 피보험자가 피보험목적물의 모든 권리를 보험자에게 이양하고 보험금액의 전액을 청구하는 권리를 가지는데 반하여, 대위(subrogation)는 보험자가 보험금을 지급한 경우 손상된 피보험목적물에 대해 피보험자가 가지고 있던 소유권과 손상을 발생하게 한 자에 대한 구상권을 보험자가 대신할 수 있다. 또한 위부는 전손의 경우에만 적용되지만 대위는 전손과 분손에 대하여 모두 적용되며 보험금을 지급함으로써 그 효력이 발생한다.

10.3.4.3 공동해손의 구상 절차

공동해손(general average: G.A)이 발생한 경우 선박회사는 공동해손선포(declaration of general average)를 하고 이에 따라 선박회사가 그 사실을 각 화주에게 통지한다. 선박회사의 공동해손선포통지서(Notice of General Average Declaration)에는 공동해손의 발생경위, 선임된 공동해손정산인, 공동해손분담의 확보를 위한 보증장 등 화주의 구비서류, 기타 공동해손에 따라 화주가 취하여야 할 절차 등에 대한 사항이 기재되어 있다.

화주가 위의 공동해손선포통지서를 접수하면 즉시 보험자에게 이를 알리고 다음의 서류를 구비하여 필요한 절차를 취해야 한다.

① 공동해손구상장(Claim Letter on G.A.)
② 보험증권(Insurance Policy) - 원본
③ 선하증권(Bill of Lading) - 서명된 사본
④ 상업송장(Commercial Invoice) - 서명된 사본
⑤ 공동해손선포통지서(Notice of General Average Declaration)

10.3.4.4 공동해손의 정산

① 공동해손의 정산

선박회사가 공동해손을 선포하게 되면 그에 따라 발생된 공동해손희생 및 비용, 즉 공동해손손해를 추후 공동해손 정산방식에 따라 공동해손행위로 인하여 이익을 받게 된 각 이해당사자들이 그 받은 이익에 비례하여 분담한다. 이때 각 이해당사자가 분담하는 금액을 공동해손분담금(G.A. contribution)이라 한다.

그리고 공동해손분담금 산출의 기초가 되는 최종도착지에서의 선박, 화물 등의 구조된 가액을 공동해손분담가격(G.A. contributary value), 공동해손분담가액과 공동해손분담금의 비율을 공동해손분담비율(G.A. contributary ratio)이라고 한다.

공동해손의 정산, 즉 공동해손분담금의 산출은 선박회사측에서 선임한 공동해손정산인(G.A. adjuster)이 공동해손규칙(YAR) 또는 운송약관에 정하는 바에 따라 공동해손을 정산하여 공동해손정산서(Statement of General Average)를 작성하며 이를 모든 이해당사자에게 통지하고 분담금을 회수한다.

② 공동해손금액의 분담

선박회사는 화주에게 화물을 인도하기에 앞서 분담금의 안전한 회수를 위해 최종적으로 공동해손공탁금(general average deposit) 또는 이에 대신하여 보험회사가 발행하는 공동해손보증장(General Average Guarantee; Underwriter's Letter of Guarantee for General Average Contribution)을 제출할 것을 요구한다.

공동해손보증장은 보통 무제한보증장(Unlimited Guarantee)이므로 보험회사는 이를 발행하기에 앞서 피보험자로부터 역보증장(Counter Guarantee)을 접수함으로써 공탁금이 보험금액을 초과할 경우에 면책근거로 삼는다.

공동해손공탁금은 공동해손정산서에 의한 정확한 분담금을 계산하기까지는 1년 혹은 수

년이 소요되므로 간단한 공동해손율(ratio of general average)에 의해서 충분하고 여유 있게 산출한 분담금을 채택한다. 선박회사는 화물인도의 조건으로 이 금액을 영수하여 예치하며, 화물이 무담보이면 공탁금은 화주가 부담해야 하고 보험에 들었으면 보험회사가 대신 부담한다.

② 제3자에 대한 구상

화물 운송 중에 발생한 화주의 손해에 대하여는 운송인 및 그 밖의 수탁자의 운송, 보관중에 발생된 것이므로 일차적으로는 이들에게 책임이 귀속된다. 그러므로 피보험자인 화주는 귀책사유가 있는 제3자에 대한 손해배상청구권을 보전시켜 놓아야 한다.

한편, 운송인 등 제3자에 대한 구상청구를 화주가 직접하는 편이 효과적인 경우 보험자는 피보험자인 화주에게 보험금지급에 갈음하여 대부금형식지급(loan form payment)을 한다.

이는 화주의 제3자에 대한 구상절차상의 지연으로 인한 보험금지급의 지연을 방지하며, 한편으로는 보험자의 대위구상이 부적당한 경우를 피하기 위해서 행하여지는 대부금 명목의 사실상의 보험금 지급이다. 대부금 형식의 지급방법은 화물의 불착이나 도난손해의 경우에 주로 이용되고 있다.

10.3.4.5 대위

대위(subrogation)란 피보험자가 운송인, 기타의 제3자에 대한 구상권을 보험자에게 양도하는 것을 말한다. 즉 손해보험에 있어서 보험자가 피보험자에게 보험금을 지불했을 때 일정한 요건하에 피보험자가 갖는 일정한 권리를 보험자에게 이전하는 것을 말하며, 보험자대위라고도 한다.

피보험자가 보험자에게 대위권양도서(Letter of Subrogation)를 제공하면 보험금을 지급받으며, 보험자가 취득한 대위권은 보험자가 지급한 보험금 한도내에서만 유효하다. 이는 보험증권에서 담보하는 손실이 발생한 경우 피보험자가 손해액 이상을 보상받을 수 없다는 것을 의미한다.

1906년 영국해상보험법370)

THE MARINE INSURANCE ACT 1906 (1906년 영국해상보험법)

(6. EDW.7. CH.41)

(에드워드 7세 즉위 제6년 법률 제41호)

CHAPTER 41 (법률 제41호)

An Act to codify the law relating to marine insurance.

해상보험에 관한 법률을 성문화한 법

21st December 1906 (1906년 12월 21일)

BE it enacted by the King's most Excellent Majesty, by and with the advice and consent of the Lords Spiritual and Temporal, and Commons, in this present Parliament assembled, and by the authority of the same, as follows_____

국왕 폐하께서 제정하신 이 법률은 영적, 시간적, 하원의 조언과 동의를 받아 이 현 의회에서 제정되었으며, 그 권한에 의해 다음과 같이 제정된다._____

MARINE INSURANCE (해상보험)

1. Marine Insurance Defined (해상보험의 정의)

A contract of marine insurance is a contract whereby the insurer undertakes to indemnify the assured, in manner and to the extent thereby agreed, against marine losses, that is to say, the losses incident to marine adventure.

해상보험계약이란 보험자가 그 계약에 의하여 합의한 방법과 범위내에서 해상손해, 즉 해상사업에 수반되는 손해에 대하여 피보험자에게 손해보상을 약속하는 계약이다.

---

370) 본문의 1906년 영국해상보험법 번역은 2000년 한국해운조합의 번역을 기준으로 삼았다.

2. Mixed Sea and Land Risks (해륙혼합위험)

① A contract of marine insurance may, by its express terms, or by usage of trade, be extended so as to protect the assured against losses on inland waters or on any land risk which may be incidental to any sea voyage.

② where a ship in course of building, or the launch of a ship, or any adventure analogous to a marine adventure analogous to a marine adventure, is covered by a policy in the form of a marine policy, the provisions of this Act, in so far as applicable, shall apply thereto; but, except as by this section provided, nothing in this Act shall alter or affect any rule of law applicable to any contract of insurance other than a contract of marine insurance as by this Act defined.

① 해상보험계약은 명시의 특약이나 상관습에 의하여 해상항행에 수반할 수 있는 내수 또는 육상위험의 손해에 대하여 피보험자를 보호하기 위해서 그 담보범위를 확장할 수 있다.

② 건조중의 선박, 또는 선박의 진수, 또는 해상사업과 유사한 일체의 사업이 해상보험 증권양식의 보험증권에 의해서 담보되는 경우 본 법의 제규정은 가능한 한 이를 적용하여야 한다. 그러나 본 조에서 규정하는 경우를 제외하고, 본법의 어떤 규정도 이법에서 정의하고 있는 해상보험계약 이외의 일체의 보험계약에 적용되는 법규를 변경하거나 제한하는 것은 아니다.

3. Marine adventure and maritime perils defined (해상사업과 해상위험의 정의)

① Subject to the provisions of this Act, every lawful marine adventure may be the subject of marine insurance.

② In particular there is a marine adventure where

ⓐ Any ship goods or other moveables are exposed to maritime perils. Such property is in this Act referred to as "insurable property";

ⓑ The earning or acquisition of any freight, passage money, commission, profit, or other pecuniary benefit, or the security for any advances, loan, or disbursements is endangered by the exposure of insurable property to maritime perils:

ⓒ Any liability to a third party may be incurred by the owner of, or other person interested in, or responsible for, insurable property, by reason of maritime perils. "Maritime perils" means the perils consequent on, or incidental to the navigation of the sea, that is to say, perils of the seas, fire, war perils, pirates, rovers, thieves, captures, seizures, restraints, and detainments of princes and peoples, jettisons, barratry, and any other perils, either of the like kind or which may be designated by the policy.

① 본 법에 별도의 규정이 있는 경우를 제외하고 일체의 적법한 해상사업은 해상보험계약의 목적이 될 수 있다.

② 특히 다음의 경우 해상사업이 있다.

ⓐ 일체의 선박, 화물 또는 동산이 해상위험에 노출되는 경우, 그러한 재산을 이 법에서는 '피보험재산'이라고 한다.

ⓑ 일체의 화물운송임, 여객운임, 수수료, 이윤 또는 기타 금정의 이익의 수입이나 취득, 또는 일체의 전도금이나 대출금 또는 선비를 위한 담보인 피보험재산이 해상위험에 노출됨으로써 위험에 직면한 경우

ⓒ 피보험재산의 소유자 또는 피보험재산에 기타 이해관계가 있거나 책임이 있는 자가 해상위험 때문에 제3자에 대해 배상책임을 부담하는 경우 '해상위험'은 바다의 항해에 기인하거나 부수하는 위험을 의미하며, 즉 해상고유의 위험, 화재, 전쟁위험, 해적, 강도, 절도, 포획, 나포, 군주와 국민의 억류 및 억지, 투하, 선원의 악행, 및 이와 동종의 또는 보험증권에 기재되는 일체의 기타위험을 말한다.

INSURABLE INTEREST (피보험이익)

4. Avoiding of wagering or gaming contracts (도박 또는 사행계약의 무효)

① Every contract of marine insurance by way of gaming or wagering is void

② A contract of marine insurance is deemed to be a gaming or wagering contract

ⓐ Where the assured has not an insurable interest as defined by this Act, and the contract is entered into with no expectation of acquiring such an interest; or

ⓑ Where the policy is made "interest or no interest", or "without further proof of interest than the policy itself", or "without benefit of salvage to the insurer", or subject to any other like term: Provided that, where there is no possibility of salvage, a policy may be effected without benefit of salvage to the insurer.

① 사행 또는 도박을 목적으로 하는 모든 해상보험 계약은 무효이다.

② 해상보험계약은 다음의 경우 사행 또는 도박계약으로 간주된다.

ⓐ 피보험자가 이 법에서 정의하고 있는 피보험 이익을 갖지 않고, 또한 그와 같은 이익을 취득할 기대가능성이 없이 계약을 체결되는 경우, 또는

ⓑ 보험증권이 '이익의 유무 불문', 또는 '보험증권 자체 이외에 이익의 추가 증명 없음', 또는 '보험자에게 구조물의 권리 없음'. 또는 이와 유사한 기타 일체의 용어에 따라 작성되는 경우 단, 구조의 가능성이 없는 경우 보험자에게 구조물 취득의 수익권이 없다는 조건으로 보험계약이 체결될 수 있다.

5. Insurable Interest defined (피보험이익의 정의)

① Subject to the provisions of this Act, every person has an insurable interest who is interest who is interested in a marine adventure.

② In particular, a person is interested in a marine adventure where he stands in any legal or equitable relation to the adventure or to any insurable property at risk therein, in consequence of which he may benefit by the safety or due arrival of insurable property, or may be prejudiced by its loss, or by damage thereto, or by the detention thereof, or may incur liability in respect thereof.

① 본 법의 별도의 규정이 있는 경우를 제외하고, 해상사업에 이해관계가 있는 자는 모두 피보험이익을 갖는다.

② 특히 해상사업에 대하여 또는 해상사업에서 위험이 노출된 일체의 피보험 재산에 대하여 어떤 자가 보통법 또는 형평법상 관계가 있는 경우, 그 결과로 인하여 피보험재산의 안전이나 예정시기의 도착으로 이익을 얻거나, 피보험재산의 멸실이나 손상 또는 억류로 손해를 입거나, 또는 피보험재산에 관하여 배상책임을 발생시키는 자는 해상사업에 이해관계가 있다.

6. When Interest must attach (피보험이익이 존재하여야 할 시기)

① The assured must be interested in the subject-matter insured at the time of the loss though he need not be interested when the insurance is effected: Provided that where the subject-matter is insured "lost or not lost", the assured may recover although he may not have acquired his interest until after the loss, unless at the time of effecting the contract of insurance the assured was a ware of the loss, and the insurer was not.

② Where the assured has no interest at the time of the loss he cannot acquire interest by any act or election after he is aware of the loss.

① 피보험자는 보험계약 체결시에 보험의 목적에 대하여 이해관계가 있을 필요는 없지만, 손해발생시에는 이해관계를 갖지 않으면 안된다. 단, 보험의 목적이 '멸실 여부를 불문함'이란 조건으로 보험가입되는 경우에는, 피보험자는 손해발생 후까지 피보험이익을 취득하지 않아도 손해를 보험자로부터 회수할 수 있다. 그러나 보험계약 체결시 피보험자가 손해발생의 사실을 알고 보험자가 몰랐을 경우에는 그러하지 아니하다.

② 피보험자가 손해 발생시에 피보험이익을 가지고 있지 않을 경우에는 피보험자는 손해발생의 사실을 알고난 후에는 여하한 선택에 의해서도 이익을 취득할 수 없다

7. Defeasible or contingent interest (소멸이익 또는 불확정이익)

① defeasible interest is insurable, as also is a contingent interest.

② In particular, where the buyer of goods has insured them, he has an insurable interest, notwithstanding that he might, at his election, have rejected the goods, or have treated them as at the seller's risk, by reason of the latter's delay in making delivery or otherwise.

① 소멸이익은 이를 보험에 가입할 수 있으며 불확정이익도 또한 같다.

② 특히 화물의 매수인이 화물을 보험에 가입하는 경우에는, 매도인의 화물인도의 지연 또는 기타 이유로 매수인이 자기의 선택권에 따라 화물인수를 거절하거나 또는 매도인의 위험에 속하는 것으로서 화물을 처리할 수 있는 경우에도 매수인은 피보험이익을 갖는다.

8. Partial Interest (일부의 이익)

A partial interest of any nature is insurable.

성질 여하에 관계없이 일부 이익은 보험에 가입할 수 있다.

9. Re-Insurance (재보험)

① The insurer under a contract of marine insurance has an insurable interest in his risk, and may re-insure in respect of it.

② Unless the policy otherwise provides, the original assured has no right or interest in respect of such re-insurance.

① 해상보험계약의 보험자는 자기의 위험에 대한 피보험 이익을 가지며, 그 이익에 관하여 재보험에 가입할 수 있다.

② 보험증권에 별도의 규정이 있는 경우를 제외하고 원보험의 피보험자는 그러한 재보험에 관하여 여하한 권리나 이익도 갖지 않는다.

10. Bottomry (모험대차)

The lender of money on bottomry or respondentia has an insurable interest in respect of the loan.

선박모험대차 또는 적하보험대차의 대금업자는 그 대출금에 대하여 피보험이익을 갖는다.

10. Master's and seamen's wages (선장과 선원의 급료)

The master or any member of the crew of a ship has an insurable interest in respect of his wages.

선박의 선장 또는 모든 선원은 자기의 급료에 대하여 피보험이익을 갖는다.

12. Advance freight (선불운송임)

In the case of advance freight, the person advancing the freight has an insurable interest, in so far as such freight is not repayable in case of loss.

선불운송임의 경우에 운송임을 선불할 자는 손해발생시 그 운송임을 반환받지 않는 한도내에서 피보험이익을 가진다.

13. Charges of Insurance (보험의 비용)

The assured has an insurable interest in the charges of any insurance which he may effect.

피보험자는 자기가 체결하는 모든 보험의 비용에 대한 피보험이익을 갖는다

14. Quantum of Interest (이익의 크기)

① Where the subject-matter insured is mortgaged, the mortgagor has an insurable interest in the full value thereof, and the mortgagee has an insurable interest in respect of any sum due or to become due under the mortgage.

② A mortgagee, consignee, or other person having an interest in the subject-matter insured may insure on behalf and for the benefit of other persons interested as well as for his own benefit.

③ The owner of insurable property has an insurable interest in respect of the full value thereof, notwithstanding that some third person may have agreed, or be liable, to indemnify him in case of loss.

① 보험의 목적에 저당권이 설정되었을 경우에는 저당권설정자는 보험의 목적의 전체가액에 대하여 피보험이익을 가지며, 저당권자는 저당권에 의하여 지불되는 금액 또는 지불되기로 되어 있는 일체의 금액에 대하여 피보험이익을 가진다.

② 저당권자, 수화인 또는 기타 보험의 목적에 이해관계가 있는 자는 자기를 위하여 또는 피보험이익을 가진 타인을 위하여도 보험에 가입할 수 있다.

③ 피보험재산의 소유자는, 손해발생시에 제3자가 자기에게 손해보상을 약정하거나 또는 손해

보상 책임을 부담하는 경우일지라도, 피보험재산의 전체가액에 대하여 피보험이익을 갖는다.

15. Assignment of Interest (이익의 양도)

Where the assured assigns or otherwise parts with his interest in the subject-matter insured, he does not thereby transfer to the assignee his rights under the contract of insurance, unless there be an express or implied agreement with the assignee to that effect. But the provisions of this section do not affect a transmission of interest by operation of law.

피보험자가 보험의 목적에 대하여 가지는 자기의 이익을 양도하거나 또는 기타의 방법으로 분할 처분하는 경우에 보험계약상의 피보험자의 자기의 권리는 양수인에게 이를 이전한다는 취지의 명시적 합의나 묵시적 합의가 없는 한 이에 대하여 양수인에게 이전하지 아니한다.

INSURABLE VALUE (보험가액)

16. Measure of Insurable Value (보험가액의 평가기준)

Subject to any express provision or valuation in the policy, the insurable value of the subject-matter insured must be ascertained as follows

① In insurance on ship, the insurable value is the value at the commencement of the risk, of the ship, including her outfit, provisions and stores for the officers and crew, money advanced for seamen's wages, and other disbursements(if any) incurred to make the ship fit for the voyage or adventure contemplated by the policy, plus the charges of insurance upon the whole:The insurable value, in the case of a steamship, includes also the machinery, boilers, and coals and engine stores if owned by the assured, and, in the case of a ship engaged in a special trade, the ordinary fittings requisite for that trade:

② In insurance on freight, whether paid in advance or otherwise, the insurable value is the gross amount of the freight at the risk of the assured, plus the charges of insurance:

③ In insurance on goods or merchandise, the insurable value is the prime cost of the property insured, plus the expenses of and incidental to shipping and the charges of insurance upon the whole:

④ In insurance or any other subject-matter, the insurable value is the amount at the risk of the assured when the policy attaches, plus the charges of insurance.

보험증권에 명시규정이나 평가액이 있는 경우를 제외하고, 보험의 목적의 보험가액은 다음과 같이 확정하여야 한다.

① 선박에 관한 보험에서 보험가액은 선박의 의장구, 고급선원과 보통선원을 위한 식료품과 소모품, 해원의 급료에 대한 선불금 및 보험증권에 의해 예정된 항해 또는 해상사업을 위하여 선

박을 적합하도록 만들기 위해 지출한 기타 선비(지출한 경우)를 포함하여 선박의 보험개시시의 가액에 그 전체에 관한 보험비용을 가산한 금액이다.증기선의 경우에 보험가액은 상기 이외에 기계와 보일러 및 피보험자의 소유인 경우 석탄과 엔진소모품을 포함하며, 특수무역에 종사하는 선박의 경우에는 그러한 무역에 필수적인 통상적인 설비를 포함한다.

② 운송임에 관한 보험에서는, 선불운송임이든 아니든 불문하고, 보험가액은 피보험자의 위험에 속하는 운송임의 총액에 보험비용을 가산한 금액이다.

③ 화물 또는 상품에 관한 보험에서 보험가액은 피보험재산의 원가에 선적비용과 선적의 부수비용 및 그 전체에 대한 보험비용을 가산한 금액이다.

④ 일체의 기타 보험의 목적에 관한 보험에서 보험가액은 보험계약의 효력이 개시되는 때에 피보험자의 위험에 속하는 금액에 보험비용을 가산한 금액이다.

DISCLOSURE AND REPRESENTATION (고지 및 표시)

17. Insurance is Uberrimae fidei (최대 선의)

A contract of marine insurance is a contract based upon the utmost good faith, and, if the utmost good faith be not observed by either party, the contract may be avoided by the other party.

해상보험계약은 최대선의를 기초로 한 계약이며, 당사자의 일방이 최대선의를 준수하지 않을 경우에는 타방은 그 계약을 취소할 수 있다.

18. Disclosure by assured (피보험자의 고지)

① Subject to the provisions of this section, the assured must disclose to the insurer, before the contract is concluded, every material circumstance which is know to the assured, and the assured is deemed to know every circumstance which, in the ordinary course of business, ought to be known by him. If the assured fails to make such disclosure, the insurer may avoid the contract.

② Every circumstance is material which would influence the judgment of a prudent insurer in fixing the premium, or determining whether he will take the risk.

③ In the absence of inquiry the following circumstances need not be disclosed, namely

　　ⓐ Any circumstance which diminishes the risk ;

　　ⓑ Any circumstance which is known or presumed to be known to the insurer. This insurer is presumed to know matters of common notoriety or knowledge, and matters which an insurer in the ordinary course of his business, as such, ought to know ;

ⓒ Any circumstance as to which information is waved by the insurer ;

ⓓ Any circumstance which it is superfluous to disclose by reason of any express or implied warranty.

④ Whether any particular circumstance, which is not disclosed, be material or not is, in each case, a question of fact.

⑤ The term "circumstance" includes any communi-cation made to, or information received by, the assured.

① 본 조에 별도의 규정이 있는 경우를 제외하고, 피보험자는 자기가 일고 있는 모든 중요사항을 계약이 성립되기 전에 보험자에게 고지하여야 하며, 피보험자는 통상의 업무상 마땅히 알아야 하는 모든 사항을 알고 있는 것으로 간주한다. 피보험자가 그러한 고지를 하지 않은 경우에는 보험자는 계약을 취소할 수 있다.

② 보험료를 산정하거나 또는 위험의 인수여부를 결정하는데 있어서 신중한 보험자의 판단에 영향을 미치는 모든 사항은 중요사항이다.

③ 다음의 사항은 질문이 없는 경우에는 고지할 필요가 없다. 즉,

ⓐ 위험을 감소시키는 일체의 사항

ⓑ 보험자가 알고 있거나 알고 있는 것으로 추정되는 일체의 사항. 보험자는 일반적으로 널리 알려진 사항이나 상식에 속하는 사항 및 보험자가 자기의 통상의 업무상 마땅히 알아야 하는 사항들을 알고 있는 것으로 추정된다.

ⓒ 보험자가 그에 관한 정보를 포기한 일체의 사항

ⓓ 어떠한 명시 또는 묵시담보 때문에 고지할 필요가 없는 일체의 사항

④ 고지되지 않은 어떠한 특정사항이 중요한 것인지 아닌지의 여부는 각각의 경우에 있어서 사실문세 이다.

⑤ "사항"이란 말은 피보험자에게 행한 일체의 통신 또는 피보험자가 접수한 정보를 포함한다.

19. Disclosure by agent effecting Insurance (보험계약을 체결하는 대리인의 고지)

Subject to the provisions of the preceding section as to circumstances which need not be disclosed, where an insurance is effected, for the assured by an agent, the agent must disclose to the insurer

ⓐ Every material circumstance which is known to himself, and an agent to insure is deemed to know every circumstance which in the ordinary course of business ought to be known by, or to have been communicated to, him; and

ⓑ Every material circumstance which the assured is bound to disclose, unless it come to his knowledge too late to communicate it to the agent.

보험계약이 피보험자를 위하여 대리인에 의해 체결되는 경우 고지되어야 필요가 없는 사항에 관한 전후에 별도의 규정이 있는 경우를 제외하고, 대리인은 보험자에게 다음의 사항을 고지하여야 한다.

ⓐ 대리인 자신이 알고 있는 모든 중요한 사항, 그리고 보험계약을 체결하는 대리인은 통상의 업무상 마땅히 알고 있어야 하는 모든 사항과 대리인에게 마땅히 통지되었을 모든 사항을 알고 있는 것으로 간주한다. 그리고,

ⓑ 피보험자가 고지할 의무가 있는 모든 중요사항, 다만 피보험자가 너무 늦게 알게 되어 대리인에게 통지하지 못한 경우에는 그러하지 아니하다.

20. Representations pending negotiation of contract (계약의 협의중 표시)

① Every material representation made by the assured or his agent to the insurer during the negotiations for the contract, and before the contract is concluded, must be true. If it be untrue, the insurer may avoid the contract.

② A representations is material which would influence the judgment of a prudent insurer in fixing the premium, or determining whether he will take the risk.

③ A representation may be either a representation as to a matter of fact, or as to a matter of expectation or belief.

④ A representation as to a matter of fact is true, if it be substantially correct, that is to say, if the difference between what is represented and what is actually correct would not be considered material by a prudent insurer.

⑤ A representation as to a matter of expectation or belief is true if it be made in good faith.

⑥ A representation may be withdrawn or corrected before the contract is concluded.

⑦ Whether a particular representation be material or not is, in each case, a question of fact.

① 계약의 협의중 및 계약이 성립되기 이전에 피보험자 또는 그 대리인이 보험자에게 행한 모든 중요한 표시는 질시이어야 한다. 그것이 진실이 아닌 경우 보험자는 그 계약을 취소할 수 있다.

② 신중한 보험자가 보험료를 산정하거나 위험의 인수여부를 결정하는 판단에 영향을 미치는 표시는 중요한 것이다.

③ 표시는 사실문제에 관한 표시일수도 있고, 또는 기대나 신념의 문제에 관한 것일수 도 있다.

④ 사실문제에 관한 표시는, 그것이 실질적으로 정확한 경우, 즉 표시된 것과 실제적으로 정확

한 것과의 차이를 신중한 보험자가 중요한 것으로 간주하지 않는 경우에는 진실한 표기이다.

⑤ 기대 또는 신념의 문제에 관한 표시는 그것이 선의로 행하여진 경우에는 진실한 표시이다.

⑥ 표시는 계약이 성립되기 전에 철회되거나 수정될 수 있다.

⑦ 특정의 표시가 중요한 것인가 아닌가의 여부는 각각의 경우에 있어서 사실문제이다.

21. When contract is deemed to be concluded (보험계약이 성립된 것으로 간주되는 시기)

A contract of marine insurance is deemed to be concluded when the proposal of the assured is accepted by the insurer, whether the policy be then issued or not; and for the purpose of showing when the proposal was accepted, reference may be made to the slip or covering note or other customary memorandum of the contract, although it be unstamped.*

해상보험계약은 보험증권의 발행여부에 관계없이 피보험자의 청약이 보험자에 의해 승낙된 때 성립한 것으로 간주한다. 그리고, 청약이 승낙된 때를 증명하기 위해서 슬립이나 보험인수증서 또는 기타 관례적인 계약각서를 참조할 수 있다.

THE POLICY (해상보험 증권)

22. Contract must be embodied in policy (보험계약은 보험증권에 구현되어야 한다)

Subject to the provisions of any statue, a contract of marine insurance is inadmissible in evidence unless it is embodied in a marine policy in accordance with this Act. The policy may be executed and issued either at the time when the contract is concluded, or afterwards.

다른 성립법에 별도 규정이 있는 경우를 제외하고 해상보험계약은 본 법에 따라 해상보험증권에 구현되지 않는 한 증거로서 인정되지 않는다. 보험증권은 계약이 성립된 때 또는 그 후에 작성되고 발행될 수 있다.

23. What policy must specify (보험증권의 필수 기재사항)

A marine insurance policy must specify

① The name of the assured, or of some person who effects the insurance on his behalf:

② The subject-matter insured and the risk insured against:

③ The voyage, or period of time, or both, as the case may be, covered by the insurance:

④ The sum or sums insured:

⑤ The name or names of the insurers.

해상보험증권은 다음의 사항을 반드시 기재하여야 한다.

① 피보험자의 성명, 또는 피보험자를 위하여 보험계약을 체결하는 자의 성명

② 보험의 목적 및 담보위험

③ 보험에서 담보하는 항해 또는 항해기간, 경우에 따라서는 둘다.

④ 보험가입금액

⑤ 보험자 상호

24. Signature of Insurer (보험자의 서명)

① A marine policy must be signed by or on behalf of the insurer, provided that in the case of a corporation the corporate seal may be sufficient, but nothing in this section shall be construed as requiring the subscription of a corporation to be under seal.

② Where a policy is subscribed by or on behalf of two or more insurers, each subscription, unless the contrary be expressed, constitutes a distinct contract with the assured.

① 해상보험증권은 반드시 보험자에 의해 서명 되거나 또는 보험자를 대리하여 서명 되어야 한다. 단, 법인의 경우 법인의 인장으로 충분하다. 그러나 본 조의 규정은 법인의 서명이 인장으로 날인되는 것을 요구하는 것으로 해석해서는 안 된다.

② 하나의 보험증권이 2인 이상의 보험자에 의해 서명 되거나 또는 2인 이상의 보험자를 대리하여 서명 되는 경우에는 반대의 의사가 없는 한 각각의 서명은 피보험자와 별도의 계약을 구성한다.

25. Voyage and time policies (항해보험증권과 기간보험증권)

① Where the contract is to insure the subject-matter at and from, or from one place to another or others, the policy is called a "voyage policy", and where the contract is to insure the subject-matter for a definite period of time the policy is called a "time policy". A contract for both voyage and time may be included in the same policy.

② Subject to the provisions of section eleven of the Finance 1901, a time policy which is made for any time exceeding twelve months is invalid.

① 보험계약이 보험의 목적을 "에서 및부터" 또는 어느 장소로부터 다른 1개 장소나 수개의 장소까지로 보험인수하는 경우 그 보험증권을 "항해보험증권"이라고 부르며, 보험계약이 보험의 목적을 일정기간에 대하여 보험인수하는 경우, 그 보험증권을 "기간보험증권"이라 부른다. 항해와 기간의 양자를 위한 계약이 동일한 보험증권에 포함될 수 있다.

② Finance 1901의 11조항을 조건으로, 12개월을 초과하는 기간보험증권은 무효이다.

26. Designation Subject-Matter (보험의 목적의 표시)

① The subject-matter insured must be designated in a marine policy with reasonable certainty.

② The nature and extent of the interest of the assured in the subject-matter insured need not be specified in the policy.

③ Where the policy designates the subject-matter insured in general terms, it shall be construed to apply to the interest intended by the assured to be covered.

④ In the application of this section regard shall be had to any usage regulating the designation of the subject-matter insured.

① 보험의 목적은 반드시 해상보험증권에 상당히 정확하게 명시되어야 한다.

② 보험의 목적에 대한 피보험자의 이익의 성질과 범위는 보험증권에 명기할 필요가 없다.

③ 보험증권에 보험의 목적을 총괄적 문언으로 명시하는 경우, 그것은 피보험자가 담보를 받을 것으로 의도한 이익에 적용되는 것으로 해석하여야 한다.

④ 본 조를 적용함에 있어서는 보험의 목적의 표시를 규제하는 관습을 고려하여야 한다.

27. Valued Policy (기평가보험증권)

① A policy may be either valued or unvalued.

② A valued policy is a policy which specifies the agreed value of the subject-matter insured.

③ Subject to the provisions of this Act, and in the absence of fraud, the value fixed by the policy is, as between the insurer and assured, conclusive of the insurable value of the subject intended to be insured, whether the loss be total or partial.

④ Unless the policy otherwise provides, the value fixed by policy is not conclusive for the purpose of determining whether there has been a constructive total loss.

① 보험증권은 기평가보험 증권이나 또는 미평가보험 증권일 수 있다.

② 기평가 보험증권은 보험의 목적의 협정보험가액을 기재한 보험증권이다

③ 본 법에 별도의 규정이 있는 경우를 제외하고, 그리고 사기가 없는 경우에 보험증권에 의해 정해진 가액은 보험자와 피보험자 사이에서는 손해가 전손이든 분손이든 관계없이 보험에 가입하려고 의도한 보험의 목적의 보험가액으로서 결정적이다.

④ 보험증권에 별도로 규정하고 있는 경우를 제외하고, 보험증권에 정해진 가액은 추정전손의 존재여부를 결정하는 목적을 위하여는 결정적인 것은 아니다.

28. Unvalued Policy (미평가 보험증권)

An unvalued policy is a policy which does not specify the value of the subject-matter insured, but, subject to the limit of the sum insured, leaves the insurable value to be subsequently ascertained, in the manner hereinbefore specified.

미평가보험증권은 보험의 목적의 가액을 기재하지 않고, 보험금액의 한도에 따라서 앞에서 명시된 방법으로 보험가액이 추후 확정되도록 하는 보험증권이다.

29. Floating Policy by Slip or Ships (선명미정 보험증권)

① A floating policy is a policy which describes the insurance in general terms, and leaves the name of the ship or ships and other particulars to be defined by subsequent declaration.

② The subsequent declaration or declarations may be made by endorsement on the policy, or in other customary manner.

③ Unless the policy otherwise provides, the declarations must be made in the order of dispatch or shipment. They must, in the case of goods, comprise all consignments within the terms of the policy, and the value of the goods or other property must be honestly stated, but an omission or erroneous declaration may be rectified even after loss or arrival, provided the omission or declaration was made in good faith.

④ Unless the policy otherwise provides, where a declaration of value is not made until after notice of loss or arrival, the policy must be treated as an unvalued policy as regards the subject-matter of that declaration.

① 미확정보험증권은 총괄적 문언으로 보험계약을 기술하고, 선박의 명칭과 기타의 자세한 사항은 추후 확정통지에 의해 확정되도록 하는 보험증권이다.

② 추후의 확정통지는 보험증권상의 배서에 의해 또는 기타 관습적인 방법으로 할 수 있다.

③ 보험증권에 반대의 규정이 있는 경우를 제외하고, 확정통지는 반드시 발송시 또는 선적의 순서에 따라 하여야 한다. 화물의 경우 확정통지는 반드시 보험증권의 조건에 해당되는 모든 적송품을 포함하여야 하고, 화물이나 기타 재산의 가액은 반드시 정직하게 신고되어야 한다. 그러나 확정통지의 탈루 또는 오기는 그것이 선의로 이루어진 경우에 한하여, 손해발생후 또는 도착후에도 수정될 수 있다.

④ 보험증권에 반대의 규정이 있는 경우를 제외하고, 손해의 통지 후 또는 도착의 통지 후까지 가액에 대한 확정통지가 이루어지지 않는 경우에, 그 보험증권은 그러한 확정통지의 대상인 보험의 목적에 관하여는 반드시 미평가 보험증권으로 처리되어야 한다.

30. Construction of Terms in Policy (보험증권의 용어의 해석)

① A policy may be in the form in the First Schedule to this Act.

② Subject to the provisions of this Act, and unless the context of the policy otherwise requires, the terms and expressions mentioned in the First Schedule to this Act shall be construed as having the scope and meaning in that schedule assigned to them.

① 보험증권은 본 법의 제1부칙에 있는 양식이 사용될 수 있다.

② 본 법에 별도로 규정하고 있는 경우를 제외하고, 그리고 보험증권의 문맥상 별도의 해석을 필요로 하지 않는 한, 본 법의 제1부칙에서 언급된 용어와 어구는 그 부칙에 정하고 있는 범위와 의미를 갖는 것으로 해석하여야 한다.

31. Premium to be arranged (추후 협정되는 보험료)

① Where an insurance is effected at a premium to be arranged, and no arrangement is made, a reasonable premium is payable.

② Where an insurance is effected on the terms that an additional premium is to be arranged in a given event, and that event happens but no arrangement is made, then a reasonable additional premium is payable.

① 추후 협정되는 보험료의 조건으로 보험계약이 체결되고, 보험료에 대한 협정이 이루어지지 않는 경우에는 합리적인 보험료가 지불되어야 한다.

② 일정한 경우에 추가 보험료가 협정된다는 조건으로 보험계약이 체결되고, 그러한 경우가 발생하지만 추가보험료가 협정되지 않는 경우에는, 합리적인 추가 보험료가 지불되어야 한다.

DOUBLE INSURANCE (중복보험)

32. Double Insurance (중복보험)

① Where two or more policies are effected by or on behalf of the assured on the same adventure and interest or any part thereof, and the sums insured exceed the indemnity allowed by this Act, the assured is said to be over-insured by double insurance.

② Where the assured is over-insured by double insurance

ⓐ The assured, unless the policy otherwise provides, may claim payment from the insurers in such order as he may think fit, provided that he is not entitled to receive any sum in excess of the indemnity allowed by this Act;

ⓑ Where the policy under which the assured claims is a valued policy, the assured must give credit as against the valuation for any sum received by him under any other policy without regard to the actual value of the subject-matter insured;

ⓒ Where the policy under which the assured claims is an unvalued policy he must give credit, as against the full insurable value, for any sum received by him under any other policy.

ⓓ Where the assured receives any sum in excess of the indemnity allowed by this Act, he is deemed to hold such sum in trust for the insurers according to their right of contribution among themselves.

① 동일한 해상사업과 이익 또는 그 일부에 관하여 둘 이상의 보험계약이 피보험자에 의해서 또는 피보험자를 대리하여 체결되고, 보험금액이 본 법에서 허용된 손해보상액을 초과하는 경우, 피보험자는 중복보험에 의한 초과보험 되었다고 말한다.

② 피보험자가 중복보험에 의해 초과 보험되는 경우

ⓐ 피보험자는 보험증권에 별도의 규정이 있는 경우를 제외하고, 자기가 적절하다고 생각하는 순서에 따라 보험자들에게 보험금을 청구할 수 있다. 단, 피보험자는 본법에 의해 허용되는 손해보상액을 초과하는 일체의 금액을 수취할 수 있는 권리는 없다.

ⓑ 피보험자가 보험금을 청구하는 보험증권이 기평가보험증권인 경우, 피보험자는 보험의 목적의 실제가액에 관계없이 여타 보험증권에 의해 그가 수취한 일체의 금액을 평가액에서 공제하여야 한다.

ⓒ 피보험자가 보험금을 청구하는 보험증권이 미평가보험인 경우, 피보험자는 여타 보험증권에 의해 그가 수취한 일체의 금액을 전체의 보험가액에서 공제하여야 한다.

ⓓ 피보험자가 본 법에 의해 허용된 손해보상액을 초과하는 금액을 수취한 경우, 피보험자는 그 초과액을 보험자 상호간의 상환청구권에 따라 각 보험자를 위하여 수탁한 것으로 간주한다.

WARRANTIES, ETC. (담보 등)

33. Nature of Warranty (담보의 성질)

① A warranty, in the following sections relating to warranties, means a promissory warranty, that is to say, a warranty by which the assured undertakes that some particular thing shall or shall not be done, or that some condition shall be fulfilled, or whereby he affirms or negatives the existence of a particular state of facts.

② A warranty may be express or implied.

③ A warranty, as above defined, is a condition which must be exactly complied with, whether it be material to the risk or not. If it be not so complied with, then, subject to any express provision in the policy, the insurer is discharged from liability as from the date of the breach of warranty, but without prejudice to any liability incurred by him before that date.

① 담보에 관한 다음의 제조항에서의 담보는 약속담보를 의미하고, 즉 그것에 의해 피보험자가 어떤 특정한 사항이 행하여지거나 해하여지지 않을 것 또는 어떤 조건이 충족될 것을 약속하는 담보, 또는 그것에 의해 피보험자가 특정한 사실상태의 존재를 긍정하거나 부정하는 담보를 의미한다.

② 담보는 명시담보일 수도 있고, 또는 묵시담보일 수도 있다.

③ 위에서 정의한 담보는 그것이 위험에 대하여 중요한 것이든 아니든 관계없이 반드시 정확하게 충족되어야 하는 조건이다. 만약 그것이 정확히 충족되지 않으면, 보험증권에 명시규정이 있는 경우를 제외하고 보험자는 담보위반일로부터 책임이 해제된다. 그러나 담보위반일 이전에 보험자에게 발생한 책임에는 영향을 미치지 아니한다.

34. Where Breach of Warranty Excused (담보위반이 허용되는 경우)

① Non-compliance with a warranty is excused when, by reason of a change of circumstances, the warranty ceases to be applicable to the circumstances of the contract, or when compliance with the warranty is rendered unlawful by any subsequent law.

② Where a warranty is broken, the assured cannot avail himself of the defence that the breach has been remedied, and the warranty complied with, before loss.

③ A breach of warranty may be waived by the insurer.

① 담보의 불충족이 허용되는 경우는 상황의 변경에 의해 담보가 계약상황에 적용될 수 없게 된 경우, 또는 담보의 충족이 그 이후의 어떠한 법률에 의해 위법이 되는 경우이다.

② 담보의 위반이 있는 경우, 피보험자는 손해발생 이전에 그 위반이 교정되고 따라서 담보가 충족되었다는 항변을 이용할 수 없다.

③ 담보의 위반은 보험자가 그 권리를 포기할 수 있다.

35. Express Warranties (명시담보)

① An express warranty may be in any form of words from which the intention to warrant is to be inferred.

② An express warranty must be included in or written upon, the policy, or must be contained in some document incorporated by reference into the policy.

③ An express warranty does not exclude an implied warranty, unless it be inconsistent therewith.

① 명시담보는 담보하려는 의사가 추정될 수 있는 것이면 어떠한 형태의 어구를 사용하여도 무방하다.

② 명시담보는 반드시 보험증권에 포함되거나 또는 기재되거나, 또는 보험증권내의 언급에 의해 보험증권의 일부인 서류에 포함되어 있어야 한다.

③ 명시담보는, 그것이 묵시담보와 저촉되지 않는 한, 묵시담보를 배제하지 않는다.

36. Warranty of Neutrality (중립담보)

① Where insurable property, whether ship or goods, is expressly warranted neutral, there is an implied condition that the property shall have a neutral character at the commencement of the risk and that, so far as the assured can control the matter, its neutral character shall be preserved during the risk.

② Where a ship is expressly warranted "neutral" there is also an implied condition that, so far as the assured can control the matter, she shall be properly documented, that is to say, that she shall carry the necessary papers to establish her neutrality, and that she shall not falsify or suppress her papers, or use simulated papers. If any loss occurs through breach of this condition, the insurer may avoid the contract.

① 피보험재산이 선박이든 화물이든 중립적일 것을 명시담보로 한 경우에는, 그 재산은 위험의 개시시에 중립적 성질을 가지고 있어야 하고, 또한 피보험자가 사정을 지배할 수 있는 한, 그 재산의 중립적 성질은 위험기간중 보존되어야 한다는 묵시조건이 있다.

② 선박이 '중립적'일 것을 명시담보로 한 경우에는, 피보험자가 사정을 지배할 수 있는 한, 선박은 또한 그에 관한 적절한 서류를 비치하여야 하고, 또 선박의 서류를 위조하거나 은닉해서는 안되며 위조서류를 사용하지 않을 것을 묵시조건으로 한다. 만약 이조건의 위반으로 인하여 손해가 발생한 경우, 보험자는 계약을 취소할 수 있다.

37. No implied Warranty of Nationality (국적에 관한 묵시담보는 없다)

There is no implied warranty as to the nationality of a ship, or that her nationality shall not be changed during the risk.

선박의 국적에 관한 묵시담보는 없으며, 또한 선박의 국적이 위험 기간중 변경되어서는 안된다는 묵시담보도 없다.

38. Warranty of Good Safety (안전 담보)

Where the subject-matter insured is warranted "well" or "in good safety" on a particular day, it is sufficient if it be safe at any time during that day.

보험의 목적이 특정일에 '무사히' 또는 '상당히 안전한 상태로' 있을 것을 담보하는 경우, 해당 일의 어떠한 시간이든 안전하면 그것으로 충분하다.

39. Warranty of Seaworthiness of Ship (선박의 감항성 담보)

① In a voyage policy, there is an implied warranty that at the commencement of the voyage the ship shall be seaworthy for the purpose of the particular adventure insured.

② Where the policy attaches while the ship is in port, there is also an implied warranty that she shall, at the commencement of the risk, be reasonably fit to encounter the ordinary perils of the port.

③ Where the policy relates to a voyage which is performed in different stages, during which the ship requires different kinds of further preparation or equipment, there is an implied warranty that at the commencement of each stage the ship is seaworthy in respect of such preparation or equipment for the purpose of that stage.

④ A ship is deemed to be seaworthy when she is reasonably fit in all respects to encounter the ordinary perils of the seas of the adventure insured.

⑤ In a time policy there is no implied warranty that the ship shall be seaworthy at any stage of the adventure, but where, with the privity of the assured, the ship is sent to sea in an unseaworthy state, the insurer is not liable for any loss attributable to unseaworthiness.

① 항해보험증권에서는 항해의 개시시에 선박은 보험에 가입된 특정한 해상사업의 목적을 위하여 감항이어야 한다는 묵시담보가 있다.

② 선박이 항내에 있는 동안에 보험계약이 개시되는 경우에는, 또한 선박이 위험개시시에 그 항내의 통상적인 위험에 대응하는데 있어서 합리적으로 적합하여야 한다는 묵시담보가 있다.

③ 상이한 여러단계로 수행되는 항해에 보험계약이 관련되어 있고, 그 각 단계별마다 선박이 상이한 종류의 준비나 장비 또는 추가적인 준비나 장비를 필요로 하는 경우에는, 각 단계의 개시시에 선박은 그 단계의 목적을 위하여 그와 같은 준비나 장비에 관하여 감항이어야 한다는 묵시담보가 있다.

④ 선박이 피보험해상사업의 통상적인 해상고유의 위험에 대응하는데 있어서 모든 점에서 합리적으로 적합한 때에는, 선박은 감항인 것으로 간주한다.

⑤ 기간보험증권에서는 선박이 어떠한 단계의 해상사업에도 감항이어야 한다는 묵시담보는 없다. 그러나 피보험자가 은밀히 알고 있으면서도 선박이 불감항인 상태로 취항한 경우에는 보험

자는 불감항에 기인하는 어떠한 손해에 대해서도 보상책임이 없다.

40. No Implied Warranty That Goods are Seaworthy (화물이 감항이라는 묵시담보는 없다)

① In a policy on goods or other moveables there is no implied warranty that the goods or moveables are seaworthy.

② In a voyage policy on goods or other moveables there is an implied warranty that at the commencement of the voyage the ship is not only seaworthy as a ship, but also that she is reasonably fit to carry the goods or other moveables to the destination contemplated by the policy

① 화물이나 기타 동산에 관한 보험계약에서는 화물이나 동산이 감항이라는 묵시담보는 없다.

② 화물이나 기타 동산에 관한 보험계약에서는 선박이 항해의 개시시에 선박으로서의 감항일 뿐 아니라 보험증권에 예정된 목적지까지 화물이나 기타 동산을 운송하는데 합리적으로 적합하다는 묵시담보가 있다.

41. Warranty of Legality (적법담보)

There is an implied warranty that the adventure insured is a lawful one, and that, so far as the assured can control the matter, the adventure shall be carried out in a lawful manner.

피보험 해상사업은 적법한 사업이어야 하고, 피보험자가 사정을 지배할 수 있는 한 그 해상사업은 적법한 방법으로 수행되어야 한다는 묵시담보가 있다.

THE VOYAGE (항해)

42. Implied Condition as to Commencement of Risk (위험개시에 관한 묵시조건)

① Where the subject-matter is insured by a voyage policy as "at and from" or "from" a particular place, it is not necessary that the ship should be at that place when the contract is concluded, but there is an implied condition that the adventure shall be commenced within a reasonable time, and that if the adventure be not so commenced the insurer may avoid the contract.

② The implied condition may be negatively by showing that the delay was caused by circumstances known to the insurer before the contract was concluded, or by showing that he waived the condition.

① 보험의 목적이 특정장소 "에서 및 부터" 또는 특정장소"로부터" 항해보험증권에 의해 보험에 가입되는 경우, 계약 체결시에 선박이 그 장소에 있어야 할 필요는 없지만, 항해가 합리적인 기간내에 개시되어야 하고, 만약 항해가 그렇게 개시되지 않으면 보험자는 계약을 취소할수 있다는 묵시조건이 있다.

② 그 묵시조건은 계약이 체결되기 전에 보험자가 알고 있는 상황에 의해 지연이 발생하였다는 것을 증명함으로써, 또는 보험자가 그 조건에 대한 권리를 포기하였다는 것을 증명함으로써 무효화될 수 있다.

43. Alteration of Departure (발항항의 변경)

Where the place of departure is specified by the policy, and the ship instead of sailing from that place sails from any other place, the risk does not attach.

발항장소가 보험증권에 명기되어 있는 경우, 선박이 그 장소에서 출항하지 않고 다른 장소에서 출항하는 때에는 위험은 개시하지 아니한다.

44. Sailing for Different Destination (상이한 목적지를 향한 출항)

Where the destination is specified in the policy, and the ship, instead of sailing for that destination, sails for any other destination, the risk does not attach.

목적지가 보험증권에 명기되어 있는 경우 선박이 그 목적지를 향하여 출항하지 않고, 다른 목적지를 향하여 출항하는 때에는 위험은 개시하지 아니한다.

45. Change of Voyage (항해의 변경)

① Whcre, after the commencement of the risk, the destination of the ship is voluntarily changed from the destination contemplated by the policy, there is said to be a change of voyage.

② Unless the policy otherwise provides, where there is a change of voyage, the insurer is discharged from liability as from the time of change, that is to say, as from the time when the determination to change it is manifested; and it is immaterial that the ship may not in fact have left the course of voyage contemplated by the policy when the loss occurs.

① 위험 개시후 선박의 목적지가 보험증권에 정하여진 목적지로부터 임의로 변경되는 경우에, 항해의 변경이 있었다고 말한다.

② 보험증권에 별도의 규정이 있는 경우를 제외하고, 항해의 변경이 있는 경우에는 보험자는 그 변경시부터, 즉 항해를 변경할 결의가 명백한 때부터 책임이 해제된다. 그리고 손해발생시

선박이 보험증권에 정하여진 항로를 실제 떠나지 않았다는 사실은 중요하지 아니하다.

46. Deviation (이로)

① Where a ship, without lawful excuse, deviates from the voyage contemplated by the policy, the insurer is discharged from liability as from the time of deviation, and it is immaterial that the ship may have regained her route before any loss occurs.

② There is a deviation from the voyage contemplated by the policy

ⓐ Where the course of the voyage is specifically designated by the policy, and that course is departed from; or

ⓑ Where the course of the voyage is not specifically designated by the policy, but the usual and customary course is departed from.

③ The intention to deviate is immaterial; there must be a deviation in fact to discharge the insurer from his liability under the contract.

① 선박이 적법한 이유없이 보험증권에 정하여진 항해에서 이탈하는 경우, 보험자는 이로시부터 책임이 해제되고, 선박이 손해발생 전에 본래의 항로에 복귀하였다는 사실은 중요하지 아니하다.

② 다음의 경우에 보험증권에 정하여진 항해로부터 이로가 있는 것으로 한다.

ⓐ 항로가 보험증권에 특별히 지정되어 있는 경우에는, 그 항로를 떠났을 때 또는

ⓑ 항로가 보험증권에 특별히 지정되어 있지 않는 경우에는, 통상적이고 관습적인 항로를 떠났을 때

③ 이로할 의사는 중요하지 아니하다. 즉 보험자가 계약상 책임을 면하기 위해서는 반드시 실제 이로가 있어야 한다.

47. Several Ports of Discharge (다수의 양하항)

① Where several ports of discharge are specified by the policy, the ship may proceed to all or any of them, but, in the absence of any usage or sufficient cause to the contrary, she must proceed to them, or such of them as she goes to, in the order designated by the policy. If she does not there is a deviation.

② Where the policy is to "ports of discharge", within a given area, which are not named, the ship must, in the absence of any usage or sufficient cause to the contrary, proceed to them, or such of them as she goes to, in their geographical order. If she does not there is a deviation.

① 보험증권에서 수개의 양하항이 명기되어 있는 경우, 선박은 그들 항구의 전부 또는 일부로 항행할 수 있다. 그러나 어떠한 관습이나 반대의 충분한 이유가 없는 것과 같은 항구로 항행하여야 한다. 만약 선박이 그와 같이 항행하지 않으면 이로가 있다.

② 보험증권이 특정항구가 명기되어 있지 않고 일정 지역내의 "제양하항"까지로 기재되어 있는 경우에는, 어떠한 관습이나 반대의 충분한 이유가 없는 한, 선박은 반드시 지리적 순서에 따라 그들 항구 또는 흔히 항행하는 것과 같은 항구로 항행하여야 한다. 만약 선박이 그와 같이 항행하지 않으면, 이로가 있다.

48. Delay in Voyage (항해의 지연)

In the case of a voyage policy, the adventure insured must be prosecuted throughout its course with reasonable despatch, and, if without lawful excuse it is not so prosecuted, the insurer is discharged from liability as from the time when the delay became unreasonable.

항해보험증권의 경우에서, 보험에 가입된 해상사업은 반드시 전과정을 통해 상당히 신속하게 수행되어야 하고, 만약 적법한 이유없이 그와 같이 수행되지 않으면, 그 지연이 부당하게 되었을 때부터 보험자는 책임이 해제된다.

49. Excuses for Deviation or Delay (이로 또는 지연의 허용)

① Deviation or delay in prosecuting the voyage contemplated by the policy is excused

ⓐ Where authorised by any special term in the policy; or

ⓑ Where caused by circumstances beyond the control of the master and his employer; or

ⓒ Where reasonably necessary in order to comply with an express or implied warranty; or

ⓓ Where reasonably necessary for the safety of the ship or subject-matter insured; or

ⓔ For the purpose of saving human life, or aiding a ship in distress where human life may be in danger; or

ⓕ Where reasonably necessary for the purpose of obtaining medical or surgical aid for any person on board the ship; or

ⓖ Where caused by the barratrous conduct of the master or crew, if barratry be one of the perils insured against.

② When the cause excusing the deviation or delay ceases to operate, the ship must resume her course, and prosecute her voyage with reasonable despatch.

① 보험증권에 예정된 항해를 수행하는데 있어서 다음의 경우에는 이로 또는 지연이 허용된다

ⓐ 보험증권의 특약에 의해 인정되는 경우, 또는

ⓑ 선장과 그의 고용주의 지배권외의 사정으로 기인하는 경우, 또는

ⓒ 명시담보 또는 묵시담보를 충족하기 위해 합리적으로 필요한 경우, 또는

ⓓ 선박 또는 보험의 목적의 안전을 위해 합리적으로 필요한 경우, 또는

ⓔ 인명을 구조하거나 또는 인명이 위험한 경우의 조난선을 구조하기 위한 경우, 또는

ⓖ 선박에 승선한 자에 대해 내과 또는 외과적 치료를 시행하기 위해서 합리적으로 필요한 경우 또는

ⓗ 선장 또는 선원의 악행이 피보험위험의 하나인 경우에 선장이나 선원의 악행에 기인하는 경우

② 이로 또는 지연을 허용하는 사유가 중지되었을 때에는, 선박은 상당히 신속하게 본래의 항로로 복귀하여 항해를 수행하여야 한다.

ASSIGNMENT OF POLICY (보험증권의 양도)

50. When and how policy is assignable (보험증권의 양도)

① A marine policy is assignable unless it contains terms expressly prohibiting assignment. It may be assigned either before or after loss.

② Where a marine policy has been assigned so as to pass the beneficial interest in such policy, the assignee of the policy is entitled to sue thereon in his own name; and the defendant is entitled to make any defence arising out of the contract which he would have been entitled to make if the action had been brought in the name of the person by or on behalf of whom the policy was effected.

③ A marine policy may be assigned by endorsement thereon or in other customary manner.

① 해상보험증권에 양도를 명시적으로 금지하는 문언을 포함하고 있지 않는한, 해상보험증권은 양도할 수 있다. 해상보험증권은 손해발생의 이전이든 이후이든 양도될 수 있다.

② 해상보험증권이 그러한 보험증권상의 수익권의 이익을 이전할 목적으로 양도된 경우에, 보험증권의 양수인은 자기 자신의 이름으로 그 보험증권에 관한 소송을 제기할 수 있는 권리가 있고, 자기의 이름으로 보험계약을 체결한 자 또는 타인을 위하여 보험계약이 체결되는 경우의 타인의 이름으로 소송을 제기되었을 경우에 피고가 항변할 권리가 있었을 그 계약에 기인한 어떠한 항변을 피고는 할 수 있는 권리가 있다.

③ 해상보험증권은 그 보험증권상의 배서 또는 기타 관습적인 방법에 의하여 양도될 수 있다.

51. Assured who has no interest cannot assign
(이익을 갖지 않는 피보험자는 양도할 수 없다)

Where the assured has parted with or lost his interest in the subject-matter insured, and has not, before or at the time of so doing expressly or impliedly agreed to assign the policy, any subsequent assignment of the policy is in operative: Provided that nothing in this section affects the assignment of a policy after loss.

피보험자가 보험의 목적에 대한 자기의 이익을 포기하거나 상실한 경우, 그리고 그렇게 하기 전에 또는 그렇게 할 당시에, 보험증권을 양도하기로 명시적으로 또는 묵시적으로 합의하지 않는 경우에는, 그 이후의 보험증권의 양도는 효력이 없다. 단, 본 조의 규정은 손해발생후의 보험증권의 양도에는 영향을 미치지 아니한다.

THE PREMIUM (보험료)

52. When Premium Payable (보험료의 지급시기)

Unless otherwise agreed, the duty of the assured or his agent to pay the premium, and the duty of the insurer to the assured or his agent, are concurrent conditions, and the insurer is not bound to issue the payment or tender of the premium.

별도의 협정이 있는 경우를 제외하고, 피보험자 또는 그 대리인의 보험료의 지불 의무와 피보험자 또는 그 대리인에 대한 보험자의 보험증권의 발급의무는 동시조건이며, 보험자는 보험료의 지불 또는 보험료에 대한 변제의 제공이 있을 때까지는 보험증권을 발급할 의무를 지지 않는다.

53. Policy Effected Through Broker (보험중개인을 통해 체결된 보험계약)

① Unless otherwise agreed, where a marine policy is effected on behalf of the assured by a broker is directly responsible to the insurer for the premium, and the insurer is directly responsible to the assured for the amount which may be payable in respect of losses, or in respect of returnable premium.

② Unless otherwise agreed, the broker has, as against the assured, a lien upon the policy for the amount of the premium and his charges in respect of effecting the policy; and, where he has dealt with the person who employs him as a principal, he has also a lien on the policy in respect of any balance on any insurance account which may be due to him from such person, unless when the debt was incurred he had reason to believe that such person was only an agent.

① 별도의 협정이 있는 경우를 제외하고, 해상보험증권이 피보험자를 대리하여 보험중개인에 의해 체결되는 경우, 보험중개인은 보험료에 대해 보험자에게 직접적으로 책임이 있고, 보험자는 손해에 대한 보험금 또는 환급보험료에 관해 지급하여야할 금액에 대하여 피보험자에게 직접적인 책임이 있다.

② 별도의 협정이 있는 경우를 제외하고, 보험중개인은 피보험자를 상대로 보험료의 금액과 보험계약의 체결과 관련한 보험중개인의 비용에 대하여 보험증권에 관한 유치권을 갖는다. 그리고 본인으로서 보험중개인은 고용하고 있는 자와 보험중개인이 거래관계를 가지고 있는 경우, 보험중개인은 그와 같은 자가 보험중개인에게 지불하여야 할 보험계정상의 부족액에 관하여도 보험증권에 관한 유치권을 갖는다. 단, 부채가 발생하였던 당시에, 보험중개인이 그와 같은 자가 단지 대리인에 불과하다고 믿을 만한 이유가 있었을 경우에는 그러하지 아니하다.

54. Effect of Receip on Policy (보험증권상 보험료영수의 효과)

Where a marine policy effected on behalf of the assured by a broker acknowledges the receipt of the premium, such acknowledgment is, in the absence of fraud, conclusive as between the insurer and the assured, but not as between the insurer and broker.

해상보험계약이 피보험자를 대리하여 보험중개인에 의해 체결되고 그 보험료의 영수사실이 인정되고 있는 경우에는, 그러한 사실인정은 사기가 없는한 보험자와 피보험자 사이에는 결정적인 것이다. 그러나 보험자와 보험중개인 사이에는 그러하지 아니하다.

LOSS AND ABANDONMENT (손해와 위부)

55. Included and Excluded Losses (면책 및 귀책손해)

① Subject to the provisions of this act, and unless the policy otherwise provides, the insurer is liable for any loss proximately caused by a peril insured against, but, subject as aforesaid, he is not liable for any loss which is not proximately caused by a peril insured against.

② In particular --

ⓐ The insurer is not liable for any loss attributable for any loss attributable to the wilful misconduct of the assured, but unless the policy otherwise provides, he is liable for any loss proximately caused by a peril insured against, even though the loss would not have happened but for the misconduct or negligence of the master or crew;

ⓑ Unless the policy otherwise provides, the insurer on ship or goods is not liable for any loss proximately caused by delay, although the delay be caused by a peril insured against;

ⓒ Unless the policy otherwise provides, the insurer is not liable for ordinary wear and tear, ordinary leakage and breakage, inherent vice or nature of the subject-matter insured, or for any loss proximately caused by rats or vermin, or for any injury to machinery not proximately caused by maritime perils.

① 본 법에 별도의 규정이 있는 경우와 반대로 규정하는 경우를 제외하고, 보험자는 피보험위험에 근인하여 발생하는 모든 손해에 대하여 책임이 있다. 그러나 전술한 경우를 제외하고, 보험자는 피보험위험에 근인하여 발생하지 않는 모든 손해에 대하여는 책임을 지지 않는다.

② 특히,

    ⓐ 보험자는 피보험자의 고의 불법행위에 기인하는 모든 손해에 대하여 책임을 지지 않는다. 그러나 보험증권에 별도로 규정하지 않는한, 보험자는 피보험위험에 근인하여 발생하는 모든 손해에 대하여는 비록 그 손해가 선장이나 선원의 불법행위 또는 과실이 없었더라면 발행하지 않았을 경우에도 그 책임을 져야 한다.

    ⓑ 보험증권에 별도로 규정하고 있는 경우를 제외하고 선박 또는 화물에 관한 보험자는 지연이 피보험위험에 기인한 경우라도 지연에 근인한 모든 손해에 대하여는 책임을 지지 않는다.

    ⓒ 보험증권에 별도로 규정하고 있는 경우를 제외하고, 보험자는 통상의 자연소모, 통상의 누손과 파손, 보험의 목적의 고유의 하자나 성질에 대하여, 또는 쥐 또는 충에 근인하는 모든 손해에 대하여 그 책임을 지지 않는다.

56. Partial and Total Loss (분손과 전손)

① A loss may be either total or partial. Any loss other than a total loss, as hereinafter defined, is a partial loss.

② A total loss may be either an actual total loss, or a constructive total loss.

③ Unless a different intention appears from the terms of the policy, an insurance against total loss includes a constructive, as an actual, total loss.

④ Where the assured brings an action for a total loss and the evidence proves only a partial loss, he may, unless the policy otherwise provides, recover for a partial loss.

⑤ Where goods reach their destination in specie, but by reason of obliteration of marks, or otherwise, they are incapable of identification, the loss, if any, is partial, and not total.

① 손해는 전손이거나 또는 분손인 경우도 있다. 다음에 정의하는 전손 이외의 일체의 손해는 분손이다.

② 전손은 현실 전손이거나 또는 추정 전손인 경우도 있다.

③ 보험증권의 문맥상 다른 의도가 표시되어 있는 경우를 제외하고, 전손에 대한 보험은 현실 전손 이외에 추정 전손도 포함한다.

④ 피보험자가 전손 보험금 청구 소송을 제기한 경우에 오직 분손에 대해서만 증거가 입증되는 때에는, 보험증권에 별도로 규정하고 있는 경우를 제외하고 피보험자는 분손에 대한 보험금을 받을 수 있다.

⑤ 화물이 본래의 종류의 것으로 목적지에 도달하였으나 화물표시의 말소 또는 기타의 이유로 동일성을 식별할 수 없을 경우에는, 만일 손해가 있다면 그 손해는 분손이며 전손은 아니다.

57. Actual Total Loss (현실 전손)

① Where the subject-matter insured is destroyed, or so damaged as to cease to be a thing of the kind insured, or where the assured is irretrievably deprived thereof there is an actual total loss.

② In the case of an actual total loss no notice of abandonment need be given.

① 보험의 목적이 파괴되거나 또는 보험에 가입된 종류의 물건으로서 존재할 수 없을 정도로 손상을 입은 경우, 또는 피보험자가 회복할 수 없도록 보험의 목적의 점유를 박탈당하는 경우에는, 현실전손이 있는 것이다.

② 현실전손의 경우에는 위부의 통지를 할 필요가 없다.

58. Missing Ship (행방불명 선박)

Where the ship concerned in the adventure is missing, and after the lapse of a reasonable time no news of her has been received, an actual total loss may be presumed.

해상사업에 종사하는 선박이 행방불명되고, 상당한 기간이 경과한 후에도 그 선박에 대한 소식을 수취하지 못하는 경우에는, 현실 전손으로 추정할 수 있다.

59. Effect of Transhipment, etc. (환적 등의 효과)

Where, by a peril insured against, the voyage is interrupted at an intermediate port or place, under such circumstances as, apart from any special stipulation in the contract of affreightment, to justify the master in landing and reshipping the goods or other moveables, or in transhipping them, and sending them on to their destination, the liability of the insurer continues, notwithstanding the landing or transhipment.

항해가 피보험위험으로 인하여 중간항구 또는 중간지점에서 중단되는 경우, 해상화물 운송계약서의 특약과는 관계없이, 선장이 화물이나 기타 동산을 양륙하여 재선적하거나 또는 화물이나 기타 동산을 환적하여 그 목적지까지 운송하는 것이 정당화되는 상황하에서는, 보험자의 책임은 그 양륙이나 환적에도 불구하고 계속된다.

60. Constructive Total Loss Defined (추정전손의 정의)

① Subject to any express provision in the policy, there is a constructive total loss where the subject-matter insured is reasonably abandoned on account of its actual total loss appearing to be unavoidable, or because it could not be preserved from actual total loss without an expenditure which would exceed its value when the expenditure had been incurred.

② In particular, there is a constructive total loss -

(i) There the assured is deprived of the possession of his ship or goods by a peril insured against, and

ⓐ It is unlikely that he can recover the ship or goods as the case may be, or

ⓑ the cost or recovering the ship or goods, as the case may be, would exceed their value when recovered; or

(ii) In the case of damage to a ship, where she is so damaged by a peril insured against, that the cost of repairing the damage would exceed the value of the ship when repaired. In estimating the cost of repairs, no deduction is to be made in respect of general average contributions to those repairs payable by other interests, but account is to be taken of the expense of future salvage operation and of any future general average contributions to which the ship would be liable if repaired; or

(iii) In the case of damage to goods, where the cost of repairing the damage and forwarding the goods to their destination would exceed their value on arrival.

① 보험증권에 명시규정이 있는 경우를 제외하고, 보험의 목적의 현실전손이 불가피한 것으로 생각되기 때문에, 또는 비용이 지출되었을 때에는 보험의 목적의 가액을 초과할 비용의 지출없이는 현실전손으로부터 보험의 목적이 보존될 수 없기 때문에, 보험의 목적이 합리적으로 포기된 경우에, 추정전손이 있다.

② 특히, 다음의 경우에는 추정전손이 있다.

(i) 피보험자가 피보험위험으로 인하여 자기의 선박 또는 화물의 점유를 박탈당하고,

ⓐ 피보험자가 선박 또는 화물을 회복할 수 있는 가능성이 없는 경우, 또는

ⓑ 선박 또는 화물의 회복하는 비용이 회복되었을 때의 가액을 초과할 경우, 또는

(ii) 선박의 손상의 경우에는, 선박이 피보험위험으로 인하여 손상을 입은 결과로 손상의 수비용이 수리되었을 때의 선박의 가액을 초과할 경우. 수리비를 견적함에 있어, 그러한 수리비에 대하여 다른 이해관계자가 지불할 공동해손 분담금을 수리비에서 공제하여서는 안된다. 그러나 장래의 구조작업의 비용과 선박이 수리될 경우에 선박이 부담하게 될 일체의 장래의 공동해손분담금은 수리비에 가산하지 않으면 안된다. 또는

(iii) 화물의 손상의 경우에는, 그 손상을 수리하는 비용과 그 화물을 목적지까지 계속운송하는

비용이 도착시 화물의 가액을 초과할 경우

61. Effect of Constructive Total Loss (추정전손의 효과)

Where there is a constructive total loss the assured may either treat the loss as a partial loss, or abandon the subject-matter insured to the insurer and treat the loss as if it were an actual total loss.

추정전손이 있을 경우에는, 피보험자는 그 손해를 분손으로 처리할 수도 있고, 보험의 목적을 보험자에게 위부하고 그 손해를 현실전손의 경우에 준하여 처리할 수도 있다.

62. Notice of abandonment (위부의 통지)

① Subject to the provisions of this section, where the assured elects to abandon the subject-matter insured to the insurer, he must give notice of abandonment. If he fails to do so the loss can only be treated as a partial loss.

② Notice of abandonment may be given in writing, or by word of mouth, or partly in writing and partly by word of mouth, and may be given in any term which indicate the intention of the assured to abandon his insured interest in the subject-matter insured unconditionally to the insurer,

③ Notice of abandonment must be given with reasonable diligence after the receipt of reliable information of the loss, but where the information is of a doubtful character the assured is entitled to a reasonable time to make inquiry.

④ Where notice of abandonment is properly given, the rights of the assured are not prejudiced by the fact that the insurer refuses to accept the abandonment.

⑤ The acceptance of an abandonment may be either express or implied from the conduct of the insurer. The mere silence of the insurer after notice is not an acceptance.

⑥ Where notice of abandonment is accepted the abandonment is irrevocable. The acceptance of the notice conclusively admits liability for the loss and the sufficiency of the notice.

⑦ Notice of abandonment is unnecessary where, at the time when the assured receives information of the loss, there would be no possibility of benefit to the insurer if notice were given to him.

⑧ Notice of abandonment may be waived by the insurer.

⑨ Where an insurer has re-insured his risk, no notice of abandonment need be given by him.

① 본 조의 별도의 규정이 있는 경우를 제외하고, 피보험자가 보험의 목적을 보험자에게 위부할 것을 선택하는 경우, 피보험자는 위부의 통지를 하여야 한다. 피보험자가 위부를 통지하지

않으면, 그 손해는 오로지 분손으로 처리되는데 불과하다.

② 위부의 통지는 서면으로 하거나, 구두로도 할 수 있고, 또는 일부는 서면으로 일부는 구두로 할 수 있으며, 보험의 목적에 대한 피보험자의 보험이익을 보험자에게 무조건 위부한다는 피보험자의 의사를 나타내는 것이면 어떠한 용어로 하여도 무방하다.

③ 위부의 통지는 손해에 관한 신뢰할 수 있는 정보를 수취한 후에 상당한 주의로서 이를 통지하여야 한다. 그러나 그 정보가 의심스러운 성질을 가지고 있는 경우에는, 피보험자는 상당히 신속하게 이를 조사할 권리가 있다.

④ 위부의 통지가 정당하게 행하여지는 경우에는, 피보험자의 권리는 보험자가 위부의 승낙을 거부한다는 사실로 인하여 피해를 입지 아니한다.

⑤ 위부의 승낙은 보험자의 행위에 의하며 명시적 또는 묵시적으로 이를 할 수 있다. 위부의 통지후 보험자의 단순한 침묵은 승낙이 아니다.

⑥ 위부의 통지가 승낙되는 경우에는, 위부는 철회할 수 없다. 위부의 통지의 승낙은 손해에 대한 책임과 충분한 요건을 갖춘 통지임을 결정적으로 인정하는 것이다.

⑦ 피보험자가 손해의 정보를 받았을 때에 위부의 통지를 보험자에게 행하였다고 할지라도 보험자에게 이득의 가능성이 없었을 경우에는, 위부의 통지는 필요하지 아니하다.

⑧ 위부의 통지는 보험자가 이를 면제할 수 있다.

⑨ 보험자가 자기의 위험을 재보험한 경우에는, 보험자는 위부의 통지를 할 필요가 없다.

63. Effect of Abandonment (위부의 효과)

① Where there is a valid abandonment the insurer is entitled to take over the interest of the assured in whatever may remain of the subject-matter insured, and all proprietary rights incidental thereto.

② Upon the abandonment of a ship, the insurer thereof is entitled to any freight in course of being earned, and which is earned by her subsequent to the casualty causing the loss, less the expenses of earning it incurred after the casualty; and where the ship is carrying the owner's goods, the insurer is entitled to a reasonable remuneration for the carriage of them subsequent to the casualty causing the loss.

① 유효한 위부가 있을 경우에는, 보험자는 보험의 모적에 잔존할 수 있는 피보험자의 일체의 이익과 보험의 목적에 부수하는 소유권에 속하는 일체의 권리를 양도 받을 수 있는 권리가 있다.

② 선박의 위부가 있을 경우에는, 그 선박의 보험자는 선박이 취득중에 있는 운송임과 손해를 초래한 재난 이후에 취득되는 운송임에서 그 재난 이후에 운송임을 취득하기 위해 지출된 비

용을 공제한 운송임을 취득할 권리가 있다. 그리고 그 선박이 선주의 화물을 운송하고 있는 경우에는, 보험자는 손해를 초래한 재난 이후의 그 화물의 운송에 대해 상당한 보수를 받을 권리가 있다.

PARTIAL LOSSES (분손)
(Including Salvage And General Average And Particular Charges)
(구조비/공동해손/단독비용 포함)

64. Particular average Loss (단독해손손해)

① A particular average loss is a partial loss of the subject-matter insured, caused by a peril insured against is not general average loss.

② Expenses incurred by or on behalf of the assured for the safety or preservation of the subject-matter insured, other than general average and salvage charges, are called particular charges. Particular charges are not included in particular average.

① 단독해손손해라 함은 피보험위험으로 인하여 발생한 보험의 목적의 분손이며, 공동해손손해가 아닌 것을 말한다.

② 보험의 목적의 안전이나 보존을 위하여 피보험자에 의하여 또는 피보험자를 대리하여 지출한 비용으로서 공동해손과 구조비용이 아닌 비용은 단독비용이라고 한다. 단독비용은 단독해손에 포함되지 않는다.

65. Salvage Charges (구조비용)

① Subject to any express provision in the policy salvage charges incurred in preventing a loss by perils insured against may be recovered as a loss by those perils.

② "Salvage charges" means the charges recoverable under maritime law by a salvor independently of contract. They do not include the expenses of services in the nature of salvage rendered by the assured or his agents, or any person employed for hire by them, for the purpose of averting a peril insured against. Such expenses, where properly incurred, may be recovered as particular charges or as a general average loss, according to the circumstances under which they were incurred.

① 보험증권에 명시적인 규정이 있는 경우를 제외하고, 피보험위험으로 인하여 발생한 손해를 방지하기 위하여 지출한 구조비용은 피보험위험으로 인한 손해로서 보상될 수 있다.

② "구조비용"은 계약과 관계없이 해법에 의하여 구조자가 보상받을 수 있는 비용을 의미한다. 구조비용에는 피보험위험을 피하기 위하여 피보험자나 그 대리인 또는 보수를 받고 그들에 의

해 고용된 자가 행하는 구조의 성격을 띤 서비스의 비용을 포함하지 아니한다. 정당하게 지출된 이런 종류의 비용은 그 지출 상황에 따라 단독비용 또는 공동해손손해로서 보상될 수 있다.

66. General Average Loss (공동해손손해)

① A general average loss is a loss caused by or directly consequential on a general average act. It includes a general average expenditure as well as a general average sacrifice.

② There is a general average act where any extraordinary sacrifice or expenditure is voluntarily and reasonably made or incurred in time of peril for the purpose of preserving the property imperilled in the common adventure.

③ Where there is a general average loss, the party on whom it falls is entitled, subject to the conditions imposed by maritime law, to a ratable contribution from the other parties interested, and such contribution is called a general average contribution.

④ Subject to any express provision in the policy, where the assured has incurred a general average expenditure, he may recover from the insurer in respect of the proportion of the loss which falls upon him; and, in the case of a general average sacrifice, he may recover from the insurer in respect of the whole loss without having enforced his right of contribution from the other parties liable to contribute.

⑤ Subject to any express provision in the policy, where the assured has paid, or is liable to pay, a general average contribution in respect of the subject insured, he may recover therefor from the insurer.

⑥ In the absence of express stipulation, the insurer is not liable for any general average loss or contribution where the loss was not incurred for the purpose of avoiding, or in connection with the avoidance of, a peril insured against.

⑦ Where ship, freight, and cargo, or any two of those interests, are owned by the same assured, the liability of the insurer in respect of general average losses or contributions is to be determined as if those subjects were owned by different persons.

① 공동해손 손해라 함은 공동해손행위로 인하여 발생한 손해 또는 공동해손행위의 직접적인 결과로 발생하는 손해를 말한다. 공동해손손해는 공동해손비용 및 공동해손희생손해를 포함한다.

② 공동의 해상사업에 있어서 위험에 직면한 재산을 보존할 목적으로 위험의 작용시에 어떠한 이례적인 희생 또는 비용이 임의로 또는 합리적으로 초래되거나 지출되는 경우에, 공동해손행위가 있는 것으로 한다.

③ 공동해손손해가 존재하는 경우에는, 그 손해를 부담하는 당사자는 해법에 의하여 부과되는 조건에 따라 다른 이해관계자들에 대하여 비례적인 분담금을 청구할 수 있는 권리가 있으며,

그러한 분담금을 공동해손분담금이라고 한다.

④ 보험증권에 명시적인 규정이 있는 경우를 제외하고, 피보험자가 공동해손비용을 지출한 경우에는, 피보험자는 이 비용손해중 자기부담으로 귀속되는 그 손해의 부담부분을 보험자로부터 보상받을 수 있다. 그리고 공동해손희생의 경우에는 피보험자는 분담의무가 있는 다른 당사자들에 대하여 그의 분담청구권을 행사하지 않고, 손해의 전액을 보험자로부터 보상받을 수 있다.

⑤ 보험증권에 명시적인 규정이 있는 경우를 제외하고, 피보험자가 보험의 목적에 대하여 공동해손분담금을 지불하였거나 또는 지불할 책임을 부담할 경우에는, 피보험자는 그러한 분담금을 보험자로부터 보상받을 수 있다.

⑥ 명시적인 약정이 없는한, 보험자는 피보험위험을 피할 목적으로 또는 피보험위험을 피하는 것과 관련하여 손해가 발생한 것이 아니면, 보험자는 어떠한 공동해손손해 또는 공동해손분담금에 대하여 그 보상책임을 지지 않는다.

⑦ 선박과 운임 및 적하 또는 이들 이익중에는 두가지가 동일 피보험자에 의하여 소유되었을 경우에, 공동해손손해나 공동해손분담금에 관한 보험자의 책임은 그러한 목적이 상이한 자에 의하여 소유되고 있는 경우에 준하여 결정되지 않으면 안된다.

MEASURE OF INDEMNITY (손해보상의 한도)

67. Extent of Liability of Insurer for Loss (손해에 대한 보험자의 책임의 범위)

① The sum which the assured can recover in respect of a loss on a policy by which he is insured, in the case of an unvalued policy to the full extent of the insurable value, or, in the case of a valued policy to the full extent of the value fixed by the policy, is called the measure of indemnity.

② Where there is a loss recoverable under the policy, the insurer, or each insurer if there be more than one, is liable for such proportion of the measure of indemnity as the amount of his subscription bears to the value in the case of an unvalued policy.

① 피보험자가 자기를 피보험자로 한 보험증권에 의하여 손해를 회수할 수 있는 금액은 보험가입되어 있는 보험증권상의 손해에 관하여 미평가보험증권의 경우에는 보험가액의 전액까지, 기평가보험증권의 경우에는 보험증권에 확정되어 있는 가액의 전액까지로 하고 이를 손해보상의 한도라고 한다.

② 보험증권에 의하여 보상받을 수 있는 손해가 있을 경우에 보험자 또는 2인 이상의 보험자가 있는 경우 각 보험자는 손해보상한도 중에서, 기평가보험증권의 경우에 있어서는 보험증권

에 확정되어 있는 가액에 대하여, 자기가 인수한 금액이 부담한 비율의 보상한도에 대해서 보상책임을 지며, 미평가보험증권의 경우에 있어서는 법정보험가액에 대하여 자기가 인수한 금액이 부담하는 비율의 보상한도에 대해서 보상책임을 진다.

68. Total Loss (전손)

Subject to the provisions of this Act and to any express provisions in the policy, where there is a total loss of the subject-matter insured

① If the policy be an valued policy, the measure of indemnity is the sum fixed by the policy:

② If the policy be an unvalued policy, the measure of indemnity is the insurable value of the subject-matter insured.

본 법에 별도의 규정이 있는 경우 및 보험증권에 명시적인 규정이 있는 경우를 제외하고, 보험의 목적에 전손이 있는 경우에는

① 만약 보험증권이 기평가 보험증권일 때는, 손해보상의 한도는 보험증권에 확정되어 있는 금액이다.

② 만약 보험증권이 미평가보험증권일 때는, 손해보상의 한도는 보험의 목적의 보험가액이다.

69. Partial Loss of Ship (선박의 분손)

Where a ship is damaged, but is not totally lost, the measure of indemnity, subject to any express provision in the policy, is as follows

① Where the ship has been repaired, the assured is entitled to the reasonable cost of the repairs, less the customary deductions, but not exceeding the sum insured in respect of any one casualty:

② Where the ship has been only partially repaired, the assured is entitled to the reasonable cost of such repairs, computed as above, and also to be indemnified for the reasonable depreciation, if any, arising from the unrepaired damage, provided that the aggregate amount shall not exceed the cost of repairing the whole damage, computed as above:

③ Where the ship has not been repaired, and has not been sold in her damaged state during the risk, the assured is entitled to be indemnified for the reasonable depreciation arising from the unrepaired damage, but not exceeding the reasonable cost of repairing such damage, computed as above.

선박이 손상되었으나 전손이 아닌 경우에는, 손해보상의 한도는 보험증권에 어떠한 명시적인 규정이 있는 경우를 제외하고 다음과 같다.

① 선박이 수선되었을 경우에, 피보험자는 관습상의 공제액을 차감한 합리적인 수리비를 보상받을 수 있는 권리가 있다. 그러나 매 1회의 사고에 대하여 보험금액을 초과하지 아니한다.

② 선박이 손상의 일부분만이 수선되었을 경우에 피보험자는 수선부분에 대하여 지는 전호에 의하여 계산된 상당한 수선비를 보상받을 수 있는 권리가 있으며, 미수선된 손상으로부터 발생되는 합리적인 감가가 있을 경우, 상당한 감가에 대하여 손해보상을 받을 권리가 있다. 단, 그 총액은 전호에 의하여 계산된 전체 손상의 수선비를 초과하지 아니한다.

③ 선박이 수선되지 아니하고 위험기간 중에 손상상태로 매각되지 않았을 경우에는, 피보험자는 미수선손상으로부터 발생하는 합리적인 감가에 대하여 손해보상을 받을 권리가 있다. 단 그 금액은 제1호에 의하여 계산된 손상의 합리적인 수선비를 초과하지 아니한다.

70. Partial Loss of Freight (운송임의 분손)

Subject to any express provision in the policy, where there is a partial loss of freight, the measure of indemnity is such proportion of the sum fixed by the policy in the case of a valued policy, or of the insurable value in the case of an unvalued policy, as the proportion of freight lost by the assured bears to the whole freight at the risk of the assured under the policy.

보험증권에 명시적인 규정이 있는 경우를 제외하고, 운송임의 분손이 있는 경우에는, 손해보상의 한도는 보험증권상 피보험자의 위험에 속하는 전체의 운송임에 대한 피보험자가 상실한 운송임의 비율을, 기평가보험증권의 경우에는 보험증권에 확정되어 잇는 금액에 곱한 금액이며, 미평가보험증권의 경우에는 보험가액에 곱한 금액이다.

71. Partial Loss of Goods, Merchandise, etc. (화물,상품 등의 분손)

Where there is a partial loss of goods, merchandise, or other moveables, the measure of indemnity, subject to any express provision in the policy, is as follows

① Where part of the goods, merchandise or other moveables insured by a valued policy is totally lost, the measure of indemnity is such proportion of the sum fixed by the policy as the insurable value of the part lost bears to the insurable value of the whole, ascertained as in the case of an unvalued policy.

② Where part of the goods, merchandise or other moveables insured by an unvalued policy is totally lost, the measure of indemnity is the insurable value of the part lost, ascertained as in case of total loss:

③ Where the whole or any part of the goods or merchandise insured has been delivered damaged at its destination, the measure of indemnity is such proportion of the sum fixed by the policy in the case of a valued policy, or of the insurable value in the case of an unvalued policy, as the difference between the gross sound and damaged values at the place of arrival bears to the gross sound value:

④ "Gross value" means the wholesale price or, if there be no such price, the estimated value, with, in either case, freight, landing charges, duty paid beforehand; provided that, in the case of goods or merchandise customarily sold in bond, the bonded price is deemed to be the gross value. "Gross proceeds" means the actual price obtained at a sale where all charges on sale are paid by the sellers.

화물이나 상품 또는 기타 동산의 분손이 있는 경우, 손해보상의 한도는 보험증권에 어떠한 명시적인 규정이 있는 경우를 제외하고는 다음과 같다.

① 기평가 보험증권에 의하여 보험 가입된 화물, 상품 또는 기타 동산의 일부가 전손이 되는 경우에는, 손해보상의 한도는 멸실한 부분의 법정보험가액의 전부의 법정보험가액에 대한 비율을 미평가 보험증권의 경우에서와 같이 확정하여 보험증권에 확정되어 있는 금액에 곱한 금액이다.

② 미평가 보험증권에 의해 보험가입된 화물, 상품 또는 기타 동산의 일부가 전손이 되는 경우는, 손해보상의 한도는 전손의 경우와 같이 확정된 멸실 부분의 법정보험가액이다.

③ 보험가입된 화물이나 상품의 전부 또는 일부가 손상되어 목적지에서 인도되는 경우에는, 손해보상의 한도는 도착장소에서의 총정품가액과 총손상 가격과의 차액의 총정품 가격에 대한 비율을, 기평가 보험증권의 경우에 있어서는 보험증권에 정한 금액에 곱한 금액이며, 미평가 보험증권의 경우에 있어서는 법정보험가액에 곱한 금액이다.

④ "총가액"이라 함은 도매가격을 의미하며, 도매가격이 없는 경우에는 견적가격을 의미하고, 어느 경우에서든지 운송임과 양륙비용 및 기지불한 세금을 포함한다. 단, 관습상 보세화물로 매각되는 화물이나 상품의 경우에는 보세가격을 총가격으로 간주한다. "총수익금"이란 매도인이 모든 매각비용을 지불한 경우에 매각으로 취득한 실제 가격을 의미한다.

72. Apportionment of Valuation (평가액의 할당)

① Where different species of property are insured under a single valuation, the valuation must be apportioned over the different species in proportion to their respective insurable values, as in the case of an unvalued policy. The insured value of any part of a species is such proportion of the total insured value of the same as the insurable value of the part bears to the insurable value of the whole, ascertained in both cases as provided by this Act.

② Where a valuation has to be apportioned, and particulars of the prime cost of each separate species, quality, or description of goods cannot be ascertained, the division of the valuation may be made over the net arrived sound values of the different species, qualities, or descriptions of goods.

① 종류를 달리하는 수개의 재산이 단일 평가액으로 보험 가입되는 경우에, 그 평가액은 미평가 보험증권의 경우에서와 같이 각각의 보험가액의 비율에 따라 상이한 종류의 재산에 할당되지 않으면 안된다. 일부분인 한 종류의 협정보험가액은, 본법에서 규정한 바에 따라 모두 확정된 전체의 재산의 법정보험가액에 대한 그 일부분의 보험가액의 비율을, 전체 재산의 총 협정보험가액에 곱한 금액이다.

② 평가액을 할당하여야 할 경우, 각개의 별개 화물의 종류나 품질 또는 품목의 원가의 면세가 확정될 수 없을 때에는, 상이한 종류, 품질 또는 품목의 정미정품도착가액을 기준으로 하여 평가액을 구분할 수 있다.

73. General Average Contributions and Salvage Charges (공동해손분담금과 구조보수)

① Subject to any express provision in the policy, where the assured has paid, or is liable for, any general average contribution, the measure of indemnity is the full amount of such contribution, if the subject-matter liable to contribution is insured for its full contributory value, or if only part of it be insured, the indemnity payable by the insurer must be reduced in proportion to the under-insurance, and where there has been a particular average loss which constitutes a deduction from the contributory value, and for which the insurer is liable, that amount must be deducted from the insured value in order to ascertain what the insurer is liable to contribute.

② Where the insurer is liable for salvage charges the extent of his liability must be determined on the like principle.

① 보험증권에 명시적 규정이 있는 경우를 제외하고, 피보험자가 공동해손 분담금을 지급하였거나 지급책임이 있는 경우에, 분담의무가 있는 보험의 목적이 그 분담가액의 전액에 대하여 보험가입되어 있을 때에는, 손해보상의 한도는 그 분담금의 전액이다. 이에 반하여 그러한 보험의 목적이 분담가액의 전액에 대하여 보험에 가입지 않았을 경우나, 또는 그 일부만이 보험에 가입되어 있는 경우에는, 보험자가 지급하여야 할 손해보상은 일부보험의 비율에 따라 감액되어야 한다. 그리고 분담가액에서 공제되는 단독해손손해가 있고 그 보상책임을 부담하는 경우에는, 보험자가 책임을 지는 분담금액을 확정하기 위해서는 그 금액을 협정보험가액에서 공제하지 않으면 안된다.

② 보험자가 구조료에 대하여 책임을 지는 경우에, 보험자의 책임범위는 전항과 공일한 원칙에 의하여 이를 정하여야 한다.

74. Liabilities to Third Parties (제3자에 대한 배상책임)

Where the assured has effected an insurance in express terms against any liability to a third party, the measure of indemnity, subject to any express provision in the policy, is the amount paid or payable by him to such third party in respect of such liability.

피보험자가 제3자에 대한 배상책임을 명시적인 조건으로 보험계약을 체결한 경우에 그 손해보상의 한도는 보험증권에 명시적 규정이 있는 경우를 제외하고 피보험자가 그러한 책임에 대하여 제3자에게 지불하였거나 또는 지불하지 않으면 안될 금액인 것이다.

75. General Provisions as to Measure of Indemnity (손해보상의 한도에 대한 일반 규정)

① Where there has been a loss in respect of any subject-matter not expressly provided for in the foregoing provisions of this Act, the measure of indemnity shall be ascertained, as nearly as may be, in accordance with those provisions, in so far as applicable to the particular case.

② Nothing in the provisions of this Act relating to the measure of indemnity shall affect the rules relating to double insurance, or prohibit the insurer from disproving interest wholly or in part, or from showing that at the time of the loss the whole or any part of the subject-matter insured was not at risk under the policy.

① 본 법의 앞의 제규정에 명시하고 있지 않는 보험의 목적에 관한 손해가 있는 경우에, 그 손해보상의 한도는 앞의 제 규정을 개개의 경우에 적용할 수 있는 한 그러한 규정들에 따라 정하지 않으면 안된다.

② 손해보상한도에 관한 본 법의 제규정은 중복보험에 관한 제규칙을 변경하지 않으며 또는 보험자가 피보험이익의 전부 또는 일부를 부인하거나 또는 손해발생시의 보험의 목적의 전부 또는 일부가 보험계약에 가입된 위험에 놓여 있지 않았다는 사실을 증명하는 것을 금지하지 아니한다.

76. Particular Average Warranties (단독해손담보)

① Where the subject-matter insured is warranted free from particular average, the assured cannot recover for a loss of part, other than a loss incurred by a general average sacrifice, unless the contract contained in the policy be apportionable; but, if the contract be apportionable, the assured may recover for a total loss of any apportionable part.

② Where the subject-matter insured is warranted free from particular average, either wholly or under a certain percentage, the insurer is nevertheless liable for salvage charges, and for particular charges and other expenses properly incurred pursuant to the provisions of the suing and labouring clause in order to avert a loss insured against.

③ Unless the policy otherwise provides, where the subject-matter insured is warranted free from particular average under a specified percentage, a general average loss cannot be added to a particular average loss to make up the specified percentage.

④ For the purpose of ascertaining whether the specified percentage has been reached, regard shall be had only to the actual loss suffered by the subject-matter insured. Particular charges and the expenses of and incidental to ascertaining and proving the loss must be excluded.

① 보험의 목적이 단독해손의 면책을 담보로 하는 경우에는, 피보험자는 보험증권에 기재된 계약이 분할할 수 있는 경우를 제외하고 공동해손희생으로 인하여 발생한 손해 이외의 일부의 손해를 보험자로부터 보상받을 수 없다. 그러나 계약이 분할된 수 있는 경우에는, 피보험자는 분할된 부분의 전손에 대하여 보상받을 수 있다.

② 보험의 목적이 전부 또는 일정비율 미만의 단독해손의 면책을 담보로 하는 경우이라도 보험자는 구조비용 및 피보험손해를 피하기 위하여 손해방지약관의 규정에 따라 정당하게 지출한 단독비용과 기타비용에 대하여는 보상책임을 가진다.

③ 보험증권에 반대의 특약이 있는 경우를 제외하고, 보험의 목적이 일정비율 미만의 단독해손의 면책을 담보로 하는 경우에는 공동해손손해는 그 일정비율을 충족시키기 위해서는 단독해손손해에 가산할 수 없다.

④ 일정 비율이 충족되었는지의 여부를 확정하기 위해서는, 보험의 목적이 입은 실제 손해만을 고려하여야 한다. 단독비용과 손해를 확정하거나 증명하는 비용 및 그에 부수하는 비용은 제외하지 않으면 안된다.

77. Successive Losses (연속손해)

① Unless the policy otherwise provides, and subject to the provisions of this Act, the insurer is liable for successive losses, even though the total amount of such losses may exceed the sum insured.

② Where, under the same policy, a partial loss, which has not been repaired or otherwise made good, is followed by a total loss, the assured can only recover in respect of the total loss. Provided that nothing in this section shall affect the liability of the insurer under the suing and labouring clause.

① 보험증권에 반대의 규정이 있는 경우 및 본 법에 별도의 규정이 있는 경우를 제외하고, 보험자는 연속손해에 대하여 비록 그 손해의 합계금액이 보험금액을 초과하는 일이 있을지라도 이를 보상할 책임을 부담한다.

② 동일 보험증권에서 분손이 발생하고, 이것이 수리되지 아니하거나 또는 기타의 방법으로 원상복구되지 않은 상태에서 전손이 발생하는 경우에, 피보험자는 오로지 전손에 관하여만 보험자로부터 보상 받을 수 있다. 단, 본 조의 규정은 손해방지 약관에 의한 보험자의 책임을 제한하지 않는다.

78. Suing and Labouring Clause (손해방지약관)

① Where the policy contains a suing and labouring clause, the engagement thereby entered into is deemed to be supplementary to the contract of insurance, and the assured may recover from the insurer any expenses properly incurred pursuant to the clause, notwithstanding that the insurer may have paid for a total loss, or that the subject-matter may have been warranted free from particular average, either wholly or under a certain percentage.

② General average losses and contributions and salvage charges, as defined by this Act, are not recoverable under the suing and labouring clause.

③ Expenses incurred for the purpose of averting or diminishing any loss not covered by the policy are not recoverable under the suing and labouring clause.

④ It is the duty of the assured and his agents, in all cases, to take such measures as may be reasonable for the purpose of averting or minimising a loss.

① 보험증권에 손해방지약관이 있는 경우에는, 이 약관에 의하여 체결된 합의는 보험계약을 보충하는 것으로 간주하며 보험자가 전손에 대하여 보험금을 지급하였거나 또는 보험의 목적이 단독해손의 전부 또는 일정비율 미만의 면책을 담보로 하고 있는 경우일지라도 피보험자는 이 약관에 따라서 정당하게 지출한 일체의 비용을 보험자로부터 보상받을 수 있다.

② 본 법이 규정한 공동해손손해와 분담금 및 구조비용은 손해방지 약관에 의하여 보상될 수 없다.

③ 보험증권에 의해서 담보될 수 없는 손해를 방지하거나 경감할 목적으로 지출한 비용은 손해방지 약관에 의하여 보상될 수 없다.

④ 손해를 방지하거나 경감하기 위하여 합리적인 조치를 강구하는 것은 모든 경우에 있어서 피보험자와 그 대리인의 의무이다.

RIGHTS OF INSURER ON PAYMENT (보험금 지금에 관한 보험자의 권리)

79. Right of Subrogation (대위권)

① Where the insurer pays for a total loss, either of the whole, or in the case of goods of any apportionable part, of the subject-matter insured, he thereupon becomes entitled to take over the interest of the assured in whatever may remain of the subject-matter so paid for, and he is thereby subrogated to all the rights and remedies of the assured in and in respect of that subject-matter as from the time of the casualty causing the loss.

② Subject to the foregoing provisions, where the insurer pays for a partial loss, he acquires no title to the subject-matter insured, or such part of it as may remain, but he is thereupon subrogated to all rights and remedies of the assured in and in respect of the subject-matter insured as from the time of the casualty causing the loss, in so far as the assured has been indemnified, according to this Act, by such payment for the loss.

① 보험자가 보험의 목적의 전부에 대한 전손금을 지불하였거나, 또는 화물의 경우에는 보험의 목적의 분할된 전손금을 지불한 경우에는, 보험자는 전손금이 지불된 보험의 목적에 잔존할 수 있을 피보험자의 이익을 승계할 권리를 갖는다. 그리고 손해를 야기한 재난의 발생시부터 보험의 목적에 존재하며 또 보험의 목적과 관련한 피보험자의 일체의 권리와 구제수단에 대위한다.

② 전항에 규정한 경우를 제외하고, 보험자가 분손금을 지불한 경우에는, 보험자는 보험의 목적에 대한 권리 또는 잔존할 수 있을 부분의 보험의 목적에 대한 권리를 취득할 수 없다. 그러나 보험자는 손해에 대한 지불을 함으로써, 피보험자가 본법에 따라 보상받을 한도내에서, 손해를 야기한 재난의 발생시부터 보험의 목적에 존재하며, 또 보험의 목적과 관련한 피보험자의 일체의 권리와 구제수단을 대위한다.

80. Right of Contribution (분담의 권리)

① Where the assured is over-insured by double insurance, each insurer is bound, as between himself and the other insurers, to contribute rateably to the loss in proportion to the amount for which he is liable under his contract.

② If any insurer pays more than his proportion of the loss he is entitled to maintain an action for contribution against the other insurers, and is entitled to the like remedies as a surety who has paid more than his proportion of the debt.

① 피보험자가 중복보험에 의하여 초과보험이 되었을 경우에는, 각 보험자는 자기 자신과 다른 보험자 사이에서는 계약상 자기가 부담하는 금액의 비율에 따라 비례적으로 손해를 분담할 의무가 있다.

② 보험자가 자기의 분담비율을 초과하는 손해를 보상할 경우, 그 보험자는 다른 보험자에 대하여 분담청구를 위한 소송을 제기할 권리가 있으며, 또 분담비율을 초과하는 부채를 지불한 보증인과 동일한 구제수단을 취할 권리가 있다.

81. Effect of Under-Insurance (일부보험의 효과)

Where the assured is insured is insured for an amount less than the insurable value or a valued policy, for an amount less than the policy valuation, he is deemed to be his own insurer in respect of the uninsured balance.

피보험자가 보험가액보다 적은 금액에 대해서 또는 기평가 보험증권의 경우에는 보험평가액보다 적은 금액에 대해서 보험에 가입되었을 경우에는, 피보험자는 보험에 가입되지 않은 차액에 대해서는 자기 보험자로 간주한다.

RETURN OF PREMIUM (보험료 환급)

82. Enforcement of Return (환급의 실시)

Where the premium, or a proportionate part thereof is by this Act, declared to be returnable:

ⓐ If already paid, it may be recovered by the assured from the insurer; and

ⓑ If unpaid, it may be retained by the assured or his agent.

보험료 또는 보험료의 비례부분이 본법에 의해서 환급되어야 한다고 규정하고 있을 경우에는,

ⓐ 보험료가 기지불되었을 경우에는, 피보험자는 보험자로부터 이를 회수할 수 있으며, 또

ⓑ 보험료가 미지불일 경우에는, 피보험자 및 그의 대리인은 이를 유보할 수 있다.

83. Return by Agreement (합의에 의한 환급)

Where the policy contains a stipulation for the return of the premium, or a proportionate part thereof, on the happening of a certain event, and that event happens, the premium, or, as the case may be, the proportionate part thereof, is thereupon returnable to the assured.

보험증권에 일정한 사유가 발생하였을 때에는 보험료 또는 그 비례부분을 환급한다는 취지의 약관이 삽입되어 있을 경우에 그 사유가 발생하였을 때에는 보험료 또는 그 비례부분은 피보험자에 환급된다.

84. Return for Failure of Consideration (약인의 불이행에 의한 환급)

① Where the consideration for the payment or the premium totally fails, and there has been no fraud or illegality on the part of the assured or his agents, the premium is thereupon returnable to the assured.

② Where the consideration for the payment of the premium is apportionable and there is a total failure of any apportionable part of the consideration, a proportionable part of the premiums is, under the like conditions, thereupon returnable to the assured.

③ In particular: __

ⓐ Where the policy void, or is avoided by the insurer as from the commencement of the risk, the premium is returnable, provided that there has been no fraud or illegality on the part of the assured; but if the risk is not apportionable, and has once attached, the premium is not returnable;

ⓑ Where the subject-matter insured, or part thereof, has never been imperilled, the premium, or as the case may be, a proportionate part thereof, is returnable: Provided that where the subject- matter has been insured "lost or not lost" and has arrived in safety at the time when the contract is concluded, the premium is not returnable unless, at such time, the insurer knew of the safe arrival;

ⓒ Where the assured has no insurable interest throughout the currency of the risk, the premium is returnable, provided that this rule does not apply to a policy effected by way of gaming or wagering;

ⓓ Where the assured has a defeasible interest which is terminated during the currency of the risk, the premium is not returnable;

ⓔ Where the assured has over-insured under an unvalued policy, a proportionate part of the premium is returnable;

ⓕ Subject to the foregoing provisions, where the assured has over-insured by double insurance, a proportionate part of the several premiums is returnable:Provided that, if the policies are effected, at different times, and any earlier policy has at any time borne the entire risk, or if a claim has been paid on the policy in respect of the full sum insured thereby, no premium is returnable in respect of that policy, and when the double insurance is effected knowingly by the assured no premium is returnable.

① 보험료 지불에 대한 약인이 전부 불이행되고, 피보험자 및 그 대리인 측에 사기 또는 위법이 없는 경우에는, 보험료는 피보험자에게 환급된다.

② 보험료 지불에 대한 약인이 분할일 경우에, 그 약인의 분할된 부분의 전부가 불이행되었을 때에는, 보험료의 비례부분이 전항과 동일한 조건으로 피보험자에게 환급된다.

③ 특히,

ⓐ 보험계약이 무효이든지, 또는 보험자에 의해서 위험개시시부터 취소되는 경우에, 피보험자 측에 사기 또는 위법이 없을 때에 한하여, 보험료는 환급된다. 그러나 위험이 분할될 수 없는 것이고, 그 위험이 일단 개시하였을 경우에는, 보험료는 환급되지 아니한다.

ⓑ 보험의 목적 또는 그 일부가 위험에 처하지 않았을 경우에는, 보험료 또는 그 비례부분이 환급된다. 단, 보험의 목적이 "멸실여부를 불문함"의 조건으로 보험에 가입되었을 경우에 있어서 보험의 목적이 계약 성립시에 안전히 도달하였을 경우에는, 계약 성립시에 보험자가 안전한 도착을 알고 있었을 때를 제외하고, 보험료는 환급되지 아니한다.

ⓒ 피보험자가 위험기간을 통하여 피보험이익을 갖지 않을 경우에는, 보험료는 환급된다. 단, 이규정은 사행 또는 도박의 방법으로 체결한 보험계약에는 적용되지 아니한다.

ⓓ 피보험자가 소멸할 수 있는 이익을 가진 경우에, 그 이익이 보험기간중에 소멸할 대에는 보험료는 환급되지 아니한다.

　　ⓔ 피보험자가 미평가보험증권에 의해서 초과부보되었을 경우에는, 보험료의 비례부분이 환급된다.

　　ⓕ 전 각호에 별도의 규정이 있는 경우를 제외하고, 피보험자가 중복보험에 의해서 초과보험인 때에는 각 보험료의 비례부분이 환급된다. 단, 복수의 보험계약이 상이한 시기에 체결되었을 경우에 전의 보험계약이 임의의 시기에 전체의 위험을 부담하였을 때나, 또는 그 보험계약에 의해서 보험금액의 전액에 관한 보험금이 지급되었을 때는 보험료는 환급되지 아니한다. 그리고 피보험자가 중복보험인 것을 알면서 계약하였을 때는 보험료는 환급되지 아니한다.

MUTUAL INSURANCE (상호보험)

85. Modification of Act in Case of Mutual Insurance (상호보험의 경우 본법의 수정)

① Where two or more persons mutually agree to insure each other against marine losses there is said to be a mutual insurance.

② The provisions of this Act relating to the premium do not apply to mutual insurance, but a guarantee, or such other arrangement as may be agreed upon, may be substituted for the premium.

③ The provisions of this Act, in so far as they may be modified by the agreement of the parties, may in the case of mutual insurance be modified by the terms of the policies issued by the association, or by the rules and regulations of the association.

④ Subject to the exceptions mentioned in this section, the provisions of this Act apply to a mutual insurance.

① 2인 이상의 자가 해상손해에 대하여 상호간에 서로를 보험을 담보하기로 합의하는 경우 상호보험이라고 말한다.

② 본법의 보험료에 관한 규정은 상호보험에서는 적용되지 아니한다. 그러나 보증금이나 또는 협약될 기타의 결정으로서 보험료에 대체할 수 있다.

③ 본 법의 제규정 중, 당사자의 협정에 의하여 수정될 수 있는 것에 대하여서는 상호보험의 경우에는 조합이 발생한 보험증권의 제규정이나 또는 조합의 규칙과 정관에 의하여 이를 수정할 수 있다.

④ 본 조에서 정한 제외규정을 제외하고, 본 법의 제규정은 상호보험에 적용된다.

SUPPLEMENTAL (부칙)

86. Ratification of Act in case of Mutual Insurance (피보험자에 의한 추인)

Where a contract of marine insurance is in good faith effected by one person on behalf of another, the person on whose behalf it is effected may ratify the contract even after he is aware of a loss.

해상보험계약이 타인을 위하여 어떤 자에 의해 선의로 체결되는 경우에 자기를 위하여 보험계약이 체결된 자는, 심지어 그가 손해발생을 알고 있는 후에도 그 계약을 추인 할 수 있다.

87. Implied Obligations Varied by Agreement of Usage
(합의 또는 관습에 의해 변경된 묵시의무)

① Where any right, duty, or liability would arise under a contract of marine insurance by implication of law, it may be negatived or varied by express agreement, or by usage, if the usage be such as to bind both parties to the contract.

② The provisions of this section extend to any right, duty or liability declared by this Act which may be lawfully modified by agreement.

① 법률의 묵시적 내용에 의해 해상보험 계약상 어떠한 권리나 의무 또는 책임이 발생하는 경우에, 그것은 명시적 합의에 의해 부정되거나 변경될 수 있으며, 관습이 양 계약당사자를 구속하는 것인 경우 그 관습에 의해서도 부정되거나 변경될 수 있다.

② 본 조의 규정은 합의에 의해 합법적으로 수정될 수 있다고 본 법에서 밝히고 있는 일체의 권리나 의무 또는 책임에 적용된다.

88. Reasonable Time, etc., A Question of Fact (상당한 기간 등 사실문제)

Where by this Act any reference is made to reasonable time, reasonable premium, or reasonable diligence, the question of what is reasonable is a question of fact.

본법에서 상당한 시간, 상당한 보험료 도는 상당한 주의에 대하여 언급되어 있는 경우에 무엇이 상당한 것인가의 문제는 사실문제이다.

89. Slip as Evidence (증거로서의 슬립)

Where there is a duly stamped policy, reference may made, as heretofore, to the slip or covering note in any legal proceeding.

정당하게 印紙가 첨부된 보험증권이 있는 경우에 일체의 법적 소송에 있어서 슬립이나 보험인 수증서가 종래와 같이 참조될 수 있다.

90. Interpretation of Terms (용어의 해석)

In this Act, unless the context or subject-matter otherwise requires: __ "Action" includes counter-claim and set off: "Freight" includes the profit derivable by a shipowner from the employment of his ship to carry his own goods or moveables, as well as freight payable by a third party, but does not include passage money: "Moveables" means any moveable tangible property, other than the ship, and includes money, valuable securities, and other documents: "policy" means a marine policy.

본 법에서, 그 문맥상 또는 내용상 별도의 해석을 필요로 하지 않는 한, '소송'은 반소와 상살청구소송을 포함한다.'운임'은 제3자가 지불하는 운임은 물론, 선주가 자기 자신의 화물이나 동산을 운송하기 위해 자기의 선박을 사용함으로써 파생될 수 있는 수익을 포함한다. 그러나 여객운임은 포함하지 아니한다.'동산'은 선박 이외의 일체의 움직일 수 있는 유형재산을 의미하고, 화폐와 유가증권 및 기타 증서를 포함한다. '보험증권'은 해상보험증권을 의미한다.

91. Savings (유보사항)

① Nothing in this Act, or any repeal effected therby, shall affect

ⓐ The provisions of the Stamp Act, 1891, or any enactment for the time being in force relating to the revenue;

ⓑ The provisions of the Companies Act, 1862, or any enactment amending or substituted for the same;

ⓒ The provisions of any statue not expressly repealed by this Act.

② The rules of the common law including the law merchant, save in so far as they are inconsistent with the express provisions of this Act, shall continue to apply to contracts of marine insurance.

① 본 법 또는 본 법에 의해 폐지된 법률의 어떤 규정도 다음의 법규에 영향을 미치지 아니한다.

ⓐ 1891년 인지세법 또는 세입에 관련한 일체의 현행 법규의 제규정

ⓑ 1862년 회사법 또는 동법을 수정하거나 대체하는 일체의 법규의 제 규정

ⓒ 본 법에 의해서 명시적으로 폐지되지 않은 일체의 제정법의 제규정

② 상관습법을 포함하는 보통법의 원칙들은 그것들이 법의 명시적인 규정에 상반되는 경우를 제외하고 해상보험계약에 계속 적용된다.

92. Repeals (폐지)

The enactments mentioned in the Second Schedule to this Act are hereby repealed to the extent specified in that schedule.

이 법의 별표 2에 언급된 법률은 해당 부칙에 명시된 범위 내에서 폐지한다.

93. Commencement (개시)

This Act shall come into operation on the first day of January one thousand nine hundred and seven.

이 법은 1907년 1월 1일에 시행한다.

94. Short – Title (약칭)

This Act may be cited as the Marine Insurance Act, 1906.

본 법은 1906년 해상보험법으로 인용될 수 있다.

FIRST SCHEDULE (부칙)
Note The first portion of this Schedule consists of the SG Form of Policy.
(보험증권의 양식)

The descriptions to be inserted in the following clauses are shown as above. Be it known that (ⓐ) as well in (ⓑ) his or their own name, as for and in the names of all and every other person or persons to whom the same doth, may, or shall appertain, in part or in all, doth make assurance and cause   (ⓒ) and them and every of them, to be assured, lost or not lost, at and from (ⓓ)

(ⓐ)는 자기(ⓑ)자신의 이름으로 또한 보험의 목적의 일부 또는 전부가 귀속되거나 귀속될 수 있는, 또는 귀속하게 될 기타 모든 사람 또는 사람들을 위하여 그리고 그들의 이름으로 보험계약을 체결하고, 그 자신(ⓒ)과 그들 모두가 (ⓓ)에서 및 부터 멸실여부를 불문하고 보험에 가입된 것으로 인정한다.

Upon any kind of goods an merchandises, in the good ship or vessel called the(ⓔ)whereof is master, for this present voyage, (ⓕ) or whosoever else shall go for master in the said ship, or by what so ever after name or names the said ship, or the master thereof, is or shall be named or called;

(ⓔ)라고 부르는 감항성이 있는 선박에 적재된 모든 종류의 화물과 상품에 관하여, 그리고 그러한 선박의 선체, 태클, 의장구, 병기, 군수품, 대포, 보우트 및 기타 의장에 관하여, (ⓕ)가 본 항해에 대하여는 현재 하나님 다음으로 그 선박의 선장이며, 또한 주구든지 장래에 상기 선박의 선장으로 간주될 것이고, 상기 선박 또는 그 선장은 어떠한 이름이나 이름들로 지명되거나 호칭되고 있으며, 장래에도 지명되거나 호칭될 것이다.

Beginning the adventure upon the said goods and merchandises from the loading thereof aboard the said ship, (ⓖ) upon the said ship, etc (ⓖ) and so shall continue and endure, during her abode there, upon the said ship, etc. And further, until the said ship, with all her goods and merchandises whatsoever, shall be arrived at (ⓖ) and upon the goods and merchandises until the same be there dischared and safely landed; and is shall, be lawful for the said ship, etc, in this voyage to proceed and sail to and touch and stay at any ports or places whatsoever (ⓗ) without prejudice to this assurance.

상기 화물과 상품에 관한 위험은 상기 선박에 화물이 적재되는 때부터 개시하고, 상기 선박 등에 관한 위험도 상술한 바와 같이 개시되며, 상기 선박 등에 관하여는 그곳에서 선박의 정박중에 계속된다. 그리고 상기 선박 등에 관하여는 선박의 모든 병기, 태클, 의장구 등과 무엇이든 화물 및 상품을 적재한 상기 선박이 상기 장소에 도착할 때까지 선박이 안전한 상태로 닻을 내리고 정박한 후 24시간 경과할 때까지 계속된다. 그리고 화물과 상품이 그곳에서 양화되고 안전하게 양륙될 때까지 계속된다. 그리고 본 항해에 있어서 상기 선박등이 항행하고 어떠한 항구나 장소로 출항하며, 그곳에서 기항하고 정박하는 것은 적법한 것이고, 무엇이든 이 보험에는 영향을 미치지 아니한다.

The said goods and merchandises, &c., for so much as concerns the assured by agreement between the assured and assurers in this policy are and shall be valued at (ⓘ)

상기 선박 기타, 화물과 상품 등은 이 보험증권에서 피보험자와 보험자와의 합의에 의해 피보험자에게 관련되는 한, (ⓘ)로 평가되고 또한 평가되어야 한다.

Touching the adventures and perils which the said company are contented to bear and to take upon themselves in this voyage, they are of the seas, men of war, fire, enemies, pirates, rovers, thieves, jettisons, letters of mart and countermart, surprisals, takings at sea, arrests, restraints and detainments of all kings, princes and people, of what nation, condition, or quality soever, barratry of the master and mariners, and of all other perils , losses and misfortunes that have or shall come to the hurt, detriment or damage of the said goods and merchandises, or any part thereof;

우리들 보험자가 이 항해에서 부담하고 책임을 지기로 약속한 해상사업과 위험은 다음과 같다. 즉 해상고유의 위험, 군함, 화재, 외적, 해적, 강도, 도적, 투하, 포획면허장과 보복포획면허장, 습격, 해상탈취, 어떠한 국가나 상황이나 성질에 관계없이 모든 국왕과 여왕 및 국민의 압류와 억지 및 억류, 선장이나 선원의 악행, 상기 화물과 상품 및 선박 기타 또는 그 일부의 파손이나 훼손 또는 손상을 가져왔거나 가져오게 될 모든 기타 위험과 손해 및 불행이다.

And in case of any loss or misfortune, it shall be lawful to the assured, his or their factors, servants and assigns, to sue, labour and travel for, in and about the defence, safeguard and recovery of the said goods and merchandises, or any part thereof, without prejudice to this assurer; to the charges whereof the said company will contribute each one according to the rate and quantity of his sum herein assured.

그리고 어떠한 손해나 불행이 발생한 경우에, 상기 화물과 상품 및 선박 기타, 또는 그 일부의 방비와 보호 및 회복에 있어서, 그리고 그것에 대하여 피보험자, 그 대리인, 사용인 및 양도인이 손해방지를 하거나 이행하는 것은 적법한 것이며, 이 보험의 효력에는 영향을 미치지 아니한다. 그에 따른 비용은 우리들 보험자가 이 보험증권에서 인수한 비율과 금액에 따라 각각 분담한다.

And it is especially declared and agreed that no acts of the assurer or assured in recovering, saving, or preserving the property assured, shall be considered as a waiver or acceptance of abandonment.

피보험재산을 회복하거나 구조하거나 또는 보존하는 보험자 또는 피보험자의 행위는 권리포기 또는 위부의 승낙으로 간주하지 않는다는 것을 특별히 선언하고 합의한다.

And it is agreed by us, the insurers, that this writing or policy of assurance shall be of as much force and effect as the sureste writing or policy of assurance heretofore made in London.

그리고 이 문서나 보험증권은 롬바르드가, 왕립거래소, 또는 런던의 어느곳에서 지금까지 작성된 가장확실한 문서나 보험증권과 동일한 효력을 갖는 것으로 우리들 보험자는 동의한다.

And so we, the assurers(the said company) are contented, and do hereby promise and bind ourselves, each one for his own part, our heirs, executors, and goods to the assured, their executors, administrators, or assigns, for the true performance of the premises; confessing ourselves paid the consideration due unto them for this assurance, at and after the rate of (   ) as arranged (   )per cent.

IN WITNESS whereof we, the assurers, have subscribed our names and sums assured in

London.

그리고 우리들 보험자는 _____의 비율로 피보험자가 이 보험에 대해 우리에게 지불해야 할 약인을 지불하였음을 자인하면서, 약속의 진정한 이행을 위해 피보험자와 그들의 유언집행인과 관리인 및 양수인에 대하여 만족스럽게 이 보험증권에 의해 약속하고, 또한 우리들 자신, 자기 자신의 부담부분에 대해 각자와 우리의 상속인과 유언집행인 및 화물에 책임을 부담한다.

이에 대한 증거로서, 우리들 보험자는 런던에서 우리들의 이름과 보험인수한 금액에 서명한다.

N.B.–Corn, fish, salt, fruit, flour and seed are warranted free from average, unless general, or the ship be stranded; sugar, tobacco, hemp, flax, hides and skins are warranted free from average, under five pounds per cent; and all other goods, also the ship and freight, are warranted free from average, under three pounds per cent, unless general, or the ship be stranded, sunk or burnt.

유의사항-- 곡물, 어류, 소금, 과일, 밀가루 및 종자는 공동해손 또는 선박이 좌초되지 않는 한 해손의 면책을 담보로 하고, 설탕, 연초, 대마, 아마, 크고 적은 짐승의 피혁은 5% 미만의 해손의 면책을 담보로 하며, 모든 기타 화물과 또한 선박과 운임은 공동해손 또는 선박이 좌초되지 않는 한, 3% 미만의 해손의 면책을 담보로 한다.

RULES FOR CONSTRUCTION OF POLICY (증권해석규칙)

The following are the rules referred to by this Act for the construction of a policy in the above or other like form, where the context does not otherwise require:

보험증권의 문맥이 반대 해석을 요하지 않는 경우에는, 전술한 양식 또는 기타 이와 유사한 양식의 보험증권의 해석에 관하여 본 법이 정한 규칙은 다음과 같다.

1. Lost or not lost (멸실 여부를 불문함)

Where the subject-matter is insured "lost or not lost", and the loss has occurred before the contract is concluded, the risk attaches unless, at such time, at the assured was aware of the loss, and the insurer was not.

보험의 목적의 '멸실여부를 불문함'의 조건으로 보험에 가입되고, 계약이 성립되기 전에 손해가 발생한 경우에는, 계약의 성립시에 피보험자가 손해발생을 알고 있었고 보험자가 알고있지 못한 경우를 제외하고 위험이 개시한다.

2. From (부터)

Where the subject-matter is insured "from" a particular place, the risk does not attach until the ship starts on the voyage insured.

보험의 목적이 특정장소'로부터' 보험에 가입되는 경우에는, 선박이 피보험항해를 출항할 때에 위험이 개시한다.

3. At and From (에서 및 부터)

[Ship]

ⓐ Where a ship is insured "at and from" a particular place, and she is at that place in good safety when the contract is concluded, the risk attaches immediately.

ⓑ If she is not at that place when the contract is concluded the risk attaches as soon as she arrives therein good safety, and, unless the policy otherwise provides, it is immaterial that she is covered by another policy for a specified time after arrival.

[Freight]

ⓒ Where chartered freight is insured "at and from" a particular place, and the ship is at that place in good safety when the contract is concluded the risk attaches immediately. If she be not there when the contract is concluded, the risk attaches as soon as she arrives there in good safety.

ⓓ Where freight, other than chartered freight, is payable without special conditions and is insured "at and from" a particular place, the risk attaches pro rata as the goods or merchandise are shipped; provided that if there be cargo in readiness which belongs to the shipowner, or which some other person has contracted with him to ship, the risk attaches as soon as the ship is ready to receive such cargo.

[선박]

ⓐ 선박이 특정장소에서 '에서 및 부터' 보험에 가입되고, 계약이 성립할 때 안전하게 그 장소에 있는 경우에는, 위험은 즉시 개시한다.

ⓑ 계약이 성립할 때 선박이 그 장소에 없는 경우에는, 위험은 선박이 안전하게 그 곳에 도착하는 순간에 개시한다. 그리고 보험증권에 반대의 규정이 있는 경우를 제외하고, 선박이 도착후 일정기간 동안 다른 보험증권에 의해 담보되고 있다는 것은 중요하지 아니하다.

[운송임]

ⓒ 용선료가 특정장소 '에서 및 부터'보험에 가입되어 있고, 계약이 성립한 때 선박이 안전하게 그 장소에 있는 경우에는, 위험은 즉시 개시한다. 계약이 성립할 때 선박이 그 곳에 없는 경우에는, 위험은 선박이 안전하게 그곳에 도착하는 순간에 개시한다.

ⓓ 용선료 이외의 운송임이 특별한 조건없이 지불되고, 특정장소 '에서 및 부터' 보험에 가입되어 있는 경우에는, 위험은 화물이나 상품이 선적되는 비율에 따라 개시한다. 단, 선주에게 속하는 적하 또는 기타의 어떤 자가 선적하기로 간주와 계약한 적하가 그곳에서 선적이 준비되어 있는 경우에는, 위험은 선박이 그러한 적하를 수취할 준비가 완료되면 지체없이 개시한다.

제4조: From the Loading thereof (적재시부터)

Where goods or other moveables are insured "from the loading thereof", the risk does not attach until such goods or moveables are actually on board, and the insurer is not liable for them while in transit from the shore to the ship.

화물이나 기타 동산이 '그것의 적재시부터' 보험에 가입되는 경우에는, 위험은 그러한 화물이나 동산이 실제 선적된 때에 개시하고, 보험자는 육지로부터 선박까지 운송되는 동안에 그러한 화물이나 동산에 대해 책임이 없다.

5. Safely Landed (안전한 양륙)

Where the risk on goods or other moveables continues until they are "safely landed", they must be landed in the customary manner and within a reasonable time after arrival at the port of discharge, and if they are not so landed the risk ceases.

화물이나 기타 동산의 위험이 '안전하게 양륙되는' 때까지 계속되는 경우, 그들 화물이나 동산은 반드시 관습적인 방법으로, 그리고 양하항에 도착후 상당한 기간내에 양륙하여야 한다. 그리고 만약 화물이나 동산이 그와 같이 양륙되지 않으면, 위험은 종료한다.

6. At any port or place whatsoever (기항 및 정박)

In the absence of any further licence or usage, the liberty to touch and stay "at any port or place whatsoever" does not authorise the ship to depart from the course of her voyage from the point of departure to the port of destination.

어떠한 추가적인 허가나 관습이 없는 경우에는 '어떠한 항구나 장소이든 어느 곳에서든' 기항하거나 정박하는 자유는, 출항항으로부터 목적항까지의 선박의 항해의 항로에서 선박이 이탈하는 것을 인정하는 것은 아니다.

7. Perils of the Seas (해상고유의 위험)

The term "perils of the seas" refers only to fortuitous accidents or casualties of the seas. It does not include the ordinary action of the winds and waves.

'해상고유의 위험'이란 말은 오직 바다의 우연한 사고나 재난만을 의미한다. 그것은 풍파의 통상적인 작용은 포함하지 아니한다.

8. Pirates (해적)

The term "pirates" includes passengers who mutiny and rioters who attack the ship from the shore.

'해적'이란 말은 폭동을 일으키는 승객과 육지로부터 선박을 공격하는 폭도를 포함한다.

9. Thieves (도적)

The term "thieves" does not cover clandestine theft or theft committed by any one of the ship's company, whether crew or passengers.

'도적'이란 말은 은밀한 절도 또는 선원이든 승객이든 불문하고 승선자에 의한 절도는 포함하지 않는다.

10. Arrests, etc., of Kings, Princes, and People (군주의 억지)

The term "arrests, etc., of kings, princes, and peoples" refers to political or executive acts, and does not include a loss caused by riot or by ordinary judicial process.

'국왕과 여왕 및 국민의 억류 등'이라는 말은 정치적이나 행적적 행위를 의미하며, 소요로 인한 손해 또는 통상적인 재판과정으로 인한 손해는 포함하지 아니한다.

10. Barratry (악행)

The term "barratry" includes every wrongful act wilfully committed by the master or crew to the prejudice of the owner, or, as the owner, or, as the case may be, the character.

'선장이나 선원의 악행'이란 말은 소유자 또는 경우에 따라서는 용선자에게 손해를 입히는 선장 및 선원의 고의에 의한 일체의 위법행위를 포함한다.

12. All other Perils (기타 일체의 위험)

The term "all other perils" includes only perils similar in kind to the perils specifically mentioned in the policy.

'기타 일체의 위험'이란 말은 오로지 보험증권에서 특별히 기재된 위험과 동종의 위험만을 포함한다.

13. Average Unless General (공동해손이 아닌 해손)

The term "average unless general" means a partial loss of the subject-matter insured other a general average loss, and does not include "Particular charges".

'공동해손이 아닌 해손'이란 말은 공동해손손해가 아닌 분손을 의미하고, 단독비용을 포함하지 않는다.

14. Stranding (좌초)

Where the ship has stranded, the insurer is liable for the excepted losses, although the loss is not attributable to the stranding, provided that when the stranding takes place the risk has attached and, if the policy be on goods, that the damaged goods are on board.

선박이 좌초한 경우에는, 비록 손해가 그 좌초에 기인한 것이 아닐지라도, 보험자는 제외된 손해에 대해서도 보상책임이 있다. 단, 위험이 개시한 후에 좌초가 발생하는 때, 그리고 보험증권이 화물에 관한 경우에는 손상된 화물이 선상에 있을 것을 조건으로 한다.

15. Ship (선박)

The term "ship" includes the hull, materials and outfit, stores and provisions for the officers and crew, and, in the case of vessels engaged in a special trade, the ordinary fittings requisite for the trade, and also, in the case of a steamship, the machinery, boilers, and coals and engine stores, if owned by the assured.

'선박'이란 말은 선체, 자재와 의장구, 고급선원과 보통선원을 위한 소모품과 식료품을 포함하고, 특수무역에 종사하는 선박의 경우에는 그 무역에 필요한 통상적인 의장을 포함하며, 또한 기선의 경우에는 기계와 보일러 및 피보험자가 소유한 엔진 소모품을 포함한다.

16. Freight (운송임)

The term "freight" includes the profit derivable by a shipowner fro the employment of his ship to carry his own goods or moveables, as well as freight payable by a third party, but does not include passage money.

'운송임이란 말은 제3자에 의해 지불되는 운송임은 물론, 선주가 자신의 화물이나 동산을 운송하기 위해 자기의 선박을 사용함으로써 파생되는 수익을 포함한다. 그러나 운송임에는 승객운임은 포함하지 아니한다.

17. Goods (화물)

The term "goods" means goods in the nature of merchandise, and does not include personal effects or provisions and stores for use on board.

In the absence of any usage to the contrary, deck cargo and living animals must be insured specifically, and not under the general denomination of goods.

'화물'이란 말은 상품의 성질을 가진 화물을 말하고, 개인의 소지품이나 선상에서 사용하기 위한 식료품과 소모품은 포함하지 아니한다.

반대의 관습이 없는 한, 갑판에 적재한 적하와 살아 있는 동물은 특정하여 보험에 가입되어야하고, 화물의 포괄적 명칭으로 보험에 가입되어서는 안된다.

제11장

해운업 등록

11. 해운업 등록

11.1 해운업의 등록기준

해운선사 운영 즉 해상운송업을 하기 위해서는 해운법 제4조(여객운송사업) 또는 제26조에 의거 "내항화물운송사업", "외항정기화물운송사업", "외항부정기화물운송사업" 가운데 원하는 사업별로 각각 등록하여야 한다. 그 가운데 해상여객운송사업은 면허제로서 해양수산부의 허가를 받아야만 가능하다. 해상화물 운송사업은 등록제로서 법에 정해진 기준을 갖춰 해양수산부에 등록을 하면 사업이 가능하다.

유의하여야 할 사항은 내항화물운송사업 또는 외항화물운송사업에 등록할 경우 당해 사업에 투입할 선박도 동시에 내항선과 외항선으로 각각 등록을 하게 되며, 원칙적으로 내항선으로 등록한 선박이 외항화물을 운송하거나 외항선으로 등록한 선박이 내항화물을 운송할 수 없다.

또한 외항화물운송사업은 등록요건이 정기와 부정기 2가지로 나누어지는데 "외항정기화물운송사업"은 컨테이너 선박을 소유하고 컨테이너 화물을 운송하고자 하는 경우에 가능하다. 컨테이너 선박을 소유하지 아니한 경우에는 모두 "외항부정기화물운송사업"에 등록하여야 한다. 컨테이너와 일반화물선을 모두 소유한 경우에는 "외항정기화물운송사업"과 "외항부정기화물운송사업"에 동시에 등록할 수 있다.

특히 수산물 외의 화물 운송사업을 하기 위해서는 1만GT 이상의 선박 1척 이상을 소유하고 자본금 10억원 이상의 상법상 회사를 설립하여 해양수산부 장관에게 외항정기화물운송사업 또는 외항부정기화물운송사업을 등록하여야 한다. 상법 제169조, 제170조에 의거하여 상행위나 그 밖의 영리를 목적으로 하여 설립한 법인으로서 합명회사, 합자회사, 유한책임회사, 주식회사와 유한회사 등 5가지가 가능하다.371)

해운법상 해운업 등록요건을 살펴보면 〈표 11-1〉과 같다.

---

371) 상법[시행 2020. 12. 29.] [법률 제17764호, 2020. 12. 29., 일부개정] 제170조.

<표 11-1> 해운법상 해운업 등록요건

해운법해운법 [법률 제18430호, 2021. 8. 17., 일부개정]	해운법 시행규칙 [해양수산부령 제529호, 2022. 1. 20., 타법개정]
제27조(등록기준) ① 내항화물운송사업을 영위하고자 하는 자는 선박의 보유량이 해양수산부령이 정하는 등록기준에 적합하도록 하여야 한다. ② 외항화물운송사업을 영위하고자 하는 자는 선박의 보유량, 자본 등 사업의 재정적 기초 및 경영형태가 해양수산부령이 정하는 등록기준에 적합하도록 하여야 한다.	제19조(해상화물운송사업의 등록기준) ① 법 제27조에 따른 해상화물운송사업의 등록기준은 별표 3과 같다.

또한 해운법 시행규칙에 따른 별표 3은 해상화물운송사업의 등록기준은 〈표 11-2〉와 같다.

<표 11-2> 해운법 시행규칙 별표 3에 의한 해상화물운송사업의 등록기준

	선박 보유량		자본금	경영 형태
내항 화물운송사업	「선박안전법 시행규칙」 제15조제1항제1호의 평수구역(平水區域) 또는 해당 지방해양수산청 관할 구역 안의 육지와 섬, 섬과 섬 사이 등으로 운항구간의 제한을 받는 내항 화물운송사업	선박이 1척 이상 있을 것		
	운항구간의 제한을 받지 않는 내항 화물운송사업	보유 선박 중 총톤수 100톤 이상 선박의 총톤수 합계가 500톤 이상일 것. 다만, 유조선으로 내항화물운송사업을 등록하려는 경우에는 총톤수 100톤 이상 유조선을 1척 이상 보유하고 있어야 한다.		
외항 정기(부정기) 화물운송사업	일반 화물운송	총톤수의 합계가 1만톤 이상일 것	10억원 이상일 것	상법상의 회사일 것
	수산물운송 / 활·선어운송	총톤수 20톤 이상의 활·선어운반선이 1척 이상 있을 것		
	수산물운송 / 냉동어운송	총톤수 80톤 이상의 냉동운반선이 1척 이상 있을 것		

비고
1. 선박 보유량에 산입되는 선박은 사업자 소유의 선박과 해양수산부장관이 따로 정하여 고시하는 선박을 말한다.
2. 법 제24조제2항에 따른 외항 정기 화물운송사업 또는 외항 부정기 화물운송사업의 등록을 한 자 중 일반 화물운송을 위하여 등록을 한 자가 각각 외항 부정기 화물운송사업 또는 외항 정기 화물운송사업을 추가로 경영하려는 경우 자본금 및 경영형태에 관한 기준은 새로 추가하려는 사업에 대하여는 적용하지 아니한다.
3. 「항만운송사업법 시행령」 제2조제1호에 따른 항만용역업(같은 호 라목의 행위만 해당한다)을 등록한 자가 내항화물운송사업을 등록하는 경우에는 선박보유량 기준을 적용하지 아니한다.

한편 해운법 시행규칙 제19조의 별표3 비고1에 따른 외항화물운송사업의 등록기준(이하 "등록기준"이라 한다)상의 선박보유량에 산입되는 선박은 외항운송사업면허 및 등록 등 사무처리요령[해양수산부고시 제2014-132호, 2014. 12. 10., 전부개정] 제11조에 따라 다음과 같다.

① 사업자 소유의 선박(선박운항권 일체를 위임받은 공유선박을 포함한다)

② 사업자 명의의 국적취득조건부나용선

③ 여신전문금융업법에 의하여 설립된 시설대여회사로부터 선박대여를 받거나 연불조건부로 구매한 선박

④ 해양수산부에 등록된 선박대여업자로부터 대여받은 선박

⑤ 공동운항에 편입된 선박(해양수산부장관에게 신고한 타 사업자의 선박척수 및 선복량을 포함한다)

이상의 등록기준 대상선박 가운데 ④에 해당하는 선박은 해당 사업등록기준상 선박보유량의 50%를 초과하여 산입할 수 없다.[372]

상기 요건을 갖추면 해운법 제24조 및 동법 시행규칙 제16조에 따라 해운업의 등록이 가능하다. 기존의 해운사업자인 경우에는 "사업계획변경신청"절차를 밟아 새로 도입한 선박을 해운사업에 추가투입 할 선박으로 신고하여야 한다.

등록조건에 하자가 없을 경우 해당 "등록증"이 교부된다. 하자가 있는 결격사유에 해당하는 자는 다음과 같다.[373]

① 미성년자·금치산자 또는 한정치산자

② 파산선고를 받은 자 로서 복권되지 아니한 자

③ 「해운법」, 「선박법」, 「선박안전법」, 「선박의 입항 및 출항 등에 관한 법률」, 「선박직원법」, 「선원법」, 「수상에서의 수색·구조 등에 관한 법률」, 「유선 및 도선 사업법」, 「해사안전법」, 「해양환경관리법」(이하 이 조에서 "관계 법률"이라 한다)을 위반하여 금고 이상의 실형을 선고받고 그 집행이 끝나거나(집행이 끝난 것으로 보는 경우를 포함한다) 집행이 면제된 날 부터 2년이 지나지 아니한 자

④ 관계 법률을 위반하여 금고 이상의 형의 집행유예를 선고받고 그 유예기간 중에 있는 자

⑤ 제19조에 따라 해상여객운송사업면허가 취소된 후 2년이 지나지 아니한 자

⑥ 대표자가 상기 규정 중 어느 하나에 해당하게 된 법인

해상화물운송사업 등록시에 필요한 서류로는 해운법 시행규칙 별지 제11호 서식의 신청서, 사업계획서, 법인등기부 등본, 정관, 대표자 이력서(등록기준지 포함), 등록할 선박의 선

---

372) 외항운송사업면허 및 등록 등 사무처리요령 [시행 2020. 1. 1.] [해양수산부고시 제2019-188호, 2019. 12. 12., 일부개정] 제11조.
373) 해운법[시행 2022. 2. 18.] [법률 제18430호, 2021. 8. 17., 일부개정] 제8조.

박국적증서와 선박검사증서 등 선박확보를 증명할 수 있는 서류를 제출하여야 한다. 사용할 선박을 확보한 경우로서 대한민국 국적 선박인 경우에는 선박검사증서를 제출하며, 외국국적 선박의 경우에는 선박검사증서 사본을 제출한다.374)

심사가 끝난 후 〈그림 11-1〉과 같이 "해상화물운송사업 등록증"과 당해 업체가 운항할 선박이 기록된 "운항선박명세서"가 별첨으로 함께 교부된다,

〈그림 11-1〉 해상화물운송사업 등록증 및 운항선박명세서 사례

해운업 등록(사업계획변경신고) 절차가 완료되면 선박은 출항하게 된다. 출항을 위해 선원이 승선하여야 하고 이를 위해 다음과 같이 승무원 명부와 선원 승(하)선을 공인을 받아야 한다.

① 승무원 명부 공인: 선주는 선박별로 승무원명부를 작성하여 해양수산부(지방청)의 공인을 받아야 함(선원법 44조 및 시행규칙 제20조의 2)

② 승하선 공인: 선주는 승선 또는 하선하는 선원의 선원수첩 또는 신원보증서를 승무원 명부와 함께 해양수산관청에 제출하여 승하선 공인을 받아야 함(선원법 제45조 및 시행규칙 제26조)

③ 선박입출항신고(개항질서법 제5조): 항만에 입항 및 출항하는 선박은 지방해양수산청에 선박

---

374) 해운법 시행규칙[시행 2022. 1. 20.] [해양수산부령 제529호, 2022. 1. 20., 타법개정] 제16조.

입출항신고 하고, 선박입출항 신고시 선원명부 등 포함한 입·출항신고서를 지방해양수산청에 제출하고 지방해양수산청은 신고내용 확인

11.2 선박의 매입 절차

11.2.1 선박의 매입절차

해운사업을 영위하기 위해서는 우선 최소한 총톤수 1만톤 이상의 선박 1척이 있어야 한다. 선박을 확보하기 위해서는 신조선을 발주하여 확보하는 것과 중고선을 구입하는 방법이 있다.

선박을 확보하기 위해서는 두가지 방법 가운데 중고선을 해외에서 구입하는 경우가 일반적이다. 외국에서 중고선을 구입하여 수입하는 절차를 간략히 살펴보면 다음과 같다.

① 먼저 매입대상 선박을 확정한다.

② 다음으로 선박의 검사를 행한다. 검사는 매도자에게 사전에 허가를 받은후 행한다. 검사내용은 주요서류, 기기, 상태 등에 관하여 사본, 수기, 녹음, 사진촬영 등을 시행한다.

③ 검사가 끝난 후 선박의 매입을 결정하면 선주에게 Offer 및 가격 Nego에 들어간다.

④ 가격이 합의되면 도입의향서(Letter of Intent)를 작성한다.

⑤ LOI가 체결되면 Sale Form을 선정하고 합의사항을 보완하여 MOA(Memorandom of Agreement)를 작성한다.

⑥ MOA 체결후 즉시 회사의 각 관련 부문에 통보하여 송금, 대관청 업무, 현장인수 준비 등 제반 인수업무를 사전 준비토록 조치해야 한다.

⑦ 구입예정 선박에 대한 잔유량을 파악한다.

⑧ 구입선박에 대한 최종 검토가 끝나면 선가를 송금하고 본선을 인수한다.

⑨ 국내 반입을 위해 보험에 부보하고 수입통관을 위해 출항한다.

⑩ 이후 수입통관을 마치면 법원에서 등기하고 해양수산부에 등록하여 사업 면허를 취득하게 된다.

외국물품을 취득한 대한민국 국민은 반드시 관세법에 따라 수입신고를 하여야 한다. 관세법 및 수입통관 사무처리요령 등에 따라 수입통관을 하고, "수입신고필증"을 발급받는다. 당해 수입신고 필증은 선박의 소유권 보존등기를 할 때 등기소에 제출하여야 한다.

선박이 국내항에 입항하면, 즉 관세라인을 통과하면 당해 선박은 외항선박이 아닌 수입한

외국물품의 상태로 그 지위가 변하게 된다. 이 사실은 중요한 의미를 갖는 것으로서 수입통관 수속을 완료하고 등기 및 등록 후 대한민국 국적을 취득하여 해운법에 따라 해양수산부에 외항선박으로 등록하기 전까지는 항해를 할 수 없고 영업도 할 수가 없다. 즉 해운법에 의한 등록증을 받기 전까지는 화물운송을 위한 선박의 지위를 확보하지 못하고 있는 상태가 된다.

11.2.2 해운업 등록절차

선박을 구입하여 등기한 후, 등록하고 국적을 취득하여 해운사업을 시작하는 일련의 과정을 도표로 요약해 보면 〈그림 11-2〉와 같다.

〈그림 11-2〉 해운업 등록절차

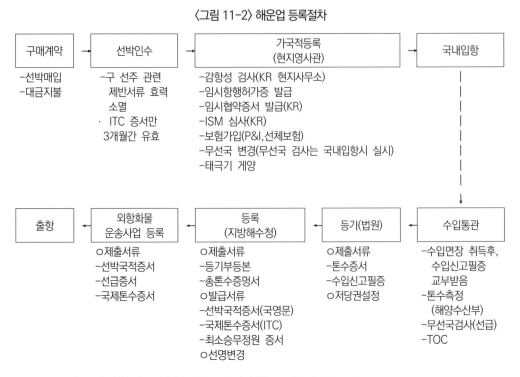

자료: 황영식 (2007a), "선박의 수입절차와 선박 등기", 『해양한국』, 2007권 3호, p.101.

〈그림 11-3〉 선박국적증서

선 박 국 적 증 서

제 12- 0034 호

| 소유자 | 성 명(법인명) | (주)대아 |
| | 주 소 | 전남 목포시 상동 1148-1 호원오피스텔 711호 |

선 박 번 호	MPR-758017	총 톤 수	238.72 톤
IMO 번 호	7632060		
호 출 부 호	D8PD		
선 박 의 종 류	기선		
선 박 의 명 칭	대아티-1호		
선 적 항	목포시		
선 질	강		
범 선 의 범 장			
기관의 종류와 수	디젤엔진 2 기		
추진기의 종류와 수	나선 2 개		
조 선 지	울산시		
조 선 자	현대조선공업(주)		
진 수 일	1975년 07월 01일		

주요치수
길 이	29.34 미터
너 비	8.50 미터
길 이	3.80 미터

비 고   선변변경

위의 사항은 정확하며 이 선박은 대한민국의 국적을 가지고 있음을 증명합니다.

2012 년 04 월 05 일

대한민국 목포지방해양항만청장

〈그림 11-4〉 선급증서

REISSUED

INTERIM KOREAN REGISTER OF SHIPPING
한 국 선 급
Certificate of Classification
선 급 증 서

KR

| Cert. No. : ULSCS - 0016 - 11 | Class No. : 1173899 |
| 증서번호 | IMO No. : 9595864 |

Ship's Name : **CK ANGIE**
선명   씨케이 앤지

Port of Registry : JEJU   Flag : KOREA
선적항   국적

Gross Tonnage : 44,132.00   Official No. : JJR-111063
총톤수   선박번호

Owners : CHANG MYUNG SHIPPING CO., LTD.
소유자

When Built : 15 NOVEMBER 2011
제조년월일

Built by and Where Built : HYUNDAI HEAVY INDUSTRIES CO., LTD.
제조자 및 제조지   ULSAN, KOREA

Main Propulsion Engine : Diesel Engine 11,400 kW × 1 Set(s)
주 추진기관

THIS IS TO CERTIFY THAT the above vessel having been surveyed by the Society's surveyors as reported on 15 November 2011 is found to be in a fit and efficient condition in accordance with the Society's Rules, and has been assigned the Class and recorded in the Register with the undermentioned Classification Character.

상기 선박은 우리 선급의 규칙에 따라 상기 일자에 우리 선급 검사원에 의하여 등록검사를 받은 결과 양호하다고 보고되었으므로, 이를 선급부호로서 우리 선급 등록원부에 등록되었음을 증명함.

| +KRS1 | - BULK CARRIER 'ESP' (CSR)
BC-A(Hold Nos.2,4 and 6 may be empty) GRAB[20]
SeaTrust(HCM) PSPC ENV(IBWM, IAFS, IOPP, IBPP, IGPP, IAPP) CHA LI |
| +KRM1 | - UMA STCM |

This Certificate is valid until   16 April 2012   KOREAN REGISTER OF SHIPPING
증서유효기간

Issued at   ULSAN   on   17 November 2011   General Manager
발행장소 및 일자   부서장

Notice : This Certificate is valid subject to continued compliance with the Society's Rules and attention is to be drawn to the Terms and Conditions overleaf.
For ships transferring classification to the Society, the validity of this interim certificate is subject to any recommendations or conditions of class previously issued against the vessel being completed as specified by the previous Classification Society and by the date.

주 의 : 이 증서는 우리 선급 규칙을 계속하여 준수하는 한도에서 유효하며, 이면의 선급검사조항과 조건에 유의하여야 함. 선급으로 전환하는 경우에는 본 증서의 유효성은 선급으로부터 전에 부과된 권고사항 또는 선급 조건들이 이전의 선급협회에 의하여 지정된 날에 완료됨을 조건으로 하여 이 증서가 유효함.

CC-1 (2009. 7)

〈그림 11-5〉 국제톤수증서

(앞 쪽)

[별지 제15호서식] 〈개정 2019. 5. 29.〉

증서번호 제   호
Certificate No.

국 제 톤 수 증 서(1969)
INTERNATIONAL TONNAGE CERTIFICATE(1969)

「1969년 선박톤수 측정에 관한 협약」에 따라 같은 협약이 1982년 7월 18일에 발효된 대한민국의 권한으로 발행합니다.
Issued under the Provisions of the International Convention on Tonnage Measurement of Ships, 1969, under the authority of the Government of the Republic of Korea for which the Convention came into force on the 18th day of July, 1982 by

| 선명
Name of
Ship | 선박번호 또는 호출번호
Distinctive Number or Letters | IMO 번호
IMO
Number | 선적항
Port of
Registry | 연월일[주]
*Date |
| | | | | |

[주] 길이 거치되었거나 또는 유사한 건조단계에 있었던 날짜[협약 제2조(6)] 또는 선박에 중요한 변경 또는 개조를 한 날짜[협약 제3조(2)(b)]
*Date on which the keel was laid or the ship was at similar stage construction[Article 2(6)] or date on which the ship underwent alterations or modifications of a major character[Article 3(2)(b)], as appropriate.

주 요 치 수
MAIN DIMENSIONS

| 길이
[협약 제2조(8)]
Length
[Article 2(8)] | 너비[협약 부속서 제2규칙(3)]
Breadth[Regulation 2(3)] | 선박의 중앙에서 상갑판까지의 길이
[협약의 부속서 제2규칙(2)]
Moulded Depth amidships to the Upper Deck[Regulation 2(2)] |
| | | |

선 박 의 톤 수
THE TONNAGE OF THE SHIP ARE

국제총톤수
GROSS TONNAGE _____

순톤수
NET TONNAGE _____

이 증서는 「1969년 선박톤수 측정에 관한 국제협약」의 규정에 따라 이 선박의 톤수가 결정되었음을 증명합니다.
This is to certify that the tonnages of this ship have been determined in accordance with the Provisions of the International Convention of Tonnage Measurement of Ships, 1969.

____년   ____월   ____일   _____에서 발행하였습니다.
(증서의 발행 장소)   (발행일)
Issued at _____, the _____ day of _____
(Place of issue of certificate)   (day of issue)

해양수산부장관(지방해양수산청장)
Minister of Oceans and Fisheries
(Regional Office of Oceans and Fisheries)

서명자는 이 증서를 발행함에 있어서 위의 정부로부터 정당한 권한을 부여받았음을 선언합니다.
The undersigned declares that he is duly authorized by the said Government to issue this certificate.

한국해양교통안전공단이사장
President of Korea Maritime Transportation Safety Authority

한국선급회장
President of Korean Register of Shipping

210㎜×297㎜
(보존용지(1종) 120g/㎡)

(뒤 쪽)

톤수에 포함되는 장소
SPACES INCLUDED IN TONNAGE

국제 총 톤 수 GROSS TONNAGE			순 톤 수 NET TONNAGE		
장소의 명칭 Name of Space	위치 Location	길이 Length	장소의 명칭 Name of Space	위치 Location	길이 Length
			여객의 정원수(협약의 부속서 제4규칙(1)) Number of passengers(Regulation 4(1))		
			정원이 8명 이하인 여객실의 여객 정원수___ Number of passengers in cabins with not more than 8 berths_____		
			그 밖의 여객 정원수_____ Number of other passengers		
제외 장소[협약의 부속서 I 제2규칙(5)] Excluded spaces [Regulation 2(5)]			형 홀수[협약의 부속서 I 제4규칙(2)] Moulded draught [Regulation 4(2)]		

위 장소 중 폐위 장소 및 제외 장소에 모두 해당되는 곳은 별표(*)로 표시한다.
An asterisk(*) should be added to those spaces listed above which comprise both enclosed and excluded spaces.

최초의 측정일 및 측정 장소 _____
Date and place of original measurement _____

전회의 측정일 및 측정 장소 _____
Date and place of last previous remeasurement _____

비 고
REMARKS:

제11장 해운업 등록   **451**

11.2.3 선박증서

일반적으로 선박에서 확보하여야 하는 각종 증서는 다음과 같다.

① Certificate of Registry(선박국적증서): 기국(선박국적국가)에서 발행

② International Tonnage Certificate(ITC, 총톤수증서): 국제적으로 인정하는 본선의 총톤 수를 증명하는 서류 모든 설비기준. 자격요건은 이 증서를 기준으로 한다.

③ Safety Equipment Certificate(S/E Certificate, 안전설비증서): 안전비품에 대한 증서

④ Safety Radio Certificate(S/R Certificate) 무선협약증서 무선기기에 대한 증서(RADAR, VHF, Twoway Phone, SSAS, INMARSAT 등)

⑤ Safety Construction Certificate(S/C Certificate, 구조협약증서): 선체의 강도를 증명하는 Certificate

⑥ International Oil Pollution Prevention(IOPP Certificate) 기름오염방지증서 기름오염 방지를 위한 설비 등을 표시하는 서류

⑦ International Air Pollution Prevention(IAPP, 공기오염방지증서): IOPP는 기름오염관련 이고 IAPP는 공기오염관련 소각기, 기관배출공기에 성분 등을 규정한 Certificate

⑧ International Sewage Pollution Prevention Certificate(ISPP, 오수오염방지증서): Sewage에 대한 규제증서

⑨ Load Line Certificate(ILL Certificate, 만재흘수선증서): 선박 중앙선측에 보면 표시가 되어 있으며 화물을 만재하였을 때 본선의 모든 감항성을 감안하여 이 이상은 싣지 말도록 한 Load Line 증서이다.

⑩ Shipboard Pollution Emergency Plan(SOPEP, 기름오염비상계획서): IOPP 증서에 대한 보완으로 기름오염시 비상대응절차를 문서화한 책자. 여기에 각국의 National Contact List가 들어가며 매 3개월마다 IMO에서 업데이트 한다.

⑪ International Ship Security Certificate(ISSC, 보안증서): 미국테러이후 각 선박에도 보 안에 대한 설비와 규정을 만들었는데 이것을 증명하는 증서이다. 이 증서의 발행을 위 하여 SSA/SSP를 만들어서 승인을 받아야 Certificate가 발행된다.

⑫ Safety Management Certificate(SMC, 안전적합증서(선박)): ISM관련하여 ISM Manage-ment가 이루어지고 있다는 증서. 회사는 Documents of Compliance(DOC)를 확보 하여야 하고 선박은 Safety Management Certificate를 가지고 있어야 한다.

⑬ P&I Certificate(P&I보험증서): 제3자에 대한 보상 및 선원보상 관련한 일종의 보험

⑭ Minimum Safe Manning Certificate(MSMC, 최소승무원증명): 본선이 운항을 하기 위한

최소의 승무원을 나타내는 증서이다. 이 인원 이하로 승선을 한 경우 출항이 안된다.

⑮ Annual Tax Receipt(정부세금납부영수증): 매년 정부에 내야하는 세금이며 납부한 영수증 원본 또는 사본을 반드시 본선에 비치해야 한다.

⑯ Radio Station Statutory Certificate(무선국증서): Inmarsat-C를 사용하기 위해서는 무선국을 지정해서 이곳에 요금을 지불하고 사용하는데 이를 증명하는 무선국지정증 서이다.

⑰ Certificate of Inspection of Crew Accommodation(CICA, 거주설비증서): 선원의 거주 구역에 대한 검사를 하고 발행하는 증서. 선원이 제대로 생활할 수 있게 되어 있는지 를 검사한다.

⑱ Sanitation Exemption Certificate(검역면제증서): 무선검역을 위하여 승선검역을 면제 하는 증서 전에는 Deratting Certificate였다.

⑲ Trim & Stability Booklet(복원성계산서): 화물을 적재할 때 Moments 등을 계산하는 Table 이다.

⑳ Bunker Convention Certificate(BCC, 벙커협약증서): Bunkering 시 인적사고 및 유류오 염에에 대한 추가 보험

㉑ Cargo Securing Manual(CSM, 화물고박지침서): 화물을 적재하였을 때 움직이지 않도록 고정을 시켜야하는데 이에 대한 방법, 장비 등을 열거한 책자이다.

㉒ Certificate of Approval of Ship Security Plan(SSP, 보안계획서): ISSC를 받기위한 보 안계획서이다. 이것은 선장/CSO만이 볼 수 있으며 검사관이 보려고 할 경우 기국의 승인을 받아와야 가능하다.

㉓ Continuos Synopsis Record(CSR, 선박이력기록부): 일종의 선박 호적등본으로 본선의 이 력을 증명하는 서류. 새로 발급되더라도 원본은 반드시 본선에 있어야 한다.

㉔ ITC Hull(선체보험증서)

㉕ Declaration of Company(ISM 회사선언서): ISM 관련하여 본선에 문제가 발생시 Management 회사가 모두 책임진다는 선언서

㉖ Declaration of DP(ISM 안전책임자선언서): ISM 관련, 회사의 안전경영책임자(DP)의 선언서

㉗ GMDSS Shore Base Maintenance(GMDSS 유지보수계약서): GMDSS 관리를 통신업체에 서 한다는 관리계약서

㉘ Cargo Gear Book(하적장치기록부): Cargo Gear 관련한 책자. 매년 또는 정기검사시 배 서한다.

㉙ Owner Ship Certificate(선주증서): 선주를 증명하는 서류이나 필요시 발행하고 본선운

항에는 관련이 없다.

㉚ Documents of Compliance(DOC, ISM적합증서(회사)): ISM 회사 적합증서

㉛ COFR(Certificate of Financial Responsibility): 미국에 입항할 경우 P&I 외에 추가재정담보를 요구하는 서류이다.

㉜ Non-Tanker Vessel Response Plan(NTVRP): COFR을 받기 위한 일종의 오염계획서

㉝ Annual Special Inspection(ASI, 연간안전검사(기국)): 국적선에 해당되며 20년 이상의 선박에 대하여 매년 실시하는 선박전체 특별검사

㉞ SSA/SSP 보안평가서/계획서

㉟ Garbage Management Plan(GMP, Garbage 처리계획서): Garbage 관련 규정집

㊱ Ballast Water Management Plan(BWMP, 평형수처리절차): Ballast 운영을 기록하고 미국 등 해당지역에 입항시 사전에 반드시 보고해야 한다.

㊲ Emergency Towing System(ETS, 비상예인절차서): 예인을 당할 경우 본선이 해야 할 절차를 규정하고 있으며 2012.01.01.부로 발효되었다.

㊳ Class Certificate(선급증서): 선급에서 발행하는 것으로 검사기간. 항목. 기관계속검사 등을 표시한다. 본선 상태를 파악하기 위해서는 제일 필요한 서류이다.

㊴ Class Survey Status(선급검사기록): 선급에서 발행하는 각 증서의 유효기간 및 검사기간을 명시하고 있다.

㊵ Carving & Marking Note: 일부 기국에는 있는 서류로서 IMO 번호 등을 Marking 한 것에 대한 증서이다.

㊶ Anti-Fouling System(AFS, 방오도료증서): 외판페인팅시 방오도료를 규정에 맞게 해양미생물에 유해하지 않는 Paint를 사용하도록 한 증서

㊷ AIS(Auto Identification System, 자동선박식별 시스템)

㊸ EPIRB(자동위치발신기): Certificate가 아닌 기계로서 EPIRB 제작 Certificate는 있다.

㊹ CO2 Exemption: 화물구역내에 운반선처럼 냉동물만 실을 경우 소화설비가 되어 있지 않은데 이 경우 S/E Certificate 상에 면제조항을 넣는다.

㊺ Certificate off Class For Refrigeration Installation: 냉동운반선처럼 별도의 화물용 냉동기가 잇을 경우에 대한 선급의 증서

11.3 선박의 등기

11.3.1 등기의 신청

소유권보존등기는 "서면에 의하여 자기가 소유자임을 증명하는 자가 이를 신청할 수 있다." 우리나라의 등기 대상선박은 "총톤수 20톤 이상의 기선과 범선 및 총톤수 100톤 이상의 부선"이다. 그러나, 선박계류용·저장용 등으로 사용하기 위하여 수상에 고정하여 설치하는 부선은 그 대상이 아니다.

등기시 신청서류는 다음과 같다.

① 신청서

② 위임장(회사 직인 명판)

③ 사업자등록증, 법인등기부등본, 법인인감증명서, 사용인감 도장

④ 지방세 감면신청서(회사직인명판)

⑤ 수입신고필증(원본대조필): 구선명과 새로운 선명 동시 기재, 선박의 길이, 넓이, 깊이 기재

⑥ 선박총톤수 증서: 구선명과 새로운 선명을 기재

⑦ 선박 양수도를 증명하는 서류 원본

⑧ 선박 인수도 증명서는 외국에서 공증을 받고, 그 나라 주재 한국 영사관의 증명 필요. 그 증명서를 번역하여 우리나라 공증사무소에서 다시 인증

한편 소유권보존을 위한 등기신청서에는 다음의 사항을 기재하고 신청인이 이에 기명날인 하여야 한다.

① 선박의 종류와 그 명칭

② 기관의 종류와 그 수. 그러나 기관이 없는 선박의 경우는 예외로 한다.

③ 추진기의 종류와 그 수. 그러나 추진기가 없는 선박의 경우는 예외로 한다.

④ 범선의 선장

⑤ 진수연월일

⑥ 국적취득의 연월일(국내에서 건조한 선박의 경우는 예외로 한다)

⑦ 선적항

⑧ 선질

⑨ 총톤수

⑩ 등록세액과 지방세법 제132조와 제133조의 등기에 대하여는 과세표준의 가격

⑪ 부동산등기법 제41조제3호 내지 제8호에 게기한 사항

11.3.2 외국항에서의 선박인수에 대한 특례

선박미수입확인 절차란 한마디로 말해 선박을 국내로 들여오지는 않았지만 외국에서 선박을 취득한 사실, 즉 선박을 수입하였다는 사실이 있다는 것을 증명하여 주는 절차이다. 선박미수입사실확인절차는 등기에 필요한 수입통관필증을 선박을 국내로 들여오지 않고 해결하기 위해 만든 제도로써, 선사가 선박을 등기할 때 등기소에 제출해야하는 서류 중 "수입통관필증"을 갈음하여 등기를 할 수 있도록 해양수산부에서 "선박미수입사실확인서"를 발급하여 주는 제도이다. 대법원에서는 수입통관필증에 갈음하여 "선박미수입사실확인서"만 제출하면 등기를 할 수 있도록 등기예규를 개정하였고, 관세청과 해양수산부 간에는 양해각서가 체결되었다.

대법원은 등기예규 제1106호 제3항에서 "외국에서 선박을 취득하였거나 국내에 귀항할 수 없는 명백한 사유가 있어 수입신고를 이행하기 어려운 때에는 신청인이 감독청으로부터 그 사실을 증명하는 서면을 발급 받아 등기신청서에 첨부하여야 한다."고 규정하고 있는데 이때 "감독청"은 "해양수산부"를 말하며, "그 사실을 증명하는 서면"이라 함은 해양수산부가 발급하는 "선박미수입사실확인서"를 말한다.

한편, 해양수산부는 "선박미수입사실신고 절차 예규(2005. 8. 1, 해양수산부 예규 제65호)"를 제정하여 2005년 8월 1일부터 시행하고 있다.

해양수산부의 예규에서 "선박미수입사실확인서"라 함은 외국에서 선박을 취득한 사실이 있으나 당해선박을 국내로 가져올 수 없는 부득이한 사정이 있어 외국에서 국적을 취득하는 선박이 향후 최초로 국내에 입항할 경우에 정식 실물통관을 하기로 약속하고 해양수산부가 수입사실(선박취득 사실)이 있음을 확인하여 주는 증명서이다. 물론 해양수산부는 확인서 발급전에 선박대금이 지불되었는지 여부를 은행이 발급한 송금증명서 등을 통해 확인함으로써 선박의 실제 취득 여부를 확인하며, 당해선박의 총톤수측정 절차가 진행되는 과정에서 실물존재 여부를 직접 확인하게 된다.

11.3.3 선박미수입사실 확인 절차를 이용한 등기

선박미수입사실 확인 절차를 통해 등기와 등록을 하는 경우 외국과 국내에서 동시에 업무가 진행된다. 즉, 선박에서 직접 진행되어야 하는 업무인 톤수측정, 선명변경, 태극기게양 등은 외국에서 진행되고, 등기, 등록, 무선국변경, 해운업등록(기존 해운업 등록업체인 경우에는 사업계획 변경신고(선박 취득 신고)) 등의 업무는 국내에서 진행된다. 선박미수입사실확인 절차를 통한 국적취득절차는 선박이 국내에 입항하지 않는다는 사실 즉, 실물통관 절차를 생략하는 것만

다를뿐 나머지 모든 절차는 선박이 국내에 입항한 것과 동일하게 진행된다.

따라서 선박미수입사실확인절차를 이용하여 등기할 경우의 등기소에 제출하는 서류도 수입통관 필증대신에 선박미수입사실확인서가 들어갈 뿐 나머지 서류는 동일하다. 물론 선박톤수증서는 해양수산부 또는 한국선급이 외국에서 직접 측정하여 발급한 서류를 제출하여야 한다.

미수입사실확인절차를 이용한 등기서류에는 다음의 서류가 필요하다.[375]

① 신청서

② 위임장(대리인이 신청할 경우)

③ 진술서

④ 선박미수입사실확인서(수입신고필증 대용)

⑤ 등록세 납부 영수증

⑥ 법인등본

⑦ 법인인감증명

⑧ 선박톤수증서

⑨ 사업자등록증 사본

⑩ 사용인감도장

한편 선박미수입사실확인 절차를 통해 선박을 등기한 선박의 선주가 특히 유의하여야 하는 사실은 미수입사실신고절차를 이용해 등기를 하고 등록을 하여 국적을 취득하였다 하더라도 당해 선박은 관세법상의 수입통관 절차가 종료되지 않았다는 사실이다.

즉 선박의 취득후 당해 선박이 국내에 최초로 입항하는 경우 반드시 관세법에 따라 수입통관을 하여야 하고 해양수산부에도 이러한 사실을 통보하여야 한다. 만약 실수든 고의든 이러한 의무를 해태하면 이유 여하를 불문하고 관세법을 위반한 책임을 면할 수 없다.

11.3.4 금융리스로 도입한 국적취득조건부나용선의 등기

선박의 등기에서 알아두어야 할 또 하나의 중요한 사실이 있다. 국내 리스회사를 통해 금융리스로 도입한 국적취득조건부나용선(BBCHP)의 국적취득을 위한 등기절차가 바로 그것이다.

1990년대 이후 한국의 선사들은 국내 리스회사를 통해 국적취득조건부나용선(BBCHP) 형태의 금융리스로 선박을 도입하였다. 즉 국내 리스회사가 외국선박을 국적취득조건부나용

---

375) 황영식 (2007b), "선박미수입사실확인' 제도란?", 『해양한국』, 2007권 4호, p.105.

선 형태로 취득하여 그 선박을 다시 선사에 금융리스로 대여하는 방식으로서, 선박의 명목상 납세의무자 및 수입자는 리스회사이지만 선박운항 및 소유와 관련한 제반 비용과 세금은 선사가 부담함으로써 선사와 리스회사 간의 실질적, 대내적 소유권은 선사가 보유하는 형태이다.

한편, 법원등기소에서는 국내 리스사로부터 금융리스 방식으로 도입된 국적취득조건부나용선이 선가상환이 완료된 후 국적을 취득함에 있어 실제 소유자는 선사임에도 불구하고, 외견상 선박의 수입자 및 납세의무자인 리스회사가 소유권보존등기를 한 후 실소유자인 선사 명의로 소유권이전등기를 하도록 요구하였다. 법원의 요구대로 할 경우 선사는 리스회사를 거치지 않고 바로 선사 명의로 소유권보존등기를 하는 경우에 비하여 50배나 많은 등록세를 부담하여야 한다. 왜냐하면 소유권 보존등기 등록세는 선박가액의 0.02%(선박가액의 1000분의 0.2)이며, 이전 등기할 경우의 등록세는 선박가액의 1%(선박가액의 1000분의 10)인데, 리스회사 명의의 보존등기 등록세 및 선사로의 이전등기 등록세는 모두 선사가 부담하여야 하기 때문이다.

이는 금융리스 도입선박의 실소유자가 선사임에도 불구하고 명목상의 수입자인 리스회사 명의로 보존등기를 하게 함으로써 선사에게 불필요한 비용을 부담하게 하는 사례로 지적되었다. 한국선주협회는 이문제의 개선방안을 해양수산부, 대법원과 협의하였으며, 2002. 9. 16, 대법원은 한국선주협회의 건의를 수용하여 금융리스로 도입한 국적취득조건부나용선의 국적취득시 리스회사를 거치지 않고 바로 실소유자인 선사명의로 소유권 보존등기를 할 수 있다고 유권해석하였다(2006. 9. 16, 등기 3402-511호).

대법원은 "미등기선박의 소유권 보존등기는 서면에 의하여 자기가 소유자임을 증명하는 자가 이를 신청할 수 있는 바, 국내선사가 리스금융에 의한 국적취득부나용선계약(외국선주와 리스회사 사이에 국적취득부나용선계약을, 리스회사는 위 선박에 대하여 국내선사와 리스계약을 각 체결하는 계약)에 따라 용선기간 종료후 리스회사가 소유권을 취득하여 국내선사에게 소유권을 양도하는 경우, 현재의 소유자인 국내선사는 자기명의로 직접 소유권보존등기를 신청할 수 있다"고 회시하였으며, 위 경우 "국내선사는 선박의 소유자임을 증명하는 서류(선박총톤수측정 증명서, 수입면장, 선박양수도를 증명하는 서면(선박의 소유권이 외국선주에서 리스회사로, 리스회사에서 국내선사로 양도됨을 확인하는 선박인수도 의정서 등))를 등기 신청시 등기소에 제출"토록 하였다.

선사는 국내 리스회사를 통해 금융리스로 도입한 국적취득조건부나용선의 국적취득시 위 사실을 숙지하여 불필요한 비용의 지출을 하지 않아야 할 것이다.

11.4 선박매매표준계약서

11.4.1 총설

본문에 소개되는 선박매매표준계약서는 우리나라 대한상사중재원에서 개발한 표준서식으로서 Saleform을 모델로 하였다.[376]

이 선박매매표준계약서(KORSALE 2006)는 1993년판 노르웨이 선박매매계약서양식(Norwegian Saleform 1993)을 모델로 한 것이다. 노르웨이 선박매매계약서양식은 노르웨이 선박중개인협회가 제정하여 1956년에 발틱국제해사위원회(The Baltic and International Maritime Council: BIMCO)가 채택한 선박매매계약서양식이다. 노르웨이 선박매매계약서양식은 최초의 제정 후 꾸준히 개정이 이루어져 왔는데 1993년판이 가장 최근의 개정판이다. 이 1993년판 노르웨이 선박매매계약서양식은 코드명(Code Name)이 Saleform 1993이라 불리는데 현재 중고선박의 매매계약 체결 시에 전세계적으로 가장 널리 사용되고 있다.

이 선박매매표준계약서의 모두(冒頭)에서부터 제15조까지는 Saleform 1993과 그 내용이 대동소이하다. 이 선박매매표준계약서의 제16조(준거법) 및 제17조(중재/재판관할)는 Saleform 1993의 제16조(중재)를 대체하는 조항이다. 따라서 만일 이 선박매매표준계약서의 영문본을 만들고자 한다면 Saleform 1993에서 제16조를 삭제하고 이 선박매매표준계약서 제16조 및 제17조의 해설란에 기재된 영문조항을 추가하면 된다.

---

376) 본문의 선박매매표준계약서와 약관의 해설은 2017년 대한상사중재원의 제공이다.

11.4.2 국문 계약서

선박매매표준계약서

_____ (이하 "매도인"이라고 함)은_____ (이하 "매수인"이라고 함)에게 아래의 선박명세란에 기재된 선박(이하 "본선"이라 함)을 이 계약서의 조건에 따라 매도하기로 하고 매수인은 이를 매수하기로 합의한다.

【선박명세】

선명:

선급협회/선급:

건조년도: 건조자:

선적국: 선박등록지:

호출부호: 총톤수/순등록톤수:

등록번호:

【정의조항】

"은행영업일"이라 함은, 제1조에서 매매대금에 관하여 규정한 통화의 국가 및 제8조에 규정된 계약체결장소에서, 은행이 영업하는 날을 말한다.

"서면에 의한"이라든가 "서면으로 된"이라 함은 매도인으로부터 매수인에게, 또는 매수인으로부터 매도인에게 전달되는 서신, 등기우편, 텔렉스, 팩스전송 또는 그 밖에 현대적 형태의 기록에 의한 통신을 말한다.

"선급협회" 또는 "선급"이라 함은, 위 선박의 명세란에 기재되어 있는 협회를 말한다.[377]

제1조 매매대금

_____ (_____)[378]

_____

377) [해설] 매수인의 입장에서는 "은행영업일"의 정의에 매수인의 거래은행이 소재하는 국가에서 은행이 영업하는 날을 추가하는 것이 유리할 수 있음.

378) [해설] 괄호 앞에는 문자로 매매대금을 기재하고 괄호 안에는 숫자를 기재할 것. 매매대금의 통화가 은행영업일을 결정하는 기준이 된다는 점을 유의해야 함.

제2조 예치금

매수인은 이 매매계약의 체결일로부터 _____ 은행영업일이내에 적절한 계약이행에 대한 담보로서 매매대금의 10%의 금액을 예치하여야 한다. 이 예치금은 _____에 예치되어야 하며, 매도인과 매수인의 공동명의로 보관하고, 매도인과 매수인의 공동서면지시에 의하여만 인출될 수 있다. 예치금에 이자가 발생하는 경우에는 매수인에게 귀속된다. 이 예치금을 보관하기 위해 발생하는 비용은 매도인과 매수인이 절반씩 부담한다.[379]

제3조 지급

제1조에 기재된 매매대금은 본선인도 시에 은행수수료를 공제함이 없이 전액 _____에게 지급되어야 한다. 다만 본선이 물리적으로 모든 면에서 본 계약의 조건에 따라 인도할 준비가 완료되고 제5조에 따라 인도준비완료통지가 행해진 때로부터 제3은행영업일 이내에 지급되어야 한다.[380]

제4조 검사

(1) * 매수인은 이미 본선의 선급협회기록을 검사하고 이를 수락했다. 또한 매수인은 _____년 _____월 _____일에 _____에서 본선을 검사하였고 검사 후 본선을 수락하였다. 따라서 본 건 매매는 완전하고 확정적이며 이와 관련하여 본 계약의 조건과 조항에만 따르기로 한다.

(2) * 매수인은, 본선의 선급협회기록을 검사할 권리를 가지며 _____일 이내에 그것을 수락할지 여부를 밝혀야 한다.
매도인은 _____에서 검사를 위하여 본선을 제공하여야 한다.
매수인은 본선의 일정이 부당하게 지체되지 않도록 검사를 행하여야 한다. 만일 매수인이 본선의 일정을 부당하게 지체하는 경우에는 매수인은 매도인에게 그러한 지체로 인하여 생긴 손해를 배상하여야 한다. 매수인은 본선의 선체 등을 개방하지 않고 또한 매도인에게 비용이 발행생하지않

---

379) [해설] 예치금을 보관하는 은행은 매매계약의 당사자가 아니므로 매도인과 매수인은 은행으로부터 위 조항에 따라 예치금의 보관 및 지급업무를 처리할 것이라는 확인을 받아 두는 것이 필요할 것임.
380) [해설] ① 매도인의 입장에서 아무런 상계나 공제 없이 매매대금 전액의 지급을 확보하고자 하는 경우에는 위 조항상의 "은행수수료를 공제함이 없이"를 "이유여하를 불문하고 어떠한 상계나 공제 없이"로 수정하는 것이 필요할 것임. ② 인도준비완료통지는 반드시 본선이 인도 장소에 도착하여 물리적으로 매매계약조건에 따라 인도할 준비가 완료된 때에 행해져야 함. 다만 인도준비완료통지가 행해질 때 반드시 인도서류가 준비되어 있을 필요는 없음. 아래의 제8조 및 제14조 참조.

는방법으로검사를행하여야한다. 검사하는 동안 본선의 기관일지 및 갑판일지는 매수인의 열람이 가능하도록 해야 한다. 만약 검사 후에 매수인이 본선을 수락하는 경우에는, 매도인이 검사종료 후 72시간 이내에 매수인으로부터 서면으로 수락통지를 받는 것을 조건으로 하여, 본 건 매매는 완전하고 확정적인 것이 되며 이와 관련하여 본 계약의 조건과 조항에만 따르기로 한다. 만일 매도인이 본선의 선급협회기록에 대한 수락통지 및 본선에 대한 수락통지를 위에 기재된 대로 받지 못하는 경우에는 예치금은 발생한 이자를 포함하여 즉시 매수인에게 지급되어야 하며, 이후 본 계약은 무효로 한다.

* 제4조 (1)항과 제4조 (2)항은 선택적임. 둘 중에 적용되지 않는 것을 삭제할 것. 삭제되지 않는 경우에는 제4조 (1)항을 적용함.381)

제5조 인도통지, 인도시기 및 장소

(1) 매도인은 매수인에게 예정된 본선의 항해일정에 관하여 충분하게 통보하여야 하며, 드라이도크/수면하 검사/인도가 예정되어 있는 장소에 도착할 예정시기에 관하여 ____일전/____일전/____전에 매수인에게 통지하여야 한다. 매도인은 본선이 인도장소에 있고 물리적으로 모든 면에서 본 계약에 따라 인도할 준비가 완료되었을 때, 매수인에게 서면으로 인도준비완료통지를 하여야 한다.

(2) 본선은 매도인의 선택에 따라 _____의 안전하고 접근가능한 정박지(berth) 또는 묘박지에서 안전하게 떠 있는 상태로 인도 및 인수되어야 한다.
 인도예정일:
 해약일[제5조 (3)항, 제6조 (2)항 ③ 및 제14조 참조]:

(3) 만일 매도인이 상당한 주의를 기울이더라도 해약일까지 본선의 인도준비가 완료되지 못하리라고 예상되는 경우에는, 매도인은 매수인에 대하여 본선의 인도준비가 완료될 예정일을 서면으로 통지하고, 새로운 해약일을 제안할 수 있다. 매수인이 이러한 통지를 받는 경우 매수인은 통지를 받은 후 7연속일 이내에, 제14조에 따라 본 계약을 해약할 것인지 아니면 새로운 해약일을 수락할 것인지에 관한 선택권을 갖는다. 매수인이 매도인의 통지를 받은 후 7연속일 이내에 그러한

---

381) [해설] 매수인이 매매계약을 체결한 후에 본선의 선급협회기록과 본선을 검사하고자 하는 경우에는 반드시 제4조 (1)항을 삭제 하여야 함. 만일 이를 삭제하지 않는 경우에는 제4조 (1)항이 적용되어 매수인은 선급협회 기록과 본선을 검사할 권리를 상실함.

선택권을 행사하지 않거나 또는 매수인이 새로운 해약일을 수락할 경우에는, 매도인이 통지에서 제안한 날이 새로운 해약일로 간주되고 제5조 (2)항에 기재된 해약일을 대체한다.

만일 새로운 해약일을 정해 본 계약을 계속 유지할 경우에는, 제5조 (1)항 및 제5조 (3)항에 기재된 조건을 포함하여 본 계약의 다른 모든 조건은 아무런 변경 없이 완전히 유효하다. 매수인이 본 계약을 해약하였는지 여부를 막론하고, 이와 관련하여 본선이 최초의 해약일까지 인도할 준비가 완료되지 못한 것을 이유로 하여 매수인이 제14조에 따라 갖는 손해배상청구권에는 전혀 영향이 없다.

(4) 만일 본선이 인도되기 전에 현실전손, 추정전손 혹은 타협전손으로 된 때에는 예치금은 이자를 포함하여 즉시 매수인에게 지급되어야 하며, 이후 본 계약은 무효로 한다.[382]

제6조 드라이도킹/잠수부에 의한 검사

(1) ** 매도인은 선급협회에 의한 본선의 최대만재흘수선 아래의 수면하부 검사를 위해 본선을 인도항에 있는 드라이도크에 입거시켜야 한다. 검사의 범위는 선급협회의 규칙에 따른다. 만일 키, 프로펠러, 선저 또는 최대만재흘수선 아래의 다른 수면하부에, 본선의 선급에 영향을 줄 수 있는 파손, 손상, 혹은 다른 결함이 발견되는 때에는, 그러한 하자는 매도인의 비용으로 선급협회가 아무런 조건이나 권고사항이 없이 만족할 수 있도록 치유되어야 한다.

(2) ** ①본선은 드라이도크에 입거시키는 일 없이 인도한다. 다만 매수인은 본선의 인도 전에 자신의 비용으로 선급협회가 승인하는 잠수부에 의한 수면하부검사를 할 권리를 가진다. 매도인은 자신의 비용으로 본선이 그러한 검사를 받을 수 있도록 준비를 하여야 한다. 검사의 범위와 검사가 실시되는 조건은 선급협회가 만족할 만한 것이어야 한다. 만일 인도항에 있어서의 조건이 그러한 검사에 적합하지 않은 경우에는, 매도인은 인도항에 가까운 다른 적합한 장소에서 본선이 검사를 받을 수 있도록 준비하여야 한다.

②잠수부에 의한 검사결과, 키, 프로펠러, 선저 또는 최대만재흘수선 아래의 다른 수면하부에 본선의 선급에 영향을 줄 수 있는 파손, 손상, 기타 결함이 발견된 때에는, 본선이 해수 중에 떠 있는 상태로 선급협회가 만족할 수 있는 정도로 수리를 실시하는 것이 가능하지 않은 한, 매도인은

---

382) [해설] ① 타협전손은 선박이 입은 손해가 현실전손이나 추정전손에는 해당하지 아니하나 선박수리 후의 선박가격에 비해 선박수리비가 과다할 경우 선박보험자와 피보험자 사이에 합의에 의해 이를 전손으로 처리하기로 합의하는 것을 말함. ② 위 조항은 매도인의 귀책사유로 인하여 위와 같은 사유가 발생하는 경우에도 예치금과 이자가 매수인에게 지급되는 외에 매도인에게는 손해배상책임을 부담시키지 않고자 하는 취지임. 그러나 문언상으로는 이 점이 명백하지 않으므로 매도인은 위 조항을 수정하여 이 점을 명백하게 할 수도 있음.

선급협회에 의해 최대만재흘수선 아래의 수면하부를 검사받도록 자신의 비용으로 본선을 드라이도크에 입거시켜야 한다. 이 경우에 검사의 범위는 선급협회의 규칙에 따른다. 만일 키, 프로펠러, 선저 또는 최대만재흘수선 아래의 다른 수면하부에 본 선박의 선급에 영향을 줄 수 있는 파손, 손상, 혹은 기타 결함이 확인된 때에는, 그러한 하자는 매도인이 자신의 비용으로 선급협회가 아무런 조건이나 권고사항이 없이 만족할 수 있도록 치유되어야 한다. 이 경우에는 매도인이 수면하부 검사비용과 선급협회의 입회비용도 지급하여야 한다.

③만일 본선을 제6조 (2)항 ②에 따라 드라이도크에 입거시켜야 함에도 불구하고 인도항에서 적당한 드라이도크 시설이 없는 경우에는, 매도인은 제5조 (2)항에 규정된 인도지 범위의 내외(內外)를 불문하고 적절한 드라이도크 시설을 이용할 수 있는 항구로 본선을 항행토록 하여야 한다. 드라이도킹 후 매도인은 제5조 (2)항에 규정된 인도지 범위 내의 항구에서 본선을 인도하여야 하며 이 경우 위 항구가 위 조항의 목적상 새로운 인도항으로 된다. 이러한 경우 제5조 (2)항에 규정된 해약일은 드라이도킹 기간 및 드라이도크에 입거하려고 추가로 운항하는데 필요한 시간만큼 연장되어야 한다. 다만 연장되는 기간은 최장 14연속일까지로 한다.

(3) 본선이 위 제6조 (1)항 또는 제6조 (2)항에 따라 드라이도크에 입거할 경우,

①선급협회는 선미축부의 검사를 요구할 수 있다. 검사의 범위는 선급협회의 검사원이 만족할 범위까지로 한다. 만일 그러한 검사가 선급협회에 의해 요구되지 않는 경우에는 매수인은 선미축을 탈착하여 선급협회에 의해 검사받을 것을 요구할 권리를 가진다. 검사의 범위는 선급협회의 선미축검사규칙에 따라야 하고 또한 본선의 검사주기 중 현 단계에서의 검사기준과 일치되어야 한다. 매수인은 선급협회의 검사가 종료될 때까지 선미축을 탈착하여 검사할 것을 요구할 것인지 여부를 명확히 하여야 한다. 선미축을 장/탈착하는 작업은 매도인이 수배하여야 한다. 선미축부의 어느 부분이 본선의 선급에 영향을 줄 수 있을 만큼 결함이 있는 것으로 발견되거나 또는 판정되는 때에는, 그러한 부분은 매도인의 비용으로 선급협회가 아무런 조건이나 권고사항이 없이 만족할 수 있도록 교체되거나 수리되어야 한다.

②선미축의 검사에 드는 비용은 선급협회가 그러한 검사를 요구하는 경우에는 매도인이 부담하고, 그렇지 않은 경우에는 매수인이 부담한다. 만일 매수인이 검사를 요구하는 경우에 선미축부의 일부에 본선의 선급에 영향을 줄 수 있는 결함이나 파손이 있는 것으로 발견되거나 판정되는 때에는 매도인이 위 비용을 지급하여야 한다.

③드라이도크 사용료와 선급협회 요금을 포함하여 본선의 입출거에 드는 비용은 선급협회가 검사의 결과 조건이나 권고*를 붙이는 경우와, 선급협회가 선미축부의 검사를 요구하는 경우에는 매도인의 부담으로 한다. 그 이외의 모든 경우에는 매수인이 위에 기재된 드라이도크 사용료, 선급협

회 요금 및 입출거 비용을 지급하여야 한다.

④매수인의 대리인은 드라이도크에 입회할 권리를 가지지만, 선급협회 검사원의 작업이나 결정을 방해해서는 아니 된다.

⑤매수인은 매도인이나 선급협회 검사원의 작업(이러한 작업이 있는 경우)을 방해하지 않고 본선의 인도시기에 영향을 미치지 않는 범위에서 자신의 위험과 비용으로 본선의 수면하부를 청소하고 도장할 권리를 가진다. 그러나 만일 매도인이 요구받은 작업을 완료하였을 때에, 매수인이 아직 드라이도크에서 작업을 진행하고 있는 때에는, 매수인의 작업을 완료하는데 필요한 추가입거 시간에 대해서는 매수인이 위험과 비용을 부담한다. 매수인의 작업에 그러한 추가시간이 필요한 경우에는, 매도인은 자신의 작업을 완료한 다음, 본선이 드라이도크 안에 있어도 인도준비완료통지를 발행할 수 있다. 이 경우 매수인은, 본선이 드라이도크 안에 있는지 여부와 제5조 (2)항의 규정에 불구하고 제3조에 따라 인도를 받을 의무가 있다.

* 선급협회가 조건 혹은 권고를 붙이지 않고 승인한 검사원의 보고서에 기재된 주의사항(만일 있다면)은 이에 해당하지 않음.

** 제6조 (1)항과 제6조 (2)항은 선택적임. 둘 중에 적용되지 않는 것은 삭제할 것. 삭제되지 않는 경우에는 제6조 (1)항을 적용함.

①드라이도킹 검사 없이 잠수부의 검사만으로 선박을 인도하기로 하는 경우에는 제6조 (2)항을 삭제하여야 함.

②제6조 (2)항 ②의 규정과 제6조 (3)항 ③의 규정은 상충되므로 매매계약의 당사자들은 어느 규정이 우선하는 것인지를 명백하게 할 필요가 있음.

제7조 예비품/연료유 등

매도인은 본선과 함께 본선 상에 있거나 육상에 있는 본선의 속구일체도 매수인에게 인도하여야 한다. (만일 보유 중이라면) 예비선미축/예비프로펠러/프로펠러 날개를 포함하여 선박검사 시에 본선의 속구로 되어 있던 모든 예비부품 및 비품은 중고품이건 미사용품이건, 본선 상에 있는지 여부를 불문하고 매수인의 소유로 된다. 다만 발주 중에 있는 예비품은 제외한다. 이들 물품을 운반하기 위한 비용은 매수인의 부담으로 한다. 매도인은 선박인도전에 부품을 교체하기 위하여 예비품 중에서 사용된 예비선미축/예비프로펠러/프로펠러 날개를 포함한 예비부품에 관하여는 보충할 필요가 없으나, 보충된 부품은 매수인의 소유로 된다. 통신설비와 항해기기는 매도인의 소유물인 경우 별도의 대가 없이 본 건 매매에 포함된다. 미사용 선용품과 식품은 별도의 대가 없이 본 건 매매에 포함된다.

매도인은 매도인 회사의 깃발 또는 회사명이 새겨진 자기류, 식기류, 식사용기, 린넨류 및 기타 물품을 본선으로부터 반출할 권리를 가진다. 다만 매도인은 아무것도 새겨지지 않은 유사물품으로 위 물품들을 대체하여야 한다. 매도인의 선박에서만 사용되는 도서 및 서식 등은 본 건 매매에서 제외되고 이에 대하여는 매수인에게 아무런 보상도 하지 않는다. 선원복을 포함하여 선장, 사관 및 선원의 사유물과 매도인이 임차한 물품 및 아래의 물품은 본 건 매매에서 제외된다.

매수인은 저장탱크와 봉인된 드럼통에 보관중인 잔존연료유와 미사용윤활유를 인수하고 인수한 유류에 대하여 매도인에게 본선의 인도항에서의 인도일 현재의 순시장가액(barge 비용 공제)을 지급하여야 한다.

본조에 의한 지급은, 매매대금의 지급과 동일한 날, 동일한 장소에서 동일 통화로 행하여져야 한다.383)

제8조 서류의 제공

계약체결장소: _____

매도인은 매매대금의 지급과 동시에 매수인에게 다음의 인도서류를 제공하여야 한다.

(1) _____국(매수인이 본선을 등록할 예정인 국가)에 등록이 가능한 서식에 의한 정식매매증서. 이 증서는 선박 상에 아무런 부담보, 저당권, 선박우선특권 또는 그 밖의 부채 혹은 청구권이 없다는 것을 증명하는 것으로써 정당한 공증인에게 공증을 받고 위 국가의 영사나 다른 해당 관할공무원에게 인증을 받은 것이어야 한다.

(2) 본선의 선적국의 주무관청이 발행한 현재의 소유권증명서

(3) 인도전 72시간이내에 발행된 선급확인서

---

383) [해설] ① 매매계약조건에 관하여 완전한 합의에 이르기 전에 매도인과 매수인은 본선 비품의 명세와 매매계약으로부터 제외되는 품목에 관하여 미리 합의를 하는 것이 권장됨. ② 매수인의 입장에서는 인도 당시의 최소 혹은 최대 유류량에 관한 합의를 하는 것이 필요할 수도 있음.

(4) 본선에 등기된 저당권이 존재하지 않는다는 것을 증명하는 주무관청이 발행한 최신의 증명서

(5) 본선의 선박등록말소증명서 혹은 선박 인도 시에 선박등록에 적용되는 그 밖의 공적인 말소증서. 만일 등기소가 실무상 곧바로 그러한 서류를 발행하지 않는 경우에는, 매도인이 매수인에 대하여 본선의 등록말소를 신속하게 실행할 것과 아무리 늦어도 본선의 매매대금이 지급되고 본선의 인도가 완료된 후 4주 이내에 선박등록말소증명서나 등록말소에 관한 그 밖의 공적인 말소증서를 제공할 것을 약속하는 보증장

(6) 본선의 등록을 위해, 주무관청이 정당하게 요구하는 일체의 추가서류. 다만 매수인은 본 계약의 체결일 이후 가급적 빨리 매도인에게 그러한 서류에 관해서 통지해 주어야 한다.

선박 인도 시 매도인과 매수인은 매도인이 매수인에게 본 선박이 인도된 일시를 확인하여 주는 인도인수확인서(protocol of delivery and acceptance)를 각자 서명하여 상대방에게 교부하여야 한다.

인도 시 매도인은 매수인에게 본선에 비치된 도면 등과 함께 선급증명서를 교부하여야 한다. 본선에 비치된 다른 증명서도 매도인이 보관할 것이 요구되지 않는 한 매수인에게 교부되어야 한다. 매도인이 보관할 것이 요구되는 경우에는 매수인은 이를 복사할 권리를 가진다. 매도인은 매수인의 요구가 있으면 매도인의 점유 하에 있는 다른 기술적인 서류를 매수인의 비용으로 신속하게 매수인에게 송부하여야 한다. 매도인은 본 선박의 항해일지를 보관할 수 있으며 매수인은 이를 복사할 권리를 가진다.384)

제9조 저당권 등

매도인은 본선의 인도 시에 본선상에 용선계약, 유치권, 저당권, 선박우선특권 또는 다른 부담보 설정이나 채무가 전혀 없다는 것을 담보증한다. 매도인은 본선인도 전에 발생한 본선에 대한 청구권으로 인하여 매수인이 입은 모든 손해를 매수인에게 보상하여야 한다.385)

---

384) [해설] ① 선박 인도 시에 작성하는 인도인수확인서는 인도인수 시간을 확정하는 의미만을 지니는 문서이고 매도인이 매매계약에 따른 채무를 완전히 이행했다는 점까지를 확인하는 문서는 아닌 점에 유의해야 함. ② 매도인과 매수인은 매매종결 시에 필요한 서류에 관하여 추가로 합의할 수도 있음(예컨대, 이사회의사록, 주주총회의사록, 법인정관, 법인등기부등본, 위임장 등).

385) [해설] ① 위 조항은 단순히 용선계약만을 언급하고 있으나 매수인의 입장에서는 위 조항을 수정하여 매도인으로 하여금 용선계약뿐만 아니라 일체의 계약상의 의무가 없다는 것을 담보하도록 할 수도 있음. ② 위 조항에 의하면 본선인도 전에 발생한 본선에 대한 청구권으로 인하여 본선이 압류되거나 본선에 대해 청구가 행해지는 경우 일단 매수인이 선박의 압류를 해제하고 본선에 대한 청구를 방어한 뒤 매도인으로부터 그로 인한 손해를 보상받도록 되어 있음. 만일 매수인이 매도인으로 하여금 직접 본선인도 전에 발생한 본선에 대한 청구권을 방

제10조 세금 등

본선의 구입과 매수인이 선적국에 등록하는데 소요되는 세금, 요금 및 비용은 모두 매수인의 부담으로 하고 매도인이 등록을 말소하는데 소요되는 유사한 부담금은 매도인의 부담으로 한다.

제11조 인도시의 조건

매도인은 본선이 매수인에게 인도되기 전까지 본선 및 모든 속구에 관한 위험과 비용을 부담한다. 다만 본선은 본 계약에 달리 규정된 경우를 제외하고는 검사 당시의 상태대로 인도되고 인수되어야 하나 통상의 마모손과 균열은 예외로한다. 그러나 본선은 본선의 선급에 영향을 미치는 해손(average damage)이 없고, 검사 시에 본선이 가지고 있었던 본선의 선급증명서, 국가의 증명서, 기타 모든 증명서들이 유효하며, 이에 대하여 선급협회나 유관기관의 조건/권고가 없이 기간 연장이 불허되지 않았고, 이에 선급협회나 관계관청에 의해 조건이나 권고가 붙지 않은채 선급이 유지되는 상태로 인도되어야한다.

본 제11조에서 말하는 [검사]는, 제4조 (1)항 또는 제4조 (2)항에 기한 매수인의 검사(이들 규정이 적용되는 경우) 혹은 본 계약 체결 전의 매수인의 검사를 의미한다. 만일 본선이 검사를 하지 않고 인수되는 때에는 본 계약의 체결일을 해당일로 한다.

* 선급협회가 조건 혹은 권고를 붙이지 않고 승인한 검사원의 보고서에 기재된 주의사항(만일 있다면)은 이에 해당하지 않음.[386)

제12조 선박명/마크

선박이 인도되면 매수인은 본선의 선명과 연돌(funnel)마크를 변경할 의무를 진다.

제13조 매수인의 불이행

만일 예치금이 제2조에 따라 지급되지 않는 때에는 매도인은 본 계약을 해제할 수 있으며 또한 매도인이 입은 모든 손실과 지출한 비용 및 이자에 대한 손해배상을 청구할 권리도 가진다.

어하도록 하고 선박의 압류를 해제하도록 하기 위해서는 위 조항을 수정할 필요가 있음.

386) [해설] 1987년판 노르웨이 선박매매양식(코드명: Saleform 1987)에서는 매도인에게 본선의 선급에 영향을 줄 수 있는 사항으로서 매도인이 알고 있는 사항을 본선의 인도 전에 선급협회에 통지할 의무를 지우고 있었으나 1993 Saleform에서는 이 부분이 삭제되었음. 만일 매수인이 매도인에게 위와 같은 의무를 지우려면 위 조항을 Saleform 1987 내용대로 수정하여야 할 것임.

만일 매매대금이 제3조에 따라 지급되지 않는 때에는 매도인은 본 계약을 해제할 수 있다. 이 경우 예치금은 발생한 이자와 함께 매도인에게 지급되기로 한다. 만일 예치금이 매도인의 손실에 미달하는 경우 매도인은 자기가 입은 손실과 지출한 비용 및 이자에 대한 손해배상을 청구할 권리를 가진다.

제14조 매도인의 불이행

매도인이 제5조 (1)항에 따른 인도준비완료통지를 하지 않거나 제5조 (2)항에 규정된 해약일까지 정식양도를 유효하게 이행할 수 없을 때에는 매수인은 본 계약을 해제할 권리를 가진다. 다만 이 경우 항상 매도인에게 제8조에 열거한 서류의 준비를 위하여 인도준비완료통지가 행해진 후 3은 행영업일간의 유예기간을 주어야 한다.

인도준비완료통지가 행해진 후 매수인이 인도받기 전에 본선이 물리적으로 인도준비가 완료되지 않은 상태로 되고 제5조 (2)항에 정해진 해약일까지 다시 물리적으로 모든 면에서 인도준비가 완료된 상태로 회복되지 않아 새로운 인도준비완료통지가 발행된 때에도 매수인은 계약해제권을 가진다. 매수인이 계약해제권을 행사하여 본 계약을 해제하는 경우에는 예치금은 발생한 이자와 함께 즉시 매수인에게 지급되어야 한다.

매도인이 제5조 (2)항에 정해진 해약일까지 인도준비완료통지를 하지 아니하거나 혹은 인도준비완료통지가 행해진 날로부터 3은행영업일내에 정식양도를 유효하게 이행할 준비가 되지 않은 경우에 매도인은 그러한 불이행이 매도인의 귀책사유로 인한 것이 아님을 입증하지 못하는 한 매수인이 본 계약을 해제하였는지의 여부를 불문하고 매수인에게 매수인이 입은 모든 손실과 비용 및 이자를 배상하여야 한다.[387]

제15조 매수인의 대리인

본 계약이 체결되고 예치금이 납입된 후에 매수인은 본선이 _____에 _____경 도착한 후 자기의 위험과 비용으로 2명의 대리인을 본선에 승선시킬 수 있는 권리를 가진다. 이러한 대리인은 본선을 잘 파악하기 위해 단지 관찰자의 자격으로 승선하는 것이므로 본선의 운항에 관한 사항에 대해서는 일체 간섭할 수 없다. 이러한 매수인의 대리인은 승선에 앞서 매도인이 작성한 손해배상각서(letter of indemnity)에 서명하여야 한다.

제16조 준거법

---

387) [해설] 위 조항의 첫 번째 문단에 의하면 매수인은 인도준비완료통지가 행해진 날로부터 3은행영업일의 유예기간을 매도인에게 주어야 하므로 매도인은 사실상 해약일까지만 인도준비완료통지를 하면 선박의 인도를 해약일 이후에 하여도 계약위반으로 되지 않음을 유의하여야 함.

본 계약의 준거법은 한국법으로 한다.388)

제17조 중재/재판관할

(1) * 이 계약으로부터 또는 이 계약과 관련하여 또는 이 계약의 불이행으로 말미암아 당사자간에 발생하는 모든 분쟁, 논쟁 또는 의견차이는 대한민국 서울에서 대한상사중재원의 중재규칙 및 대한민국법에 따라 중재에 의하여 최종적으로 해결한다. 중재인(들)에 의하여 내려지는 판정은 최종적인 것으로 당사자 쌍방에 대하여 구속력을 가진다.

(2) *본 계약으로부터 발생되는 모든 분쟁의 본안에 관한 제1심 재판의 관할은 서울중앙지방법원의 전속관할로 하기로 한다.

제17조 (1)항과 제17조 (2)항은 선택적임. 둘 중에 적용되지 않는 것은 삭제할 것. 삭제되지 않는 경우에는 제17조 (1)항을 적용함.389)

---

388) [해설] 위 조항의 영문은 다음과 같다. Article 16 (Governing Law) This Contract shall be governed by Korean law.

389) [해설] ① 당사자가 대한상사중재원의 중재규칙 이외의 다른 중재절차에 따르기로 합의하는 경우에는 제17조 (1)항에 기재된 "대한상사중재원의 중재규칙"이라는 부분을 수정할 것. ② 당사자가 중재기관의 중재가 아니라 임의중재를 하기로 합의하는 경우에는 제17조 (2)항을 삭제하고 동조 (1)항을 수정할 것. ③ 당사자가 재판관할을 변경하고자 하는 경우에는 제17조 (2)항에 기재된 "서울중앙지방법원"이라는 부분을 수정할 것. ④ 위 조항의 영문은 다음과 같다. Article 17 (Arbitration/Jurisdiction) (1) * All disputes, controversies, or differences which may arise between the parties, out of or in relation to or in connection with this Contract or for the breach thereof, shall be finally settled by arbitration in Seoul, Korea in accordance with the Arbitration Rules of the Korean Commercial Arbitration Board and under the Laws of Korea. The award rendered by the arbitrator(s) shall be final and binding upon both parties concerned. (2) * All disputes arising from this Contract shall be submitted to the exclusive jurisdiction of the Seoul Central District Court in Seoul, Korea. *Article 17 (1) and (2) are alternative: delete whichever is not applicable. In the absence of deletions, alternative Article 17 (1) is to apply.

12.2.3 영문 계약서

MEMORANDUM OF AGREEMENT

Norwegian Shipbrokers' Association's Memo-
randum of Agreement for sale and purchase of
ships. Adopted by The Baltic and International
Maritime Council (BIMCO) in 1956.
Code-name
SALEFORM 1993
Revised 1966, 1983 and 1986/87.

Dated:

hereinafter called the Sellers, have agreed to sell, and	1
hereinafter called the Buyers, have agreed to buy	2
Name:	3
Classification Society/Class:	4
Built: By:	5
Flag: Place of Registration:	6
Call Sign: Grt/Nrt:	7
Register Number:	8
hereinafter called the Vessel, on the following terms and conditions:	9

Definitions   10

"Banking days" are days on which banks are open both in the country of the currency   11
stipulated for the Purchase Price in Clause 1 and in the place of closing stipulated in Clause 8.   12

"In writing" or "written" means a letter handed over from the Sellers to the Buyers or vice versa,   13
a registered letter, telex, telefax or other modern form of written communication.   14

"Classification Society" or "Class" means the Society referred to in line 4.   15

1.   Purchase Price   16

2.   Deposit   17

As security for the correct fulfilment of this Agreement the Buyers shall pay a deposit of 10 %   18
(ten per cent) of the Purchase Price within   banking days from the date of this   19
Agreement.   This   deposit   shall   be   placed   with   20

and held by them in a joint account for the Sellers and the Buyers, to be released in accordance   21
with joint written instructions of the Sellers and the Buyers. Interest, if any, to be credited to the   22
Buyers. Any fee charged for holding the said deposit shall be borne equally by the Sellers and the   23
Buyers.   24

3.   Payment   25

The said Purchase Price shall be paid in full free of bank charges to   26

on delivery of the Vessel, but not later than 3 banking days after the Vessel is in every respect   27
physically ready for delivery in accordance with the terms and conditions of this Agreement and   28
Notice of Readiness has been given in accordance with Clause 5.   29

4.   Inspections   30

a)*   The Buyers have inspected and accepted the Vessel's classification records. The Buyers   31
have also inspected the Vessel at/in   on   32
and have accepted the Vessel following this inspection and the sale is outright and definite,   33
subject only to the terms and conditions of this Agreement.   34

b)*   The Buyers shall have the right to inspect the Vessel's classification records and declare   35
whether same are accepted or not within   36

The Sellers shall provide for inspection of the Vessel at/in   37

The Buyers shall undertake the inspection without undue delay to the Vessel. Should the   38
Buyers cause undue delay they shall compensate the Sellers for the losses thereby incurred.   39

The Buyers shall inspect the Vessel without opening up and without cost to the Sellers. 40
During the inspection, the Vessel's deck and engine log books shall be made available for 41
examination by the Buyers. If the Vessel is accepted after such inspection, the sale shall 42
become outright and definite, subject only to the terms and conditions of this Agreement, 43
provided the Sellers receive written notice of acceptance from the Buyers within 72 hours 44
after completion of such inspection. 45
Should notice of acceptance of the Vessel's classification records and of the Vessel not be 46
received by the Sellers as aforesaid, the deposit together with interest earned shall be 47
released immediately to the Buyers, whereafter this Agreement shall be null and void. 48

*   *4a) and 4b) are alternatives; delete whichever is not applicable. In the absence of deletions,* 49
    alternative 4a) to apply. 50

5.   Notices, time and place of delivery 51

a) The Sellers shall keep the Buyers well informed of the Vessel's itinerary and shall 52
   provide the Buyers with   ,   , and   days notice of the estimated time of arrival at the 53
   intended place of drydocking/underwater inspection/delivery. When the Vessel is at the place 54
   of delivery and in every respect physically ready for delivery in accordance with this 55
   Agreement, the Sellers shall give the Buyers a written Notice of Readiness for delivery. 56

b) The Vessel shall be delivered and taken over safely afloat at a safe and accessible berth or 57
   anchorage at/in 58

   in the Sellers' option. 59

   Expected time of delivery: 60

   Date of cancelling (see Clauses 5 c), 6 b) (iii) and 14): 61

c) If the Sellers anticipate that, notwithstanding the exercise of due diligence by them, the 62
   Vessel will not be ready for delivery by the cancelling date they may notify the Buyers in 63
   writing stating the date when they anticipate that the Vessel will be ready for delivery and 64
   propose a new cancelling date. Upon receipt of such notification the Buyers shall have the 65
   option of either cancelling this Agreement in accordance with Clause 14 within 7 running 66
   days of receipt of the notice or of accepting the new date as the new cancelling date. If the 67
   Buyers have not declared their option within 7 running days of receipt of the Sellers' 68
   notification or if the Buyers accept the new date, the date proposed in the Sellers' notification 69
   shall be deemed to be the new cancelling date and shall be substituted for the cancelling 70
   date stipulated in line 61. 71

   If this Agreement is maintained with the new cancelling date all other terms and conditions 72
   hereof including those contained in Clauses 5 a) and 5 c) shall remain unaltered and in full 73
   force and effect. Cancellation or failure to cancel shall be entirely without prejudice to any 74
   claim for damages the Buyers may have under Clause 14 for the Vessel not being ready by 75
   the original cancelling date. 76

d) Should the Vessel become an actual, constructive or compromised total loss before delivery 77
   the deposit together with interest earned shall be released immediately to the Buyers 78
   whereafter this Agreement shall be null and void. 79

6.   Drydocking/Divers Inspection 80

a)** The Sellers shall place the Vessel in drydock at the port of delivery for inspection by the 81
    Classification Society of the Vessel's underwater parts below the deepest load line, the 82
    extent of the inspection being in accordance with the Classification Society's rules. If the 83
    rudder, propeller, bottom or other underwater parts below the deepest load line are found 84
    broken, damaged or defective so as to affect the Vessel's class, such defects shall be made 85
    good at the Sellers' expense to the satisfaction of the Classification Society without 86
    condition/recommendation*. 87

b)** (i)   The Vessel is to be delivered without drydocking. However, the Buyers shall 88
    have the right at their expense to arrange for an underwater inspection by a diver approved 89
    by the Classification Society prior to the delivery of the Vessel. The Sellers shall at their 90
    cost make the Vessel available for such inspection. The extent of the inspection and the 91
    conditions under which it is performed shall be to the satisfaction of the Classification 92

7.   Spares/bunkers, etc.   154

The Sellers shall deliver the Vessel to the Buyers with everything belonging to her on board and on 155
shore. All spare parts and spare equipment including spare tail-end shaft(s) and/or spare 156
propeller(s)/propeller blade(s), if any, belonging to the Vessel at the time of inspection used or 157
unused, whether on board or not shall become the Buyers' property, but spares on order are to be 158
excluded. Forwarding charges, if any, shall be for the Buyers' account. The Sellers are not required to 159
replace spare parts including spare tail-end shaft(s) and spare propeller(s)/propeller blade(s) which 160
are taken out of spare and used as replacement prior to delivery, but the replaced items shall be the 161
property of the Buyers. The radio installation and navigational equipment shall be included in the sale 162
without extra payment if they are the property of the Sellers. Unused stores and provisions shall be 163
included in the sale and be taken over by the Buyers without extra payment. 164

The Sellers have the right to take ashore crockery, plates, cutlery, linen and other articles bearing the 165
Sellers' flag or name, provided they replace same with similar unmarked items. Library, forms, etc., 166
exclusively for use in the Sellers' vessel(s), shall be excluded without compensation. Captain's, 167
Officers' and Crew's personal belongings including the slop chest are to be excluded from the sale, 168
as well as the following additional items (including items on hire): 169

The Buyers shall take over the remaining bunkers and unused lubricating oils in storage tanks and 170
sealed drums and pay the current net market price (excluding barging expenses) at the port and date 171
of delivery of the Vessel. 172
Payment under this Clause shall be made at the same time and place and in the same currency as 173
the Purchase Price. 174

8.   Documentation   175

The place of closing: 176

In exchange for payment of the Purchase Price the Sellers shall furnish the Buyers with delivery 177
documents, namely: 178

a)   Legal Bill of Sale in a form recordable in   (the country in which the Buyers are 179
      to register the Vessel), warranting that the Vessel is free from all encumbrances, mortgages 180
      and maritime liens or any other debts or claims whatsoever, duly notarially attested and 181
      legalized by the consul of such country or other competent authority. 182

b)   Current Certificate of Ownership issued by the competent authorities of the flag state of 183
      the Vessel. 184

c)   Confirmation of Class issued within 72 hours prior to delivery. 185

d)   Current Certificate issued by the competent authorities stating that the Vessel is free from 186
      registered encumbrances. 187

e)   Certificate of Deletion of the Vessel from the Vessel's registry or other official evidence of 188
      deletion appropriate to the Vessel's registry at the time of delivery, or, in the event that the 189
      registry does not as a matter of practice issue such documentation immediately, a written 190
      undertaking by the Sellers to effect deletion from the Vessel's registry forthwith and furnish a 191
      Certificate or other official evidence of deletion to the Buyers promptly and latest within 4 192
      (four) weeks after the Purchase Price has been paid and the Vessel has been delivered. 193

f)   Any such additional documents as may reasonably be required by the competent authorities 194
      for the purpose of registering the Vessel, provided the Buyers notify the Sellers of any such 195
      documents as soon as possible after the date of this Agreement. 196

At the time of delivery the Buyers and Sellers shall sign and deliver to each other a Protocol of 197
Delivery and Acceptance confirming the date and time of delivery of the Vessel from the Sellers to the 198
Buyers. 199

참고문헌

1. 국내문헌
2. 서양문헌
3. 동양문헌

1. 국내문헌

강종희 · 한철환 · 황진회 (2001), 『편의치적제도 활용방안 연구』, 서울: 한국해양수산개발원.

강흥중 (2020), 『국제무역규칙』, 서울: 박영사.

권영구 (2020), 『개정 인코텀즈 2020 핵심 해설서』, 서울: 중앙경제평론사.

길광수 (1996), 『미국의 운법 정책이 정기선해운에 미친 영향과 대응』, 서울: 해운산업연구원.

김성국 · 이진욱 · 장은규 (2019), "한국 해운의 지속가능사업을 위한 선원보조금 도입에 관한 연구", 『해양비즈니스』, 44호, pp.1-28.

김성준 · 오세영 (2003), 초정 박제가의 유통통상론 연구, 『해운물류연구』, 39호, pp.1-28.

김영구 (1999), 『한국과 바다의 국제법』, 부산: 효성출판사.

김인유 (2010), "편의치적선의 준거법에 관한 연구", 『해사법연구』, 22권 1호, pp.123-161.

김정균 (1981), 『국제법』, 서울: 형설출판사.

김정회 (1992), "해운정책의 두 가지조류", 『국제상학』, 6권, pp.83-110.

마문식 (1992), 『선박금융과 해운기업의 경영전략』, 서울: 해운산업연구원.

민성규 (1977), 『해사법규요론』, 부산: 한국해양대학해사출판부.

박대위 (1991), 『국제무역법규』, 서울: 박영사.

박대위 (1994), 『무역실무』, 서울: 법문사.

박명섭 (1988), "해운정책과 해운보조금에 대한 소고", 『해양한국』, 1988권 2호, pp.56-62.

박명섭 (1997), 『국제해운론』, 서울: 법문사.

박명섭 (2003), 『국제물류의 이해』, 서울: 두남.

박명섭 (2016), 『국제물류의 이해』, 제4판, 서울: 법문사.

박태원 (2003), "아시아 주요국의 선박등록제도 현황과 시사점", 『해양수산』, 224호, pp.21-27.

방희석 (1995), 『해상운송론』, 서울: 박영사.

방희석 (1999), 『국제운송론』, 서울: 박영사.

산업정책조사팀 (2018), 『해운업 현황 및 최근 이슈 점검』, 서울: 한국무역보험공사.

석광현 (2001), 『국제사법 해설』, 서울: 지산.

석광현 (2013), 『국제사법 해설』, 서울: 박영사.

양영환 · 서정두 (1994), 『국제무역법규』, 서울: 삼영사.

양영환 · 오원석 (1994), 『무역상무론』, 서울: 법문사.

오원석 (1994), "Seaway Bill의 문제점에 관한 소고", 중재, 265호, pp.112-142.

오원석 (1994), 『무역계약론』, 서울: 삼영사.

오원석 (1995), 『국제운송론』, 서울: 박영사.

吉田茂·孫飛·김광희, (2006), "중국해운업의 국제경쟁력에 관한 연구", 『해운물류연구』, 제48호, pp.27-45.

운송신문사편집부 (2010), 『물류용어사전』, 18판, 서울: 운송신문사.

윤민현 (2014), 『해운과 Risk Management』, 서울: 한국선주상호보험조합.

윤재웅·안영균·김주현 (2018), 『컨테이너 화물 해상운송 계약개선방안 연구』, 부산: 한국해양수산개발원.

이건희 (2011.6.16), "수직계열화의 빛과 그림자", 중앙일보.

이규만 (1983), "인더스트리얼 캐리어의 본질과 외항업체에 미치는 영향", 『해양한국』, 1983권 6호, pp.30-34.

이균성 (2010), 『신 해상법 대계』, 서울: 한국해양수산개발원.

이기동·이문봉·최상철·구문모 (1987), 『보조금관행과 국제무역』, 서울: 산업연구원.

이신우·윤민현·김성일·오세일 (1977), 『최신 종합해운: 이론과 실무』, 서울: 교문사.

이원철 (1984), "미국의 화물우선적취정책에 관한 일고찰", 『해운학회지』, 1권, pp.76-105.

이원철 (1985), "해운정책의 국제적 추이와 한국해운정책의 과제", 『해운연구』, 2권, pp.125-163.

이원철 (1988), "해운정책 전환을 위한 기본과제", 『해운학회지』, 제7권, pp.21-62.

이재우 (2021), "선원직업의 매력화와 상급해기사 확보 방안", 『해양한국』, 2021권7호, pp.132-138.

이호정 (1983), 『국제사법』, 서울: 경문사.

이희준 (1990), 『해운회계론』, 서울: 법문사.

임동철 (1998), "국제해상물건운송법의 통일화문제", 『한국해법학회지』, 20권 2호, pp.19-51.

전국부두노동조합 (1976), 『항만하역기계화대책연구』, 서울: 전국부두노동조합.

정영석 (2004), 『국제해상운송법』, 서울: 범한서적.

정영석 (2005), "미국의 대외해운정책과 해운법에 관한 고찰: 미국 해운법의 발전과 1984년 신해운법을 중심으로", 『해사법연구』, 17권 1호, pp.181-205.

정영석 (2005), 『해운실무: 법과 실무를 중심으로』, 부산: 해인출판사.

정영석 (2007), "1998년 원양해운개혁법과 미국의 대외해운정책", 『인문사회과학논총』, 제15호, pp.249-278.

정영석 (2016), 『해사법규 강의』, 6판, 서울: 텍스트북스.

정영석 (2017), "선장의 대리권에 관한 입법주의의 재검토", 『경제법연구』, 제16권 제3호, pp.79-197.

정완용 (2011), "국제해사조약의 국내법상 수용방안에 관한 고찰: 해사채권책임제한조약의 수용방안을 중심으로", 『한국해법학회지』, 33권 2호, pp.57-84.

조영정 (2016), 『무역정책』, 서울: 박영사.

중소중견기업본부 (2019), 『내수기업을 위한 종합 수출 가이드북』, 서울: KOTRA.

최기원 (1995), 『상법학개론』, 서울: 박영사.

최재수 (2005), "제 2선적제도의출현", 『해양한국』, 제2005권 제8호, pp.130-131.

최준선 (2012), 『보험 · 해상 · 항공운송법』, 6판, 서울: 삼영사.

코리아쉬핑가제트 편집부 (2002), 『최신 해운 · 물류용어 대사전』, 9판, 서울: 코리아쉬핑가제트.

코리아쉬핑가제트 편집부 (2019), 『해운 물류 용어 대사전』, 11판, 서울: 코리아쉬핑가제트

편집부 (1992), 『해운실무강좌』, 서울: 한국해운항만정보센터.

한국선원복지고용센터 (2019), 『한국선원통계연보 2019』, 세종: 해양수산부.

한국해법학회 (2012), 『국제해사조약의 수용방안 연구』, 서울: 법무부.

한국해사문제연구소 (2006), "새로운 용어상식: 커먼캐리어(Common Carrier)", 『해양한국』, 2006권 3호, pp.75-75.

한국해양과학기술원 iPhoto Library (2002), https://iphoto.kiost.ac.kr/

한국해양수산개발원 (2018), 『2018 해운통계요람』, https://www.kmi.re.kr/

한국해양수산개발원 · 한국법제연구원 (2018), 『선원분야 법률 체계 개편방안 연구』, 세종: 해양수산부.

한국해운기술원 (1986), 『UN선박등록조건협약』, 서울: 한국해운기술원.

해사용어사전 편찬위원회 (1996), 『해사용어사전』, 서울: 대광서림.

해사정보신문 (2011.9.20), "포스코 해운업 진출 시도에 따른 대량화주 해운업(물류업) 진출 문제점은?"

해운산업연구원 (1985), 『선박투자와 자금조달』, 서울: 해운산업연구원.

해운산업연구원 · 한국전략문제연구소 (1997), 『국가안보와 국민경제 안정을 위한 한국 상선대의 유지 · 확보 대책에 관한 연구』, 서울: 한국해사재단.

해운조합 (2019), 『내항상선 외국인선원 고용가이드북』

해운 · 물류 큰사전 편찬위원회 (2002), 『해운 · 물류 큰사전』, 서울: 한국해사문제연구소.

황영식 (2007), "선박 등기,등록 실무종합", 『해양한국』, 2007권 6호, pp.126-131.

황영식 (2007), "선박미수입사실확인' 제도란?", 『해양한국』, 2007권 4호, pp.104-107.

황영식 (2007), "선박의 수입절차와 선박 등기", 『해양한국』, 2007권 3호, pp.100-103.

황영식 (2007), "해운업 등록 기준과 절차", 『해양한국』, 2007권 5호, pp.126-129.

2. 서양문헌

Alderton, P. M. (2004), Sea Transport Operation and Economics, Fifth edition, London: Witherby.

Glen, D. (2008), "What do we know about the labour market for seafares? A View from the UK", Marine Policy, Vol. 32, No. 6, pp.845-855.

Kanev, D. (2007), "The New Characteristics of Seafarers' Labor Market and their Requirements to the Maritime Education", 4th IAMU General Assembly, Varna, Bulgaria: Nikola Vaptsarov Naval Academy.

Boczek, Boleslaw A. (1962), Flags of Convenience: An International Legal Study, Cambridge: Harvard Univeristy Press.

Branch, A. E. (2006), Elements of Shipping, London: Routledge.

Braudel, F. (1982a), Civilisation and Capitalism 15th-18th Century, Vol. 2: The Wheels of Commerce, London: Collins.

Braudel, F. (1982b), Civilisation and Capitalism 15th-18th Century, Vol. 3: The Perspective of the World, London: Collins.

Brooks, M. (2000), Sea Change in Liner Shipping: Regulation and Managerial Decision- making in a Global Industry, Oxford: Pergamon.

Caputo, Sara (2020), "Exploration and mortification: Fragile infrastructures, imperial narratives, and the self-sufficiency of British naval "discovery" vessels, 1760-1815", History of Science, https://doi.org/10.1177/0073275320970042

Chrzanowski, Ignacy (1985), Introduction to Shipping Economics, London, UK: Fairplay.

Clarkson Shipping Review Database, hppts://sin.clarksons.net

Collins, N. (2000), The Essential Guide to Chartering and the Dry Freight Market, London: Clarkson Research Services.

Cullinane, Kevin (2005), Shipping Economics: Research in Transportation Economics, Greenwich, CT: JAI Press.

Daniels, J. D., L. H. Radebaugh and D. Sullivan (2017), International Business: Environments and Operations, 16th Edition, New York: Prentice-Hall.

Dicken, P. (2015), Global Shift: Mapping the Changing Contours of the World Economy, 7th Edition, New York: The Guilford Press.

Drewry Database, https://www.drewry.co.uk

Drucker, Peter F. (1998), "The Discipline of Innovation", Harvard Business Review, Nov-Dec 1998, Vol.76 No.6, pp.149-157.

Gardiner, R. (ed.) (1992), The Shipping Revolution: The Modern Merchant Ship, London: Conway Maritime Press.

Grammenos, C. Th. (ed.) (2002), The Handbook of Maritime Economics and Business, London: LLP.

Harris, J. Michael (1983), Ocean Fleet Shipping Rates, Capacity, and Utilization for Grains, Washington, DC: U.S. Department of Agriculture.

Herman, Amos (1983), Shipping Conference: The Legal Framework and Operation of Shipping Conferences, London, UK: Lloyd's of London Press.

Hill, C. (2004), Maritime Law, Sixth edition, London: LLP.

IACS (2020), Classification Societies - What, Why and How?, London: IACS.

ICC (1989), Case Studies on Documentary Credits, Publication No.459.

ICC (1991), More Case Studies on Documentary Credits, Publication No.489.

International Chamber of Commerce (2019), Incoterms® 2020: ICC rules for the use of domestic and international trade terms, Paris: ICC Publication.

International Labor Office (1950), Condition in Ships Flying the Panama Flag: Report of the Committee of Inquiry of the International Labor Organization, Geneva, Switzerland: United Nations.

Israel, J. I. (1997), "England's Mercantilist Response to Dutch World Trade Primacy, 1647-74", in: Conflicts of Empires. Spain, the Low Countries and the struggle for world supremacy 1585-1713. London, UK: Hambledon Press.

Ivamy, Edward Richard Hardy and Payne, William (1989), Payne and Ivamy's Carriage of Goods by Sea, 13rd ed., London and Edinburgh: Butterworths.

Kendall, Lane C. (1986), The Business of Shipping, 5th ed., Centreville, M.D.: Cornell Maritime Press.

Kendall, Lane C. and Buckley, James J. (2001), The Business of Shipping, Centreville, M.D.: Cornell Maritime Press,

Kirkaldy, Adam W. (1914), British Shipping: Its history, organisation and importance, London: Kegan Paul, Trench, Trübner & co..

Lascelles, Christopher (2012), A Short History of the World, London: Crux Publishing,

Levinson, M. (2006), The Box: How the Shipping Container Made the World Smaller and the World Economy Bigger, Princeton: Princeton University Press.

Levinson, M. (2020), Outside the Box: How Globalization Changed from Moving Stuff to Spreading Ideas, Princeton: Princeton University Press.

Ludwig Roselius Museum (2020), https://www.museen-boettcherstrasse.de

Matlin, David F. (1991), "Re-evaluating the Status of Flag of Convenience under International Laws", Vanderbilt Journal of Transnational Law, Vol. 23, pp.1017-1055.

McConville J, and Rickaby G. (1995), Shipping Business and Maritime Economics Annotated International Bibliography, London: Mansell.

McConville, J. (1999), Economics of Maritime Transport, London: Witherby.

Molland A. F. (2008), The Maritime Engineering Reference Book: A Guide to Ship Design, Construction and Operation, Oxford: Butterworth-Heinemann.

Mukherjee, Prohanto K. and Bal, Abhinayan BasuMukherjee (2009), "A Legal and Economic Analysis of the Volume Contract Concept under the Rotterdam Rules: Selected Issues in Perspective", Journal of Maritime Law and Commerce, Vol. 40, Issue 4, pp.579-607.

McCarthy, Niall (2018), "The World's Most Traded Goods", Forbes, Feb 21.

Notteboom, T. (2012), Chapter 12: Container shipping, in: Talley, W. (ed.), The Blackwell Companion to Maritime Economics, Wiley-Blackwell Publishing, ISBN: 978-1-4443-3024-3, pp.230-262.

OECD (2008), Code of Liberalisation of Current Invisible Operations, Paris, France: OECD.

OEEC Maritime Transport Committee (1954), Maritime Transport Trend in Economic Sector, Paris, December, pp.19-65.

Office of Legal Affairs, United Nations (1955), Laws Concerning the Nationality of Ships (ST/LEG/SER.B/5), New York: United Nations publication.

Osieke, Ebere (1979), "Flags of Convenience Vessels: Recent Development", American Journal of International Law, Vol.73, pp.604-627.

Packard, W. V. (2004), Sea Trading, Volume 2: Cargoes, Second edition, London: Shipping Books.

Packard, W. V. (2006), Sale and Purchase, Third edition, Colchester: Shipping Books.

Porter, Andrew (1999), The Oxford History of British Empire: Vol III. The Eighteenth Century, New York: Oxford University Press.

Rochdale, John Durival Kemp (1970), Committee Of Inquiry Into Shipping (Rochdale Committee): Report, May 1970, Mss.919/7/63, London, U.K.: H.M. Stationery Office, Para. 5.

Rodrigue, Jean-Paul (2019), "Future maritime trade flows", PortEconomics, https://www.porteconomics.eu/on-future-maritime-trade-flows/

Rodrigue, Jean-Paul (2020), "Modal Shares of World Trade by Volume and Value, 2008", https://transportgeography.org/contents/chapter7/transborder-crossborder-transportation/world-trade-modal-share/

Rodrigue, J-P (2013), "Transport and Globalization", in J-P Rodrigue, T. Notteboom and J. Shaw (eds) The Sage Handbook of Transport Studies, London: Sage.

Rodrigue, J-P and Notteboom, T. (2009), "The geography of containerization: half a century of revolution, adaptation and diffusion", GeoJournal, Vol. 74(1), pp.1-5.

Shaw, John (May 2018), "Pioneering Spirit: Profile of the World's Biggest Ship", Ships Monthly: pp.33-37.

Smith, Adam (1976), An Inquiry into the Nature and Causes of the Wealth of Nations, R. H. Campbell and A. S. Skinner Todd, Oxford, UK: Clarendon press.

Spruyt, J. (1990), Ship Management, London: Lloyd's of London Press Ltd..

SSY Consultancy & Research. (2001), The Cost to Users of Substandard Shipping, London: SSY Consultancy & Research.

Stopford, Martin (1997), Maritime Economics, 2nd ed., London: Routledge.

Stopford, Martin (2009), Maritime Economics, 3rd ed., London: Routledge.

Sturmey, S. G. (1975), A consideration of the ends and means of national shipping policies. In: Shipping Economics London, UK: Palgrave Macmillan.

Tusiani, Michael D. (1996), The Petroleum Shipping Industry: Operations and Practices, Petroleum Shipping Industry, Tulsa, OK: Penwell Books.

UNCTAD (1975), United Nations Conference of Plenipotentiaries on a Code of Conduct for Liner Conferences Vol.2, Geneva, Switzerland: United Nations Publication.

UNCTAD (2018), 50 Years of Review of Maritime Transport, 1968-2018: Reflecting on the past, exploring the future, UNCTAD/DTL/2018/1, Geneva, Switzerland: United Nations.

UNCTAD (2019), Review of Maritime Transport 2019, Geneva, Switzerland: United Nations.

UNCTAD (2021), Review of Maritime Transport 2021, Geneva, Switzerland: United Nations.

UNCTAD Statics, https://unctadstat.unctad.org

Beason, S., Conner, D., Milonas, N. and Ruge, M. (2015), "Myth and Conjecture? The "Cost" of the Jones Act", Journal of Maritime Law & Commerce, Vol.46 No.1, pp.23-50.

Giberga, S. A. and Thompson, J. H. T. (2015), "We and Mr. Jones: How the Misunderstood Jones Act Enhances Our Security and Economy", Journal of Maritime Law & Commerce, Vol.46 No.4, pp.493-513.

United States Navy Dept Bureau of Equipment (2010), Flags of Maritime Nations, Washington: Nabu Press.

United States International Trade Commission (2007), The Economic Effects of Significant U.S. Import Restrains, Fifth Update 2007 Investigation No. 332-325, Washington, DC.: US ITC.

Wigmore, John Henry (1936), A Panorama of the World's Legal System, Saint Paul, MN: Washington Law Book Company, p.873.

Willingale, M. (2005), Ship Management, Fourth edition, London: LLP.

Wilson, J. (2004), Carriage of Goods by Sea, Fifth edition, Harlow: Longman.

Wilson, John F. (2010), Carriage of Goods by Sea, 7th ed., London: Pearson Education.

Wilson, John F. (2010), Carriage of Goods by Sea, 7th ed., London: Pearson Education.

Wood, John Cunningham (1991), David Ricardo: Critical Assessments. London: Taylor & Francis.

Zimmermann, Erich W. (1921), Zimmermann on Ocean Shipping, New York: Prentice-Hall.

3. 동양문헌

MOL JAPAN 物流入門編集委員会 (2006), 『MOL JAPAN 物流入門』, 東京: MOL JAPAN.

オーシャンコマース (2019), 『基礎から分かる海運実務マニュアル』, 改訂版, 東京: オーシャンコマース.

オーシャンコマース (2006), 『海運實務マニュアル』, 東京: オーシャンコマース.

高村忠也 (1951), "海運政策に關する若干の考察", 『海運』, 281號.

堀江保藏 (1967), 『海事経済史研究』, 東京: 海文堂.

吉田茂 (1997), 『現代日本海運産業研究:成長と競争力の経済分析』, 東京: 山縣記念財団.

東海林滋 (1973), "発展途上国海運問題の基本的考察", 發展途上国海運問題研究會 偏, 『発展途上国海運研究(總論)』, 東京: 海事産業研究所.

木畑公一 (1975), 『便宜置籍:海の多國籍企業』, 東京, 成山堂書店.

木畑公一 (1978), 『マルシップと便宜置籍:船海』, 東京, 成山堂書店.

寺島潔 (1967), "海運自由の原則の再評価", 『海運』, Vol. 475, 4月.

三輪田優子 (2019), "船員政策に関する最近の動向", 『平成３０年度海技振興フォーラム資料』, 東京: 國土交通省.

石津蓮 (1942), 『海運經濟研究』, 東京: 業文閣.

篠原陽一 (1994), "インダストリアル・キャリッジ", 『日本大百科全書』, 東京: 小学館.

柴山岡介 (1981), "海運自由の原則と日本海運の立場", 『海運』, 第648號.

遠藤尚彌 (1980), "開發途上國による國旗差別政策", 『船協海運年報』.

日本運輸省海運局 (1982), 『日本海運の現況』, 東京: 財團法人日本海事廣報協会.

田中誠二 (1970), 『海上法詳論』, 東京: 勁草書房.

田中誠二 (1970), 『海上法詳論』, 東京: 勁草書房.

佐波宣平 (1949), 『海運理論體系』, 東京: 有斐閣.

佐波宣平 (1949), 『海運理論體系』, 東京: 有斐閣.

佐波宣平 (1960), 『海だ海だ』, 京都: 狭衣会.

竹田いさみ (2019), 『海の地政學: 覇權をめぐる400年史』, 東京: 中央公論新社.

中小企業相談センター (2014), 『海外ビジネスガイドブック』, 3版, 東京: 東京商工会議所.

知田地平 (1978), 『海運産業論』, 東京: 千倉書房.

織田政夫 (1975), 『海運経済論』, 東京: 成山堂書店.

織田政夫 (1979), 『便宜置籍船と世界海運市場』, 東京: 教育社.

織田政夫 (1979), 『海運政策論』, 東京: 成山堂書店.

椿弘次・門田眞理子・釜井大介・酒井康智・中村純也・橋本弘二・真期大輔・松井宏樹・山村武・吉開

研悟・李來好・渡邊浩吉 (2014),『海上運送書類に関する手続き簡素化に向けた調査研究委員会報告書』,東京: 日本貿易関係手続簡易化協会.

下条哲司 (1986),『配船の経営科学』,東京: 成山堂書店.

海外展開支援担当 (2013),『海外ビジネスワークブック』,東京: 東京商工会議所.

海外展開支援担当 (2020),『海外ビジネスハンドブック』,東京: 東京商工会議所.

黒田英雄 (1967),『世界海運史』,東京: 成山堂書店.

찾아보기

김성국

· 한국해양대학교 항해학과 졸업
· 한양대학교 경영학과 졸업
· 한국해양대학교 대학원 해운경영학과 졸업(Ph.D)
· 성균관대학교 대학원 무역학과 졸업(Ph.D)
· 일본 와세다대학교 대학원 상학연구과 외국인연구원
· 서울특별시청, 부산광역시청 전문직 공무원
· 성균관대학교 무역연구소 선임연구원
· 성균관대학교 대학원 초빙교수
· 한국해양대학교, 목포해양대학교 강사

논문 및 저서

· Brand Personality of Global Automakers through Text Mining (Journal of Korea Trade, 2021, SSCI)
· 연안재해 (씨아이알, 2018, 학술원선정 우수학술도서)
· 무역계약에서 불가항력 인식이 지속가능한 거래관계에 미치는 영향에 관한 연구(성균관대학교, 2015)
· 海上保険契約における法定免責事項法定免責事由について考察(일본 와세다대학교, 2002)
· 국제운송물류서비스의 지각된 서비스 품질이 고객반응에 미치는 영향에 관한 실증연구(한국해양대학교, 1999)
· 국제 해상 컨테이너의 운용방안에 관한 연구(한국해양대학교, 1995)

해상운송론

2022년 9월 20일   인쇄
2022년 9월 26일   발행

저   자 김 성 국
펴 낸 이 한 신 규
본문/표지 이 은 영
펴 낸 곳 문현출판
　　　　　05827 서울특별시 송파구 동남로11길 19(가락동)
　　　　　전화 02-443-0211 팩스 02-443-0212 메일 mun2009@naver.com
등   록 2009년 2월 24일(제2009-14호)

출력·인쇄 수이북스   제본 보경문화사   용지 종이나무

ISBN 979-11-87505-58-7 93320   정가 32,000원